国家社科基金
GUOJIA SHEKE JIJIN HOUQI ZIZHU XIANGMU
后期资助项目

明前期政治生态与士大夫主体意识研究

A Study on the Political Ecology and Subject Consciousness of the Literati and Officialdom in the Early Ming Dynasty

王伟 著

中国人民大学出版社
·北京·

国家社科基金后期资助项目
出版说明

后期资助项目是国家社科基金设立的一类重要项目，旨在鼓励广大社科研究者潜心治学，支持基础研究多出优秀成果。它是经过严格评审，从接近完成的科研成果中遴选立项的。为扩大后期资助项目的影响，更好地推动学术发展，促进成果转化，全国哲学社会科学工作办公室按照“统一设计、统一标识、统一版式、形成系列”的总体要求，组织出版国家社科基金后期资助项目成果。

全国哲学社会科学工作办公室

序一

本书课题的指向，自然是政治文化。现代史家研究中国历史，既重政治，亦重文化，但以明确的研究理念研究政治文化，却从来不成潮流。虽有萧公权、狄百瑞、余英时、刘泽华等耆宿大作无人不识，陈宝良、左东岭、赵园等时贤佳作相继，以政治文化为旨趣的新人力作，毕竟难得。政治文化是从社会、群体精神气息角度所见的政治传统，此种考察最难为处在于，需要在大量关涉制度、行为、思想、事件等等信息中，透视出具有社会性和一定程度倾向性的精神取向来。这就从一开始即是综合性而非单向度的研究，其资料无往不在而又无一可以单独支撑任何重要论断，取精用弘，端在研究者的功力、天资乃至良知，且非持之以恒，不能见功。政治生态应指特定时期、特定社会范围中围绕公共权力运行形成的权力关系和行事氛围。刚性的制度、政令固然构成政治生态的框架，但是政治文化角度所考察的生态更注重实践的样貌。须知所有制度都不能预见未来一切，运行起来都需人心作用，都有模糊边界，都有“潜规则”，故政治生态需在关照制度的前提下大量考察政治场域中行为和权力关系的动态情状，要透视作用于前述一切的观念气息。因而研究政治生态，须得心细如发、见微知著。士大夫是中国帝制时代国家权力运行的实际操作者。这是人类文明史上独一无二的人群，其起源当不晚于春秋战国时代的士，到士与职业官僚的身份职能普遍合二而一的帝制时代，士大夫的群体特征就已非常明显，科举制则进一步明晰了这一人群的身份界定。这一人群之独一无二远不仅在于其源远流长，也不仅在于其构成了帝制中国漫长历史中身兼政治和文化“精英”主体的地位，尤其在于这是一种具有独特精神境界、有信仰和价值观皈依、有“主体意识”的人群。稍微了解这一人群的源流和特点，就知道这是理解中国传统政治，包括政治文化的枢机，也是解读帝制时代各时期国家政治、文化气息，以及各种因果关系的焦点所在。如果认为这一人群的某些精神特性曾经随着历史变迁投射到现代人文知识分子身上，那么他们也是理解中国社会文化现实的一面镜子。士大夫的精神世界是在历史传统中伴随其身份角色的明确化而延伸和调适的。就处于帝制时代后期的明朝而言，士大夫精神世界主要是儒家学说，具体的是宋代以降各派儒家学说所塑造的。这种学说早已与帝制体系融合互洽，但这并不等于儒家与皇权已经融合无间甚或完全成为皇权的工具。在皇权与士大夫角色之间始终存在张力。这种张力正是理解整个明代政治文化的基本线索。帝制时代任何一个具体时段的士大夫都是庞大的人群，他们的品格、行事、学识甚至价值观念到处都有差别，他们内部会发生种种矛盾、冲突，严重的时候就形成所谓“党争”；他们也会受权力腐蚀，在这一人群中会看到种种卑劣。即便如此，文化传统和社会角色及其养成步骤还是形成了对这一人群品质的一些普遍期待，这种期待帮助我们透过其种种个人差异而看到他们共享的一些精神要素。宋人张载所说“为天地立心，为生民立命，为往圣继绝学，为万世开太平”，就是对士大夫精神境界的一种精炼表述。追求这种境界，须有一种通彻天地万物的宇宙观和人生观，有民本主义的贡献乃至牺牲精神，有基于前代圣贤言论著述的精湛学识和认同感，有宏远的理想和务实的品质。这是一种顶天立地、担当天下、有所为有所不为的人格，天地、生民、往圣、万世引导着他们理想的方向。他们固然需要“得君”才能“行道”，但那是具体的途径，并不在根本的层面。他们会在具体的人生中平衡经权，设若违背了那根本的理想，就会苦闷，因而出仕与处野成为他们保持自我的两种不同的人生选择。他们通常的活动空间在官场，但却鄙薄阿谀奉承、贪恋权位、机心重重。他们珍惜声名超过财富，每存俗世之外的遐想；他们将社会之乱系于己身，常因执拗而陷入困境。他们与皇权之间的张力大多出于理想与现实之间的冲突，将顺是他们的权变，匡正是他们的常心。他们并不会脆弱到一遇冲突就崩溃，也会妥协、迂回、隐忍，从而演出一幕幕回肠荡气的历史剧。他们一起构成士林，既享受那个社会提供的优越，也担当着尊严带来的重负。一个时代的兴衰治乱、一个社会的醇厚浇漓，在他们身上彰然可见，危机来临的时候，超过社会任何其他人群。这样描述出来的，当然是士大夫的“理想型”，是大大提纯了的，但中国的士大夫确乎是为这种理想境界所指引着的。任何一个社会，若能拥有类似这样以民胞物与为自我的理想者人群，都是幸事。中华政治文化之所以生生不息，就是因为有士大夫这个中坚力量，无论对这种文化做怎样的整体性评价。中国政治史的研究，绝不能只做统治术和成败的研究，一定要做政治文化的研究，一定要了解统治阶层中包含不同的人群，其中有承载价值传统并以之作为立命之本的人群，也有坐享人民脂膏而无所不用其极的人群。他们内部的争斗，有时是无谓的消耗，但更多时候关乎社会合理性和价值原则。

明代是中国士大夫政治的最后一个高峰期，明前期是这个高峰剧目的第一场，明中后期还有很多精彩演出。到了清代，士大夫虽存，但大幅度地工具化，精神气象与明代不可同日而语。在皇权强大的年代做理想主义者，从来不是一件轻松的事情。仅就精神境界而言，今人在明士大夫身上，未必没有可以揣摩汲取处。所以研读明代士大夫的故事，不仅是纯粹学术方面的事，也是文化省思方面的事。

赵轶峰

2020 年 6 月于长春

序二

王伟新著《明前期政治生态与士大夫主体意识研究》出版在即，嘱我写个序，只好勉力为之，谈谈我的一些看法。

2004年9月，王伟以东北师范大学推荐生资格免试入读华南师范大学，从一开始，王伟就决心在明史研究方面有所建树。在学期间，他克服了南北地域的巨大差异和生活上的困难，专心致志读书，为日后从事研究打下了坚实基础。三年后，王伟以优异成绩获得硕士学位，之后，又重回东北师范大学攻读博士学位。王伟人虽北还，但情仍留南国，我与他结下了深厚的师生情谊，虽以他不能留在我身边工作为憾，但看到他不断取得优异成果，我非常高兴。王伟已是近年明史学界的活跃新秀了。

过去，明史研究大抵按模块切割展开，如划分成政治史、经济史、社会史、文化史、中外关系史等等。其中政治史又划分成制度史、思想史、事件史、人物史等等，强调的是精细研究。强调精细没错，但欠缺整体性，总感觉到知其然不知其所以然。我有幸先读书稿，看到王伟此著对明史贡献良多。首先是体系的创新。我本人也曾着力过明代政治制度研究，也曾认为制度、事件、人物思想三者密不可分。一个重要制度的产生，必定是先有不同人物各种思想的产生，然后有不同思想的交锋争论，思想思潮交锋的过程必然伴随着政治斗争，有时甚至是激烈的、多次反复的、你死我活的斗争。在各种势力平衡之下，才会有新的、更完善的制度产生。当时，我就是循此思路开展研究的，还窃以为颇有心得，并以此来教自己的学生。今天得读王伟新著，耳目为之一新，发现王伟比我看得更远一步了。王伟认为，所有制度、人物思想、社会思潮的产生和变化，皆取决于当时的社会政治生态，有怎么样的政治生态就有怎么样的政治环境。这是一个正确论断。基于这一前提，王伟构造起一幅明前期政治生态的全图。由此，解释了元末的政治生态决定、造就了明朝开国皇帝朱元璋的立国理念和原则，决定了他一定要采用“重典治国”来重构社会秩序。这种理念和做法又与世代受传统儒家教育的士大夫治国理念产生直接对立，也由此使得大批士大夫拒绝出仕，拒绝为新朝服务。凡此种种，深刻揭示了明初特有的看似相悖的政治现象。一般来说，历史上一个新的王朝必定带来一段政策摇摆不定的时期，起码要经历数十年社会动荡才逐渐形成相对稳定局面。过去，明史研究中很少使用明前期这样的概念来展开。王伟采用这一概念，正好一探究竟，是一件很有意义的工作。中国古代历史上的士大夫群体有共性，也有个性。其他朝代的士大夫群体特性，远的不说，两宋史中士大夫群体研究就很活跃，明史中士大夫群体研究就逊色一些。其实明代士大夫有其特征，也需很好地发掘总结。明代士大夫们留下的文集、笔记、杂史等，从形式到内容都比其他朝代的丰富，这使后人更有条件做明代士大夫群体研究。王伟此著只是开了个头，希望继续下去。

可以说，中国士大夫是中国古代社会走向的主导力量。他们出仕为官和居家乡绅的双重身份深深地影响着一个时代的方方面面，他们的价值取向对社会各阶级、阶层、集团的价值取向起决定性作用。王伟的著作深刻揭示了士大夫出仕与皇帝及其附从群体的关系，对二者围绕话语权的争夺展开了全方位的研究，其中有很多内容是前人很少涉及的，如士权与皇权、士权与宦权、士权与贵族权、士权与武臣权等等，都相当深入细致。明代士大夫话语权的使用更是出彩。明代是君主专制最严重时期，君主利用手中特权，严重摧折士大夫独立精神，即使在这种情况下，士大夫仍顽强保持理念，并用各种方法与之争抗，明前期仍涌现一大批具有风骨的士大夫。

王伟本书对明前期士大夫群体的总体把握是准确的。但中国地域之大，群体差异之大也是明显的，著作也应对不同地域士大夫群体做区别对待。不同地域士大夫之间的斗争，有时还会是非常激烈、影响巨大的。虽说明代士大夫群体之间剧斗，以晚明最为激烈，但在明前期也是可见端倪的，如科试之争、税务之争，不一而足。另外，中国是一个家族乡坤直接参与社会治理的社会，士大夫居乡的表现也要再另花足够功夫去研究。

王伟此书是长期对此命题进行研究的结晶。早在攻读硕士学位时，他以及同期的一些同学就对明代皇帝及皇储的教育制度很感兴趣。我们师生经常一起讨论，讨论了这一制度的形式、内容、影响等一般制度性的问题，更好奇于皇帝、皇太子是怎样处理与帝师的关系的，反之也一样。做皇帝的老师，既是中国古代士大夫最高的荣耀，又是通向政治权力巅峰的捷径。明代不少杰出的政治家、改革家都曾当过帝师，通过接触便利，可以向君主或日后的君主灌输治国理念，并通过交流结下特殊交情。记得当时师生间的讨论热烈、和谐，学问之道，不亦乐乎？如今，王伟把当年课上的讨论、思考的问题，结晶成文，幸甚。近年，王伟论文新作频出，且受到学术界的重视，关于辍朝制度，关于清初域外明朝遗民的“前朝记忆”，都是深思熟虑之作，多有发明。王伟求学南北，兼采南北学风所长，本书充分体现了既重理论又重实证的特点。王伟专心学问，还承担了国家社科基金及省部多项科研课题，正逐渐走入学术研究收获的丰硕期，假以时日，当会取得大成就。

颜广文

2020 年 6 月于广州五山茶山

目　录

绪　论

中国的士大夫是以研修儒学而入仕为官之人，其本身具有儒家学者和帝国官僚的双重身份，同时具有政治和文化双重功能。明前期的时间范围大致为明朝立国前后至天顺初年之间的百余年，明前期酝酿、确立和运行了有明一代的基本政治制度，形成明代政治文化的基色，确立了明前期政治生态的权力结构体系、制度结构模式、政治成员基本权利与责任等主体核心。士大夫是明前期政治生态的主体，在明前期政治生态的形成和演变中发挥核心的主导作用。士大夫因明代皇权的强化而改变宋元以来的生存状态，逐渐展现出差异化的精神面貌，但是仍保持了清晰的主体意识。目前学界对中国士大夫的研究多集中于宋代和明中后期，对明前期士大夫的研究相对薄弱。有鉴于此，本书试图从动态演变和宏观分析两个角度对明前期政治生态与士大夫的主体意识进行系统分析。

一、研究现状

（一）中国士大夫专题研究

中国古代政治史研究中，士大夫研究是其核心和主体。明代士大夫研究相关的重要著作，较早者首推吴晗、费孝通的《皇权与绅权》一书。此书论证了皇权、绅权、士权的特征和意义，特别论述了士大夫的政治角色和历史特征，梳理了皇权与绅权之间的关系模式和相互作用。① 阎步克的《士大夫政治演生史稿》指出，在中国的传统中，“士”这个称谓有担任政事者和道艺者的双重意味。“文化成为系统性知识以后，学士产生，并构成与政统分立的道统。”② 封建士大夫和帝国时代的士大夫一样，都兼有文化和政治功能。这种政治文化模式认定，每一个身居上位者相对于其下

① 吴晗，费孝通. 皇权与绅权. 上海：观察社，1948. 注释中的出版地、出版单位和出版年份，再次引用时不再列出。下同。

② 阎步克. 士大夫政治演生史稿. 北京：北京大学出版社，1996：477.

属，同时拥有官长、兄长、师长三重身份，同时具有施治、施爱、施教三重义务。“尊尊、亲亲、贤贤”之相济相维，“吏道、父道、师道”之互渗互补，“君、亲、师”之三位一体关系，再一次成为王朝自我调节与整合社会的基本维系，并由此造就了一种特殊类型的专制官僚政治——士大夫政治，“君子治国”之政治理想与“士、农、工、商”之分层概念也就一直维持到了中华帝国的末期。[①] 阎步克认为，儒生和文吏的融合，导致了士大夫具有二重角色，既是知识文化人，又是帝国的官员，特别是科举考试到明代已经成为帝国选拔官员的重要方式，士大夫和士人政治随之发生变化。任爽等认为，科举制度让士大夫逐渐“丧失了自主权，丧失了与专制君主平等对话的资格，政治丧失了制衡，极端现象便不可避免。从封建分国到中央集权，从中央集权到君主集权，在某种程度上，都可以说是政治制衡力量日趋弱化的结果。古代中国的政治在从中央集权走向君主集权的时候，因专制君主地位的空前提高，在君主所代表的最高权力与国家管理的实际过程中出现了一个真空。通过科举制度选拔出来的官僚于是控制了政治过程”[②]。袁德良的《中国古代士大夫政治文化传统管窥》一文从士大夫政治文化传统中的“两重性”特征入手，分析士大夫政治态度、政治行为等方面诸种看似矛盾而实际又相系相维的两重性特点，并从政治思想、政治制度、政治现实、政治性格等方面，分析形成这种两重性的原因。[③] 甘怀真的《中国中古时期君臣关系初探》一文从官僚制度的演变、士大夫社会的形成、儒学的传播等三个角度考察中国中古时期君臣关系的性质[④]，在其专著《皇权、礼仪与经典诠释：中国古代政治史研究》一书中对这一论述思路进行了全面阐释。[⑤] 这为研究明代君臣关系发展轨迹和士大夫政治与皇权政治的关系，提供了视角和方法的支持。同时，王亚南的《中国官僚政治研究》一书分析了中国官僚制度的构成要件，融合了政治、经济、文化、制度等多个角度，分析了中国官僚政治的发生和演变轨迹以及中国官僚制度所具有的基本历史特征。[⑥] 刘泽华的《士人与社会》

① 阎步克．士大夫政治演生史稿．477．

② 任爽，石庆环．科举制度与公务员制度：中西政治发展史上的一个交汇点．东北师大学报（哲学社会科学版），2002（4）．

③ 袁德良．中国古代士大夫政治文化传统管窥．原道，2008（6）．

④ 甘怀真．中国中古时期君臣关系初探．台大历史学报，1997（21）．

⑤ 甘怀真．皇权、礼仪与经典诠释：中国古代政治史研究．上海：华东师范大学出版社，2004．

⑥ 王亚南．中国官僚政治研究．北京：中国社会科学出版社，1981．

一书剖析的重点由学说、思想转为思想文化的载体，即人、集团或阶层；在认识上，突出了对士与王权之间既统一又对立的辩证关系的考察。于是，在对诸子百家做了一个个专题的研究之后，作者把各家、各类以及统言之“士”，归为一体，作为主要的目标和对象，进行多角度、多层次、全方位、全过程的考察。① 刘泽华与张荣明合著的《公私观念与中国社会》一书着眼于士大夫阶层公私观念的差异性与中国社会的变革关系。② 黄克武的《从追求正道到认同国族：明末至清末中国公私观念的重整》一文尝试以明末至清末中国历史发展为例，来思索与公、私之概念范畴相关的一些课题，尤其注意到16世纪末至20世纪初，中国知识分子如何以传统公与私的概念来构思群与己（尤其是国与己）的关系而形成的思想变迁。刘敏的《家国之间：从家训、义庄和乡约现象看宋代士大夫的精神世界》通过观察宋代士大夫在国家与社会中的角色转换，从而把握在社会深刻变化中士大夫的精神世界。③

有关中国古代士大夫家国观念的研究也是政治学和哲学关注的范畴，家国观念成为从政治学角度考虑中国政治演变的视角之一。如徐翔在《重审儒家的“家-国”观：从乔治·莱考夫的道德政治论说起》一文中，从乔治·莱考夫的道德政治论出发，基于家庭的两种道德模式——“严父模式”与“慈爱父母模式”，考察儒家孔孟的“家-国”观。作者试图指出，儒家的家国观以及以此为基础的“民之父母”观念更接近莱考夫理论中反权威的“慈爱父母模式”而非“严父模式”。由此，作者尝试从权力和道德两个面向重审“国之本在家”的意义，及其可能启示的民主政治。家国观念在政治学和哲学范畴内的研究也多关注士大夫群体思想变革带来的社会改革与变迁。④

近年相继出现一批研究宋明以来士大夫的专题性著作，其中具有代表性的主要有：美国汉学家狄百瑞在《儒家的困境》中研究了儒学面对的外部困境和内部困境两个方面，从文化生态和政治生态两个角度分析了理学的处境，这种处境的直观外部表现是士大夫政治生存状态的变迁。狄百瑞

① 刘泽华．士人与社会．天津：天津人民出版社，1988.

② 刘泽华，张荣明．公私观念与中国社会．北京：中国人民大学出版社，2003.

③ 刘敏．家国之间：从家训、义庄和乡约现象看宋代士大夫的精神世界．河北师范大学中国古代史专业硕士学位论文，2010.

④ 徐翔．重审儒家的“家-国”观：从乔治·莱考夫的道德政治论说起．开放时代，2011（3）.

认为，《论语》中提到的大部分君子形象只能被理解为文人。只有在少数情况下，孔子所推崇的君子才被塑造成为崇高和富于自我牺牲精神的角色，也就是君子作为他人领袖时应当成为的角色。虽然君子是文人和高尚之人的结合，但文人与高尚之人的差别却很重要。缺乏这种差别就会忽略甚至是误读《论语》中许多涉及内在品质和外在表现的内容及含义。对孔子来说，人生最好的情况就是生活在那些相互对立又相互补充的价值中，并在这种矛盾中努力实现中庸。君子是生活的艺术家。说君子是生活的艺术家，意思是他多少是个唯美主义者，但他肯定不是个浅薄的涉猎者。君子接受现世，认为通过变革现世的行动可以在现世中实现“道”。在《论语》中，文人的种种礼仪已经在一定程度上内化为君子之礼。在这里，狄百瑞将君子所发挥的职能与《旧约》中的先知做类比。君子在发挥职能时，不能像《旧约》先知谴责上帝子民那样尖锐地谴责天下子民。同样，君子也不可能带给人们救赎的希望，毕竟救赎距离现实是如此遥远。但是他们却同陷挣扎。在这种意义上，两者的确有相似之处。① 美国华裔学者余英时近年来专注于士阶层研究，他的《宋明理学与政治文化》一书集中讨论理学在宋明两代所展现的不同特征以及对宋明政治文化形成的价值意义。② 余英时的《士与中国文化》认为，中国史上的“士”大致相当于今天所谓的“知识分子”，但两者之间又不尽相同，为了尊重历史事实，依然沿用了“士”的旧称。书中的几篇研究基本上都采取了文化史和思想史的角度，全书因此定名。此书不取通史式的写法，而是一系列史学专题的研究。作者在各历史阶段中选择了若干有关“士”的发展的中心论题，然后对每一论题进行比较具体而深入的分析，希望能通过这一重点的研究方式展示“士”在中国文化史上的特殊地位。书中提到近代俄国知识阶层的五项特征：（1）深切地关怀一切有关公共利益之事；（2）对于国家及一切公益之事，知识分子都视为他们个人的责任；（3）倾向于把政治、社会问题视为道德问题；（4）有一种义务感，要不顾一切代价追求终极的逻辑结论；（5）深信事物不合理，须努力加以改正。③ 这五项特征可以在分析中国士大夫阶层的道德情怀追求中，以及以天下国家为己任的传统中找到清晰的痕迹。王瑞来的《宰相的故事：士大夫政治下的权力场》一书论述宋

① 狄百瑞. 儒家的困境. 北京：北京大学出版社，2009.

② 余英时. 宋明理学与政治文化. 长春：吉林出版集团有限责任公司，2008.

③ 余英时. 士与中国文化. 上海：上海人民出版社，2003.

代相权和君权两者的关系态势，提出宋代皇权演变轨迹由实体化走向象征化的观点。① 他的《宋代的皇帝权力与士大夫政治》一书、《论宋代相权》与《论宋代皇权》两篇学术论文均研究宋代士大夫政治和皇权政治。② 台湾学者王明荪的《元代的士人与政治》一书从元朝士人的政治地位和政治理想两个方面论证了士人在元朝的政治处境和生存境遇。③ 南开大学展龙的博士学位论文《元明之际士大夫政治生态研究》系统分析了元明之际士大夫的价值取向、政治选择、精神世界、历史品性。④ 以上学者对宋、元、明三个时段士大夫的研究为本书关于明前期士大夫的研究提供了思路和视角的支持。

（二）明代政治文化研究

对明代政治史的研究，以张显清等主编的《明代政治史》一书为代表；⑤ 对明代文化史的研究，以商传的《明代文化史》一书为代表。⑥ 两书系统研究明代的政治和文化两个领域，建构起明代士大夫生存的政治生态和文化生态。苏同炳的《明史偶笔》第一部分“明代相权问题研究”对明代内阁地位、权力、境遇变革给予解读，认为明朝灭亡是君主独裁、内阁失去匡辅功能的结果。⑦ 关文发、颜广文的《明代政治制度研究》一书对明代的政治制度进行专项研究，其中有明代内阁制度和翰林制度的研究专题。⑧ 王其榘的《明代内阁制度史》一书以内阁在国家权力体系中的位势、地位、角色为视角分析了明代内阁的动态变迁，系统分析内阁的规制变化、内阁权力变迁、阁臣政治命运、阁权与皇权的关系态势演变。⑨ 谭天星的《明代内阁政治》一书对明代内阁在明代政治史中的地位和作用进行解构分析。⑩ 杨树藩的《中国文官制度史》一书研究明代文官的考选制度、任用制度、退休制度，结论部分论述了明代文官制度的弊病，如求全

① 王瑞来．宰相的故事：士大夫政治下的权力场．北京：中华书局，2010.

② 王瑞来．宋代的皇帝权力与士大夫政治．东京：汲古书院，2001；王瑞来．论宋代相权．历史研究，1985（2）；王瑞来．论宋代皇权．历史研究，1989（1）.

③ 王明荪．元代的士人与政治．台北：学生书局，1992.

④ 展龙．元明之际士大夫政治生态研究．南开大学中国古代史专业博士学位论文，2008.

⑤ 张显清，林金树．明代政治史．桂林：广西师范大学出版社，2003.

⑥ 商传．明代文化史．上海：东方出版中心，2007.

⑦ 苏同炳．明史偶笔．台北：商务印书馆，1995.

⑧ 关文发，颜广文．明代政治制度研究．北京：中国社会科学出版社，1995.

⑨ 王其榘．明代内阁制度史．北京：中华书局，1983.

⑩ 谭天星．明代内阁政治．北京：中国社会科学出版社，1996.

责备、人事权滥、冗员膨胀等六个方面。[①] 杨树藩的《明代中央政治制度》一书从统治主体、政务机关、监察机关、业务机关、侍卫机关等方面分析明代中央的权力体系。[②] 唐克军的《不平衡的治理：明代政府运行研究》一书从权力和利益的角度分析明代政府政事的运行过程及方式——决策、运行、实施、沟通、官员，分析了权力和利益之间、权力和权力之间的冲突与矛盾。[③] 王天有的《明代国家机构研究》一书解析明代国家机构的组成方式和运行模式，各个职能部门在国家权力体系中的价值和位势，涉及财政、司法、监察、军事、礼仪等多种具体职能的运行。[④]

明前期政治变迁和政治演变的相关论著如下：孟森的《明史讲义》一书以“开国”“靖难”“夺门”三章叙述明前期政治的变迁，大致梳理了明前期政治文化的走势。[⑤] 日本学者宫崎市定在《从洪武到永乐：明朝初期政权的性格》一文中指出：从洪武到永乐，明朝初期政权的风格发生变化，永乐朝政权基色有对洪武朝政权特色回归的特征。“太祖晚年，政治中出现文人政治抬头的倾向，到建文帝时期，文人政治出现表面化，本来这种倾向会平和地得到发展，使得文人政治恢复到和武人同等的地位，也符合中国社会文化中重文偃武的期望。这种文人政治不是胥吏政治，而是孕育在文学意义上的文人政治，黄子澄、齐泰、宋濂的得意门生方孝孺在建文帝时期得到重用，决定国策的走向，力图开辟新的局面。太祖的军功和专断激励了燕王，即后来的成祖永乐帝。随着军事失败，建文政权的文人化倾向宣告没落。”[⑥] 汤纲、南炳文的《明史》一书认为，仁宗和宣宗两朝是明王朝的鼎盛时期。从仁宣开始，明朝的国家政策由洪武和永乐两朝的严急而趋向平稳。明英宗以后，明朝初期所潜存的各种矛盾逐渐暴露和激化：宦官专权、贵族兼并土地、财政危机日益深重、卫所军制败坏、边防废弛。[⑦] 美国史家牟复礼和英国史家崔瑞德的《剑桥中国明代史》一书对明前期政治风气和文化气象的论述如下：“1399 年到 1436 年经历了开国皇帝之后四代人的统治。短命的建文之治（1399—1402 年）因篡夺而急遽地中断；其后是永乐之治（1403—1425 年），这是帝国一个加强和

---

① 杨树藩．中国文官制度史．台北：黎明文化事业股份有限公司，1982.
② 杨树藩．明代中央政治制度．台北：商务印书馆，1982.
③ 唐克军．不平衡的治理：明代政府运行研究．武汉：武汉出版社，2004.
④ 王天有．明代国家机构研究．北京：北京大学出版社，1992.
⑤ 孟森．明史讲义．上海：上海古籍出版社，2002.
⑥ 宫崎市定．宫崎市定全集．东京：岩波书店，1999：57.
⑦ 汤纲，南炳文．明史．上海：上海人民出版社，1985.

扩张的时期；再就是为时仅九个月的洪熙之治（1425—1426 年）；最后是稳定和紧缩时期的宣德之治（1426—1436 年）。因此，两个短暂的间歇时期把明初三个主要皇帝的统治期分隔了开来。”“另一个大变动是大学士官职的设立：它填补了皇帝和帝国官僚体制之间的空白——这个空白是开国皇帝在 1380 年废除中书省以后所形成的，大学士开始在政策问题上备皇帝顾问。这些措施都没有背离明太祖建国的任何基本制度上的设想；相反地，它们倒是弥补了现存制度的缺陷，使之适应了新的政治现实。”① 同时对明前期文化动态的论述如下：“皇帝大力倡导注意面狭窄的新儒学学识，这不仅形成了明王朝的政治意识形态，而且影响了所有那些通过这种倡导对教育和科举的影响而取得高等文化教养的人们的思想和文化背景，同时还酝酿成了一个对某些明代知识分子中潜在批评的衡量尺寸。直到 15 世纪末以前，没有出现新的思想学派向这个正统学说挑战。人们坚持在学术上与正统注疏合拍，在诗歌和散文上向古典模式看齐；作家们和教师们虽然不完全缺乏新意和创见，但也没有在他们的思想和作品中显示出任何令人瞩目的非正统的和个人主义的倾向。”② 李新峰在《论元明之间的变革》一文中把“明前期”视为一个独立的历史研究单元，认为“明前期”在宋元以来的中国历史中具有独特的政治文化特质，与明中期的变革形成断层。③ 赵轶峰教授的《明代的遗诏》和《明前期皇帝的即位诏：从洪武到正统》两文通过分析皇帝的遗诏和即位诏所具有的政治意味，解读明前期政治文化和政治风格的变迁。④

明前期人物传记可用来分析明前期政治生态和政治语境发生的变迁。如吴晗的《朱元璋传》一书以皇帝朱元璋为中心叙述了明朝建立后国家的体制设定和政治斗争，同时论述了元明之际政治生态的变革和洪武朝政的基本特色。⑤ 王春南、赵映林的《宋濂　方孝孺评传》一书研究宋濂和方孝孺的精神信仰、思想观念、文学成就等，通过对比分析宋濂与方孝孺政治命运的差异化，透视洪武到建文时期士大夫政治地位、政治角色以及主体意识的演变轨迹。⑥ 其余明前期皇帝传记可以用于分析明前期皇权政治

---

① 牟复礼，崔瑞德．剑桥中国明代史．北京：中国社会科学出版社，1992：201-202.

② 同①203.

③ 李新峰．论元明之间的变革．古代文明，2010（4）.

④ 赵轶峰．明代的遗诏．西南大学学报（社会科学版），2010（1）；赵轶峰．明前期皇帝的即位诏：从洪武到正统．求是学刊，2011（1）.

⑤ 吴晗．朱元璋传．北京：人民出版社，2004.

⑥ 王春南，赵映林．宋濂　方孝孺评传．南京：南京大学出版社，1998.

的态势特征和演变轨迹。①

目前学界对洪武到天顺之间政治文化的研究，多集中于政治事件与政治制度，缺乏对明前期士大夫群体的整体特征和演变趋势的研究，同时未把此一时期定性为“明前期”，进而使之成为一独立单元。学界较为重视明代中后期士大夫的研究，成果也较为丰硕，但是明代中后期士大夫的诸多特征萌芽于明前期，对明前期士大夫和士大夫政治的研究有利于理解并解读明中后期士大夫的群体特征。

（三）明代士大夫专门研究

明代士大夫与士大夫政治是明代政治文化史，乃至中国古代政治史范畴中引人关注的一个问题。学界已关注过明代士大夫的思想观念、政治命运、生存状态、社会交往等问题的研究，代表学者如李洵、张显清、南炳文、费舍尔（Carney T. Fisher）、赵园、赵轶峰、赵毅、刘晓东等。

赵园的《明清之际士大夫研究》和《制度·言论·心态：明清之际士大夫研究》两书注重士大夫在时局转变中的心态、品性、思想等方面的研究。② 罗宗强的《明代后期士人心态研究》则以典型的历史事件和士大夫为对象，分析明代后期士人的心路历程。③ 以上三部著作，多从文学作品入手，揣摩士人心态演变。刘化兵的《士风与诗风的演进：明代成化至正德前期士人与诗派研究》一书以此一时期士人心态与诗文流派关系为切入点，在认真阅读文献、广泛搜取资料的基础上，运用综合研究和个案分析相结合的方法，提出了许多富有价值的见解。④ 蒋玉斌的《明代中晚期小说与士人心态》一书选择了“明代中晚期小说与士人心态”作为研究对象，论述了明代中晚期小说与士人心态的密切关系，从慕俗心态、淑世心态、自恋心态、泄愤心态四个方面进行解析。⑤ 以上两书为文学与史学嫁接产物，用文学解读方式分析士人心态。赵毅、刘晓东的《晚明基层士人社会生活谫论》和刘晓东的《明代士人生存状态研究》两书细致研究了明代文人的生活和生存状态，为从社会史角度理解士大夫的生存境况

① 晁中辰．明成祖传．北京：人民出版社，1993；赵中男．宣德皇帝大传．沈阳：辽宁教育出版社，1994；赵毅，罗冬阳．正统皇帝大传．北京：中国社会科学出版社，2008．

② 赵园．明清之际士大夫研究．北京：北京大学出版社，1999；赵园．制度·言论·心态：明清之际士大夫研究．北京：北京大学出版社，2006．

③ 罗宗强．明代后期士人心态研究．天津：南开大学出版社，2006．

④ 刘化兵．士风与诗风的演进：明代成化至正德前期士人与诗派研究．北京：中国社会科学出版社，2007．

⑤ 蒋玉斌．明代中晚期小说与士人心态．成都：巴蜀书社，2010．

提供支持。[①] 从科举制度和台阁体文风的角度分析明前期士大夫的历史品性也受到学者的关注。如柴志明从科举文化的角度分析了明代士大夫思想和行为所展现的时代特征。[②] 陈传席、左东岭、刘建明从台阁体的文学品性入手，分析明前期以三杨为代表的士大夫的奴化心态和仁宣时期的士林风气。[③] 这类研究从制度、文化、文学的角度深入分析明前期士大夫的精神世界，探讨明前期政治生态中士大夫的道德情操、价值取向和政治信仰。夏咸淳的《情与理的碰撞：明代士林心史》指出，以三杨为代表的明前期士大夫"往往表现为，执定一端而不作异想，株守一家而排斥百子，循规蹈矩，不敢越雷池一步"[④]，进而造成士大夫政治人格低下，表现出奴性，造成政治的因循与保守。他在《明代文人心态之律动》一文中也论证了文化心态在明代的演变状态。[⑤] 明代是中国宗族结构和特征发生变革的重要时期，传统对中国近世士人群体生存与发展的内在影响历来是明代社会史研究的一个主要关注点，受到学界重视。20 世纪，以宫崎市定、寺田隆信为代表的日本学者在明清两代基层社会研究中关注绅士阶层的影响力问题。老一辈学者如傅衣凌、梁方仲等特别关注士大夫阶层在区域社会变迁中的影响力和作用力问题。近年以来，明代社会史研究借鉴历史人类学研究方法，采用田野调查的方法开展明清区域社会的研究，如常建华、陈春声、郑振满、谢和耐等。

近年涌现出一批有关明代士大夫研究的论文，其中代表主要有赵轶峰和陈宝良的成果。如赵轶峰在《晚明士大夫的救世情怀》一文中指出，万历中期后，明代社会矛盾激化，皇权强化却不缺乏实际作为，各个层面的士大夫在各自的政治场域中履行其济世救民的政治情怀，体现了士大夫群体民本主义的政治理念。"这些取向表达出明代士大夫作为群体在普遍危机意识情形下行为的阈度，在一定意义上反映了当时中国精英在危机处境

① 赵毅，刘晓东．晚明基层士人社会生活谫论．长春：吉林人民出版社，2006；刘晓东．明代士人生存状态研究．长春：吉林文史出版社，2002.

② 柴志明．试论科举文化熏陶下的明代文人．浙江大学学报（人文社会科学版），2004（3）.

③ 陈传席．台阁体与明代文人的奴性品格．社会科学论坛，2001（4）；左东岭．论台阁体与仁、宣士风之关系．湖南社会科学，2002（2）；刘建明．明代前期政权运作与诗文走向．社会科学辑刊，2009（4）.

④ 夏咸淳．情与理的碰撞：明代士林心史．保定：河北大学出版社，2001.

⑤ 夏咸淳．明代文人心态之律动．东南大学学报（哲学社会科学版），2003（4）.

下的思想、行为潜力与方向。”① 赵轶峰的论文《明清庙堂政治的差异》其中一部分从庙堂政治差异角度解读了士大夫政治退化现象。② 他的《明代嘉隆万时期政治文化的嬗变》一文认为，嘉靖至万历的近百年，是明代政治文化发生深刻变化的关键时期。士大夫政治与皇权政治伴随着“大礼议”到万历“党争”，伴随着一系列的政治事件的变革，内阁权力和士大夫的话语权也跟随皇权的强弱而演变。③ 陈宝良近年专题研究明代的士大夫，发表了一系列的学术论文：《从君子小人之辨看明代士大夫的精神世界》《从临终遗言看明代士大夫的自我意识》《从士风变迁看明代士大夫精神史的内在转向》《从雅俗之辨看明代士大夫的精神世界》《雅俗兼备：明代士大夫的生活观念》《德才兼备：明代士大夫的精神世界》《明代的士大夫、士大夫家族及其关系网络》《明代士大夫的精神世界及其转向》。以上论文较为系统地对明代士大夫的观念体系和精神世界进行了论证分析。④

其他较为重要的学术论文还有：常建华的《明代士大夫的民生思想及其政治实践：以〈明经世文编〉为中心》从明朝官员的奏疏中体现的民生思想出发，进而论证“民生和国计一体两面，国家与社会为紧密相联的互动关系。吏治与民生的关系要求官员当官为民、造福一方”⑤。李佳的论文关注晚明士大夫的独特政治行为和政治取向，如乞休、伏阙、挂冠等政治现象，从明代君臣冲突的角度分析明代士大夫的政治诉求和政治境遇。⑥ 吴琦、马俊的《“乞休”与“挂冠”：晚明弃官现象与政治文化嬗

① 赵轶峰. 晚明士大夫的救世情怀. 吉林大学社会科学学报，2012 (5).

② 赵轶峰. 明清庙堂政治的差异. 安徽史学，2013 (5).

③ 赵轶峰. 明代嘉隆万时期政治文化的嬗变. 社会科学辑刊，2012 (4).

④ 陈宝良有关明代士大夫的系列论文主要有：陈宝良. 从君子小人之辨看明代士大夫的精神世界//中国社会科学院历史研究所明史研究室. 明史研究论丛：第九辑. 北京：紫禁城出版社，2011；陈宝良. 从临终遗言看明代士大夫的自我意识. 中州学刊，2013 (12)；陈宝良. 从士风变迁看明代士大夫精神史的内在转向. 福建论坛（人文社会科学版），2013 (2)；陈宝良. 从雅俗之辨看明代士大夫的精神世界. 福建论坛（人文社会科学版），2013 (2)；陈宝良. 雅俗兼备：明代士大夫的生活观念. 社会科学辑刊，2013 (2)；陈宝良. 德才兼备：明代士大夫的精神世界. 福建论坛（人文社会科学版），2012 (2)；陈宝良. 明代的士大夫、士大夫家族及其关系网络. 福建论坛（人文社会科学版），2012 (2)；明代士大夫的精神世界及其转向. 北京联合大学学报（人文社会科学版），2012 (1).

⑤ 常建华. 明代士大夫的民生思想及其政治实践：以《明经世文编》为中心. 古代文明，2015 (2).

⑥ 李佳. 明代万历朝官员“乞休”现象分析. 求是学刊，2009 (2)；李佳. 明代群臣“伏阙”抗争现象的政治文化分析. 古代文明，2010 (4)；李佳. 论明代君臣冲突中士大夫的政治价值观. 西南大学学报（社会科学版），2013 (1)；李佳. 论明代的君臣冲突. 东北师范大学中国古代史专业博士学位论文，2011.

变》也对晚明集中爆发的士大夫乞休和挂冠的政治现象进行了政治文化视角的分析。① 丁国祥的《廷杖下的明代士林精神走向》关注廷杖的政治情态中士大夫内在精神的冲突和对道统的坚持。② 翟爱玲的《明代名臣刘健研究》是对明代中期内阁大学士刘健的专门系统性研究，从一位内阁大学士研究视角可以透视整个明代中期政治走向和士大夫的政治处境。③ 赵伟的《明代政治生态与士大夫政治文化的双向路线》提出，明中期后，明代士大夫无法实现“得君行道”的上行路线，开始转向“觉民行道”的下行路线，这是明代士大夫政治文化转变的表现之一。④

在对士大夫阶层的研究中，学者历来比较重视其与明代皇权关系的研究，采用传统政治史的研究方式，笼罩于传统士大夫政治的总特征中，依据的资料仍然以政治场域中形成的奏疏等公文为主体，缺乏对明代士大夫内心感悟和心理状态的细致研究，同时也缺乏动态性的变迁研究。此外，明代士大夫政治文化研究与明代社会史研究历来是相对隔绝的两大模块，难以形成相互参照关系，社会变迁、士人心态、宗族社会、基层社会等几大研究内容很难形成整体性的研究视域。本书以明前期政治生态为背景，以士大夫奏疏与家书为核心史料依托，分析明前期士大夫的主体意识和自觉精神，同时分析士大夫精神世界和家国义利观念体系，并同时探求明前期政治文化的形成、演变以及影响。

二、研究内容与方法

（一）研究内容

本书由绪论、主体十章和结论等组成。

第一章主要分析明前期政治生态的演变。明前期的政治生态在洪武时期得以确立，宋代的政治传统、元代的政治体制、朱元璋的个人因素三者成为明前期政治生态形成的关键。明朝立国之初，朱元璋的政统与士大夫的道统就发生冲突，数次诏狱后，洪武朝形成皇帝独裁、重典治国的政治风貌；建文朝一改洪武朝重典治世风格，以方孝孺为代表的士大夫成为时政主导，建文朝政逐渐展现文治气象；“靖难之役”冲击建文朝文治取向，永乐朝皇权再次强化，士权处于皇权笼罩中；仁宗和宣宗两朝，君臣关系

① 吴琦，马俊．“乞休”与“挂冠”：晚明弃官现象与政治文化嬗变．安徽史学，2012（2）．

② 丁国祥．廷杖下的明代士林精神走向．苏州大学学报（哲学社会科学版），2013（6）．

③ 翟爱玲．明代名臣刘健研究．南开大学中国古代史专业博士学位论文，2013．

④ 赵伟．明代政治生态与士大夫政治文化的双向路线．东方论坛，2014（4）．

融洽，台阁体的文风成为时政风格的表征；正统初年“三杨政治”局面的出现是明代士大夫政治初显的标志。

第二章是对元明之际福建龙溪县儒士刘驷被两次征召的个案分析，通过分析元明之际刘驷学术思想的传承脉络和刘驷本人的理学思想，解读刘驷在明初两次被征召过程中的心路历程和思想冲突，分析刘驷的出处观念和自我认同意识。明初推行的选士国政与地方儒士被征召的不同心态相互辉映，更能深刻地透视明初国家政治生态逐渐确立的实际情态，从儒士角度来审视明初征召选士对儒士所造成的思想冲突和矛盾，进一步分析这种冲突和矛盾背后的文化动因。

第三章主要研究建文到宣德期间皇权转移与士大夫的政治改革。皇权转移为士大夫的政治改革提供契机，借助皇权的暂时弱化，士大夫的政治主体地位得以凸显，他们积极践行儒家的治国理念。明前期洪武与建文、建文与永乐、永乐与洪熙这三次皇权转移期均是士大夫进行政治改革的时期：建文即位后，以方孝孺、齐泰、黄子澄为代表的士大夫力主改变洪武重典的政治风格，推行士大夫政治，明代政治出现文人气象。建文与永乐之间的皇权转移以朱棣的“靖难”方式完成，“靖难”改变了建文的文治气象，永乐即位后士权蛰伏于皇权之下，永乐后期士权才得以逐渐彰显。仁宣两朝君臣关系得以改善，士大夫积极推行政治改革，对永乐朝政进行更张，三杨成为这个时期的政治代表。明前期的遗诏和即位诏均由文臣起草，如仁宗、宣宗和英宗的即位诏均出自杨士奇之手，即位诏成为政治更张变革的公告，对即位诏书起草情状、行文语气、改革条款的分析印证了明前期士大夫进行政治改革的脉络与思路。

第四章主要研究正统到天顺期间皇权转移与士大夫的政治改革。从“土木之变”到“夺门之变”期间，明代政治生态中皇权政治、士大夫政治、宦官政治、武人政治形成纠结之势，均成为影响国家政治的一股力量，士大夫在复杂的政治生态中成为影响政局的重要角色。这一时期政治生态趋于复杂多变，复杂的情境给予士大夫更多政治调整的机会，士大夫的自我认同和主体意识获得发抒，士林风气开始发生变化。雍容华贵的台阁体文风逐渐退出历史舞台，士林兴起以于谦和李贤为代表所提倡的务实主义的文学风气。于谦诗文表现出的忧患意识和献身精神是此一时期士大夫价值取向和思想境界发生改变的代表，同时也透视了明代政治文化气象的转变。

第五章探讨明前期君臣对“皇权”和“士权”的认知差异。明前期君臣对各自权力认知的冲突主导和影响着明前期政治文化的演变。明太祖与明成祖强化君权、压制士权，强调皇帝的独裁与专制；建文帝和仁宣二帝淡化皇权的独裁特性，强调士大夫对皇帝的辅佐作用。明前期士大夫的君臣观念演变走势大致为：洪武到建文时期，以方孝孺为代表的士大夫君臣观念的核心为君臣共治理念；永乐到正统初年，以三杨为代表的士大夫君臣观念的核心为君尊臣卑理念；“土木之变”到“夺门之变”之间，以于谦和李贤为代表的士大夫君臣观念逐渐凸显士人的主体性和主动性。明前期士大夫的政治主体地位随皇权强弱而变化，洪武和永乐两朝为蛰伏时期，建文朝为凸显时期，仁宣到天顺之间是恢复时期。

第六章解析明前期士大夫的奖惩制度。国家对士大夫的赏赐、封赠、荫子、赠印、辍朝、赠谥等礼遇活动增加士大夫的荣誉感，激活士大夫的政治热情，强化士大夫的自我认同。通过辍朝、赠谥等礼仪活动举行次数在各朝发生的动态变化可以透视出明前期政治生态和士大夫政治处境的变迁，印证明前期士大夫政治逐渐形成的过程。诏狱、廷杖、枷号三者构成明前期君主控制和打压士大夫的惩罚体系。这三种惩罚方式在摧残士大夫身体的同时，又使士大夫的精神饱受折磨，特别是冲击了士大夫的道德尊严底线。遭受摧残的士大夫也可以在当朝或后世得到政治平反，中央朝廷对其重新封赠谥号、封荫子弟、修缮陵墓、遣官祭祀；地方官员和士绅可为其修建祠堂，给予春秋祭祀，同样具有激励和教化的功能。国家礼遇、皇权压制、政治平反三者构成明前期士大夫的奖惩制度。

第七章研究明前期士大夫的话语权。在明前期的政治生态中，士大夫保持了对话语权的追求热情和持续坚守。士大夫用儒家思想教育和影响皇帝、皇储，试图从根源上解决政统与道统的冲突，确立道统领导政统的关系格局。士大夫通过朝会言事、密疏言事、应诏上言、天变建言等途径行使话语权。明前期士大夫话语空间和政治效能依皇权强弱而呈动态变化。洪武时期，士大夫话语空间狭小，效能弱化。建文时期，士大夫话语空间扩大，成为主导政治的力量。永乐时期，三杨等士人入值内阁，成为朱棣的重要谋臣。内阁虽为咨询机构，并无实际权力，但是士大夫仍借助多种途径对朝政施加影响。仁宣时期，蹇义、夏原吉、三杨、金幼孜等重要官员被赠予银印，获密疏言事权。正统时期，以王振为首的宦官势力膨胀，士大夫话语空间萎缩，话语权再次弱化，天象示警成为刘球等士大夫行使话语权、影响朝政的主要方式。天顺时期，大学士李贤力主开放言路，科道官员的朝参逐渐摆脱皇权控制。永乐和景泰两朝士大夫对皇储册封的影响力是明前期士大夫行使话语权的标志性事件。

第八章主要研究明前期理学与政治文化。程朱理学在明前期逐渐确立了独尊地位后，明前期的士大夫思想和行为逐渐进入理学范式化状态。明前期的宋濂、刘基、曹端、薛瑄和吴与弼等理学家虽然传承了程朱理学，但是对程朱理学并无发明和推演，理学在明前期取得独尊地位的同时，渐渐失去思想活力。明前期国家祭祀礼乐文化一尊程朱理学规范，基本确立明前期政治文化的朱学特征。明前期的皇帝又把程朱理学的思想文化精神纳入皇帝主持修纂的书籍中，并把这些书赏赐给天下，进而把理学思想抬升到国家最高的精神层面。随着理学思想逐渐失去活力，明前期理学在明中期后开始发生转向，陈献章的心学思想发其端，而王阳明继起于后，并最终成就了心学思想的整体性建构。明代中后期薛瑄从祀孔庙一事，代表了明后期士大夫对明前期政治的历史回溯和反思，这是明代中后期士大夫对明前期理学思想的坚守和保护。

第九章分析明前期士大夫在政治生态场域中的主体意识。明前期逐渐形成了理学独尊、皇权至上的政治生态，并逐渐形成了其独特的政治伦理。本章就明前期政治生态中官场政治伦理，以及士大夫在这种政治伦理中的行为规范形成过程与演变进行分析。“屏迹公门”一词在明前期政治生态演变后逐渐出现在士大夫的家书文献中，代表了主流士大夫对家与国之间关系形成的一种屏蔽观念。“垂范乡里”始终是明代士大夫实践民本思想的最终落脚点，从端正士俗、引导风俗，再到地方灾荒、地方纠纷等事项上，逐渐彰显“仕宦之家”的角色和功能。在政治生态和政治伦理中，士大夫的政治行为和自我主体意识，通过坚守民本思想获得旨归。在政治生态恶化和君臣冲突加剧的情况下，“乞休”成为士大夫最终退出政治舞台的一种无奈行为。明前期形成的政治生态和政治伦理使明代士大夫的乞休行为在明中期后逐渐增多，并于晚明成为一种普遍的政治行为，富有深刻的政治寓意。

第十章解读后世士大夫对明前期君臣的历史评价及其政治寓意。“靖难之役”与“夺门之变”导致明前期两次非正常状态的皇权转移。“靖难”所关涉的君主是建文和朱棣，文臣是方孝孺和三杨；“夺门”所关涉的君主是英宗和景帝，文臣是于谦和李贤。对建文和景帝的政治平反涉及“靖难”与“夺门”的性质定位，“靖难”关乎永乐皇权的合法性和正统性，受制于意识形态的左右，无法在有明一代获得准确的性质界定，建文也无法获得彻底的政治平反。与之对比，对景帝的平反和对“夺门”的定性相对容易。对建文和景帝的历史平反寄托了士大夫追求皇权合法性的政治诉求，对方孝孺政治平反的努力代表了士大夫对建文朝文治气象的追忆和渴望，对三杨的历史评论代表了士大夫对节义的坚守心态和借批三杨而影射朱棣的政治寓意。明清鼎革之际，流亡域外的明朝遗民逐渐开始对明朝一代的政治进行反思，明前期确立的诸多政治制度和文化成为明清之际士人思考和品评的对象。

总之，士大夫是明前期政治的主导者，保持了清醒的政治自觉和明确的主体意识。其主导作用和主体地位依皇权强弱变化而呈现时而凸显时而蛰伏的状态。其所享有的国家礼遇与皇帝对其严酷控制构成士大夫与皇帝关系的两极。通过对明前期士大夫生存境遇演变的分析，可以推知明前期政治生态的动态变迁。明前期的士大夫和士大夫政治在明前期的政治生态中呈现独特的历史特性。天变和民意是士大夫政治抗衡皇权政治的两大利器。民本主义是明前期士大夫政治的根本特征和精神旨归。

（二）研究方法

本书以明前期士大夫为研究对象，以“权力”和“角色”为研究视角，研究方法紧紧抓住两点——“动态演变”和“宏观分析”，同时借鉴政治文化理论和新文化史的研究思路。整个研究始终笼罩在文化的氛围中，恰如英国人类文化学家爱德华·泰勒所定义的文化概念：“文化，或文明，就其广泛的民族学意义来说，是包括全部的知识、信仰、艺术、道德、法律、风俗以及作为社会成员的人所掌握和接受的任何其他的才能和习惯的复合体。”① 明前期的政治文化和政治生态成为研究得以展开的舞台。

第一，行为主义和政治哲学。对“政治”一词的定义有很多种，本书主要运用美国行为主义学派的概念界定和研究理念。行为主义学派是20世纪40年代中期兴起于美国的政治学研究流派。一反美国早期政治学以国家政治制度为研究重点、以历史比较为主要研究方法的传统，行为主义学派把政治现实中可以实际观察的行为，包括个人行为和团体行为作为研究重点，把自然科学以及社会学、心理学、人类学、统计学等社会科学的理论和方法引入政治学。本书采用行为主义学派的先驱者和重要代表人物、美国政治学家、心理学家哈罗德·D. 拉斯韦尔对政治研究的界定：“政治研究是对权势和权势人物的研究”，“权势人物是在刻意取得的价值

① 爱德华·泰勒. 原始文化. 上海：上海文艺出版社，1992：1.

中获得最多的那些人们。可获取的价值可以分为尊重、收入、安全等类。取得价值最多的人是精英，其余的人是群众”①。这一政治研究理念的运用，使得对明前期士大夫角色的研究突破政治制度笼罩人物研究的弊端，凸显历史人物在研究中的主体地位。同时美国哈佛大学教授约翰·罗尔斯的《正义论》、英国政治学家伯特兰·罗素的《权力论》、美国权力政治学家丹尼斯·朗的《权力论》和美国社会学与政治学家 S. N. 艾森斯塔德的《帝国的政治体系》等书对研究的展开也有启发作用。

第二，政治文化理论。政治文化的研究属于以行为主义为特征的当代政治学的研究范畴。“政治文化”一词并非“政治”与“文化”简单组合而成的新词汇，按照美国政治学家加布里埃尔·A. 阿尔蒙德在《比较政治学：体系、过程和政策》一书中对“政治文化”的定义：“政治文化是一个民族在特定时期流行的一套政治态度、信仰和感情。这个政治文化是由本民族的历史和现在社会、经济、政治活动的进程所形成。人们在过去的经历中形成的态度类型对未来的政治行为有着重要的强制作用。政治文化影响各个担任政治角色者的行为、他们的政治要求内容和对法律的反应。”② 政治文化是指每一种政治制度得以存在的价值基石和依托，是一种研究方法。他与西德尼·维巴合作的《公民文化：五国的政治态度和民主》一书进一步把政治文化解释为：“当我们提到一个社会的政治文化时，我们所指的是其国民的认知、情感和评价中被内化了的政治制度。人们被引入政治文化，正如他们被社会化而进入非政治角色和社会制度一样。”③政治文化为系统中成员对政治的态度和取向的模式，这种态度和取向代表政治系统中成员的一种主观的心理取向，是政治行为的基础，并赋予政治行为以意义。接着他们把个人取向分为三部分：认知取向、情感取向以及评价取向，分别表示个人对政治系统的知识、感觉以及评价，认为政治文化是包括经验性信仰、表达的符号以及价值三者所交织而成的一个体系，是关联到政治生活中一切方面的主观取向，如政治对象与信念的认知取向，政治对象附着、连接或拒绝的情感取向，应用一些价值标准对政治对象、政治事件加以批判和议论的评价取向。这一政治理论应用到本书的研

① 哈罗德·D. 拉斯韦尔. 政治学. 北京：商务印书馆，2008：15.

② 加布里埃尔·A. 阿尔蒙德. 比较政治学：体系、过程和政策. 上海：上海译文出版社，1987：29.

③ 加布里埃尔·A. 阿尔蒙德，西德尼·维巴. 公民文化：五国的政治态度和民主. 杭州：浙江人民出版社，1989：15.

究中，旨在将对历史事件的文本研究深入为对历史事件内在价值的研究。政治文化史研究的核心关注点并非制度、事件和现象，而是政治内部非正式的规则，包括人们对政治的态度、组织政治的方式、政治人物心态和精神领域。这一理论方法有助于在政治事件和政治行为分析的基础上深入解析士大夫的精神世界、思想观念和道德情操。

第三，新文化史研究方法和解释范式。新文化史是20世纪70年代以来兴起的史学理论和方法，并且取代了经济-社会史而成为历史研究的主流。1989年美国历史学家林恩·亨特主编《新文化史》（*The New Cultural History*）一书，建构起“新文化史”研究的理论和方法。① 这个概念涵盖了历史人类学、文化人类学等多种学科，在70年代重视经济和社会史研究的基础上，逐渐关注文化，试图从文化的角度探寻历史的真实和意义，遗憾的是此书并没有给“新文化史”下一个清晰的定义。1994年，林恩·亨特与同事联合出版《历史的真相》一书，开始界定“新文化史”的内涵和理路：“新的历史探讨方向的焦点是人类心智，把它看做是社会传统的贮藏处，是认同形成的地方，是以语言处理事实的地方。文化就驻在心智之中，而文化被定义为解释机制与价值系统的社会贮藏所。文化史研究者的任务是往法律、文学、科学、艺术的地下挖掘，以寻找人们借以传达自己的价值和真理的密码、线索、暗示、手势、姿态。最重要的是，研究者开始明白，文化会使意义具体化，因为文化象征始终不断地在日常的社会接触中被重新塑造。”② 新文化史的理论和方法对分析士大夫的精神心智、思想理念、价值信仰、文化意识等方面具有意义。

新文化史的创新之处在于更专注于过程的研究，以往的文化史基本上是对结果的研究。所谓结果的研究，指的是对最终事实的研究，即对已成为事实的唯一可能性的研究。对思想家或学人而言，这个最终事实就是思考的文本化成果。所谓过程的研究，则是指对文本化成果的探索与思考过程的研究，而探索与思考的过程，即是从多种可能性一步步变成唯一可能性的过程。研究者在许多不同的路径和方向上提问各种可能性，然而，回答这些可能性的方式，并不是直接给出确定无疑的解释，而是用各种有趣、鲜活的事实向读者铺陈那些过去了的时间。

---

① Lynn Hunt. The New Cultural History. Berkeley, Los Angeles, London: University of California Press, 1989.

② 乔伊斯·阿普尔比，林恩·亨特，玛格丽特·雅各布. 历史的真相. 北京：中央编译出版社，1999：198.

第四，个人与历史关系的解释模式。超越浅表层面的个人主义英雄史观，突破个人和历史的二元分析模式。新文化史学研究的一个重要趋势就是关注个人，哪怕是普通的个人，个人是历史的主体，而不是客体，个人有某种自由的边缘。例如政治立场的选择和政治态度的变化，对历史趋势就长时段而言具有影响，个人的行为表现着自己的特点。研究历史的角度发生了变化，新文化史家不追求“大历史”（自上而下看历史）的抱负，而是关注“小历史”（自下而上看历史）的意义，即历史研究从社会角度的文化史学转向文化角度的社会史学。个人是文化的价值核心，文化是个人的环境平台，两者的相互印证与阐释成为研究方法和解释模式。

第五，由外向度的分析转入内向度的研究。坚持以“理解的同情”为基本的研究态度，克服传统政治制度史研究“只见树木不见人”的弊端。把对士大夫的研究放置于当时的政治情势和政治生态中，强调在这种情势和生态的动态变迁与演变中分析士大夫的精神世界。以剧烈动荡和重大变迁的冲突时刻为节点，分析士大夫的政治地位、政治角色和政治影响力；通过对奏疏等史料的分析，解读明前期士大夫的政治理想、政治诉求和观念体系；通过对明前期士大夫文集中诗赋的解读，进一步洞察士大夫的精神世界和道德信仰。明前期士大夫虽处于专制而集中的皇权笼罩中，却始终坚持了明确的自我认同和清晰化的政治主体意识，这种自我认同和主体意识坚持存在于整个明前期，为明中期的变革提供了动力支持。随着政治时局的演变，到明代成化、弘治以后，进士出身的士大夫已经控制中央和地方的行政大权，从对谥法和辍朝的统计分析可知，中央三品以上文官绝大多数为进士出身。虽然皇权依然发挥它的专制作用，但是控制和运行整个帝国政治机器的是由进士组成的文官集团。文官士大夫的儒学治国理念决定了明帝国的政治走势和政治风格。

由政治现象的研究上升为文化基因的研究是本书特色之一。正如前文所言，文化就驻在心智之中，是解释机制与价值系统的社会贮藏所。因此本书重视对有关士大夫文化信息的解读，如对封赠、辍朝、谥号等国家礼遇和诏狱、廷杖、枷号等惩罚制度的文化解读，借以分析明前期百年间君臣关系的向度和张力，以及政治冲突中士大夫的行为与观念、抉择与命运。

三、概念界定

（一）“士”与“大夫”名词之流变

“士”作为身份定位起源于夏、商、周时期，“士”和“大夫”最早为周代贵族的一个层级。周代的爵制为："君一位，卿一位，大夫一位，上士一位，中士一位，下士一位。"① 早期文献中"士"的记载已经大量出现。阎步克在《士大夫政治演生史稿》中有专节论述"士"字的初形与初义，大致把"士"理解为成年男子，列举了学者对"士"的字意解析的不同：王国维和郭沫若把"士"解释为成年男子；杨树达解释为男子耕作；徐仲舒解释为官长；吴其昌解释为武士，是王权的象征。诸位先生虽然在解释上存在分歧，但是在从字形来理解"士"、"士"同"王"字相近方面却达成共识。"士、王形近或同形一点上，他们是相同的；金文中'皇'字初从士，后从王，就可证明这一点。"② 林同济在《士的蜕变》一文中将封建时代的"士"的特征归结为三点：爵禄世袭、有战斗训练、有专司的职业。③

"大夫"和"士"均为贵族的一个层级。"士"字的意思，许慎在《说文解字》中解作："士，事也。"段玉裁对此条注释为："凡能事其事者称士。"乃是具有一定技术或技艺的人，为专司之人。顾炎武也认为："'庶士有正越庶伯君子，其尔典听朕教。'谓之士者。""春秋以后，游士日多。""而战国之君遂以士为轻重，文者为儒，武者为侠。"④ 刘泽华统计战国文献中以"士"为中心的称谓有百余种，并且指出："这么多的称谓，不仅说明士阶层的复杂，也说明他们的行迹遍及社会各个角落。"⑤ 武士、文士、吏士、技艺之士、商贾之士、方术之士、其他难以归类的士，共计七类四十余种，这些种类的"士"涵盖了当时社会的各个角落，当时凡是拥有某种技能的人都可以称为"士"。

在封建时代形成的这种稳定性，到了春秋战国后，随着封建宗法体制的日益解体，礼崩而乐坏，国与国之间的征伐造成社会的动荡，"士"开始游离于专门的职事之外。因此，依据其在周代政治体制中所从事职位的不同，在社会中逐渐地出现文士、方士、武士、策士、食客等种类繁多的"士"。"士"成为社会中的活跃阶层，加速了社会流动性，在思想多样性的促使下，又成为各种思想流派的主力分子。这样一来，士阶层在原来单

① 杨伯峻．孟子译注．北京：中华书局，1990：235.

② 阎步克．士大夫政治演生史稿．30.

③ 林同济．士的蜕变//文化形态史观（民国丛书第一编第 44 本）．台北：业强出版社，1988：128.

④ 顾炎武．日知录集释：卷 7，士何事．上海：上海古籍出版社，2006：440.

⑤ 刘泽华．先秦士人与社会．天津：天津人民出版社，2004：21.

纯处理政事的专司之职的基础上，有了更深层的政治追求。林同济认为，这个时期孔子儒学的作用就是："它趁着技术时期的末运，开创了'道德'时期——'道的时期'。"① 儒士开始以其提倡的道德仁义影响政治。

"大夫"是周代宗法封建制度中的一个贵族等级，位居"士"上。如果说"士"是专司一职的做事者，"大夫"则更多的是辅助王与诸侯处理国政的人。明代史家焦竑在《澹园集》中指出"大夫"与"士"两者的性质差异："夫者，扶也。士者，事也。不任事，非士也；不扶善，非大夫也。"② 明代的"大夫"为五品以上文官的散阶，在其考绩中给予荣誉性的封号，如正一品，初授特进荣禄大夫，升授特进光禄大夫；正五品，初授奉议大夫，升授奉政大夫；从五品，初授奉训大夫，升授奉直大夫。这种封赠"大夫"的称谓都含有辅佐君主治理天下的意义。

（二）本书对"士大夫"概念的界定

"士大夫"一词最早出现于战国时期。如林同济指出："战国以前，没有士大夫。""为了种种不可免的原因，尤其是内在腐化的缘故，封建的层级社会，后来逐渐崩溃。到孔子之世，它已走入末运了。再经过战国的剧变以至于秦汉，中国的社会政治，实际上变为大一统皇权类型，也就是'大夫士'之一物渐次变为文人化、官僚化，而形成二千年来'士大夫'的结构了。"③ 刘泽华也说："'士大夫'是战国出现的概念。"④ 葛荃在论述"大夫士"与"士大夫"转变的时候指出："一般来说，'士大夫'是战国出现的一个新概念，在此之前，士的排位都在大夫之后。战国典籍之中用以表示等级序列的概念是'大夫士'。"两个名词中顺序的变化预示了两个改变：一是"随着官僚制度的兴起，士在政治舞台上大显身手的结果，一些出身士的人靠着自己的才能，平步青云，跻身于官僚阶层，以至战国时期出现了一批布衣卿相"。"士"不再是大夫的低级贵族，"大夫士强调的是等级，士大夫指的是阶层"。二是"大夫"和"士"一样不再是封建宗亲的世袭成员，而逐渐转变为官僚职位，但是一直存在辅佐王的原始依存意思，因此葛荃认为，在战国中叶，"士大夫"一词才流行开来。⑤ 从

① 林同济．士的蜕变//文化形态史观（民国丛书第一编第 44 本）．台北：业强出版社，1988：133.

② 焦竑．澹园集：卷 6，公卿大夫士说．北京：中华书局，1999：36.

③ 同①124-125.

④ 刘泽华．先秦士人与社会．天津：天津人民出版社，2004：96.

⑤ 葛荃．权力宰制理性：士人、传统政治文化与中国社会．天津：南开大学出版社，2004：13.

此开始，历经秦汉、隋唐，直到宋元，士大夫在政治场中的角色和地位表现为三个方面：其一集官僚和文人为一身，其二逐渐成为政治权力中心，其三逐渐显示出独立性和主体性。秦汉时期的士大夫虽然掌握文化和文学，但是并非以儒学为主，其思想内部驳杂多端，经过汉武帝“罢黜百家，独尊儒术”后，儒生在官僚队伍中的比例大增，然而由于政治文化的韧性，官僚的儒学化还是处于缓慢发展阶段。同时儒家的思想学说和政治理念在实践层面上的开展和实际效果的检验还处于起步阶段，因此这个时期“士大夫”的概念内涵与宋代相比仍然存在很大差异。主要区别在于，士大夫作为一个政治阶层，尚未提出清晰明确的政治主张和政治学说，政治的主动性和主体性尚不彰显。魏晋南北朝时期，士大夫又称为“门阀士族”，世家大族对文化的垄断产生了文化贵族，累世为官，这可视为封建制和宗法制的一个反复。两大明显标志为：其一是士族对政治权力的垄断与世袭；其二是士族对文化与礼乐的操纵与掌控。这一时期，虽然士大夫成为士族门阀的代名词，但是门阀士族在政治理念、精神世界、道德素养、人格信仰等方面与宋明士大夫的表现迥然不同。门阀士族的特征大致是“褒衣博带”“大冠高履”“肤脆骨柔”“不堪行步”①，这是一种贵族的生存状态，与宋代士大夫的政治风貌大不相同。隋唐以后，儒学的正统地位巩固，伴随科举选官制度的创立和发展，经过儒学教育的官员逐渐而缓慢地成为帝国官僚队伍的核心，士大夫政治的雏形开始显现。到宋代，士大夫终于作为一个独立的政治群体而活跃于政治舞台。余英时指出：“无论就思维方式或行动风格说，宋代士大夫作为一个社会集体都展现了独特的新面貌，相形之下，不但前面的汉、唐为之逊色，后来的元、明、清也望尘莫及。”② 就思维方式而论，宋代士大夫从一开始就有重建人间秩序的理想，当时称为“三代之治”；就行动风格而论，“以天下为己任”的名言恰好可以概括宋代士大夫的风格。对儒学新的理解和阐释使得宋代士大夫坚守了“道统”，即政治文化；重建人间秩序的理想追求使得宋代士大夫坚守了“治道”，即政治秩序。场域有二：一是政治场域，“概括地说，在政治场域中，赵宋王朝的特殊历史处境为士阶层提供了较大的政治参与的空间”。二是文化领域，“在文化领域中，由于长期的战乱和军人横行，

① 颜之推．颜氏家训：卷 4，涉务第十一．上海：上海古籍出版社，1980：295.

② 余英时．宋明理学与政治文化．长春：吉林出版集团有限责任公司，2008：13.

民间出现了对于文治的普遍要求，因而开启了儒学复兴的契机”①。

“士”“大夫”“大夫士”对“士大夫”阶层的形成具有意义。第一，从商、周、春秋、战国时期由血缘、亲缘、军功形成的贵族，到魏晋时期垄断文化形成的文化贵族——“士族”，在这种演变的过程中，从唐末到宋，随着科举制度的发展，儒学的精神成为士大夫的精神内核，士大夫作为一个阶层或阶级获得了自我认同的合理内核，士大夫自称为儒学“道统”的守卫者和传承者。第二，士大夫通过科举方式进入帝国的统治集团，成为官僚，这成为士大夫的身份认同。第三，士大夫在获得儒学的精神理念后，进入官僚体系，在政治层面实践政治诉求和政治理念，这是士大夫身份认同的实践强化。本书所界定的“士大夫”是受儒学教育，同时入仕为官之人。中国政治的实践和儒家的教育最终把“士大夫”放置于国家政治的核心位置，同时也把“以色列先知放在整个民族身上的所有重担都抛给了君子一人”②。美国著名的汉学家费正清倡言，宋代以后的中国是“士大夫社会”（gentry society），并赞誉其为“中国最伟大的时代”③。

因此，“自宋代始，‘士大夫’已经是一个概念相对清楚、涵义比较明确的称谓。不仅具有文人官员的身份和文学、礼学修养，还具有舆论评判的责任与品质”④。士大夫在“内圣”和“外王”的追求中发挥对国家政治和社会的影响力与主导性。“士大夫之所以异于人而重于天下者——道德、文学；功名，其次也。”⑤ 士大夫的自我认同和他者认同都可以归结到这两个方面的合一。大批受过儒学教育却是胥吏身份的人被排斥在士大夫之外，单纯而不入仕的文人，即便其思想中有类似于士大夫的理想和政治追求，亦不在士大夫之列。“在中国的传统社会里，以儒士为中心的知识分子——也就是通称的‘士大夫’——是一个最受尊崇的‘身份团体’(status group)，不仅名登仕版的‘大夫’有其法定的崇高身份，即使是未入仕途的‘士’人也享有种种的优待。士人固然可能富埒王侯，也可能贫无立锥，在经济上属于迥然不同的‘阶级’(class)，但在法制及社会上所享受的特权和荣誉则大同小异。”⑥ 士大夫是士、大夫、文人、官僚、

① 余英时．宋明理学与政治文化．长春：吉林出版集团有限责任公司，2008：14.

② 狄百瑞．儒家的困境．北京：北京大学出版社，2009：27.

③ 费正清．费正清论中国．台北：正中书局，1995：104.

④ 展龙．元明之际士大夫政治生态研究．南开大学中国古代史专业博士学位论文，2008：11.

⑤ 贡师泰．玩斋集：卷6，送周克复归省序．景印文渊阁四库全书，第1215册．602.

⑥ 萧启庆．元代的儒户：儒士地位演进史上的一章//萧启庆．元代史新探．台北：新文丰出版公司，1983：1.

绅士等概念的综合体，任何一个单一的称呼都涵盖不了士大夫的整体面貌，而任何一个单一的称谓又都和士大夫有必然的牵连。吴晗指出：“官僚是士大夫在官时候的称呼，而绅士则是官僚离职、退休、居乡以至未任官以前的称呼。”①

因此，本书所指“士大夫”是儒者与官僚这两种身份的融合体，非学习儒学而入官僚队伍的官员和学习儒学而未入官僚队伍的文人不在本书的研究范围内。他们有独立的身份认同，把儒家的治国理念付诸实践，把自己的生命和精神融合到政治场域中，在国家的政治体中践行着自己的理想与抱负，也承受着紧张与不安。

（三）其他相关概念的界定

1. 明前期

李新峰的《论元明之间的变革》一文从政治变革及其对经济、社会、文化领域的塑造两个角度，在国家地缘格局、制度来源与演变轨迹、经济政策的制定和实施、社会组织的形成和演变、国家意识形态的确立和变迁等多个方面系统分析了元明之间的变革现象，得出的结论是：“元明之间发生了比两宋、宋元、明清之间更加全面、深刻的变革，元明之际与明中期变革之间的‘明前期’可以被视为一个有独立价值的历史单元。”并且认为这项新的认知和新的历史单元的划分，“或可丰富对宋代以来中国历史的整体认识”②。“明前期”跨越了宋元变革和明中期变革，形成一个突兀和特殊的历史时期。以往的明史研究更多关注元明之际和明中期以后中国社会的变迁，而对“明前期”未给予充分的重视。对于明前期的历史，学者多集中在对个别皇帝执政期间史事的研究，而缺乏以“明前期”为独立历史单元的动态演变研究。本书把“明前期”作为一个历史单元，强调分析这期间权力体系和关系模式中士大夫地位、角色、价值、意义的演变趋势和变迁态势。大致而言，本书界定的“明前期”时间断限为 1368 年到 1457 年，即从朱元璋创立明朝到“夺门之变”期间。此一时期是明朝政治文化从草创到正常运转，再到危机酝酿和逐渐爆发时期。

2. 政治生态

政治生态是政治学中的基本概念之一，是模拟自然生态而定义，目的是强调政治体系的一体性和系统化，由政治制度体系结构、政治成员的权

---

① 吴晗. 论绅权//吴晗，费孝通. 皇权与绅权. 49.

② 李新峰. 论元明之间的变革. 古代文明，2010 (4).

利与义务、政治效能与演变、政治权力结构与运行、政治文化性质与特征等核心元素构成，最重要的是用系统论和结构论分析各个政治要素之间的相互作用、相互影响。皇帝和士大夫是明前期政治生态形成和运行的核心政治人物，几大权力主体是明前期政治生态中的基本权力结构，政治主体之间相互关系的运行模式是影响明前期政治生态的晴雨表。政治生态中的制度、权力、文化等几大要素之间的关系体系随着明前期历史的演变而呈现动态变化的趋势，并逐渐表现出明代政治生态的独特性，如《皇明祖训》中朱元璋确立的明朝基本的政治制度，又如皇权专制加强后士大夫政治境遇的恶化和君臣关系的紧张、一些有辱士大夫道德尊严的政治惩罚制度的施行等，这些均是明前期政治生态中近于常态的政治现象。对明前期政治生态的研究，主要目的是要用系统论和结构论分析明前期各大政治主体之间的相互关系和相互影响，分析士大夫在明前期政治生态中的角色和地位，重点解读明前期特殊政治现象中士大夫的精神世界和内心情态，并探析明前期政治生态对明中后期政治生态的影响。最终目的是分析、解读明前期政治文化的基本结构和基本特征。

3. 政治角色

政治角色是政治主体依据一定政治地位在政治实践中与之相适应的政治行为模式。政治角色理论是20世纪60年代以来，在美国政治学者的推动下引入社会学“角色”的观念体系而构建起来的政治学理论与方法论。它由行为主体所承担的、与一定社会地位相联系的政治行为模式及其价值表现构成。每个政治主体都具有一定的政治地位，在政治生活中扮演一定的政治角色。而与一定的政治地位相对应的行为模式是由“角色期望”决定的，即政治角色主体的外部期望（这种期望主要来自社会或政治主体外部对政治主体行为模式的要求和规范）与内部期望（这种期望主要是政治角色主体自身对自我的认知和期望，是角色本身依据自己的政治思维、意识、知识构成、心理情感、道德规范等方面，对权力体系和关系模式的认知）两者相互影响和相互作用的过程。政治角色来源于自我认同的内在体会，同时为强化自我认同提供理念支撑。明前期士大夫的研究中涉及“政治角色”理论和方法，即士大夫对自我的身份定位、在权力体系和关系模式中的位置，以及承担的责任和义务；同时，对朝廷的外部身份认同起到强化作用，使得士大夫形成具有自我特性的“政治角色”的符号。

士大夫原初身份是儒生，通过研修儒家经典，掌握修齐治平、内圣外王的理论精髓，进入官僚体系，完成角色的第一次转换，从儒生成为士大夫，从学术场域进入政治场域，践行儒家理想和政治抱负。这种政治角色的转变，使其置身于“权力”和“秩序”两个维度中。“权力”和“秩序”成为士大夫的政治角色扮演中主要的思考对象。在政治场域中形成的政治认同（political identity）包含两层意思：一层意思是在政治场域中与贵族、武臣、吏员、宦官等其他政治体区别开来；另一层意思是在政治场域中寻找与其他主体的共同性，这种共同性即是政治追求、价值取向、道德操守方面的一致性。这是政治角色转变后的一种心理趋向，依据其内在的精神和文化特质寻找“归属感”。在朝廷的权力架构中彰显士大夫的权力，在与皇权的交互关系中实现“引君当道”的理想，在与其他权力体的关系平衡中保持士大夫权力的独立性；在每一次的政治大变革中，士大夫都要充当“秩序”重建者的角色，在原来秩序的基础上进行调整，以解决新出现的政治问题。

4. 主体意识

本书所界定的主体意识主要是指士大夫在地位、权力、价值、责任等方面形成的自我认知。主体意识关注士大夫的政治责任感、荣誉感、政治参与的主动性和积极性等多方面的行为取向与价值取向。英国社会理论家吉登斯分析，自我认同即是作为行动者的反思解释的连续性，是一种自我感。自我认同与身体、耻辱感、尊严感、自豪感以及理想状态的自我之间具有密切的关系。① 从内部的自我认同和外部的身份强化两个角度分析士大夫自身对权力、责任、价值和信仰的认知，形成自我认知的系统化。自我认同是个体依据个人的经历反思性地理解到的自我。通常来讲，个体在进行自我认同的过程中，要有明确的人生目标，并且在追求和逐渐接近目标的过程中会体验到自我价值以及社会的承认与赞许，既从这种认同感中巩固自信与自尊，同时又不会一味地屈从于社会与他人的舆论，形成其自身特有的耻辱感、尊严感、自豪感、负罪感。这种感觉既来源于其内心对自我的反思，又来源于他者的外部评价。自我认同侧重于自我在社会、群体中的“名分”和主体意识在“心性”世界中的自我提升与自我超越。

总之，明前期士大夫的主体意识在自我认同形成的基础上实施对政治的影响力，通过多种渠道行使话语权，谋求话语空间的扩大。明前期的士大夫自认为君子，而非小人。君子自然有君子的责任使命、道德操守、价

① 安东尼·吉登斯．现代性与自我认同：现代晚期的自我与社会．北京：生活·读书·新知三联书店，1998．

值信仰。明代的礼法在祭礼、冠礼、婚礼等礼仪形式中区分士人与庶人。士大夫的功业或德行一旦获得朝廷认可，便可以在更多礼遇上区别于其他社会群体。士大夫自认为是“道统”的坚守者和传承者，认为其自身掌握了关乎天下治乱兴衰和道德是非的法则。践行儒家的治国理念、恢复三代的政治秩序、宣扬民本的政治信仰成为明前期士大夫发挥主体性的原初诉求和精神旨归。

第一章　明前期政治生态的演变

第一节　元代政治文化的遗存

明太祖朱元璋推翻元朝，建立明朝，恢复汉民族为主体的统治政权。就政治生态和政治文化角度分析，元政治统治的影响渗入明初洪武政权中。[①] 就政治文化中的君臣关系而言，中国古代的君臣关系可以分成主奴关系和普通的尊卑关系两种类型。在元朝以前的君主-官僚的政治体制中，由于官僚制度等因素的制约，名义上权力至高无上的君主在行使权力的过程中受到很大限制，君臣之间虽然形成一般的尊卑关系，但是并无主奴意识。元朝的重要官僚大多来自怯薛，该组织成员始终是皇室的奴仆，而怯薛在国家政治中的中枢地位又使得当朝权贵以做皇帝奴婢为荣的风气不断弥漫到各族官员身上，君臣关系不断向主奴方向发展。与此相适应，传统中限制君权的诸多政治运作，如封驳制度、执奏制度等，在元朝被大量破坏或不尽施行，官僚也不再具有宋代士大夫般的人格尊严和政治自觉。当然，元朝以前，君臣之间的尊卑反差一直在缓慢地扩大，元朝则使其最终发生了质的变化，这一变化被明代所继承。

明朝的政治制度与唐宋相比，皆有很大改变。唐宋时代，君权虽尊，

---

① 有关元代政治文化的研究成果主要有：姚大力．论蒙元王朝的皇权//学术集林（第十五辑）．上海：上海远东出版社，1999；张帆．元朝的特性：蒙元史若干问题的思考//学术思想评论（第一辑）．沈阳：辽宁大学出版社，1997；张帆．论金元皇权与贵族政治//元代文化研究（第一辑）．北京：北京师范大学出版社，2001；张帆．论蒙元王朝的“家天下”政治特征．北京：北京大学出版社，2001；周良霄．元代的皇权和相权//蒙元的历史与文化：蒙元史学术研讨会论文集．台北：学生书局，2001；屈文军．论元代君臣关系的主奴化．江海学刊，2004（1）；李治安．元代及明前期社会变动初探．史学集刊，2006（1）；萧启庆．蒙元支配对中国历史文化的影响//萧启庆．内北国而外中国：蒙元史研究．北京：中华书局，2007．

但是皇帝权力的行使却多有节制，形成与士大夫同治天下的理念。明朝废除丞相，实现皇帝独裁专制，运用廷杖、诏狱、枷号等方式监督和惩治大臣。元朝在此一重大改变中所起的作用如何，史家颇有争议。吴晗、牟复礼、陶晋生等先生皆认为，明初君主专制的建立尤其是政治残暴化，是受元政治文化的影响。学者周良霄、姚大力、张帆等也力主此说。他们的看法在细节上虽有差异，但大体上都认为：（1）成吉思汗建立的是“家产制”的国家，大臣多为可汗的家臣，君臣关系类似于主君和奴婢。（2）忽必烈建立元朝后，虽然采取中原固有的官僚制度，主奴关系却向着汉式君臣关系渗透，君臣之间尊卑距离拉大。（3）唐宋以来，君主与士大夫“同治”的观念削弱，制衡君权的一些机制则遭到废除或弱化。（4）君臣之间在人格上的差距较前代更大，大臣在朝廷之上遭受杖责之事屡见不鲜。（5）宰相权力较之前更为增强，但由于宰相皆是皇帝的家臣，进退唯君命是从，不能构成对君权的威胁。（6）“共治”观念的淡化与制约君权机制的削弱，为明太祖加强君权扫清障碍。

傅海波、韦斯特、窦德士则认为明朝的君权膨胀及政治残暴与元经验并无关系，但元季政治的纪纲不振，则是明太祖创作立法的反面教材。他们的结论是：（1）草原政治传统不是君主独裁，而是贵族合议。（2）元朝中央集权程度不高，诸王各拥封地。（3）明朝的政治残暴不必承袭自元朝，也可能渊源于汉族王朝的先例，中国政治传统中皆有法外施行、借事立威的恶例。（4）明太祖鉴于元朝纲纪废弛而导致亡国，不得不申严纲纪，集中权力，并用残暴手段来巩固政权。（5）明朝的开国功臣——浙东诸儒亦极力鼓吹加强君权作为道德更新的手段。①

蒙古的政治有两个层次：一为草原部族联盟的老传统，一为成吉思汗所缔造国家的新传统。旧传统中，由于生态环境的制约，国家并无存在的必然性。国家组织不过是部落组成的邦联，国家大政皆是由部落领袖联合会议决定，可汗不能专制。而成吉思汗建国所依仗的不是部落力量，而是他个人召集的“伴当”，这些伴当与他皆有私属主从关系，因而在建国时他能打散原有的部落，将蒙古从一个松散的部族社会转变为一个组织严密的国家。成吉思汗的国家是根据两个原则组成的：一方面根据氏族公产制的原则，将国家视为“黄金家族”的共有财产，对子弟大行分封，在这个

① John Dardess. *Confucianism and Autocracy. Professional Elite in the Founding of the Ming-Dynasty*. Berkeley: University of California Press, 1983.

层次上的政治，保留了草原老传统中的合议制，具体表现在决议大政的忽里勒台会议上；另一方面，政府的性质则颇符合韦伯所说的家产制，即政府为皇家家务机构之扩大。大臣由家臣充当，身份是大汗的奴婢，大汗对大臣拥有绝对的权威，而大臣则必须对大汗绝对效忠。

忽必烈建元之后，以中原的政治制度与蒙古旧制相糅合。一方面，保留皇族封建旧制，即所谓“投下”，但是投下主虽然可以合议选君，却不能过问日常政务，即张帆所说的“宗室分封，家臣治国”。另一方面，中原的官僚制与蒙古家产制糅合，政府高级官员多由曾经服役的怯薛也就是皇帝的侍卫担任，由于这类护卫并无知识文化，并且都是蒙古族人，这样元朝中央的基本权力体系就是归属和服从的关系。原有的身份关系决定了现有身份关系，即，原来是主奴私臣，现在仍然是主奴国臣。因而，元朝君臣关系与汉族王朝的比较，确实是增添了浓重的主奴色彩。

但是，元初的这种君臣关系逐渐发生改变。这种主奴关系虽然保持了君臣关系在一定时期的稳定，但是这种建立在私人情感和服从意识之上的稳定，也给政治稳定带来潜在危机。一旦老皇帝死去，这种私属关系和服从意识即宣告瓦解，新的皇帝继位，要重新建立起私属关系。一旦新君势力尚弱，而旧臣势力强盛之时，权臣专政现象就可能出现。当朱元璋建立明朝之时，他所见到的不是君尊臣卑的元初皇权政治的生态，而是元季权臣专权、主宰朝政的局面。

那么，在元朝的政治生态中，儒家士大夫的地位、权力、角色如何？

宋元之际士人谢枋得在《谢叠山先生文集》中就将元朝儒者的处境评论为：“自有天地以来，儒道之不立，至今日极矣。”“五帝三王自立之中国，竟灭于诸儒道学大明之时，此宇宙间大变也，读四书者有愧矣。虽然达而行道者，有负于孔孟，学者所当戒也；穷而明道者，终无负于孔孟，学者所当勉也。”① 元朝儒者的生存状态与宋代相比发生重大改变。

关于儒生士人的政治处境，元朝有“九儒十丐”之说。郑思肖的《铁函心史·大义略叙》中对此记录为：“鞑靼法：一官、二吏、三僧、四道、五医、六工、七猎、八娼、九儒、十丐。”② 谢枋得在《谢叠山先生文集》一书中指出：“滑稽之雄，以儒为戏者，曰：‘我大元制典，人有十等：一官、二吏，先之者，贵之也，贵之者，谓有益于国也。’七匠、八娼、九

① 谢枋得．谢叠山先生文集：卷2，东山书院记//乾坤正气集，第20本．同治求是斋刻本．
② 郑思肖．铁函心史：下，大义略叙．崇祯刻本．

儒、十丐，后之者，贱之也，贱之者，谓无益于国也。'嗟乎，卑哉！介乎娼之下，丐之上者，今之儒也。”“滑稽之雄，以儒为戏者，又曰：'管儒者益众，食儒者益繁，岂古之所谓兽相食者欤？抑亦率兽而食人者欤?'儒不胜其苦，逃而入僧、入道、入医、入匠者十九。”对于这种社会身份等级的划分，儒士本身并不认同，在其内心中坚持了儒家士大夫的自我认同标准：“吾人品岂在娼之下，丐之上者乎？吾岂不能为场屋无用之文，所以胶口不肯道者，愿为大元一逸民，超然出乎十等人之外也。”① “九儒十丐”说被后世学者接受。钱穆在《国史大纲》中就说：“大概当时的社会阶级，除却贵族军人外，做僧侣信教最高；其次是商人，再其次是工匠，又次是猎户与农民，而中国社会上自先秦以来甚占重要位置的士人，却骤然失却了他们的地位。”②

儒士在元朝政治中的地位虽然不彰显，但是元朝却实行文化宽容政策。地方上学校虽然不多，但是书院却遍布各地。因此儒士虽然游离于政权之外，却也并未受到政治高压的迫害，儒士在社会中的地位也并非尽如“九儒十丐”说。萧启庆通过对儒户所享受的权利和义务与其他阶层的对比分析得出的结论是：“在元代社会中，除去统治阶层的贵族和官吏外，儒户仍是诸色户计中最受优遇的一种，在军、民、匠、站及贱民之上。'九儒十丐'一说，并不反映事实。不过，元代儒户却失去儒士在中国社会中唯我独尊的地位，而与各教僧侣相并列。”③ 这种认识比较符合历史实际。元朝士大夫的生存出路大致是：“外有亡金之大夫，混于杂役，堕于屠沽，去为黄冠，皆尚称旧官。王宣抚家有推车数人，呼'运使'，呼'侍郎'。长春宫多有亡金朝士，既免跋焦，免贱役，又得衣食，最令人惨份也!”④ 在这一朝代更移、价值转换的时代，士大夫的政治处境和政治命运都经历了巨大的转变。在元朝恢复科举制度之前，学术和政治的链接是中断的。即便是恢复科举后，由于录取人数少，汉族读书人在录取总数中又占更小的比重，因此，士大夫想通过科举进入真正仕途的可能性极小。大致而言，其出路有二：一是为吏员，二是为教官。第一条途径正如

① 谢枋得．谢叠山先生文集：卷1，送方伯载归三山序//乾坤正气集，第20本．同治求是斋刻本．

② 钱穆．国史大纲．北京：商务印书馆，1996：658．

③ 萧启庆．元代的儒户：儒士地位演进史上的一章//萧启庆．元代史新探．台北：新文丰出版公司，1983：39．

④ 彭大雅．黑鞑事略．丛书集成初编本．

方孝孺所说："元之有天下，尚吏治而右文法。凡以吏仕者，捷出取大官，过儒生远甚，故儒多屈为吏。"① 另一条途径就是充当地方学校的教官和书院的山长："元代各路、府、州、县皆设有学校，而书院之山长也由政府任命。"② 元朝虽不重视儒学，但是也不排斥，如同对待佛教、道教的宽容政策一样，对待儒学也采用类似对待宗教的方针，所以元朝在全国建立了很多书院，当不少于400处，遍及全国各省，为儒学在元朝的生存开辟了新的空间。"今书院星布海内，类多后创。"③ 中央的国子学所需要的讲官名额较少，非一般儒士可得。一般儒士希望通过地方府、州、县的教职而获得入仕的机会。但是教官品级低下，升迁困难，并非儒士的首选行业。国家和社会给读书人提供的出路无法满足大量读书人的需要，也没有提供制度上的保证。元朝的儒士虽然享有一定的政治和经济方面的优免权，但是在社会上地位并不高。虽然不能用"九儒十丐"定义儒士的社会地位，但是儒士在元朝国家和社会中地位的相对低下是个不争的事实。正如萧启庆所言："儒家思想遂从'道'的地位转变为许多'教'的一种。而儒士也失去唯我独尊的传统地位，不过是几个受到优崇的'身份集团'之一而已。"④ 好在元朝的蒙古族统治者对于各个民族的思想、文化、宗教采取宽容态度，实行文化多元政策。这使得儒家的思想学说在元朝统治者的眼中是类似道教和佛教的一种宗教信仰，并不能成为国家意识形态领域中的佼佼者。

但是士大夫群体所具有的天下观念和社稷民本思想又让元朝的士大夫仍然具有出仕为官、救民于水火的传统思想。"汉族儒生士大夫能够毅然跨越种族畛域，以其政治经验为入主中原的少数民族政权服务，并以这种方式承续中原文化，有其历史和现实的背景，有道德、自信心和社会使命感。"⑤ 士大夫思想核心中的价值追求和信仰并未因元朝政治生态的恶化而断绝。士大夫在元朝的政治处境大致归结为以下几点：(1) 由于出路狭窄，吏员和教官成为元朝士大夫主要的生存职业，他们还可能成为匠人，甚至成为蒙古贵族的奴隶，即驱口。为避免沦为奴隶，他们甚至要寻求佛教和道教的保护，而成为僧人或道士。(2) 士大夫不再操纵整个国家的精

① 方孝孺. 逊志斋集：卷22，林君墓表. 宁波：宁波出版社，2000：728.
② 萧启庆. 元代的儒户：儒士地位演进史上的一章//萧启庆. 元代史新探. 31.
③ 陶安. 陶学士集：卷12，送天门孙山长序. 景印文渊阁四库全书，第1225册. 726.
④ 同②41.
⑤ 张维青，高毅清. 中国文化史. 济南：山东人民出版社，2002：681.

神命脉，因此士大夫在社会中不再受到如宋代士大夫的普遍尊重。(3) 士大夫在国家中仍然获得一定的优免权，但这种经济上的优免权不能抵消士大夫地位在元朝的衰落。(4) 元朝后期恢复科举选官制度并没有改变元朝儒士的政治生态和政治处境。

士大夫在元朝初期被俘虏为奴隶，混于杂役之中。随着元朝政权的稳固，元朝君臣也日益觉察到汉族士人对朝政的有利作用，因此对汉族士人日益放松控制。元太宗时期，大臣耶律楚材就指出儒臣在国家治理中的重要作用。“制器者必用良工，守成者必用儒臣。儒臣之事业，非积数十年殆未易成。”① 元代的蒙古君臣也逐渐意识到儒士在国家治理上的重要作用。元朝后期开科取士，不管成效如何，但毕竟是恢复了唐宋以来科举选官的政治传统。钱穆在论述元朝政治给明代政治带来的影响的时候指出：“惟元代政治，虽学术的气味极薄，而社会上则书院遍立，学术风气仍能继续南宋以来，不致中辍。明祖崛起，草野续学之士，乃闻风而兴，拔茅汇征，群集新朝，各展所蕴，以开有明一代之规模。如刘基、宋濂、章溢、陶安、钱用壬、詹同、崔亮、刘三吾等彬彬文雅，郁乎其盛，一时何止数十百人，皆元代之所贻也。”② 钱穆同时概括元明之际士人的心态：“元明之际，江浙社会经济丰盈，诗文鼎盛。元廷虽不用士，而士生活之宽裕优游，从容风雅，上不在天，下不在地，而自有山林江湖可安，歌咏觞宴可逃，彼辈心理上之不愿骤见有动乱，亦宜然矣。”③ 江南乃至北方文士，虽然不一定获得必要的政治地位，但有了更为自由自在的精神空间来延续立德、立言的士大夫传统。

第二节　洪武朝儒学意识形态的恢复

一、恢复理学

明太祖朱元璋推翻元朝统治，恢复中华传统，建立汉族政权。按照朱

① 钱穆. 国史大纲. 北京：商务印书馆，1996：659.

② 同①661.

③ 钱穆. 读明初开国诸臣诗文集//中国学术思想史论丛（第6册）. 台湾：东大图书公司，1978：125.

元璋的说法，明朝的制度“远稽汉唐，略加损益，亦参以宋朝之典”①。这是明朝官方始终宣传的政治口号，但是于制度方面的创建上，明前期在一定程度恢复汉族传统的基础上，也参考了元朝和金朝的政治经验。明朝的政治体制糅合了汉、唐、宋以来的汉族政权的经验和规范，明前期的政治生态中君臣关系带有一定的主奴关系色彩。李治安就认为：“在君臣关系主奴化方面，明朝沿袭元制较多。”② 明前期的君臣关系与秦朝以来汉族政权中的君臣关系相比较，一个最大的区别就是皇帝和士大夫官僚之间带有主奴的关系色彩。特别是洪武和永乐两个时期，廷杖和诏狱成为这种奴化的表征。同时，明前期的士大夫却恢复和细化了宋代的理学传统，自我认同、主体意识在明前期科举制度与学校教育下逐渐得到确立和膨胀。

明朝立国之初，朱元璋以官方的力量迅速而强力地确立理学在国家和社会中的主流意识形态地位，通过一系列的政治举措，恢复儒学的正统地位，端正国家意识形态：

> 即位之初，稽古礼文，制礼作乐，修明典章，兴举废坠。定郊祀，建学校，尊孔子，崇儒术，育贤才。注《洪范》，叙《九畴》，罢黜异端，表章经籍。正百神之号，严祭祀之典。察天文，推历数。定封建，谨法律。慎赏罚，抚四夷。海外远方，皆遣子入学。南极炎徼，北逾冰壤，东西际日月之所出，没罔不率服。昧爽临朝，日晏忘食，虚心请问，从善如流，神谋睿断，昭见万里。退朝之暇，即延接儒臣，讲论经典……凡诏诰命令词，皆自制。③

南宋中后期，理学成为国家显学而受到朝廷和社会的推崇。进入元朝后，虽然理学并非国家的官方意识形态，但是由于理学的系统化和严谨性，以及强调君权至高无上的核心思想迎合了元朝皇帝，同时元朝官方在恢复科举后，也无法找到能在体系化、严谨性和实用性上超越理学的学术体系，因此在元朝中后期的科举中，理学成为科举考试的法定内容。这也带来一个好处：理学观念在元朝虽未在上层官僚队伍中获得流行和实施，却在基层吏员层级上得到普及，国家最基层的政治行为遂体现了理学治国的理念。但是理学在明朝初年正统地位的恢复是明朝官方主动和强力推动运行的国家行为。葛兆光描绘了明初理学恢复的情状：“自上而下的宣传、

① 明太祖实录：卷129. 洪武十三年正月癸巳.
② 李治安. 元代及明前期社会变动初探. 中国史研究，2005（增刊）.
③ 朱国桢. 皇明史概：卷6. 续修四库全书，第428册. 605.

灌输和鼓励，以及明代前期各种官方法令对不同阶层的房屋、器用、服饰、礼仪的严厉规定，对宗教活动的严格管理，对乡里组织的强化和重组，加上后来他的继承者朱棣发布《圣学心法》，编辑《性理大全》《五经大全》《四书大全》，确实使明初包括洪武、建文、永乐、洪熙、宣德时代，确立了从行为到观念、从生活到政治的一个相当严整的秩序，而当时的士大夫也积极参与了这一看上去符合自己一贯理想的社会秩序建设，使得明代前期确实有了一种整齐有序的社会表象，所以，在当时被看成是‘治世’，而被后代看成是淳朴的时代。应该说，在某种意义上，它确实造成明初的‘移风易俗’，也使得明代中后期的士人文章中，以及他们编撰的地方志中，反复看到他们关于明代初期风俗淳厚的追忆。”① 从国家到社会，理学成为主导和影响政治运行的基本精神和核心理念。

明前期国家重新整理理学，使之成为维护专制皇权和重建社会伦理的理论依据。在基层社会，洪武三十一年（1398 年）二月十九日，户部尚书柳新等同文武群臣于奉天门颁布《教民榜文》，其文为：“孝顺父母，尊敬长上，和睦邻里，教训子孙，各安生理，毋作非为。”“周而尽，亲而比，事体归一，气类联络。”其目的是“昭示天下，使之人人儆省，世世遵守”②。万历《黄岩县志》中大致勾勒出明前期的社会风貌：“自是以来，士皆激昂奋励，以礼义廉耻为先，以行俭名节为贵，非下愚不移者，必不屑自弃于贪墨躁竞之途。”“婚嫁之择，必先门第，吊死庆生，敦尚礼节，修风淳俗，彬彬然矣。”③ 明中后期对明前期的政治生态和社会生存的追忆在一定程度上建立在真实历史回忆的基础上，更多的是一种对理想人间秩序的期盼。理学渗入基层社会，奠定了明朝政权的社会基石。

二、祭祀孔子

元朝对孔子后裔很早即给予册封。元太宗五年（1233 年）“诏以孔子五十一世孙元楷袭封衍圣公”④。八年（1236 年）下令复修孔子庙。国家也时常派遣官员赴曲阜祭祀孔子，如同对山川海渎之神的祭祀。地方社会

① 葛兆光．“唐宋”抑或“宋明”：文化史和思想史研究视域变化的意义．历史研究，2004（1）．

② 邱浚．大学衍义补：卷 18．北京：京华出版社，1999：177．邱浚，应为“丘濬”。

③ 袁应祺，修．牟汝忠，等纂．（万历）黄岩县志：卷 1，风俗．万历七年刻本景印本．上海：上海古籍出版社，1963．

④ 宋濂．元史：卷 2，太宗本纪．北京：中华书局，1976：32．

"每月朔望，郡县长吏率其参佐僚属，诣孔子庙拜谒礼毕，从学官升堂讲说。其乡村市镇，亦择有学问德行，可为师长者，于农隙之时以教导民。其有视为迂缓而不务者，纠之"①。但是这种祭祀类似于元朝实行宗教宽容政策下对佛教、道教主神的祭祀。元朝政府保持蒙古文化的中央独尊地位，施行文化多元政策。蒙古族群保持其草原本性，拒绝汉化。同时各个民族均保持特性，朝廷对其语言、宗教、信仰、礼俗、文化、服饰保持尊重态度，政治目的也是尽量阻止其他民族的汉化，而使汉族的知识分子缺少同盟者，不足以构成威胁朝廷的力量。但是，同时需要认识到，"衍圣公特权恢复有赖释、道二家扶持一事，反映出大蒙古国时代儒家势力远弱于释、道"②。孔门之后虽可享受一定的经济特权，但是儒学在元朝却处于从属地位，并不是元朝政治思想的主流。儒学思想仅仅保存于少数的汉族官员中。如元文宗之时，孛术鲁翀与皇帝老师相见之时言："帝师，释迦之徒，天下僧人师也。余，孔子之徒，天下儒人师也。请各不为礼。"③

明朝建立后，洪武元年（1368 年）二月，在中央国学以大牢之礼祭祀孔子，同时遣使诣曲阜致祭。朱元璋申明："仲尼之道，广大悠久，与天地相并。故后世有天下者，莫不致敬尽礼，修其祀事。朕今为天下主，期在明教化以行先圣之道。今既释奠国学，仍遣尔修祀事于阙里，尔其敬之。"④ 洪武期间，每年春天二月和秋天八月按例祭祀孔子，洪武十五年（1382 年）以前由于天下郡县学校未建立完毕，祭祀孔子的礼节只在京师举行。到了洪武十五年以后，天下郡县普遍建立庙学。皇帝和礼部会议后发布天下统一祭祀孔子的政令。朱元璋就此事对礼部尚书刘仲质说："孔子，明帝王之道，以教后世。使君君、臣臣、父父、子子，纲常以正，彝伦攸序，其功参于天地。今天下郡县庙学并建，而报祀之礼，止行京师，岂非阙典？卿与儒臣其定释奠礼仪，颁之天下学校。令以每岁春秋仲月通祀孔子。"⑤ 从洪武元年二月到洪武三十一年（1398 年）二月，中央对孔子的祭祀都隆重举行，从未停止。洪武十五年以后，地方社会上郡县庙学对孔子的祭祀也是每年按时举行。"庙学"之称谓，"庙"即是孔子之庙，乃是祭祀孔子之地；"学"即是官学，乃是为朝廷育才之所。两者的结合

① 宋濂. 元史：卷 103，刑法二. 2636.
② 萧启庆. 蒙元史新研. 台北：允晨文化，1994：60.
③ 宋濂. 元史：卷 183，孛术鲁翀传. 4222.
④ 明太祖实录：卷 30. 洪武元年二月丁未.
⑤ 明太祖实录：卷 144. 洪武十五年四月丙戌.

使得天下的学校重新回到孔孟儒学教育环境中，中央和地方的儒生学习期间早晚均要礼拜孔子。从中央国子监到地方府、州、县学所学、所教内容均回归到四书、五经等儒家经典。儒学的“道统”地位实则在洪武初年就已经得到恢复，其后随着科举和学校的发展而日益昌盛。洪武十七年（1384年）正月在《袭封衍圣公孔讷诰文》中指出：

> 三皇、五帝之道，明陈攸叙，大展彝伦，协天地阴骘，定民居者为此也。至周，文繁于三坟，道迷于五典，兼八索、九丘之泛，而诸家之说并生，是故道纵途横，虽欲驰之，莫知所向。独先师孔子明哲，心枢睿智，定真析伪，以成诗、书。其“修道之谓教”，可谓至矣；“率性之谓道”，可谓坚矣。由是天鉴善德，血食之祀，万世子孙，弘衍于今，耿光而弗磨者，因幽明之诚无间，咸通上下，故若是也。①

朱元璋本人也积极地学习儒家经典，并征召天下的大儒教育皇子，当时各个藩王府内的长史等官员均由儒士担任，如明初大儒宋濂为皇太子朱标的老师。方孝孺亦被朱元璋安排入蜀王府内教育蜀王。《上蜀府笺启十七首》记录了方孝孺在蜀王府期间所进讲的儒家思想精髓。其中心主旨即是：“炙道德之辉，聆仁义之旨。”②“言行政事无愧古人，被服造次必于儒者。五行俱下，而一览不忘；六经并治，而万理洞烛。”③朱元璋也希望臣子能“以道事朕”④，这个“道”就是儒学的政治理念。解缙在《大庖西封事》中指出：“尊祀伏羲、神农、黄帝、尧、舜、禹、汤、文、武、皋陶、伊尹、太公、周公、稷、契、夷、益、傅说、箕子于大学。而孔子则自天子达于庶人，通祀以为先师，而以颜子、曾子、子思、孟子配。自闵子以下，各祭于其乡。鲁之阙里，仍建叔梁纥庙，赠以王爵，而以颜路、曾皙、孔鲤配。一洗历代之因仍，肇起天朝之文献，岂不盛哉！”⑤这个儒学思想的传承体系是天下道统的流变趋势，其中道明了祭祀孔子与恢复道统之间的相互依存关系。

杨士奇在《东里文集》卷2《江阴县先圣庙学重建记》中记载洪武三

---

① 朱元璋．明太祖集：卷3，袭封衍圣公孔讷诰文．合肥：黄山书社，1991：57．

② 方孝孺．逊志斋集：卷9，上蜀府笺启十七首．262．

③ 同②259．

④ 明太祖实录：卷110．洪武九年冬十月甲寅．

⑤ 解缙．文毅集：卷1，大庖西封事．景印文渊阁四库全书，第1236册．600．

年（1370年）江南地区的江阴县修理县学、祭祀孔子，指明这种祭祀的政治目的在于端正国家的政治理念和治国思想：

孔子明先王之要道，为天下师，以济后世，非有功一方一时者比，封爵宜如历代所尊崇，著于令典，垂之千万年。而定鼎之初，首建学立庙京师，亲临释奠，又诏通祀于郡县，又诏罢从祀之戾于孔氏者，所以揆前圣之大中而垂永代之洪范也。夫孔子之道，天之道也，国家生民不可一日以无者。伏羲、神农、黄帝、尧、舜、禹、汤、文、武行斯道于上，孔子明斯道于下，皆圣人也，而使后之继伏羲、神农、黄帝、尧、舜、禹、汤、文、武之位得以行斯道者，孔子之功也。论其功而隆其礼，明圣之心也。列圣相承，益钦益至，繇是自京师至于海隅，郡县皆有庙学，其人皆知孔子之道尊且大。①

祭祀孔子的目的是端正道统、排斥异说、恢复汉族政权的价值追求和道德信仰：

孔子之道出于天，而有以助天之所不及。盖裁成辅相品节防范之功，天必有待于圣人……天之生圣人也，其必有以任之。伏羲、神农、黄帝、尧、舜、禹、汤、文、武任之以行道，孔子任之以明道。其所谓道，大而天叙之典，小而动静云为之则，皆非有待乎外者。既明于孔子，将后有圣贤者作，得因之以赞。夫天佑斯民之功于无穷，故自周而后二千年，为君知尚于仁，为臣知尚于敬，父知尚于慈，子知尚于孝，夫妇、长幼、朋友各知所当尚，及夫知好善而恶恶，知贵王而贱霸，知尊中国而外夷狄者，皆孔子之功也。微孔子，斯道不几于熄乎？道熄，斯民不几于夷狄禽兽也哉？自汉以来，世主皆知尊孔子，厚其礼而尊用其教。我国家君师宇内一惟孔子之道，内而京师，外而府、州、县，远而边裔，皆庙祀孔子；冕服南面，一视王者，春秋有事与社稷等，可为盛矣。而守令承流宣化有恭有慢，则其治亦随之张弛焉。②

这个“道”关乎华夷秩序、文明智愚，以及君臣、父子、夫妇、长幼的伦理，是整个国家政权和社会秩序的精神主宰，祭祀孔子是这种道统得

① 杨士奇．东里文集：卷2，江阴县先圣庙学重建记．北京：中华书局，1998：27.

② 杨士奇．东里文集：卷1，金华县重修庙学记．2.

以恢复的政治表象。宋濂就指出："道德之儒，孔子是也，千万世之所宗也。我所愿则学孔子也，其道则仁、义、礼、智、信也，其伦则父子、君臣、夫妇、长幼、朋友也。其事易知且易行也，能行之则身可修也，家可齐也，国可治也，天下可平也，我所愿则学孔子也。"① 祭祀孔子意味着道统的恢复，意味着国家的治国理念和政治轨迹进入儒学的轨道上来。

三、广建学校

元朝不设太学，但分设国子学、蒙古国子学和回回国子学。"国子学兼收各族官员子弟，但教学以汉文典籍为限。蒙古与回回国子学的学生也不限种族，却分别以讲授蒙古及波斯语文为主，充分反映出复合社会的特色。但在征服王朝时代，政府用人着重'根脚'（家世），多依世选及荫补授官，学校不是入仕的主要途径。"② "即在忽必烈汗立国中原后，亦未能完全采行'官僚制度'，以普遍性的评准甄选官员。用人选官，最重'根脚'（jaguar）。高官厚禄几为数十个'大根脚'、'老奴婢根脚'或是'根脚深重'的家族所垄断。这些根脚深重的家族多在蒙古建国过程中立有特勋，并早与皇室建立私属主从关系。其子弟得以世享封荫特权。元季诗人陈高所云高门子弟：'自云金张胄，祖父皆朱幡。不用识文字，二十为高官。'"③ 证明元朝的政治带有明显的家产制政治的色彩。④ 元朝的政治也就缺乏学校培育人才而给政权带来的活力和动力支撑，造成元朝政治最终的覆亡。朱元璋以此为戒，早在为吴王之时，就申明学校教育的价值和意义："治天下当先其重且急者，而后及其轻且缓者。今天下初定，所急者衣食，所重者教化。衣食给而民生遂，教化行而习俗美。足衣食者在于劝农桑，明教化者在于兴学校。学校兴，则君子务德。农桑举，则小人务本。"⑤

《礼部志稿》卷1《兴学之训》记载朱元璋对兴办学校的说明：

> 人有积金，必求良冶而范之；有美玉，必求良工而琢之。至于子

---

① 宋濂．文宪集：卷28，七儒解．景印文渊阁四库全书，第1224册．431．

② 萧启庆．蒙元史新研．66．

③ 萧启庆．元代科举与菁英流动：以元统元年进士为中心//萧启庆．元朝史新论．台北：允晨文化，1999：157．

④ "家产制度"由"家长制度"所衍生，为德国社会学家马克斯·韦伯所创。Max Weber. *Theory of Social and Economic Organization*. New York：Oxford University Press，1947.

⑤ 明太祖实录：卷26．吴元年冬十月癸丑．

弟有美质，不求明师教之，岂爱子弟不如金玉耶？盖师所以模范后学者使之成器，因其才力各俾造就。朕诸子将有天下国家之责，功臣子弟将有职任之寄。教之道，当以正心为本，心正则万事皆理矣。苟导之不以正，为众欲所攻，其害不可胜言。卿等宜辅以实学，毋使效文士记诵词章而已。①

洪武十四年（1381 年）三月颁五经四书于北方学校。重申："道之不明，由教之不行也。夫五经载圣人之道者也。譬之菽粟布帛，家不可无。人非菽粟布帛则无以为衣食，非五经四书则无由知道理。"洪武二十四年（1391 年）再次赐北方学校书籍。洪武二年（1369 年）十月，朱元璋在朝会中重申了学校和教化的功能和作用，表达了在天下广建学校的意愿：

学校之教，至元其弊极矣。使先王衣冠礼义之教，混为夷狄上下之间，波颓风靡，故学校之设，名存实亡……治国之要，教化为先；教化之道，学校为本。今京师虽有太学，而天下学校未兴。宜令郡县皆立学，礼延师儒，教授生徒，以讲论圣道，使人日渐月化，以复先王之旧，以革污染之习，此最急务，当速行之。②

这次朝会讨论后的第四日，即下诏书命天下郡县立学校。诏书如下：

帝王育人材，正风俗，莫先于学校。自胡元入主中国，夷狄腥膻污染华夏，学校废弛，人纪荡然，加以兵乱以来，人习斗争，鲜知礼义。今朕一统天下，复我中国先王之治，宜大振华风，以兴治教。今虽内设国子监，恐不足以尽延天下之俊秀。其令天下郡县并建学校，以作养士类。其府学设教授一员，秩从九品，训导四员，生员四十人；州学设学正一员，训导三员，生员三十人；县学设教谕一员，训导二员，生员二十人。师生月廪食米，人六斗，有司给以鱼肉，学官月俸有差。学者专治一经，以礼、乐、射、御、书、数设科分教，务求实才，顽不率者，黜之。③

这一教育精神被贯彻到地方社会，儒学的基本精神在地方的府、州、县得以逐渐恢复，由此，从中央到地方在意识形态方面达到统一。"明府、

---

① 林尧俞，等纂修．俞汝楫，等编辑．礼部志稿：卷 1，兴学之训．景印文渊阁四库全书，第 597 册．11.

② 明太祖实录：卷 46．洪武二年冬十月辛巳.

③ 明太祖实录：卷 46．洪武二年冬十月辛卯.

州、县、卫所皆建儒学，教官四千一百余员，弟子无算。又凡生员入学始得应举，则学校与考试两制度已融合为一，此实唐宋诸儒所有志而未逮者。至其末流，渐废渐坏，有名无实，则又当别论。”① 朱元璋重视学校教育的思想和明前期士大夫对儒学的追求达成一致。如杨士奇就说：“学校王政之大端，民有养而无教，则不可与图治，故建国君民教学为先。教道行，民知务德，斯风俗可厚，人材可兴，而治效可得。自昔为天下，盖未有去学校而能为治者。我国家自祖宗之世，崇重学政。”② 洪武的国子监祭酒宋讷言天下学校：“天下兴学，以六艺为教。”③ 因此明初以后即在中央设立国学，在地方设立府、州、县学，在民间设立社学，在宗室设立宗学。所讲授的内容以儒家经典为主。国家官僚集团以儒家士大夫为主体，儒学重新成为官方的意识形态，恢复了道统的地位，端正了中国政治发展的方向和轨迹。

四、科举选官

元朝在延祐二年（1315 年）恢复科举，共计开科 16 次，一共录取 1 200 余人。其特色有三：(1) 并没有为读书人开辟入仕为官的广阔道路，每科取士人数不到 100 人。与数量庞大的读书人相比，考取功名希望渺茫。(2) 元朝科举虽然举行，但是并非官方选择官员的主要渠道，并没有改变元朝选官以身份为主的方式和思想，更没有恢复宋代以来以科举选官为主体官僚选拔方式的传统，所以科举制并没有给元朝的中央中枢机构输入新鲜的血液。(3) 即便是通过科举的儒士也是沉居下僚，而难以成为中枢权力的成员，更难以成为政治上的决策者。明代选官和科举大致情况为：

> 选举之法，大略有四：曰学校，曰科目，曰荐举，曰铨选。学校以教育之，科目以登进之，荐举以旁招之，铨选以布列之，天下人才尽于是矣。明制，科目为盛，卿相皆由此出，学校则储才以应科目者也。其径由学校通籍者，亦科目之亚也，外此则杂流矣。然进士、举贡、杂流三途并用，虽有畸重，无偏废也。荐举盛于国初，后因专用科目而罢。铨选则入官之始，舍此蔑由焉。是四者厘然具载其本末，

---

① 钱穆. 国史大纲. 682-683.

② 杨士奇. 东里文集：卷 2，常州府庙学重修记. 16.

③ 宋讷. 西隐集：卷 9，正已亭铭. 景印文渊阁四库全书，第 1225 册. 917.

而二百七十年间取士得失之故可睹已。①

对待儒家学者，洪武朝的方式是征召、荐举、科举三途求之。早在建国之初，洪武元年（1368 年）九月向天下公布求贤之诏："愿与诸儒讲明治道，启沃朕心，以臻至治。岩穴之士，有能以贤辅我、以德济民者，有司礼遣之，朕将擢用焉。"② 由于国家初建，尚未具备在全国范围内实行科举的主客观条件，因此实行这种征召方式是合适的。但是由于其所征召的儒士虽有学问和道德，却普遍没有经历过政治实践的操练，具体的行政执行能力偏弱，不能充分符合朝廷的求才要求。为提高儒士的实践操作能力，庶吉士、观政进士培育人才的方式是一个重大创举，被整个明代沿用。

到洪武三年（1370 年）具备了开科取士的条件后，下科举诏书：

朕闻成周之制，取才于贡士，故贤者在职，而其民有士君子之行，是以风淳俗美，国易为治，而教化彰显也。汉唐及宋科举取士，各有定制，然但贵词章之学，而不求德艺之全。前元依古设科待士甚优，而权豪势要之官，每纳奔竞之人，夤缘阿附，辄窃仕禄，所得资品或居贡士之上，其怀材抱道之贤，耻与并进，甘隐山林而不起，风俗之弊一至于此。今朕统一华夷，方与斯民共享升平之治，所虑官非其人，有殃吾民，愿得贤人君子而用之。自今年八月为始，特设科举以起怀才抱道之士，务在经明行修，博通古今，文质得中，名实相称，其中选者，朕将亲策于庭，观其学识，第其高下，而任之以官。果有才学出众者，待以显擢，使中外文臣皆由科举而选，非科举者毋得与官。彼游食奔竞之徒，自然易行于戏。设科取士，期必得于全材，任官惟贤，庶可成于治道，咨尔有众体予至怀。③

这个诏书恢复科举选官制度，并强调"中外文臣皆由科举而选，非科举者毋得与官"。朱元璋对科举选官制度是深信不疑的，国家官员的选拔完全转移到科举考试的途径上来，一改以往的征召、荐举制度，目的是端正选官制度。洪武四年（1371 年）开科取士，录取 120 名进士，很多举人也被直接授予官职。但是洪武六年（1373 年）二月却突然停止科举。原因是朱元璋认为科举并没有选拔到合适的官员："朕设科举以求天下贤

① 张廷玉，等．明史：卷 69，选举志一．北京：中华书局，1974：1675.

② 明太祖实录：卷 35．洪武元年九月癸亥.

③ 明太祖实录：卷 52．洪武三年五月己亥.

才，务得经明行修、文质相称之士，以资任用。今有司所取，多后生少年，观其文词若可与有为，及试用之，能以所学措诸行事者甚寡。朕以实心求贤，而天下以虚文应朕，非朕责实求贤之意也。今各处科举宜暂停罢，别令有司察举贤才，必以德行为本，而文艺次之。庶几天下学者知所向方，而士习归于务本。"① 其实开科取士刚刚三年，从元朝过渡而来的儒生，由于元朝以吏治国，儒生获得高官的可能性小，缺乏实际的政治锻炼，这种影响延续到了明代初期，因此所选官吏不甚符合朝廷的要求。从这个角度讲，这种状况当在朱元璋的考虑范围内，那么为什么要在科举刚刚实行的第三年，就突然中止科举制度？推测原因是朱元璋对科举选拔的士大夫官僚尚存猜忌心理，如何能选拔为皇帝所用又能完全听命于皇帝的官员，在这种两难之间，朱元璋采取了停止科举的策略。直到洪武十五年（1382 年）八月才再次恢复科举考试制度。"诏礼部设科举取士，令天下学校期三年试之，著为定制。"② 从此科举与荐举两途并用。洪武时期中央和地方的主要官员为 1 410 人次，其各种选材方式的比重依次为征荐 47%、归附官员 17%、学校 16%、科举选拔 15%、元末跟从 3%、其他 2%。③ 其中征荐、学校、科举都是以学习儒家经典为条件，其他归附官员也有很多是以儒学入仕，这样一来儒士在洪武的官僚中占据的比重最低是 78%，所以虽然洪武时期科举中断了十年，但是控制整个国家官僚队伍的仍然以儒生为主。

实行科举，大体得到读书人的欢迎。宋濂在《文宪集》中两次声言："圣天子在上，可以出而仕矣。"④ "自后科举日重，荐举日益轻，能文之士率由场屋进以为荣；有司虽数奉求贤之诏，而人才既衰，第应故事而已。"⑤ 各科取士数百人，如洪武十八年（1385 年）科举取进士四百七十余人。众多士人通过科举进入国家的权力中枢，为洪武朝政治输入新鲜血液。洪武朝科举选拔了一批对明前期时政产生重要影响的进士：洪武四年（1371 年）进士吴伯宗、聂铉、杨卓；洪武十八年（1385 年）进士蹇义、王朴、张衡、杨靖、秦逵、齐泰、黄子澄、郑赐、郭资、刘观、刘俊；洪

① 明太祖实录：卷 79．洪武六年二月乙未．

② 明太祖实录：卷 147．洪武十五年八月丁丑．

③ 展龙．元明之际士大夫政治生态研究．南开大学中国古代史专业博士学位论文，2008：382．

④ 宋濂．文宪集：卷 8，送邓贯道还云阳序．景印文渊阁四库全书，第 1223 册．471；卷 29，云中辞．景印文渊阁四库全书，第 1224 册．470．

⑤ 张廷玉，等．明史：卷 71，选举志三．1713．

武二十一年（1388 年）进士解缙、卓敬；洪武二十七年（1394 年）进士戴德彝、石允常；洪武三十年（1397 年）进士黄淮、陈性善、黄宗载、曾凤韶。永乐二年（1404 年）成立内阁，七人中有五人为进士：解缙、黄淮是洪武进士，杨荣、胡广、金幼孜为建文二年（1400 年）进士。其他二人也是以儒学入仕：杨士奇以修儒学被举荐为官，胡俨为洪武举人。永乐以后对朝政产生重要影响的户部尚书夏原吉也是在洪武时期以乡荐入太学。科举人才在洪武后期和建文、永乐时期逐渐成为官僚队伍的核心。虽然永乐政权一改建文的文治风格，但是作为政策咨询机构的内阁组成人员却是以进士为主，坚持了以儒学为治国理念的明初传统。洪武朝的科举选官制度的施行大体上获得了儒学群体的支持，虽然洪武时期政治生态趋于严酷，但是科举选官制度却得到顺利实施。

五、废除宰相

洪武十三年（1380 年），罢左丞相胡惟庸，遂废宰相。太祖在诏书中声言："以后嗣君毋得议置宰相，臣下有奏请设立者，论以极刑。"并把废除宰相制度写入《皇明祖训》中："自古三公论道，六卿分职，并不曾设立丞相。自秦始置丞相，不旋踵而亡。汉唐宋因之，虽有贤相，然其所用者，多有小人，专权乱政。今我朝罢丞相，设五府、六部、都察院、通政司、大理寺等衙门，分理天下庶务，彼此颉颃，不敢相压。事皆朝廷总之，所以稳当。以后子孙做皇帝时，并不许立丞相。臣下敢有奏请设立者，文武群臣即时劾奏，将犯人凌迟，全家处死。"① 关于明代废除宰相之制度，后人多有评论。黄宗羲在《明夷待访录》的《置相》篇中指出："有明之无善治，自高皇帝罢丞相始也。"② 钱穆在论明代政治文化的特色时指出："明代是中国传统政治之再建，然而恶化了。恶化的主因，便在洪武废相。"并认为"太祖是一个雄猜之主"③。同时，其在讨论宰相制度在中国的历程和作用之时指出："秦、汉以来，中国政治之长进，即在政府渐渐脱离王室而独立化。王室代表贵族特权之世袭，政府代表平民合理之进退，而宰相为政府领袖，君权、相权，互为节制……此中国传统政治之精神也。明祖恶宰相弄权，谓可以篡夺王室之统绪，故深忌之。"④ 废

① 朱元璋. 皇明祖训. 四库全书存目丛书，史部，第 264 册. 167.

② 黄宗羲. 明夷待访录//黄宗羲全集（第一册）. 杭州：浙江古籍出版社，1985：8.

③ 钱穆. 国史大纲. 665.

④ 同③668.

除宰相后的政治恶果就是实现了君权的独裁："自秦以来辅佐天子处理国政的相位，至是废去，遂成绝对君主独裁的局面。"这种绝对君主独裁的局面直接导致的明代政治恶化的第二个后果"在于明代不惜严刑酷罚来对待士大夫"①，以致造成读书人以入朝为官为祸事的认知："明祖惩元季纵弛，特用重典驭下，稍有触犯，刀锯随之。时京官每旦入朝，必与妻子诀，及暮无事，则相庆以为又活一日。"②

朱元璋废除宰相，改变宋代以来中国政治文化所具有的士大夫政治的基色和正常发展轨迹，定下了君权至上、皇权专制的政治生态的基调。明代士大夫开始遭受从未有过的政治高压和残酷迫害，更要忍受政治生态恶化后带来的内心紧张。

总之，明朝立国后，朱元璋恢复儒学正统地位，端正国家意识形态，在努力恢复汉族政权传统的同时却走向皇权独裁专制，造成洪武政治生态较之宋元趋于恶化。士大夫因汉民族政权的建立和儒学的恢复而逐渐彰显其主体意识，朱元璋受元政治和本人因素的影响而形成奴化士大夫的政治态度，这两者之间的矛盾和冲突铸就了洪武时期重典风格和君臣关系的紧张态势。就士大夫而言，既不能获得宋朝士大夫所拥有的优越生态和尊崇地位，又不可享有元朝儒士游离于政权之外的自由。洪武朝政治文化的基调并非以士大夫和士大夫政治为核心，而是以皇权专制和独裁为灵魂。"寰中士夫不为君用科"的设立透视出在洪武朝严峻的政治生态下，文人儒士逃避政治场的价值取向和在这种取向下朝廷逼迫文人入仕的无奈之举。朱元璋对士大夫的认知中存在继承元朝视官僚为家奴的思维趋向，元朝以吏用士的传统仍然发挥着历史影响。朱元璋对于士大夫更多是为政权的需要而征召选拔，绝少关注士大夫内心对政权的认知和自我主体的认知。因此朱元璋和士大夫的君臣矛盾、冲突是朱元璋奴化士大夫的强势心理与士大夫始终存在政治主体意识之间冲突的表现。直接的外部表现即是诏狱和廷杖在洪武时期的施行。

明前期的政治生态在洪武和永乐时期具有重典治官的特色，如洪武十八年（1385 年）十月《大诰》所言："天下诸司敢有不务公而务私，在外赃贪酷虐吾民者，穷其原而搜罪之。"③ 并于洪武十九年（1386 年）三月

① 钱穆．国史大纲．666．

② 赵翼．廿二史札记：卷 32．北京：中华书局，1984：744．

③ 朱元璋．大诰．续修四库全书，第 862 册．243．

颁布《大诰续编》，十月颁布《大诰三编》。朱元璋所定的三编《大诰》有两点值得关注：一是其序文中均用“敢”字，如《大诰续编》中：“寰中敢有不遵者，以罪罪之。”①“敢有”二字多次出现，《大诰》是以皇帝个人名义而非朝廷名义颁布于天下，特别是对官僚士大夫而言，“敢有”意味着对皇帝所颁布法律的不尊重，就是对皇帝旨意的违背，这种对“敢有”臣子的制裁是皇帝发出的，是“法外用刑”“律外用刑”，是私刑的体现。因此“敢有”二字体现了《大诰》所具有的皇权专制的浓烈色彩。二是规定“天下务必户户有之，敢有不敬而不收者，非吾治化之民，迁居化外，永不令归”。民户犯法，家有《大诰》一书可以获得减轻刑罚的优待。这样做的政治寓意是在传统“皇帝—士大夫—民众”这种关系体系中，突破士大夫官僚的阻隔，使得皇帝与民众直接建立关系，在民众的观念中，是非善恶的标准取决于皇帝所颁布的《教民榜文》和《大诰》三编，一则是礼义上稳定社会，一则是法律上安定社会。不管是礼义还是法律，民众行为准则直接来源于皇帝的旨意，民众的精神偶像只是皇帝，而非基层官僚。朱元璋通过礼义和法律的两个方面，突破了士大夫官僚在皇帝与民众之间的桥梁和纽带作用，而把统治思想和浩荡皇恩直接伸入民间社会。

基层社会获得稳定，上层统治集团又通过废除丞相，杜绝文官权臣对皇权的威胁，同时分大都督府为五军都督府，解决武官权臣对皇权的威胁。洪武时期真正确立了皇权至高无上的地位。虽然经过建文朝的文人政治的改革，但是由于“靖难”的逆转而得以延续，其影响延续于整个明朝时期。

第三节　建文朝文治气象的形成

洪武元年（1368 年）正月，朱元璋建国之初，就册立嫡长子朱标为皇太子，洪武二十五年（1392 年）四月，三十九岁的皇太子朱标去世。朱标是朱元璋二十六个儿子中的长子，又是马皇后所生，实在是嫡长子继承礼法观念下最合法的皇位继承人。从洪武二年（1369 年）到洪武二十五年（1392 年），朱标做了二十三年的皇太子，他的皇帝继承人的地位并没有受到过多的冲击，却也显得平淡无奇，更无军事功绩。而镇守北边的

① 朱元璋．大诰续编．续修四库全书，第 862 册．267．

秦王、晋王、燕王、辽王等皇室贵族却与北部的军功贵族联姻，形成沿长城一线的军事势力。为笼络大将人心，朱元璋赐徐达的女儿嫁给燕王，邓愈的女儿嫁给秦王，大将耿炳文在秦府任左相，并在洪武三年（1370年）六月总理行都督府事。这种政治权力和军事权力的联姻助长了藩王势力，形成了军功贵族和皇室贵族权力的联合，在政治婚姻基础上，也给藩王增添了军事力量。正如陈子龙所言：

> 诸王皆亲高帝子，或从帝定天下，无不有帝制心。虽跨州连邑，与汉不侔，而厚拥赀财，盛设兵卫，纵横之资具矣。莫不以天族逶迤，龙章缤纷，护卫皆腾健之徒，官署有精采之士，上公丞相拜伏下尘，俨然一国主焉。至于建文君之时，缘饰太平，隙开诸叔，晁错之谋益急，田叔之火无闻。传以裨将，幽之请室，文皇帝积不堪之心。藉可乘之业，奋兵北平，奄有天物，嗣是而后，虚礼攸崇，昔权益脱。夫既以此而得国，即以此而疑人，人情不其然，与故汉踵燕山之迹。宁乘国统之虚，而山东舆榇、江表焚舟，良由势弱形废，所凭非胜也。①

由此可知，明初皇室贵族与军功贵族通过联姻稳固了北部边防的防御领导权，从而保证从西北到东北漫长军事防线的稳定。皇室贵族和军功贵族控制了北部边防，也就在一定程度上控制了帝国的命脉。明朝建国之初，苏、松、杭、嘉等东南沿海一带构成了帝国的经济命脉；国都中以朱元璋为首的势力构成最高政治权力命脉；北部边防的军功贵族和皇室贵族两股势力联合形成军事命脉；江南地区的文物、风土、文化和学术构成帝国的文化命脉。洪武期间，朱元璋以政治权力压制和统摄了北部军事集团的势力。特别是以李善长、蓝玉为首的淮西军事集团被打击后，北部军事集团成为一枝独秀的力量。

朱元璋为保持嫡长子继承制度，为后世子孙确立皇位传承的规则，在太子死后，确立太子之子为皇太孙，立为新的储君。“洪武二十五年九月庚寅，册立皇第三孙允炆为皇太孙，祭告太庙。”② 洪武二十九年（1396年）九月十三日发布《立皇太孙诏》，诏书强调“储嗣为重”的政治需求。③ 朱元璋此举的政治目的有二：一是给明朝后继者确立嫡长子继承

① 谈迁．国榷：卷4．北京：中华书局，1958：411-412．

② 明太祖实录：卷221．洪武二十五年九月庚寅．

③ 佚名．皇明诏令：卷3．续修四库全书，第457册．65．

制度的传统，使得皇权在传承过程中尽量减少皇族内部的冲突造成皇族实力的内耗；二是仿照西汉文景之治的历史经验，开国君主之后要回归文人治国、士大夫政治的局面中，把明朝的政治文化走势导入文人政治的轨道上来。洪武三十一年（1398 年）五月，朱元璋病逝。闰五月十六日皇太孙允炆即皇帝位。五月十八日下诏以下一年为建文元年，大赦天下。"恭依遗诏于洪武三十一年闰五月十六日即皇帝位……德惟善政，政在养民，当遵先圣之言，期致雍熙之盛。"① 洪武三十一年（1398 年）九月初十，建文发布太祖遗诏，主旨精神是向天下臣民公告建文皇权的合法性和正统性。②

一、客观因素：士大夫主体意识凸显

从权力体系构成的角度分析，建文朝各种权力体系的地位、态势和影响较之洪武时期发生重大转变。朱元璋对女宠、宦官、外戚、权臣、藩镇、夷狄之祸多有防备："女宠之祸，常始于干政；外戚之权，常始于怙恩；宦官之威，常始于柄兵；权臣之专窃，常始于蒙蔽；至于藩镇跋扈，则由于姑息；夷狄侵暴，则由于国势不振。"以古为借鉴，可知兴替。"制之有其道，若不惑于声色，严宫闱之禁，贵贱有体，恩不掩义，女宠之祸何自而生？不牵于私爱，惟贤是用，苟干政典，裁以至公，外戚之祸何由而作？阍寺便习，职在扫除，供给使令，不假以兵柄，则无宦寺之祸。上下相维，小大相制，防耳目之壅蔽，谨威福之下移，则无权臣之患。藩镇之设，本以卫民，使财归有司，兵必合符而调，岂有跋扈？"③ 洪武期间，在皇权独裁的形势下，各种权力体系都被笼罩在皇权之下而难以得到伸张。进入建文朝后，各种权力体系经过洪武朝打压后均处于薄弱状态，士大夫政治主体地位得以凸显。

（一）外戚

朱元璋在北部的边防实行军事贵族和皇室贵族的联姻，用以巩固北方的军事防线。秦王、晋王、燕王等几个皇子都娶了掌握军权的功勋将官的女儿。而太子朱标身处南京城，并没有类似诸王的军事护卫，更没有实际掌兵的经历。皇太子朱标于洪武四年（1371 年）四月纳忠武王常遇春女

---

① 姜清．姜氏秘史．续修四库全书，第 432 册．554．

② 佚名．皇明诏令：卷 3．续修四库全书，第 457 册．77-78．

③ 明太祖实录：卷 110．洪武九年十一月辛巳．

常氏为妃，但是常妃于洪武十一年（1378 年）十一月病故，并没诞育皇子，皇太子朱标和军事贵族常家的联姻也宣告终结。常遇春在洪武二年（1369 年）七月就病死军中，其长子常茂在洪武二十四年（1391 年）病逝。二子常升地位不显，一说死于蓝玉之狱，一说死于靖难。洪武二十六年（1393 年）蓝玉谋反被诛，因蓝玉为常遇春的妻弟，即是常茂和常升的娘舅，常遇春二子常升很可能在蓝玉案发前后被牵连而死。“常氏为兴宗外戚，建文时恩礼宜厚，事遭革除，无可考，其死亦遂传闻异词。”① 常家势力衰微，不具专权可能性。

建文帝朱允炆的生母为皇太子朱标的次妃吕氏，吕氏之父是太常司卿吕本，先后出任过刑部侍郎、吏部尚书、礼部尚书、太常司卿，是正三品文官，政绩不显，洪武十四年（1381 年）十月病故，并无子嗣，也就是说建文帝母系一族并无军事和政治势力。建文帝生于洪武十一年（1378 年），洪武二十五年（1392 年）九月被册立为皇太孙，洪武三十一年（1398 年）五月即位，按照中国传统农历计算，刚刚二十一岁。他是朱标的第二子，其余的几个弟弟年龄尚小，并且都无实际兵权。洪武二十八年（1395 年），朱允炆十八岁的时候，朱元璋“册光禄少卿马全女为皇太孙允炆妃”。② 光禄寺少卿乃是正五品的文官。太常寺掌祭祀礼乐之事，光禄寺掌祭享、宴劳、酒醴、膳羞之事，两寺均不居国家权力中枢。可见建文的母族、妻族都不能成为影响朝政的势力，外戚专权在建文朝不可能出现，也就是说建文的皇权既不会受到外戚权力的威胁，也得不到外戚权力的庇护。

（二）武官

朱元璋借胡惟庸和蓝玉党案将建立明朝的功臣勋将诛杀殆尽。太祖皇帝虽然剪除武官功臣，消除了武臣对皇权的威胁，也荡尽了朱明王朝中央武臣智囊集团，北部边防军功贵族和皇室贵族形成的军事势力逐渐成为朝廷威胁，在这种情况下，建文朝廷却难以派遣具有军事智谋又精熟战略的将官。武官式微后果有二：一方面，建文朝武官实力不振，终成靖难败局；另一方面，武官实力减弱为建文实行文治提供了可能。

洪武朝公侯结局可从下表中得到直观感知③：

---

① 张廷玉，等. 明史：卷 125，常遇春传. 3738.

② 明太祖实录：卷 242. 洪武二十八年十月癸卯.

③ 根据《明史》卷 105《功臣世表一》和《明太祖实录》统计。

序号	爵号	姓名	受封时间	去世时间	死因	后人	补充
1	魏国公	徐达	吴元年	洪武十八年	病死	徐辉祖	建文武臣
2	鄂国公	常遇春	吴元年	洪武二年	病死	常茂	洪武时卒
3	韩国公	李善长	吴元年	洪武二十三年	坐胡党死	尽诛	
4	曹国公	李文忠	洪武三年	洪武十七年	病死	李景隆	归顺朱棣
5	宋国公	冯胜	洪武三年	洪武二十八年	赐死	无子	
6	卫国公	邓愈	洪武三年	洪武十年	病死	邓镇	坐李党死
7	信国公	汤和	洪武三年	洪武二十八年	病死	子早卒	
8	延安侯	唐胜宗	洪武三年	洪武七年	病死		坐胡党爵除
9	吉安侯	陆仲亨	洪武三年	洪武二十三年	坐党诛		
10	江夏侯	周德兴	洪武三年	洪武二十五年	以罪诛		
11	淮安侯	华云龙	洪武三年	洪武七年	病死	华中	坐胡党诛
12	济宁侯	顾时	洪武三年	洪武十二年	病死	顾敬	后被废除
13	长兴侯	耿炳文	洪武三年	永乐二年	自杀		
14	临江侯	陈德	洪武三年	洪武十一年	战死	陈镛	坐胡党诛
15	巩昌侯	郭兴	洪武三年	洪武十七年	卒	郭振	坐胡党诛
16	六安侯	王志	洪武三年	洪武十九年	卒	王威	坐胡党诛
17	荥阳侯	郑遇春	洪武三年	洪武二十三年	坐胡党死		
18	平凉侯	费聚	洪武三年		坐胡党死		
19	江阴侯	吴良	洪武三年	洪武十四年	卒	吴高	建文时贬谪
20	靖海侯	吴祯	洪武三年	洪武十二年	卒	吴忠	坐胡党死
21	南雄侯	赵庸	洪武三年	洪武二十三年	坐胡党死		
22	德庆侯	廖永忠	洪武三年	洪武八年	卒	廖权	十七年卒
23	南安侯	俞通源	洪武三年	洪武二十二年	卒		以胡党爵除
24	广德侯	华高	洪武三年	洪武四年	卒	无子	
25	营阳侯	杨璟	洪武三年	洪武十五年	卒	杨通	坐胡党诛
26	蕲国公	康茂才		洪武三年	卒于军	康铎	十五年卒
27	永嘉侯	朱亮祖	洪武三年	洪武十三年	坐罪死		
28	颍国公	傅友德	洪武三年	洪武二十七年	赐死		
29	临川侯	胡美	洪武三年	洪武十七年	赐死		

续表

序号	爵号	姓名	受封时间	去世时间	死因	后人	补充
30	东平侯	韩政	洪武三年	洪武十一年	卒	韩勋	坐蓝党死
31	宜春侯	黄彬	洪武三年	洪武二十三年	坐胡党死		
32	宣宁侯	曹良臣	洪武三年	洪武五年	战死	曹泰	坐蓝党死
33	汝南侯	梅思祖	洪武三年	洪武十五年	坐胡党除		
34	河南侯	陆聚	洪武三年		坐胡党死		
35	忠勤伯	汪广洋	洪武三年	洪武十二年	贬死		
36	诚意伯	刘基	洪武三年	洪武八年	卒		
37	永城侯	薛显	洪武三年	洪武二十年	战死	无子	因胡党废爵
38	西平侯	沐英	洪武十年	洪武二十五年	卒	沐春	三十一年卒
39	安庆侯	仇成	洪武十二年	洪武二十一年	卒	仇正	以事除
40	凉国公	蓝玉	洪武十二年	洪武二十六年	谋反被诛		
41	永平侯	谢成	洪武十二年	洪武二十六年	坐累卒		
42	凤翔侯	张龙	洪武十二年	洪武三十年	卒	张杰	永乐初废除
43	安陆侯	吴复	洪武十二年	洪武十六年	卒	吴杰	建文爵除
44	宣德侯	金朝兴	洪武十二年	洪武十五年	卒	金镇	坐胡党除爵
45	怀远侯	曹兴	洪武十二年	洪武二十六年	坐蓝党死		
46	靖宁侯	叶升	洪武十二年	洪武二十五年	坐胡党诛		
47	景川侯	曹震	洪武十二年	洪武二十六年	坐蓝党诛		
48	会宁侯	张温	洪武十二年	洪武二十六年	坐蓝党诛		
49	雄武侯	周武	洪武十二年	洪武二十三年	卒		
50	定远侯	王弼	洪武十二年	洪武二十七年	卒		
51	崇山侯	李新	洪武十五年	洪武二十八年	以罪诛		
52	普定侯	陈桓	洪武十七年	洪武二十六年	坐蓝党死		
53	东川侯	胡海	洪武十七年	洪武二十四年	卒		
54	武定侯	郭英	洪武十七年	永乐元年	卒		
55	鹤庆侯	张翼	洪武十七年	洪武二十六年	坐蓝党诛		
56	航海侯	张赫	洪武二十年	洪武二十三年	卒		
57	舳舻侯	朱寿	洪武二十年	洪武二十六年	坐蓝党诛		

续表

序号	爵号	姓名	受封时间	去世时间	死因	后人	补充
58	海西侯	纳哈出	洪武二十年	洪武二十一年	战死	察罕	坐蓝党诛
59	东莞伯	何真	洪武二十年	洪武二十一年	病死	何荣	坐蓝党诛
60	全宁侯	孙恪	洪武二十一年		坐蓝党死		
61	乐浪公	濮英	洪武二十一年	洪武二十年	战死	濮玙	坐蓝党谪
62	徽先伯	桑敬世	洪武二十三年		坐蓝党诛		
63	永定侯	张铨	洪武二十三年				
64	越巂侯	俞渊	洪武二十五年	建文朝	战死		

从表中可知，经过洪武时期的数次大狱镇压，到建文时期，贵族势力整体处于衰落状态，并不能成为政治的主导力量。表现有三：其一，洪武二十五年（1392 年）之前，公、侯、伯等功勋贵族大多数已经退出政治舞台；其二，功勋贵族在洪武前期以自然死亡为主，洪武中期后多因牵涉“胡蓝之狱”而不得善终；其三，功勋贵族的后人也多因涉案而失去贵族身份和权力。

（三）宦官

明太祖朱元璋严加防范宦官干政，洪武时期明确规定宦官的职责：

> 朕观《周礼》，阉寺不及百人。后世至逾数千，因用阶乱。此曹止可供洒扫，给使令，非别有委任，毋令过多……此曹善者千百中不一二，恶者常千百。若用为耳目，即耳目蔽；用为心腹，即心腹病。驭之之道，在使之畏法，不可使有功。畏法则检束，有功则骄恣。①

洪武时期宦官政策具有以下特征：一是人数少，洪武一朝宦官不过百人，后期稍多，但亦不过数百人而已。二是品级低，最高不过四品。三是不可以兼外职，“不得兼外臣文武衔，不得御外臣冠服”。四是限制活动空间，“衣食于内庭”。五是严禁宦官与外廷往来，“诸司不得与文移往来”。六是“太祖制，内臣不许读书识字”。洪武十七年（1384 年）更是在内廷立铁牌以示警戒：“内臣不得干预政事，预者斩。”建文朝延续了洪武时期的宦官政策：“建文帝嗣位，御内臣益严，诏出外稍不法，许有司械闻。”② 特别是在燕王逼近南京的时候，内宫宦官多成为燕王的内应，也

① 张廷玉，等．明史：卷 74，职官志三．1826.

② 张廷玉，等．明史：卷 304，宦官传一．7765.

可窥见建文朝对宦官势力的压抑："诏奉使中官，毋得外横。国初约束中官，不得与士民交易，至是颇暴横，许所在有司械送京师。于是中人夺气，密谋北戴，约直捣京师为内应，燕庶人然之，始不返辙。初燕虽屡胜，攻城克邑，旋下旋失，鏖战三年，才据北平、保定、永平耳。"① 洪武和建文朝的宦官政治与士大夫群体对宦官的认知相互契合。如明初士人邓真就把宦官定位为亡国乱政的根源之一，把汉唐两朝的灭亡归结为宦官乱政："汉唐立国之初，委任得人，其后多宦官主之，遂召亡国之祸。"② 建文朝的方孝孺对宦官乱政现象也给予警惕："宦官擅政，天下之所同恶也。"③ 从以上可知，建文朝不存在宦官干政现象。

（四）皇族

太子朱标生五子，长子早年夭折，建文为二子，建文即位后"封弟允熥为吴王，允熞衡王，允熙徐王"④。三王年少，均未就藩，住在南京城，因其少不更事，在建文朝并没有成为建文皇帝的帮手。在建文朝，与建文帝血缘上最为亲近的叔父们作为皇室贵族并没有成为建文帝可能实行的贵族政治的根基，反而成为建文政权的巨大威胁势力。朱元璋一共有 26 个儿子，其中 19 个儿子被封为藩王就国，即建文帝有 25 个叔辈，这其中有和朱标同为马皇后所生的二叔秦王朱樉、三叔晋王朱棡、五叔周王朱橚，朱棣生母是否为马皇后尚有争议。建文帝即位的时候，秦王和晋王已经先后死去，对建文皇权存在威胁的即是镇守北京的四叔燕王和镇守东北的十七叔宁王。镇守北方的亲王都曾经多次参与防御和追击蒙古各部的战争，如洪武二十六年（1393 年）"晋王总宋国公冯胜等所统河南、山西马步军士出塞，胜及颍国公傅友德、开国公常升、定远侯王弼、全宁侯孙恪等驰驿还京，其余将校悉听晋王节制"⑤。代王朱桂驻守大同，娶武宁王徐达二女儿为妃，曾经率领护卫亲军听晋王节制巡防长城一线。其他就藩的各位叔叔亲王因其只掌握三支护卫亲军，对建文政权的威胁相对较小。洪武二十五年（1392 年），朱元璋在给右军都督府的奉谕中就指责了陕西都司违反朝廷给秦府 500 人作为护从的规定而私自增加到 1 000 多人。具体的公文如下："近闻陕西都司遣兵常随秦王出入。盖王府置护卫，又设都司，

① 谈迁. 国榷：卷 11. 829.
② 郑真. 荥阳外史集：卷 67，月试策题. 景印文渊阁四库全书，第 1234 册. 479.
③ 方孝孺. 逊志斋集：卷 5，窦武. 142.
④ 张廷玉，等. 明史：卷 4，惠帝本纪. 60.
⑤ 明太祖实录：卷 225. 洪武二十六年二月丁丑.

正为彼此防闲。都司乃朝廷方面，凡奉敕调兵，不启王知，不得辄行。有王令旨而无朝命，亦不擅发。如有密旨，不令王知，亦须详审覆而行，此国家体统如此。”① 明朝的军事兵制是都司卫所制度，都司即是地方三司中的都指挥使司，简称都司，负责十三布政使司所管辖的范围内的地方军政，同时在全国各个军事要地设置卫和所，各个地方的都司卫所所领军队不归藩王管辖。藩王封国内有两支国家军队：守镇兵和护卫军。三支护卫军，大约是672人，直接受藩王管理。② 洪武五年（1372年）正月，“置亲王护卫指挥使司，每王府设三护卫，卫设左右前后中五所，所千户二人，百户十人，又设围子手二所，每所千户一人”③。守镇兵由常选指挥掌控，一般情况下不受藩王统辖，除非是王国处于险要之地，同时遇到紧急的警报，两支军队可以同时受藩王调遣。守镇兵同时不受亲王的私恩，名义上是朝廷派到王国的国家军队，朝廷调兵必须要有皇帝亲笔给藩王和守镇兵指挥写的公书，守镇兵接到皇帝的御宝文书和亲王的命令后方可发兵。如果守镇兵只得到朝廷的御宝文书而无亲王的指令，不得发兵；或者只有守镇兵得到御宝文书，而亲王没有得到御宝文书，守镇兵要立刻通知亲王，亲王派人火速赴京城询问，直达皇帝面前，遇有阻挡者格杀勿论。④ 但是由于守镇兵与藩王关系密切，多被藩王所用，燕王“靖难”成功绝非三支护卫军可以做到。洪武二年（1369年）开始修《祖训录》，到洪武二十八年（1395年）最终修成《皇明祖训》一书，对藩王势力多所限制。其中一个明显的例子即是藩王来朝会皇帝，遇到朝廷大宴群臣之时，藩王不得入席。⑤ 建文朝以燕王为代表的藩王势力对中央皇权的威胁已经表面化，皇室贵族不可能成为建文皇权的依靠势力。

二、主观因素：君臣治国理念的趋同

朱允炆即位之初，急召蜀王府教授方孝孺入京，授职翰林院博士。“上素闻其贤，将大用之。”⑥ 建文二年（1400年）升为文学博士。方孝孺在《送凌君入太学序》中透彻地分析了洪武和建文之际士大夫在洪武严厉

---

① 明太祖实录：卷221. 洪武二十五年九月戊申.
② 朱元璋. 皇明祖训. 四库全书存目丛书，史部，第264册. 185.
③ 明太祖实录：卷71. 洪武五年春正月壬子.
④ 同②.
⑤ 同②175.
⑥ 谈迁. 国榷：卷11. 789.

的政治生态下形成的风格和气象："圣贤之道至大矣，其全可以治天下、变风俗，而其绪余犹足以守一官、化一乡，非止小材曲艺而已也。故古之君子学之终身而不敢以为成材，周于用而不敢以为能。今之士不然，所习者未脱乎剽窃诵说之间而充焉以为足，所能者不过乎室家邻里之近而肆然以为高。圣贤观之，何其浅乎？"① 方孝孺在建文朝逐渐成为政权的核心决策者。

洪武和建文皇权转移后，整个国家的政治风格和政治生态发生巨大变化，文人气象升腾。后世士人朱鹭指出建文朝政治风气转移中武人集团与建文政权的分离：

> 高皇帝起布衣，濠上奋一剑成帝业，专意右武，而当日干城爪牙辐辏归命，争效死力，以集事勋名烂焉！是时，左班不得望幸泽，而亦无短长可效，不过定制度，修文章，兢兢奉上旨而已。及至建文皇帝注思讲学，恬武兢文，缙绅亲而介胄疏。于是翰苑有锡谥，尚书登一品，四稔之间，气若移焉，而文臣莫不踊跃致身，趋死如归，其凛凛着元节者，亡虑弥百数，盖振古一创见。而武臣率怀携贰，叛附接踵，其临阵生心，甘为虏缚者，多至千人，皆身为将帅、都督、指挥者也。砥柱颓流，增国壮烈，自魏公辉祖父子暨谢公贵、马公宣、朱公鑑外，几何人哉？噫！两朝相及曾不甚辽，一何文武离合之异也，岂非上所化哉？故夫人主治天下，德泽威严，格之或不足，意响移之而有余矣。②

建文朝文治倾向主要表现在以下几个方面：一是洪武时期的学校和科举培育了建文朝中央高级官僚，六部、九卿等衙门的上官大多由洪武朝科举出身的儒家士大夫充任，整个国家的政治风格开始转移到文人治国的气象上来。二是建文皇权的获得来源于朱元璋的皇位正常传承，朱元璋借助"胡蓝之狱"等诏狱打击、压制了明初的功臣宿将，洪武时期掌握重兵的大将大多不得善终，建文朝以后武官势力衰微不振，武臣在政治中的影响力开始逐渐减弱，这也造成了燕王朱棣起兵后，南京的建文政权缺乏有力的军事将才的后果。三是建文帝及其父亲朱标常年身居皇宫，并没有战争经历，更没有统率军队的经验。明朝建立后即建立完善东宫官署，大儒宋濂等为皇太子讲授儒家经典，因此早在为储君之时，太子朱标和皇太孙朱

① 方孝孺. 逊志斋集：卷14，送凌君入太学序. 474-475.
② 朱鹭. 建文书法拟：正编上. 续修四库全书，第433册. 54-55.

允炆就已经沉浸在儒家的教育环境中，深受儒家文治思想的影响。四是经历了洪武严峻的政治生态后，士大夫群体普遍的政治压力感和紧张感一定要得到抒发，因此沉寂和隐忍的士大夫的政治主动性开始在建文朝勃发。五是洪武朝为建文朝的文治气象培植了治国良才。朱元璋虽以重典治国，但是亦曾表达施行仁政的政治追求，他指出：“仁义者，养民之膏粱也。刑罚者，惩恶之药石也。舍仁义而专用刑罚，是以药石养人，岂得谓善治乎？”洪武朝虽未曾出现文人治国的局面，却为建文帝留下了实行文治的人才。“盖太祖用重典以惩一时，而酌中制以垂后世，故猛烈之治，宽仁之诏，相辅而行，未尝偏废也。建文帝继体守文，专欲以仁义化民。元年刑部报囚，减太祖时十三矣。”①

总之，方孝孺等士人在建文朝提出和努力去建设一种以“仁义”“道德”为绝对核心的人间秩序，这两点是这种人间秩序的精神内涵和终极价值标准。这种人间秩序的蓝本对于方孝孺等人来说，就是恢复宋代以来文人治国的传统，最终恢复“三代之治”的政治局面。“深有慕于宋之贤者，以为皇明创业，超越汉唐之上，复法宋以为治，则成周不难侔矣。”②

第四节　“靖难之役”与士大夫的政治命运

一、“靖难之役”前后的时局

洪武二十五年（1392 年）四月，太子朱标死后，当时的朱棣以及秦王、晋王甚至辽王都是帝位强有力的竞争者。皇四子燕王朱棣三十三岁，而建文十六岁，除了身份地位的优势外，朱允炆在各个角度都不是燕王的竞争对手。最重要的，如果燕王继位，在士大夫集团的思想中，对礼法上嫡长子继承制度的冲击并非达到完全敌对的状态，这中间存在调和的空间，因为皇权仍然在皇族内部交接，而燕王年过而立，政治经验、军事影响等各个方面都可以担任帝国合法的继承人。但是朱元璋要给后世子孙确立嫡长子继承制度的家法，洪武二十五年（1392 年）九月，册立朱允炆为皇太孙。

---

① 张廷玉，等．明史：卷 94，刑法志二．2319-2320．

② 方孝孺．逊志斋集：卷 12，仕学规范序．390．

秦王、晋王、燕王、辽王自西向东依次分封在陕西、山西、北平、东北，四王联手担负防御北边蒙古的任务。洪武二十八年（1395 年）和三十一年（1398 年），晋王和秦王先后死去。燕王朱棣封地在北平，虽然排行老四，随着秦王、晋王的先后过世，风格颇类太祖的燕王便逐渐浮出政治权力斗争的水面。但是握有军事权力的亲王在礼法上却永远要低于皇帝一等，甚至在拜见皇太孙时仍然要向这个侄儿下跪。《国榷》中记载了诸王与建文帝见面时候的家礼与国礼。“凡来朝，冕服见天子毕，次见东宫于文华殿，四拜坐受。始叙家人礼于后殿。王西向坐，太孙东向四拜。已叙坐，太孙中席南向，诸王列左右，而诸王并尊属，多不悦，藩衅开矣。”①

洪武三十一年（1398 年）五月，太祖死后，遗诏令皇太孙朱允炆即皇帝位，同时阻止藩王赴京吊唁。“遗诏诸王临国中，毋得至京师。王自北平入奔丧，闻诏乃止。时诸王以尊属拥重兵，多不法。”② 朱元璋在洪武时期并没有解决地方藩王势力对中央皇权威胁的隐患，最终爆发“靖难之役”。“靖难之役”后，明朝的政治时局为“严网四张，人人在刀俎之上”③。士大夫在这一时局背景下做出泾渭分明的政治立场选择：抗拒一方以方孝孺、铁铉、练子宁为代表，被朱棣处以极刑；归顺一方以三杨为代表，杨荣迎朱棣于马首，建言朱棣先拜谒祖陵以正大位。

归顺的一方多受到朱棣重用：“茹瑺先群臣叩头劝进，文臣迎附知名者：吏部右侍郎蹇义，户部右侍郎夏原吉，兵部侍郎刘俊，右侍郎古朴、刘季篪，大理寺少卿薛岩，翰林学士董伦，侍讲王景，修撰胡靖、李贯，编修吴溥、杨荣、杨溥，侍书黄淮、芮善，待诏解缙，给事中金幼孜、胡濙，吏部郎中方宾，礼部员外宋礼，国子助教王达、郑缉，吴府审理副杨士奇，桐城知县胡俨。”④ 永乐后，三杨、解缙、胡濙、胡俨等人被选入内阁，永乐以后逐渐成为朝廷重臣。

抗拒的一方多遭到朱棣屠杀：“受戮之最惨者，方孝孺之党，坐死者八百七十人；邹瑾之案，诛戮者四百四十人；练子宁之狱，弃市者一百五十人；陈迪之党，杖戍者一百八十人；司中之系，姻娅从死者八十余人；胡闰之狱，全家抄提者二百十七人；董镛之逮，姻族死戍者二百三十人；

① 谈迁．国榷：卷 11．786．
② 张廷玉，等．明史：卷 5，成祖本纪一．69．
③ 谈迁．国榷：卷 12．842．
④ 谷应泰．明史纪事本末：卷 16，燕王起兵．北京：中华书局，1977：271．

以及卓敬、黄观、齐泰、黄子澄、魏冕、王度、卢原质之徒，多者三族，少者一族也。”① 近代明史专家孟森先生在论“靖难”史事时批评朱棣对抗拒臣子的大肆杀戮：“故使事定之后，即廓然大赦，许诸忠为能报国，悉不与究，未必有大患也。即不能然，杀其人亦可成其志，而实则杜诸忠之或有号召，犹之可也；诛其族属，并及童幼，已难言矣；又辱其妻女，给配教坊、浣衣局、象奴及习匠、功臣家，此于彼之帝位有何损益？又其所戮诸人，若方孝孺之遍戮其朋友门生，谓之十族，其九族以内之亲则皆尽矣；又若景清之既磔既族，又籍其乡，转相攀染，谓之瓜蔓抄，皆人类所不忍见闻者。”②

谈迁评论“靖难”中士大夫政治表现时指出：“杨士奇辈，亲为革除帝辟擢，皆自剪祓以至于高位。虽辅四君，功业有所发明，君子以比管仲。而方孝孺之祸，至波及同党朋友数百命，以独成其一忠。迹未合于圣人，是修先身而死，择所而缢，节不毁而完其家族，其为明哲，不逊大雅。可谓善死君矣。”③ 认为方孝孺用十族的生命成就其自己的忠义过于惨烈，三杨的顺利归顺有违君臣之义，唯独肯定周是修的死义行为。

二、以方孝孺为代表的抗拒派

方孝孺坚持“气”的一元论，认为“气”是构成世界万物的本原：“是气行乎天地之间，而万物资之以生。”④ 人也是由气所生成，但是气有“清”和“浊”之分，因此人就分成“圣人”和“众人”，而在众人到圣人的过渡层还有君子这个层次。“清气之在天地间，得其纯全之会，则为圣贤人；得其浇驳之余，则为庸众人。”⑤

（一）“正国家，匡社稷，忠其君以利天下”⑥

方孝孺以君子自居，在生死观念上自然与众人有别，下面这几段文字表达了方孝孺的生死观：

> 君子之于众人，其生与死同，惟生而有益于世，死而无愧于心者，为君子，其不能然者为众人，此其所由异也。使饮且食焉以养其

① 谷应泰．明史纪事本末：卷18，壬午殉难．307.

② 孟森．明史讲义．上海：上海古籍出版社，2002：100.

③ 谈迁．国榷：卷12．849.

④ 方孝孺．逊志斋集：卷1，宗仪九首·体仁．50.

⑤ 方孝孺．逊志斋集：卷16，贮清轩记．547.

⑥ 方孝孺．逊志斋集：卷13，望云诗序．440.

> 生，而于世无补，虽有乔松之寿，犹无生也。不能奉天之道，尽人之性，自致其身于无过，虽谈笑而亡，犹不得其死也。古君子所以汲汲若不及者，未尝以生死入其心，惟修其可以无愧之道焉。耳天之全以赋我者，吾能全之而弗亏。推之俾明，养之俾成，扩而施之，泽于天下后世，于人之道无所愧。虽不幸而乖于天，迕于人，死于疾病患难，何害其为君子哉？①
>
> 可以生，可以死，可以贵，可以贱者，君子也。恶死而慕生，贪富贵而戚贫贱者，小人也。以死为可恶，宁知死有善于生者乎？以贵为可乐，宁知贱有安于贵者乎？君子之于世，视生死贵贱如手之俯仰，不以动其意而一以义裁之。义宜死也，虽假之以百龄之寿，不苟生也。义宜贱也，虽诱之以三公之爵，不苟贵也。其好恶岂悖于人情哉？众人徇于利，故好恶失其中，君子于义也明，故审于轻重也当。天下之乱，常以世无知义之士，而小人众也。危邦败国有知义者立乎群邪之间，使小人之爵禄不足以诱，威刑不足以胁，则尚可以兴也。不然，虽全盛之天下，其谁与守。②

方孝孺认为，君子对待生死的标准在于是否合乎“义”，小人对待生死的标准在于是否合乎“利”。“无行而富贵，无益其为小人。守道而贫贱，无损其为君子。”③ 重视名节，生死符合“礼”与“义”，声名才可传千古，同时君子的生死更是关系天下而有益于世教：

> 捐其躯有益于天下，君子之所乐为也。而况身不至于死，而有益于世教者乎！宜乎趋义者之众也。然而人宁舍其生以徇利，而不肯勉其身以为义。死于利者，首交于世；而为义死者，历数百年无一人。岂其所重在彼，而所轻在此哉！知利之可以养生，而不知其可以伤生；知义之或至于杀身，而不知杀身之可以不朽也。古之仁人义士，视刀锯如饮食，恬然就之而不辞者，其好恶宁独异于人哉？见义明而虑道远，如是而死则安；如是而生则辱；如是而富贵则足耻；如是而贫贱则可乐。故其取舍之际，断乎其不苟也。④

方孝孺之死非君臣之义所能涵盖和笼罩，其对待生死的态度以是否符

---

① 方孝孺．逊志斋集：卷6，斥妄．177．
② 方孝孺．逊志斋集：卷5，苏威．166．
③ 方孝孺．逊志斋集：卷1，宗仪·谨行．47．
④ 方孝孺．逊志斋集：卷18，云敞赞．627．

合“礼”与“义”为根据，终极的追求在于“有益于天下”和“有益于世教”。方孝孺对死义的追求根源于士大夫的担当精神，又符合民本主义的政治信仰。

(二)“士之可贵者，在节气，不在才智”①

方孝孺认为士大夫是天下之治的“春天”，治理天下唯在士大夫的努力，声言：“国之本，臣是也。”② 方孝孺强调只有仁爱的政治才能达到治理天下的目的：“人有刚武明毅之才，非仁无以立政。故国之有仁人，犹天之有春也。”③ 士大夫的政治价值不在“才学”和“技能”，而在于其拥有“仁政”和“民本”的政治信仰。士大夫出仕为官之道有三：“诚以格君，正以持身，仁以恤民，而不以利禄挠乎中。”④ 士大夫要“远宗孔孟以为学……其事君行道”⑤。方孝孺认为这个“道足以济天下”，实现治国、安民、平天下的政治理想，其内在的核心是“道德”和“仁义”。⑥

方孝孺认为，士大夫天然的责任就是同君主共同治理天下万民，是政治的主体。方孝孺的天命观念的政治寓意在于借助天命而约束皇权、保护士权。皇权虽然可以至高无上，但是必须符合“天命”和“民意”两点，违背这两点的皇权就是非法的暴君政治。“天欲昌乎国家，必默佑之，而赐之以贤才。众贤集于朝，群才列于位，而天下不蒙其福、治功不显于世者，无有也。”⑦ 士大夫是上天对君主的赠予，用以辅佐君主，君主必须任重贤士大夫才能保证社稷的太平和百姓的安乐。“盖国家之兴，天也。天之佑乎国家，莫大乎锡之以贤才。贤才多而道德政教无不举，国家未有不享悠久治平之福者也。”⑧ 皇权、天命、民意、社稷四者成为方孝孺政治理念的核心。“天”是皇帝权力的赋予者和监督者，“民”是皇帝权力的价值所归和世间的监督者，道统确立了这种秩序和理念的基本精神。

(三)“是”的解读：“炙道德之辉，聆仁义之旨”⑨

方孝孺成就的“是”是一个复杂的体系：“居天下之广居，立天下之

---

① 方孝孺．逊志斋集：卷 16，戆窝记．536．
② 方孝孺．逊志斋集：卷 1，右第二十一章．17．
③ 方孝孺．逊志斋集：卷 17，春风和气堂记．567．
④ 方孝孺．逊志斋集：卷 1，右第十三章．15．
⑤ 方孝孺．逊志斋集：卷 9，与苏先生三首（三）．279．
⑥ 方孝孺．徐逊志斋集：卷 9，上蜀府启．268．
⑦ 方孝孺．逊志斋集：卷 12，应天府乡试小录序．410．
⑧ 方孝孺．逊志斋集：卷 12，丙子京闱小录后序．410．
⑨ 方孝孺．逊志斋集：卷 9，上蜀府笺．269．

正位，行天下之大道，得志，与民由之；不得志，独行其道。”① 方孝孺认为政权可分为“正统”和“变统”两类：“以其建道德之中，立仁义之极，操政教之原，有以过乎天下也。有以过乎天下，斯可以为正统，不然非其所据而据之，是则变也。”② 有史以来的政权大致可归纳为以下几种：

> 仁义而王，道德而治者，三代也；智力而取，法术而守者，汉唐宋也；强致而暴失之者，秦隋也；篡弑以得之，无术以守之，而子孙受其祸者，晋也；其取之也同而身为天下戮者，王莽也。苟以全有天下，号令行乎海内者为正统耶，则此皆其人矣。然则汤武之与秦隋可得而班乎，汉唐之与王莽可得而并乎？莽之不齿乎正统久矣，以其篡也。③

方孝孺认为政权的变统有三：篡臣、贼后、夷狄。此三者虽然可以号令天下，却是“率天下之民无父无君”而扰乱纲常礼教。④ 在方孝孺看来，朱棣是违背天理、扰乱纲常、颠倒礼法、弑君篡位的乱臣贼子的典型，臣民效法必定出现父不父、子不子、君不君、臣不臣的乱世局面，天下人间的秩序就混乱了。“先君之国，受之于祖宗者也，父子传，次以嫡以长，古之制也，易此必乱。”⑤ 违背了这一制度就是乱臣贼子，也就是造成了先王所立的政治秩序的紊乱。“先王立为上下尊卑之分，俾为臣者严守之而不敢僭，所以杜乱也。”⑥ 方孝孺的死难就是对“道德”和“仁义”的坚守，同时也是对政权正统性的执着追求。

儒学内部存在孔孟的“择君而仕”和荀子的“无君不可仕”的差异，也可以用来解释方孝孺的行为选择。孔子指出：“天下有道则见，无道则隐。邦有道，贫且贱焉，耻也；邦无道，富且贵焉，耻也。”⑦ 荀子与孔孟一样，有自己理想中的君主，他们的不同在于荀子能本着退而求其次的态度，主张士人可以在非理想的君主治下入仕：“事圣君者，有听从，无谏争；事中君者，有谏争，无谄谀；事暴君者，有补削，无挢拂。”⑧ 因

---

① 杨伯峻. 孟子译注：卷6，滕文公章句下.
② 方孝孺. 逊志斋集：卷2，释统中. 54.
③ 方孝孺. 逊志斋集：卷2，释统上. 52.
④ 方孝孺. 逊志斋集：卷2，后正统论. 59.
⑤ 方孝孺. 逊志斋集：卷5，夷齐. 123.
⑥ 方孝孺. 逊志斋集：卷5，鬻拳. 126.
⑦ 杨伯峻. 论语译注. 北京：中华书局，2009：94.
⑧ 王先谦. 荀子集解. 北京：中华书局，2007：110.

此天下无君不可以仕。方孝孺的《读荀子》对荀子的批评态度佐证了方孝孺的君臣观和出处观坚持孔孟“择君而仕”的原则：

> 若荀卿者，剽掠圣人之余言，发为近似中正之论，肆然自居于孔子之道而不疑，沛乎若有所宗，渊乎执之而无穷，尊王而贱霸，援尧舜，摭汤武，鄙桀纣，俨若儒者也。及要其大旨，则谓人之性恶，以仁义为伪也。妄为蔓衍不经之辞，以蛆囊孟子之道，其区区之私心，不过欲求异于人，而不自知卒为斯道谗贼也。①

士大夫的生死必须依据此道而做出选择，把生死与国家、社稷关联起来。“大臣之义，守死非难也，死而利国家、安社稷为难。使惟知守死之为得，而不顾社稷、国家之存亡，乌在其为大臣也哉!”② 方孝孺“拳拳之心为天下生民虑”③，在建文朝努力建立一个士大夫理想中的“三代之治”，改造现实的世界，重建人间的政治秩序，彰显了明前期士大夫的政治自觉和政治主体意识，与皇帝同治天下，为天下万民。在方孝孺看来，所有这些努力的前提，是建立一个合法、正当、正统的政权体系，这是所有理想得以实施的基石。而“靖难”的发生、朱棣的永乐政权在方孝孺眼中无法得到正统性的认可。在方孝孺的理念中，朱棣的行为完全违背了儒家的道德仁义，他只有用十族的生命来捍卫士大夫理想中的人间秩序，用生命来为这个秩序确定规则和法度。

在当时的时局中，方孝孺处于建文与朱棣矛盾和冲突的焦点，方孝孺能否为朱棣草拟即位诏书，直接关系到朱棣夺取的皇权能否获得政治合法性，决定了朱棣的皇权属性，也决定了新政权能否获得士人舆论的认可和支持，这些都影响甚至决定了朱棣新政权根基能否牢固和生命能否长久。同时他的特殊性还在于，在建文与燕王的军事斗争中，他是建文的重要谋臣，很多用人决定和军事方略都是在方孝孺的主持下完成的，讨伐朱棣的檄文均出自方孝孺之手，所以方孝孺与三杨相比，除了他的帝师身份地位外，更多了一份斗争失败者的沮丧和无奈心态。

三、以三杨为代表的归顺派

朱棣夺取皇位后，从永乐到正统年间，对“靖难”事件，三杨所留下

---

① 方孝孺．逊志斋集：卷4，读荀子．111．

② 方孝孺．逊志斋集：卷5，萧懿．161．

③ 方孝孺．逊志斋集：卷2，后正统论．61．

的著述大多隐讳不语，多用“太宗皇帝奉天靖难”之语一笔带过，要想分析三杨在“靖难”时归顺朱棣的内心感受和思想理论基础，只能循着三人所留文集中的只言片语扩展分析，参酌三杨在执政期间的政治修为进行解读。“基于这样的认识，对于出现在中国的各种形式的‘自由’批判或者抗议，我们既可以从正面、以其努力维系的理想标准去定义它们，我们也可以从反面、以其所反对的事物去定义它们。正因为中国自由主义的范围取决于暴君的统治，所以它在相当程度上也受到暴君政治的影响。要不是统治者的暴行激发了儒臣的良知，使之受到极端考验，那些英勇无畏的抗议行为本来是不会发生的。例如，方孝孺孤忠赴难，反抗明成祖的篡位夺权和压迫；海瑞冒死上疏，痛斥明世宗（1522—1566 在位）的无能和腐败。对于孔子来说，杀身成仁并不值得追求，忍耐和生存才更为可取。因此，要不是因为那些暴君，中国历史上应该不会有这么多的儒家烈士。暴君先是让君子为其效劳，而后当他们发现无法笼络这些君子时，又试图压制他们的言论。”①

（一）君臣观念与经权思想

儒家的君臣观念存在孔孟的“择君而仕”观与荀子的“无君不可仕”观两种。孔孟坚持“择君而仕”，在此基础上保持儒士的相对独立性。强调士大夫与君主合作的前提是君主接受、尊重和施行儒家的治国理念。如果君主不能实行儒家的治国理念，士大夫官僚只能隐退出政治之外。荀子虽然和孔孟同样认为理想中的君主应具有尧舜等三代明君的美德，但是理想中的圣德君主却从未出现于现实政治中，仅仅存留于理想信念中，因此在调和了理想和现实的冲突后，荀子提出“君为主，臣为辅”的理念。在无法改变现实君主，却要保持儒家政治追求之时，产生“择君”与“为民”两者之间选择上的冲突和矛盾，无道则隐，保持情操的同时失去民本的追求；为天下百姓而仕并非贤能的君主，又违背了士大夫对道德情操的坚守。正如美国学者狄百瑞所言：“儒家思想把以色列先知放在整个民族身上的所有重担都抛给了君子一人。如果君子和统治者之间麻烦不断，那么，在很大程度上是因为孔孟二人让君子与统治者共同为百姓的苦难负责。”② 因此荀子从儒家“民本思想”出发，主张臣子要适应各种不同类型的君主：“事圣君者，有听从，无谏争；事中君者，有谏争，无谄谀；

---

① 狄百瑞．儒家的困境．57.

② 同①27.

事暴君者，有补削，无挢拂。”① “君尊臣卑”观念的形成是荀子对儒家思想与现实政治之间的冲突进行调和变通的结果。

儒学经权思想可以用来分析方孝孺和“三杨政治”立场选择的差异性。《韩诗外传》记载：“夫道二，常之谓经，变之谓权。”指出“道”可以通过两种方式体现出来：坚守经义和权宜变动。权与经不同，却合乎道。如孟子所言：“男女授受不亲，礼也。嫂溺援之以手者，权也。”北宋王安石指出：“若有礼而无权，则何以为孔子？天下之理，固不可以一言尽。君子有时而用礼，故孟子不见诸侯；有时而用权，故孔子见南子。”②方孝孺死义是对经义的固守。三杨归顺可理解为“权宜”之计。三杨的诗词言论和政治修为均可以体现“上有以裨益国家，下有以惠利生民”的政治理想。③ 正如孟森先生所言：“成祖以篡得位，既即位矣，明之臣子，究以其为太祖之子，攘夺乃帝王家事，未必于建文逊位之后，定欲为建文报仇，非讨而诛之不可也。”④ 认为朱棣的篡权行为本来并没有超越士大夫的政权合法性的底线，尚在可接受范围之内。建文与永乐之间的皇权转移，毕竟是在朱姓皇族内部进行，这给三杨的归顺提供权宜借口。同时三杨与方孝孺相比，并不处于时局的风口浪尖处，亦没有参与到建文与朱棣的军事斗争中——在战争期间，三杨均在翰林院任职，对战争冲突的体会绝没有方孝孺那样强烈。朱棣对方孝孺等士人的残酷杀戮让三杨备感紧张，这种紧张超出了“靖难”本身对他们的影响，更深刻影响了永乐以后三杨的政治风格和心态。

永乐以后，三杨虽然具有“士君子出处进退求合乎道”⑤ 的政治信仰，但是在现实政治中却秉持“居而孝于亲，仕而忠于君”的行为准则。忠孝思想成为三杨处理君臣关系的基本理念，士大夫的主体意识弱化。如杨荣所言：“士君子之生世，惟得以其才学见知于时，获沾一命，以克展其所蕴，措之于政事，播之于述作，英声令誉足以扬于今而传于后，可谓荣矣。”⑥ “振声光而建事业，荣当时而庆后裔。”⑦ 显亲扬名、英声令誉、扬于今而传于后等世俗化的价值取向遂成为三杨追求事功的目的。

---

① 王先谦．荀子集解．110．

② 王安石．临川先生文集：72，再答龚深父论语孟子书．北京：中华书局，1959：76．

③ 杨荣．文敏集：卷9，进士题名记．景印文渊阁四库全书，第1240册．121．

④ 孟森．明史讲义．100．

⑤ 杨荣．文敏集：卷18，故资政大夫刑部尚书赵公神道碑铭．290．

⑥ 杨荣．文敏集：卷13，送桂修撰还乡诗序．192．

⑦ 杨荣．文敏集：卷12，蓟门别意图序．185．

（二）归顺后的矛盾心态

归顺朱棣，对三杨来说势必也会造成道义上的自责，通过三杨对建文和殉难忠臣的平反的努力可以显示出来。如宣德四年（1429 年）九月杨士奇为周是修作传，说周是修“今殁二十有八年矣。知是修者，独予。在每追念君子清白之节，文皇帝日月之明既照其心，岂当遂致泯灭耶!”① 杨士奇对“靖难”死难士人王叔英后人的照顾也映照了其自责的心态。② 正统七年（1442 年），接受张太皇太后遗命之时，三杨所举三事中第一件就是为建文修实录，目的就是恢复建文皇帝的皇统地位；第二件就是为方孝孺平反，既是为了缓解压制的政治语境和舆论氛围，也是为了通过对方孝孺的平反，端正天下士气，深层次的原因更是取得良心上的安慰。这些举措透视出三杨心中不安、紧张、自责的心态。

三杨和方孝孺均接受儒家教育，都在洪武和建文期间入仕做官。方孝孺在建文朝以帝师自居，重构“三代之治”的政治理想，重建以士大夫为核心的政治秩序；三杨同样推崇和效法宋儒，也有重建人间秩序的理想抱负。三杨与方孝孺差异化的政治立场选择并非完全意义上的冲突和矛盾，其根源在于儒学思想在理想主义与现实主义两端的调适，既有孔孟儒学及理学的理想主义，又有荀子的现实主义。两者殊途同归，理想主义为天下秩序确立原则和标准，为士大夫提供终极追求目标；现实主义为天下秩序提供基石和保障，为士大夫提供创造事功的现实舞台，使士大夫的理想获得现实的依归。这个秩序最终的归结还是为天下苍生谋福祉，回归于儒家“民本思想”，正如方孝孺所言：“予拳拳之心为天下生民虑。”“宜如先臣杨士奇，以天下心，官天下人；以天下官，官天下才。”③ 方孝孺和三杨差异的选择却具有相同的政治旨归。

儒学内部孔孟“择君而仕”观与荀子“君尊臣卑”观共存，使得士大夫在“靖难”后差异化的政治立场选择均可获得理论支持。两宋以来，伴随儒学的复兴、理学的勃发而起的是士大夫的政治自觉、高度的政治主体意识、与皇帝共治天下的身份定位、努力重建一个以“道德仁义”为核心的“三代之治”，这是方孝孺终身坚持和努力实现的政治理想。这个体现儒家治国理想的权力结构和政治秩序在“靖难”后改变生存状态，士大夫

① 周是修．刍荛集：卷 6．景印文渊阁四库全书，第 1236 册．134．

② 王叔英．静学文集．景印文渊阁四库全书，第 1235 册．805-806．

③ 李清．南渡录：卷 1．杭州：浙江古籍出版社，1988：17．

和士大夫政治蛰伏在皇权政治的威势下。后世士大夫对方孝孺持续不断的追忆印证和透视着士大夫对独立和自由的渴望。这种北宋以来形成的独立自主、蓬勃发展的士风在建文时期的方孝孺身上获得充分体现，方孝孺也在宋儒的基础上提出了完备的政治理想和“三代之治”的宏伟蓝图。朱棣的“靖难”摧毁了方孝孺政治理念的基石，同时也打断了明兴以来孕育的士大夫政治的蓬勃进程，开始进入专制皇权为主宰的“君为臣纲”的时代。在这个严酷的君权专制背景下，方孝孺提倡的政治自觉并没有完全消失，而是转入另一种迂回曲折、引而不发的状态生存下去，所以三杨等归顺士人在迎合朱棣的政治意图的同时，努力用儒家思想来培养朱棣的继承人朱高炽、朱瞻基、朱祁镇，力求未来的皇帝能成为自己的代言人，践行儒家治国理念，实现内圣外王的理想追求和惠济天下的普适关怀。

经历洪武朝严峻的政治生态后，建文朝逐渐显露出文治的气象。“自宋之末造以至有明之初年，经术人材，于斯为盛。”① 这个“文人政治”的春天却被“靖难”生硬地打断，建文朝体现出的“君臣共治”天下的政治文化风格开始向“君为臣纲”的政治文化风格转变。

第五节　仁宣到景泰期间的政治生态

虽然朱棣对内阁大学士明言，“天下事咸朕与若等同计，非若六卿之分理也”②，但是永乐朝创立内阁之时就定下了其在国家机构中的位势：“入内阁者，皆编、检、讲读之官，不置官属，不得专制诸司。诸司奏事，亦不得相关白。”③ 所以有明一代，内阁大学士只是五品官，内阁始终不曾成为最高行政机构。到了仁宣以后，通过授予师保等方式，三杨的官职品级均获得提升。仁宗即位之初，就以杨荣在成祖朱棣死后于军事和丧礼的功劳，授予其工部尚书官衔。洪熙元年（1425 年）正月，又授予杨士奇为兵部尚书、金幼孜为礼部尚书、黄淮为户部尚书。宣德后，杨士奇的官职全称为少傅兵部尚书兼华盖殿大学士，杨荣的官职全称为太子少傅工部尚书兼谨身殿大学士，杨溥的官职全称为太常寺卿兼翰林院学士。“宣

---

① 顾炎武. 日知录：卷 18，书传会选. 合肥：安徽大学出版社，2007：1010.

② 黄佐. 翰林记：卷 2，内阁亲擢. 景印文渊阁四库全书，第 596 册. 868.

③ 张廷玉，等. 明史：卷 72，职官志一. 1734.

德三年敕太师、英国公张辅，少师、吏部尚书蹇义，少傅、兵部尚书、华盖殿大学士杨士奇，少保兼太子少傅、户部尚书夏原吉，各辍所领，侍左右，咨访政事。"① 少师、少傅为从一品，其职责为："掌佐天子理阴阳，经邦弘化，其职至重。"② 尚书是正二品。"仁宗以杨士奇、杨荣东宫旧臣，升士奇为礼部侍郎兼华盖殿大学士，荣为太常卿兼谨身殿大学士（谨身殿大学士，仁宗始置），阁职渐崇。其后士奇、荣等皆迁尚书职，虽居内阁，官必以尚书为尊。"③ 仁宣后，三杨的官位品级就都已经为从一品，成为官僚的绝对上层。《明史》卷109《宰辅年表序》对于内阁在永乐和仁宣前后政治角色、地位的变化表述为：永乐朝创立内阁之时，"其时章疏直达御前，多出宸断。儒臣入直，备顾问而已"。而到了仁宣以后，内阁地位变得尊崇起来，俨然成为朝廷的中枢机构："至仁宗而后，诸大学士历晋尚书、保、傅，品位尊崇，地居近密，而纶言批答，裁决机宜，悉由票拟，阁权之重，偃然汉唐宰辅，特不居丞相名耳。"④ 特别是宣德以后，杨士奇等人借助皇帝老师的身份逐渐超越蹇义和夏原吉，成为政治重要决策者。

"迨仁宣朝，大学士以太子经师恩，累加至三孤，望益尊。而宣宗内柄无大小，悉下大学士杨士奇等参可否。虽吏部蹇义、户部夏原吉时召见，得预各部事，然希阔不敌士奇等亲。自是，内阁权日重，即有一二吏、兵之长与执持是非，辄以败。"⑤ 仁宣后内阁权力逐渐超越六部权力，票拟权的获得是内阁权力彰显的重要特征。从"永乐、洪熙二朝，每召内阁造膝密议，人不得与闻，虽倚毗之意甚专，然批答出自御笔，未尝委之他人也"。"至宣德时，始令内阁杨士奇辈，及尚书兼詹事蹇义、夏原吉于凡中外章奏，许用小票墨书，贴各疏面上进，谓之条旨，中易红书批出。"⑥ 整个政治局面由仁宗时期"义善谋，荣善断，而原吉与士奇尤持大体"、四人"共议天下官吏军民"之事的局面，转移到"仁宣之间，政在三杨，义虽居铨衡，辄依违其间，无所匡拂，时亦以此少之"⑦。内阁逐渐掌握了以下权力：国政决策权，如宣德放弃安南一事，即是内阁杨士

① 张廷玉，等．明史：卷72，职官志一．1731．
② 同①．
③ 同①1734．
④ 张廷玉，等．明史：卷109，宰辅年表序．3305．
⑤ 同①1729．
⑥ 廖道南．殿阁词林记：卷9，拟旨．景印文渊阁四库全书，第452册．272．
⑦ 夏燮．明通鉴：卷21．长沙：岳麓书社，1998：882．

奇与杨荣一方最终战胜六部尚书蹇义、夏原吉一方；人事任免权，如宣德时期治理地方卓有成效的著名官吏于谦、周忱、况钟、顾佐等人均是杨士奇所举荐，中央官员如荐举薛瑄为大理寺左少卿、建议降大学士陈山为内书堂讲官，均出自杨士奇的建议。

但是内阁权力的增长方式并非来源于国家制度规定，而是皇帝私恩，皇帝与内阁大学士之间的关系始终保持公私两种关系纠缠在一起的状态。内阁在明代官方的政治体系中，始终被定位为一个咨询机构，官职仅为正五品。必须要与皇帝保持友好而亲密的关系，获得少师、少保和尚书的官衔，才能获得实际的政治权力。三杨与仁宣关系紧密，早在仁宣为太子之时，三杨即是东宫官署成员，三杨对仁宗和宣宗皇位的顺利传承和皇权的稳定发挥重要政治作用。其后如徐阶、高拱、张居正等人也多借助皇帝老师的身份而获得实际的权力。这种权力获得途径的私人化，也使得三杨始终要讨好皇帝才能稳定和巩固权力，因此在其文集中，充满歌颂皇帝盛德的应制诗赋。曾经为保护仁宗而入狱十年、具有良好道德操守的杨溥在应制诗中也要歌颂皇帝的丰功伟绩，如在《万寿圣德诗》中歌颂成祖、仁宗、宣宗三位皇帝："太宗神武奠宗国，伟烈弘谟昭八极。仁宗至德恢前猷，四海苍生沐休泽。圣皇继统协重华，丕隆景运益亨嘉。礼乐修明政教远，抚有华夷为一家。""山林草木生光辉，瞻仰銮舆自天至。"① 正统三年（1438 年）十月在《麒麟诗》序文中称赞英宗："崇尚恭俭惇，信明义裁，省冗费，轻徭役，薄赋敛，省刑罚，不以口体之奉、耳目之玩为征求，不以喜怒为赏罚，闾里之民不受于饥寒，各爱其生，守礼分者多而犯法者少，是盖以父母斯民为心而无所不用其极矣。"因为皇帝的圣德伟业，上天降下祥瑞麒麟，因此在诗中赞誉："圣皇盛德披万方，休征协应年丰穰。薄海内外民乐康，和气生祥来海邦。"② 又如杨荣在诗中表达的效忠皇帝的心声："微臣愿效封人祝，圣寿如山万岁春。"③ 这句话可解释为："春天是四时之首，山是仁者所爱好的，人的仁义就是四时的春天，上天由春天而生育万物，皇帝就以仁义养育天下的万物，这种德行是一样的。"三杨对政策的调整与对皇帝的歌颂同时进行，印证了士大夫在明代皇权专制局势中要践行政治理念的无奈。

这种看似繁华的政治生态中也滋生了不和谐的因素，宣德年间于内廷

① 杨溥. 杨文定公诗集：卷 3，万寿圣德诗. 续修四库全书，第 1326 册. 485.

② 同①486.

③ 杨荣. 文敏集：卷 1，恭和御赐春山图诗. 25-26.

创立内书堂，大学士陈山等人教习宦官读书识字，这是政治形势发展的必然，即朝廷委派宦官出使他国、监督军队的必然需要。宦官掌握了读书识字的本领后，就可以阅读奏疏，为正统初年王振的干政提供了契机。“用是多通文墨，晓古今，逞其智巧，逢君作奸。数传之后，势成积重，始于王振，卒于魏忠贤。”① 清人在论述明朝的宦官为祸时，一种言论就认为，“设内书堂，而中人多通书晓文义。宦寺之盛，自宣宗始”②。三杨由于长时间受到皇室的眷顾，也出现了有违德行的事情，如杨荣接受边疆馈赠。正统五年（1440 年），杨荣受靖江王佐敬贿赂之事被王振告发，经过杨士奇解救才得以完结。杨士奇的儿子杨稷被家乡江西泰和县民众告发：“豪横不法百余事，词所连者几千人，事下都察院。”③ 李贤在《古穰集》中对此事记述如下：

> 士奇晚年泥爱其子，莫知其恶，最为败德事。若藩臬郡邑或出巡者见其暴横，以实来告，士奇反疑之，必与子书曰：“某人说汝如此，果然，即改之。”子稷得书反毁其人曰：“某人在此，如此行事，男以乡里故，挠其所行，以此诬之。”士奇自后不信言子之恶者，有阿附誉子之善者，即以为实，然而喜之。由是子之恶，不复闻矣。及被害者连奏其不善之状，朝廷犹不忍加之罪，付其状于士奇。乃曰：“左右之人非良，助之为不善也。”已而有奏其人命数十，恶不可言，朝廷不得已，付之法司。时士奇老病不能起，朝廷犹慰安之，恐致忧。后岁余，士奇终始论其子于法，斩之。乡人预为祭文，数其恶况，天下传诵。④

由于仁宗、宣宗、英宗为储君时都曾经得到三杨、蹇义、夏原吉等士大夫的教导，君臣关系中多了一层师徒之义。皇帝主动改善与臣子的关系，对大臣的赠印和赏赐等事时有发生，但是皇权专制的色彩仍然浓重。仁宣时期，士大夫发挥政治主体作用逐渐增强之时，也是台阁体的文风最为兴盛之时。正统以后，宦官权力膨胀，达到可以同六部和内阁相抗衡的程度，内阁的票拟权和司礼监的批红权先后出现，并成为影响朝政的两股主要力量。宦官势力并未因“土木之变”而衰落，终于在“夺门之变”中

---

① 张廷玉，等．明史：卷 304，宦官传一．7766.
② 张廷玉，等．明史：卷 164，黄泽传．4441.
③ 明英宗实录：卷 98．正统七年十一月己巳.
④ 李贤．古穰集：卷 30．景印文渊阁四库全书，第 1244 册．789.

成为英宗复辟的一股重要力量。

本章小结

明朝立国之初，朱元璋的政统与士大夫的道统之间发生冲突，数次诏狱后，洪武朝形成皇帝独裁、重典治国的政治风貌；建文朝一改洪武朝重典治世风格，以方孝孺为代表的士大夫成为时政主导，建文朝政逐渐展现文治气象。这种走势不幸被“靖难”所打断，“靖难”也撕裂了士大夫群体，使得士大夫群体做出泾渭分明的立场选择，死难的方孝孺和归顺的三杨成为“靖难”后两类士大夫的代表。“靖难之役”冲击建文朝文治取向，永乐朝皇权再次强化，士权处于皇权笼罩中。“靖难”前后，宗室藩王的政治处境和湘献王的政治命运发生变动，朱棣借助宗室政策的更革，一方面诋毁建文帝皇权政治的合理性和合法性，另一方面诠释永乐皇权的合法性和合理性。经历仁宗和宣宗两朝，君臣关系融洽，台阁体的文风成为时政风格的表征。正统初年“三杨政治”局面的出现是明代士大夫政治初显的标志。

第二章　明初儒士刘驷的精神世界与出处选择

刘驷是元末明初一位颇具悲情色彩的儒士。作为一名儒家士大夫，刘驷尊崇程朱理学，熟读朱熹和陈淳著作，对二人推崇备至，乃至其在行为上极力效法朱、陈二人。他时时以一位纯正的朱学后人的自我认同严格地修养德行，向往着理学家“内圣”与“外王”的精神世界。与此同时，他虽无出仕做官的政治意愿，却在明初屡被征召，被动地卷入政治旋涡中，最终因其耿直的个性和对“道”的坚守而成为明初时政的牺牲品。

第一节　刘驷其人与《爱礼先生集》

一、刘驷的籍贯、家世与婚姻

刘驷祖籍福建莆阳（即今莆田），据传其祖乃南宋著名诗人刘克庄的后裔。其祖父刘陆，字伯顺，曾游于漳州，后举家迁至此处。刘驷即生于福建漳州，故后人多以其为福建省漳州府龙溪人。龙溪县在元末明初开始隶属于漳州府，是漳州下辖州县之一。根据《明一统志》记载：“漳州府，东至泉州府同安县界八十里，西至汀州府长汀县界二百三十里，南至广东潮州府潮阳县界三百五十五里，北至延平府尤溪县界三百里。自府治至南京三千五百二十五里，至京师七千五百二十五里。”①

有关刘驷的母亲记载不详，只知他的父亲早年失偶，续娶魏氏，待刘驷渐渐有慈，故生母应早亡，魏氏为其继母。刘驷的父亲有详细记载，其父刘宝，字惟贤，生于元朝泰定三年（1326 年）。据刘驷的门人陈拯所著的《慎翁先生行状》，刘宝十一岁时即以孝行扬名，因咀嚼新马粪为祖母林氏涂患处的行为在当地获得孝顺之名。刘宝弱冠后，“以儒业未成不获，

---

① 李贤. 明一统志：卷 78. 景印文渊阁四库全书，第 473 册. 646.

已而为簿书”。元代至正末年，为武安县吏员。洪武初年在漳州做府吏，后调任汀州为掾吏。洪武三年（1370年），回到漳州，不再做刀笔文吏，亦不干世事。自刘驷能言以来，“每夜事公退，亲训正字语音，令习步履拜揖之仪。八岁令入小学，勤课读书，稍有违惰，不吝夏楚。自稚年以至于弱冠，不使干预财利，茶坊、酒肆不令从宴”。陈拯认为，刘驷后来“心事明洁，本领端正”，这是其父家训之严、教养之正的结果。① 刘驷在二十岁时，同其父一样，“亦以儒学未成而习吏”，由邑吏而试仓攀。刘宝在家书中斥责刘驷说：“吾之路已失矣，至汝之身不容再失。急改志从儒，莫信他人诳诱。汝若能以儒业立身，虽日以三餐至粥而供予，予愿亦足矣。”刘驷于是决意弃吏从儒，“洗耳洁心，远斥尘俗”②。

关于刘驷的生平，《福建通志》和《闽中理学渊源考》中皆有记载，《闽中理学渊源考》所记略详：

> 刘宗道，名驷，以字行，龙溪人。洪武壬辰（当为壬戌年，洪武十五年，1382年）征秀才，八千余人入试朝政，宗道第一。仍命学士詹徽密察诸儒中特异者，居德行第一。以布衣侍坐，共论治道，拜都察院左都御史，上格君泽民二十事，言甚切直，上命所司采行之。自是议大政多所讥切，遂为邵质、董希贤所构，诏徙南诏，不久贯还。宗道明程氏学，好修家礼，乡人称爱礼先生。有《爱礼集》十卷，陈真晟读之，称其继北溪而起，大有功于名教云。③

《闽中理学渊源考》对其学术地位评价颇高，认为刘驷在元末明初漳州地区理学的传承过程中发挥了重要的作用。正是其在漳州继承朱学正统，开启后学，才使得漳州朱学在明朝前期出现陈真晟、林雍这样的理学家。然单纯从学术思想的造诣和传承来说，刘驷更多地充当了传承者的角色，较少理论创新。与此同时，刘驷在程朱理学践行方面的成绩亦是其后成名的主要因素之一。他时刻以理学的思想来指导自己生活的各个方面，乃至后来被卷入政治洪波之中，对程朱理学的践行仍是其所关注的重点。

除了其在理学方面的成就，刘驷的文集中有一篇是写给其第二任妻子

---

① 陈拯．慎翁先生行状//刘驷．爱礼先生集：卷10．四库全书存目丛书，集部，第25册．73.

② 同①.

③ 李清馥．闽中理学渊源考：卷79，清漳明初诸先生学派．景印文渊阁四库全书，第460册．769－770.

之父的求婚信件，依此可以窥其婚姻生活与家庭观念。刘驷的婚姻并不顺畅，他的第一任妻子在结婚九年后，被刘驷出之归家，这在明初文献中是很少遇到的实例。他在再次求婚书信中说："初娶之凡陋自弃也，已尝谆谆化率之九年而不成，而后不得已，各泪以出之。其妇亦自服其鄙猥不顺之罪，迨今无怨言也。"虽然他在信中说第一任妻子并没有因为被弃而有丝毫的怨言，但是这一举动似乎也招致了世人的非议，因为我们无法知道刘驷第一任妻子被弃的真正原因，这件事情发生在洪武十年（1377 年）。只是刘驷在书信中提到"世人不知其由，多以是讳之"。之后刘驷再婚，即有了这封求婚书信，在这封信中，明确地阐发了明初儒士对待婚姻的伦理选择思想。这种思想是宋儒理学对家庭婚姻生活的一贯主张，从侧面反映明初地方社会中家庭伦理的主体思想仍然是以程朱理学为主导。他在这封信中接着说到选择妻子的标准："令爱之资质良淑，则妇容之有本矣；其性情淡泊，则妇德之有基矣；虽于妇工之未如法者，亦可渐学而补焉。"在刘驷的择偶观中，居第一位的仍然是妇容，其次是德行，再次是妇工。他对夫妻伦理的认识也遵从朱子的理学要求，他说："程子所谓若娶失节者以配身，是已失节也。则是男子终身有可娶之理，而妇女以专一为贞也。"① 到洪武十五年（1382 年），他第二次被征举入京之时，他的父亲在送别他的时候说："今新妇又不孕，若得一官半职，到任便娶妾。"②

可以推测，这次求婚很可能是成功的，刘驷娶到了自己满意的妻子，但是很不幸，这位新的妻子仍然没有为刘驷诞孕子嗣，所以在送别之时，刘父才有这样的叮嘱。

二、《爱礼先生集》的编辑与刊印

《爱礼先生集》十卷，由刘驷门人收集其著作而成，并于明朝弘治年间由福建参政林进卿主持刊印。原书现存于中国国家图书馆（原北京图书馆），《四库全书存目丛书》《北京图书馆古籍珍本丛刊》等丛书皆有收录。文集卷首序言为龙溪籍进士林雍所作，时间是弘治六年（1493 年）春三月。林雍在《明史》中并无传记，《闽中理学渊源考》卷八十一《郎中林蒙庵先生雍》记载如下：

林雍，字万容，龙溪人，景泰五年进士，授行人，以母老，乞归

① 刘驷. 爱礼先生集：卷 8，与约老嘉父刘先生书. 53.
② 陈拯. 慎翁先生行状//刘驷. 爱礼先生集：卷 10. 74.

养，终丧，起就职。宪宗初政，上疏劝修德、格天、亲贤、讲学。复请进周敦颐、程颢、程颐、朱熹于颜、曾、思、孟之后，列为八配。又请祀陈淳两庑，并不报，迁为司正。先是诸行人出使，往往以贿闻。雍厉操先诸公，诸公皆自爱惜。属吏部考察，雍独不赴，曰："使某不胜任，黜之可也。安能随行附首，言科目、籍贯耶?"升驾部郎中，未几乞归，命下，忻然就道，长安缙绅贤之，相与咏歌其事。归结庐龙山，从布衣陈先生真晟相师友，日与徒侣讲明正学。谋之林佥宪克贤、姜郡守谅，建祠祀北溪芝山麓。又与乡人，月为一会，修蓝田《吕氏乡约》，累征不起，年七十余卒。陈先生真晟称雍学，始终本末，有序有要。督学周公孟忠，称其居官水蘖，未老乞归，清风高节，海内倾仰。漳人谓北溪之后，得正学之传者，真晟与雍二人而已，学者称为蒙庵先生。①

林雍虽不显名于史册，但《闽中理学渊源考》中所称与其齐名的陈真晟在明代理学中地位较高，且最终从祀孔庙。黄宗羲《明儒学案》把陈真晟列入《诸儒学案》，认为他"学无师承，独得于遗经之中"②。陈真晟虽有学而优则仕的初衷，却因地方有司不礼敬儒士，"自是不复以科举为事，务为圣贤践履之学。初读《中庸》，做存养省察工夫，觉无头绪。继读《大学》，始知为学次第。以朱子所谓敬者，乃《大学》之基本也，乃求其所以为敬。见程子以主一释敬，以无适释一，始于敬字见得亲切，乃实下工夫，推寻此心之动静，而务主于一。静而主于一，则静有所养，而妄念不复作矣；动而主于一，则动有所持，而外诱不能夺矣"③。作为儒士，他始终存有为天下的政治提供道学支持和引导的想法，即便他已经决意仕途，隐身求道，还是在天顺三年（1459 年），"用伊川故事，诣阙上《程朱正学纂要》，其书首采程氏学制，次采朱氏论说，补正学工夫，次作二图，一著圣人心与天同运，次著学者心法天之运，次乃言立明师，补正学，辅皇储，隆教本数事，以终上文"④。此次诣阙上书虽然并未成功，仍然可以体现他对道统的坚持与追求。

万历年间，逐渐有官员提出陈真晟从祀孔庙的主张，先是万历元年

① 李清馥. 闽中理学渊源考：卷 81，郎中林蒙庵先生雍. 776-777.

② 黄宗羲. 明儒学案：卷 46，布衣陈剩夫先生真晟. 北京：中华书局，2008：1087.

③ 同②1086.

④ 同②.

（1573 年）八月，礼科给事中石应岳奏称：“先儒布衣陈真晟，年十七八时，即拒绝异端，专心儒业。尝就试省闱，有司防察苛密，无待士礼，遂辞归。不复以科举为事，日探研理学，以居敬为主。尝语人曰：‘《大学》《诚意》章为铁门关，难过“主一”二字，乃其玉钥匙也。’日与其徒周瑛倡明理学，与莆人李父举讲行家礼。南海陈献章称谓天下第一流人，江西罗伦则称之谓闽中高士。殁后，尚书杨廉纂《理学名臣录》，载十有五人，首薛瑄，次吴与弼，次即真晟也。虽举入漳州乡贤祠中，未见特加尊崇，似宜从祀孔庭，不则亦当照吴与弼等专祀于乡。”① 礼部审议后，同意陈真晟故乡建专祠祭祀。万历十二年（1584 年）九月云南道御史黄师颜、万历十九年（1591 年）十一月巡按广东御史钱一本均上疏朝廷建议陈真晟从祀孔庙。万历中后期后，选举明朝儒士从祀孔庙的朝野议论逐渐增多，这其中政治寓意深刻，既是晚明统治危机逐渐彰显，朝廷需要反思治国理念的政治需要，又是士大夫政治自觉逐渐外显，需要新的理学道统来代表士大夫的自我主体意识，从祀孔庙的理学家成为士大夫主体意识自觉的礼仪符号。

从祀孔庙是十分慎重之事，关乎国家礼教。沈鲤在《议孔庙从祀疏》中说：“至如蔡清、罗伦、章懋、黄仲昭、陈真晟、吕柟、罗钦顺、邹守益，中间或未有专祀者，乃望推广德意，专祀于乡。”并未取得士林朝野公论的认可，不易从祀孔庙。② 万历二十年（1592 年），行人高攀龙在《崇正学辟异说疏》中把陈真晟称为真儒：“真儒如薛瑄、胡居仁、吴与弼、陈真晟、曹端、罗伦、庄昶、章懋、张元祯、陈茂烈、蔡清、陈献章、王守仁诸人，彬彬盛矣。至一代之风俗，上有纪纲，下重名节。”③

《闽中理学渊源考》将林雍与陈真晟并称，可见在作者的眼中，林氏之成就定不低于陈真晟。而林雍又在《爱礼先生集》的序中极力称赞刘驷，亦可见刘驷在当时儒士中的地位。而刘驷《爱礼先生集》的刊印，是漳州理学思想传承中的一环，虽然在明清官方所修的《福建通志》中均有记载，但是并没有引起后世学者的关注，这使得学界对刘驷的研究一直是空白的。弘治六年（1493 年）三月，致仕的兵部郎中林雍在《爱礼先生集》序言中论说了刘驷在漳州府理学中的重要作用，虽然有一般序跋文体

① 明神宗实录：卷 16．万历元年八月辛酉．
② 沈鲤．亦玉堂稿：卷 1，议孔庙从祀疏．景印文渊阁四库全书，第 1288 册．214．
③ 高攀龙．高子遗书：卷 7，崇正学辟异说疏．景印文渊阁四库全书，第 1292 册．441．

中固有的溢美之词，但是我们还是可以从中梳理出刘驷文集的刊刻对程朱理学传承的贡献：

文章关乎世教乃可传，然非学之正而深于道者不足以语。此《六经》《语》《孟》而下诸子百氏，各以其所长为文，丽句宏词，脍炙人口，非不工也，求其学之正而弗畔（叛）于道者盖鲜。宋大儒周、程、张、朱数君子出学，《宗语》、《孟》、《六经》，粹然一出于正，其为文章，凿凿切实，莫非道之攸寓，卓乎不可尚矣。子朱子守吾漳时，北溪陈先生亲炙其道，师友正学渊源，称于今弗衰。

圣朝洪武初，乡先达爱礼刘先生负刚大之气，加以问学践履之功，私淑北溪，而祖述乎朱子之道，有得焉！事亲至孝，动以礼法，自持家贫授徒为养，虽躬事并臼而非义弗取。修六礼，正家法，闺门之问斩斩如也。尝以俊秀被征，以侍亲故力辞，而归学于三山赵彦进氏，造诣益深。既而复起，赴京试策第一，擢拜都御史，论事蹇谔，每出人意表。无何，竟为权奸所棒，谪居远方，赍志以没，无怨言。所著诗文一帙，予家藏已久，浙藩参政林君进卿读而爱之，谓有关世教，请序以永其传。窃惟文所以载道，而学所以明人伦。先生博极群书，清修苦节，致力于事亲，修身而推以及人，俯仰无愧怍焉！是宜发为文章，平正通达，其味无穷如《楠支吾说》，推而至于扶植纲常。《见在楼记》见其思不出位，无入而不自得。斥异端，则辩淫祀之非；正名分，则谨称谓之辩。他如《乡饮礼仪》《学规》《中庸说》与凡诗歌、书札之类，若布帛菽粟，切于日用之常，不事追琢缔绘，而道德性命之理具焉！谓非学之正而深于道者能之乎？诚足以继前修、迪后进，而于世教不特小补焉者，乌可以不传耶？先生讳驷，字宗道，自号悔怍子。门人私谥曰“爱礼先生”云。①

这篇序言基本全面地总结了刘驷学术思想的源流与基本宗旨，认为刘驷私淑北溪学问，上可推及《六经》、《论语》、《孟子》及宋儒周、程、张、朱之正学，文章以尊德性为宗旨。私谥是古代士大夫死后由亲属、朋友或门人给予的谥号。“爱礼先生”的称谓是表彰其在明初对朱子理学中礼教的遵从和传承之功。“谥者，行之迹也；号者，功之壮也；服者，位之彰也。是以大行受大名，细行受小名，行出于己，名出于人。谥，慎

① 林雍．爱礼先生集序//爱礼先生集．1-2.

也，以人行之始终，悉慎录之以为名也。”① 嘉靖《龙溪县志》说：“其学以礼为宗，凡修之身、教之家以及于其乡，皆以礼，乡人呼为爱礼先生。”②

第二节 刘驷的学术思想与精神世界

一、私淑北溪、祖述朱子

林雍在刘驷《爱礼先生集》的序言中说，刘驷“私淑北溪，而祖述乎朱子之道”。《闽中理学渊源考》卷七十九《清漳明初诸先生学派》亦谓：“维漳郡，始于唐初，僻陋滨海。自有宋朱文公莅郡以后，陈北溪、王东湖亲承其统绪，道术既一，礼法大明。”而此卷的首篇就是“总宪刘爱礼先生宗道”，以印证刘驷师法于陈淳，接续于朱子。“明程氏学，好修家礼……陈真晟读之，称其继北溪而起，大有功于名教。”

北溪先生，是南宋理学家陈淳的别称。陈淳，字安卿，漳州龙溪人，生于南宋高宗绍兴二十九年（1159年），卒于南宋宁宗嘉定十六年（1223年），是朱熹晚年门人、南宋理学思想重要的继承者和阐发者。《宋史》中《道学四》有他的传记，清修《四库全书》收入他的《北溪字义》和《北溪大全集》。清代雍正二年（1724年）陈淳从祀孔庙，称为先儒。

宋光宗绍熙元年（1190年），朱熹到漳州任知事，此时朱熹已经六十岁，陈淳三十一岁，陈淳以《自警诗》拜见朱熹，自此师从朱熹，深得朱熹理学真传，朱熹教之探求追寻理学义理之奥：“凡阅义理，必穷其原，如为人父何故止于慈，为人子何故止于孝，其它可类推也。”第二年，朱熹离任。后十年，陈淳复见朱熹，陈其所得。朱熹嘱其要重“下学”之功。在朱熹故去后，陈淳“追思师训，痛自裁抑，无书不读，无物不格，日积月累，义理贯通，洞见条绪”③。朱熹在文集中两次说道：“陈淳者书

① 徐乾学. 读礼通考：卷64. 景印文渊阁四库全书，第113册. 503，527，528. 有专条论私谥，其中指出：“私谥，《后汉书·荀爽传》，时人多私谥其君父及诸名士，荀爽皆引大义正以经典，虽不悉变，亦颇有改。”“古者生无爵，死无谥，爵谓大夫以上也。”虽然依据儒学谥法，私谥不符合礼法要求，但是自汉至明清，文人私谥现象屡有发生。

② （嘉靖）龙溪县志：卷8，人物.

③ 脱脱，等. 宋史：卷430，陈淳传. 北京：中华书局，1985：12788.

来，甚进，异日未可量也。”① 朱熹门人陈宓在陈淳的祭文中较好地说明了陈淳对朱熹理学在南方福建传播的重要作用，说明了陈淳学术宗于朱熹的学统传承关系：

> 自文公朱夫子阐孔孟之秘，吾道大明，游其门者，天下居其半，独北溪先生传一派于南漳。问学高明，践履端方，哜嚅理义之奥，沉酣道德之乡，使伊洛源委，于是乎有属。而开诱后进不至擿埴索涂，而驰骋乎康庄。②

陈淳主要从道、天、理、气的相互关系论证其世界本体论的逻辑脉络，这是陈淳理学思想的核心问题，也是其排斥异端、坚持正学的核心基础。陈淳对于“道”和“理”等朱子理学概念的理解和延伸，在继承朱子之学的基础上有所发明。“太极只是理，理本图，故太极之理浑沦。以理言，则自末而本，自本而末，一聚一散，而太极无所不极其至。自万古之前与万古之后，无端无始，此浑沦太极之全体也。自其冲漠无朕，而天地万物皆由是出，及天地万物既由是出，又复冲漠无朕，此浑沦无极之妙用也。”③

虽然对陈淳非常敬仰和膜拜，但是刘驷的理学对朱子和陈淳的理学理论更多的是一种学习和继承，而非发明扩展。在明初思想杂糅的环境中，刘驷坚持传承、学习陈淳和朱熹的理学思想仍然是值得肯定的。在《北溪字义》中，陈淳对“天道”和“理气”进行了详细和充分的论证，这里仅举一例可为说明：

> 论道之大原，则是出于天。自未有天地之先，固是先有理。然才有理，便有气，才有气，此理便在乎气之中，而不离乎气。气无所不在，则理无所不通。其盛著见于造化发育，而其实流行乎日用人事，千条万绪。人生天地之内，物类之中，全具是道，与之俱生，不可须臾离。故欲求道者，须是就人事中，尽得许多千条万绪当然之理，然后可以全体是道，而实具于我。非可舍吾身人事，超乎二气之表，只管去穷索未有天地始初之妙为道体，则在此身有何干涉？此佛、老、庄、列、异端邪说所以为吾道之贼，学者不可不严屏峻却。而圣门实

---

① 朱熹．晦庵集：卷 55，答杨至之．景印文渊阁四库全书，第 1144 册．655．

② 陈淳．北溪外集．景印文渊阁四库全书，第 1168 册．897．

③ 脱脱，等．宋史：卷 430，陈淳传．12789．

学，坦如康庄，学者亦不可自暴自弃而不由也。①

陈淳论道统之说，是其理学理论的核心精神所在，也是陈淳继承朱子理学的理论精华的中心。他在《严陵讲义》中有专门的《道学体统》一章：

> 圣贤所谓道学者，初非有至幽难穷之理，甚高难行之事也，亦不外乎人生日用之常耳。盖道原于天命之奥，而实行乎日用之间。在心而言，则其体有仁、义、礼、智之性，其用有恻隐、羞恶、辞让、是非之情。在身而言，则其所具有耳、目、口、鼻四肢之用，其所与有君臣、父子、夫妇、兄弟、朋友之伦。在人事而言，则处而修身、齐家、应事、接物，出而莅官、理国、牧民、御众。微而起居、言动，衣服、饮食，大而礼乐、刑政、财赋、军师，凡千条万绪，莫不各有当然一定不易之则，皆天理自然流行著见，而非人之所强为者。自一本而万殊，而体用一原也。合万殊而一本，而显微无间也。上帝所降之衷，即降乎此也；生民所秉之彝，即秉乎此也。以人之所同得乎此，而虚灵不昧，则谓之明德；以人之所共由乎此，而无所不通，则谓之达道。尧、舜与涂人同一禀也，孔子与十室均一赋也。圣人之所以为圣，生知安行乎此也。学者之所以为学，讲求践履乎此也。谓其君不能，贼其君者也。谓其民不能，贼其民者也。自谓其身不能，自贼者也。操之则存，舍之则亡。迪之则吉，悖之则凶。盖皎然易知而坦然易行也。是岂有离乎日用常行之外，别自为一物，至幽而难穷，甚高而难行也哉？如或外此而他求，则皆非大中至正之道，圣贤所不道也。②

这种对道统的体认和坚守，贯彻陈淳等理学家思想和行为的全部，也成就了宋明士大夫清晰明确的自我身份认同。刘驷继承陈淳这一道统理论，并且对道统的坚守甚至达到了极端的程度，他在面对明初时局的混乱时，把自己定格在修身与齐家的语境和场域里，对现实的悲观和绝望促使他对出仕做官、治国安民是消极和抵抗的。

陈淳是朱熹晚年的得意门生，他的墓在龙岩县北二十三里。陈宓为其墓碑题名“北溪陈先生之墓”并为其作墓志铭。③ 洪武十二年（1379年）

---

① 陈淳．北溪字义：卷下．景印文渊阁四库全书，第709册．33.
② 陈淳．严陵讲义．景印文渊阁四库全书，第709册．58.
③ 李贤．明一统志：卷78．651.

十一月初三日，刘驷与陈淳的五世孙拜祭陈淳，并写祭文《谒陈北溪先生文》，全文如下：

惟夫子漳土哲人，朱门高第，道述正宗，学臻亚圣，守敬字于动静云为之间，体仁道于造次颠沛之顷。父子之亲、君臣之义莫不阐明。其性分之所固有，与夫职分之所当然，天地之大，鬼神之幽，莫不洞见其显然之迹与其所以然之妙。长朱子未索之思，疏朱子未尽之旨，究吕氏言仁之差，补勉斋谈易之误。辨佛心之尚碧潭、秋月，与道心之霁月、光风之所以不同；排陆学之厌训诂、读书，与正学之穷理、格物之所以有害。《字义》二卷，如日月星宿之昭于天；《文集》半百，如山川草木之呈于地。其所以卫斯文，距诐行，绍前修，启后学，是大有功于名教也。某等叨履是区，实违余教，或蒙昧而靡知，或数悔而屡犯，固不足以玷先生之庭。然而互乡阙党之童，犹孔子之不弃，况且良心之未尽灭，敬仰之有素，或者心慕至德，志存仪范者，不能无之，讵能舍而不瞻拜乎？以故相率斋宿、敬陈酒果，聊伸寸念，用荐于神。①

他在《奉竹逸衍贤享先生书》中申明，祭祀北溪先生的用意是“恨异端之欺世，伤俗学之不古”②，希望能通过祭祀北溪先生端正漳州地区符合礼乐制度的先贤祭祀行为，为地方社会端正理学风气，引导世俗社会思想和信仰的理学化，符合理学的仁义礼乐制度。

从目前掌握的史料来看，刘驷对朱子理学并无系统阐发，更无发明延展，因此在漳州府的朱子学传承中，他的理学造诣远不如陈淳和其后的陈真晟，但是他能坚守朱学正统，排斥异端，始终以朱学后人的自我认同意识要求和约束自我，这是值得肯定的。他坚持朱子之学的一个佐证就是他在对宋元两朝的评价中坚守了华夷秩序的理学标准。他论宋朝的言论是：“翰林诸公皆宋季之学者也，岂不识春秋华夷之辨？宋德虽衰，非胡可代。力虽不能复宋攘元焉，可委身日与侏离蒜酪相从事哉？”而对元朝的论断充满蔑视之语：“元之初，胡骑南下，劫掠生民。”“元以沙漠之胡，既吞中国，支党残掠，奸虏男女，固无足责矣。”③ 坚守华夷秩序，维护中华正统，这是刘驷坚持朱学正统思想的一种反应，他始终以一名儒士的自我认同约束自己的思想追求和价值选择，这在明初是具有代表性的。

① 刘驷．爱礼先生集：卷3，谒陈北溪先生文．25．
② 刘驷．爱礼先生集：卷7，奉竹逸衍贤享先生书．42．
③ 刘驷．爱礼先生集：卷5，阅山东孝子胡提举诗卷．33．

二、斥佛老、辩淫祀

（一）斥佛老

陈淳对佛老之学是持否定态度的，他对佛老之学的批判，可从以下文字中获得清晰的说明：

> 佛老之学，后世为盛，在今世为尤盛。二氏之说大略相似，佛氏说得又较玄妙。老氏以无为主，佛氏以空为主，无与空亦一般。老氏说无，要从无而生有。他只是要清净无为方外之物，以独善其身，厌世俗胶胶扰扰等事，欲在山林间炼形养气，将真气养成一个婴儿，脱出肉身，去如蛇蜕之法。又欲乘云驾鹤，飞腾乎九天之上，然亦只是炼个气轻，故能乘云耳。老氏之说，元未甚惑。至佛氏之说，虽深山穷谷之中，妇人女子皆为之惑，有沦肌浃髓牢不可解者。原其为害有两般：一般是说死生罪福，以欺罔愚民；一般是高谈性命道德，以眩惑士类。死生罪福之说，只是化得世上一种不读书、不明理、无见识等人；性命道德之说又较玄妙，虽高明之士皆为所误。须是自家理明义精，胸中十分有定见，方不为之动。①

陈淳对人的身体和精神所坚持的认知是："人生天地间，得天地之气以为体，得天地之理以为性。"② 因此他非常激烈地批评了佛教的"死生祸福说"、"轮回转世说"和"因果之说"。如他在批评时称："因果之说，全是妄诞，所载证验极多，大抵邪说流入人心，故人生出此等狂思妄想而已。温公谓：'三代以前，何尝有人梦到阴府，见十等王者耶?'此说极好。只缘佛教盛行，邪说入人已深，故有此梦想。"③

在元明之际的儒生群体中，有一部分人并不排斥佛老之学，虽然其自我认同仍是儒生，但是对佛老却持包容和涵泳的态度，其中一个重要代表就是明初大儒宋濂。他的文集中有大量有关佛教的文章，说明明初的佛教和道教思想并未受官方的限制，在士大夫群体中佛教和道教的思想是自由而广泛存在的。"西竺之书动数百万言，虽其广博漫衍，若大海杳无津涯，其义趣未尝不著明剀切，可以习而通之。"④ 他的这种言论不胜枚举、随

---

① 陈淳．北溪字义：卷下．55.

② 同①56.

③ 同①56.

④ 宋濂．宋濂全集：潜溪前集：卷5，送慧日师入下竺灵山教寺受经序．杭州：浙江古籍出版社，2014：180.

处可见，说明在一部分士人的价值信仰体系中，并不是理学独尊的一元，而是包容性地接受佛老的思想。朱元璋本人因其早年的经历，在《明太祖文集》中对佛老也持包容的态度，并且这类作品很多。因此，在洪武期间，朝政上也就少有反对佛老、控制淫祀的政策。

在程朱理学的思想体系中，佛老之学向来都是被排斥和抵制的对象，特别是在朱熹理学思想中，排斥佛老之学是其哲学体系的基本核心之一。朱熹对门人弟子说："佛老不待深辩，只废三纲五常这一事，已是极大罪名，他不消说。"虽然宋濂的文集中包含大量的佛老之学的作品，但是随着明初理学思想的逐渐重塑，在宋濂的弟子方孝孺的文集中对佛教和道教的态度就已经是以排斥为主。方孝孺认为，周公、孔子之道可以"近之化一家，远之济天下，不可一日忘也"。"或者病其难，而事乎佛老名法之教。其始非不足观也，而不可以用。用之修身，则德毁；用之治家，则伦乱；用之于国、于天下，则毒乎生民。是犹稂稗之农也，学之蠹者也。用力虽劳，而不可入乎道也。"[①] 他用很激烈的语气声称："今之叛道者，莫过于二氏，而释氏尤甚。"[②]

方孝孺之后的曹端，以朱子理学为思想学术的根本，排斥佛老之学，认为"非圣人之道"[③]。他的父亲"苦为流俗所移，于是以崇奉鬼神、尊事佛老为善"。曹端在永乐六年（1408 年）专门撰写《夜行烛》一书劝诫其父："是则福在正道，不在邪术，况圣门之教，敬鬼神而远之，彼佛老以清净而废天地生生之理，致令绝祀覆宗，祸且不免，福何有焉?"希望能用"圣经贤传之格言，扶正抑邪"[④]。

《曹端年谱》记载了曹端训诫学生亲死不可信佛老的一件事例。这件事情发生在永乐二十一年（1423 年），他的一位门生亲人故去，欲做佛事超度亡魂，曹端知道后，训诫他的学生说："亲死而祷浮屠，是不以亲为君子而为积恶有罪之小人也，何待其亲之不厚哉?借使亲实积恶有罪，岂赂浮屠所能免?"他的学生回答说："举世皆然。不信佛事，则以为不慈、不孝，恐致乡人非谤。"从其回答中可透视出，此时佛老之学在民间社会已经获得百姓普遍的信仰，渗透进百姓的生老病死的日常生活中，更为危险的是已经开始影响儒生的精神世界，甚至动摇了理学思想在民间社会的

① 方孝孺．逊志斋集：卷 17，种学斋记．577．

② 方孝孺．逊志斋集：卷 11，答刘子传．351．

③ 曹端．曹端集：卷 7，曹月川先生语录．北京：中华书局，2003：211．

④ 曹端．曹端集：卷 7，夜行烛序．128，129．

一统地位和主导作用，这是作为理学家的曹端不能容忍的事情，为天下扶持世教是理学家一个极其重要的精神价值追求。曹端认为“一乡溺于流俗，是不读书的人”尚可理解，但是儒生“读儒书，明儒礼，不以违礼为非，而以违俗为非，可谓执德信道之士乎?”即便是“一乡皆然”，儒士也要“特立独行，卓然不为流俗所染，举行周、孔之礼”，引导地方百姓“丧葬以礼，祭祀以时”①。

明前期三杨对佛老之学和淫祀之举均持排斥反对的态度，三杨在明前期地位尊崇，其思想倾向代表了明前期上层士大夫对佛老思想主流的抵制态度，在三杨存世的文献中，类似杨士奇所作的这种反对佛老的诗词是很多的：“释道邪言总是诬，能明斯理即真儒。愚人苦被愚人弄，费尽千金寸福无。”②

刘驷对佛老思想也是持批驳态度的。对于佛教，他认为：“如释迦者，乃胡神也。始以缘业、因果诱人为善，又设天堂、地狱以怖之其说。自后汉时，始入中国，上古未尝有也，其时中原文献已尽，读书者不识圣人之学，往往为之鼓惑，又且昏君庸相皆崇奉之，是以上有好者，下必有甚焉!”进而论证佛教是“荒诞之说”“妄指真空”“屏绝人伦”“梦幻天地”。他以理学对天地的认知论断：“天地之化，生生不穷，前者过，后者续，无一息之停，亦不过消长之理尔。”反对佛教的因果循环报应之论、前世今生轮回之说。③

他从伦理逻辑角度论证道教与儒学的冲突。他说：“所谓道者，必欲绝夫妇之伦，无父子之亲，去君臣之义，然后以为割绝俗缘，又以天地万物为幻梦，皆归之空。必期身如槁木死灰，然后已是以面壁终身，以为透过此关，乃为得道。”在刘驷的理学思想中，对道的理解和体悟是完全不同于道教的道的观念。刘驷对佛老之学的反驳所依据的即是理学的天地人生观念，他在《淫祀辩》中集中地论述天地观念与人生伦理：

> 道者，未有天地万物之先，其道则谓之无极。既有天地万物之后，其道则不离于天地万物矣。凡人生于天地之间，生我者为父，我生者为子；主我者为君，我主者为臣；先我者为兄，后我者为弟；配我者为妻，我配之者为夫；比类者为朋友，有此五等之伦，便有五伦

---

① 曹端．曹端集：附录二，曹月川先生年谱．283.

② 杨士奇．东里集·续集：卷61，寄长儿韵语．景印文渊阁四库全书，第1239册．551.

③ 刘驷．爱礼先生集：卷1，淫祀辩．9.

之道。为父者慈而子者孝，君者仁而臣者敬，兄者友而弟者悌，夫者和而妇者从，为朋友者之信，此皆性分之所固有，职分之所当为而不得不然者也。其生也，无食则饥，无衣则寒，是以农桑之务作；无教则荒，不治则乱，是以礼乐刑政之典兴。①

至于生死，必须遵从儒家的丧葬之礼，“生则尽生之道，死则尽死之道，生顺死安”。天地万物的生成变化均主于阴阳五气变化之理。“自夫无极之理，动而阳，静而阴，阳变阴合而生水、火、木、金、土，五气顺布乃化而为万物之男女，男女构精则形化而无穷矣。”② 这一理论成为他批驳佛教伦理的基本武器，他认为佛教的伦理“无知妄作，身在天地万物之中，而常妄意于天地万物之外，且以百岁为限而未死，徒以意见之差，甘心隐忍，不屑于人事。口必欲食而不亲稼穑，身必欲衣而不亲蚕桑，心必思亲而强不事父，心必畏乱而强不忠君，情必好色而强不娶妻，身必资用而强不干利，若此数者，是皆人心之必有而道心之不可无。彼皆一切以为人欲而割绝之。又恐耳目有所接，故入深山穷谷之中，以远人世，终朝面壁，迨其气血之愈衰，意见之愈坚，乃自喜其得道吁!”他对佛老的这种苦行思想是极度反对的，认为这种行为“独人之父，孤人之子，鳏人之夫，寡人之妻……误人之生，焚人之死”，“蔽圣贤之道，塞仁义之源”。并且认为元明之际的明教、白莲教都是佛教之支流。因此他对佛老之教的态度就是：“除其教，焚其书，毁其居。”③

元明之际，佛教思想和道教理论均已经有成熟的信仰体系，在民间社会有普遍而广泛的信仰群体，庶民已经成为佛老信仰的主体群体，并且有向儒士群体发展渗透的可能。佛老思想与儒家思想的交融，实则已经成为明初思想文化发展的一大趋势，虽然自宋元以来，理学独尊的地位是各个时期朝廷坚守的原则，不管是治理国家、礼乐祭祀还是信仰引导等，理学都是朝廷坚守的道统的内在精神核心。明初理学家和儒士虽然对佛老之学大加挞伐，但是并没有阻止佛老之学在民间社会信仰的普遍化和世俗化倾向。

（二）辩淫祀

陈淳对淫祀的认识是“大凡不当祭而祭，皆曰淫祀”。过度而泛滥的

① 刘驷. 爱礼先生集：卷1，淫祀辩. 10.

② 同①.

③ 同①.

祭祀影响朝廷道统导向，弱化正统孔庙的国家祭祀，淡化和动摇理学道统在朝廷政治统治中的核心地位。世俗社会对自然和灾难的无知，也促使世俗百姓对自身福祉的多向度祭祀，造成淫祀在世俗社会获得生存的土壤。虽然宋明理学家对淫祀做过激烈的否定和抨击批判，但是淫祀的行为和信仰始终是存在的，并且有广泛的土壤。

陈淳认为淫祀的根本原因在于佛老之学的世俗化和偶像化。“后世祀典，只缘佛老来，都乱了。如老氏设醮，以庶人祭天，有甚关系。如释迦，亦是胡人，与中国人何相关?”淫祀还有三种表现：其一，不断地给被祭祀的对象增加封号，如给泰山增加封号，从唐的“天齐王”至南宋增加到“天齐仁圣帝”。其二，学佛老的塑像之术，给山岳祭祀对象塑化人形，将祭祀对象人格化和伦理化。如祭祀泰山之神，把泰山之神塑形人身衣服，并于正殿后再建泰山之后的庙宇，在泰山之神祭祀的基础上，增加泰山之后的祭祀，使得祭祀充分人格化和伦理化。“今立庙，俨然垂旒端冕，衣裳而坐。又立后殿于其后，不知又是何山，可以当其配而为夫妇耶?”其三，这种祭祀超越被祭祀对象原来的祭祀区域，扩展到更大的地域范围外。“泰山在鲁封内，惟鲁公可以祭，今隔一江一淮，与南方地脉，全不相交涉。而在在诸州县皆有东岳行祠。”①

在明前期祭祀文化中，朝廷和士大夫群体对淫祀均持抵制、反对的态度。宋濂文集中有大量描写佛老的作品，但是在其文集中也可以见到“淫祀”这一用语。如洪武十年（1377 年）三月，他在《故翰林待制柳先生私谥文肃议》中赞许这位柳先生晚年能“辟异端，扶伦纪，黜淫祀，排势臣”②。明前期理学家曹端对淫祀更是深恶痛绝，永乐二十二年（1424 年），他的一位门生要跟随母亲去拜祭谢州的寿亭侯社，即今山西省运城市谢州镇关帝庙。以此事为例，可以从四个方面分析曹端作为理学家对淫祀的态度。其一，儒士绝不可参与淫祀。他知道后即鸣鼓召诸生训“妄行淫祀，谄求鬼神，非吾徒也”。这种行为证明了曹端作为理学家对自身身份的明确清晰的认同。他同时斥责这位门生：“平日但少谕父母以道之义尔。汝母离闺门，从淫祀，当明大义，以死谏之，既不能谏，又从而助之，可谓孝乎？孔子曰：‘父有诤子，则身不陷于不义。’”百姓无知，可以不知礼而妄行，但是儒者不可混同流俗。其二，在曹端理学思想中，不

① 陈淳．北溪字义：卷下．51.

② 宋濂．文宪集：卷 25，故翰林待制柳先生私谥文肃议．350.

同的地方有司拥有不同的祭祀权，这是身份地位与礼仪权力的契合，建立并稳定了礼仪社会秩序与权力架构。“圣朝祀典古今忠臣烈士，春秋祭祀，各有名分。府得祭者，州不敢与。州得祭者，县不敢与。”其三，他又重申了理学思想中妇女在祭祀礼仪方面的角色和地位。他认为在明前期的礼仪文化中，民间妇女参与淫祀“于古则违礼，于今则违法”。“妇人无故不出闺门”“妇人不下堂送客”“妇人既嫁不百里奔丧”是宋明理学对妇人在祭祀礼乐中地位的剥夺和压制。其四，曹端认为关羽有功于蜀，“蜀人祀之，宜也；天下祀之，非宜也；荆州祀之，宜也；他郡祀之，非宜也；解州祀之，宜也；蒲州祀之，非宜也；守土祀之，宜也；民间祀之，非宜也”①。这样一来，就把关公的祭祀从淫祀的角度转到国家和地方正常的礼仪祭祀体系中来。

明初佛老信仰在民间社会是很普遍的。刘驷的家乡漳州地区，“庙貌遍于乡邑，香火通于士庶”。各种神佛信仰的庙宇遍布乡野，这种信仰不仅仅存在于普通百姓当中，而且已经渗透进儒士群体。祭祀这些遍布乡野的神像，大多是民间百姓为获得庇佑而采取的一种现实功利的信仰行为，而非国家祭祀的礼仪行为。刘驷描述民间供奉的这些神佛类型多样，“以玉皇、天尊、君王、侯伯、仙佛、将帅图形塑像，列事于乡闾家室”。并且指出，这些供奉的对象“多出于佛老之徒，杜撰之辈，其虚捏假设之神，未经圣贤排斥者有之，远夷害道之佛，已经圣贤排斥者有之”。这种多样选择精神信仰的实质是没有一种核心主题思想的依据，只要是一种神佛可以给百姓带来福祉和庇佑的言论获得百姓的认可，那么绘图塑像、供奉膜拜就很自然地获得百姓的支持和认可。根本原因在于，百姓对世界和伦理的认知并没有完全接受理学思想的指导，而一切以自身的生存福祉为出发点和归宿。在儒士的观念中，根本没有玉皇天尊的概念，刘驷明确说“天即理”“以主宰而言谓之帝”，这是他理学思想的世界本体论的核心。因此他认为民间社会把玉皇天尊塑造成人的模样，冠冕旒，衣衮服，穿着道家的服装，端坐在庙宇的中间，这是非常荒诞无稽的。祭祀天地是天子的礼仪权力，其他如诸侯祭祀山川、大夫祭祀五祀、士庶祭祀其先祖，不同身份的人享有不同的礼仪祭祀，这构成了基本的礼仪权力和层级秩序，成为不同人身份的礼仪符号。民间社会庶人可以祭祀玉皇天尊，在理学家的观念里，这违背了礼制的权力秩序。天子祭祀天地等，这是为了“报本

① 曹端. 曹端集：附录二，曹月川先生年谱. 285.

尽诚”，实现皇权天命的政治信仰，获得政治合法性的礼仪形式。虽然在刘驷的观念里，这是最符合礼仪规范的，但是我们无法认为这种行为与民间社会庶民祭祀玉皇大帝来获得庇护有实质性的差别。①

刘驷的这篇《淫祀辩》记载了漳州地区对三国关羽、唐代张巡和陈元光三人的民间祭祀。他认为关羽应该仅仅被荆州、四川等地有司祭祀，张巡应该仅在睢阳被有司祭祀，不应该被神化为道教的护法之将而被各地民间社会祭祀。只有陈元光是漳州府应该祭祀的对象，当地有司应该立庙设主，给予祭祀，而不应该由民间社会塑化形象，雕刻木像，冠以真冠，衣以真衣，成为偶像，接受庶民膜拜。佛教信仰的主体特征之一是偶像的崇拜，即以木石雕塑刻画神佛形象供奉于庙宇，接受百姓膜拜，并且有规模宏大的祭祀和膜拜礼仪。明代祭祀孔子之礼经历了由洪武时期的塑像到嘉靖时期的木主的演变，即是明代祭祀孔子逐渐克服佛老偶像祭祀的影响，这与理学祭祀的规则和法度是冲突的，势必会得到纠正和更革。

明初祭祀孔子的形式是给孔子和从祀的诸儒塑造形象，延续了元代祭孔的礼仪习惯。洪武十五年（1382 年），南京国子学改塑像为木主，成化十二年（1476 年）七月，国子监祭酒周洪谟就在反对塑像的奏疏中说道：“太祖高皇帝建都南京始，创国子监，止用神主，不设塑像，故当时祭酒宋讷奉敕撰文有‘像不土绘，祀以神主，数百年夷习乃革’之语。今国子监所有孔子塑像，皆因前元之旧，不忍撤毁之，故其冕十二旒，衣十二章，盖因塑像之旧。”② 洪武十五年（1382 年）孔子祭祀“用木主以易塑像”是为了“明道以立教，报本以复古”③。但是天下府、州、县儒学祭奠孔子仍然坚持用塑像。中央朝廷并未对此有过禁绝之令，只是对塑像的形态给予两次纠正指导。永乐八年（1410 年）九月，“文庙圣贤塑像，衣服左衽，此盖前代夷狄之俗，因循未革，宜令天下学官，凡文庙圣贤衣服冠绘塑不合古制者，悉改正从之”④。正统十三年（1448 年）五月，朝廷再次申谕：“各府、州、县儒学孔子像，在故元时塑有左衽服者，悉改右衽。”⑤ 此为明代前期祭祀孔子塑像一例。直到成化时期，朝廷对孔子的祭祀仍然是：“孔子像祀之国子监及曲阜文庙，皆命工修饰轮奂，加笾豆、

① 刘驷．爱礼先生集：卷 1，淫祀辩．8．

② 明宪宗实录：卷 155．成化十二年七月癸亥．

③ 唐胄．（正德）琼台志：卷 15，学校．

④ 明成祖实录：卷 108．永乐八年九月丁亥．

⑤ 明英宗实录：卷 166．正统十三年五月壬子．

佾舞之数为十二。"① 这种形式一直受到部分士人的批驳，认为塑像孔子是元代祭祀孔子的夷胡陋俗，与理学祭孔之礼不合。直到嘉靖九年（1530年）十一月，礼部会同内阁、詹事府、翰林院集议后，报请皇帝批准，令天下府、州、县儒学祭奠孔子，一律用木主，按照府、州、县学不同的办学规模和层级规定不同的木主尺寸格式。"其塑像之渎，有同释氏夷教，所宜亟行屏除。"②

理学家反对淫祀的根本原因是为端正地方社会庶民的思想信仰和礼仪规范，使地方社会的世俗生活符合程朱理学的乡饮酒礼，抵制佛老之教对世俗社会庶民阶层的腐蚀，希望民间社会的世俗世界是纯正理学所设计的礼仪规范和道德世界。因此在抵制淫祀的同时，地方儒士会积极地进行以理学为指导的乡贤祭祀。这种祭祀在明修地方志《祠祀》中都有记载，如嘉靖《龙溪县志》中就明确记载漳州府龙溪县有朱文公祠和陈北溪祠，分别祭祀朱熹和陈淳。

朱熹祠在芝山龙江书院，元时所修，明朝初年毁于兵而归于浮屠氏，元朝泰定四年（1327年）重建"大成殿，奉先圣先师，作堂祠文公，以黄君幹与陈君淳并配，作讲堂斋舍以容弟子"。建成后，郡守和诸生行释奠礼。在重修朱文公祠的记文中，重申明朝尊崇朱子理学的政治态度："今我朝崇尚朱氏之书，家诵人学……文公之书，圣贤之学备矣，先王之道著矣，举而措之于天下国家者在斯矣。然而法度之所建立，必有规矩准绳之则，弛张先后之具。所谓《关雎》《麟趾》之意，必施以周官之典而后可也。内圣外王之说，其可以偏举乎?"③

陈淳祠在龙溪县城西北隅，修建于弘治期间。弘治五年（1492年），龙溪县郡守姜谅主持修缮陈淳祠，移建府城内；六月，户部左侍郎吴原上疏朝廷，盛赞陈淳于理学道统的功绩。"我朝纂辑《五经》、《四书》及《性理大全》，多见采录，可谓有羽翼圣经之功。"请求皇帝为新修陈淳祠赐匾额，命有司春秋致祭。④ 龙溪县致仕的兵部郎中林雍致书时任广西提学副使周孟中，请其作文以记其事。周孟中在记文中申明陈淳于朱熹理学的传承之功："初见文公，语以上达，盖启之以高明；再见文公，语以下达，盖究之以精微。"叙述朱熹开悟陈淳的先后次序，陈淳以"诚敬"为

① 明宪宗实录：卷293. 成化二十三年九月乙卯.

② 明世宗实录：卷119. 嘉靖九年十一月辛丑.

③ （嘉靖）龙溪县志：卷3，祠祀.

④ 明孝宗实录：卷64. 弘治五年六月甲辰.

入门，以“格物为切要”，“始游其门，而卒传其道”，使得朱子理学之道终在漳州得以传承和熏染。“漳人冠婚丧祭，多用文公家礼。”①

在这种传承的礼仪祭祀文化和伦理思想氛围中，刘驷反对淫祀和佛老就是很自然的事情。嘉靖《龙溪县志》说他“最恶释氏，谓其绝灭伦理，无复人道，尝与莆人方师凯辨论释氏，直欲驱之使不得立于中国而后已”②。他在一首小诗《游天盖寺》中表达了排斥佛老、期许唐虞的理想追求：“龙虎卫皇都，蓬蒿腊月疏。若无僧寺塔，又是一唐虞。”③ 这可能就是他所追求和向往的唐虞盛世景象。

三、订立学规、乡饮酒礼④

明初朱元璋立国治理天下，主要参酌礼法互用之策，在向天下发布《大诰》和《大明律》的基础上，又重修礼制文献，重建朝堂和地方的礼乐制度，以期达到用礼来辅助法的目的，重新在天下建立一种规范的礼乐制度体系。洪武五年（1372 年）三月，朱元璋诏告天下举行乡饮酒礼。朱元璋举行乡饮酒礼的政治目的是“思化民俗以复于古”，重建明初地方社会的礼制规范，用儒学礼制规划不同阶层百姓的生活，用礼仪形式来治理百姓。朱元璋告诫朝臣说：“礼者所以美教化而定民志。成周设大司徒以五礼防万之伪，而教之中。夫制中莫如礼，修政莫如礼，故有礼则治，无礼则乱。居家有礼，则长幼序而宗族和，朝廷有礼则尊卑定而等威辨。元以夷变夏，民染其俗，先王之礼几乎熄矣，而人情狃于浅近未能猝变。今命尔稽考典礼合于古而宜于今者，以颁布天下，俾习以成化，庶几复古之治也。”⑤ 礼部在接受朱元璋的命令后：“取《仪礼》及唐宋之制，又采周官属民读法之旨，参定其仪。”

> 在内应天府及直隶府、州、县，每岁孟春正月、孟冬十月，有司与学官率士大夫之老者，行之于学校；在外行省所属府、州、县，亦皆取法于京师。其民里社以百家为一会，粮长或里长主之。百人内，以年最长者为正宾，余以序齿坐，每季行之于里中，大率

---

① （嘉靖）龙溪县志：卷 3，祠祀.

② （嘉靖）龙溪县志：卷 8，人物.

③ 刘驷．爱礼先生集：卷 1，淫祀辩．8.

④ 有关明代前期礼制的学术成果主要是：吴恩荣．明初“五礼”体系的重建与唐宋以来的礼制趋向．史林，2018（6）；吴恩荣．元代礼失百年与明初礼制变革．北京社会科学，2016（8）.

⑤ 明太祖实录：卷 73．洪武五年三月辛亥.

皆本于正齿位之说而宾兴贤能，春秋习射亦可通行焉。所用酒肴，毋致奢靡。若读律令则以刑部所编申明戒谕，书兼读之。其武职衙门，在内各卫亲军指挥使司及指挥使司，凡镇守军官，每月朔日亦以大都督府所编戒谕书，率僚佐读之，如此则众皆知所警，而不犯法矣。①

洪武十四年（1381年）正月，朱元璋再次申明举行“乡饮之礼”的政治目的——“所以叙尊卑，别贵贱。先王举以教民，使之隆爱敬、识廉耻、知礼让也”。“其府、州、县则令长官主之，乡、闾、里、社则贤而长者主之。年高有德者居上，高年淳笃者次之，以齿为序。其有违条犯法之人，列于外坐。同类者成席，不许杂于善良之中。如此则家识廉耻、人知礼让、父慈子孝、兄友弟恭、夫和妇顺之道，不待教而兴。所谓宴安而不乱、和乐而不流者也。”②《明会典》中“乡饮酒礼”条款规定，如果发生贵贱混杂，要严格追究主持者的责任。“主者若不分别，致使贵贱混淆，察知，或坐中人发觉，罪以违制。奸顽不由其主，紊乱正席，全家移出化外。”③ 乡饮酒礼在地方社会的举行，寄托了朱元璋建立理想社会的一种礼制希望。这种社会秩序的形成和稳定，一定要依据这种礼仪形式所传递和熏染的礼乐文化与伦理思想。

刘驷对礼很重视，他的门人弟子私谥其“爱礼”先生。他对乡饮酒礼有专章论述，并且指出他所修的乡饮酒礼“以《仪礼》中《乡饮酒》为则，讲究损益为时宜”。他对乡饮酒礼的一个重要的改变就是“以揖易拜”，揖让度数又有所不同。作揖礼而不拜，这似乎是刘驷在礼仪中的一个改变，他第二次被举荐会见朝中使臣的时候，也是行揖礼而不拜。他解释原因是：“学生贱体，腰有风疾，不能下拜，唯揖之。”④ 他自称学生，即与庶民不同，庶民见官礼是跪拜；学生即儒生，其自身与官具有平等地位，这是一种政治权力，也是一种礼乐权力。作揖是一种古礼，即肃拜，推手为揖，引手为肃。吉礼中，男性左手抱右手，女性右手抱左手。凶礼中，男性右手抱左手，女性左手抱右手。依据《礼部志稿》和《明会典》中所记“乡饮酒礼”条款，举行乡饮酒礼时，宾主和礼赞人员主要的行礼

① 明太祖实录：卷73. 洪武五年三月戊戌.

② 明太祖实录：卷135. 洪武十四年二月丁丑.

③ 徐溥，等撰. 李东阳，等重修. 明会典：卷78，乡饮酒礼. 景印文渊阁四库全书，第617册. 748.

④ 刘驷. 爱礼先生集：卷9，辞辟举家书. 68.

方式是“拜”与“揖”，主体是“拜”。①

刘驷所在龙溪县的乡饮酒礼，按照规定主持者是县里的长官知县或县丞，他用作揖取代部分跪拜礼，这是一种儒士自我主体意识的表现。刘驷的这种主张虽然并未在龙溪县的乡饮酒礼中获得施行，但是其本人却践行了他自己更改的这种礼仪仪式，礼仪的文化寓意与儒士的自我认同是融合的。

明朝立国后，洪武二年（1369 年），诏天下府、州、县立学校，“学者专治一经，以礼、乐、射、御、书、数，设科分教”。又于十五年（1382 年）“颁禁例于天下学校，镌勒卧碑，置于明伦堂之左，永为遵守”，其中第一条即是“今后府、州、县生员，若有大事干于己家者，许父、兄、弟、侄具状入官辩诉，若非大事，含情忍性，毋轻于至公门”②。礼部规定学规的同时，重点规定了国子监师生礼仪：

> 祭酒每旦升堂，属官序进，行揖礼，祭酒坐受。属官分列、东西，相向对揖毕。六堂诸生进揖如之，唯无分揖礼。属官升堂，禀议事务。或质问经史，须拱立听命，不得违越礼法。监丞之职，凡教官怠于训诲，生员有戾规矩，课业不精，廪馔、房舍不洁，并从纠举惩治。博士、助教、学正、学录，职专训教生员，讲读经史，明体适用，以待任使。有不遵师教废业者，罚之典簿、掌馔，务致廪食丰洁，钱谷出入明白，及课业进呈以时，他无所预。③

其后又于洪武二十三年（1390 年）、洪武二十四年（1391 年）、永乐三年（1405 年）、正统六年（1441 年）先后对学规进行补充修订。

刘驷著《来学者》一篇，叙述明初师生之间的礼仪规范，谈到学生给老师上束脩之事。当时地方社会儒生与私塾先生之间行束脩之事，有重利而失礼的取向。虽然刘驷也认可“孔子曰：‘自行束脩以上，吾未尝无诲焉’”④，但是他认为时人对束脩过于操切而无礼：“束者，速也；脩者，修也。谓身之无教，欲速修以成人而有望于其师。初至不敢言，但以是物表此意者也，此礼失之久矣。为师者，但以一年半载之资，鬻于其徒，为

---

① 徐溥，等撰. 李东阳，等重修. 明会典：卷 78，乡饮酒礼. 景印文渊阁四库全书，第 617 册. 748-751.

② 徐溥，等撰. 李东阳，等重修. 明会典：卷 76. 学规. 731.

③ 明太祖实录：卷 145. 洪武十五年五月庚午.

④ 《朱子语类》说到本章云：“古人空手硬不相见。束脩是至不直（通值）钱底，羔雁是较直钱底。”真宗时，讲筵说至此，云：“圣人教人也要钱”。

束脩；为弟子者，每以一年半载之资佣其师，为束脩。甚者，已先期设酒馔以要其东人学父，为学父者又不知择师之故，反以许其馆地为德色。既为德色，则令其师舍其所学而从我，则是为师者既不知所以教，而弟子又不知所以学。灯窗勤苦，不徒无用而反败俗。迨其索居离处，则师弟子之情相视邈然，无异于途人，则夫师弟子之道扫地矣。”他认为造成师生之间斯文扫地的根本原因在于：“因初见不以礼，继之以计利故也。予盖论于斯弊数载矣，虽未能尽变，然彼害于此则有之，终不能无愧于圣人，故自今不许外方枉道相招。”他因此要对束脩附加更多的仪式感，从而使束脩淡化功利性，成为尊重师道尊严、成就师生伦理的一种依托。“凡有洁己而来从予游者，初见俱愿以古礼而相通。先备束脩之类，既至豫于门外，习仪而后赞者引入，乃奉贽随之至堂上，北面献之，俟执事者既接，然后稽首四拜，成礼以后，继粟之资，听其自愿从便。读书讲学不问年之久近、财之有无而改志也。”① 作为一名儒学私塾先生，刘驷虽然没有出仕为官的政治追求，但其为天下传道、维护儒者师道尊严的道德责任意识是很强烈的。他认为师生之间的伦理关系必须依靠礼仪来确立和维护，提倡复兴古礼。他抵制以束脩为标志的庸俗化、世俗化的师生关系，认为这是对师道的一大侮辱。

作为私塾儒师，刘驷订立了私塾儒学教学的学规，其核心的精神和旨归即是功过善恶，对学生的考核评价的体系非常单一，但是从内在的修养到外在的德行，他的学规的全面性和系统性却是很凸显的。他订立学规的宗旨是：

> 首以心术谨之于内，次以威仪、言语、衣服严之于外。攻书以发明夫小大学始终之理，则夫博文约礼之工夫，略得其一二矣。至于写字，亦日用之不可阙，但期以端楷顺熟而止，不在于工玩丧志，彼古之善书者，尽不知道无足贵。其作文一节，尤非古人所尚，自小学之首阙，至是书之篇终，屡有如忧。子弟之轻俊者，不得令作文字，及有高才能文章为人之不幸之戒之类，并无一语以及于教人作文者。盖古人之学，有诸中必形于外，有德者必有言，如草木之有根本者，必有花叶，岂患其无文与？时之君子，舍夫古而溺于今，弃其本而务其末。来无知者众，但见其文而为之歆羡夸美，是以学日漶而理日昧矣。以识者观之，恐如画家之图君臣、绘草木，虽有名分布置，支分

① 刘驷．爱礼先生集：卷2，来学者．22.

节解之可喜，殊不知其自身乃画工耳。以之为君则不君，以之为臣则不臣，以之为父子兄弟之类，莫不皆然，吁是可叹也！葩藻虽工而本心已失矣。予之见则欲先乎古而后乎今，急于本而缓于文，实予之志也。奈流俗之弊不可猝变，姑因其父兄所好而令之习聊为悦亲之计耳！间有笃志好古之友，能体予之至意者，则又不在于屑屑此条焉！又杂宜退私者，则出入起居之际，动静举措之间，欲其周旋乎礼，而大小不遗矣。或有出于禁防之外，必不得已以外，犯之条以齐焉，二三子其勉之，谨之！①

刘驷在《学规》中阐述的基本理念是，为学要以研修“义理”为根本，要以“心术”纯正为旨归，文字词章为末节枝叶，不能以词藻华美而动摇义理的根本。宋元以后，程朱理学逐渐出现政治意识形态化和社会生活伦理化的趋向。随着理学的科举程序化，当程朱之后的诸儒无法对程朱理学有更深层次的阐述的时候，理学也逐渐走向世俗化。“某读书做章句儒，应举为义理儒。”“那个时期实用的应举之学并不是士人真正追求的知识，而真正的知识是士人读书的真实目的，至少私下里读书的目的还算明确，可是在这个时代，却‘俾经术、理学、举业合一’，尽管表面上知识与思想合一，但是在权力的笼罩和利益的驱使下，知识与思想的实用性已经压倒一切。”② 刘驷对程朱理学的学习和传承，自然不是以举业为中心，可算是真正的读书人，他读书和学理的基本归宿与追求没有举业的实用性，因此他的《学规》自然以追求义理为主体旨归。

具体而言，他订立的《学规》条目主要有：心术、威仪、言语、衣服、攻书、写字、作文、杂宜、退私、外犯等条款。一一对照诸条款，给予每个学生“善”与“恶”两个等级的逐日考核后，以纸贴于功过历文表格中。主要条款善恶的标准依次说明：

心术的评判考核标准：“善，诚正爱露；恶，伪偏嫉奸。”

威仪的评判考核标准：“善，端严徐伟；恶，粗慢戏野。”

言语的评判考核标准：“善，直详低缓；恶，妄急鄙倍。”

衣服的评判考核标准：“善，整洁完素；恶，绐污敝丽。”

---

① 刘驷．爱礼先生集：卷2，来学者．23．

② 葛兆光．中国思想史：第2卷．上海：复旦大学出版社，2016：255．“俾经术、理学、举业合一”（程端礼．畏斋集：卷5，弋阳县新修蓝山书院记．景印文渊阁四库全书，第1199册．682）。

攻书的评判考核标准："善，诵说体认；恶，窒固蔽隔。"

写字的评判考核标准："善，周匀楷正；恶，缺误斜草。"

作文的评判考核标准："善，雅淡滑达；恶，乖断涩滞。"①

刘驷的《学规》体现了其理学思想在教育领域的全部寄托。他教书的时候，身边放着一个小牌，一面写着"持敬"二字，一面写着"敬胜怠者吉，怠胜敬者灭"。这是他所认为研修儒学的基本方法，主敬与持敬仍然延续了朱熹和陈淳的教育思想的核心方法。他的《学规》希望培养纯正坚守、温润如玉的儒家君子，这种君子不事浮华的文章词藻，穿着朴素整洁的儒士服装，具有儒士的道德威仪，对社会、人生有准确周正的体认和感悟，字写得工整均匀，文章写得雅致通达，这种综合的儒士形象是他精神自我追求的全部。他认为这就是理学应该培养的君子之气，只有这样的君子才能在朝廷和乡野成为道德典范，引导朝政和地方走向理学家所构想的治世的境界。

第三节　刘驷的出处选择与政治命运

元朝至正二十四年（1364 年），朱元璋建号吴王之年，就向吴政权统治的范围内各个地方有司发布命令，要求地方征召可为新朝所用的人士。这个时候因为新朝甫立、百废待兴，急需具有知识的儒生参加到新建立的政权中来。"今土宇日广，文武并用。卓荦奇伟之才，世岂无之？或隐于山林，或藏于士伍，非在上者开导引拔之，则在下者无以自见。自今有能上书陈言、敷宣治道、武略出众者，参军及都督府具以名闻。若其人虽不能文章而识见可取，许诣阙面陈其事，吾将试之。"② 明朝建国后，选拔人才的基本方式即是荐举和征辟，"荐举盛于国初"③。整个洪武期间，即便在科举取士已经成为朝廷选拔人才的主体形式后，征辟与荐举仍然是一种补充。洪武元年（1368 年）九月，朱元璋向天下发布求贤之诏：

朕惟天下之广，固非一人所能治，必得天下之贤共理之。向以干戈扰攘，疆宇彼此，致贤养民之道未之深讲。虽赖一时辅佐，匡定大

---

① 刘驷．爱礼先生集：卷 2．23．

② 明太祖实录：卷 14．至正二十四年三月庚午．

③ 张廷玉，等．明史．卷 69，选举一．1675．

业，然怀材抱德之士，尚多隐于岩穴，岂有司之失于敦劝欤？朝廷之疏于礼待欤？抑朕寡昧不足以致贤欤？将在位者壅蔽，使贤者不上达欤？不然贤士大夫幼学壮行，思欲尧舜君民者，岂固没世而已哉？今天下甫定，愿与诸儒讲明治道、启沃朕心、以臻至治，岩穴之士有能以贤辅我、以德济民者，有司礼遣之，朕将擢用焉！①

因此，宋濂在《故泰和州学正刘府君墓志铭》中记载泰和刘府君辞征召之事："国朝继承大统，遣使者四出，征辟贤能。府君至京师，以疾辞。越二年荐至，又固辞。"② 明前期夏原吉、杨溥等均做过采访使，遍访民间名士与孝廉等，征召为朝廷所用。这种征召彰显着皇帝普适的政治关怀和天下共治的道德宣传，更是为了稳定新建立的皇权，杜绝任何可能存在于民间的政治隐患。选拔和征召的范围仍然是民间社会学习儒学的读书人，其次是具有高尚道德品行的隐士，不管是因为道德和学问哪个方面被当地有司所征举，都可以为新建立的明朝提供一种积极向上的政治舆论导向。

一、第一次被征举

洪武三年（1370 年）八月，明朝政府正式确定科举取士制度。"中外文臣皆由科举而进，非科举者毋得与官。"③ 向天下发布公告，建立规范的科举取士程序和模式，各个地方行省三年一科，为求"贤才众多，官足任使"，又令"各行省连试三年"，"自后则三年一举，著为定例"④。虽然科举取士制度自隋唐以后就成为历代朝廷所认可的选拔人才的方式，但是在朱元璋看来，这更多的是重建和恢复汉族统治必须要完成的一种政治任务，甚至他获取政权的方式从一开始就注定了朱元璋对科举所取士人具有一种排斥的态度，因此征召天下人才仍然是明朝政府主要的选人及用人的方式。

洪武五年（1372 年），朱元璋"诏天下以贤能荐贡于朝，抡选材可治郡者授职"⑤。刘驷在这一年第一次被漳州府有司征召荐举。漳州府宪司以"台檄举以俊赴都"，刘驷"号哭求免"。有司在送刘驷赴都的时候安慰

① 明太祖实录：卷 35．洪武元年九月癸亥．

② 宋濂．文宪集：卷 21，故泰和州学正刘府君墓志铭．221．

③ 张廷玉，等．明史：卷 70，选举志二．1696．

④ 明太祖实录：卷 60．洪武四年正月丁未．

⑤ 宋讷．西隐集．卷 6，送张文炳同知绍兴府序．景印文渊阁四库全书，第 1225 册．885．

他说："汝果孝子耶！爱念祖先，能告侍亲而归，此为至愿。若不获，已受命出仕，切勿以汝父在家贫乏为虑，而寄财务以归养。汝若违命而寄，即乃附火与铳，杀焚而父矣。"① 最后刘驷以孝亲而告归家。从洪武六年（1373 年）到洪武八年（1375 年）以儒业未精，父子二人同求学于三山赵彦进，"不厌粥旅寓之艰，志在反身进道之实"。大约在洪武九年（1376 年），刘驷将近三十岁、刘宝五十多岁，父子二人回到漳州，以教授为生业，度过了一段非常安静的日子。从洪武三年（1370 年）到洪武十九年（1386 年）大约十七年间，父子二人"非大故不入城府"，"革故惟新，立家法，别男女，去不顺之庸妇，更淑女为师配。远淫祀佛老之非，修冠婚丧祭之礼"，"庭无醉徒，门无杂客。不义之财不入室，非理之言不入耳"②。洪武十二年（1379 年），乡人苏廷贵创立"建溪书院"，延请刘宗道教弟子于其中。③ 其父在鼓励刘驷为学进善的同时，数次劝其抑制自己的耿直之性。

二、第二次被征举

明朝政府自洪武三年（1370 年）开科取士后，虽然科举制度的程序可以参照前代的成功经验，但是最初科举所取士人并没有满足朱元璋的政治要求。他试验性地与中举的士人交谈，发现这些士人虽取得功名，却普遍缺乏实际治国理政的能力，这其实可能只是朱元璋个人的一种偏见。但是明朝政府还是在洪武六年（1373 年）二月罢停科举，"但令有司察举贤才"④，并向天下发布诏书说："人君之能致治者，为其有贤人而为之辅也。今山林之士，岂无德行文艺之有称者？宜令有司采，举备礼遣送至京，朕将任用之，以图至治。"⑤ 罢停科举，虽然看似是国家选拔人才方式的一种调整，深层的政治寓意却是朱元璋皇权对立国之初士大夫权力的一次公开打压，即告知天下的士人，真正的人才不是中举的士人，而很可能是具有社会实践能力的民间人才，这恰恰与朱元璋自身的身份相映照。洪武十三年（1380 年）开始的"胡蓝之狱"和洪武十五年（1382 年）的"空印案"牵扯进数万朝廷大小官员，造成整个明朝政府统治机能的缓慢

① 陈拯. 慎翁先生行状. 刘驷. 爱礼先生集：卷 10. 73.
② 同①74.
③ （嘉靖）龙溪县志：卷 6，学校.
④ 张廷玉，等. 明史：卷 70，选举志二. 1696.
⑤ 明太祖实录：卷 81. 洪武六年四月辛丑.

和无效。洪武十四年（1381 年），再次发布征召贤才的公告：

> 朕常诏求天下贤才，其来者虽众而贤智者甚寡，岂君子怀韬椟之志而内美不自见乎？今再诏寰宇之内，果有才高识广之士，隐于耕钓，困于羁旅，虽有至智一时不能自伸者，有司以礼敦遣，朕将尊显之。①

洪武十五年（1382 年）正月，朱元璋晓谕天下臣工："古之荐举者，以实不以名，后世荐举者，徇名而遗实，故往往治不如古。朕遵仿古制，举用贤才，各因其器能而任使之，庶几求其实效。今尔等来朝，其各举所知……皆具实以闻，朕将随其才以擢用之，毋有所隐。"同月，朱元璋"命礼部遣使往福建、湖广、江西、浙江四布政司及直隶府州选善书者，凡得千九百十人"②。同时"命天下朝覲官各举所知一人"③。五月又"谕天下郡县访求经明行修之士，年七十以下，三十以上，有司以币聘之"④。这样一来，被征召的人才齐聚京师，达到八千余人。面对如此众多之人，如何安排给予官职是朝廷急需解决的问题。监察御史赵仁上疏朱元璋，提出考选被征召到京人才的建议："曩者以贤良方正、聪明正直、孝弟力田、文学之士列置郡县，俾宣明教化，抚安生民，授任之际，才智高下一时未尽周知，将一考矣，政绩少闻。于是又聘天下秀才，以资任用。臣愚以为从古以来，知人不易，莫若考。其经明行修达于政事者，为一等。通晓四书，才兼干济者，为一等。量才授职，代彼旧官。其既代之官，就令布政使司、按察司考核孰为称职，孰为不称职，孰为平常，给以纸牌遣赴吏部，再加考核。若有公勤廉干者，擢用之；庸怠贪鄙者，罢黜之。"朱元璋要求刑部尚书对征召进京的儒士进行考选，授予官职："今征至秀才不下数千，宜试其能否、考其优劣，然后任之以职。"刑部尚书开济拟议具体方法如下：

> 其一，宜选文武之臣有才识者，于公事暇时，以所取秀才一一延问。以经明行修为一科、工习文词为一科、通晓四书为一科、人品俊秀为一科、言有条理为一科、晓达治道为一科。六科备者为上，三科以上为中，三科以下为下，六科俱无为不堪。

① 明太祖实录：卷 135．洪武十四年正月丙辰．

② 明太祖实录：卷 141．洪武十五年正月丁亥．

③ 明太祖实录：卷 141．洪武十五年正月庚戌．

④ 明太祖实录：卷 145．洪武十五年五月丁丑．

其二，观其言貌，止知大略；观其行事，乃见实能。宜令京官于秀才内，各举所知，举中者，量加升擢；不当者，罚及举主。

其三，往者犯罪官员，皆以怠惰无能，遂致废事。今宜精选可用者留之，老疾不堪者遣还。仍命布政使司、按察司具其善恶实迹，参其所言得失，以为黜陟。

其四，秀才多郡县一时起送，其堪录用者，犹虑未尝练习政务，况又用非其才，则非但速于获戾，民亦被其害矣。今堪用者，止宜量才授职，未可遽迁重任。其不堪任，遣还乡里者，可令为社师明经。老疾者，授以教官。

其五，见任官员，其间岂无才学之士、廉慎之人？初用秀才，远不可及，今宜核之，果文学之士，历任老成，有绩可称而无过者，存用之，或加升擢，与初任秀才，参署政务。所谓孝弟力田、聪明正直者，多非其人，宜悉罢举。

其六，刑罚未省，赋役未均，皆由所司不得其人，今以秀才任之，必能兴学校，教民有方，均平赋役，使民无讼矣。

其七，内六部、察院，外布政使司、按察司及府县守令，任亦重矣。得其人则政举，非其人则职废。必选通儒达吏，练事老成，明于治体，可以任重者使居之，不可泛用非人。①

这是明初征召察举人才的一个任用标准。刘驷也在这年被征召。嘉靖《龙溪县志》中说刘驷第二次被征召是在洪武十年（1377 年），根据其门人陈拯所写刘驷父亲的行状，以及嘉靖《龙溪县志》：洪武十二年（1379 年），乡人苏廷贵创立“建溪书院”，延请刘宗道教弟子于其中。② 可以证明刘驷第二次被征召的时间是洪武十五年（1382 年），而非洪武十年（1377 年）。

从开始被征召，他即表示极力反对。这在他的《辞辟举家书》中有详细的分析，他以侍亲的名义拒绝朝廷派来的征召使臣和地方有司的劝解，但是并没有成功，最后仍然被征召去南京面见皇帝朱元璋。在离别前，他的父亲表现得非常伤感，号啕痛哭，拥抱他的儿子，咬着胳膊，呜咽地说：“呜呼，自今以后，吾不得见汝矣！我之贤子宗道乎！”刘驷也伏地恸哭。临行前，他的父亲再次叮嘱刘驷：“吾祖宗传至于汝，未尝有子还祖

① 明太祖实录：卷 147. 洪武十五年八月辛丑.

② （嘉靖）龙溪县志：卷 6，学校.

宗。今新妇又不孕，若得一官半职，到任便娶妾。”“是必保身，勿令轻弃。”①

刘驷到南京后，参加了御前的策试，策试主要是针对朝廷时政提出有价值的建议和意见。洪武十五年（1382 年）的征召规模是史无前例的，八千余人参加御前的考试。根据刘驷门人陈拯的记述，这次考试，刘驷取得第一名，但是目前尚无充分史料能够对他的这个记述给予佐证。为进一步考察人才，朱元璋再次命翰林院直学士詹徽密察征召入京的上万儒士中的特殊人才——詹徽本人也是被征召授予官职的人。洪武十五年（1382 年）十月，朱元璋更置都察院，设监察都御史八人，这是正七品的低级官员，却掌握监察高级官员的监督权力，其中就有当时还是秀才的詹徽。这次秘密的考察，刘驷仍然以“德行科”出众被报告给朱元璋，并且获得了赐宴内殿的特殊的礼遇，侍从皇帝讲论治理天下之道，这是极高的政治礼遇。

朱元璋对从民间被征召到京的人才给予很高的期许，这可能与他早年的政治经历有关，或者是想把全天下有智识的人都笼络到新建立的明朝政权中来，杜绝任何可能威胁到明朝政权的潜在危险。因此他在数次征召人才后，发布晓谕的公告《谕举到人材》，表明他希望这些来自民间的人才能真正成为民间治理的主要政治力量：

> 天之所以命人主者，为蒸民之重，所以命者，命其必治者也。若以天人量之，则天道远，人事迩。以此言之，天何命人主者，不二其命而能成之，何也？此所以天道幽微，下察无遗，其神妙鉴观，必非一朝夕而辨是非也。
>
> 今朕菲才，承上天之命，古之道统，育黔黎，宵昼自思，人心之险，奸顽者众，数制弗改，将焉奈何！故敕有司访贞士，授之以官，使职守所在，为民加福。何期授官任事者，忘修福民之德，务在循私残害其民。当犯之日，殊古制法，纵之以宽，若非生成志人君子，其学道慕贤者，莫不从而肆欲以由之，所以谨法如古，犯者律如条章。然虽如是，其作聪明之徒及愚蠢之辈，终莫可禁。此令谕之不明耶？抑实有司所举之不当耶？
>
> 迩者中原、江西各布政司，皆以贞士至期，已有日矣。朕不暇亲问，特敕问之。彼贞士皆庶民，岁受官役，朝廷得失，有司利病，莫

① 陈拯．慎翁先生行状//刘驷．爱礼先生集：卷 10．74．

不周知。若既知朝廷得失，有司利病，朕授尔以官，当匡政之失，去有司之病，则彼为官非贤者谁？诸贞士听之，永其志而职焉。为朕福民，乃受命之利也。①

不久之后刘驷就被授予都御史，这是一个正七品的官职。当年冬季，在朱元璋的征求建议中，刘驷又“露肝胆直谏，格君心，泽民望者，凡二十条”，获得朱元璋的嘉奖。自此后，在数次内廷集议中，刘驷的表现可能都比较突出，这招致了同为都御史的赵仁、宋中、田炳文等人的忌惮。他的言论建议甚至可能触及刑部尚书开济，虽然开济在洪武十六年（1383年）十一月被朱元璋杀害。洪武十六年（1383年）春，刘驷弹劾都察院右佥都御史邵质“惨刻执拗，实乖治体”，找不到史料证明邵质是否如此，但是第二年的春天邵质就被从正五品的都察院右佥都御史提升为正三品的刑部左侍郎。对于刘驷的弹劾，前两次，朱元璋并未追究，但是接着给事中董希贤等人就把刘驷的弹劾提高到党争的高度，曲解文辞“喷水”与“灌水”，中伤刘驷。朱元璋召集太师、尚书开济等询问刘驷之事，众人又以刘驷在奏疏中不称“臣”而称“我”，夸大“喷水”为“灌水”。最终刘驷虽然没有被处死，却被流放南诏。

《闽中理学渊源考》把刘驷作为福建理学传承中的一位重要代表，记载刘驷被流放南诏后，不久赦还。② 刘驷在返程途中被当地郡邑所执，因此困于播州，等待朝廷的定论。后朱元璋怀疑刘驷久不还朝，又派使臣到刘驷家督派刘驷的亲戚和邻居五六人分别到蜀地南诏找寻刘驷。刘驷的父亲行至兰陵即以忧病而卒。其门人陈拯行到播州找到刘驷，与他一起归家奔丧，这已经是其父卒后的第二年。对于以礼为修身根本的刘驷来说，不能为父亲尽孝，成为其难以自我原谅的事情，也是压垮他的最后一根稻草。③ 他在和学生陈拯到达武昌的时候，悲伤不能自抑，赴水而死，时间是洪武二十一年（1388年）。刘驷卒后无子，其墓在龙溪县城南橡林铺，其友人郭惠为其营葬于此，题为“爱礼先生刘宗道之墓”④。嘉靖朝《龙溪县志》对刘驷墓的称谓是“刘都御史宗道墓”⑤。洪武二十三年（1390

① 朱元璋. 明太祖集：卷7，谕举到人材. 136-137.

② 陈拯. 慎翁先生行状//刘驷. 爱礼先生集：卷10. 76.

③ （嘉靖）龙溪县志：卷8，人物.

④ 郝玉麟，等监修. 谢道承，等编纂. 福建通志：卷63. 景印文渊阁四库全书，第530册. 254.

⑤ （嘉靖）龙溪县志：卷1，地理.

年），漳州府知府钱古训、知县刘孟雍因为里人杨彦章请求，建造“芗江书院”，正殿中塑像朱熹，两侧是陈淳、黄榦、刘宗道，刘驷故去后能被作为先贤接受漳州府后学的祭祀，这也是对其明初理学传承贡献的肯定。①

三、《辞辟举家书》与刘驷的出处选择

关于明初征召辟举之政，刘驷家乡的《龙溪县志》中有这样一段评论：

> 太祖初年，特设科举，以起怀才抱德之士，务在经明行修，博古通今，文质得中，名实相称，是于经科举之中，独重德行之选，故纯实干固之士用。而当时文章词华虽未盛，一皆据理说事，凿凿经世，行百余年，流弊日滋，士有乡里之誉，非科目不得进身，非程式不得中选，闭户缀拾，竟以浮词相高，咨以世务，茫然毋识，穷本极源，由荐辟法废故也。读邑《志》，见孟贞、宗道诸人，或以耆老荐，或以秀才举，皆为有用书生。漳人质实重义，由科贡进者，多有树立，但孝悌力田者不复用，故人贱名检而趋文艺，而所谓文艺亦愈支离。返之之道，科目、荐辟二法调停始得。②

嘉靖朝所修县志已经认识到，荐举被废，科举独行，选拔人才逐渐趋向文化辞藻而缺乏实务经验。明朝前期，漳州府龙溪县被荐举征召的情况可以通过嘉靖《龙溪县志》卷七《选举》做出分析，详见下表。

姓名	荐举时间	荐举原因	授予官职
胡宗华	洪武初年	明经	本府儒学训导，赠中书舍人
王廷遂	洪武初	人材	富平县丞
林原功	洪武初年	明经	本府儒学训导，升中都国子助教，丁父忧，遂不出。号竹雪居士
涂益	洪武初	音律	南靖县学训，升户部员外郎，后坐事充军
郑伯原	洪武五年	论治道称旨	河南左参政
刘驷	洪武五年、十五年	秀才	左都御史
黄昌吾	洪武五年	明经	本学训导，升纪善

① （嘉靖）龙溪县志：卷6，学校.

② （嘉靖）龙溪县志：卷7，选举.

续表

姓名	荐举时间	荐举原因	授予官职
魏仁德	洪武六年	贤良方正	巡检职事
林公玉	洪武二十年	儒士	本府儒学训导
刘仕经	洪武二十年	茂材	知印吏部办事，以二亲早丧，叔年老无子，伏阙陈情，归养，不复仕
郭惠		学行	湖广按察佥事，授本府儒学训导，升广东保昌教谕，以外艰改增域
陈孟贞	洪武二十二年	耆老	知州，转河东盐运副使。永乐六年召赴京，敕荣归乡里，寻召浙江金华府事，九年奏请还家。洪熙元年，诏赐月米一石，以赡终身
曾与吉	洪武二十年	明经	本学训导
郑文善	洪武二十七年	明经	本学训导
许由衷	洪武二十七年	儒士	工部主事
赵以衡	洪武三十一年	孝弟力田	广东新会知县
许得禄	永乐元年	人材	山东莒州同知
戴太一	永乐元年	茂材	和州知州
朱珐、陈温	永乐十五年	楷书	贵溪县知县
胡宜衡		贤良	中书舍人，升左评事
颜大夏	永乐朝	明经	临川教谕
蔡德	永乐朝	明经	临川教谕
涂思孟		茂材	观政吏部

从上表可知，明朝洪武朝是征召荐举集中的时期，永乐朝以后逐渐减少，永乐朝后期已经停止征召荐举的选人之政。征召荐举的依据主要是明经，其次是贤良方正、耆老等，同时还征召特殊人才，如精通音律、楷书等。被征召的人才多被授予较为低级的官职，获得升迁的较少。有两位因为侍亲而请求归家，不再出仕。明朝立国，洪武朝希望能把天下人才征召为国所用，但是民间儒士等对新朝的热情似乎并不高，在人生的出处选择中，归隐田园是部分儒士的理想选择。

刘驷在这篇家书中，自我认同的身份是儒士，争论的焦点也在侍亲与忠君两个方面的矛盾上，在刘驷看来这种矛盾是不能调和的，但是最终的取向都归结到儒士身份认同中的责任意识。刘驷一生“辞受取予一于道义与人论，得失物我两尽，教人为善必反复开谕，并有所感悟而后已”①。刘驷以侍亲作为拒绝出仕的基本理由，以儒者的伦理理念作为解释。“所谓儒者之道何也？盖不出于五伦也。虽主上宵旰求贤，亦不过扶持五伦而已。凡为人于天地间，有事父者焉，有事君者焉，虽不同，其道则一也。”即便是不出仕做官，在家中侍奉双亲，尽孝乡里，也是“为主上天地间扶持一个父子之伦而已”，于国政亦有裨益。如果当孝亲之时不侍亲尽孝而出仕为官，亦未必能尽忠于君。“况人之为学，必须以次而进，今在事亲之限，若不尽其孝，夺情以事君，则事君之日，又必不能尽其忠，而又夺情以事亲，则一生不徒空过，又且负愧无已也。”在刘驷的思想中，出仕与侍亲这两者之间的伦理关系似乎是很矛盾的，甚至是不可调和的。出仕做官，获得俸禄再侍养双亲，对一般儒生来说可能是非常可取的选择，并且出仕做官既可以实现自己治国、平天下的政治抱负，又可以在家族乡里得到荣耀祖先的名声。光宗耀祖也是儒生孝亲尽孝的一个方面，但是刘驷认为出仕就要为国尽忠，达到死谏的程度，一旦死谏，就与孝亲冲突。“或曰家贫亲老不为禄仕，二不孝也。若得禄以事亲，或移亲以就养，何不可焉？何乃固辞之若是耶！愚闻之为国者不顾家，虽苟得禄以备养，得身以附亲，然而行事则国事也，为国之事则当致身。君有过，则当死谏；国有患，则当死难；纲纪不张，则当死谏；强梗欺凌则当死言。若一一死之，则伤亲之爱而罹其忧，必至于失所而颠沛。若且浮沉以循亲之意而保身，又必隐于欺君而遗祸，则是二者皆惑矣，愚则实不能为此等人也。”②刘驷最后以死相抗，誓死不出：

> 学生尝闻之，主上今日贵为天子，富有四海以天下养，思量父母不逮，尝推此心以待天下贤者。学生之才虽如伊傅，惟以侍亲一节，誓死据告而不受职。则主上若杀学生，主上则受杀士之名，学生则得孝子之名。谅主上必不杀学生而放侍亲，其时徒劳使者心力也。夫人之有生必有死，譬犹夜旦之必然，且如一日一夜有一生一死，一年春夏又生秋冬又死。生死之理既得，则沛然而就义矣。③

刘驷这次被举荐，劝解刘驷的有县丞、知县、典史与朱元璋派来的朝中使臣，整个过程基本给予刘驷以极高的政治礼遇。朝中使臣在驿馆接见

---

① （嘉靖）龙溪县志：卷8，人物.

② 刘驷. 爱礼先生集：卷9，辞辟举家书. 67.

③ 同②69.

刘驷等被举荐四人，始终以宾礼相待。“今次朝廷遣小生每访人才于诸先生处，皆生当是以，但遣有司礼请耳!”即便刘驷以死相抗，朝中使臣仍然软言劝慰：“君固当事，然出处之人志，各不同，小生虽爱先生一行，然亦当徐徐请教，以通先生之志。先生果不愿，小生敢强也。”

最终刘驷还是没有躲过这次征召举荐，才有南京之行与南诏之流放。他在被流放南诏期间，备尝辛苦，备受地方有司和朝中使臣的欺凌。他有一封《窘中寄信回家》的家书，描写其深陷流离、凄惨备尝的境况。“昔陷非途，迨今贻辱，虽曰己所致，亦莫非天也。”“以致在下同受稽迟之责，小人山野间教村学，最怕事的人，不敢怠慢，彻夜不遑，以惜廉耻。今既与同流同受箠辱，此则小人之命，不敢怨尤。但今日之后，尚未知府数，何日得完。”其中有一句朝臣训斥之语：“我明日不打你，但你也在这里带挟他每。”① 刘驷最终在奔父丧途中，投水而死，原因除了其父卒后，其侍亲尽孝的价值追求最终落空，还有其流放期间，受到地方有司和朝中使臣的欺凌、羞辱，使其儒士坚守的斯文道德扫地无遗。被征召荐举时所受到的有司礼遇与被流放期间的凄惨境遇，成为刘驷最终自决的内在深层次文化原因。

出仕与入仕，取决于士大夫对新政权政统与道统的切合程度。明初江右诗派代表人、吏部尚书刘崧在《十三人赞》中重申孔孟儒家的道统思想：“孔子曰：‘天下有道则见，无道则隐。’又曰：‘君子疾没世而名不称焉。’余故自至正壬辰遭乱至甲辰十有三载。”“遭乱不出仕，卧病山中。”② 危素在《明伦传序》中有言：“人之处人伦之常可能也；至于处变而常其变者，不可能也。且常而至于变，固人伦之不幸。素其位而行，顾不在于我耶？然而未易言也，非格物之深，使义精而仁熟，固不免于毫厘之差，千里之缪。过与不及，其失则均。”③ 刘驷本人的命运似乎与此深相契合，他对理学之道体认过深，于政治生态和出处选择思之过浅，最终成为政治的牺牲品。

刘驷两次被征召荐举，说明作为秀才的他的确具有一定的文学才能和道德品质。两次抗拒，说明他于仕途并不热衷，精神追求全在侍亲尽孝、体认道学、修身养性，期许成为像陈淳那样的理学大家，为天下传道，为

---

① 刘驷. 爱礼先生集：卷 8，窘中寄信回家. 56-57.

② 刘崧. 槎翁文集：卷 1，十三人赞. 四库全书存目丛书，集部，第 24 册. 396.

③ 危素. 危学士全集：卷 3，明伦传序. 四库全书存目丛书，集部，第 24 册. 665.

生民立命，为往圣继绝学。他虽然在两次被征召中始终持抗拒的态度，但是在给友人的书信《责官中友人不陈言救弊书》中却告诫劝谕友人能以生民为念：

> 古昔君臣治平之道，今吾子幸际明盛，高擢当道为政。数年所辖治下，不闻欢乐之声，惟有愁叹之苦，不知吾子何以致其然也。切闻朋友之道，五伦之一。士有诤友，则身不失于令名。又闻臣能听谏，则可以谏君矣。今愚安得缄默，而吾兄安得而不听乎？故敢为吾兄言，今天下之民皆为前朝所误，种田之家一，食粟之家十，无恒产者，即无恒心，利欲如焚，师师非度而成风矣。虽一时加之以严刑，威之以峻法，未闻为之区处分划，制其田里，教之树畜，游食之徒尚皆如昔，无生理以安之如之，何能禁其非心耶？为今之计，莫若建议于朝，乞以取勘僧道税产，无技之人，悉令归农，分其田里，然后申以乡约之数，则天下不劳而治矣。令吾兄立乎人之本朝，不以生灵为念，而徒以枯燥之法为急，又不闻一言以谏君上，此则区区所不知也。①

刘驷在信中说，他自己“常起日月之思，辄仰泰山之望”，虽身处山野，却心系社稷百姓，这即是作为儒士的刘驷最根本的精神追求。他的孝亲的行为和他对友人的规劝，都是要为天下做出表率，成为他那个时代的道德楷模，希望用理学的政治思想、价值学说来主导明初的国家和社会。然而，他太过于坚守这种理想，最终并没有获得政治事功，甚至因为自己耿直的性格造成自己父亲客死异乡，这极大地冲击、摧毁了他的精神世界。但是他的道德品行和纯正的理学修养还是让他在龙溪县、漳州府留下了历史记忆，获得后世儒士的祭祀。刘驷一生的跌宕起伏是元明之际大时局变迁中江南儒士命运变迁的一个缩影，通过对刘驷理学思想和出处选择的分析，我们可以更具象地透视和反思明初国家诸种政策影响地方社会的真实状态，使我们对明初国家时局和地方生态的变迁有更加丰富、更加全面的思考与分析。

本章小结

刘驷是生活在明初漳州府龙溪县的一位儒生，两次被征召荐举，两次

---

① 刘驷．爱礼集：卷 9，责官中友人不陈言救弊书．71.

到南京面圣，曾有过短暂的入仕经历，最终被流放滇南，闻父丧，于湖广奔丧途中赴水而死。其故去后，被当地士绅作为陪祀对象同朱熹、陈淳一起被祭祀于先贤祠。刘驷的一生坚守和传承了朱熹、陈淳的理学思想，坚持儒士的价值取向和精神世界，以持敬作为自己道德修养的方法，以礼仪伦理作为自己的行为法则。刘驷是元明之际朝代更替、华夷秩序重建大历史背后的一位江南儒士，他的身份和命运的跌宕起伏是明初皇权所代表的国家与士绅所代表的社会之间互动变革的结果。他所坚持的士的身份与民的世俗之间通过礼的纽带紧紧包裹在一起，从分析刘驷的视角，可以触摸到时局变迁中的儒士面对人生伦理冲突和出处选择时焦灼和矛盾的心态。

第三章　明前期皇权转移与士大夫改革（上）

第一节　建文朝的文治改革：四年宽政解严霜①

一、减轻刑罚

建文即位之初即减轻洪武时期重狱，释放监狱囚徒。这种对洪武过重刑罚的修订，实际是继承了其父朱标的做法。“初，太祖命太子省决章奏，太子性仁厚，于刑狱多所减省。至是以命太孙，太孙亦复佐以宽大。尝请于太祖，遍考礼经，参之历朝刑法，改定《洪武律》畸重者七十三条，天下莫不颂德焉。”② 建文即位后，在以上减轻和改正洪武法律的基础上，谕刑部官员：“大明律，皇祖所亲定，命朕细阅，较前代往往加重。盖刑乱国之典，非百世通行之道也。朕前所改定，皇祖已命施行。然罪可矜疑者，尚不止此。夫律设大法，礼顺人情，齐民以刑，不若以礼。其谕天下有司，务崇礼教，赦疑狱，称朕嘉与万方之意。”③ 力图扭转整个国家的政治风格，用“礼义”取代“刑罚”，成为政治精神的本位。这与方孝孺的重礼轻法思想完全契合，也印证了建文实行的宽仁政治是儒家政治理念的具体实践。

另一重大改革是建文二年（1400 年）二月下诏减免江南田赋：“国家有惟正之供，江、浙赋独重，而苏、松官田悉准私税，用惩一时，岂可为定则。今悉与减免，亩毋逾一斗。苏、松人仍得官户部。”④ 江南重赋始

---

① 朱鹭．建文书法拟：附编上，过金陵吊方正学诸臣诗．续修四库全书，第 433 册．96.

② 张廷玉，等．明史：卷 4，惠帝本纪．59.

③ 张廷玉，等．明史：卷 93，刑法一．2285-2286.

④ 同②63.

于洪武之时："太祖定天下官、民田赋，凡官田亩税五升三合五勺，民田减二升，重租田八升五合五勺，没官田一斗二升。惟苏、松、嘉、湖，怒其为张士诚守，乃籍诸豪族及富民田以为官田，按私租簿为税额。而司农卿杨宪，又以浙西地膏腴，增其赋，亩加二倍。故浙西官、民田视他方倍蓰，亩税有二三石者。大抵苏最重，松、嘉、湖次之，常、杭又次之。洪武十三年，命户部裁其额，亩科七斗五升至四斗四升者，减十之二，四斗三升至三斗六升者，俱止征三斗五升，其以下者，仍旧。时苏州一府，秋粮二百七十四万六千余石，自民粮十五万石外，皆官田粮。官粮岁额与浙江通省埒，其重犹如此。"① 苏、松、杭、嘉、湖等地是洪武时期赋税最为沉重的地区，为维持这种重赋现象，并不许苏州、松江地区的士人出任户部官员。建文的这项改革于此悉数革除。其他如"兴州、营州、开平诸卫军全家在伍者，免一人。天下卫所军单丁者，放为民"②，均是施行宽仁之政的表现。同时派遣户部左侍郎、给事中徐思勉等二十四人充采访使，"分巡天下，问民疾苦，旌廉斥贪，得以便宜行事"③。当时杨荣在建安府学读书，杨士奇在杨荣的行实中记载："时户部侍郎夏原吉及诸朝使按临者，莫不待公殊礼。"④ 夏原吉分巡天下到达福建建安府，第一次见到了杨荣，即被杨荣的才华所吸引，后来同朝为官，成为一段佳话。由于"靖难"后朱棣对建文史料的篡改，目前所掌握的史料并不能直观证明建文朝国家和社会风气变化的具体情状，仅仅能从明代中后期士人的笔记中略微可见建文朝政的特色。如祝允明《野记》卷二描绘建文朝社会风气："闻之故老言，洪武纪年之末，庚辰前后，人间道不拾遗。有见遗钞于涂，拾起一视，恐污践，更置阶圮高洁地，直不取也。"⑤ 这一记载不一定具体而真实，却是士大夫对建文帝和建文朝政追忆心理趋向的表现。

二、更定官制

王世贞的《弇山堂别集》卷十二《建文官制后革》中对建文朝的官制改革记载最为详细，分为更定官制和更定勋阶两个部分。建文元年（1399年）二月在翰林学士方孝孺的建议和主持下更定官制：

① 张廷玉，等. 明史：卷 78，食货志二. 1896.
② 张廷玉，等. 明史：卷 4，惠帝本纪. 60.
③ 王世贞. 弇山堂别集：卷 12，建文官制后革. 北京：中华书局，1985：229.
④ 杨荣. 文敏集：附录. 404.
⑤ 祝允明. 野记：卷 2. 四库全书存目丛书，子部，第 240 册. 22.

升六部尚书为正一品，设左右侍中，位侍郎上。改都察院为御史府，都御史为御史大夫。罢十二道为左、右两院，左曰拾遗，右曰补阙。改通政使司为寺，大理寺为司，詹事府增置资德院。翰林院复设承旨，改侍读、侍讲学士为文学博士，设文翰、文史二馆，文翰以居侍读、侍讲，文史以居修撰、编修、检讨。又，殿、阁大学士并去大字，各设学士一人。改谨身殿为正心殿，增设正心殿学士一人。其余内外、大小诸司及品级、阶勋悉仿《周礼》制更定。时论以为不急之务，而孝孺志在复古，上悉从之。①

提高六部尚书的品级，由正三品升为正一品。洪武十三年（1380年）裁革中书省，六部尚书上升为正二品。建文更定官制期间，于建文元年（1399年）四月“进六部尚书秩正一品，增左右侍中，位侍郎上，都察院设都御史、副佥都御史各一，罢左右都御史，增左右补阙、左右拾遗各一”②。建文朝初期六部尚书如下：吏部尚书茹瑺、兵部尚书齐泰、户部尚书王钝、工部尚书增赐、礼部尚书陈迪。其中更定的勋阶中尚书为“特进资政上卿”，侍中为“资政卿”，侍郎为“资政亚卿”，郎中为“资政中大夫”，员外郎为“资政大夫”，给事中为“嘉政中士”。③后来在永乐和仁宣时期辅政的三杨、蹇义和夏原吉等人在建文朝也都逐渐开始进入政治中枢。如洪武三十一年（1398年）八月，建文即位后征江西处士杨士奇，十二月授予杨士奇为齐王府的审理。夏原吉为户部右侍郎，蹇义为吏部右侍郎。建文二年（1400年）开科取士，进士杨荣、杨溥、胡广、李贯等人后来均成为仁宣朝重臣。“洪武”和“建文”年号本身也彰显了政治风格的改变。但是在改变的过程中也存在一些不符合实际、求治过速的举措。朱鹭对洪武三十一年（1398年）八月减省州县的改革一事就批评道：

抚世驭民，代有机局。绍洪武后，而不知安静以需至治，是失局也。建文帝志切养民，而所为多戾。四年之间，今日省州县，今日并卫所。今日更官制，明日更勋阶。宫门殿门，名题日新，虽以干戈倥偬，日不暇给，而曾不少休，一何扰也。传曰：‘琴瑟不调’。甚者乃解而更张之，当时甚乎，不甚乎？而乐此纷纷乎，是正学之过也。然

---

① 夏燮．明通鉴：卷12．399．

② 谈迁．国榷：卷11．797．

③ 王世贞．弇山堂别集：卷12，建文官制后革．229．

在后世，民残于多牧，禄糜于冗员，重以中官出使，道路驿骚，则汰官省邑，固亦足采者，未可谓建文时臣毕竟非也。①

朱鹭在《更定官制小论》中对此评论如下："官制祖周官，夫亦慕古盛意乎？独不念高皇帝经理天下三十年，百度贞密，何者不折衷于周官乎？善法者师意，何遽不如古而骚然变更乎？孔子称孟庄子之孝，而独难其不改臣若政。建文君臣，何改之忍也。至其削夺诸藩，亦有动于汉晁错计而卒用亡天下。总之，咎生慕古之过。"②

建文君臣对官职的改革，政治寓意是对洪武朝政的更张。这一改革代表了建文君臣恢复文治、改变政治生态的价值取向和政治诉求。建文朝所开创的文人政治的局面虽然仍处于萌芽状态，又因面临燕王的军事压力而无法切实地付诸实施，但是这种文人政治的气息仍然给后世士大夫留下美好的回忆。"父老尝言，建文四年之中，值太祖朝纪法修明之后，朝廷又一切以惇大行之，治化几等于三代，一时士大夫崇尚礼义，百姓乐利而重犯法，家给人足，外户不阖，有得钞于地，置屋檐而去者。及燕师至日，哭声震天，而诸臣或死或遁，几空朝署。盖自古不幸失国之君，未有得臣民之心若此者矣。"③

三、削藩之政

洪武中晚期以后，随着北部藩王年龄的逐渐增长，军事指挥经验不断丰富，统领的军事队伍不断壮大，尾大不掉的局面已经形成。"非帝杀王，即王弑帝。"朱元璋时期，天子和藩王是父子关系，忠孝两者是完全合一的，对皇帝要忠，对父亲要孝，忠孝合一，君臣一体。建文即位后，这种关系模式变化为叔侄关系，同时又是弱君和强臣的关系，建文削藩政策已是箭在弦上不得不发。削藩政策的实行对于士大夫来讲，一是要维护中央皇权的稳定，解除地方藩王权力对皇权的潜在和明显的压力；二是化解士大夫政治和贵族政治这两者之间的冲突和矛盾。建文元年"夏四月，湘王柏自焚死。齐王榑、代王桂有罪，废为庶人。遣燕王世子高炽及其弟高煦、高燧还北平。六月，岷王楩有罪，废为庶人，徙漳州"④。建文为稳

① 朱鹭．建文书法拟：正编上．26.
② 同①37.
③ 顾起元．客座赘语：卷1，革除．北京：中华书局，1987：29.
④ 张廷玉，等．明史：卷4，惠帝本纪．61.

定中央皇权和削弱贵族政治的可能性而开始采取削藩措施。建文为处理藩王势力增长对中央皇权的威胁而实行的削夺政策最后因燕王的兵变而失败，最主要的原因在于建文对天下形势认知和估计不足，低估了藩王的军事实力。

建文和士大夫通过更定官制恢复士大夫在朝廷中的中枢和主体位置，通过减轻刑罚、推行仁政实现士大夫追求的以道德和仁义治国的政治理念，通过削夺藩王权力实现士大夫追求的中央集权的政治局面，通过江南地区的赋税改革实现士大夫民本主义的政治追求。以上内容构成了建文朝士大夫政治格局的主体，透视了建文朝文人气象的升腾。

建文的削藩改革与燕王的地位发生冲突，朱允炆令张昺为北平布政使司，谢贵、张信掌北平都指挥使司，加强防燕措施。建文元年（1399 年）六月，齐泰将燕使邓庸下狱审讯，具得燕王将举兵反状，乃发兵逮捕燕府官属，并密敕张信逮捕燕王。张信为燕王旧部，此时遂降燕，朱棣随即为备。七月，朱棣以计擒杀张昺、谢贵，并命燕府护卫指挥张玉、朱能率兵乘夜攻夺北平九门，遂据北平。后以尊祖训，诛“奸臣”齐泰、黄子澄，为国“靖难”为名，誓师出征，是为“靖难之役”。建文四年（1402 年）六月，燕王朱棣的“靖难”兵攻入南京，颠覆建文政权，建立永乐政权，中断建文朝的文治气象。

建文朝的政治改革为建文帝迎来了“天资仁厚”“亲贤好学”的美名，也构建了建文朝士大夫政治模式。虽然“靖难”后建文不知所终，建文的死被渲染为一种道德的实践。“国君死社稷，义之正也。”① 建文朝政治达到了皇权政治和士大夫政治的契合。当时由于武人政治、宦官政治、外戚政治等非常态的政治模式均无法形成，建文完全接受了儒学教育，其政治信仰、自我认同、权力意识等理念完全是在儒学士大夫的熏陶下形成的。皇帝和士大夫对士大夫在政治场域中的身份认同、权力责任、价值观念等方面不存在认知冲突，使得皇权政治和士大夫政治能够融合起来而各自发挥对政治的良性影响。建文朝出现了明显的文人政治的倾向和士大夫政治的萌芽，后世士大夫对建文帝和建文朝政史事长时间的追忆与回溯，根本原因在于建文朝构建和规划了一幅士大夫践行政治理想并且付诸政治实践的宏伟蓝图。

① 谷应泰．明史纪事本末：卷 17，建文逊国．288．

第二节　永乐朝士大夫的政治改革

建文四年（1402 年）六月，明成祖朱棣的“靖难”兵攻入南京，宣布建文政权的瓦解、永乐政权的建立，皇权在朱姓叔侄间发生转移。“靖难”撕裂了士大夫群体，时局、信仰、命运在士大夫的思想中纠缠，逼迫士大夫在朱棣和朱允炆叔侄之间做出清晰的政治立场选择。建文皇权和永乐皇权的合法性问题成为朱棣、方孝孺、杨荣三方的聚焦点，出现了方孝孺的为君死难与杨荣的顺利归顺两种立场选择之间的冲突和对立。永乐朝以三杨为代表的士大夫积极而努力地建构起永乐皇权的合法性，朱棣也通过文治武功的成就为永乐政权的合法性增加砝码。永乐政权一改建文政权的文治气象，皇权独裁、宦官提督东厂的特务政治、南征北讨的军事活动诠释出的扩张性和外延性成为永乐政权的基色。

一、永乐皇权的合法性

政权的合法性是对政权的属性界定。罗尔斯的《正义论》从两个理路来分析政权的合法性，即正当性和正义性。正当性确认权力来源的合法性，正义性确认政治实际中的成效性。正当性为权力的来源确定了标准和尺度，确立正当性的目的就是为政治确立一个标准来维持秩序的稳定和权力的平稳运行。但是在正当性指导下的政权建立后，正当性就不再发挥作用，只能作为政权的一个合法性符号和标志。正义性，即政治的有效性，就成为政权建立后对政权发挥约束和规范作用的监督者。一个拥有正当性的政权，如果没有政治的有效性，就没有能力维持政治秩序的稳定，或者虽有能力维持政治稳定，却是以暴力与血腥为手段，或是不能满足本集团的利益，或是无法满足民众的福祉，那么这个政权也就失去合法性。“靖难之役”中，燕王朱棣以兵变攘夺皇权，建立永乐政权，要想构建起永乐政权合法性，就要动摇建文帝的皇统地位。永乐四年（1406 年）六月，“备礼葬建文君，遣官致祭，辍朝三日”①，以亲王辍朝之礼祭奠建文帝。这样做的政治寓意有二：一是向天下宣告建文帝已经死亡，杜绝怀有二心的臣子复辟的想法，在政治舆论上稳定皇权；二是把建文定位为亲王而非

---

① 明成祖实录：卷 9 下. 永乐四年六月壬申.

皇帝，亲王辍朝礼节是三日，以此来动摇建文帝的皇统身份。

（一）颠覆建文皇权的合法性

朱棣从两方面动摇建文政权的合法性。一方面，指出建文是矫太祖遗诏而获得帝位，颠覆建文皇权的正当性。“朕以高皇帝嫡子，奉藩于燕，高皇帝以燕地与胡虏接境，屡属以边事。后懿文太子薨，高皇帝以朕堪属大事，欲正位东宫，永固基本。不幸，高皇帝宾天，允炆矫遗诏即位。”① 但是建文皇族和血统的事实、即位诏书的公开性，以及年号、制度、文书、礼节等方面的既成性，造成从权力来源的合法性角度颠覆建文皇权的困难。另一方面，阐明建文朝政失去效能，颠覆建文皇权的正义性。朱棣在《慰谕臣民敕》中列举建文帝罪过：变乱祖制，动摇国本；违背孝义，数典忘祖；戕害藩王，祸乱宗室；荒淫失德，小人当政；崇信佛道，灭绝人伦；穷兵黩武，尽失民意；尊崇外戚，大兴土木；天象示警，灾变屡现；亵渎上天，失去天命。②

这九大罪过重塑建文帝的政治形象：不敬天、不法祖，不亲亲、不恤民，荒淫无度、崇信异端，亲佞臣、远贤臣，穷兵黩武、穷奢极欲。建文帝的昏庸无能造成建文朝政的失效，即便从权力来源角度无法动摇建文皇权的合法性，可是皇帝的昏庸、朝政的混乱还是让建文皇权失去天命和民意，而丧失正义性。这是朱棣对建文皇权合法性的一种历史解释。我们可以通过“靖难”后福建漳州府龙溪县儒士的事迹透视建文皇权在明前期地方社会合法性构建中的稳固。正德五年（1510 年），龙溪县时任守臣陈洪谟在府学前修建“名宦乡贤祠”。嘉靖四年（1525 年）祭祀府学教授陈思贤。提学邵锐记曰：

> 若我文宗既靖内难，惟臣民惇劝惟勤，乃正大位，爰诏多方。时则漳郡教授陈思贤率其徒吴性原氏、陈应宗氏、林珏氏、邹君默氏、鲁廷瑞氏，即明伦堂为旧君哭临如礼。思贤系入京既六生咸以身殉。今志仅存事略，若六生者，则并其名氏亡之矣。日备乏使来视漳学咨及士庶，始发厥隐。呜呼微哉！惟我文皇必不得已，举兹有众，为社稷也，故社稷重则君轻，义则然矣。而陈公顾以区区余恋之死靡他，岂或一道耶？③

① 佚名．皇明诏令：卷 4，申谕臣民敕．续修四库全书，第 457 册．108.

② 佚名．皇明诏令：卷 4，慰谕臣民敕．98.

③ （嘉靖）龙溪县志：卷 3，祠祀.

这则史料一方面说明，朱棣“靖难”后的一系列政治举措消解了建文皇权的合法性，但是在朝中有方孝孺对建文皇权合法性的坚守，在地方社会有六儒生的以身殉志，都印证了建文皇权的合法性是被天下臣民承认的；另一方面也说明，朝野士大夫群体对建文皇权的合法性和为建文殉难儒士的政治平反，始终存在于明代政治生态中。随着明中后期对建文和“靖难”话语的逐渐放松，中央和地方士大夫逐渐开始通过祭祀殉难儒士的行为来重新审视建文皇权的合法性。

（二）建构永乐皇权的合法性

洪武三十五年（1402 年）七月，朱棣祭祀天地于南郊。祭文歌颂太祖的文治武功，同时指出建文崇信奸臣、委政近侍、改更祖宪、戕害诸王的种种罪过，旨在说明建文帝倒行逆施、自弃于天①，进而证明朱棣“靖难”非为夺取皇位，目的是“清君侧之恶”和“为万姓请命”。朱棣建立的皇权得到了祖宗、天意、百姓等三方的支持，为永乐皇权获得政治舆论支持。

永乐元年（1403 年）六月十二日，朱棣为朱元璋和马皇后上尊谥号，在诏书中重申自己的嫡长子身份，褒奖朱元璋和马皇后的功业和盛德。②按照建文元年（1399 年）九月，长兴侯耿炳文所言：“燕王与上皇父为同母弟，陛下之嫡叔父，其性尚未离骨。”③ 可证朱棣之母为马皇后。明清之际的史家谈迁否定朱棣生母为马皇后之说，查照皇室谱牒，确认朱棣生母是碽妃。“玉牒云，高皇后第四子，盖史臣因帝自称嫡，沿之耳。今南京太常寺志载孝陵袝享，碽妃穆位第一，可据也。”④ 张岱在《陶庵梦忆》中也记述其游览南京孝陵飨殿所见：“近阁下一座，稍前，为碽妃，是成祖生母。成祖生，孝慈皇后妊为己子，事甚秘。”⑤

（三）即位诏所阐释的合法性

洪武三十五年（1402 年）七月初一，朱棣向天下发布即位诏书，全文如下：

> 昔我皇考太祖高皇帝龙飞淮甸，汛扫区宇，东抵虞渊，西逾昆仑，南跨南交，北际瀚海，仁风义声，震荡六合。忽爽阇昧，咸际光

---

① 明成祖实录：卷 10 上. 洪武三十五年秋七月壬午.

② 佚名. 皇明诏令：卷 4，上高庙帝后尊谥诏. 111.

③ 谈迁. 国榷：卷 11. 810.

④ 同③847.

⑤ 张岱. 陶庵梦忆：卷 1，钟山. 续修四库全书，第 1260 册. 317.

明。三十年间，九有宁谧。晏驾之日，万方嗟悼。煌煌功业，侔于汤武。德泽广布，至仁弥流。

少主以幼冲之姿，嗣守大业，秉心不顺，崇信奸回，改更成宪，戕害诸王，放黜师保，委政宦竖，淫佚无度。天变于上而不畏，地震于下而不惧。灾延承天而文其过，飞蝗蔽天而不修德。祸机四发，将及于朕。朕为高皇帝嫡子。祖有明训：朝无正臣，内有奸恶，王得兴兵讨之。朕尊奉条章，举兵以清君侧之恶，盖出于不得已也。使朕兵不举，天下亦将有声罪而攻之者。少主曾不反躬自责，肆行旅拒。朕荷天地、祖宗之灵，战胜攻克，捣之于坝上、歼之于白沟、破之于沧州、溃之于藁城、鏖之于夹河、蹴之于灵璧，六战而已不国。朕于是驻师畿甸，索其奸回，庶几周公辅成王之谊，而乃不究朕怀，阖宫自焚，自绝于宗社，天地所不庇，鬼神所不容。

事不可止，朕乃整师入京，秋毫无犯。诸王、大臣谓朕太祖之嫡子，顺天应人，天位不可以久虚，神器不可以无主，上章劝进。朕拒之再三而不获，乃俯徇舆情，于六月十七日即皇帝位。所有合行庶政，并宜兼举。①

永乐即位诏书传达的信息如下：第一，朱元璋所建明朝合乎天道、顺乎民意。第二，朱棣“靖难”起兵具有《皇明祖训》的法律依据。第三，朱棣“靖难”对象并非建文，而是齐泰和黄子澄等士大夫。第四，建文自绝于社稷、祖宗和百姓，朱棣即皇帝位符合天意和民意，“靖难”军事胜利归因于天助。第五，朱棣进入南京获得臣民的拥护。

总之，朱棣用正义性破解建文皇权的合法性和正统性，同时以血缘、祖命、天命、民意四个方面的正当性角度建构起永乐皇权的合法性和正统性。

二、士大夫与永乐政治

（一）中央权力格局

永乐朝政拒绝建文朝的官制改革，重新恢复洪武朝的文官制度，但是其建立之初即建立内阁制度，解缙、黄淮、胡俨、胡广、杨荣、杨士奇、金幼孜等七人入内阁。这七人均来自江南地区，都是饱学之士，又经洪武和建文政治的锻炼，成为左右永乐朝政的力量。他们的官位品级仅仅是正

① 明成祖实录：卷10上．洪武三十五年秋七月壬午．

五品，但是由于其伴随在皇帝身边，因此时时通过建言献策对朝政施加影响。如杨荣数次护驾北征，特别是朱棣死时，一应事项均是杨荣和金幼孜主持，在这个关键时刻凸显了士大夫的政治主体性。同时六部尚书也保持了相对稳定的状态：吏部尚书蹇义，户部尚书夏原吉，礼部尚书李至刚、郑赐、刘观、吕震，兵部尚书金忠和方宾，刑部尚书吕震和吴中，工部尚书宋礼和吴中。从吏、户、礼、兵、刑、工六部来看，蹇义从永乐元年（1403年）即为吏部尚书，终永乐朝不改。吏部乃是为国家选才之地，直接关乎国家政治人才的稳定和气象。永乐朝政虽带有很强的扩张性和外延性，但是其人才选拔保持了稳定状态。尚书夏原吉一直坐镇关乎国家财政命运的户部，《明史》赞誉蹇义和夏原吉二人："二人实能通达政体，谙练章程，称股肱之任。仁宣继体，委寄优隆，同德协心，匡翼令主。用使吏治修明，民风和乐，成绩懋著，蔚为宗臣。树人之效，远矣哉。"① 吏部和户部，一者关乎国家的政治命脉，一者关乎国家的经济命脉。虽然在永乐后期，二人都曾入狱，但是不改永乐朝政的基本运行轨迹。

（二）南北军事战略

1. 南征

明朝与安南交往开始于1359年正月，安南国史记载，当年"明遣使来通好"②。朱元璋在《皇明祖训》中明确界定了周围十三不征之国："四方诸夷，皆限山隔海，僻在一隅。得其地不足以供给，得其民不足以使令。若其自不揣量，来扰我边，则彼为不祥。彼既不为中国患，而我兴兵轻伐，亦不祥也。吾恐后世子孙倚中国富强，贪一时战功，无故兴兵，致伤人命。切记不可，但胡戎与西北边境，互相密迩，累世战争，必选将练兵，时谨备之。"③ 安南为明朝确定的十三不征之国之一，并且在《皇明祖训》中明确记载："三年一贡。"《皇明祖训》基本确定了明朝与安南的两国外交框架。下面以明朝给安南的两篇诏书为基础，同时参照《明太祖实录》中对安南外交事件的记载，对这一外交框架的内涵进行分析。

《谕安南国王诏》：

> 前者朕令安南来见，期以三年遣使一朝，所贡之物惟是表意而已。若事大之心永坚，何在物之盛！

① 张廷玉，等．明史：卷149，夏原吉传．4156．

② 吴士连．大越史记全书：卷7//东洋文化研究所．东洋学文献（第47辑），1986：431．

③ 朱元璋．皇明祖训：卷1．168．

今年，使者黎公等至，仍前远贡丰物。何不遵朕至意！岂彼中紊乱纪纲，更王易位，有所疑猜而如是乎？然君臣之分本定，奈何昔王荒昏于上，致令如斯，岂非天假手欤！

朕又闻，方今之王，亦族中人为之，或者可吁。中国圣人有云：将欲取天下而为之，吾见其不得已。天下，神器也，不可为也，为者败之，执者失之。今陈煓夺位而为之，必畏天地而谨事神，恤及黔黎，庶膺王爵。倘或慢天地而虐庶民，又非久长之道。

且安南限山隔海，远居蕞尔，天造地设，帝命王于彼者以主生民。中国有道之君必不伐，尚强无知者必征。今朕统天下，惟愿民安而已，无强凌弱、众暴寡之为，安南新王自当高枕，无虑加兵也。①

《命中书回安南公文》：

安南僻在西南，本非华夏，风俗殊异，未免有之。若全以为夷，则夷难同比，终是文章之国，可以礼导。若不明定仪式，使之遵守，难便责人。中国外夷，若或有道，彼此欢心，民之幸也，何在繁文！今后若与安南往来，尔中书行移诏书，无故不轻往，使彼得以自由，岂不有便于外夷者欤！尔中书诏示安南知会：若欲三年来贡，其陪臣行人许五人而止，进见之物，须教至微至轻，必来使自捧而至，免劳彼此之民。物不在多，惟诚而已。②

(1) 从文化和风俗的角度认识明朝与安南两国的差异。华夷观是这一外交关系模式的基本精神核心。“安南僻在西南，本非华夏，风俗殊异。”安南不是明朝外交的重点关注区域，明朝仅仅希望保持稳定而已。“安南，中国虽称僻居遐荒，实是密迩；虽曰密迩，地不足以广疆，人非我用。在昔中国之君虽统，朕思限山阻川，实为疆制，若我中国有道内安，四夷守分，何欲事大之来者。”③

(2) 安南为明朝“不征之国”。明廷致力于维持与安南的稳定关系，维持和保证宗藩朝贡体制，三年一贡。“命中书省臣谕安南、高丽、占城等国，自今惟三年一来朝贡，若其王立则世见可也。”④ 朝贡体制的目

① 朱元璋．明太祖集：卷2，谕安南国王诏．21.

② 朱元璋．明太祖集：卷8，命中书回安南公文．147.

③ 朱元璋．明太祖集：卷8，谕安南来使敕．149.

④ 明太祖实录：卷100．洪武八年五月甲午.

的是在名义上维持两国宗主国和藩属国的关系模式，洪武时期不断减少朝贡的次数和规模人数。“来朝使臣亦惟三五人而止，奉贡之物不必过厚，存其诚敬可也。”① 洪武二十一年（1388年）进而把进贡人数压缩到仅一人，“令三岁一朝，方物随其所产，止许一人进送，效其诚敬而已”②。

（3）不干涉安南国内政。在安南朝政出现弑主乱政时期，明廷以不接受朝贡、不予承认为限。如洪武二十六年（1393年），“安南弑主废立，故绝之。仍命广西都指挥使司、布政使司，自今勿纳其来使”③。对安南和占城的战争问题，以居中说服为主。洪武四年（1371年），“谕安南毋侵占城疆域，既至，晓以大义”④。

永乐四年（1406年）七月，朱棣因安南黎季牦弑主篡位而派朱能、张辅、沐晟、李彬率军征伐安南。对安南战后的建置问题，内阁大学士解缙指出：“自古羁縻之国，通正朔时宾贡而已。若得其地，不可以为郡县。”⑤ 解缙的建议并未被朱棣采纳，永乐五年（1407年）六月，在安南设置郡县，改宗藩关系为直接统属，置交趾布政使司，分其地为17府、5州、12卫，以尚书黄福兼掌布政、按察二司，以吕毅掌都司。⑥ 随着安南郡县制的设立，安南出现陈季扩和黎利叛乱，从1407年到1427年，战争持续进行。

2. 北征

明朝建立后，元朝遗民退居漠北，到永乐初年，蒙古分裂为鞑靼、瓦剌、兀良哈三部。鞑靼部盘踞在鄂嫩河、克鲁伦河和贝加尔湖以南地区；瓦剌部盘踞于科布多河、额尔齐斯河流域及其以南的准噶尔盆地；兀良哈部位于西辽河、老哈河一带，位置最东，洪武年间内附，归东北宁王管辖。朱棣分别在永乐八年（1410年）、十二年（1414年）、二十年（1422年）、二十一年（1423年）、二十二年（1424年）进行了五次北征蒙古的战争，军力、物力投入很大。五次北征情况如下：

第一次北征：永乐八年（1410年）二月北征鞑靼部的阿鲁台，军队

① 明太祖实录：卷106. 洪武九年五月甲寅.
② 明太祖实录：卷194. 洪武二十一年冬十二月癸丑.
③ 明太祖实录：卷277. 洪武二十四年夏四月丙申.
④ 明太祖实录：卷64. 洪武四年夏四月丁酉.
⑤ 严从简. 殊域周咨录：卷5. 北京：中华书局，1993：188.
⑥ 陈重金. 越南通史. 北京：商务印书馆，1992：139.

50万。金幼孜在《北征录》中记载了第一次北征的情况："是日，师出北京，驾出德胜门。幼孜与光大胡公由安定门出兵甲之雄，车马之盛，旌旗之众，耀于川陆，风清日和，埃尘不兴。"①

> 皇明大一统百余年来，北虏不敢猾我华夏者，盖由我祖宗处置得宜，恩威兼济，故有以慑其臣叛不常之心耳。夫自古中国不能无夷狄，而夷狄为中国患，何代无之？三代而上，帝王处置之得宜，服则怀之以德；叛则震之以威，固未有若后世，处之无道，御之无术，至于无可奈何也？或好大喜功则主于穷黩，穷黩则耗我海内；或偷安忍耻，则主于和议，和议则紊我纲常，是皆下策，殊非常治久安计也。②

永乐八年（1410年）六月回到北京。

第二次北征：永乐十二年（1414年）三月十七日，北征瓦剌部马哈木。金幼孜《后北征录》记载此次发动兵力50万，主要扈从文官为金幼孜、胡广、杨荣。永乐十二年八月回到北京。

第三次北征：永乐二十年（1422年）三月，北征鞑靼部的阿鲁台，统军数字不详，估计不少于50万，回师途中围剿兀良哈三卫。出征之前，朱棣命英国公张辅同六部官员会议北征军需物资输送："驴三十四万头，车十一万七千五百七十三辆，挽车民丁二十三万五千一百四十六人，运粮凡三十七万石。"③ 永乐二十年六月的班师诏书指出，此次北征并未与阿鲁台发生正面军事冲突，回军途中顺道征讨兀良哈也无大的战事，"杀首贼数十人"④。

第四次北征：永乐二十一年（1423年）七月，北征鞑靼部阿鲁台，鞑靼王子也先土干来归，赐名金忠。十一月回到北京。此次北征同样没有与阿鲁台发生正面军事冲突。

第五次北征：永乐二十二年（1424年）四月，再次北征阿鲁台，明成祖朱棣在回军途中病逝于榆木川。杨荣的《北征记》记载此次北征的准备工作："敕山西、山东、河南、陕西、辽东五都司各选马步兵，择将统领，以三月至北京。山西行都司兵命都督李谦统领，以三月至宣府，必士

① 金幼孜．金文靖公前北征录．续修四库全书，第433册．108．
② 沈节甫．纪录汇编：卷33，序金文靖公北征录后．上海涵芬楼景印明万历刻本．1938．
③ 明成祖实录：卷246．永乐二十年二月乙巳．
④ 明成祖实录：卷250．永乐二十年六月辛丑．

马精强，兵甲坚利。”①

朱棣的五次北征，前两次达到了军事目的，震慑了蒙古各部，稳定了北部边防，是必要的军事行为；后三次北征前的形势并未达到皇帝亲征的程度，亲征中也未收到预期的军事效果，同时遭到了士大夫群体的反对。《明太宗实录》卷 232 记载：永乐十八年（1420 年），天下有 953.349 2 万户，人口 5 144.643 4 万，赋税粮 3 239.920 6 万石，布帛 121.188 3 匹，丝绵 24.656 0 万斤，绵花绒 58.334 0 斤，课钞 1 822.466 2 万锭，金 2 381 两，银 30.254 4 两，铜钱 3 106 贯，铜 2 128 斤，铁 48.916 6 万斤，铅 2.078 0 万斤，输送北京粮近 60.732 8 万石。②《明太宗实录》卷 244 记载，永乐十九年（1421 年）迁都北京后，从江南通过漕运输送到北京的粮食是 354.319 4 万石，与前一年相比增加将近六倍。而永乐十九年（1421 年）全国户数、人口、赋税等项指标与永乐十八年（1420 年）持平。天下马数，永乐十八年（1420 年）是 899 287 匹，永乐十九年（1421 年）是 1 090 812 匹，永乐二十年（1422 年）是 1 199 315 匹，永乐二十一年（1423 年）是 1 585 322 匹：随着北征的连年进行，马匹数目增长巨大。特别是第三次北征激起了士大夫群体的集体谏阻。永乐十九年（1421 年）冬，朱棣与户部尚书夏原吉、礼部尚书吕震、兵部尚书方宾、工部尚书吴中讨论第三次北征事宜，遭到朝臣的集体反对。夏原吉指出了当时北征的弊端，遭到朱棣的拒绝，兵部尚书方宾自杀，户部尚书夏原吉入狱。③ 同年十一月，派遣宦官杨实和御史戴诚勘察南北两京及天下库藏逐年出纳数目，核实以后上奏；杨实和戴诚在报告文书中指出国家储备不足以支持北征。当时只有礼部尚书吕震一人没有明确反对朱棣的北征。朱棣曾告诫杨士奇、杨荣等人说，“‘若震自尽，尔十人皆死。’盖是时论北征事，惟震独无迕”④。

（三）编辑儒学经籍

1.《永乐大典》

《永乐大典》先后经历两次编修，第一次是永乐元年（1403 年）秋天，由解缙、胡广、胡俨、杨士奇、杨荣、杨溥、金幼孜等内阁大学士负责，召集当时天下名儒 140 多人，第二年完成初步编纂工作。第二次编辑

① 杨荣．北征记．续修四库全书，第 433 册．581.

② 明成祖实录：卷 232．永乐十八年十二月癸亥．

③ 明成祖实录：卷 243．永乐十九年冬十一月丙子．

④ 夏燮．明通鉴：卷 17．543.

开始于永乐三年（1405年），姚广孝和解缙为总裁官，征召2 169名儒士。“时修《永乐大典》，召至四方儒学老成充纂修及缮写之士，几三千人，人众事殷，特命太子少师姚广孝、礼部尚书郑赐总之。”① 杨士奇在《东里续集》中描述了《永乐大典》修撰时期的情景：

> 诏翰林之臣修《永乐大典》，尽出中秘书，又广求天下载籍而统稡之，包罗天地，囊括古今，浩浩穰穰，盖自有书契以来，篇帙纪载之富未有若此之盛者矣。又明年，悉征天下博闻之士，入预纂修，又简太学郡县学生及秀民之工于书者，以职缮写。于是天下文艺之英，济济乎咸集于京师。②

永乐五年（1407年）十一月成书，共计22 937卷。书成之后，朱棣赐名为《永乐大典》，在其所作的序文中明确了编修本书的用意在于统一和明确圣人所修的六经之道：“昔者圣王之治天下也，尽开物成务之道，极裁成辅相之宜，修礼乐而明教化，阐理至而宣人文……所谓道者，弥纶乎天地，贯通乎古今。统之则为一理，散之则为万事，支流蔓衍，其绪纷纭。”③

2.《四书五经大全》和《性理大全》

永乐十三年（1415年）九月，修成《四书五经大全》与《性理大全》两书，共计229卷。朱棣告诫编修两书的大臣说：“五经四书皆圣贤精义要道，传注之外，诸儒论议有发明者，尔等宜采附于下；周、程、张、朱诸君子性理之言，如太极通书、西铭、正蒙之类，皆六经羽翼，然各自为书，未有统会，卿等宜类聚成编，务极精备，用垂永久。”④ 因此两书编写的内容完全限定在儒学经典范畴内，对其进行誊抄撰写、归类汇总。朱棣申明，编写两书的政治目的在于端正和尊重道统的思想：

> 思帝王之治，一本于道。所谓道者，人伦日用之理，初非有待于外也。厥初圣人未生，道在天地。圣人既生，道在圣人。圣人已往，道在六经。六经者，圣人为治之迹也。六经之道明，则天地圣人之心可见，而至治之功可成；六经之道不明，则人之心术不正而邪说暴行

---

① 杨士奇．东里文集：卷17，梁用之墓碣铭．247．
② 杨士奇．东里续集：卷7，送陈雍序．景印文渊阁四库全书，第1238册．457．
③ 明成祖实录：卷73．永乐五年十一月乙丑．
④ 杨荣．文敏集：附录．409．

侵寻蠹害，欲求善治，乌可得乎？……圣贤之道粲然而复明……由是穷理以明道，立诚以达本，修之于身，行之于家，用之于国，而达之天下，使家不异政，国不殊俗，大回淳古之风，以绍先王之统，以成熙皞之治，将必有赖于斯焉！①

这两书的修成，为天下学术端正了态度，设定了框架，也为天下的读书人找到了科举考试的基本教材库。杨荣的《文敏集》记载了两书的纂修情况：

以圣人之道具载《六经》，燔灭于秦，穿凿于汉，晦盲否塞，千五百年。逮至宋之诸儒，虽已发明表章之，然其奥义微旨，尚或有遗，不无详此略彼之患。于是特发宸衷，命儒臣类而纂之，授以成法，备载圣贤之言，搜辑诸儒之说，由是《六经》《四书》之旨、圣人之道粲然而复明。书成，名曰《性理大全》，遂命刻梓，赐之群臣，颁于天下，使学者一览，莫不豁然贯通，咸有以造乎阃奥，以为圣贤教人之言虽无不备。若曰："积善之家，必有余庆；积不善之家，必有余殃。"又曰："作善降之百祥，作不善降之百殃。"又曰："德惟一动罔不吉，德二三动罔不凶。"又曰："惟天阴骘下民。"其善恶之理，警戒之意，不一而足。而凡古人为善获报者，亦皆载之简册，历历可指……惟圣道具乎《六经》，秦焚汉蚀，谬说肆兴，千数百年，是非蜂起，有宋诸儒克究厥旨，紬绎系绪，研穷窔奥，搜精猎微，以明斯道。②

当时为编写两书，"朝臣及在外教官有文学者同修，开馆东华门外，命光禄寺给朝夕馔，甚丰"③。对于永乐朝《四书五经大全》和《性理大全》的纂修，明清之际的顾炎武批评道："自八股行而古学弃；大全出而经说亡；十族诛而臣节变。洪武、永乐之间、亦世道升降之一会矣。"④ 僵硬解释儒学经典的模式，造成了明前期学术空气的沉闷。永乐十五年（1417 年）三月，明成祖朱棣下令礼部把这两部大全向南北两京国子监及天下郡县学颁赐。"此书，学者之根本，而圣贤精义悉具矣。自书成，朕旦夕宫中披阅不倦，所益多矣。古人有志于学

① 明成祖实录：卷 168．永乐十三年九月己酉．
② 杨荣．文敏集：卷 8．118．
③ 杨荣．文敏集：附录．409．
④ 顾炎武．日知录集释：卷 18，书传会选．1044-1045．

者，苦难得书籍。如今之学者，得此书而不勉力，是自弃也。尔礼部其以朕意晓谕天下学者，令尽心讲明，毋徒视为具文也。”① 后世士人对此评论道：“自永乐中命儒臣纂修《四书大全》颁之学宫，而诸书皆废。”②

这种将理学思想作为王朝正统思想的重建，也端正了民间和仕宦之家的读书明理的风尚。杨士奇在家书中就告诫家人：“家中子孙不可断绝读书种子，须延好先生教诲，须严且勤。为母不可慈爱护短，事师礼须厚，学俸须要实效，不可少欠。”③ 敦促家人读书明理也成为明代士大夫家书所关注的核心问题之一。

（四）永乐朝的遗产

永乐朝相比洪武朝的进步在于，永乐帝朱棣减弱奴视士大夫的心态，创立内阁，给予阁臣优越的礼仪，逐渐形成明代内阁制度的雏形。永乐期间，政治的文治取向与武功取向共存，外部表现就是文治代表皇太子与武功代表汉王之间的权力斗争。朱高炽虽然在三杨等士大夫的支持和保护下维持了皇太子的身份，但是汉王在武臣支持下并未在斗争中完全处于劣势。这种局面代表了文治思想在永乐朝的处境，同时也预示了永乐到仁宣之间国家政治风气的逐渐转变。朱棣的永乐政权虽然奉行外延的扩张政策，但是在重武的同时并没有忽略对文治的关注，理学成为永乐朝科举的主导精神。士大夫在强权皇帝的统治下，积极寻找自己的政治代言人，这就出现了皇帝和皇太子的矛盾，虽然很多士大夫卷入其中，但是朱棣对士大夫官僚的打击面并不宽，明代的文人政治虽然面临挫折，但是仍然缓慢地向前发展。

永乐二十二年（1424 年）七月，六十五岁的朱棣死后，留给后世子孙的并不是一个延续发展的繁荣局面，而是埋下了潜在的统治危机。朱棣的五次北征并没有彻底清除北元蒙古的军事威胁，而仅仅是获得暂时喘息的机会，经过二十四年的大致和平后出现“土木之变”的失败。频繁的北征耗资多，对国力的影响大，永乐十九年（1421 年）在讨论是否北征的过程中，户部尚书夏原吉就指出了北征的政治弊端：“频年师出无功，戎马储积十丧八九。又圣体少安，尚在调护，远濡风霜，诚未便。况今灾眚

① 明成祖实录：卷 186. 永乐十五年三月乙未.

② 顾炎武. 日知录集释：卷 18，四书五经大全. 1041.

③ 杨士奇. 东里续集：卷 53，示长新妇. 386.

迭作，内外俱疲，民不堪命，甚可虑。虽边寇犯顺，请遣将，勿烦六师。”① 因此建议朱棣放弃北征，调整对北元蒙古的政策。“自古帝王专修内治，不事远略。彼化外之民，反侧是其常性。惟固守边疆，诘尔戎兵，来则拒之，去则勿追可也。”② 夏原吉的建议并没有获得朱棣的认可，他反而因谏阻北征而入诏狱。南方事务主要是对安南的政策问题，随着在安南设立郡县，安南先后出现简定帝陈季扩和黎太祖黎利的叛乱，从1407年到1427年，双方的斗争持续进行，明朝陷入安南的军事泥潭中。朱棣死后，二子汉王、三子赵王还拥有一定的军事势力，朱棣生前并没有完全解决地方藩王对中央皇权的威胁，终于在宣德元年（1426年）爆发了“汉王叛乱”。宦官干政的危机也在永乐朝开始萌芽。宫崎市定就指出朱棣对宦官的信任：“永乐帝感荷其恩德，又为使其独裁彻底而强化密探政治，因而认为利用宦官才是上策。”③ 特别是他迁都北京后，修建宏伟壮丽宫殿的同时，开始壮大宦官队伍，当时宫中宦官多达数千人，于是在宫中出现了宦官的小政府。宦官干政最明显的两个证据，一是宦官开始以天子代言人的身份出使外国、监督军队、镇守边镇，势力渗入外交、军事、经济等领域；二是朱棣在北京城内设立东厂，命太监提督管理，在洪武锦衣卫狱的基础上，再次加重特务政治味道。宦官为更好地完成新的任务，逐渐开始要求获得读书识字的能力。经济上，迁都北京后，北方无法供应北京城庞大的日常开支，特别是粮食的需要，必须通过漕运从江南地区获得供应；随着北京城市人口的逐渐增多，漕运的压力也逐渐增加。漕运每年大约要运360万石粮食到北京，消耗大量的人力、物力、财力。仁宗即位后，户部尚书夏原吉就极力主张复都南京，以缓解东南经济压力。郑和下西洋、安南战争、五次北征都要花费巨额财富，仅仅第三次北征后对三千军官的赏赐就要耗费大量白银、铜钱和布匹等，但是整个明前期国家赋税，包括粮食、课钞，变化不大。户数为970万户左右，人口保持在5 100万左右。经济上的大量消耗增加了永乐朝百姓的赋税负担，地方社会上的不安定因素也逐渐展露出来。因此仁宗即位后，对政策的调整便迅速提上日程。

① 夏原吉．忠靖集：附录，夏忠靖公遗事．景印文渊阁四库全书，第1240册．549．
② 同①．
③ 宫崎市定．中国史．台北：华世出版社，1981：462．

第三节　仁宣两朝士大夫对永乐政治的更张

永乐二十二年（1424年）八月，杨荣与太监海寿从北征行宫回北京，“致大行皇帝遗命，退而复以军中所宜施行者陈之皇太子”①。吏部尚书蹇义及内阁大学士杨荣、杨士奇议合行事宜。加强两京防卫：北京方面，命令宁阳侯陈懋、阳武侯薛禄率领北征的三千骑兵火速回京；南京方面，命令驸马都尉率领南京后军都督府与太监王贵通率领下番官军赴南京镇守。同时释放锦衣卫狱中的夏原吉、杨溥等士人。夏原吉被仁宗召见，首言迁都北京之弊：“东南民力困于漕运，请幸南京，以省供亿。兼抚流民，罢西洋取宝船，止云南交趾采办金珠数事。”② 杨士奇在《东里别集》中详细记录了朱棣死亡的消息传到北京后，皇太子朱高炽和皇太孙朱瞻基的政治举措：

> 永乐二十二年八月，学士杨荣自行在还报，大行晏驾。东宫殿下即遣皇太孙出居庸赴开平迎梓宫。时京师诸卫军皆随征聚行在，惟赵府三护卫军留京师。一时浮议籍籍，虑护卫为变，遂秘未发丧。皇太孙濒行，启东宫殿下曰：“出外有封章白事，非印识无以防伪。”东宫殿下顾臣曰：“渠言良是，但行急，新制则不及。”臣对曰：“殿下未践阼，今居丧无所事，有事自应行常用之宝，东宫小图书亦闲，太孙出外无行事，惟有上禀朝廷之事，可假之行，此出一时之权，归即纳上。”东宫殿下即取付太孙曰：“有启事以此封识来，此亦久当归汝，汝就留之。”既行，殿下顾臣曰：“汝此说是，虽出从权，亦事机之会。昔大行临御，储位久未定，浮议喧腾，吾今就以付之，浮议何由兴。”又曰：“自今朝廷事仗蹇与汝，但蹇亦有迟疑，汝须尽心。汝二人吾当重用，不轻也。”对曰：“殿下嗣位，朝廷大小事皆当尽公，以厌服天下之心，须溥恩及下，然必先扈从征行之臣，若汉文即位，首进宋昌，史书之以为贬，此当深戒。臣两人日在侍近，殿下必不遣，惟不应先及，此殿下初政，收人心之机也。”③

① 杨荣．文敏集：附录．412．

② 谈迁．国榷：卷18．1216-1217．

③ 杨士奇．东里别集：圣谕录．北京：中华书局，1998：396．

这段史料透露出以下几个重要的政治信息：第一，时局紧张，政治气氛严肃。这种紧张的气氛直到朱高炽正式登基后才算平息，朱高炽数次有“今出危履安”之语，印证了当时时局的紧张。① 朱棣死在榆木川，即现在的内蒙古多伦县西北，距离北京大约有五百里，七月十七日朱棣病逝，八月十一日皇太孙朱瞻基到军中，这期间有 24 天。这么长的时间完全可以给军事暴动者以机会。当时北京城内军队数量很少，并且多为弱旅。赵王的三支护卫军当时留守北京，乃是赵王的亲军，在军事上太子不占优势。第二，向朱瞻基明确表达储君的身份定位，希望不再出现永乐朝皇帝、皇太子之间的政治冲突和矛盾，使得其后的皇位继承能够顺畅平安。第三，明确表达了依靠士大夫治理天下的政治主张，对蹇义、杨士奇等人明确表达了委以重任的态度。

“急治之时”是明仁宗和三杨等士大夫对时局趋同的认识，明仁宗委政治于蹇义、夏原吉、三杨等人，希望君臣一改永乐朝的紧张态势，同心同德，一起掀起洪熙朝政治改革的序幕。明仁宗在召见三杨时一再重申“尤切倚毗之意”的政治态度②，表达了改革朝政的政治决心。洪熙君臣以洪武和永乐朝政的弊端为殷鉴，开始洪熙改革，努力恢复建文朝所呈现的文人治国景象，扭转洪武和永乐两朝重典的政治风格。“二祖以马上得天下，帝所习见，固不欲以马上治之也。”后世士人高度评述了洪熙朝的政治改革。如嘉靖朝进士王世懋就把仁宗比喻为“中兴令主”，说他执政的时候“善政炳炳不可殚述”。谈迁认为洪熙改革符合天下民心所向：“南北供亿，轸恤民力。欲返驾旧京，宽我东南，念最殷也。”③ 洪熙朝的政治更张是仁宗君臣共同的政治追求，更寄托并实践了夏原吉等士大夫的政治理想和政治诉求。

明仁宗朱高炽即位后，第一时间释放夏原吉、杨溥等被朱棣下狱的士人，积极与夏原吉、蹇义、杨士奇等士大夫讨论和谋划国政调整方略。夏原吉指出永乐朝政弊端的概貌：“以用费于不急，禄耗于官冗，情壅于言塞，政急于少康，积弊逮今未能遽革，在任当其人而图之以渐。”其中最大的弊政是迁都北京造成东南经济负担的骤增：“今民力竭于东南，戎伍疲于漕运，宜幸南京，庶几少苏内外之困。”这一主张得到了仁宗的认可，

---

① 杨士奇. 东里别集：圣谕录. 397.
② 夏原吉. 忠靖集：附录，夏忠靖公遗事. 551.
③ 谈迁. 国榷：卷 19. 1256.

他表达了复都南京的意愿。夏原吉为洪熙改革确立方向："抚流移，恤鳏寡，赈饥民，宽逋负，省赋役，禁科敛，罢下西洋宝船及云南交趾采办金宝香料、各处（阙）金银课程数事，皆见施行。"① 民本主义是洪熙改革的基本精神。洪熙改革收到良好的社会效果，杨溥指出："不逾年，仁义忠厚之政，举行无遗。"②

一、舒缓政治空气

永乐二十二年（1424 年）十一月，仁宗对蹇义、夏原吉、杨士奇、杨荣、金幼孜等人指出："前世人主，或自尊大，恶闻直言，臣下相与阿附，以至于败。朕与卿等当用为戒。"③ 杨士奇在《三朝圣谕录》中记载了与仁宗的一段对话，颇能透视明仁宗求贤纳谏的决心和勇气。永乐二十二年（1424 年）十二月，翰林院进呈三孤诰命诏书，仁宗阅后，亲增二语："勿谓崇高而难入，勿以有所从违而或怠。""崇高"与"难入"两词恰代表了洪武和永乐两朝士大夫话语权的弱化："崇高"代表了皇帝至高无上的地位，君臣痞隔，心境难通；"难入"代表了皇权的独裁和专制，士大夫的政治建议难以被皇帝采纳。仁宗对杨士奇再次申明："此由朕实心，卿等勉之。"这句话代表了永乐和洪熙皇权转移之间，皇帝致力于改善君臣关系，特别是与蹇义、夏原吉、杨士奇等永乐朝重臣的关系，试图扭转永乐十九年（1421 年）以后皇帝和大臣之间关系的紧张态势，舒缓政治紧张气氛，尝试恢复建文朝君臣的文治气象。仁宣以后，赠予蹇义、夏原吉、杨士奇、杨荣、金幼孜等人银印，作为密疏言事的标识，赋予其密疏言事的权力，"事或未当，辄有封章进来"。杨士奇希望仁宗"不以同异为喜怒，不以喜怒为用舍"④。

明仁宗改变永乐朝有关严禁评议建文史事的高压政策，舒缓紧张的舆论气氛，释放"靖难"中被牵连的士大夫家属。"建文中奸臣，其正犯已悉受显戮，家属初发教坊局、锦衣卫、浣衣局并习匠及功臣家为奴，今有存者，既经大赦，可宥为民，给还田土。凡前为言事失当，谪充军者，宥为民。"⑤ 虽然仁宣时期并未对方孝孺等死难臣子进行政治平反，有关

① 夏原吉．忠靖集：附录，夏忠靖公遗事．550．

② 杨荣．文敏集·附录．424．

③ 张廷玉，等．明史：卷 8，仁宗本纪．110．

④ 杨士奇．东里别集·圣谕录．398．

⑤ 佚名．明仁宗圣政记．丛书集成续编，第 278 册．30．

“靖难”的政治舆论也仍然保持永乐朝的官方基调，但是释放被难家属仍然代表了政治语境的松动。

洪熙朝是士大夫的政治地位和政治角色发生转变的关键时期，也是明朝政治气象转变的突破口。自此以后，仁宣两帝在保持皇权的稳定态势下，努力恢复建文朝所彰显的文治气象，努力改善与三杨等士人的君臣关系，改善永乐朝紧张的政治生态，明前期的士大夫政治重新开始升腾。

仁宣之世，实行宽松的政治。仁宗在诏书中明确表达这一政治态度：“刑者所以禁暴止邪，导民于善，非务诛杀也。吏或深文傅会，以致冤滥，朕深悯之。自今其悉依律拟罪。或朕过于嫉恶，法外用刑，法司执奏。五奏不允，同三公、大臣执奏，必允乃已。诸司不得鞭囚背及加人宫刑。有自宫者以不孝论。非谋反，勿连坐亲属。古之盛世，采听民言，用资戒儆。今奸人往往摭拾，诬为诽谤，法吏刻深，锻炼成狱。刑之不中，民则无措，其除诽谤禁，有告者一切勿治。”① 申明国家治理中法律和道德的不同作用，刑罚的实施必须要依照国家制度进行。《明史·刑法志》记述永乐时期刑罚的状况：“成祖起靖难之师，悉指忠臣为奸党，甚者加族诛、掘冢，妻女发浣衣局、教坊司，亲党谪戍者至隆、万间犹勾伍不绝也。抗违者既尽杀戮，惧人窃议之，疾诽谤特甚。山阳民丁钰讦其乡诽谤，罪数十人。法司迎上旨，言钰才可用，立命为刑科给事中。永乐十七年复申其禁。而陈瑛、吕震、纪纲辈先后用事，专以刻深固宠。于是萧议、周新、解缙等多无罪死。然帝心知苛法之非，间示宽大。千户某灌桐油皮鞭中以决人，刑部当以杖，命并罢其职。法司奏冒支官粮者，命即戮之，刑部为覆奏。”② “靖难”后实施“瓜蔓抄”，大肆诛杀建文朝臣子，著名惨案如方孝孺案、铁铉案等，大肆杀戮，政治空气是“人人在刀俎之上”。后来永乐朝政在刑罚上并没有如同洪武年间的严酷，但建立在残酷战争和血腥镇压基础上的永乐政权还是给士大夫留下了心理阴影。永乐朝开展下西洋、迁都、征安南、北征等要事，三杨在文集中很少给予评论，特别是下西洋一事，既没有歌颂，也没有诋毁，有的只是一片沉寂。仁宗即位后试图改变洪武和永乐长时期的刑罚严酷的局面，对大学士杨士奇、杨荣、金幼孜说：“比年法司之滥，朕岂不知。其所拟大逆不道，往往出于文致，先帝数切戒之。故死刑必四五覆奏，而法司略不加意，甘为酷吏而不愧。

① 张廷玉，等. 明史：卷8，仁宗本纪. 111.
② 张廷玉，等. 明史：卷94，刑法志二. 2320.

自今审重囚，卿三人必往同谳，有冤抑者虽细故，必以闻。”洪熙元年（1425年）二月，再次申谕都御史刘观、大理卿虞谦：“往者，法司以诬陷为功。人或片言及国事，辄论诽谤，身家破灭，莫复辨理。今数月间，此风又萌。夫治道所急者求言，所患者以言为讳，奈何禁诽谤哉？”并且让杨士奇草拟诏书公告天下：“若朕一时过于嫉恶，律外用籍没及凌迟之刑者，法司再三执奏，三奏不允至五，五奏不允同三公及大臣执奏，必允乃已，永为定制。文武诸司亦毋得暴酷用鞭背等刑，及擅用宫刑绝人嗣续。有自宫者以不孝论。除谋反及大逆者，余犯止坐本身，毋一切用连坐法。告诽谤者勿治。”① 在减省刑罚的同时提出了士大夫对皇帝权力的监督，其目的是希望以仁义来引导天下的风气。

二、改变南北战略

关于安南的弃守问题，朱棣虽然在安南设置三司，进行直接的行政管辖，任命黄福总理安南事宜，但是对安南的治理并不顺利。安南人的反抗斗争持续进行，明廷每年都要派出大量军队进驻安南、平抚叛乱，随之而来的是粮食等军用物资的大量消耗。宣德元年（1426年）四月，宣宗以《皇明祖训》为依托，表达放弃安南的态度：“反复思之，只欲如洪武中、永乐初使自为一国，岁奉常贡，以全一方民命，亦以休息中土之人。”对于宣宗的这个提议，朝臣意见分歧：一方以蹇义与夏原吉为首，主张坚守安南，决不放弃，其理由是得之不易，失之有损国威；另一方以杨士奇与杨荣为首，主张放弃安南，其理由是安南自古在中华之外，得之无益，失之无损。②

宣德二年（1427年）春，对安南问题，宣宗再次指出：“太宗皇帝初得黎贼，定交趾，即欲为陈氏立后，当时下人不能承顺。朕今欲成先志，使中国之人，皆安于无事。”③ 最后在杨士奇和杨荣的支持下，最终确立了放弃安南的政策。宣德三年（1428年），明军获准撤走，安南人黎利宣布建立黎朝。“明人既还国，帝遂混一天下，以是年为大定之年。”④

在解决安南问题后，仁宣两朝又放弃永乐朝亲征的北边防御政策，对北边蒙古的鞑靼、瓦剌、兀良哈三部开始采取军事收缩政策，变主动进攻

① 张廷玉，等．明史：卷94，刑法志二．2320-2321．
② 明宣宗实录：卷16．宣德元年夏四月丙寅．
③ 明宣宗实录：卷24．宣德二年春正月乙巳．
④ 吴士连．大越史记全书：卷10．545．

为积极防御。赦免兀良哈部，接受鞑靼太师阿鲁台朝贡。与北边蒙古各部恢复朝贡关系，重开互市贸易，接受蒙古各部定期朝贡，接受蒙古贵族首领朝拜，维持了北部边防的稳定。

对于安南战守的讨论预示了永乐到仁宣后整个国家外交政治风格的转变，宣宗在杨士奇和杨荣的支持下逐渐表达了改变外交风格的政治取向：变扩展和外延为保守和内缩。宣德二年（1427 年）最终放弃对安南的直接管辖，恢复两国的宗藩朝贡关系模式。明朝的外交风格重新回归到洪武时期朱元璋所确立的保守和内缩的轨道上，预示着永乐外延型外交的终结、宣德保守型外交的确立。仁宣后，外交上的保守和内缩代表整个明代中国的外交走势和取向。

三、运筹复都南京

对于朱棣迁都北京之举，李时勉、邹缉、萧仪等士人均认为，经济中心和政治中心分离，势必增加江南的财政负担。美国学者范德在《明初两京制度》一书中指出，朱棣迁都北京的考虑多是主观想法，在士大夫群体中，迁都并不得人心。[①] 成化、弘治年间，大学士丘濬就提出批评意见：

> 汉之边在北，咸阳去朔方千余里，唐边在西，长安去吐蕃界亦几千里焉。今京都北抵居庸，东北抵古北口，西南抵紫荆关，近者百里，远者不过三百里，所谓居庸则吾之背也，紫荆则吾之吭也。据关中者，将以扼中国之吭而拊其背；都幽燕者，切近于北狄，则又将恐其反扼吾之吭而拊我之背焉，所以防蔽之者，当尤深加之意。盖制人而不得，犹不至于失己，守己而或有所失，则其害岂但不得于人而已哉！[②]

明末清初的黄宗羲提出类似的说法，并认为明朝迁都北京是明代灭亡的一个重要原因："昔人之治天下也，以治天下为事，不以失天下为事者也。有明都燕不过二百年，而英宗狩于土木，武宗困于阳和，景泰初京城受围，嘉靖二十八年受围，四十三年边人阑入。崇祯间，京城岁岁戒严，上下精神敝于寇至，日以失天下为事，而礼乐政教犹足观乎？江南之民命

① 朱鸿林．明初两京制度评介//明史研究专刊（第三期）．台北：大立出版社，1982.

② 谈迁．国榷：卷 17．1181.

竭于输輓，太府之金钱靡于河道，皆都燕之为害也。”① 仁宗即位后，“命诸司在北京者悉加行在二字，复建北京刑部及后军都督府，上时决意复都南京云，命定国公徐甫佐之”②。

南北两京制以后，为输送北京军粮而开始的漕运，承担了重要的任务，是明朝的政治生命线。“国朝自永乐定都于北，军国之需，皆仰给东南。漕运之法，日益详备。”③ “1415 年，明王朝敞开运河水道，用于交通；船只经越陆上水路运输，海运不再继续。送往北京的粮食，全部走内陆水路。百姓把要承担的粮食运到淮安，由军队运输单位接收。徐州、德州和临清是漕河上几大运输中间站，运来的粮食从这里转运到北京。明人称此程序为‘支运’.”④ 漕运在明朝经济中日益发挥重要作用，关乎整个朝廷的命脉。永乐十二年（1414 年），“令湖广造浅船二千只，岁于淮安仓支粮，运赴北京。其旧纳太仓粮悉改纳淮安仓收贮。又令北京、山东、山西、河南、中都、直隶徐州等卫，俱选官军运粮”。这项规定被看作明朝漕运之始。永乐十三年（1415 年），“濬复会通河，奏罢海运。令浙江嘉、湖、杭与直隶苏、松、常、镇等府秋粮，除存留，并起运南京及供给内府等项外，其余尽拨运赴淮安仓。扬州、凤阳、淮安三府秋粮内，每岁定拨六十万石。徐州并山东兖州府秋粮内，每岁定拨三十万石，俱运赴济宁仓。以浅河船三千只，支淮安粮，运至济宁。二千只支济宁粮，运赴通州仓。每岁通运四次。其天津并通州等卫官军、于通州接运至北京”⑤。举洪熙元年（1425 年）为例，北京城官民所需粮食为“岁用粮五百万石，今江南岁运才三百余万石，不足以供”⑥。到宣德四年（1429 年），“令江西、湖广、浙江民运粮一百五十万石，贮淮安仓；苏、松、宁国、池州、庐州、安庆、广德民运粮二百七十四万石，贮徐州仓；应天、镇江、常州、太平、淮安、扬州、凤阳、及滁和二州民运粮二百二十万石，贮临清仓”⑦。自朱棣迁都北京后，江南与北京之间，漕运构建起连通明朝经济中心和政治中心的大动脉。

从文集中无法得知三杨对于复都南京的意见和想法，但是对于朱棣迁

① 黄宗羲. 明夷待访录//黄宗羲全集，第一册. 20.

② 明仁宗实录：卷 13. 洪熙元年三月戊戌.

③ 申时行，等修. 赵用贤，等纂. 大明会典：卷 27. 续修四库全书，第 789 册. 471.

④ 黄仁宇. 明代的漕运. 北京：新星出版社，2005：67.

⑤ 同③.

⑥ 佚名. 明仁宗圣政记. 29.

⑦ 同③.

都北京，三杨却多给予赞誉。如杨荣在《皇都大一统赋》中歌颂朱棣迁都是顺应天意的举措："然而圣天子以六合为家，以四溟为池，以仁义为干橹，以礼乐为藩维，不恃险以为固，惟在德之所施，至和塞乎穹壤，恩泽治乎华夷，致九有以宁谧，跻万国于雍熙，此其所以德侔乎尧舜，道合乎轩羲，穷天地、亘古今而莫能与齐也。"① 这种赞誉多为谄媚之词，并非其真实的意见和主张。明前期著名的谏诤之臣李时勉也在其《古廉文集》卷一中以《北京赋》歌颂朱棣的迁都之举。查阅三杨文集可知，永乐期间，在迁都、下西洋、北征诸大政中，三杨均不曾提出反对意见，这种态度与洪熙改革中表现出的果敢形成鲜明对比。通过透视永乐和洪熙两朝，可见"三杨政治"主体意识表现的差异。

四、平定汉王叛乱

汉王朱高煦的反叛萌芽于永乐时期。"上初与武臣等二三人议建储。文臣惟金忠预，皆靖难时股肱也。武臣咸请立皇第二子高煦，谓其有扈从功，上不听，福等叩首请不已，终不听。遂召预议事已定，然秘未发。明年册仁宗皇帝为皇太子，高煦为汉王。"② 永乐期间，朱棣在太子和汉王之间游移不定。太子代表的是文官势力，汉王代表的是武官势力。汉王和太子之间的斗争实际是永乐期间文官和武官势力争斗的外部表现，也透视了永乐朝政在文治和武功之间的摇摆。

汉王朱高煦的势力从永乐一直持续到宣德元年（1426 年），特别是在永乐与洪熙、洪熙与宣德两次皇权转移的过程中，汉王都曾是影响皇权传承的威胁力量。如仁宗去世之时，皇太子朱瞻基正在南京监国。"中外汹汹，有汉庶人之忧。"张太后与蹇义、夏原吉、三杨等人"密谋急迎驾还京"，化解汉王叛乱的危险。③ 宣德元年八月，汉王叛乱，杨荣力主亲征。"彼谓陛下新即位，必不能自行。若自行，出不意，且大惧，破之必矣。"④ 此举得到夏原吉的支持，宣宗决意亲征，同时派遣"指挥黄谦，同总兵、平江伯陈瑄防守淮安，勿令贼南走。令指挥芮勋守居庸关"⑤，断了朱高煦的南北逃路。

---

① 杨荣. 文敏集：卷 8，皇都大一统赋. 111.

② 杨士奇. 朝列大夫交趾布政司参议春雨解先生墓碣铭//解缙. 文毅集：附录. 840.

③ 夏原吉. 忠靖集：附录，夏忠靖公遗事. 552.

④ 谈迁. 国榷：卷 19. 1300.

⑤ 谷应泰. 明史纪事本末：卷 27，高煦之叛. 404.

杨荣在《文敏集》中就指出，永乐十五年（1417 年）汉王府“私有壮士三千，非兵部籍发者。及所为多不法……君心知之，因作堂箴寓规讽之意。王益忌之，会大驾北巡，王拥重兵出入”①。朱棣询问杨士奇与蹇义如何处理，杨士奇借助朱棣对朱高煦信任动摇的机会，指出：“汉王始封国云南，不肯行，复改青州，又坚不行。今知朝廷将徙都北京，惟欲留守南京。此其心路人知之，惟陛下早善处置，使有定所，用全父子之恩，以贻永世之利。”② 指出了朱高煦久不归国必有政治企图。朱棣洞察了朱高煦的不轨行为，因此改封其就藩乐安州。其目的也是放置于京师附近，严加防范：“既不肯往青州，决不可复留于京师，虽畿内之地亦不可容，吾今强徇汝意不去其爵，处之近畿之地，一旦有变可朝发而夕擒也。于是有乐安之命。时皇太孙亦在侧。上语太孙曰：‘吾为君父在上，彼尚敢然。将来何有于尔父子。尔但毋忘吾言，有危宗社者，当为宗社除之，周公诛管蔡，圣人所为也。’”③ 乐安州位于山东济南府内，“本朝洪武六年改为乐安州，以厌次县省入。宣德元年，改为武定州，编户九十八里，领县四：阳信县、海丰县、乐陵县、商河县”④。嘉靖朝《武定州志》记载汉王叛乱之事：“武定密迩京畿，在古为棣州，稽诸禹贡为滦州之域，历世以来佥为重地。宣德中，汉庶人凭其地谋不轨，圣驾亲平之。”⑤

太子朱高炽较之汉王朱高煦更接近儒家理想中的皇帝标准。在三杨等人看来，选择儒家风格的皇太子为皇帝接班人，才能把明朝的政治风格重新导入文人政治的轨道上来，而中止洪武和永乐以来重武的政治生态。汉王与皇太子的矛盾斗争是明朝前期文治与武功两种统治风格的较量和博弈。经过五十年统治之后，孕育和培养起来的文治气象逐渐超越对武功的追求。朱棣选择朱高炽做接班人和汉王朱高煦的失败乃是明前期政治生态变迁和政治风格改变的直观体现。

五、中央整肃吏治

宣德初年，贪腐之风渐起，都御史刘观竟成贪官榜首。“都御史职专

① 杨荣．文敏集：卷 19，故奉直大夫兵部职方员外郎致仕周君墓碑．299.

② 谷应泰．明史纪事本末：卷 27，高煦之叛．401.

③ 明成祖实录：卷 186．永乐十五年三月丙午.

④ 李贤，彭时．大明一统志：卷 22，山东布政司．西安：三秦出版社，1990：1462.

⑤ 郑希侨，修．刘继先，崔士伟，纂．（嘉靖）武定州志·绪．嘉靖二十七年刻本景印本.

纠劾百司，辩明冤枉，提督各道，为天子耳目风纪之司。凡大臣奸邪、小人构党、作威福乱政者，劾。凡百官猥茸贪冒坏官纪者，劾。凡学术不正，上书陈言，变乱成宪，希进用者，劾。遇朝觐、考察，同吏部司贤否陟黜。大狱重囚，会鞫于外朝，偕刑部、大理谳平之。其奉敕内地，拊循外地，各专其敕行事。”① 宣德三年（1428 年），罢黜刘观，以顾佐代之。杨士奇在《东里别集》中描述了这一历史场景。宣德三年（1428 年）六月，一日早朝后，宣宗与杨士奇、杨荣议论当时的官场风气：“吾三人商量一事，京师端本澄源之地。祖宗时，朝臣无贪者。年来贪浊之风满朝，何也?”二杨指出贪污之风并非今日突然形成，实际上这种风气从永乐末年就已经流行：“贪风，永乐之末已作，但至今甚耳!”宣宗追问永乐时期贪污之风的情状时，二杨又指出：“十五六年以后，太宗有疾多不出，扈从之臣，放肆无顾藉，请托贿赂公行无忌，此事已彻九重，但未举发。仁宗尝为臣言，初到北京，上问：‘南京臣僚，有能守廉者否?’对曰：‘无敢不守。’上曰：‘扈从来此者，赃赂竞行，其能守廉，惟吏部侍郎师逵一人。汝当知之。’”②

宣宗皇帝在给顾佐的敕文中也明确了任命他的期望：“都察院之任，所以整肃纪纲，纠察奸弊，伸理冤抑，裨益治道。比命尔居是任所，当夙夜尽心，以副简擢。然各道御史尚溺积习之弊，朋比于下，有挟公法以报私忿，深文刻薄；有重私情而忽公法，肆无忌惮。尔一时不察其奸，为所欺侮。自今宜详慎省察，凡事务致明审以合公道，毋纵有罪，毋枉非辜，庶几刑罚公平，不负朕之所望。”同时敕文十三道监察御史：“御史之职，必先正己心，而后用法不颇。比宪纲不清，皆由所用邪正混淆。朕简用顾佐为都御史，各道御史不才者多已黜罚，然其间积习之弊，犹未尽革，或溺私情而卖公法，或假公法以报私忿。鞫讯之际，任情锻炼，深文罗织，人宁不冤。自今悉宜秉公心，行公道，无欺长官，无徇私意，无枉平人，庶副朝廷任使。如或不遵，必罪不恕。”③

顾佐是建文二年（1400 年）进士，河南太康人，曾做过应天府尹和顺天府尹，为人“刚直不挠，吏民畏服，人比之包孝肃”④。顾佐上任后整顿吏治，罢黜贪污。第一步就是整肃都察院内部十三道御史。“奏黜其

① 张廷玉，等．明史：卷 73，职官志二．1768.
② 杨士奇．东里别集：卷 2．408.
③ 明宣宗实录：卷 48．宣德三年十一月丁巳.
④ 张廷玉，等．明史：卷 158，顾佐传．4311.

属不肖者二十余人，罪甚者发辽东。”① 顾佐在宣德年间整顿官场贪墨之风的事例，仅仅都察院内部，根据《明实录》统计，他任职期间一共处置了20余名御史。择其要者如下：宣德三年（1428年）十一月，监察御史张循理因纵容死囚逃亡而被施死刑；宣德四年（1429年）二月，张震、葛棨因怠政而被降职；宣德四年（1429年）三月，交趾道监察御史顾达被降职；宣德六年（1431年）三月，御史刘谦、严煊因不称职被罚服劳役；宣德六年（1431年）四月，御史何敬因杖死百姓而被充军；宣德六年（1431年）五月，御史傅吉因接受地方官迎接礼仪而被警告；宣德六年（1431年）五月，御史胡广以私自劳役官军而被降职；宣德六年（1431年）七月，御史吴方因受贿白银二十两而被依法罢黜；宣德七年（1432年）二月，御史王宝因敛财被充军；宣德十年（1435年）四月，御史郑禧、廖文昌因事下狱；宣德十年（1435年）五月，御史胡正因徇私情下狱；宣德十年（1435年）五月，杨政降为平民；宣德十年（1435年）十月，御史刘滨因酗酒被降职。

整个宣德年间，顾佐一直任都察院都御史。天顺朝李贤在谈到顾佐任职都察院期间的政绩时指出：“宣德初许，臣僚宴乐以奢相尚，歌妓满前，纪纲为之不振。朝廷以通政使顾佐为都御史，罢刘观，遂黜贪淫御史，弹劾不廉者，禁用歌妓，纠正百僚，朝纲大振，天下想闻其风采，藩臬郡邑莫不起敬。当时惟佐正色立朝，元勋贵戚俱惮之。陕西布政周景贪淫无度，佐切齿欲除之，累置之法，为上累释之，不能伸其激浊之意，后又沮之者数次。正统初以风疾乞归，赐敕褒嘉优礼而去，其实用事者忌而阴排之也。后疾愈，亦不复起，居家十余年而终。继居其位者皆莫及也。”② 后世士大夫论顾佐在宣德年间整顿官场的功劳时也指出：“申饬宪纲，提衡文武，遂使预晞之苴，望都门而远；却羊石之骑，避北里而不前。盖百五十年而士风肃然，台纪益振者，则佐之功也。”③

六、地方社会治理

宣德朝开始，地方社会问题逐渐加剧，以江南地区为例，流民问题凸显。浙江金华府和台州府，洪武时期金华府七县户口25.6万，台州府四

---

① 杨士奇．东里别集：卷2．408．

② 李贤．古穰集：卷28，杂录．774．

③ 王世贞．弇州四部稿：卷107，乞恩表扬勋德旧臣以示激劝疏．景印文渊阁四库全书，第1280册．690．

县户口 18.8 万，“自宣德迄今（正统六年，1441 年），户口金华已耗五之二，台州止存三之一，而岁造之数如旧，民实不堪”①。这是正统六年（1441 年）浙江左布政使黄泽在奏疏中对金华和台州两府户口减少的描述，以此请求朝廷减少浙江地区军器制造数额，以缓解地方民众的经济危机。宣德以后，地方官员在奏疏中“苏民困”的请求日益增多。如江南巡抚周忱考察太仓县户口时指出：“太仓一城之户口考之，洪武年间，见丁授田十六亩，二十四年，黄册原额六十七里，八千九百八十六户。今宣德七年造册，止有一十里，一千五百六十九户，核实又止有见户七百三十八户，其余又皆逃绝虚报之数。户虽耗而原授之田俱在，夫以七百三十八户而当洪武年间八千九百八十六户之税粮，欲望其输纳足备而不逃去，其可得乎?”② 太仓地区只是江南流民问题严重化的一个缩影。虽然中央和地方施行优免政策，并帮助恢复生活和生产，但是户口逃亡现象在江南各县仍然普遍存在。周忱推究其原因时指出：“如此而犹不复业者，亦必有其说焉。”在经过调查后，周忱在给户部官员的奏疏中道明江南民户流失的原因：“苏松之逃民，其始也，皆因艰窘，不得已而逋逃，及其后也。见流寓者之胜于土著，故相煽成风，接踵而去，不复再怀乡土。四民之中，农民尤甚，何以言之? 天下之农民固劳矣，而苏松之民比于天下其劳又加倍焉。天下之农民固贫矣，而苏松之农民比于天下其贫又加甚焉。天下之民常怀土而重迁，苏松之民则尝轻其乡而乐于转徙。天下之民出其乡则无所容其身，以其逐末技也，苏松之民出其乡则足以售其巧。”进而指出，逃户增多的原因大致有七个方面：“一曰大户苞荫，二曰豪匠冒合，三曰船居浮荡，四曰军囚牵引，五曰屯营隐占，六曰邻境蔽匿，七曰僧道招诱。”③

苏松地区是明朝赋税的主要来源地，宣德前后，江南地区拖欠赋税的现象逐渐严重起来。“当宣德初，苏州一府，逋粮六七年，约七百九十万石，常、松皆然。”④ 宣德五年（1430 年）五月，况钟、赵豫等士人被内阁大学士三杨所举荐，被皇帝委以重任：礼部郎中况钟出任苏州知府，户部郎中罗以礼出任西安知府，兵部郎中赵豫出任松江知府，工部郎中莫愚出任常州知府，户部员外郎邵旻出任武昌知府，刑部员外郎马仪出任杭州

① 明英宗实录：卷 85. 正统六年十一月甲午.

② 周忱. 与行在户部诸公书//明经世文编：卷 22. 北京：中华书局，1962：176.

③ 同②174.

④ 赵用贤. 议平江南粮役疏//明经世文编：卷 397. 4288.

知府，刑部员外郎陈本深出任吉安知府，监察御史陈鼎出任建昌知府，监察御史何文渊出任温州知府。宣宗皇帝在敕文中说："国家之政，重在安民。安民之方，先择守令。朕临御以来，孜孜夙夜，以保民为心。而比岁田里之民，鲜得其所。究其所自，盖守令匪人，或恣肆贪刻，剥削无厌，或阘茸庸懦，坐视民患，相为蒙蔽，默不以闻。致下情不上通，上泽不下施。今慎简尔等付以郡寄，夫方千里之民安危皆系于尔。宜体朕心，以保养为务，必使其衣食有资，礼义有教，而察其休戚，均其劳逸，兴利除弊，一顺民情。毋徒玩愒，毋事苟简，毋为权势所胁，毋为奸吏所欺，凡公差之人，有违法害民者，即具实奏闻，所属官员人等，作奸害民，即提解赴京。尔亦宜奉法循理，始终不渝，庶副朕之委任。"① 况钟在苏州知府任上积极上疏朝廷请求减少东南地区的赋税，施行宽民之政。"当是时，屡诏减苏、松重赋。钟与巡抚周忱悉心计画，奏免七十余万石。凡忱所行善政，钟皆协力成之。所积济农仓粟岁数十万石，振荒之外，以代民间杂办及逋租。其为政，孅悉周密。尝置二簿识民善恶，以行劝惩。又置通关勘合簿，防出纳奸伪。置纲运簿，防运夫侵盗。置馆夫簿，防非理需求。兴利除害，不遗余力。锄豪强，植良善，民奉之若神。"② 从宣德五年（1430 年）一直到正统七年（1442 年）十二月病逝，况钟在苏州当了 13 年知府，后被民众立祠，岁时祭祀。直到崇祯年间，在选拔地方守令之时，仍然把宣宗重用况钟治理东南作为成功的先例。数年后，弘治十八年（1505 年）进士、苏州昆山人魏校赞誉况钟对苏州地区的恩泽："苏氓困于重赋，势且不能聊生。宣德初元有诏蠲重额十之三，而户部格弗下。苏守、况钟则抗章以死争，得蠲数十万石。大父尝叹曰：'微公，吾民不活矣。'"③ 况钟死后，朝廷评论曰："以往郡多宿蠹，钟铲除之。首黜贪污经历傅得辈数人。凡政令便于民者，靡不兴复。未几以忧去，民歌之曰：'况太守，民父母。愿复来，養田叟。'七邑耆民赴阙保留，诏从之。奏蠲重额粮七十万余石，开豁枉为军者千八百余户，为教条以教民，立善恶簿，以季考月书，久而不悛者，罪之。秩满，军民耆老万余人仍保留，诏进三品禄。"④ 并且认为，宣德五年（1430 年）同况钟一起被委任地方的官员大致都能在地方社会推行宽民的仁政，兴利除害，深得民心。

① 明宣宗实录：卷 66. 宣德五年五月癸亥.
② 张廷玉，等. 明史：卷 161，况钟传. 4380.
③ 魏校. 庄渠遗书：卷 8. 景印文渊阁四库全书，第 1267 册. 834.
④ 明英宗实录：卷 99. 正统七年十二月丙辰.

在选任况钟等人分赴各地出任知府、推行地方政治改革的同时，在三杨等人的建议下，派周忱巡抚江南地区，重点解决明朝经济中心江南地区的社会问题。宣德五年（1430年）九月，“帝以天下财赋多不理，而江南为甚，苏州一郡，积逋至八百万石，思得才力重臣往厘之。乃用大学士杨荣荐，迁忱工部右侍郎，巡抚江南诸府，总督税粮”。“先是，苏、常军户绝者，株累族党，动以千计，知府况钟言于朝，又常州民诉受抑为军者七百有奇，故特敕巡抚侍郎周忱清理。”① 李贤评价户部侍郎周忱巡抚江南的政绩时就指出：“虚心访问，兼采众论，不一二年，累欠之数皆完，羡余之积，日见充溢。小民赖以振恤，岁凶无虑，岁输京师之米，甲于诸省。”② 巡抚周忱、知府况钟在宣德和正统初年对江南地区的治理说明，江南地区之于明朝经济命脉的重要性已经引起中央决策层的重视，也说明了宣德以后地方社会问题逐渐显现出来，其表现就是浙江的叶宗留、福建的邓茂七在宣德和正统时期先后发动的两次起义。

于谦在宣德期间巡按江西、河南、山西等处，“轻骑遍历所部，延访父老，察时事所宜兴革”③。到正统以后仍然任官在外：“山西、河南吏民伏阙上书，请留谦者以千数，周、晋诸王亦言之，乃复命谦巡抚。时山东、陕西流民就食河南者二十余万，谦请发河南、怀庆二府积粟以振。又奏令布政使年富安集其众，授田给牛种，使里老司察之。前后在任十九年，丁内外艰，皆令归治丧，旋起复。”④ 于谦、况钟、周忱、顾佐等人均是蹇义、杨士奇等所举荐，宣德以后，中央层面，三杨等人在朝堂上与宣宗皇帝诗词唱和，歌颂太平之世；在基层社会，三杨慎重选拔地方官治理地方府、州、县，化解民间疾苦，缓和社会矛盾。

仁宗与宣宗两朝是士大夫对洪武和永乐朝政进行系统调整的时期，努力扭转整个国家政治走向，政治的开放趋于保守，重视内部国策的调整和反思。士大夫的政治处境上，虽然仁宣时期皇帝接受了系统的儒学教育，但是皇权的专制色彩仍然浓重，雍容华贵的台阁体诗歌开始大量出现在这个时期的士大夫著作中，整个朝廷沉浸在表面的繁华和对盛世景象的陶醉中。北部瓦剌的强大、宦官势力的膨胀等一系列危机开始展露出来，整个国家的政治走向虽然按照士大夫的规划前行，但还是偏离了预定的轨道。

---

① 张廷玉，等．明史：卷153，周忱传．4212.

② 李贤．古穰集：卷30．793.

③ 张廷玉，等．明史：卷170，于谦传．4543.

④ 同③4544.

第四节　即位诏书及其改革信息

遗诏和即位诏的相互衔接使皇权的转移得以顺利进行而不会出现断裂，也使士大夫能端正国家政策走向，纠正前朝政策弊端，为新朝确立政策走向。[①] 永乐与洪熙皇权转移过程中，“杨士奇草诏，如下西洋宝船、云南取宝石、交趾采金珠、撒马儿等处取马，并采办烧铸进供诸务，悉皆停罢”[②]。洪熙帝、宣德帝、正统帝的即位诏书以及仁宗、宣宗遗诏均由杨士奇主持起草。即位诏书除解释新皇权的合法性和正当性外[③]，主要是对先朝政治进行更张，“宣布维新之命”[④]。仁宗和宣宗即位诏书的基本精神就是“以民为本”，其中语气严厉的条款如“今后有司非奉朝廷明文，敢有一毫擅自科扰军民者，罪之”，以及“自后官吏敢有指以催办为由，辄自下乡科敛，扰害平民者，许诸人首告所司，即便拿问解京”。这两项条款都申明了民为邦本、安民养民的政治追求。仁宗即位诏书中的另一大政转变就是停止下西洋：“下西洋诸番等国宝船，悉皆停止。”[⑤]

一、洪熙即位诏书

洪熙即位诏书透出士大夫更革国家政治、调转政治走向、改变政治生态的急切心态。洪熙的即位诏书35款，其中“停止”一词出现13次，涉及11款政策调整，占整个即位诏书政策调整中的31%：停止下西洋，停止往西撒马儿罕等处卖马，停止云南木邦等处的采办，停止各处修造往诸番船只，停止各处卖办物料，停止各处闸办得金银课，停止安南等地的金、珠、香料的采办，停止陕西、四川等处的茶课，停止各处采办的木植，停止各处除军需外的造作，等等。政治改革的急切心态跃然纸上。下西洋一事，“悉皆停止”用语深刻。这种政治调整力度很大，涉及明廷政策的走向，对西洋、西域、安南等地方外交政策有导向作用。这种政策导

---

① 对明代遗诏和即位诏分别进行深入研究的是赵轶峰教授，主要成果有：明代的遗诏．西南大学学报（哲学社会科学版），2010（1）；明前期皇帝的即位诏：从洪武到正统．求是学刊，2011（1）．其他关注明代遗诏和即位诏的学者还有洪早清、张哲郎等人。

② 谷应泰．明史纪事本末：卷28，仁宣致治．411．

③ 赵轶峰．明前期皇帝的即位诏：从洪武到正统．求是学刊，2011（1）．

④ 杨士奇．东里别集：代言录．439．

⑤ 同④443-444．

向预示了政治生态的变化，即坚守“民为邦本”的思想。第23款中的“今后有司非奉朝廷明文，敢有一毫擅自科扰军民者，罪之”①，用语犀利，透视了杨士奇等士人在撰写仁宗即位诏书的过程中，士大夫要求更张政治的迫切心态。中国儒家经典《论语·学而》曰：“父在，观其志；父没，观其行；三年无改于父之道，可谓孝矣。”但是仁宗在朱棣丧期就立刻开展了大刀阔斧的改革措施，其停止的13项政策中，所用语汇“悉皆停止”“尽皆停罢”，语气坚决，“不许”“务必”等程度副词不断出现。

洪熙即位诏书揭开了仁宣以后政治调整的序幕，并且这种调整的实施可谓大刀阔斧，现在的急切情状与仁宗为太子时期的隐忍形成鲜明对比，仁宗生存境遇亦即士大夫的生存写照。仁宗即位后，士大夫终于获得了实施政治改革的机会，他们及时调整永乐时期对内过度活跃、对外过度伸展的统治风格，重新回归到儒家士大夫所希望的与民休息、政通人和的秩序轨道上来。所以仁宗的即位诏书虽然因为仁宗的逝去并没有完全在洪熙当年显露出政治效果，但还是开启了明前期皇帝调整政治风格和政治生态的基本范式，其后的宣宗和英宗的即位诏书基本沿袭了仁宗即位诏书的风格和模式。

二、宣德即位诏书

经过洪熙一年的政策调整，宣德皇帝即位诏书与洪熙皇帝即位诏书相比，虽然仍然是以民为本，民本是政策调整的主要着眼点，但语气平缓很多。从洪熙皇帝即位诏书中“宣布维新之政”的大刀阔斧，到宣德皇帝即位诏书中“咸与维新”的申明，到正统皇帝即位诏书中便是“与天下更新”，语气已经逐渐平缓。

宣德即位诏书25款，特殊之处有二：第5款，畅通言路，用以广视听、达民隐；第6款，表达了重视农业的理想，“农桑，王政之本，衣食之源”。前者是士大夫要求行使在政治场中话语权的表现。在历经洪武和永乐两朝的政治高压后，士大夫开始主动要求在政治场域中发挥主动性、争取话语权。后者代表了明朝官方的农本思想和民本理念。涉及“停止”款项3项，占12.5%。依次是：为了体恤军士累年劳役，停止一切不急事务；为省民力，停止各处闸办金银；停止因海运增加的岁办对象征收。②

① 杨士奇．东里别集：代言录．443．

② 同①460．

政治风向在洪熙一年的调整下逐渐回落，语气也逐渐缓和，没有仁宗即位诏书那般犀利。宣宗即位诏书延续了仁宗即位诏书的基调，重申并补充了仁宗即位诏书的基本精神和具体政策方针。其中有两条可见于《东里别集》，而不见于《明宣宗实录》，一条是："军民官有贪虐害民者，许被害之人赴告于上司及按察司、巡按监察御史处陈告，不许军民人等擅自绑缚，违者罪之。"这条规定扭转了洪武朝以来一直在民间社会形成的私自绑缚惯例，主张以国家律法来解决民间社会的矛盾。另一条是："今后一应罪犯，悉依《大明律》内科断，法司不许深刻，妄引榜文及诸条例比拟。"这条依然重申了国家治理要依照律法而行，不可随意按照惯例而行。宣德十年（1435 年）春正月，朱瞻基死前，在遗诏中指出："诸王宗室悉遵祖训，谨守藩国。嗣君年幼，惟望圣母皇太后朝夕教训，尔文武大臣尽心辅导。家国重务必须上禀皇太后、皇后，然后行。"① 说明皇太后的势力在权力层中仍然发挥重要作用。

三、正统即位诏书

正统即位诏书 41 款，对政策的调整项目增多。宣德年间征集民间的虫鱼、果木、山石等玩物，宣宗皇帝在位期间，士大夫对有悖君德的行为未能给予及时的纠正。宣宗死后，杨士奇等士大夫借助正统皇帝的即位诏书取缔宣宗朝的政治弊端。正统的即位诏书中有关"停止"的政策有 6 项，与宣德即位诏相比，有所增加。其中特殊之处在于停止到各处地方采办虫鱼等玩物，并且用语严厉。有关停罢各处造作一项："今后有司非奉朝廷明文，敢有一毫擅自科扰军民者，罪之。"② 宣德时期，明朝的确出现了比较安定和繁荣的局面，也加剧了宣宗皇帝追求奢侈品的欲望。其派出宦官到民间征收鸟兽、花草等玩物已经是历史事实，文学作品《促织》一文即是宣德时期民间社会因皇帝征召加派而造成百姓家破人亡的现实主义写照。明朝到宣德年间，国家和民间的工艺水平都获得重大发展，宣德时期的瓷器制造在中国瓷器史上颇有特色，如宣德炉是中国历史上第一次运用黄铜铸成的铜器。为获得精品的铜炉，宣德皇帝亲自督促铸造。但是这种国家繁华的局面也造成民间社会赋税负担、劳役负担的沉重，国家财政收入中粮食和钱钞两项数字在宣德年间变化不大，基本维持了明前期的

① 明宣宗实录：卷 115．宣德十年正月乙亥．

② 杨士奇．东里别集：代言录．470．

水平。变化在于宣德时期，民间需要在正常的赋税负担的基础上承担更多的加派，如军器、船只、生漆、铜铁、染料、木材、金银等，这些额外的征收势必增加民间负担，一旦超出民间社会小民的承受范围，逃军、逃户、逃民现象即相继出现，正统以后蔓延全国的流民问题就是鲜活的证据。天顺年间司礼监太监福安就指出："永乐、宣德间，云南、福建、浙江产有银矿之所，悉令采办煎销，上纳京库，此诚国家大利。近年或采或止，国用不足，请如旧制，各遣内外官员，开场煎办。又永乐、宣德间，屡下西洋，收买黄金、珍珠、宝石诸物，今停止三十余年，府藏虚竭，请遣内官于云南等处出官库银货收买上纳。"① 杨士奇反思了宣德年间政治出现的弊端，主张减轻赋税负担，与民休息，停止民间采办，缓和社会矛盾，这种政策调整的思想体现在正统皇帝的即位诏书中。经历了宣德十年的恢复后，在繁华背后展露出了一系列社会问题。以三杨为首的士大夫借助正统即位诏公布之机积极进行政策调整和政治更张，惠民政策普及全国的农户、军户、盐户等各个阶层。

通过对洪熙、宣德、正统三位皇帝即位诏书的分析可知：仁宗以后的国政并非对永乐朝政治的继承，更多是对建文朝文治气象的回归。文人政治和士大夫政治的风格开始逐渐展现出来，即位诏书中体现的"民本"和"仁政"政治信仰是文治回归的证据。夏原吉、杨士奇、杨荣、杨溥、金幼孜、蹇义等人均参与了即位诏书的草拟过程，士大夫控制了皇帝即位诏书的起草，一方面给予新君以皇权合法性的解释，另一方面借助起草诏书的时机把儒家的治国理念渗透其中，成为朝廷政策调整的基本思想。即位诏书是明朝官方向天下发布的公文，具有至高无上的权威性，在朝廷和民间社会具有广泛的影响力。仁宗、宣宗、正统的即位诏书开启了明前期政治风格的转变和政治生态变迁的序幕，也是仁宣以后皇帝和士大夫践行儒家治国理念的最高法律文本。

本章小结

皇权转移为士大夫的政治改革提供契机，借助皇权的暂时弱化，士大

① 明英宗实录：卷287. 天顺二年二月戊申.

夫的政治主体地位得到凸显，积极践行儒家的治国理念。明前期洪武与建文、建文与永乐、永乐与洪熙这三次皇权转移期间均是士大夫进行政治改革的时期：建文即位后，以方孝孺、齐泰、黄子澄为代表的士大夫力主改变洪武重典的政治风格，推行士大夫政治，明代政治出现文人气象。建文与永乐之间的皇权转移以朱棣的“靖难”方式完成，“靖难”改变了建文的文治气象，永乐即位后士权蛰伏于皇权之下，永乐后期士权才得以逐渐彰显。仁宣两朝君臣关系得以改善，士大夫积极推行政治改革，对永乐朝政进行更张，三杨成为这个时期的政治代表。明前期的遗诏和即位诏均由文臣起草，如仁宗、宣宗和英宗的即位诏均出自杨士奇之手，即位诏成为政治更张变革的公告，对即位诏书起草情状、行文语气、改革条款的分析印证了明前期士大夫进行政治改革的脉络与思路。民本主义是士大夫政治改革的精神旨归。

第四章　明前期皇权转移与士大夫改革（下）

洪武期间，朱元璋册立藩王镇守北边，秦王镇守陕西、晋王镇守山西、燕王镇守北平、宁王镇守辽东，并派大将徐达、常遇春等出兵讨伐北元。在北边建立军功贵族和皇室贵族联合的军事体系，防御北元蒙古。洪武后期奉行以和平为主的政策："各居边境，永安生业。商贾贸易，一从所便。"① 对北元蒙古停止主动出击，采取防守政策："至于御四裔，则修武备，谨边防，来则御之，去不穷追，岂有侵暴之虞！凡此数事，常欲著书，使后世子孙以时观省，亦社稷无穷之利也。"②

明朝从洪武时期开始逐渐沿着长城修建九个军事重镇，建立起九边防御体系："元人北归，屡谋兴复。永乐迁都北平，三面近塞。正统以后，敌患日多。故终明之世，边防甚重。东起鸭绿，西抵嘉峪，绵亘万里，分地守御。初设辽东、宣府、大同、延绥四镇，继设宁夏、甘肃、蓟州三镇，而太原总兵治偏头，三边制府驻固原，亦称二镇，是为九边。"③ 九边自东向西依次如下。辽东镇：边长一千九百余里，北据诸胡，南扼朝鲜，东控福余、真番之境，实为神京左臂。蓟州镇：边长一千二百余里，自山海抵居庸，延袤辽阔，国初号称腹里，顷缘大宁内徙，宣辽隔绝，沿边千里与虏为邻。宣府镇：雄踞上谷藩屏陵京，譬则身之肩背，室之门户也。大同镇：古云中地。西起丫角，东止阳和，边长六百四十余里，东北与诸胡联袂，西接套虏，在九边中称绝塞焉。山西镇：自丫角墩起，至老牛湾止，边长一千六百里，外借大同以为藩篱，内恃三关以为屏蔽。延绥镇：边长一千七百余里，东起黄甫川，西止定边营，边长地远，为套虏充斥之地。宁夏镇：边长两千里，古朔方、河西地也。东起盐场，西尽中

① 明成祖实录：卷 14. 洪武三十五年十一月壬寅.

② 谷应泰. 明史纪事本末：卷 14，开国规模. 214.

③ 张廷玉，等. 明史：卷 91，兵志三. 2235.

卫，东南距河为险，北倚贺兰为固，在昔称四塞焉。固原镇：全长一千多里，每值水结，所守者仅靖虏一面耳。甘肃镇：边长一千六百余里，古河西四郡也。西控西域，南隔羌戎，北蔽胡虏，实为西陲，孤悬绝塞。①

九边防御体系关乎明朝的命运，与明代卫所兵制、屯田、盐法、钞法等相互关联。九边的总兵镇守制度与都司卫所制度共存，中期后又有督抚制度。《皇明九边考》对九边统领的说明如下："总镇一方者，曰镇守；独守一路者，曰分守；独守一城一堡者，曰守备；有与主将同处一城者，曰协守。又有备倭、提督、提调、巡视等名。其官挂印专制者曰总兵，次曰副总兵，曰参将，曰游击将军。旧制俱于公、侯、伯、都督、都指挥等官内推举充任。"永乐后，宦官势力渗透进北边的防御中："永乐间始命内臣镇守辽东、开原及山西等处，自后各边以次添设。"②

永乐时期，朱棣五次北征蒙古并迁都北京，以天子守边。永乐期间，大宁卫划归蒙古兀良哈部，造成开平势孤，不得不于宣德五年（1430 年）内退到独石，使得北部防御内撤，九边重镇成为前沿，京师受到直接威胁。

对明前期北部边防局面的改变，日本学者和田清在《明代蒙古史论集》中有详细说明："国初，北平以北，有大宁都司。它的西边，接连元上都地方，有开平卫；更西又有兴和卫；黄河东北角有东胜卫、丰州卫等，形成防务第一线。从永乐初年大宁都司内迁以后，接着废除了兴和卫，开平卫也孤立难守了。宣德中，放弃土地三百余里，移开平，守独石，独石卫便首当敌冲了。云中的塞北也分为中、东、西三路来防敌，然自东胜、丰州撤退，云川、玉林内迁以后，又增筑镇边、杀胡、丫角各堡来防御敌人。"③"总之，国初的边防逐渐退缩是无可争议的，长城的位置就是最显明的迹象。国初把松亭关撤退到喜峰口，这且不谈。当初位于长城内的大同猫儿庄，后来圈出长城塞外。其中最显著的是放弃辽河套地，在那里修筑了凹字形的边墙；特别是黄河套地也被北虏夺去了。弘治六年巡按山东监察御史李善说：经营辽河套地凹字形边墙，据说是正统二年以后的事。黄河套地当然原来是属于明朝的势力范围。自东胜失守后，势渐衰弱，正统中，因为也先入侵，便失守了。"④

---

① 魏焕. 皇明九边考：卷 5. 四库全书存目丛书，史部，第 226 册.

② 魏焕. 皇明九边考：卷 1. 10.

③ 和田清. 明代蒙古史论集. 北京：商务印书馆，1984：643.

④ 同③645-646.

第一节　“土木之变”与士大夫的政治改革

一、正统朝的统治危机

（一）正统朝边关局势

正统初年，内阁大学士杨士奇指出北方的边患是将来最大的隐患：“每朝罢归家，或正襟危坐，长吁不已，或独倚阑立，或月下闲行，通夕不寐。”① 为防患于未然，他上奏英宗：“命五府、兵部整饬军马，提督操练，以振兵威，以壮国势，庶压小人之心。及敕各处镇守、总兵一体严谨防御贼寇。”明确告诫英宗注意瓦剌势力的强大：“即今瓦剌强盛，恐来寇边，缘各处多缺马匹，宜敕边将于附近太仆等寺关，用其西番诸处进贡之马，悉给边军骑操。”② 建议英宗整顿、充实北方的边防，以此来抵御瓦剌可能侵犯北方边境的行动。对于明朝的南北军事防务，以三杨为首的士大夫官僚的主体思想也是：重视北边的瓦剌势力，停止麓川的战事。如杨士奇在反对麓川之役的奏疏中就指出：“兵者凶器，战者危事。自古圣帝明王皆不轻用者，恐害及无辜，有伤天地之和气也。又虑用兵远方，虽有将有兵，而粮食不足，猝难为力，亦所当计。臣又思自麓川拒命，比先朝廷所遣抚谕、敕书恐有阻隔未曾到彼……况彼烟瘴之地，大军难以久驻，而贼得窥伺官军进退，以为出没，急难成功。”③

正统六年（1441 年），翰林学士刘球上疏《请罢麓川之征奏》主要申明两件事：一是西南麓川并非明朝的边防紧急之地，应用怀柔远人策略；二是对北部边防要重点关注，瓦剌蒙古是明朝的头号敌人。“今者中外大臣议，欲益兵十二万于云南边境，以俟麓川残寇思任发来降乃罢，否则攻之。”陈奏国防的总体指导思想是：“重内轻外”“不困中国以事荒远”“来归不足为国利，背去不足为国耻”④。西征麓川的弊端在于：路途遥远、供给困难、劳民伤财、得之无益。英宗拒绝刘球麓川撤军的建议。采纳其提出重点防御北边的建议。“勤训练、广储蓄、利器械、严守望，凡备边

① 焦竑. 焦氏笔乘：卷 4. 北京：中华书局，2008：232.

② 明英宗实录：卷 1. 宣德十年春正月庚子.

③ 杨士奇. 论遣将征剿麓川疏//明经世文编：卷 15，杨文贞公文集一. 112-113.

④ 刘球. 两溪文集：卷 2，请罢麓川之征奏. 景印文渊阁四库全书，第 1243 册. 430-431.

之事，悉令修举，以防不虞，是诚国家万万年太平之计也。”①

正统八年（1443年），刘球再次在应诏上疏中指出：“麓川连岁用兵，死者十七八，军赀爵赏不可胜计……是灭一麓川生二麓川也……今欲生得一失地之窜寇而驱十余万无罪之以就死地，岂不有乖于好生之仁哉？况寇子思机发在麓川已尝遣人来贡，非无悔过祈免之意，若敕靖远伯王骥遣人往谕缅甸，不烦动众，生致此寇，只斩寇首来献，即与厚赏。仍令思机发尽削四面之地方，分与各寨新附之蛮掌之，许以小职，使仍居麓川，则兵不用而此方，可自宁息。”② 力主和平解决麓川战事，罢兵息民。同时再次指出瓦剌势力增长对明朝的军事威胁：“今北边比年入贡，然遣来之人岁增无减，其包藏祸心，诚所难察，一旦率彼乌合之众长驱入寇，为患也深，不可不预防之。莫若于今闲暇之时，数遣给事中、御史于在京及沿边阅督操备，务使借工各厂，及服役私家军士，悉就训练；仍公武举之令，以求良将；定召募之法，以来武勇；广屯田之规，收中盐之利，以厚储蓄。庶武备无缺，而外患有防。”③

东南地区的动荡主要是因为镇压叶宗留和邓茂七的军事暴动。正统七年（1442年）浙江爆发叶宗留之乱，正统十三年（1448年）秋得以平定。正统十三年（1448年）八月，福建邓茂七叛乱，起因也与王振有关。福建参政宋彰“与中官多亲旧，侵渔得银以万计，馈送王振，遂升左布政。抵任计营所费，验户敛之。贫不堪者，甚为所逼。于是邓茂七聚众为盗，因势而起，遂不可遏。不两月间，天下震动，闻风而作，若火燎原，不可扑灭，人心易摇如此”④。朝廷先后调度江西、福建、南京、浙江等地官军和蒙古骑军、京军五万人分两路镇压，一直持续到景泰元年（1450年），才最终平定。正统十四年（1449年），正是叶宗留叛乱和邓茂七叛乱之交，两次军变都发生在东南沿海，东南沿海为明朝的经济命脉所在，持续多年的战争影响了明朝的经济稳定。

明朝北边防御体系建立的同时，北元蒙古势力逐渐恢复。脱脱不花是蒙古元朝后裔，是名义上的君主，而蒙古的实际权力掌握在也先的父亲脱欢太师手中。脱脱不花就是蒙古史中的岱总可汗，正统二年（1437年）继承汗位。也先在正统四年（1439年）、五年（1440年）之交做了太师

① 明英宗实录：卷75. 正统六年正月戊午.

② 刘球. 两溪文集：卷2，雷震奉天殿鸱吻奏请修省疏. 433-434.

③ 同②434.

④ 李贤. 古穰集：卷28. 776.

后，逐渐在蒙古草原拓展军事范围："他的根据地在西方的势力，立即达到了中亚，压制东察合台罕国，控制了乞儿吉思各部……在东方，和脱脱不花王联合，平定漠北；七年春，遣使到朝鲜；八年秋，南下降服明廷西边的哈密、沙州、赤斤蒙古各部；十一二年，东进蹂躏兴安岭以东的兀良哈；十二三年间，威逼满洲女真，逐渐逼近了明边。"①《蒙古黄金史》对此记载："瓦剌夺取了蒙古的社稷……从那以后，也先太师做了可汗，率领瓦剌（和）蒙古两部征讨水滨三万女真，收降他们。"② 也先对女真的扩张，也引起明廷的关注，在敕谕提督辽东军务右都御史王翱的公文中就申明："瓦剌也先以追捕仇人为名，吞噬诸部。往者既自北而西，又自西而东，今又东极海滨，以侵女直。女直自开国以来役属中国，一旦失之，是撤我辽海藩篱，唇亡齿寒，不可不虑。已敕女直卫分俾知堤备。卿等亦宜严兵为备，毋恃其不来，恃吾有以待之；毋恃其不攻，恃吾有所不可攻。不来不攻，尚须有恃，况其必来必攻者乎？卿等其慎之。"③

也先向西部哈密地方扩张之后，明廷派遣靖远伯王骥、右都御史陈镒经理西北边防。正统九年（1444 年）十二月，镇守陕西的右都御史陈镒奏报："瓦剌也先既遣人伪授沙州、罕东、赤斤蒙古三卫都督喃哥等为平章等官，又擅置甘肃行省名号，意在邀结夷心，为患边境，宜严为防御之计。"④

随着边关形势的紧张，朝贡贸易也在发生变化。瓦剌贡使数量达到数千人以上，使臣态度傲慢。正统七年（1442 年）十一月，"迤北瓦剌脱脱不花王及也先太师、使臣卯失剌等二千三百二人来朝，贡马二千五百三十七匹，宴赐如例"⑤。也先贡使通过明廷赏赐和私下贸易获得利益。随着瓦剌势力的逐渐强大，"中国尊严而夷狄知戒"⑥ 的局面逐渐开始变化。瓦剌势力强盛后，东部蒙古兀良哈部也开始活跃起来。"兀良哈要结女直野人入境剽掠。"⑦ 正统七年（1442 年）十二月，"兀良哈三卫贼孛台等肆掠辽东边境，总兵官都督曹义获之械京"⑧。北部军事防御逐渐成为正统

① 和田清．明代蒙古史论集．245．
② 札奇斯钦．《蒙古黄金史》译注．台北：联经出版事业股份有限公司，1979：231-232．
③ 明英宗实录：卷 159．正统十二年十月辛酉．
④ 明英宗实录：卷 124．正统九年十二月甲寅．
⑤ 明英宗实录：卷 98．正统七年十一月癸亥．
⑥ 明英宗实录：卷 98．正统七年十一月壬午．
⑦ 明英宗实录：卷 98．正统七年十一月乙丑．
⑧ 明英宗实录：卷 99．正统七年十二月戊申．

朝野共同关注的核心问题。

到了正统十二年（1447 年）正月，兵部尚书邝埜在奏疏中大致表述了当时瓦剌势力："瓦剌虏酋也先，自其父脱欢时吞并阿鲁台部落，益以强大。而西北一带戎夷被其驱胁，无不服从，惟兀良哈三卫不服，也先又亲率人马分道掩杀。自此北漠东西万里，无敢与之抗者。"① 瓦剌蒙古逐渐显现出统一北部草原的军事实力，显露出南下侵明的意图。

（二）蒙古瓦剌的入侵

在"土木之变"发生前，也先两次准备进攻明廷。第一次准备是在正统九年（1444 年）秋，由于东部兀良哈三部再次归顺明廷，也先失去东部蒙古的支持，暂时放弃对明朝的入侵。② 第二次准备是在正统十二年（1447 年）十月，由于脱脱不花的阻止而未能实现。③ 但是北边军事恶化的趋势却已经非常明朗。明廷敕谕沿边提督军务副都御史王翱等人："比得降虏言：北虏计议，待我使臣回日，即携其家属，于堆塔出晃忽儿槐地面潜住，分兵两路入寇。脱脱卜花王率兀良哈东侵，也先率哈密知院西入。卿等宜戒饬将吏，练军马，缮营垒，多遣间谍以觇之，坚壁清野以待之。使其进不能战，退无所掠，卿等其慎之。"④

正统十四年（1449 年）七月，瓦剌也先大举入侵。也先借口大致有二：贡使与和亲。首先是贡使的原因：明廷和周边各少数民族政权通过茶马贸易、朝贡贸易、边关互市等方式进行经济交流。朝贡贸易本着薄来厚往的态度，瓦剌依靠朝贡贸易获得生产和生活必需品。大致说来，瓦剌贡使每年十月入大同，十一月间到北京，第二年春正月由北京出发，二月离开大同边境回大漠。明廷也派使臣随瓦剌使臣同行，明年再伴随瓦剌的贡使回来。在这期间，允许在北京和大同进行贸易。瓦剌使臣由礼部和会同馆给予接待。贡使最开始只有几个人，后来从数十人增加到数百人，终于到正统十三年（1448 年）达到了三千五百九十八人，实来两千五百二十四人，虚报数字，贪图赏赐。"王振怒其诈，减去马价，使回报，遂失和好。"⑤ 对这件事情，《明英宗实录》有详细记载："先是，正统初，瓦剌遣使臣赴京朝贡，朝廷亦遣使送至瓦剌，因留至明年，仍与虏使同来，岁

① 明英宗实录：卷 49. 正统十二年正月庚辰.

② 明英宗实录：卷 122. 正统九年十月庚午.

③ 明英宗实录：卷 160. 正统十二年十一月丁未.

④ 明英宗实录：卷 121. 正统九年九月丁亥.

⑤ 谷应泰. 明史纪事本末：卷 32，土木之变. 471.

以为常。然虏使贪婪无厌，稍不足其欲，辄构衅生隙。虏酋索中国财物，岁有所增，又索其贵重无有者，朝廷但据有者与之。而我所遣使阿媚虏酋，索无不许。既而所得仅十之四五，虏酋以是衔恚。初，遣使不满百人，十三年增至三千余人，又虚益其数，以冒支廪饩。会同馆官勘实数以闻，礼部验口给赏，其虚报者皆不与。使回，虏酋愈怒，遂拘留我使，胁诱群胡，大举入寇。”① 明朝立国之初，即奉行不与边疆少数民族政权和亲的政策，对于也先用作借口的婚姻之事，于谦在《忠肃集》中详细记载了发生过程：“比先下番使臣回还之时，额森安排筵席，与马清、马云送路。令从人歌唱作乐，有马清等说：‘不希罕，我回去讨一班笙箫细乐会唱的妇人来与你。’额森听言欢喜。后次又有使臣到彼和番，额森令儿子出来劝酒，有使臣亦说好与中国结亲，我回去奏知，务要成事。额森就进马三匹，不期使臣回去不见结亲事情，又无歌唱妇女，因此发怒，领兵前来厮杀。”② 和亲问题和贡使问题只是也先入侵的托词，根本原因在于也先军事实力达到足以入侵明廷的程度。

也先在正统十四年（1449 年）的贡使回到大漠后，立即分兵四路南下，确切时间是当年七月十一日：“是日，虏寇分道，刻期入寇。也先寇大同，至猫儿庄。右参将吴浩迎战，败死。脱脱卜花王寇辽东，阿剌知院寇宣府，围赤城。又别遣人寇甘州。诸守将凭城拒守。报至，遂议亲征。”③ 此次入侵主要分兵三路：也先一路为中锋，脱脱不花为右翼，阿剌知院为左翼。

为抵御瓦剌入侵，英宗在王振的鼓动下决定亲征，此举遭到士大夫群体的集体反对。正统十四年（1449 年）七月十七日，吏部尚书王直率廷臣合章上疏谏阻英宗亲征。其理由如下：

> 臣闻边鄙之事，自古有之，惟在守备严固而已。圣朝备边最为严谨，谋臣、猛将、坚甲、利兵随处充满，且耕且守，是以久安。今丑虏无知，忽肆猖獗，违天悖理，自取败亡。陛下慎固封守，益以良将，增以劲兵，加之以赏赐，申之以号令，俾审度事势，坚壁清野，按兵蓄锐以待之。彼前不得战，退无所掠，人困马乏，神怒众怨，陛下得天之助，将士用命可图必胜，不必亲御六师以临塞下。况秋暑尚

① 明英宗实录：卷 180. 正统十四年七月己卯.

② 于谦. 忠肃集：卷 1，兵部为边务事. 景印文渊阁四库全书，第 1224 册. 6.

③ 明英宗实录：卷 180. 正统十四年七月己丑.

盛，旱气未回，青草不丰，水泉犹涩，人畜之用实有未充。又车驾既出，四方若有急务，奏报岂能即达，其它利害难保必无。且兵，凶器；战，危事。古之圣人敬慎而不敢忽。今以天子至尊而躬履险地，臣等至愚，以为不可。惟在端居穆清，坐运神算，有功者必赏，有罪者必诛，则人人尽力，成功不难。伏惟陛下实宗庙社稷之主，万邦黎庶之所依归，诚不可不自重也。愿留意三思，俯察舆情。①

在这个集体上疏中，群臣申明自永乐以来北边防务一直坚持以守为主的策略。北边军事防御能够抵制也先入侵，不需英宗亲征，加之秋暑燥热，力劝英宗坐镇北京，勿动天下根本。其深层寓意在于士大夫不希望英宗追求永乐帝北征的武功，不希望扭转仁宣和正统后形成的文治气象。士大夫谏阻英宗亲征的理由可归纳为以下几点：第一，仁宣以来，边疆政策由积极变为保守，如放弃安南、停止下西洋。第二，朱棣的五次亲征虽起到稳定边疆的作用，却也消耗大量人力和物力。第三，正统十四年（1449年）时局不利于亲征。麓川之役从正统二年（1437年）十一月一直持续到正统十三年（1448年）十月，十二年间连续用兵麓川，仅最后一次出征，就动用了南京、云南、湖广、四川、贵州等地土汉军士十三万。一个麓川叛乱，牵扯到南部大部分地区，这仅仅是军士一项，后勤保障中军用物资的供给更是一项沉重的负担。兵部尚书邝埜建言指出："也先入犯，一边将足制之。陛下为宗庙社稷主，奈何不自重。"行军途中，又去英宗行宫劝谏。王振警告邝埜："腐儒安知兵事，再言者死。"邝埜指出："我为社稷生灵言，何惧？"② 成国公朱勇、兵部尚书邝埜、户部尚书王佐跪于英宗行宫外的草丛中，力请英宗停止亲征。钦天监正彭德清向英宗上疏天象示警。内阁大学士曹鼐建言："臣子固不足惜，主上系天下安危，岂可轻进？"③ 一切的阻止建言均被王振驳斥。兵部掌握军事将领选拔权，辅佐君主制定国家军事方略，兵部尚书是正二品文官，总领兵部，对军国大政具有发言权。但是此次亲征中，身为兵部尚书的邝埜已经完全被压制在英宗的皇权和王振的宦权之下。户部尚书掌握天下财赋税粮，基于国力考虑对英宗的谏阻同样没有起到任何作用。"大臣仓卒不及言，各退以待。

---

① 明英宗实录：卷180. 正统十四年七月壬辰.

② 张廷玉，等. 明史：卷167，邝埜传. 4503-4504.

③ 张廷玉，等. 明史：卷167，曹鼐传. 4502.

予与验封郎中赵敏谓敌势叵测，驾不可出，白于冢宰，乃约大臣上章留之。”①

被英宗拒绝后，王直等士大夫随即停止谏阻行为。此次朝臣集体谏阻英宗亲征之事，与永乐十九年（1421 年）户部尚书夏原吉、兵部尚书方宾劝阻朱棣第三次北征相比，表现出两个特点：一是人数有所增加，吏部、户部、兵部、内阁等官员都有参与，是一次集体性上疏。二是虽然英宗拒绝朝臣的建议，执意亲征，却未曾惩罚任何一名士大夫。这次集体上疏被英宗拒绝后，士大夫虽然群情激奋，却并未进行再次谏阻，更没有出现伏阙等死谏行为。正德十四年（1518 年）七月，因有关南巡之事，武宗与士大夫群体之间爆发了一场激烈的冲突。士大夫或被下锦衣卫狱，或被廷杖，或被枷号于午门，数百名士大夫遭受迫害，仅仅一次就廷杖郎中孙凤等 107 人。② 陈建对此评论说：“是役也，举朝死谏，车驾遂不果出，虽士气少振，江彬奸谋少沮，而国体亦少损矣。”③ 数百士大夫虽被打击，却最终阻止了武宗南巡。而此次英宗北征，朝臣在力图谏阻失败后，就归于沉寂。通过与永乐和正德年间两次士大夫谏阻行为对比，透视出明前期士大夫主体意识逐渐增强、话语权和影响力逐渐彰显。

正统十四年（1449 年）七月十六日，英宗率领的亲征军队从北京出发，八月一日开始班师回京，八月十五日驻兵于土木堡，被也先军队包围，英宗被俘。李贤的《古穰集》卷 28《天顺日录》记录了英宗从出师到被俘前后的经过：

> 秋七月，振不与大臣议，挟天子率师亲征。明日朝罢，使上宣谕出师，又明日即行。大臣仓卒不及言，各退以待。予与验封郎中赵敏谓敌势叵测，驾不可出，白于冢宰，乃约大臣上章留之，不从。明日驾出，总兵官以下亦弗预知，军士俱无备，文武大臣皆匆匆失措而随之，天时、人事极不顺。至龙虎台扎营，方一鼓即虚惊，众以为不祥。明日过居庸关，又明日过怀来，又二日至宣府。连日非风则雨，人情汹汹，声息愈急。随驾文臣连上章留之，振益怒，俱令略阵。明日当过鸡鸣山，众皆危惧，无不叹息怨恨者。予不胜其怒，与三五御史约，谓今天子蒙尘，六军丧气，无不切齿于振。若用一武士之力捽

① 李贤．古穰集：卷 28．776．

② 明武宗实录：卷 172．正德十四年三月丁巳．

③ 陈建．皇明资治通纪．四库禁毁丛刊，史部，第 12 册．576．

而碎其首于驾前，数其奸权误国之罪，即遣将领兵诣大同，而驾可回也。欲谋于英国公，不得间，竟行。人人自危，未十日兵士已乏粮矣。方秋禾稼遍野，所过一空。将至大同，僵尸满路。敌亦开避，待我深入。至大同又欲北行，因镇大同中官郭敬密言其势决不可行，振始有回意。明日班师，大风至晚，雷雨满营，人畜惊惧益甚。又连日雷雨，满营过宣府，敌追至。明日于土木驻营，宣府报至，遣成国公率五万兵迎之，勇无谋，冒入鹞儿岭，北敌于山两翼邀阻夹攻，杀之殆尽，遂乘胜至土木。明日巳时，合围大营，不敢行。八月十五日也，将午，人马已二日不饮水，渴极，掘井至二丈深，无泉。敌见不行，退围，速传令抬营南行就水。行未三四里，敌复围，四面击之，竟无一人与斗，俱解甲去衣以待死。或奔营中，积叠如山，幸而敌人贪得利不专于杀，二十余万人中，伤居半，死者三之一，骡马亦二十余万，衣甲兵器尽为敌人所得，满载而还。自古敌人得中国之利，未有盛于此举者。敌人亦自谓出于望外，况乘舆为其所获，岂偶然哉。①

翰林院编修刘定之指出："昔者晋怀愍、宋徽钦皆因边塞外破，藩镇内溃，救援不集，驯致播迁。未有若今日以天下之大，数十万之师，奉上皇于漠北，委以与寇者也。晋、宋遭祸乱，弃故土，偏安一隅，尚能奋于既衰，以御方张之敌。未有若今日额森乘胜直抵都城，以我将吏之众，既不能奋武以破贼，又不能约和以迎驾，听其自来而自去者也。国势之弱，虽非旦夕所能强，岂可不思自强之术而力行之!"② 最后指出救时之良方根本在于国家崇圣学、正治道。"今天下虽遭大创，尚如金瓯之未缺。诚能本圣学，以见之政治，臣见国势可强，仇耻可雪，兄弟之恩可全，祖宗之制可复，亦何惮而不为之。"③

英宗被俘的消息迅速传到北京，"时京师戒严，羸马疲卒不满十万，人心恟恟。群臣聚哭于朝，议战守"。徐有贞等人提出迁都南京的建议，遭到礼部尚书胡濙和兵部侍郎于谦的反对。胡濙认为："文皇定陵寝于此，示子孙以不拔之计。""欲迁者，可斩。为今之计，速召天下勤王兵，以死

① 李贤. 古穰集：卷28. 777.
② 刘定之. 建言疏//明臣奏议：卷2. 景印文渊阁四库全书，第445册. 43.
③ 同②.

守之。”[①] 胡濙和于谦的主张得到了大学士陈循等士人的支持，遂统一意见，坚守北京。

二、士大夫的政治改革

为稳定局势，英宗之母孙太后的政治举措如下：第一，与太监李永昌商议是否南迁，李永昌以“陵庙宫阙在兹，仓廪府库、百官万姓在兹，一或播迁，大事去矣。独不监南宋乎”[②]，说服孙太后坚守北京。第二，界定郕王身份和权力。“迩者虏寇犯边，皇帝率六军亲征，已尝敕尔朝百官，今尚未班师，国家庶务不可久旷，特命尔暂总百官，理其事。尔尚夙夜祇勤，以率中外，毋怠其政，毋忽其众。”又敕：“文武群臣，凡合行大小事务，悉启王，听令而行，毋致违怠。”[③] 郕王的身份是代为监国，暂理国政。第三，册立英宗长子朱见深为皇太子，保证英宗的皇统地位。“迩因虏寇犯边，毒害生灵。皇帝恐祸连宗社，不得已躬率六师，往正其罪，不意被留虏庭。尚念臣民不可无主，兹于皇庶子三人之中，选其贤而长者，曰见深，正位东宫，仍命郕王为辅，代总国政，抚安天下。”[④] 第四，申明英宗亲征是为社稷和百姓的仁义之举。孙太后虽有决定权，但是具体实施却要依赖士大夫。士大夫的首要任务就是把郕王扶正：“圣驾北狩，皇太子幼冲，国势危殆，人心汹涌。古云：‘国有长君，社稷之福。’请定大计，以奠宗社。”[⑤] 此时英宗能否回归尚不明显，确立郕王的皇帝身份对于整个朝廷的稳定是有利的，因此得到皇太后的支持。

（一）郕王即位

正统十四年（1449 年）八月二十九日，王直、于谦、陈循连章上疏请求郕王继皇帝位，在孙太后同意后，郕王于九月六日即皇帝位：“盖是时，人心危疑，思得长君以弥祸乱，故不得已为此举，亦事之变也。”[⑥] 郕王朱祁钰生于宣德三年（1428 年）八月，母为宣宗皇帝的贤妃吴氏。宣宗只有两个儿子，长子朱祁镇、次子朱祁钰。正统十四年（1449 年），英宗二十三岁，郕王二十二岁。英宗被俘后，所立皇太子朱见深刚刚两

---

① 明英宗实录：卷 181．正统十四年八月癸亥．
② 同①．
③ 明英宗实录：卷 181．正统十四年八月乙丑．
④ 明英宗实录：卷 181．正统十四年八月己巳．
⑤ 明英宗实录：卷 181．正统十四年八月丙子．
⑥ 彭时．可斋杂记．续修四库全书，第 1166 册．570．

岁，《皇明祖训》又严禁后妃干政，因此郕王依靠宣宗皇子的身份与成年的年龄优势在士大夫群体的支持下顺利登上皇位。

郕王即位是皇权危机中的权宜之计，也是士大夫“民为重，社稷次之，君为轻”理念的实践。士大夫借助景帝即位诏书的公布，开始对正统政治进行大张旗鼓的改革。景帝即位诏的基本精神是改革和调整英宗政治，实行减免赋税、宽松民力、征召贤才等惠民政治，以缓和英宗以来的统治危机，从此开始了景帝七年的政治统治。整体来讲，景帝统治期间，重用兵部尚书于谦，保卫了北京，巩固了天下的根本；积极改革宣德以来的朝廷弊政，于流民、赋税、军政诸方面均有所施为。大学士彭时对景泰朝政评价为：“景泰数年中，敬礼大臣，宽恤民下，赏罚亦无甚失。独易储、废后为害大义，所以失人心者，在此二事也。”①

（二）清算宦官

“土木之变”后，群臣在朝堂群情激愤，当场打死锦衣卫指挥马顺和两名太监。“此正是奸党，当除之。”彭时指出：“盖土木败绩，固非常之变。而此举忠义，亦非常之变也。”② 其后都察院右都御史陈镒和诸大臣一起发布公开挞伐宦官王振的檄文：

> 每事不由于朝廷出，语自称为圣旨。不顾众议之公，惟专独断之柄。视勋戚如奴隶，目天子为门生……复恐此贼潜匿偷生，乞令诸司缉捕，得获，万锉其尸，以伸天下之愤，以释神人之怒。③

檄文通过对王振罪恶的清算达到“以警戒将来”的政治目的。景帝在诏书中也指出：“国家多难，皆因奸邪专权所致。今已悉准所言，置诸极刑，籍没其家，以谢天人之怒，以慰社稷之灵。尔文武群臣，务须各尽乃职，以辅国家，以济时艰。”④

（三）巩固边防

“土木之变”也暴露了明朝军队内部存在的严重问题。宣德以后，军队弊端已经逐渐出现：官军将领私役兵士，开垦土地获利，从兵力和土地两个方面破坏北边屯田之法。“总兵镇守内外文武官员专一役占官军，广种庄田，多至千余，少亦百数。守墩台者不及看庄出傥者之多，执犁锄者

---

① 彭时．可斋杂记．续修四库全书，第1166册．570．

② 同①．

③ 明英宗实录：卷181．正统十四年八月庚午．

④ 同③．

不比操弓演箭者之少。”① 一方面造成兵士缺乏训练，战斗力下降；另一方面造成将领和兵士追求经济利益，淡化了军事防务意识。早在正统初年，于谦巡抚陕西、山西之时，就已经发现北边军队存在的腐败问题：“卖放民壮，盗关月粮，全无忌惮，互相效尤，作弊官军，日见消耗，兵政日益废弛，万一失误事机，追悔何及。”② 在上疏中对于军队的腐败可能招致的后果发出警报，但是并未引起朝廷重视。正统初年，明朝军队风气发生变化：“交通饮酒，奸宿乐妇，怠废军政……土木之溃，大事几危。正由为将帅者，平日贪淫败度，受财卖军，互相交通，夤缘党比，战斗之事不习，兵戎之政不修，将帅互为仇雠，上下自相矛盾，以致临敌无功，望风瓦解，前日之覆辄未久。”③ 翰林院编修刘定之指出，兵士追求金钱利益，缺乏训练，战斗力低下。“天下农出粟，女出布，以养兵也；兵受粟于仓，受布于库，以卫国也。向者，兵士受粟布于公门，务月钱于私室，于是手不习击刺之法，足不习进退之宜。第转货为商，执技为工，而以工商所得补纳月钱，民之膏血，兵之气力，皆变为金银，以惠奸宄。一旦率以临敌，如驱羊拒狼，几何其不败也。”④ “土木之变”客观反映了当时明朝军队在军事纪律方面的废弛、战斗力等方面的衰弱。

对于国家安全，于谦提出“安内攘外”的政策方针。⑤ “安内”就是端正国家根本，杜绝宦官干政，加强军事训练，严守北京城池；“攘外”就是拒绝同瓦剌和议，坚持以战为守的军事策略。其在《劾许贵请讲和疏》中指出：“惟今日之事，理与势皆不可和，何者？中国与彼有不共戴天之仇，和则背君父而忘大义，此理之有所不可和也；又北敌贪而多诈，万一和议既行，而彼有无厌之求，非分之望，从之则不可，违之则速变，此势有所不可和也。”⑥ 理由主要有三点：第一是北宋澶渊之盟的历史教训，第二是和议有背君臣之义，第三是和议造成国家经济的损失。其“攘外”的基本精神是，“惟中国之驭外夷，固当振之以兵威，尤当抚之以恩信。所以折其强而结其心也”⑦。于谦所提出的军事和外交战略，其基本的着眼点在于社稷、百姓的安全和福祉。

---

① 叶盛．劾内官弓胜疏//明臣奏议：卷3．63．
② 于谦．劾郭亨等纵民壮脱逃疏//明臣奏议：卷3．54．
③ 于谦．劾卫颖等怠废军政疏//明臣奏议：卷3．55．
④ 刘定之．建言疏//明臣奏议：卷2．43．
⑤ 于谦．劾朱勇等疏//明臣奏议：卷2．42．
⑥ 于谦．劾许贵请讲和疏//明臣奏议：卷2．48．
⑦ 于谦．请释恩克特穆尔还北疏//明臣奏议：卷3．53．

（四）流民问题

流民问题到宣德末年逐渐凸显出来，正统以后各皇帝的即位诏和遗诏中均有对逃民、逃匠、逃军的处理一款。正统时，山西按察司佥事刘翀指出："山西府州县逃徙之人，遗下田地，少者千百余亩，多者一二万顷。见在人民类多贫难，若令布种，岁计可充。但畏惧征租，不敢开垦。请通行诸处，将荒田取勘条段，先尽丁少粮多之家，自备牛具，任其耕种，应输税粮，停征五年。使人无不耕田，无抛荒。此惠而不费之道也。"① 陕西、河南、山东等府县流民很多，动辄上万。这些流民大多流向湖北襄阳地区，到景泰七年（1456 年），"襄阳府地方，流民蚁集"②。宣府和大同等地的北方流民在正统年间突然增多，形成大规模移动态势。如此大量的流民造成北方防御的空虚，加重北边防御压力。巡抚河南、山西等处侍郎于谦指出："籍河南、山西、南北直隶流民，已从抚定寄籍者三万四千二百三十户上之。且言逃移之民，递年躲避粮差，以为得计。即今寄籍之数，既有乡贯来历而易于察理，又有主保收领而难于复逃。比之往年颇有次第，镇之以静，待之以宽，固可无虑。而此辈动以万计，中间岂无凶顽、奸诈、脱逃、军囚来历不明之人，所宜设法防闲，以为久远之计。"③ "土木之变"既是宣德以来北方百姓流失造成防御弱化的结果，又加剧北方流民的大量增加，流民问题和边防问题形成恶性循环。

流民问题可归因于土地减少和赋役沉重。河南邓州流民马贵就指出："原居山东、山西，因地狭民众，徭役繁重。"④ 翰林院侍读周叙认为，近年畿甸、山东诸府流民众多，老扶幼携，风餐露宿，移徙他方的原因在于"有司不加矜恤，或窘衣食，或迫征徭"⑤。李洵认为流民产生的重要原因是皇室贵族对土地的侵占，根据他的统计：有明一代"王府庄田可用顷亩计算部分大约是 213 000 多顷，勋戚贵族庄田可用顷亩计算的部分，大约是 263 000 余顷左右，又如景泰至成化这几十年为例，王府庄田比洪武宣德时增加 5.7 倍，勋戚贵族庄田比洪武宣德时增加 4.7 倍"。"除了农业人口之外，各卫所屯田的军士，熬盐的灶丁，也都弃业逃亡，速度也不下于

① 明英宗实录：卷 52. 正统四年闰二月辛巳.

② 明英宗实录：卷 262. 景泰七年正月己卯.

③ 明英宗实录：卷 63. 正统五年正月甲子.

④ 明英宗实录：卷 151. 正统十二年三月戊子.

⑤ 明英宗实录：卷 104. 正统八年五月乙卯.

农民。”[1] 根据正统五年（1440 年）统计：“直隶真定府所属冀州等二十二州县，并山西太原府所属代州等九十四州县，招抚逃民复业共三万六千六百四十余户。”[2] 南方情况同北方一样严重，洪武期间，金华府七县人口为 256 000，台州府四县人口为 188 000；到正统六年（1441 年），金华流失人口 10 万多，台州流失 12 万多。[3]

景泰五年（1454 年）六月，南直隶六府受灾，朝廷“赈济六府饥民一百三十五万五千二百七十户，男妇大小三百六十二万一千五百三十六口”[4]。362 万的灾民占当年全国 5 481 万人口的 6%多。山西、陕西、山东、河南，淮河流域的徐州、凤阳等处，福建、湖广等地方都出现了流民现象。户部郎中杨谌就奏称：“（福建）招抚附籍复业流民三千五百三十九户，男妇共八千三百九口。”[5] 流民大多流往河南西部与湖广交接处的荆襄地区，天顺期间，朝廷就敕谕河南按察司佥事赵京慎重对待此地流民：

> 各处流民，多在开封、南阳、汝宁等府、州、县潜住。中间或有窃掠财畜、强占田地、搅害居民、抗拒官府者，已尝命人抚治。今特命尔往，同都司、布政司、抚民官往来巡视，提督所在军卫有司抚治。一应附籍并陆续逃移人民，令其各守法度，本分生理，敢有恃顽不听，禁约仍前生事为非者，听尔执问惩戒。情轻者依律发落，罪重者解京处治。其嵩县、内乡境内，俱产有银砂，不许人民聚众偷采。且河南，为中州重地。其西南山川之险与陕西、湖广相接，逃移潜住者最众。尤宜巡视禁约，或有寇贼生发，即调所在官军擒捕，务令尽绝。仍命尔兼管河南都司所属卫所屯种，照例依期比较子粒，禁奸弊。[6]

景泰元年（1450 年）三月，叶盛上《京畿民情疏》指出：“备见所在人民逃亡者，众道傍屋，庐十空八九，桑枣多被砍伐，牛羊罕见成群，间见居民扶老携幼，或扒蚬以为食，或拾草以为粮，艰难百状，不忍言及。况且各府差役较他处为尤甚，有运送粮草者，有赴上司筑城挑壕者，有当

---

① 李洵．明代流民运动：中国被延缓的原始资本积累过程//下学集．北京：中国社会科学出版社，1995：87.

② 明英宗实录：卷 63．正统五年正月辛亥．

③ 明英宗实录：卷 85．正统六年十一月甲午．

④ 明英宗实录：卷 242．景泰五年六月丁未．

⑤ 明英宗实录：卷 148．正统十一年十二月壬戌．

⑥ 明英宗实录：卷 346．天顺六年十一月甲寅．

冲要水马驿站者，有朋合柴薪等项夫役者，有沿途协送官船者，牵递官马者，帮运官物者。夫斯民艰难若此，衣食尚且不充，而差役又加繁重，尚何顾恋而不逃乎？比者虽宽恤之恩诏累颁，然重困之民，猝难苏息，虽有抚民镇守等官职专绥抚，未见实效。又闻临清以南八府及山东等处流民，大车小辆，拖男拽女，草行路宿，流移而南者，自惊疑以来至今未绝。”①请求朝廷实行宽仁的流民政策，积极进行赈济。景泰五年（1454 年），孙原贞上《请修屯政抚逃民疏》，建议朝廷：“督有司籍为编户，给田业课农桑，立社学、乡约、义仓，使敦本务业，生计既定，徐议赋役，可无他日患矣！”② 此建议没有被景帝采纳，终成荆襄流民运动。

“土木之变”发生的 15 世纪中期，也是中国自然灾害发生比较频繁的时期。根据《中国救荒史》统计：明代 276 年间，共发生各类灾荒 1 011 次，其中水灾 196 次，旱灾 174 次，地震 165 次，冰雹 112 次，风灾 97 次，蝗灾 94 次，歉饥 93 次，疫灾 64 次，霜雪 16 次。“当时各种灾害之发生，表现为同时交织之极复杂状态。”③《明英宗实录》中统计 200 多次，从正统元年（1436 年）到天顺元年（1457 年）共计 21 年，平均每年 10 余次。于谦巡抚河南之时就在上疏中指出：“河南连岁灾伤，人民艰食。”④ 其他如“今旱蝗相继，灾伤尤甚”⑤ 等描述严重自然灾害的词语也多次出现在实录和文集中。在每年国家对户口、人口、赋税等的统计中，从仁宗开始增加“减免天下官田等项税粮计米麦”一项，目的是缓解民间经济困难。宣宗延续洪熙元年（1425 年）新增项目，特别是“减免天下官田等项税粮”一项，最少年份是宣德九年（1434 年）0.7 万石米麦，最多为宣德五年（1430 年）和宣德七年（1432 年），分别是 74.6 万石和 79.8 万石米麦。正统期间，延续“减免天下税粮”款项，最多为正统六年（1441 年）和正统七年（1442 年），分别是 102 万石和 135 万石，最少是正统四年 2 万石。景泰期间，优免政策依然进行，特别是景泰七年（1456 年），减免天下米麦 245 万石。从洪熙到景泰期间，减免赋税一项呈现明显的增长态势。这种减免的根本原因并非国家财政负担的减轻，实际上正统以后，由于麓川战事、东南战事、北边防务等，国家财政形势较

---

① 叶盛. 叶文庄公奏议：卷 3. 续修四库全书，第 475 册. 268.

② 孙原贞. 请修屯政抚逃民疏//明臣奏议：卷 3. 63.

③ 邓云特. 中国救荒史. 台北：商务印书馆，1937：30.

④ 明英宗实录：卷 3. 宣德十年三月辛巳.

⑤ 明英宗实录：卷 5. 宣德十年五月庚辰.

之仁宣时期趋于严峻，减免数量的逐渐增加似乎可归因于自然灾害的频发。

流民问题一直是困扰朝廷的顽疾之一，明朝洪武年间的北方就有流民数百万，江南地区的流民也有数十万。明中叶，“荆襄流民人数达到上百万，历时几十年”①，并不断产生连锁反应。正统十二年（1447 年）四月，十三道监察御史陈璞等奏：“山东、湖广等布政司，直隶、淮安等府州县，连被水旱，人民艰难，或采食野菜树皮，苟度朝昏；或鬻卖妻妾子女，不顾廉耻；或流移他乡，趁食佣工。骨肉离散，甚至相聚为盗。”在描述流民的凄惨状况的同时，向朝廷建议处理流民的政策主张：“各处镇守、巡抚等官，巡按、监察御史督同布按二司，府、州、县官，加意赈恤。其买办物料，悉与蠲免；拖欠粮草、马匹俱与停止，候丰收之年补偿。卖过人口，官为赎还；流移者，招抚复业；不愿复业者，听令就彼附籍；为盗者，限三月内自首免罪，一体赈恤。所司官员果有贪酷不才、坐视民患者，亦各究治。庶穷民获安，仁恩广被。”② 正统年间，朝廷对流民问题的处理意见，大致可以从以下几个记载中获得体现。正统元年（1436 年），即位诏书中对流民、逃军、逃户、逃匠的政策是：“各处逃移人户，悉宥其罪。许于所在官司首告回还原籍复业，勉其差徭二年。其本户亏欠税粮等项，尽行蠲免。”“逃军、逃囚、逃匠人等，诏书到日为始，许两个月内赴官自首，与免本罪。军还原伍、民还原籍、匠复本业，其人匠有因在逃问发充军当匠者，一户只存一名当匠，其余放免。”③ 其后明朝廷数次在诏书中关注流民问题。正统十四年（1449 年）九月景帝即位诏书④、景泰元年（1450 年）八月英宗回归诏书⑤、天顺元年（1457 年）二月英宗复辟诏书均重点关注流民问题⑥，附籍、归籍听其自便，减免税粮、徭役，帮助其恢复生产，保证基本的生活。同时整治地方官吏队伍，整合基层社会宗族、里老等乡村自治制度，力求保证小民的生存稳定。

景泰四年（1453 年）秋七月，胡濙、姚夔、王直、王翱、金濂、于谦、仪铭、俞士悦、石璞、俞山、项文曜、孟鉴、俞纲、李贤、王祎、周

① 樊树志．明代荆襄流民及棚民．中国史研究，1980（3）.

② 明英宗实录：卷 153，正统十二年己卯.

③ 杨士奇．东里别集：代言录．471.

④ 明英宗实录：卷 183．正统十四年九月癸未.

⑤ 明英宗实录：卷 195．景泰元年八月庚寅.

⑥ 明英宗实录：卷 274．天顺元年正月丙戌.

瑄、刘清、赵荣、罗通、刘广衡、萧维祯等官员集中讨论流民问题及其对策，提出勘察逃民人户、给予国家救济的治理方案。[①] 景泰五年（1454年），镇守福建兵部尚书孙原贞建议："府、州、县各委官沿村挨勘验口，以给田业，随土宜以课农桑，举乡饮以导其父兄，立乡学以训其子弟，建乡社使知报本，设义食使知备荒。时加巡察抚绥，德理以化之，刑法以齐之。徐议其赋役，俾为治民之良法。"[②]

流民问题可分为南北两个区域，北方流民受时局影响被动地迁移。如正统九年（1444年）十一月，山西柴夫王涣指出北方百姓的生存状态："我处百姓，饿者饿死，逃者逃尽。"[③] "土木之变"后，瓦剌的入侵更是加重北方百姓的生存危机："正统十四年以后，山西并北直隶、真保定等处军民被达贼惊散，逃移未久及原籍现有田产之家虽已陆续回还复业，其正统十四年以前逃移在外年久军民及陕西、山西所属艰难州县并口外地方及原无田产之家，俱不肯复业，流移转徙，动以万计。近闻各处有司，遇有外县逃民到来，一切驱逐，不容在境潜住。若果能驱令复业，固是美事，但恐前项艰难地方及素无产业或系在外逃匠囚犯等项，宁死道路，不愿复业之人，被所在官司驱逐急迫，无所依归，必致失所，不无激变。"[④]

（五）端正圣学

士大夫积极改革正统政治的同时，更加重视对皇帝的教育和引导，践行"引君当道"和"以道侍君"的政治理念。景泰即位后，士大夫一直努力用儒学道统思想端正和约束景帝的行为。如钟同在《论时政疏》中指出："亲庶政以总威权，敦伦理以厚风俗，辨邪正以专委任，严赏罚以彰善恶，崇风宪以正纪纲，去浮费罢冗员，禁僧道之蠹民，择贤将以训士。"[⑤] 又如李贤在《上中兴正本策》中申明："人臣以道事君，贵乎有犯无隐也。"[⑥] 以上关乎中兴的十项建议中，以"勤圣学"为首，以"结民心"为尾。"勤圣学"一项，希望皇帝能"观前代圣贤之君所好者何学，所学者何事，不但口耳之粗迹，务考义理之奥旨，必专心以致志，不一曝而十寒，以正心、修身为要务，以居敬、存诚为大本"[⑦]。其他九项为：

① 明英宗实录：卷231. 景泰四年秋七月甲子.
② 明英宗实录：卷247. 景泰五年十一月辛酉.
③ 明英宗实录：卷123. 正统九年十一月癸巳.
④ 商辂. 商文毅公集：卷2. 四库全书存目丛书，集部，第35册. 22.
⑤ 钟同. 论时政疏//明臣奏议：卷3. 64.
⑥ 李贤. 古穰集：卷1，上中兴正本策. 487.
⑦ 同⑥488.

“顾箴警”“戒嗜欲”“绝玩好”“慎举措”“崇节俭”“畏天变”“勉贵近”“振士风”“结民心”。“结民心”一项，告诫皇帝民心向背关乎国运长短：“夏、商、周、汉、唐、宋俱有天下数百年，而历世绵远者，固结民心之所致也；其余不能百年，甚至三四十年而止者，率由民心不向故也。”①希望皇帝能崇尚节俭以缓解民力：“陛下省一分之费，则民受一分之赐；施一分之宽，则民被一分之泽。”② “勤圣学”是实现国家中兴的首务，“结民心”是国家中兴的旨归。基本精神在于希望皇帝能端正儒家圣学理念，真正践行民为邦本的治国理想。

三、迎接英宗回归礼仪的商定

（一）使臣往来

英宗被俘后，明廷与瓦剌进行的谈判主要有五次。第一次是在正统十四年（1449年）九月十六日，力求达到的目的是：“绝也先辟地之心，动景皇天伦之念。”③ 第二次是在正统十四年（1449年）九月二十八日，景帝告知也先已经继承皇帝位，尊奉英宗为太上皇，并表达了迎回英宗的意愿，申明英宗回归要“另再筹画”，并明确表达英宗回归后不可重新为帝的主张：“若大兄仍居皇帝位，则为降尊就卑，是罔天矣。罔天之事，朕岂敢为。”④ 也先希望借助送回英宗同明廷和好，以都御使王文和兵部尚书于谦为代表的朝臣拒绝了也先和议的请求。都御史练纲指出：“和议不可就，南迁不可从，有持此议者，宜立诛。”⑤

第三次使臣往来发生在正统十四年（1449年）十月，也先进犯北京，北京戒严。于谦和练纲等人主持取得了北京保卫战的胜利。“相持五日，也先邀请既不应，战又不利，知终弗可得志，又闻勤王师且至，恐断其归路，遂拥上皇由良乡西去。”⑥ 自此以后，双方主客形势大变。明朝“以战为守”的策略成功，上下士气大振，边镇诸将防守城池之心也渐渐巩固。此时朝廷中臣子以主战派为主，主和派只是政治舆论而已。于谦在景泰元年（1450年）五月十一日上疏：

---

① 李贤．古穰集：卷1，上中兴正本策．493.

② 同①.

③ 袁彬．北征事迹．丛书集成新编，第120册．81.

④ 明英宗实录：卷183．正统十四年九月乙巳.

⑤ 张廷玉，等．明史：卷164，练纲传．4453.

⑥ 张廷玉，等．明史：卷170，于谦传．4546-4547.

额森说称，若中国差人讲和，送太上皇回来等。因显是达鞑益逞奸诈之谋，故为诞妄之说，诱我边将，弛我边备，假以讲和为名，意在乘虚深入。合无差人驰驿赍文与大同总兵官定襄伯郭登等，同守备雁门、偏头等关都督同知等官杜思等，严加训练官军，用心守御城池，倘遇番兵侵犯，务要效死尽力，随宜守战，不许听信哄诱，失误事机。①

战场上也先逐渐失去军事优势后，英宗回归之事就提上日程。明廷严整边备，力主战守，断绝与也先的往来，对其提出的议和主张完全不予采信，逐渐在双方局面中处于主动位势。战争断绝了双方的互市贸易，影响了瓦剌蒙古的正常生活，也使得也先逐渐开始积极主动要求送回英宗。自此以后，明廷与也先的外交往来就集中到英宗回归的问题上。

第四次使臣往来是在景泰元年（1450 年）六月二十六日，关于是否迎回英宗一事，景帝和朝臣产生冲突。景帝以“当时大位，是卿等要我为之，非出朕心”质问朝臣，担心英宗回归动摇自己的皇帝位置。于谦认为：“大位已定，孰敢有议？但欲答使、尽礼、纾边急耳。”② 最后景帝派遣李实、罗绮、马显等人出使瓦剌，此次出使只是讲和，不言迎复。英宗为早日回归，不得不表示：“看守祖宗陵寝，或做百姓也好。”③

第五次使臣往来发生在景泰元年（1450 年）七月，宁阳侯陈懋、吏部尚书王直、监察御史毕鸾、翰林院检讨邢让等人说服景帝同意迎接英宗回归。④ 七月十八日，命都察院右都御史杨善、工部右侍郎赵荣为正使，都指挥同知王息、正千户汤胤绩为副使，前往瓦剌商议英宗回归一事。礼部尚书胡濙指出：“太上皇帝蒙尘已久，御用服食，宜量与善等赍，诣虏营进供，奏入不报。”⑤ 七月二十七日，都御史杨善等至瓦剌军营，明确表达了“天位已定，难再更换”的态度，确立了英宗回归的身份定位。

明廷自始至终坚持“以战为守”的方针策略，积极筹划边疆防卫，做出殊死迎战的态势。当时朝廷以于谦、石亨等主战派为主，逐渐取得战略上的主动性，开始在态势上变被动为主动。⑥

---

① 于谦．忠肃集：卷 1．7．

② 叶盛．水东日记：卷 1，会奏遣使迎复．北京：中华书局，1980：9．

③ 李实．北使录．丛书集成新编，第 120 册．72．

④ 明英宗实录：卷 194．景泰元年七月己巳．

⑤ 明英宗实录：卷 194．景泰元年七月庚申．

⑥ 吴智和．“土木之变”后明朝与瓦剌之交涉//明史研究专刊（第三期）．台北：大立出版社，1982．

（二）迎接礼仪

对迎接英宗回归的礼仪等级和规格，礼部尚书胡濙建议：

> 宜令本部遣堂上官一人至龙虎台，锦衣卫遣指挥二人并官校执丹陛驾辇轿至居庸关，各衙门分官至土城外，总兵等官至教场门迎接行礼。太上皇帝车驾自安定门入，进东安门，于东上北门南面坐，皇帝出见毕，文武百官朝见，行五拜三叩头礼，太上皇帝自东上南门入南城大内。①

朝中大臣对胡濙所设计的迎接礼仪提出异议，认为太过简单。户科给事中刘福就以“礼仪似乎太薄”为理由提出质疑。景帝给出的解释是：“太上皇帝是朕至亲，自留虏庭，宗社倾危，生灵无主，彼时群臣进章，请命于皇太后，诏告天下，立朕为皇帝，保护宗社，辞之再三，不得已嗣登大位，已尊大兄为太上皇帝，礼之至极，无以加矣。”② 胡濙对双方就迎接礼仪上的冲突提出中和建议：“皇上宜备法驾至安定门外，公、侯、驸马、伯、五府、六部等衙门分官至龙虎台，文武百官并监生顺天府耆老生员人等至土城外迎接行礼，凡此数者，视旧定礼仪加重。”③ 这个要求被景帝拒绝，其理由是“虏人谲诈，未可尽信，欲备大礼远接，恐堕贼计”。最后景帝所认可的迎接礼仪是：“止用车马远迎，但得大兄入城，宗社奠安，亲亲、尊让之礼，朕自处置。今太上皇帝车驾入东安门，朕于门内迎接，行叩头礼毕，朕同文武百官随至南城内便殿，太上皇帝升座，朕行礼毕，文武百官行礼，卿等悉遵朕命，再不许纷更。”④ 迎接英宗礼仪的简化行为透视了景帝对于英宗回归的恐慌心态。

对于景帝在英宗回归中的迟疑，万历朝史家王世贞认为正是这种迟疑加速了英宗回归。郕王继承皇位后，英宗对于也先的政治价值仅仅是“抱空质耳”。因此第三次使臣往来中也先就明确表达了送归英宗的态度。“太上所以得速还者，由不急迎也。”⑤ 朱国桢认为，景帝迎接英宗礼仪的简化实质是外交策略：“于少保以用兵为正锋，王文以拒绝不遣使为偏锋。偏本左也，而反以济正。其中有莫之然而然者，故能挽滔天之横决，维鳌

① 明英宗实录：卷195．景泰元年八月庚辰．
② 同①．
③ 明英宗实录：卷195．景泰元年八月癸未．
④ 同③．
⑤ 谈迁．国榷：卷29．1874．

极于将倾。”① 英宗回归后，双方重新回归朝贡贸易和宗藩关系的继往模式。英宗回归，改变景帝皇权独尊地位，形成新老两个皇权中心，皇权政治情态趋于复杂。

四、士大夫华夷观的变迁

元末明初，朱元璋在《讨元檄》中承认元朝的正统地位：

> 自古帝王临御天下，中国居内以制夷狄，夷狄居外以奉中国，未闻以夷狄居中国而制天下也。自宋祚倾移，元以北狄入主中国，四海以内，罔不臣服，此岂人力，实乃天授。彼时君明臣良，足以纲维天下，然达人志士，尚有冠履倒置之叹。自是以后，元之臣子，不遵祖训，废坏纲常，有如大德废长立幼，泰定以臣弑君，天历以弟鸩兄，至于弟收兄妻，子烝父妾，上下相习，恬不为怪，其于父子、君臣、夫妇、长幼之伦，渎乱甚矣。②

洪武六年（1373 年）十一月，“建历代帝王庙于中立府皇城西，仍命于北平立元世祖庙”③。洪武七年（1374 年）正月，礼部尚书进历代十七位帝王像，也包括元世祖像在内。洪武七年八月，在重新修建历代帝王庙后，朱元璋亲自主持祭祀：“上躬祀历代帝王于新庙。自伏羲至元世祖凡十七帝，为五室。每室各用牛、羊、豕各一，祝一，每位用笾豆各十，簠簋登铏各一，爵各三，帛各一，白色，共设酒尊五于殿之西阶，又设酒尊三于殿之东阶。”④ 永乐朝朱棣仍然承认元朝的正统地位。如永乐元年（1403 年）六月在敕文中称：“宋失天命，元世祖入而代之。立国垂统将及百年，得天命也。”⑤ 永乐四年（1406 年）三月，朱棣重申宋、元、明之间正统性的传承在于天命所归：“昔者天命宋主天下，历十余世，天厌其德，命元世祖皇帝代之。元数世之后，天又厌之，命我太祖皇帝君主天下。此皆天命，岂人力之所能也。”⑥ 洪武和永乐两朝确立元朝为正统的观念，每年按时祭祀元世祖于历代帝王庙形成制度。正统以后，即便双方

---

① 谈迁. 国榷：卷 29. 1876.
② 明太祖实录：卷 26. 吴元年冬十月丙寅.
③ 明太祖实录：卷 86. 洪武六年十一月癸丑.
④ 明太祖实录：卷 92. 洪武七年八月甲午.
⑤ 明太宗实录：卷 21. 永乐元年六月庚寅.
⑥ 明太宗实录：卷 52. 永乐四年三月辛丑.

关系紧张，皇帝仍然在正统四年（1439 年）命顺天府尹重修元世祖庙。[①]“土木之变”后，明朝官方并未改变祭祀元世祖的传统，依然尊重元朝的正统地位。

政权的合法性问题，在中国古代是正统与正朔问题。“土木之变”后士大夫否定元朝正统地位，代表了明前期士大夫正统观的变化。宋代欧阳修《正统论》认为政权正统的标准为：“《传》曰：‘君子大居正。’又曰：‘王者大一统。’正者，所以正天下之不正；统者，所以合天下之不一也。”[②] 在欧阳修看来，政权的正统必须符合两个标准：得天下之正与合天下于一。合天下于一，是很容易判断的标准。而得天下之“正”的“正”是个性质判断，“正”与“不正”之间又要有个界限标准。欧阳修解释“正”为：“自古王者之兴，必有盛德以受天命；或其功泽被于生民，或累世积渐而成王业。”[③] 所谓的“正”就是政权的来源要符合嫡长子继承制度，符合儒家礼法和仁义道德之说。这两个标准是衡量正统与否的标准，缺一不可。欧阳修的正统思想影响深远，对元、明、清后期的正统观念都有影响力。

明代士人论元朝政权正统与否的属性随时局变迁而有所差异。明初王祎在《正统论》中承认元朝的正统性：“自辽并于金，而金又并于元，及元又并南宋，然后居天下之正，合天下于一，而复正其统。故元之绍正统，当自至元十三年始也。”[④] 胡翰的正统观建立在天纪、地纪、人纪三者所构建的体系上，否定元朝的正统地位：“六合之大，万民之众，有纪焉而后持之，何纪也？曰：天纪也，地纪也，人纪也。”以这三个方面作为正统的标准，“天纪”就是天子受命于天，权力来源于天。“地纪”是“中国之与夷狄，内外之辩也。以中国治中国，以夷狄治夷狄，势至顺也”。“人纪”在于君臣、父子、夫妇、朋友、长幼等。“故天下莫要于人纪，莫严于地纪，莫尊于天纪。”[⑤] 方孝孺的《释统》一文区分正统和变统两类，标准在于是否符合道德和仁义两点，这成为政权是否为正统的标准，而非统治区域的广阔与否。“以其建道德之中，立仁义之极，操政教之原，有以过乎天下也。有以过乎天下，斯可以为正统，不然非其所据而

---

① 明英宗实录：卷 57. 正统四年秋七月乙卯.

② 欧阳修. 正统论/饶宗颐. 中国史学上之正统论. 上海：上海远东出版社，1996：99.

③ 同②.

④ 王祎. 正统论//饶宗颐. 中国史学上之正统论. 148.

⑤ 胡翰. 正纪//饶宗颐. 中国史学上之正统论. 151.

据之，是则变也。”① 变统政权的建立者为夷狄、女后、篡弑三者。方孝孺确立正统论的目的之一就是“申君臣之义，明仁暴之别，内夏外夷，扶天理而诛人伪”②。显然在方孝孺的观念中，元朝以夷狄的身份建立政权，故不可谓正统。对于正统的判定，究竟应该以政治现实为基础，还是应当以正义原则为基础？方孝孺坚持正义性原则，认为政权只有建立在道德和仁义的基础上才是合法的、正统的，否则即便是实现了统一天下的政治现实和局面，也不是合法的和正统的政权。

“土木之变”后，士大夫的华夷观和正统观都在不断改变：“从隋代到清初的中国族群思想变化大势，大致可以描述如下：在隋、唐、北宋时期，文化主义乃是主流。从南宋开始，文化主义虽然仍旧是主流，但地理主义却开始萌芽，并在南宋以后持续发展，在明代取得重要突破，最后在清初思想家王夫之的思想中得到完整表述。”在以往“文化中国和地理中国作为中国定义的两大要件，但开始重视‘地理夷狄’的因素，并且认为‘夷狄’和中国之人可能天生就有某种区别，这种区别可能源自‘夷狄’与中国之人在地理上的差异。这条新思路，或许可以称为地理主义。相对于此，南宋以前隋、唐、北宋时期的传统思路，或许可以称为文化主义”③。

“土木之变”后，士大夫更加重视明朝与瓦剌蒙古之间的差异化：“闻先王御戎狄之道，叛则振之以威，服则怀之以德……夷夏有辨而国家可保无虞。”④ 国家观念逐渐浓重，清晰化的边界意识逐渐成为明前期士大夫外交观念的核心部分。成化十七年（1481年），丘濬在《世史正纲》序文中申明主旨：“在严华夷之分，在立君臣之义，在原父子之心。夫华夷之分，其界限在疆域。华、华，夷、夷狄也。华不华，夷不夷，则人类淆世，不可以不正也。”“天，位乎上者也；地，位乎下者也。天地之所以生者，物也。物之动者，有三焉：人也，夷狄也，禽兽也。”⑤ 这个观点是华夷观念的一个大转变。明代以前，士大夫认为华夷之区别在于文明开化的程度，只要夷狄学中华文化，受儒学熏陶，就可以变夷为夏。到明中

① 方孝孺. 逊志斋集：卷2，释统中. 54.

② 同①53.

③ 张其贤. “中国”概念与“华夷”之辨的历史探讨. 台湾大学政治学博士学位论文. 2009：256.

④ 明英宗实录：卷193. 景泰元年六月庚子.

⑤ 丘濬.《世史正纲》序//饶宗颐. 中国史学上之正统论. 163.

期后，文明开化的标准转变成血缘、族群、人种等天然性标准。这种天然性的差异与生俱来而难以改变，华夷之间的差异也就变得更加固定化。明代后期理学家章潢的《论宋元正统》延续丘濬不承认元朝正统的观点，从自然地理、风俗习惯、礼仪传统、文明开化等方面否定元朝的正统性。"若夫胡元问其所戴之天，而五气不顺布也；问其所属之地，而五谷不并生也；问其所为之人，而五品不经纶也；问其所衣之衣，而左右之衽不辩也，问其所食之食，而腥膻之味不避也。""元不当继中国之正统也，昭昭矣！故正统明而后纲常一、法守严；正统定而后中国尊、夷狄惧。"① 从永乐到宣德年间，明朝对南方安南从直接控制到恢复宗藩关系模式，是明前期士大夫的天下观、华夷观改变的一个例证；"土木之变"的发生再次强化和加速士大夫的天下观、华夷观的转变，士大夫的边疆意识和民族意识逐渐清晰。

第二节　"夺门之变"与士大夫的政策调整

一、英宗复辟

景泰七年（1456 年）大致保证了朝政的正常进行。以正月为例：正月初一，景帝拜谒祖庙，向两宫皇太后行礼，在奉天殿接受了文武群臣和四夷的朝贺。第二天是宣宗皇帝忌辰，派官祭祀景陵。接着接受朝鲜使臣朝见，赈济京师灾民，处理蝗灾、漕运与米价问题，祭祀天地、太庙、司户之神，祭奠皇室丧礼等。正月初七，景帝在奉天殿开朝会，以祭祀天地，同文武百官斋戒三日。初八，亲临南郊祭祀天地，回来后在奉天殿接受朝臣的庆成礼。初九，再次于奉天殿接受百官和四夷朝见。正月十四日，景帝处理提督宣府军务右佥都御史李秉与巡按御史贾恪冲突之事。这个月中还有一件事值得关注，应天府市民告发朝廷自正统十三年（1448 年）直到景泰五年（1454 年）官府赊欠物料钱钞之事，景帝告诫户部官员："今后买物，价钞随时给偿，毋令民怨。"② 从景帝的政治作为来看，一是保持了对天地和祖宗祭祀的正常进行；二是从赈济京师灾民、处置山

① 章潢．论宋元正统//饶宗颐．中国史学上之正统论．168.

② 明英宗实录：卷 262．景泰七年正月丁丑.

东等地的蝗灾、免直隶广平府夏季税粮、告诫户部不许拖欠小民钱钞等项，足见景帝政治的“民本”色彩；三是接见并赏赐朝鲜使臣，保持了同周边藩属国的和平关系；四是对于北方边境军事进行持续关注；五是接见赤金蒙古卫都督阿速等人的朝贡，维持了同北部蒙古各部的朝贡关系。

景泰七年（1456 年）十二月，在赈济河间、大名、山东、济南、兖州、东昌、河南、开封、卫辉等处水灾难民之时，景帝命令朝臣会议方略以解倒悬之急：“民为邦本，饥荒诚宜赈济。尔户部会多官计议抚恤，或出廪赈济，务令各得其所。”① 在户部上报了救灾方案后，又敕谕：巡抚顺天、河间二府刑部右侍郎周瑄，巡抚山东刑部尚书薛希琏，巡抚永平等处右副都御史李宾，巡抚河南左副都御史马谨，保定巡按监察御史张宽，真定、大名、广平、顺德巡按监察御史包瑛，火速奔赴各地查看灾情，施行赈济。同时减免受灾六十四个州县的秋粮 69.407 万石、马草 111.210 万余束，济南等十一卫屯田子粒 18 520 石。②

景泰七年（1456 年）腊月二十四日，景帝生病。腊月二十九日，祭祀太庙由太子太师武清侯石亨代为行礼。景泰八年（1457 年）正月初一，景帝在奉天殿接见朝臣。初七，在奉天殿同样誓戒文武群臣致斋三日，但是两天后去南郊祭祀天地之礼，仍然命石亨代为行礼。景泰八年（1457 年）前后祭祀太庙和祭祀天地的礼节是一年中朝廷最为重要的大礼，景帝两次都是派遣石亨代为行礼，可以推断景帝此时病得较重。第二日，景帝就不能临朝视政。礼部尚书胡濙上疏请求册立太子：“皇上日亲万机，未建储副，无由助理，致劳圣躬，伏乞早选元良为皇太子，以慰宗庙、社稷、臣民之望。”景帝以“失于调理”为借口拒绝胡濙的请求。③ 大学士李贤、王文、陈循及都御史萧维祯等朝臣讨论太子人选之时，“夺门”发生，英宗复辟。正月十六日晚，石亨、徐有贞、杨善、王骥、陈汝言等人联合宦官曹吉祥共同发动“夺门之变”，率兵入皇宫，进入英宗所处的南宫，迎立英宗复辟。随后宣布复位诏书：

> 朕居南宫，今已七年，保养天和，安然自适。今公、侯、伯、皇亲及在朝文武群臣咸赴官门奏言，当今皇帝不豫，四日不视朝，中外危疑，无以慰服人心，再三固请，复即皇帝位。朕辞不获，请于母

① 明英宗实录：卷 273. 景泰七年十二月丙辰.
② 明英宗实录：卷 273. 景泰七年十二月壬戌.
③ 明英宗实录：卷 273. 景泰八年正月己卯.

后，谕令勉副群情，以安宗社，以慰天下之心，就以是日即位。礼部其择日改元，诏告天下。①

英宗复位当天，兵部尚书于谦、内阁大学士王文下狱。其余被查办的人主要有司礼监太监王诚、舒良、张永、王勤，外官陈循、江渊、萧镃、商辂。六科给事中、十三道监察御史在英宗授意下交章弹劾于谦、王文、商辂等。罗列罪名为："朋奸恶党，逢迎景泰。易立储君，废黜汪后。卖权鬻爵，弄法舞文。"② 商辂上疏英宗，辩解"实无逆谋，乞宥臣罪"③。项文曜以丁忧居家、并未参与改易太子之事向英宗求情，均没有获得英宗宽恕。天顺二年（1458 年）秋七月，因在景帝易储事件中，何文渊在诏书中加入"父有天下传之子，天佑下民作之君"一句，英宗复位被举报而自尽。正月二十二日，斩于谦、王文、王诚、舒良、张永、王勤；贬谪陈循、江渊、俞士悦、项文曜，充军铁岭卫；罢免萧镃、商辂、王祎、古镛、丁澄为民。于冕在于谦的行状中揭露石亨和徐有贞等人诛杀于谦的政治用意："此罪不重，则彼功不高；不大杀股肱重臣，则威不立；不构成党逆大狱，则权不专。"④

在于谦等景泰时期的重臣先后被诛杀、罢免之时，礼部侍郎兼翰林院学士李贤成为英宗的政治伙伴，英宗明确向李贤表达了"正先生行道之时"的政治态度。⑤"夺门之变"后，明朝的政治时局开始发生新的变化。

二、稳定皇权

"土木之变"后，朝廷发布挞伐王振的公告。而天顺元年（1457 年）十月，英宗却为王振招魂祭葬，在祭祀文书中称赞王振"恭勤事上，端谨持身。左右赞襄，始终一德"⑥。英宗此举的政治用意大致归纳为以下三点：第一，为自己正名。王振既然为忠臣，那么英宗不顾士大夫反对，执意亲征，就是为社稷和百姓的壮举。第二，颠覆景泰政权合法性。王振是英宗和景帝、英宗和士大夫之间一个重要的冲突点，景帝和于谦等人对王振的批判实则是影射正统时期的政治失误，英宗对王振平反实则是为正统

① 明英宗实录：卷 274. 天顺元年正月壬午.

② 明英宗实录：卷 274. 天顺元年正月甲申.

③ 明英宗实录：卷 274. 天顺元年正月丁亥.

④ 于冕. 于谦行状//忠肃集：附录. 406.

⑤ 王鸿. 薛文清公行实录：卷 1. 续修四库全书，第 551 册. 9.

⑥ 明英宗实录：卷 283. 天顺元年冬十月丁酉.

朝政正名。第三，宦官势力虽然在“土木之变”后受到朝廷打压，但是仍然保持着旺盛的政治影响力，英宗仍然具有依靠宦官势力的心理趋向。英宗能够二次获得皇权，其原因大致可归纳为以下几点：

其一，英宗虽纵容王振专权，但正统朝基本格调还是延续了仁宣的风格，对三杨等士大夫官僚礼遇有加，获得士大夫的支持。“土木之变”中英宗为“天下生灵”而被俘虏的政治舆论远大于决策过失。

其二，景泰对英宗的冷落，违背了士大夫孝义的理念。(1) 阻断英宗与藩王等皇室贵族的联系。景泰元年（1450 年），荆王欲朝拜英宗，景帝发书拒绝。(2) 景泰元年（1450 年）十二月，拒绝礼部提出的明年元旦群臣朝拜太上皇的主张。整个景泰年间，士大夫坚持于英宗诞辰之日和每年的岁末之时上疏景帝，请求景帝率领文武大臣赴南宫朝觐英宗。

其三，和景帝相比，英宗拥有子嗣的优势。景帝唯一的儿子被立为太子后，不久夭折，自此绝嗣。而英宗的太子朱见深到景泰八年（1457 年）已经十五岁，具备储君的年龄优势。英宗有九子，依次是：正统十二年（1447 年）十一月初二日的皇长子朱见深、正统十三年（1448 年）夏四月庚申生皇第二子朱见潾、正统十四年（1449 年）秋七月壬辰生皇第三子朱见清、景泰元年（1450 年）二月丙申生皇第四子朱见淳、景泰三年（1452 年）二月乙酉生皇第五子朱见澍、景泰六年（1455 年）四月辛卯生皇第六子朱见泽、景泰七年（1456 年）六月丁未生皇第七子朱见浚、天顺二年（1458 年）闰二月壬戌生皇第八子朱见治、天顺六年（1462 年）二月丁卯生皇第九子朱见沛。

三、政策调整

英宗再次获得皇权，于“夺门”的性质定位上，内阁大学士李贤解释为：“迎驾则可，夺门二字岂可示后。况景泰不讳，陛下宜复位，天命、人心，无有不顺。文武群臣，谁不愿请，何必夺门？且内府之门，岂可夺。夺之一字，尤非顺。幸赖陛下洪福得成其事，假使景泰左右先知此事，亨辈何足惜，不审置陛下于何地？”① 认为“夺门”是徐有贞等人贪功的表现，英宗复位是顺应天理之事，此举对英宗来讲是无益之事。天顺后期，复辟的英宗逐渐开始了一场政治调整运动。

---

① 李贤．古穰集：卷 26，天顺日录．760.

（一）平抑武官势力

英宗复位后，石亨被封为忠国公，食禄一千五百石；都督张軏为太平侯，食禄一千三百石；张𫐄为文安伯，食禄一千二百石；都御史杨善为兴济伯，食禄一千二百石。俱子孙世袭。以石亨为首的武人势力成为左右朝政的力量。天顺元年（1457年）正月二十四日，石亨报夺门有功之人："随臣迎驾夺门官舍旗军三百三十一人，大汉百户六十九人；保驾官军一千四百九十二人，守门摆队官军一千三百一十九人；致死忌家，共成大事，乞加升擢。"朝廷规定"夺门者升三级，保驾、守门者俱升一级"①。石亨在此基础上扩大邀功行赏的范围："将校尉邓玉升指挥佥事，家人夏清升副千户，鸿胪寺主簿万祺升主事，钦天监为事五官司历沈立复职，医士吕学升御医，羽林前卫百户李忠升副千户，校尉逯杲升实授，百户杨完升试所镇抚，韩百户办事官廖桓县丞，顺天府检校万允办事，吏胡瑛、邹绅俱升序班，军人张文、徐太素俱升试百户，正千户汪诚升指挥佥事，无目人刘智升漏刻博士，乐工高鉴升司乐。"② 邀功的人员包括校尉、家人、主簿、医士、百户、检校、吏员、军人、盲人、乐工等。

"其弟侄家人冒功锦衣者五十余人，部曲亲故窜名'夺门'籍得官者四千余人。两京大臣，斥逐殆尽。纳私人重贿，引用太仆丞孙弘，郎中陈汝言、萧璁、张用瀚、郝璜、龙文、朱铨，员外郎刘本道为侍郎。时有语曰'朱三千，龙八百'。势焰熏灼，嗜进者竞走其门。既以私憾杀于谦、范广等，又以给事中成章、御史甘泽等九人尝攻其失，贬黜之。数兴大狱，构陷耿九畴、岳正，而戍杨瑄、张鹏，谪周斌、盛颙等。又恶文臣为巡抚，抑武臣不得肆，尽撤还。由是大权悉归亨。"③ 李贤指出当时石亨之侄石彪谋求大同总兵官职："当时若以彪镇大同，诚为可惧，且在京武官多出亨门下，而亨又握兵权，天下精兵无如大同，稍有变动，内外相应，其祸可胜言哉？此时虽欲扑灭，力不能及，今辩之于早除此大害，非上之刚明果断，不能如此。"④

以石亨为首的武人集团逐渐排斥文官，英宗指出，"如今各边革去文臣、巡抚十分狼狈，军官纵肆贪暴，士卒罢敝"。"武人所以恶文臣者，只是不得遂其私耳。在任者即日遣使召之。"天顺二年（1458年）以后，英

① 明英宗实录：卷274．天顺元年正月己丑．

② 同①．

③ 张廷玉，等．明史：卷173，石亨传．4615．

④ 李贤．古穰集：卷26，天顺日录．758．

宗逐渐认识到石亨等武人势力对国家政治稳定的潜在威胁。“朕初复位，奉迎之人纷然变更，以此为不便，只得依从，今乃知其谬也。卿为朕举进才能者用之。”重新依靠士大夫的力量维持巩固统治。为稳定北部边防，防范石亨的军事暴动，英宗与李贤商议，派浙江布政使白圭在辽东，山东布政使王宇在宣府，佥都御史李秉在大同，监察御史徐瑄在延绥，山西布政陈翌在宁夏，陕西布政芮钊在甘肃，俱以京官巡抚其地。[①] 并委任文官监督军事。

李贤在天顺朝逐渐成为英宗的重要谋臣。“夺门之变”是文臣、武将、宦官三股势力共同作用的结果，其后徐有贞、杨善等文臣，石亨等武将，曹吉祥等宦官借助“夺门”的功劳逐渐影响到皇权的专制和稳定。对于士大夫权力来讲，皇权的危机时刻往往成为士大夫权力伸张的时刻，但是在政治正常运转过程中，皇权的稳定才有利于政策的实施和开展，即士大夫政治理想的实现。英宗也逐渐感受到武臣和宦官势力对皇权的渗透。李贤建言英宗加强皇权的专制：“人君之权不可下移，果能自览，彼之势自消，惟此为良法，其私情既不能行，趋附之人渐亦少矣。”将奏章交付内阁批阅的事情也遭到周围宦官的阻挠。如“此等奏章，何必一一亲览”“亦不必送与阁下看”“何乃自劳如此”等语言即是宦官试图干预政治的表现。英宗也逐渐意识到宦官势力试图干政的意图，因此向李贤表示：“朕负荷天下之重，五更二鼓起，斋洁具服，拜天毕，省奏章剖决讫，复具服谒奉先殿，行礼毕，视朝，循此定规、定时不敢有误。退朝至文华殿，或有政事有关大臣者，则召而访问商确，复省奏章讫，回宫进膳后，从容游息至申初，复奏章。暇则听内政，至晚而休。若母后处，每日一朝，有命则两日一朝，隆冬盛暑，五日一朝。”[②] 大致而言，天顺一朝，英宗保持了朝会的正常举行。李贤告诫英宗效仿三代君主：“自古贤君修德勤政，莫不皆然。今陛下敬天、敬祖宗、孝母后、亲览政务，则修德勤政之事备矣。臣愿陛下持此不衰，坚如金石，可以驯至夫尧舜之道而为尧舜之君矣。”[③] 在李贤的辅佐下，英宗逐渐开始打击石亨和曹吉祥等集团的势力。

文臣和武将的冲突在天顺元年（1457 年）就已经表面化。天顺初年，石亨与曹吉祥形成“在内惟尔，在外惟吾”的政治局面，两股势力“其势

① 李贤. 古穰集：卷 25，天顺日录. 750.

② 李贤. 古穰集：卷 26，天顺日录. 755.

③ 同②.

遂合”，联合对抗士大夫权力。先是以“内阁专权，欲除我辈”为借口，当时因御史弹劾石亨之事，石亨以李贤和徐有贞为幕后主使，请求英宗制裁二人。“上不得已，依其所言，召言官劾贤与有贞下之狱。”从这条史料中看出，当时皇权控制着言路，言官的弹劾是按照皇帝的旨意行使话语权。天顺元年（1457 年）六月，李贤、徐有贞下狱后，薛瑄又致仕，内阁只有吕原一人。在王翱举荐下，岳正入内阁。岳正又因向英宗指明“今内臣、武臣权过重”得罪两股势力而被施加杖刑，流放肃州。① 石亨和曹吉祥联合起来冲击监察权力，诬陷副都御史年富入狱。“其都御史、御史逮之一空，朝野愕然，莫不失望，言路从此不通矣。”② 皇权几乎处于武人和宦官的内外包围中，因此李贤建议英宗“惟在独断，可以革之”。只有如此，才能改变政治危机的局面。天顺初期，内阁在政治场域中的位势的确处于下降趋势，在与武人和宦官的公事往来中处于明显的弱势状态；天顺时期与正统时期相比，内阁权力对比宦官权力的确发生了重大变化。陆容在《菽园杂记》中记载了天顺中阁权与宦权往来的情状：

> 李文达公贤在内阁时，太监曹吉祥尝在左顺门令人请说话。文达语云：“圣上宣召则来，太监请不来也。”曹乃令二火者掖而至。文达云：“太监误矣，此处乃天子顾问之地，某等乃谨候顾问之官，太监传圣上之命，有事来说，自合到此，岂可令人来召耶？”曹云：“吾适病足耳，先生幸恕罪也。”③

为化解以石亨为首的武人权力对朝政的威胁，早在天顺元年（1457 年）九月，英宗就已加强皇城防卫，敕左顺门守卫，“今后非有宣召，总兵官不得辄入”④。“帝既疑石，石遂自疑。”天顺三年（1459 年）八月石彪下狱。“千户杨斌等五十三人奏保”石彪镇守大同。石亨也被罢免兵权，令其以本籍归第闲住。天顺四年（1460 年）正月，以天变示警的借口，下石亨狱。英宗声言：“亨罪于法难容，朕念其微劳，累曲法宽宥，特令闲住，以保全之。今乃不自悔悟，敢背义孤恩，肆为怨谤，潜谋不轨，锦衣卫执来会百官廷鞫之。”⑤

---

① 张廷玉，等. 明史：卷 176，岳正传. 4681.

② 李贤. 古穰集：卷 25，天顺日录. 747.

③ 陆容. 菽园杂记：卷 4. 北京：中华书局，1985：42.

④ 谷应泰. 明史纪事本末：卷 36，曹石之变. 542.

⑤ 明英宗实录：卷 311. 天顺四年春正月癸卯.

天顺四年（1460 年）二月初四，明英宗因为镇压石亨叔侄谋反之事而诏告天下，重申了其复辟帝位在于“顺天应人以复大位”。再次告诫朝臣：“继今以后，宜用为戒，毋怙恩以违礼法，毋恃功以干宪章，庶保始终，以全君臣之义。”① 在镇压了石亨、石彪的叛乱后，重谕朝臣：“今后文武大臣无故不许往来，近侍官不许造大臣私宅，锦衣卫官亦然。于是莫不肃静，天下闻之亦皆竦息，交通之弊遂止”②。

后世士大夫在论述石亨叔侄谋反一事时常持有怀疑态度。如南大吉就说：“当是之时，谓亨恃宠骄恣，则固有之，若曰大逆不轨，盖亦莫须有耳，阖门就戮，以快仇隙之心，哀哉。”何乔远也说：“亨威名震主，不知挹损，以及于难。”③ 朱国桢直言：“曹石并称矣，曹反阙下，比姚令言朱泚尤甚。石氏叔侄，不过恃功骄恣，失人臣礼。初无反谋，亦安敢反，即劾词亦止曰怏怏，怀疑而已，乃俱坐死籍没。与曹同事，同受宠，同得罪，罪本天渊，而议者不察，与之同科。以累战有功而封侯之奇士，竟不良死，滥被恶名，不能自白，惜矣。”又指出石亨和曹吉祥变乱两者之间的关系：“石，外疽也；曹，内疽也。治外忘内，毒骤发，几至攻心。善医国者，固如是乎？”④

（二）镇压宦官叛乱

通过打击石亨叔侄达到削弱武将权力的目的后，宦官干政的问题也逐渐达到必须解决的程度。“以迎驾功升太监曹吉祥嗣子锦衣卫带俸指挥佥事钦为都督同知，吉祥侄铉及太监刘永诚侄孙聚、蒋冕弟成、叶达兄成，俱为锦衣卫世袭指挥佥事。”⑤

曹吉祥的身份为太监，却很早就涉足军事。曹吉祥早年是王振的门人，英宗正统六年（1441 年）作为监军和定西侯蒋贵（征蛮将军）征麓川思任发。曹吉祥当时号都督，“此内臣总兵之始”。十四年（1449 年）监宁阳侯陈懋军，讨伐福建邓茂七。景泰元年（1450 年），于谦在京师设置五军团练营后，曹吉祥和刘永诚节制诸军，“此内臣总京营之始也”⑥。以上两个内臣涉足军事，给宦官与武人的联合提供了机会。“夺门之变”

① 明英宗实录：卷 312. 天顺四年二月辛亥.

② 李贤. 古穰集：卷 26，天顺日录. 760.

③ 谈迁. 国榷：卷 33. 2100.

④ 同③2124-2125.

⑤ 明英宗实录：卷 274. 天顺元年正月丁亥.

⑥ 谷应泰. 明史纪事本末：卷 36，曹石之变. 538.

后，曹吉祥升任司礼监太监总管，其侄曹钦、曹铉升任都督，这是“内臣子弟封爵之始也”①。

天顺五年（1461 年）七月，曹吉祥和曹钦谋反。怀宁侯孙镗、兵部尚书马昂率兵讨平之，曹吉祥和曹钦被诛杀。当时内阁大学士李贤亲历此事，被砍一刀，其在《古穰集》中详细地记述了曹吉祥叛乱的具体情境。②

曹吉祥叛乱的代表性和独特性在于，这是明朝宦官联合武人发动的一场叛乱，是长期以来两股势力暗合的结果。曹吉祥叛乱后，内阁大学士李贤借助这个时机上言扭转政治局面：一是昭告天下，暂停一切不急之务；二是使天下言路畅通。“自古治朝，未有不开言路者，惟奸邪之臣，恶其攻己，必欲塞之，以肆其非。”③ 天顺五年（1461 年）七月，明英宗因成功镇压曹吉祥、曹钦谋反之事而大赦天下，发布诏书。这道诏书在以往诏书施行宽恤政治、罢免一切不急之务、与民休息之外，突出的一款就是敞开言路：“近侍风宪，职当言路，凡朝廷政事得失，天下生民利病，文武百僚贪暴奸邪，皆所当言。近年以来多畏避权势，习为缄默。今后有当言者，须直言无隐，言或不切，亦不加罪。”④

（三）恢复政治监督

明前期科道官员的政治监督权力多由皇帝授意。其著名者如永乐朝朱棣授意御史邓真代替内阁大学士杨荣上疏指斥五府、六部事。正统以后，士大夫的话语权又受到以王振为首的宦官势力的压制。正统六年（1441 年）十月，行在户部尚书上疏英宗，指出京城草束不足，请求把御用的牛马分牧民间。此道建议得罪英宗，英宗授意言官弹劾行在户部尚书刘中敷及侍郎吴玺、陈瑺三人。“上以其奏示言官，言官交章劾中敷等变乱成宪，遂下狱，廷议应斩，命枷示长安门外。”⑤

天顺朝，武人势力和宦官势力的联合造成士大夫话语权空间的闭塞、话语权力的弱化。在内阁大学士李贤的积极倡言下，发挥政治影响力逐渐成为士大夫的政治诉求。

自古治朝未有不开言路者，虑臣下不肯进言，有设敢谏之鼓、诽

① 谷应泰．明史纪事本末：卷 36，曹石之变．539.
② 李贤．古穰集：卷 27．766.
③ 同①547.
④ 明英宗实录：卷 330．天顺五年秋七月庚戌.
⑤ 明英宗实录：卷 84．正统六年冬十月丁丑.

> 谤之木者。或导之使言，或设不言之刑以惧之。有直言者，或旌异之、褒奖之、赏劳之，升用以劝其言。然后臣下始肯进言，且进言者不过言君德之亏欠，朝政之阙失，天下生民之利害，文武百官之贪暴奸邪，皆是有益于国家之事，于己无益也，不但无益于己，又恐触上之怒而得罪焉。圣帝明王有见于此，故惓惓求言，惟恐不得闻其失也。惟奸邪之臣，恶其攻己，务欲塞之，以肆其非为，莫敢谁何，由是覆宗绝嗣而不悟也。①

李贤借助镇压武官石亨和宦官曹吉祥的有利时机，积极建言英宗开放言路，提出加强士大夫话语权和影响力的政治诉求。正如李贤所言："古之大臣知无不言，今虽不能尽然，至于利害系国家安危者，岂可默默以苟禄位。"②

本章小结

在"土木之变"到"夺门之变"期间，明代政治生态中皇权政治、士大夫政治、宦官政治、武人政治纠结在一起，均成为影响国家政治的力量。士大夫在复杂的政治生态中成为影响政局的重要角色。这一时期，皇权的弱化给士大夫政治提供空间，其主体意识和政治自觉意识获得抒发；政治生态趋于复杂多变，复杂的情境给予士大夫更多政治作为，士大夫的自我认同和主体意识获得施展。整个士大夫风气开始发生变化，雍容华贵的台阁体文风逐渐退出历史舞台，在于谦、李贤等士人的努力下逐渐形成务实的士林风气。于谦诗文表现出的忧患意识和献身精神是这一时期士大夫价值取向和思想观念发生改变的代表，同时也透视了明代政治文化气象的转变。

① 李贤．古穰集：卷27，天顺日录．767．

② 黄佐．翰林记：卷2，密疏言事．景印文渊阁四库全书，第596册．875．

第五章　明前期士大夫的权力观

第一节　明前期皇帝对“皇权”和“士权”的认知

一、太祖与成祖强化君主对士大夫的控制

朱元璋深知作为“君子”的士大夫对国政的影响力，其在洪武十五年（1382 年）《谕太学生》中指出，国子监教育太学生的政治目的“在育君子必履仲尼之道，以助后嗣共安天下之苍生”①。在《天生斯民论》中论述了君主与百姓之间的关系：

> 二仪奠位于子丑，则万物资生于二气。阖辟之期，惟人生气之精英者也。故比出万物，是变通而不已，况众乎？既众且灵，互计而不已，而有吞残焉。若非天生人君以育之，又何言斯民之有哉？然非斯民之众而有愚顽者，非人君之育亦可也。所以非愚顽不足显人君之治，非人君之治，斯民亦何措安其育之之道！大在人君持守断行焉。若非持纲守纪而安善良，则良善慌惚而弗宁，若罚恶之道不果，而不罪不悛者，则将何以育斯民者乎？故天生人君，必赏善以罚恶，则恶消而善长，亘古至今，刑加暴乱奸顽者，则斯民泰安矣。若获奸顽暴乱而姑息之，使良善含冤而抑郁，则恶者日生，善者日减，何育斯民者哉！故制以斧、服以衣、天子取断以示政，安斯民于仁寿之乡，余何言哉！②

洪武元年（1368 年）八月在诏书中明确君主的政治功能：“天生民而

---

① 朱元璋．明太祖集：卷 8，谕太学生．160．

② 朱元璋．明太祖集：卷 10，天生斯民论．231．

立之君，君者，奉天而安养斯民者也。”[①]“天命”与“民意”两者成为君主的权力来源：

> 天之所以命人主者，为蒸民之重，所以命者，命其必治者也。若以天人量之，则天道远，人事迩。以此言之，天何命人主者，不二其命而能成之，何也？此所以天道幽微，下察无遗，其神妙鉴观，必非一朝夕而辨是非也。[②]

明朝建立后，朱元璋一方面通过科举等方式选拔士大夫入仕为官，保障国家政治的正常运行；另一方面废除宰相，令士大夫失去组织领袖和精神领袖，得以加强皇权专制。又通过诏狱和廷杖等方式实现皇帝独裁，压制士大夫权力的伸张，实现士大夫“为我所用”、完全听命于皇帝的政治目的。朱元璋明确指出，君主能否驾驭臣子关乎天下的治乱兴衰：“观上古天下之治乱，在于君臣能驭、不能驭耳！若君能则驭臣下以礼法；臣能驭吏卒以体上，故治由此矣。若君罔知所以驭臣下，臣亦无知以绳吏卒，故乱由此而始矣。”[③] 正如朱元璋与茹太素的唱和中所言：“金杯同汝饮，白刃不相饶。”茹太素回应：“丹诚图报国，不避圣心焦。”[④] 宫崎市定对洪武时期的士大夫的处境解释为：“明太祖虽任用儒臣刘基、宋濂等为顾问，但其地位却是极其低微的。太祖的方针是：事务官重于儒臣，而武人又重于事务官。”[⑤] 刘基虽为朱元璋的重要谋臣，但是明建国之初，他的俸禄仅为二百四十石，与武臣徐达、常遇春等人的年俸五千石相比差异巨大。

（一）任用士大夫过程中的奴化和强迫色彩

朱元璋认识到士大夫是政治能够正常运转和持久维护的有效而安全的政治力量。“国朝承运肇基，革元之弊，当经纶草昧之际，首务为崇儒重道之礼。是以太祖渡江之初，辟礼贤馆于建康。”[⑥] 朱元璋征召宋濂、刘基、章溢等儒士入礼贤馆，以求讨论儒学、咨询政治。洪武元年（1368年）九月下求贤之诏：

---

① 明太祖实录：卷34．洪武元年八月己卯．

② 朱元璋．明太祖集：卷7，谕举到人材．136．

③ 朱元璋．明太祖集：卷2，谕福建承宣布政使司参政魏鉴瞿庄诏．15．

④ 张廷玉，等．明史：卷139，茹太素传．3987．

⑤ 宫崎市定．中国史．442．

⑥ 解缙．文毅集：卷8，赠灵川教谕王君考满序．707．

朕惟天下之广，固非一人所能治，必得天下之贤共理之。向以干戈扰攘，疆宇彼此，致贤养民之道未之深讲。虽赖一时辅佐，匡定大业，然怀材抱德之士，尚多隐于岩穴，岂有司之失于敦劝欤？朝廷之疏于礼待欤？抑朕寡昧不足以致贤欤？将在位者壅蔽，使贤者不上达欤？不然，贤士大夫幼学壮行，思欲尧舜君民者，岂固没世而已哉？今天下甫定，愿与诸儒讲明治道，启沃朕心，以臻至治。岩穴之士，有能以贤辅我，以德济民者，有司礼遣之，朕将擢用焉！①

国家建立之初，需要诸儒为其讲明治国之道。朱元璋申明："自古圣帝明王，建邦设都，必得贤士大夫相与周旋，以成至治。"② 因此察举征召天下贤德之人。"数年间，敕诸有司，访求民间俊秀，入学教养，以备将来。其有司如敕，连年贡到民人子弟，出入不等，约计千人。"③ 钱穆认为朱元璋征召士人的政策带有牢笼士人的意味："盖明祖之网罗群士，用心亦良苦。天下初平，百端待理，何暇遽为胜朝修史，而洪武二年即诏修元史，征山林遗逸之士十六人共其事，正为牢笼诸贤设耳。"④

被征召的儒士也积极向朱元璋宣传、讲读儒家的治国理念和思想。明初大儒宋濂为朱元璋的老师，朱元璋评价他："朕闻太上为圣，其次为贤，其次为君子。宋景濂事朕十九年，未尝有一言之伪，诮一人之短，始终无二，非止君子，抑可谓贤矣。"⑤ 宋濂以儒家之道统思想引导朱元璋，尽力将国家立国之初的统治思想导向孔孟儒学。在宋濂的建议下，朱元璋命令把《大学衍义》一书写于内廷。大臣集会，命宋濂讲读此书。在讲到司马迁论黄、老之事时，朱元璋说："汉武溺方技谬悠之学，改文、景恭俭之风，民力既敝，然后严刑督之。人主诚以礼义治心，则邪说不入，以学校治民，则祸乱不兴，刑罚非所先也。"⑥ 从中可见，宋濂的政治追求依然是恢复三代之治，排斥佛教和道教对政治的不良影响，端正治国思想，纯化治国理念，以礼乐为法则，以刑罚为补充。通过荐举、学校、科举等途径选拔精通儒学之人，尽管在开始阶段并没有明确界定为研修儒家的人才，但是这种价值追求的趋向却日益集中到了儒家学者身上。即便是被认

① 明太祖实录：卷 35．洪武元年九月癸亥．

② 明太祖实录：卷 14 三月庚午．

③ 朱元璋．明太祖集：卷 7，谕恋阙臣僚敕．137．

④ 钱穆．读明初开国诸臣诗文集//中国学术思想史论丛（第 6 册）．128．

⑤ 张廷玉，等．明史：卷 128，宋濂传．3787．

⑥ 同⑤3786．

为精通阴阳五行、学术芜杂的刘基，朱元璋也说他为“吾子房也”，“数以孔子之言导予”①。在朝之日，刘基“亦自谓不世遇，知无不言。遇急难，勇气奋发，计画立定，人莫能测。暇则敷陈王道”。即便是在被排挤回乡后，刘基仍然在遗言中指出国家政治发展的良方：“夫为政，宽猛如循环。当今之务在修德省刑，祈天永命。诸形胜要害之地，宜与京师声势连络。”②

士大夫虽然自持为道统的所有者，但是在朱元璋看来，士大夫仅为治国的工具和手段。士大夫的政治责任为：“志在匡君济民，立身扬名，崇父母，彰祖宗，必欲为世之杰者也。”③ 士大夫完成以上政治责任后，不必对朝政空发议论、品头论足。“于斯之职，非博通今古，己身已修，己家已齐，善恶之人美恶，口无择言，行无颣迹，古人以此数事而能之，乃得升是任。”④ 洪武十二年（1379年），朱元璋在《谕群臣务公去私》中表达对官员的不满态度：

> 设官分职，各务所司，终未见人，但见身受重名，怀私在职，或忘理众务，心在贪商，或贿赂公行，不知身名之重，俸禄之优，以致杀身……至今顽者不行，愚者不悟，虽有聪明者，怠无尚志，泯于崇功广业，愚顽每被杀身。古之人尚志，在务功名，匡君之政，济人利物。今之人不然，惟在怠尚志，务易利，专速达，此所以人心也，启之未尝善，行之必殁身，以其利之易厚，不知害也……今之官吏，有不才者，巧以舞文，奸以弄法，紊乱条章，是致身不名世，家不丰荣，殁身而后已。⑤

认为官僚不秉公办事、专务私利的评论在朱元璋的《明太祖集》中经常出现，这种对官僚士大夫的认知使得朱元璋申明君主应用“礼”与“法”来驾驭臣属，两者不可偏废。从洪武朝士大夫的政治处境来看，对士大夫的法治倾向要浓于礼治。

> 今朕菲才，承上天之命，古之道统，育黔黎，宵昼自思，人心之险，奸顽者众，数制弗改，将焉奈何！故敕有司访贞士，授之以官，使职守所在，为民加福。何期授官任事者，忘修福民之德，务在循

① 张廷玉，等．明史：卷128，刘基传．3782．
② 同①3781．
③ 朱元璋．明太祖集：卷7，谕恋阙臣僚敕．137．
④ 朱元璋．明太祖集：卷4，翰林承旨诰．68．
⑤ 朱元璋．明太祖集：卷7，谕群臣务公去私．135-136．

私，残害其民。当犯之日，殊古制法，纵之以宽，若非生成志人君子，其学道慕贤者，莫不从而肆欲以由之，所以谨法如古，犯者律如条章。然虽如是，其作聪明之徒及愚蠢之辈，终莫可禁。①

朱元璋征召、选拔、任用士大夫的政策同时带有强迫色彩。朱元璋对士大夫的认知存在矛盾心态，一方面治理国家必须用士大夫，另一方面厌烦士大夫对朝政的评判和审视。朱元璋“寰中士夫不为君用科”的创立和士大夫“断趾不仕”现象的出现是这种冲突的外在表现。士大夫研修儒学成为招致祸患的因素，洪武朝的士大夫自此失去游离于权力之外的自由。

（二）控制士大夫过程中的严密性和残酷性

洪武朝的政治生态存在士大夫的道统理想与朱元璋政统之间的冲突。由元入明的士大夫，如宋濂、刘基等人以“道统”持有者的认同来辅佐朱元璋建立明朝，开始就怀有“以道辅君”的理想。刘基在《二鬼》诗中指出“悉蹈礼义尊父师”，认为建设国家必须推行孔子的礼乐文化。宋濂的《孔子庙堂议》申明，礼乐必须以孔子儒家先贤为法则，祭祀孔子，端正国家道统。高启在《送江浙省掾某序》中指出：“盖诗、书、礼、乐所以明道，律、令、章、程所以从政，不明乎道，则无以知出治之本，不从乎政，则无以周辅治之用。”② 士大夫对道统的坚持一旦冲击朱元璋的政统地位，就会对君臣双方都产生影响，对朱元璋来讲即强化君权，以政统压制道统；士大夫在忍受皇权压制的状态下也会出现脱离政治的心态。即便是被朱元璋褒奖为贤者、开国文臣之首的宋濂，其在洪武政权中的政治角色仅仅是侍讲学士兼赞善大夫，处内廷供咨询而已，最终被牵扯进李善长案件中而客死他乡，重要谋臣刘基亦不得善终。朱元璋在《废丞相大夫罢中书诏》中指出：

朕膺天命，君主华夷。当即位之初，会集群臣，立纲陈纪，法体汉唐，略加增减，亦参以宋朝之典。所以内置中书都府、御史台、六部，外列都指挥使司、承宣布政使司、都转运盐使司、提刑按察司及府、州、县，纲维庶务，以安兆民。朕尝发号施令，责任中书，使刑赏务当。不期任非其人，致有丞相汪广洋、御史大夫陈宁昼夜淫昏，酣歌肆乐，各不率职，坐视废典，以致丞相胡惟庸构群小夤缘为奸，或枉法以惠罪，或执政以诬贤，因是发露，人各伏诛。特诏天下：罢

① 朱元璋．明太祖集：卷7，谕举到人材．136．

② 高启．凫藻集：卷3，送江浙省掾某序．景印文渊阁四库全书，第1230册．288．

中书广都府，升六部，使知吏官定制，行移各有所归，庶不紊烦。

鸣呼！周职六卿，康兆民于宇内；汉命萧曹，肇四百年之洪业。今命五府、六部详审其事，务称厥职。故兹诏谕。①

明初创制之时的官制体系也印证了朱元璋加强皇权的思想："明官制，沿汉、唐之旧而损益之。自洪武十三年罢丞相不设，析中书省之政归六部，以尚书任天下事，侍郎贰之。而殿阁大学士只备顾问，帝方自操威柄，学士鲜所参决。其纠劾则责之都察院，章奏则达之通政司，平反则参之大理寺，是亦汉九卿之遗意也。分大都督府为五，而征调隶于兵部。外设都、布、按三司，分隶兵刑钱谷，其考核则听于府部。是时吏、户、兵三部之权为重。"② 这个体系支撑起明朝整个国家权力体系，是朱元璋创立国家之时政治制度的体现。其中洪武之时皇帝"自操威柄"，士大夫"鲜所参决"，也证明了洪武时期士大夫在政治中处于次席地位，国家大政方针取决于皇帝的圣裁。决定权在于皇帝，士大夫并无决定权。由朱元璋亲自撰写的国家刑事法规《大诰》中规定："寰中士夫不为君用，是外其教者，诛其身而没其家，不为之过。"解缙对设立"不为君用科"的评论为：

建不为君用之法，所谓取之尽锱铢；置朋奸倚法之条，所谓用之如泥沙。监生进士，经明行修，而多困于州县，屈于下僚；孝廉人材，冥蹈瞽趋，而或布于朝省，骤历清华。椎埋嚣悍之夫，阘茸下愚之辈，朝捐刀镊，暮拥冠裳，左弃筐箧，右绾组符。剔履之贱，衮绣巍峨；负贩之佣，舆马赫奕。虽曰立贤无方，亦盍忱恂有德。是故贤者羞为之等列，庸人悉习其风流。以贪婪苟免为得计，以廉洁受刑为饰辞。故有无钱工役无盘缠之俚谚，胡膀官人没商量之童谣。出于吏部者无贤否之分，入于刑部者、无枉直之判。黜陟无章，举错乖方。八议之条虚设，五刑之律无常。③

"取之尽锱铢"与"用之如泥沙"两语点明朱元璋用士政策的核心精神。钱穆在谈到朱元璋对于士大夫的矛盾心态时也指出："明祖一面废宰相，用重刑，一面却极看重学校。明祖盖知政治不得不用读书人，故一面加意培植养成，一面却设法削其权任，杀其气焰。"④ 这种矛盾心态直接

① 朱元璋. 明太祖集：卷2，废丞相大夫罢中书诏. 30.

② 张廷玉，等. 明史：卷72，职官志一. 1729.

③ 解缙. 文毅集：卷1，大庖西封事. 601.

④ 钱穆. 国史大纲. 681.

影响了朱元璋对士大夫的政策和态度。废除宰相是朱元璋这种矛盾心态的政治实践，朱元璋深知朝政必用士大夫才能顺利进行，但是必须除去士大夫群体的首脑，才能放心士大夫为我所用。清代史家魏禧在《魏叔子文集》中指出："洪武中惩胡惟庸之乱，遂削宰相之官，然人才庸下，视宋加甚。李贤、张居正其才足任，乃又以骄吝失之。呜呼！此三百年之所以无相业也。"① 并指出宰相的政治价值：

> 相臣者，天子之下一人而已。相臣贤，则可使天子之不贤者从而之贤；相臣不贤，则天子虽有励精图治之心，其力能抑塞之于上，而其党援足盘踞扞格于其下。且夫居官守职，奉法无罪，百执事之贤也。天下治安之日，摄然无事，恒有大难大疑，出耳目智虑之外，此二三小臣所不及知，知之而不敢言，言之而不能断然行之，以豫天下之患而定其变，此其事不得不责望于相臣。天地之所不得为，则君为之；君之所不得为，则其相为之。相臣上参天子之柄，下可以达百执事。国家之利害，苟迫于所不得已，则虽逆天子之法，犯群臣之怨，冒天下之大不韪，必且毅然为之而有所不敢避。姚崇以十事要玄宗，伪命之议不行，而李忠定免冠求去，盖不如是则不可以为相也。②

在洪武朝的政治生态中，士大夫失去了游离于政权之外的自由，被强制纳入权力体系中。洪武朝的士大夫处于两难的政治处境中，既不能养望林下，保持与政治的分离状态，又不能通过入仕为官完全实践士大夫的政治理想，却要忍受诏狱和廷杖等非正常刑罚施加的政治压力。

二、建文帝重用儒臣，践行士大夫政治

建文即位后开始大量重用文人士大夫，形成齐泰、黄子澄、方孝孺三人左右朝廷的政治局面。齐泰，原名齐德，因其为官九年而无过失，故被太祖赐名为泰。江苏溧水人，洪武十八年（1385 年）进士，二十八年（1395 年）为兵部左侍郎，太祖死时，齐泰受顾命辅导皇太孙，洪武三十一年（1398 年）提升为兵部尚书。黄子澄，江西分宜人，洪武十八年（1385 年）会试第一名，在东宫任讲读官，后升任太常寺卿。方孝孺，浙江宁海人，师从宋濂，洪武十五年（1382 年）、二十五年（1392 年）两次

① 魏禧．魏叔子文集：卷 1，相臣论．北京：中华书局，2003：32.
② 同①.

被太祖征召，后为蜀府教授，建文即位后被征召回南京，任翰林侍讲学士，更定官制后，改为文学博士。建文元年，方孝孺四十一岁，黄子澄四十八岁，齐泰四十岁左右，成为建文朝政的重要谋划和实施者。从出生的地域来看，三人都来自经济处于优势、文化昌明的江南地区；从年龄上来看，三人均在四十岁左右；从教育背景上来看，齐泰和黄子澄均出身科举，方孝孺师从明初大儒宋濂，其父方克勤在山东任知县，也是儒士，方孝孺接受了优良的儒学教育。因此建文朝后，出生江南的儒家士大夫进入官僚政府后就积极地建议建文帝能够改变洪武时期的政治风格，开创文人治国的政治局面。整体来说，明朝开科举后，选拔的官员多为江南读书人，直到宣德初年，在杨士奇的建议下才施行南北分卷取士的政策。可以推断，在宣德前，明朝整个文官队伍中，江南的士人占据绝大多数，建文朝政治风格与江南士人的政治理想达到契合。

建文朝政治达到了皇权政治和士大夫政治的完全契合，当时由于武人政治、宦官政治、外戚政治等非常态的政治模式均无法形成，建文帝完全接受了儒学教育，其政治信仰、自我认同、权力意识等方面完全是在儒学士大夫的熏陶下形成的。皇帝和士大夫对各自的身份认同、权力责任、价值观念等方面不存在冲突，使得皇权政治和士大夫政治能够融合起来而各自发挥对政治的良性影响。

三、仁宣二帝强调士大夫对君主的辅佐

（一）明仁宗的君臣观念

明仁宗即位后，君臣关系开始发生转变。明仁宗在赠予杨士奇、杨荣、金幼孜三人诰文之时，申明君臣关系观念：

> 凡朕所行，卿等朝夕共见，有未尽善皆当尽言，朕见前代人主，有一履帝位，辄自尊大，恶闻直言，左右之人，虽所亲信，亦畏威顺旨，缄默取容。或贤良之臣，不肯默默，言之一再而不见听，亦退而绝口，以图自全，君臣之间各谓永久富贵，然未久皆致祸败，朕与卿等皆当深以为戒。君臣一体，务始终同心，庶几可以共图利安。①

这段表述的中心思想是，君臣一体，同心同德，方能收天下治平的政果。君臣的政治理想统一于民本主义的精神追求中，《敕谕天下文武群臣

① 佚名. 明仁宗圣政记. 丛书集成续编，第278册. 33.

修政事》曰："天地以生物为德，人君以养民为任。设官分职，简贤任能，所以相成其功……不急之务，一切停罢，慎选贤良，共图维新之治，期与天下安于太平……君臣一体，上下相须。朕勉于修德，尔尚励于忠贞，弼成治化，以跻斯民于雍熙泰和之盛。"① 为实现这种政治局面，明仁宗认为君主和臣子担负不同的政治职责。

第一，君主的职责："代天子民，恪存戒饬，不以小人备任使，不以浮费伤财力，不以刑法先教化，不以贪黩劳士卒。"②

第二，官员的职责："惟忠足以事君，惟仁足以恤人，惟勤则庶事集，惟廉则公道存。"③

最终要实现天下治平、万民安乐的治世景象，这成为君主与士大夫的共同职责，民本主义成为洪熙朝君臣共同的政治追求。

> 铨选必择人，赋税必有常，礼教必修明，兵政必振举，刑罚必平恕，营缮必撙节。凡百政令，必勤审度，以存恤为心。内外相承，兴利除害，休息以蕃其生，劝课以厚其本，兴学劝士以正其俗，以成其才。必使吾民衣食充足，礼让成风，匹夫匹妇，咸得其所，斯为称职。④

三杨等士大夫成为仁宣朝政的主导者，践行"以道侍君""引君当道"的政治诉求。杨士奇为仁宗代言的《敕五府六部等衙门求直言》表达君臣共治天下的理想，这是以官方的形式发布的诏书，这道诏书的政治意味就是要士大夫官僚能尽全力辅佐皇帝，实现天下治平的局面。仁宗表达与士大夫共同治理天下的理想："顾天下之广，庶务之繁，岂一人所克独理，亦赖文武贤臣，相与协力，共图康济。"⑤

洪熙时期是明前期君臣关系变化的关键时期，自此以后，虽然君臣关系仍然具有君权专制的色彩，但是士大夫的政治主体意识、政治自觉却逐渐得到发抒和彰显的机会。

（二）明宣宗的君臣观念

宣宗继承仁宗对君臣关系的认知态度。宣德二年（1427 年）二月，宣宗与杨荣论君臣关系时也指出君臣同心同德是政治得以顺利开展的保

---

① 杨士奇. 东里别集：代言录. 447.
② 同①.
③ 同①.
④ 同①447-448.
⑤ 同①.

障。“古者，君臣莫不同心同德，以成天下之务。君有失，则为臣者匡正之；臣有过，则为君者训戒之。庶几更相警饬，两无猜嫌信。所谓明良相逢千载一遇者也。”① 君臣之间形成互动互补的关系模式是政治得以实施的保证。“自古生民获福，咸由君臣同心同德，图厥成功，亦罔不在初。”② 因此君臣关系才成为五伦之首，关乎整个国家的治乱兴衰。宋代理学强调君主权力的至高无上，绝非单纯意义上的效忠思想，实则是为了维护整个朝政的统一和稳定。君主逐渐成为国家统一的精神符号和政治象征，实际的政治运作交付士大夫官僚阶层，皇帝与士大夫在精神和实践层面各自成为主导者，这种君臣关系模式成为宋代以来士大夫理想中的君臣关系态势。洪熙朝试图恢复建文朝展现的君臣关系模式，是努力恢复宋代以来士大夫政治的表现。

仁宣两朝中央权力体系格局已经转移到以文官士大夫为主体的局面，以杨士奇、杨荣、金幼孜为首的内阁大学士成为朝政的重要咨询者和诏书的起草者，逐渐借助与皇帝的亲密关系践行士大夫的政治理想。外廷六部中夏原吉任户部尚书，总理国家经济财赋，为改革提供财政、赋税、粮饷的支持，掌握国家财政大权；蹇义任吏部尚书，掌握国家的人事任免权。同时三杨被获准参与司法审判，获得司法监督权：“比岁法司滥刑，往往出于锻炼。先帝尝切戒之，故死刑至四五覆奏而后决。自今审录，卿与士奇同之，由是冤抑者多伸理。”③ 仁宣两朝的政治格局是：权力中心为皇权，蹇义、夏原吉、杨士奇、杨荣、杨溥等人组合为辅政体系。明前期皇权专制笼罩下的士大夫政治局面得以初显。经过洪武和永乐两朝的科举制度的孕育后，科举出身的士大夫逐渐成为中央和地方官僚队伍的主体核心，儒家的治国理想不仅在观念上而且在实践层面上在中央和地方社会得以展现。

第二节　明前期士大夫对“皇权”和“士权”的认知

一、洪武朝士大夫的出处观

洪武时期，朱元璋确立了以重典治官的政治风格：

① 杨荣. 文敏集：卷 9，御赐图书记. 122.

② 杨士奇. 东里别集：代言录. 474.

③ 杨荣. 文敏集：附录. 412.

> 太祖开国之初，惩元季贪冒，重绳赃吏，揭诸司犯法者于申明亭以示戒。又命刑部，凡官吏有犯，宥罪复职，书过榜其门，使自省。不悛，论如律。累颁犯谕、戒谕、榜谕，悉象以刑，诰示天下。及十八年《大诰》成，序之曰："诸司敢不急公而务私者，必穷搜其原而罪之。"凡三《诰》所列凌迟、枭示、种诛者，无虑千百，弃市以下万数。贵溪儒士夏伯启叔侄断指不仕，苏州人才姚润、王谟被征不至，皆诛而籍其家。寰中士夫不为君用之科，所由设也。其《三编》稍宽容，然所记进士监生罪名，自一犯至四犯者犹三百六十四人。幸不死还职，率戴斩罪治事。其推原中外贪墨所起，以六曹为罪魁，郭桓为诛首。①

数兴诏狱，官员多被牵连获罪。胡惟庸、蓝玉两狱，被株连处死的官员达到四万，历时十余年。其他如空印案、郭恒案、李善长案都大肆株连屠杀，少则数千，多则数万。洪武时期，士大夫身处一个严酷的政治生态中，进退维谷，左右为难。

（一）元明之际士大夫的立场选择

明朝立国之初，朱元璋恢复的汉族政权曾吸引众多元末士人的归附，如高启、谢徽、刘基、李善长、宋濂、王袆、王彝、高逊志、张简、杜寅、陈基、张孟兼、胡翰、陶凯、朱右等被授予文职，曾经也出现文士立国的政治风貌，但是随着洪武政治生态趋于恶化，大量的士人先后挂冠而去，远离政治，希图养望林下。士大夫对明朝的态度大致可分为抗拒、归隐、入仕三途。决定士大夫入仕还是归隐的根本原因在于道统是否取得独尊的地位而成为国家政治治国理念的核心。"君子隐居以求志，不以渔钓为可贱。"② 王袆言："仕与隐，其趋不同也。古之君子未尝不欲仕，特恶不由其道耳。"③

1. 拒绝入仕明朝的故元士大夫

元明之际，政权的更迭带来士大夫政治立场选择的差异。士大夫虽在元朝不受重用，但是某些士人仍然对元朝的政治统治给予好评："元朝自世祖混一之后，天下治平者六七十年。轻刑薄赋，兵革罕用。生者有养，死者有葬。行旅万里，宿泊如家。诚所谓盛也矣。大抵北人性简直，类能

① 张廷玉，等. 明史：卷94，刑法志二. 2318.
② 林弼. 林登州集：卷14，浣花渔者诗序. 景印文渊阁四库全书，第1227册. 117.
③ 王袆. 王忠文集：卷8，青岩山居记. 景印文渊阁四库全书，第1226册. 166.

倾心以听于人。故世祖既得天下，卒赖姚枢牧庵先生、许衡鲁斋先生诸贤启沃之力。”① 元末江南士人的生存境遇亦很优越：“当胜国时，法网宽，人不必仕宦。浙中每岁有诗社，聘一二名宿，如廉夫辈主之。刻其尤者为式，饶介之仕伪吴，求诸彦作醉樵歌，以张仲简第一，季迪次之，赠仲简黄金十两，季迪白金三斤。”② 江南乃至北方文士，虽然不能获得尊崇的政治地位，但有了更为自由的精神空间，延续立德、立言的士大夫传统。出处进退成为当时一般儒士的共同问题，也是元明之际时情世态的特殊表征之一。

元朝至正年间进士蔡子英是扩廓帖木儿的幕僚。明太祖强征其入朝，子英不接受所授官职，上退书如下：

> 陛下乘时应运，削平群雄，薄海内外，莫不宾贡。臣鼎鱼漏网，假息南山。曩者见获，复得脱亡。七年之久，重烦有司追迹。而陛下以万乘之尊，全匹夫之节，不降天诛，反疗其疾，易冠裳，赐酒馔，授以官爵，陛下之量包乎天地矣。臣感恩无极，非不欲自竭犬马，但名义所存，不敢辄渝初志。自惟身本韦布，智识浅陋，过蒙主将知荐，仕至七命，跃马食肉十有五年，愧无尺寸以报国士之遇。及国家破亡，又复失节，何面目见天下士。管子曰：‘礼义廉耻，国之四维。’今陛下创业垂统，正当挈持大经大法，垂示子孙臣民。奈何欲以无礼义、寡廉耻之俘囚，而厕诸维新之朝、贤士大夫之列哉！臣日夜思维，咎往昔之不死，至于今日，分宜自裁。陛下待臣以恩礼，臣固不敢。③

蔡子英拒绝入仕新朝的理由被朱元璋所接受，遣官送蔡子英归塞北。④ 另一由元入明士人张昶累官至中书省参知政事，有才辩，明习故事，裁决如流，甚见信任。自以故元臣，心尝恋恋，至有“身在江南，心思塞北”的感慨。⑤ 这类士大夫拒绝入仕明朝的根本原因在对君臣之义的坚持，这种君臣关系的伦理定义超越了华夷之别的认知。其本身的政治选择符合儒学忠君思想的道德理念和政治信仰，是对儒家经义的坚守。元明

① 叶子奇. 草木子. 北京：中华书局，1959：47.

② 王世贞. 弇州四部稿：卷149. 407.

③ 张廷玉，等. 明史：卷124，蔡子英传. 3714.

④ 明太祖实录：卷110. 洪武九年冬十二月己卯.

⑤ 张廷玉，等. 明史：卷124，扩廓帖木儿传. 3713.

鼎革之际，士人拒绝入仕，逃离政治之外，一方面在于朱元璋试图集政统与道统于一身，剥夺士大夫道统持有者的身份；另一方面在于朱元璋在洪武时期建构的政治语境改变了元代士人所处的自由自在、了无顾忌的宽松文化语境。所以，朱元璋以“驱除鞑虏”为口号，恢复华夏汉族正统的政治感召，仍然因其与元末士人道统思想的冲突，而出现拒绝入仕新朝的士人。汉族士大夫对元政治持有政治归属感曾是一件令人困惑之事。全祖望就曾评论：“鹤年以朝不坐、燕不与之身，岂有故国故君之托寄。况又出自西域，非有中原华阀之系望，乃欲以藜床皂帽，支持一代之星火，其亦闲世之豪杰也已。”① 其根本原因在于元明之际的士大夫并没有在洪武时期实现道统和政统合一的理想追求，并且其道统的身份又受到朱元璋皇权的压制，最终与新朝决裂。

2. 积极入仕的士大夫

明朝入仕士人的理念核心是：华夷之辨高于君臣之义，在严守华夏和夷狄之别的基础上才能践行君臣之义，元朝的政权本身就违背了华夷有别的政治伦理秩序，那么建立于元朝政权中的君臣关系就是不符合政治伦理的，元朝的君臣之义既然不存在，元朝的士大夫入仕明朝就不存在道德伦理上的障碍。朱元璋就是以“驱除鞑虏，恢复中华”为政治宣传口号，激发起士大夫对华夷天下秩序重建的信心，获得部分元朝士大夫的支持。刘基、李善长、宋濂、章溢等人均是开国前后的名儒。如宋濂就声言：“士君子立志，孰不欲建功名、垂竹帛哉？”② 朱元璋建立以华夏汉族为主体的政权，恢复了传统的华夷天下的秩序，为士大夫提供了践行儒家治国理想的舞台：

> 大丈夫而遇圣神之主，承信任之隆而居方伯之位，得施赏罚号令于千里之内亦荣矣哉。信荣矣，而君子不敢以为乐也。君信则望臣者深，君之信任者隆，则后世责吾者重。所居者高而所治者广，则斯民议吾者众。议吾者曰：“承君之任，如是之大也，而敷君之德以泽吾民者，犹有未至也。”后世责吾者曰：“彼之得君如此之隆也，而其事业若斯之隘也。”吾之君如尧舜矣，吾犹未及古之贤臣，吾可不自省欤？合三者而思之，上恐负吾君，中恐负吾民，下恐不免后世之求备。将日夜忧之之不暇矣，奚取乐乎？虽然吾才苟不足居乎位，固不

① 全祖望．鲒琦亭集外编：卷18，海巢记．续修四库全书，第1429册．634.
② 宋濂．文宪集：卷19，元故文林郎同知重庆路泸州事罗君墓志铭．140.

敢乐也。诚有才焉，斯民有未安也，吾告于君而图安之。斯民未入乎善也，奉吾君之道而教之，大而国家之法有未著也，吾以所得者告于君，为后世虑者或未至也，吾将为之赞助焉。则可以不愧吾之职矣。吾职之不愧则吾心可乐矣，岂若无能者而戚戚为哉！①

宋濂在明初的政治中从考订礼乐制度、辅导太子读书、传播儒学思想等方面发挥了积极的作用。其得意门生方孝孺后来成为建文朝文治思想积极的倡导者和士大夫政治的推行者，使得从洪武到建文时期的士大夫政治的血脉一直在汩汩流动。

解缙是洪武后期深得朱元璋赏识和信任的士大夫，与朱元璋"形同君臣，义同父子"。其在《太平十策》中从十个方面为朱元璋建言："一曰参井田、均田之法，二曰兼封建、郡县之制，三曰正官名，四曰兴礼乐，五曰审辅导之官，六曰新学校之政，七曰省繁冗，八曰薄税敛，九曰务农，十曰讲武谨。"所谓"太平十策"，其中心主旨即是实现天下的"太平"，这是儒家士大夫的终极理想追求。为了实现治天下太平的目的而必须要回归和端正治国的政治理念，即恢复三代的"道统"思想。"有尧舜三代之君，而法尧舜三代之治，则超越唐宋而太平千万世者，理道之必然也。"②

（二）洪武时期士大夫的自我认同

1."君子"是从道德角度的一种自我认同

朱元璋对士大夫的认同也是以"君子"为之，并且认为君子之道关乎国家的治乱兴衰："君子之道行，是为万幸；君子之道不行，是为不幸。非道不行也，乃是君子之不才，致道有滞于一时。"③ 建立太学的目的也是在培育君子，"仲尼之道，上师天子，下教臣民，始汉至今，曾有逾斯道而久于世者乎？……惟学校之设，国之首务……期在育君子，必履仲尼之道，以助后嗣，共安天下之苍生"④。建立学校的目的在于用孔子之道培育君子，而后君子用孔子之道治理天下的百姓。君子成为学校、儒道、百姓的关联者和统一体。宋濂所谓"为君难，其所谓难者，何也？盖以四海之广、生民之众受寄于一人。敬则治，怠则否；勤则治，荒则否；亲君子则治，近小人则否。其机甚微，其发至于不可遏，不可不谨也。所

---

① 宋濂．文宪集：卷8，送李参政之官广西序．458.

② 解缙．文毅集：卷1，太平十策．603.

③ 朱元璋．明太祖集：卷8，翰林编修马沙亦黑马哈麻敕文．153.

④ 朱元璋．明太祖集：卷8，谕太学生．160.

以二帝、三王相传心法：曰德、曰仁、曰敬、曰诚，无非用功于此也。治忽之间，由心之存、不存何如耳!”① “德”“仁”“敬”“诚”四者成为天下治乱兴衰的精神核心。“古之君子，学以善其身，非务幸取荣富。”② 这界定了士大夫“学而优则仕”的政治追求。“君子之传世，不必同也。或见于文辞，或著于事功，要其所以自致者。”③ “君子用于世，不系职之巨细，在伸道、行志、求尽责任，由此高显可济。譬之水焉，始自涓流，积成溪河，汩汩不已，必将至于海也。”④ 君子具有明确的政治理念和道德信仰，故此能成为一股是非价值的评判力量。“天之所以予人，人之所以得乎天，非上智之资，其性鲜有不偏者焉。唯君子为能矫其偏而归于正。”⑤ 君子与众人的区别在于价值追求的不同，重视内心的精神信仰和追求，而轻视外在利益。“古之所谓君子者，不厚己以竞名，不薄人以计利。盖其在内者重，而在外者轻也。内者重，故难进；外者轻，故易退。礼义之道在是矣。”⑥ 君子与小人的政治追求和价值取向不同：“君子之于小人，察其所趋而已。”⑦ 宋讷就指出：“君子所以大过人者，独立不惧，遁世无闷。”⑧

其余如高启的《大全集》《凫藻集》，以及杨基的《眉庵集》、胡翰的《胡仲子集》、苏伯衡的《苏平仲文集》等文集中，士大夫也多是以君子自居。

2. “士”是士大夫在政治场域中的自我认同

“君子”的身份定位强调士大夫于道德礼仪、精神追求、行为规范等方面的自我约束和认同，是一种内在的行为修养，仅是其政治理想中的修身层级。从修身到齐家、治国、平天下，就进入士大夫在政治场域中的作为和身份认同。“儒者，怀道艺不独美其身，务以致用于时也。当其得位，行志勋绩显于朝，声名流于世，固足荣矣。”⑨ 而进入政治场域后，士大夫仍然具有独有的身份特征，就是“气节”和“道义”两点。如宋濂在

---

① 宋濂．文宪集：卷 1，致仕谢恩笺．239.
② 陶安．陶学士集：卷 12，送冯生序．景印文渊阁四库全书，第 1225 册．722.
③ 王祎．王忠文集：卷 5，杨季子诗序．104.
④ 陶安．陶学士集：卷 17，青山酌别记．景印文渊阁四库全书，第 1225 册．778.
⑤ 王祎．王忠文集：卷 9，韦斋记．199.
⑥ 林弼．林登州集：卷 9，送叶教谕归建序．景印文渊阁四库全书，第 1227 册．78.
⑦ 危素．说学斋稿：卷 2，送史县尹诗序．景印文渊阁四库全书，第 1226 册．697.
⑧ 宋讷．西隐集：卷 5，容膝轩记．景印文渊阁四库全书，第 1225 册．847.
⑨ 陶安．陶学士集：卷 11，送总管贾凫山序．713.

《歙县孔子庙学记》中指出："士之生其间者，或以气节著，或以道艺名。"① 气节和道义成为士大夫现实的存在价值、意义之所在。这种认知成为洪武朝士大夫普遍的价值取向和政治追求：

> 士之特立于世者，其品有三：修于道德者上也；发于事业者次也；著于言辞者又其次也。仁、义、礼、乐养其性，孝、友、忠、信达于人，安土而乐天，足乎已无待乎外。虽未及于事业，言辞绰然有以自重，道德修之于身者，然也。得其位，行其学，功可以济时，泽可以被物，振誉于朝廷，垂光于竹帛。则又视言辞为不暇，唯隐处晦厄，研经稽古，不得施于世，乃苦心殚力，旁求精思，一皆托之言辞，顾岂不欲发于事业哉？穷达之势殊也。②

洪武时期的士大夫在"君子""士大夫""儒者"这三种身份中，以"士当治世，思欲致用"的追求而参与到政府的运作中来。③ 士大夫自认为是道义和伦理的独家所有者，"古之君子，出其才智经济事物，风节闻于人，勋业光于朝，设施皆得其道者，素定于未达之时也"④。天然的责任感和使命感促使其发挥对政治的影响力，实现以孔孟的道统思想领导国家的治统的政治目的。"天下之学原于理……儒者为学，务以理胜，犹元气也。"⑤ 达到为天下万民谋福祉的政治目的。并且认为"道在天地间，经纬、人文、纲纪、世教，无一息不存。其明与晦，系乎人而已矣"⑥。士大夫是这种道德的唯一所有者，只有坚持治理国家的道统思想，才能实现国治的局面。他们自认为是君子，被天然赋予自然和纯然之气，与小人、商人、工匠、军户、匠户形成天然的差异性。这种政治诉求引导着士大夫积极参与到国家的治理和运行中来，当时的政治生态虽然给予了士大夫一定的活动空间，但是洪武时期独裁而专制的皇权却严重压抑和左右了士大夫权力与士大夫政治的展开。朱元璋通过察举、征召、科举等方式选拔天下优秀儒士，洪武朝的士人政策却徘徊和游动于"征求人才"与"训练奴才"之间。"人才观"与"奴才观"的冲突促使洪武时期的士大夫在君子的认同与臣子的认同之间存在矛盾和冲突。但是坚守君子身份是士大

① 宋濂．文宪集：卷 2，歙县孔子庙学记．261.
② 陶安．陶学士集：卷 11，送游景达序．711.
③ 陶安．陶学士集：卷 11，送燕叔义序．718.
④ 陶安．陶学士集：卷 11，送毛公礼序．708.
⑤ 陶安．陶学士集：卷 11，送刘仲彬序．707.
⑥ 陶安．陶学士集：卷 12，伊洛渊源录序．723.

夫自我认同的精神内质和灵魂。“明善复初，儒者之学也。学以济时行道为心，儒术饰吏似济时矣，其从事则法律焉。天下亦岂有舍儒而可以为吏者，儒道与天地并，扶天经、立人纪。自古有天下者，曷尝一日无所待于儒乎？甚矣，吾儒有益于国家而成致治之功也。”①

洪武九年（1376年）在朱元璋向全天下的儒士征求治理国家的意见时，山西太原地区的一个儒学教师叶伯巨就直言当时政治的三大弊端：“臣观当今之事太过者三：曰分封太侈也，曰用刑太繁也，曰求治太速也。”这三者是洪武期间政治的三大症结。第一，分封太过：“分封逾制，祸患立生，援古证今，昭昭然矣。”第二，刑罚严酷：“使刑政不立而强暴得以相陵，则国非其国矣。使刑罚繁苛而政治促急，则民无所措手足矣。”第三，求治太速：“盖天下之治乱，气化之转移，人心之趋向，皆非一朝一夕之故。致治之道，固不可骤……或朝信而暮猜者有之，昨日所进今日被戮者有之，乃至甫令而寻改，已赦而复收，天下臣民莫之适从，甚不称主上求治之心也。”叶伯巨同时给出解决以上三大弊政的方法，其核心思想是用儒家治国理念重新把政治导入仁政和民本的轨道上来：“刑以威之，礼以导之，渐民以仁，摩民以义，而后其化熙熙。”具体实施起来可以分为三个层面：中央朝廷、地方长官、风宪官员。中央朝廷要“敦礼义，尚廉耻”。地方长官要“先礼义，慎征赋，而以农桑、学校为急务”。沟通中央和地方的风宪官员则要“先教化，审法律，而以平狱、缓刑为最切”。这样从地方到中央形成三个层级相互关联的管理模式，思想统一，政治理念趋同，必然能收到治理天下的效果。但是将这一切政治理想付诸实施的关键因素在于以君子自居、以天下为念的士大夫官僚能有效地贯彻儒家治国理念。洪武朝严酷的政治生态却没有给士大夫提供践行儒家政治理想的空间和舞台：

> 古之为士者，以登仕版为荣，以罢职不叙为辱。今之为士者，以混迹无闻为福，以受玷不录为幸，以屯田工役为必获之罪，以鞭笞捶楚为寻常之辱。其始也，朝廷取天下之士，网罗捃摭，务无遗逸，有司敦迫上道如捕重囚，比致京师，而除官多以貌选，故所学或非其所用，而其所用或非其所学。洎乎居官，一有蹉跌，苟免诛戮则必在屯田工役之科，率是为常，不少顾惜，此岂人主乐为之事哉？欲人之惧而不敢犯也。窃见数年以来诛杀亦可谓不少矣，而犯者日月相踵，岂

① 宋讷．西隐集：卷6，送田文起序．869．

下人之不惧法哉？良由激浊扬清之不明，善恶贤愚之无别，议贤议能之法既废，以致人不自励而为善者怠。①

士大夫自我认同中的思维价值取向与朱元璋对士大夫的认知存在矛盾。就士大夫而言，明朝建国后形成的政治生态，一方面没有建立起优礼士大夫的祖制规范，另一方面也没有激发起士大夫如宋代士大夫般高度发展的政治主体意识。也就是说，明朝建国之初形成的政治文化的基调并非以士大夫和士大夫政治为核心，而是以皇权专制为灵魂。“寰中士夫不为君用科”的设立透视了在洪武朝严峻的政治生态下，文人儒士逃避政治场的价值取向和在这种取向下朝廷逼迫文人入仕的无奈之举。朱元璋对士大夫的认知存在从元朝继承而来的家奴的性质定位，元朝以吏用士大夫的传统仍然发挥着历史影响。朱元璋对于士大夫更多是为政权的需要而征召选拔，绝少关注士大夫内心对政权的认知和自我主体的认知。因此，朱元璋和士大夫之间存在矛盾是朱元璋奴化士大夫的强势心理与士大夫始终存在的政治主体意识之间冲突的表现。直接的外部表现即是诏狱、廷杖方式在洪武时期的出现和施行。

二、方孝孺的君臣共治理念

从宋濂到方孝孺的师承传统是明初从洪武到建文期间士大夫自我认同逐渐形成和得以明确的表现。洪武时期士大夫以宋濂、章溢等为代表，以“君子”的道德维度规范自我的言行和政治行为，以“士”的政治角色发挥在政治场域中的主导性作用。到建文朝后，方孝孺的思想成为士大夫自我主体意识完全形成和展现的典范。方孝孺在继承洪武时期宋濂等士大夫对君子和士的认知理念基础上，对“君子”和“士”开始有明确、细致的认知与解读。方孝孺自我认同的核心仍是“君子”的身份认同，但是他细致区分了“君子”和“小人”两者之间的差异性。方孝孺坚持“气”的一元论，认为“气”是构成世界万物的本原：“是气行乎天地之间，而万物资之以生。”② 人也是由气所生成，但是气有“清”和“浊”之分，因此就分成“圣人”和“众人”，而在众人到圣人的过渡层还有君子这个层次：“清气之在天地间，得其纯全之会，则为圣贤人；得其浇驳之余，则为庸

① 叶伯巨．应求直言诏上书//明臣奏议：卷1．18-24．

② 方孝孺．逊志斋集：卷1，宗仪九首·体仁．50．

众人。”① 他认为区分“君子”和“小人”是天下众人的分类之法。“君子”和“小人”的区别在于君子是道统的所有者：“惟有慕道德之志，然后可以当大任；有轻贵富之心，然后可以成大功，是岂庸人所能及哉?”② “杀生而取义”是君子应当义无反顾承担的。重视名节，生死符合“礼”与“义”，同时君子生死关乎天下而有益于世教。作为君子的士大夫，其积极入仕的心态也彰显其政治追求：“士之志：上者在道德，次者在勋业，下者在利禄。”③

方孝孺认为宋代朱子理学思想提倡的道是天下的元气。“元气者，斯道是也。自朱子殁，斯道大坏。”④ 他的著作学说均取自宋儒，时人也以“程朱复出”来比喻方孝孺。如他沿袭司马光的君主观：“天生蒸民，其势不能自治，必相与戴君以治之。苟能禁暴除害以保全其生，赏善罚恶使不至于乱，斯可谓之君矣。”⑤ 又如他的正统论沿袭欧阳修之说：“传曰：《春秋》大居正，又曰王者大一统，此正统之名所由本也。”这种说法与欧阳修正统论的观点非常接近。饶宗颐就对方孝孺的正统理论评论为：“方氏《释统》之作，足与欧阳修媲美，实为正统论之后殿。史学史上不可磨灭之大文章，须亟为表扬也。”⑥ 认为欧阳修的正统理论因方孝孺的继承而得以发扬。方孝孺的政治价值在于他是明前期理学恢复后的一个鲜明表征，在他的身上印证和彰显了宋以来的理学在明前期的全面恢复，形成道统传承者的身份认同，重新恢复理学理念中的君臣关系位势和政治场域中的主体地位。

方孝孺政治思想学说的根源在于其朴素的世界本原学说：

> 昔天地未分，名曰混沌，混沌以后，名曰太乙，太乙以后，名曰太始，太始以后，名曰太初，太初以后，名曰开辟，开辟之时，始分天地。清气上而为天，有日月星辰。浊气下而为地，有山川草木。其气清浊以成形，结而为人、禽兽、万物之象。清气结而升者为圣人，浊气混而下者为凡庶。其类各有四大之形，同禀五常之性。性者，情也。有情则受命，并受天地自然之气。结为男女，则有夫妻。既有夫

① 方孝孺．逊志斋集：卷16，贮清轩记．547.
② 方孝孺．逊志斋集：卷14，送凌君入太学序．475.
③ 方孝孺．逊志斋集：卷14，送危泰生序．474.
④ 方孝孺．逊志斋集：卷11，答刘子传．351.
⑤ 司马光．通鉴//饶宗颐．中国史学上之正统论．110.
⑥ 饶宗颐．中国史学上之正统论．58.

妻，则有父子。既有父子，则有兄弟，则有朋友。既有朋友，则有爵禄，则有谥号，则有封邑。既有封邑，则有茅土。既有茅土，则有亲疏，则有宗族。既有宗族，则有谱序。①

这种朴素的世界本体论思想奠定了方孝孺基本的政治理念。

（一）天命观念

方孝孺相信天命，主张“士不可以不知命”②，“君子信道而安命”③。天是人间秩序和道德伦理最终的裁决者。方孝孺等士大夫坚守天命观的最根本的政治寓意是用天命监督君权，使得君权始终处于天命的笼罩下。“善于知天者，不敢恃天命之在我，而惟恐不足以承天之命。不敢以天下为乐，而以天下为忧。视斯民之未安，犹赤子之在抱。养之以宽，而推之以恕，泽之以大德，而结之以至诚，使其心服于我，而不能释，然后天命可得而保矣……知天命之永与促，视乎创业之主可见矣。创业者之仁不仁，天命民心之所去就也。”④ 方孝孺等士大夫认为儒学所具有的理念世界是最符合天命的，君主必须得到儒生的支持才能获得天命的支持。士大夫借助天命观念、天象变化而规谏君主。

（二）重“民”轻“君”

方孝孺认为百姓是天下的根本，君主得民心则治，失民心则乱。“夫人民者，天下之元气也。人君得之则治，失之则乱，顺其道则安，逆其道则危。”⑤ 民本主义是士大夫的终极价值追求，“予拳拳之心为天下生民虑”⑥。君主的政治责任在于保护和养育天下百姓，并非百姓供养君主。“故天之立君，所以为民，非使其民奉乎君也。”君主承上天的旨意管理天下的百姓，非为一己之私欲而行使。“故天之立君也，非以私一人而富贵之。将使其涵育斯民，俾各得其所也。”⑦ 方孝孺的《逊志斋集》卷三有《君学》《君量》《君职》三篇文章，这三篇文章规定了君主的政治职责。如《君职》中明确规定了君主所应该具有的政治行为：“能均天下之谓君，臣覆兆民之谓君，立政教，作礼乐，使善恶各得其所之谓君。”⑧ 天命君

① 方孝孺．逊志斋集：卷13，族谱序．425．
② 方孝孺．逊志斋集：卷1，右第二十三章．18．
③ 方孝孺．逊志斋集：卷1，右第三十三章．19．
④ 方孝孺．逊志斋集：卷2，深虑论七．68．
⑤ 方孝孺．逊志斋集：卷2，深虑论二．62．
⑥ 方孝孺．逊志斋集：卷2，后正统论．61．
⑦ 同④．
⑧ 方孝孺．逊志斋集：卷2，君职．77．

主的初始原因在于："生民之初，固未尝有君也。众聚而欲滋，情炽而争起，不能自决，于是乎有才智者出而君长之。世变愈下，而事愈繁，以为天下之广，非一人所能独治也。于是置为爵秩，使之执贵贱之柄，制为赏罚，使之操荣辱修短之权……故天之立君，所以为民，非使其民奉乎君也……天之意以为，位乎民上者，当养斯民；德高众人者，当辅众人之不至。固其职宜然耳，奚可以为功哉?"① 君主最根本的任务是养民，官僚士大夫代表君主养育百姓。"夫天之立君者何也? 亦以不能自安其生而明其性，故使君治之也。民之奉乎君者何也? 亦以不能自治与自明，而有资乎君也。如使立君而无益于民，则于君也何取哉? 自公卿大夫至于百执事，莫不有职。而不能修其职，小则削，大则诛。君之职重于公卿大夫百执事远矣。怠而不自修，又从侵乱之，虽诛削之典莫之加，其曷不畏乎天邪?"②

方孝孺认为君民关系是君职在养民，民职不在奉上；君臣关系是臣受职于君，但是君职受命于天，最终的权力来源于天。臣不作为，君可以给予处罚，但是君不作为，也要受到上天的处罚。"天"是君臣二者权力的共同来源，"民"是君臣二者共同的职责所向：

> 受命于天者，君也。受命于君者，臣也。臣不供其职，则君以为不臣。君不修其职，天其谓之何? 其以为宜然而祐之耶，抑将怒而殛绝之耶，奚为而弗思也? 天与人其形虽殊，其好恶去就，不甚相远也。使君命一人焉而治民，而困踣之，厉虐之，其有不怒者乎? 怒而能全其禄位乎? 天之于君，虽不若君臣相接之明且著，然未尝不明且著也。幸其未形以为无忧，幸其未至以为爱已，呜呼，其可果恃也乎。③

(三) 重"义"轻"法"

方孝孺认为道德和仁义是治理天下的根本，法律和刑罚是仁义之外的补充。"无法不足以治天下，而天下非法所能治也。……圣人之治，不恃斯民畏吾之法，而恃其畏乎名。不恃其畏乎名，而恃其畏乎义。"④ 政治的弊端就是天下的治理完全靠法律统治。"政之弊也，使天下尚法。学之

---

① 方孝孺. 逊志斋集：卷 2，君职. 77.

② 同①.

③ 同①.

④ 方孝孺. 逊志斋集：卷 3，治要. 77-78.

弊也，使学者尚文。国无善治，世无圣贤，二者害之也，何尤乎人。”①方孝孺提出，重义轻法理念的现实思想来源是洪武时期重典治国、数兴诏狱、诛杀太过的现实。其师宋濂、其父方克勤也都因牵扯进诏狱案件而死，这使方孝孺认识到仅仅依靠法律不足以治理国家，国家的治理之本在于端正天下的人心。他把法律比喻为中药，药可以治病，却无法使人不得病。“药石所以治疾，而不能使人无疾。法制所以备乱，而不能使天下无乱。不治其致疾之源，而好服药者未有不死者也。不能塞祸乱之本，而好立法者未有不亡者也……夫天下固未尝好乱也，而乱常不绝于时，岂诚法制之未备与？亦害其元气故也……其治乱安危之机，亦有出于法制之外者矣。人常拘拘焉尽心于法制之内，而不尽心于法制之外，非惑与?”② 这里的元气就是仁义之气，此气正，天下才可治。在《深虑论五》中，方孝孺详细论证了“仁义”和“刑罚”在国家治理中的差异化：

> 治天下有道，仁义礼乐之谓也。治天下有法，庆赏刑诛之谓也。古之为法者，以仁义礼乐为谷粟，而以庆赏刑诛为盐醯，故功成而民不病。弃谷粟而食盐醯，此乱之所由生也。山谷之民，固多不待盐醯而生者矣，其害不过羸惫而无力。以盐醯为食，不至于腐肠裂吻而死，岂遂止哉？人性非好死也，常趋死之道而违生者，告之者非也……故三代之民，非异于后世之民也。后世之民常好乱，而三代之时未尝有一民为乱者，治之者异也。仁义礼乐入其心，民虽知可以为乱而不能。赏罚旌诛动其心，民虽欲为乱而不敢。不能者有所耻，而不敢者有所畏也。治天下而能使人耻于为非，虽无刑罚可也。恃法威而使民畏，民其能常畏乎？及其衰则不畏之矣。三代以下，虽有贤主，而不足致治者，欲使民畏，而不知仁义礼乐之说也。故为治不可以不察也。③

天下的治理必须以仁义和道德为主，以法律和刑罚为辅。如果一味重视法律而轻视道德，法律在治理天下的过程中就会伤害天下的仁义之气而不能达到治理天下的目的。“故民易治也，在乎治之有法。法可行也，在乎养之有道。”④

① 方孝孺. 逊志斋集：卷 1，右第三十五章. 20.
② 方孝孺. 逊志斋集：卷 2，深虑论二. 62.
③ 方孝孺. 逊志斋集：卷 2，深虑论五. 65-67.
④ 方孝孺. 逊志斋集：卷 3，民政. 83.

方孝孺进而提出公私义利之辨："然而人宁舍其生以徇利，而不肯勉其身以为义。死于利者，首交于世；而为义死者，历数百年，无一人。岂其所重在彼，而所轻在此哉！知利之可以养生，而不知其可以伤生；知义之或至于杀身，而不知杀身之可以不朽也。"① 这一表述论证了方孝孺重公轻私、重义轻利的思想。

（四）"复古"而不"泥古"

方孝孺提倡恢复上古的"井田之制"，这在《论井田》一文中能够得到证实。同僚好友王叔英在给他的信中规劝他放弃这个政治空想，并说明理由："井田制"乃上古之制，适合古不一定适合今。但是方孝孺的构想有其政治寓意所在，经历元末群雄逐鹿后，整个国家、社会尚"权谋"和"势术"的价值取向趋于浓重。方孝孺在经历洪武朝三十一年的涵养后提出这种政治追求有其合理性。方孝孺亦存变通思想，如有关"今古之论"就曾提出如下主张：

> 学古而不达当世之事，鄙木之士也。通乎事变而不本于道术，权诈之士也。鄙木者不足用，权诈者不可用，而善悦人。及其失也，木愈于诈。闻以权诈亡国矣，未闻鄙木者之偾事也。故君子尚朴而不尚华，与其诈也宁木。②

在《右第四章》中也提出："为政有三，曰知体、稽古、审时。缺一焉非政也。何谓知体？自大臣至胥吏皆有体，违之则为罔。先王之治法详矣，不稽其得失，而肆行之，则为野。时相远也，事相悬也，不审其当，而惟古之拘，则为固。惟豪杰之士智周乎人情，才达乎事为，故行而不罔、不野、不固。"③ 对于古今之辨，方孝孺主张要辩证地做出取舍：

> 故遗今而专乎古，则其失为固；遗古而务乎今，则其失为妄。固与妄其失一也，君子不贵也。君子之学，取其善不究其人，师其道不计其时。④

其中的"取其善不究其人，师其道不计其时"表达了对于古与今的治道要取其善而从之的思想。

---

① 方孝孺．逊志斋集：卷18，云敞赞．627.
② 方孝孺．逊志斋集：卷1，右第十二章．15.
③ 方孝孺．逊志斋集：卷1，右第四章．14.
④ 方孝孺．逊志斋集：卷16，求古斋记．532.

(五) 君臣观念和自我认同

方孝孺认为治乱的根源在于，君主的政治追求是“公天下”还是“私天下”。“故天之立君也，非以私一人而富贵之。将使其涵育斯民，俾各得其所也。”① 因此，君主或皇帝存在的最终根源是使生民各得其所、得以生存、顺天应人而已。“人君之职，为天养民者也。”② 但是上受天命的君主一人无法管理天下的臣民，因此治理天下的重担就自然落到了君子的肩上。士大夫获得实践层面的主导地位，践行儒家的民本、仁政的政治理念和追求。

> 四海之事，固非一人之所能知也，君人者能正一身以临天下，择世之贤人君子，委之以政，推之以诚，而待之以礼，烛之以明使邪佞无所进其谗。信之以专，使便嬖不得挠其功。簿书之事不使亲其劳，狱讼之微不使入其心，惟责之以用贤才，治百官，变风俗，足民庶，兴礼乐而绥夷狄。如农之望穑，旅之望家，必俟其至而后已。苟有成功，任之终其身，不为久也，爵之极其崇，不为滥也。功苟不成，黜而屏之，不为少恩也，罚而殛之，不为过暴也。以此道任人，则贤者可得，而乱无自而生矣。其或群臣之才不足任，而己不可自逸，则当博求众庶之善，施之于政，而持其大纲，以提拔天下之倦怠，洗濯天下之昏秽，使吾身如日月之运，为力不劳，而蠘微毕照，如雷霆之威，为势不猛，而万物自慑。则虽躬亲听断，亦何害其为治哉!③

君主能体天行道、治理四海，首要在于能重用天下士人，在君臣关系上提倡相对独立和平等，臣对君绝非简单的效忠，而是同治天下。方孝孺认为士大夫的责任有三：“诚以格君，正以持身，仁以恤民。”④ “诚以格君”代表士大夫为君主确立治理国家的规矩和法度；“正以持身”代表方孝孺坚持以正直为修身的根本，正直形成于内为“气”，发乎于外为“义”，而两者合乎于“道”；“仁以恤民”代表儒家“仁政”和“爱人”的治国理念，申明方孝孺民本主义的价值取向。

总之，方孝孺对于君主、百姓、士大夫、天命四者的关系可做如下分析：

---

① 方孝孺. 逊志斋集：卷 2，深虑论七. 68.
② 方孝孺. 逊志斋集：卷 5，甄琛. 162.
③ 方孝孺. 逊志斋集：卷 2，深虑论九. 70.
④ 方孝孺. 逊志斋集：卷 1，右第十三章. 15.

（1）天命观念：君主由天命，其权力来源于上天，代表天的旨意治理天下百姓。在代天行使权力时，如果施行仁政，尽到君主的政治职责，就可获得天的庇护。如果倒行逆施，虐民行私，也要受到上天的责罚。

（2）君臣关系：因天下之广、百姓之众，非君主一人之力能够治理，因此设官分职，选贤与能，委任士大夫代表君主治理天下百姓。士大夫向君主负责，接受君主的监督和控制。

（3）君民关系：君与民的关系是君职为养民与教民，使民“安其生而明其性”，君主的具体行为职责就是均天下、覆兆民、立政教、作礼乐、明善恶、申赏罚、辨是非。民众对君主不负奉养的职责。

（4）臣民关系：臣下代表君主治理百姓，同时臣下的政治诉求的根源在于百姓的安乐。所以士大夫在效忠于君的同时，必须有尽责于民的依托。“上不负于君”和“下不负于民”成为士大夫政治职责的两面。

特别需要申明的是，虽然这个体系中士大夫的位势在于君主之下，听命于君主，但是这个政治秩序的设计者却是儒家士大夫。士大夫成为政治运行的主导者，天命和民意成为士大夫监督、制衡君权的方法。“今之为士者，不患其无才，而患其无气；不患其无气，而患其不知道。道譬之源也，气譬之水也，才譬之能载也。盖有无其源而不能为水者矣，未有水既盈而不载者也。是以君子不敢强用其才，而务养气，终身由乎礼义之途，使内不愧于天，外不挫于人，充溢盛大，无施而不可，举而建事立功，则天下岂有难为者乎？”① 天下治乱兴衰的根本在于士大夫能否践行道统思想，“引君当道”和“以道事君”是士大夫的首要政治职责。

方孝孺的政治价值在于他是建文朝文治气象和士大夫政治复萌的提倡者、推动者、主导者，这是有明一代践行士大夫政治的开端，虽然被“靖难”打断，但是这种气象始终激励后世士大夫为实现文治理想而不断做出努力。“靖难”后，方孝孺以十族生命而成就一个“是”字，成为道统的誓死捍卫者。方孝孺是明代士大夫自我认同清晰化和完整化的第一人。

三、三杨的君尊臣卑理念

余英时将洪武朝士大夫的政治生态概括为：“一方面设‘寰中士夫不为君用科’，强迫被征召的‘士’不得抗拒，另一方面则对既已入仕之‘士’毫不尊重，稍有差错，不是‘屯田工役’，便是诛死。‘士’至于

① 方孝孺．逊志斋集：卷 18，题溪渔子传后．605.

'断指不仕'和'以受玷不录为幸'。乃至被迫上道，则又'如捕重囚'。"① 酷法不仅大行于洪武一朝，而且后世也同样效法。进入永乐到正统以后，士大夫所处的政治生态开始发生重要的变革，洪武时期严峻的政治气氛开始逐渐舒缓，虽然永乐时期皇权的强化和武力倾向造成士大夫权力的暂时性蛰伏，但是读书人仍以入仕为官为最高价值旨归。

随着政治局面的稳定，士大夫也逐渐以"君子"自命，在重视道德的基础上，开始逐渐地透视出政治才能在其实现政治理想中的作用。杨荣就指出："士之为世用，德足以有守，才足以有用，平易之政足以得民。"② 高尚的"道德"成为保持自身操守的一种手段；在保持道德的基础上，为实现政治理想，"才能"成为政治实践舞台的一种手段；政治局面变迁后，在洪武和永乐朝迅猛的政治风气后，平易的政治风格开始成为时政的要求。在处理和认同君主、国家、上天、民众四者的关系网络中，三杨的政治理念核心为："君国之道，事天为大；事天之实，恤民为本……上惟天地之重，下念生民之艰。"③ 儒家传统的民本思想开始逐渐成为士大夫思想追求中的一极。明前期的士大夫更多的是传承并恢复宋代士大夫的道德理想和政治追求。"君子寓形天地间，德足以师表于士类，学有以兼通乎古今。修诸己者有余，而见于用者或有未尽。"④ 明前期士大夫到三杨以后，他们希望恢复一种理想中的三代政治局面，在这种政治局面中，士大夫应该成为政治的主导力量，"引君当道"和"以道事君"成为他们实践政治理想的基石和法宝。不管这种政治诉求在他们的精神世界和理念世界中是否能够真正地实现，在他们看来，士大夫的自我认同中始终存在这种改变现实政治、实现政治抱负、重建政治秩序和道德标准的追求。这是从政治思维的角度对明前期士大夫政治理念的一种解读。

"再以行动风格论，'以天下为己任'的名言恰好可以用来概括宋代士大夫的基本特征……它的涵义不但必须与文彦博所谓皇帝'与士大夫同治天下'，和程颐所谓'天下安危系宰相'等等说法互为以求，而且与士大夫在当时权利结构中的客观位置有密切的关系。用现代观念说，他们已隐然以政治主体自待，所以才能如此毫不迟疑地把建立秩序的重任放在自己

① 余英时. 宋明理学与政治文化. 161.

② 杨荣. 文敏集：卷 24，故河南府知府李尚德墓铭. 385.

③ 杨士奇. 东里别集：代言录. 448.

④ 程敏政. 明文衡：卷 93，故国子司业吴君墓表. 景印文渊阁四库全书，第 1374 册. 727.

的肩上。”① “三杨政治”局面形成后，在三杨的眼中，士大夫终于可以实现宋以来士大夫在行动风格上的理想。“理学家上承宋初儒学的主流，要求改变现实，重建一个合理的人间秩序；整顿‘治道’则构成了秩序重建的始点。”② 杨荣因而主张：“惟天人之理，流通无间。循理而行，则善积而致庆；悖理而行，则恶积而致殃。”③ 这一方面来源于皇权的专制和强化，另一方面来源于士大夫对理学信仰的日益僵化和教条地理解与运用。

（一）家庭场域中的“孝”与政治场域中的“忠”合一

这种“孝”与“忠”成为片面而简单的如父子、君臣之间的伦理关系。国家和社稷的观念在此时政治中尚未得到实践，因此三杨认为：“臣子欲报于君亲，其道莫大于忠孝。”④ 君臣关系成为伦理之一，在这种政治伦理中“忠”与“义”是核心，这种核心理念关乎君臣关系的顺利实现和成功：

> 盖人之大伦有五，而君臣其一也。人臣于事君之道，知无不为，为必尽诸己者，忠也。心有所裁制，而动适其宜者，义也。忠而或不由义，未必能发已而自尽忠，且义焉，则其忠也，大矣。古之君子知有其君而不知有其身，得失利害一不以动其中，而惟其职之尽者，由其审于忠义之理有素也……人臣之事上，固莫大于忠义，而国家所以褒宠之者，亦莫先于是焉。⑤

士大夫出仕做官的目的在于：“上不负朝廷任官之意，下无愧父母斯民之心。”⑥ 为实现这种理想抱负，士君子要“以其才学见知于时，获沾一命，以克展其所蕴，措之于政事，播之于述作，英声令誉，足以扬于今而传于后，可谓荣矣”⑦。“才能”也成为士大夫实现政治抱负的手段，杨荣能在永乐朝获得朱棣的信任和重用，也是依靠其卓越的军事才能。“士大夫抱才能负学问出仕于时，惟夙夜兢惕思有以尽其职焉。苟获一展桑梓之敬，则其荣艳欣庆比于昼锦。”⑧ 实现自我在政治场域中的政治抱负成

① 余英时．宋明理学与政治文化．13.
② 同①156.
③ 杨荣．文敏集：卷 9，余庆堂记．134.
④ 杨荣．文敏集：卷 10，忠孝堂记．144.
⑤ 杨荣．文敏集：卷 11，忠义堂序．157.
⑥ 杨荣，文敏集：卷 12，送浦城陈大尹考满复任序．181.
⑦ 杨荣．文敏集：卷 13，送桂修撰还乡诗序．192.
⑧ 杨荣．文敏集：卷 13，送教谕杨寿夫复任建安诗序．202.

为其个人政治修为的一种实现方式。三杨之中的杨荣以其现实主义的政治追求成为永乐朝的重要人物，随着仁宣政治风格的转变，杨士奇逐渐成为“三杨政治”中的中心人物，但是三杨与皇权和宦权的妥协也埋下了政治危机。明前期三杨的政治局面虽然开创了明朝表面的盛世景象，但是士大夫的政治权力比起建文朝却处于一种非常态、潜伏的状态中。

(二) 君臣关系：从“道”与“理”到“忠”与“孝”

三杨不再如方孝孺般重视对天地自然、道德伦理的探求，而是简单地浓缩为“忠以事上，正以率下，勇以御敌，仁以抚众，则臣子之道尽矣”①。这种简单化的关系网络依然透露了三杨对政治主体地位的渴求：

> 自昔帝王之兴，必有奇伟环杰之士，感会风云，应期而起，相与奋勇效谋，摧锋破敌，以共济大业。及其成也，跻崇阶、享厚禄，安富尊荣既有于躬，而丰功茂绩，又足以炳耀后世，垂诸无穷者，夫岂偶然哉？盖天生明主，将以开一代之业，非有熊罴勇敢者为之股肱心膂，则不能以自成。②

君主要想成就旷世的功名，必须得到士大夫的支持，士大夫是上天赋予君主的力量，士大夫代表天命而辅佐君主。成就现实的政治功名成为士大夫显身扬名的一个价值取向和追求：

> 士君子读书，有志于显亲扬名，以见于有为者固多，而求其能遂其志者甚少，何也？夫学而得致于用，仕而得显于时，而又能及其父母俱存之日，得以尽显扬之道，斯志孰不愿也？然既学而弗得仕，既仕而弗及显，既显又弗及荣其亲，于是其志之弗得遂者多矣……事上以忠，奉祀以敬，恤民以仁，处事以公，与夫抚字之有方，劝课之有法。③

在三杨的理念中，君臣关系不再是方孝孺所定义的君臣共同按照上天的旨意而各自履行应尽的政治责任和义务，最终的价值取向直指天下百姓。“孝”的理念仅仅是家庭内部的道德伦理，“忠”的理念虽然在政治场域中，但是“孝”与“忠”最终的价值取向都不是指向百姓，而是皇帝。士大夫与皇帝间的君臣关系在公共国家“忠”的基础上融合进私人家庭

① 杨荣．文敏集：卷19，福建行都司都指挥佥事徐公墓碑．302.
② 杨荣．文敏集：卷18，故骠骑将军左军都督府都督佥事卫公神道碑铭．292.
③ 杨荣．文敏集：卷14，东川迎养图序．208-209.

“孝”的理念：“凡人所以树立于斯世者，唯忠与孝而已。忠则竭诚奉上，孝则尽力事亲，若是则真可以无愧矣。”① “忠”与“孝”的思想超越“道”与“理”，成为三杨等士大夫辅佐皇帝的政治理念，士大夫在政治场域中的主体性呈现明显弱化的趋势，依从皇权的色彩加重。

1. 三杨以“忠顺”态度处理与皇权的关系

杨荣曾明确表示：“凡人所以树立于斯世者，唯忠与孝而已。忠则竭诚奉上，孝则尽力事亲，若是则真可以无愧矣。”② 依照这个标准，他眼中的君臣关系是：

> 盖人之大伦有五，而君臣其一也。人臣于事君之道，知无不为，为必尽诸己者，忠也。心有所裁制，而动适其宜者，义也。忠而或不由义，未必能发己而自尽忠，且义焉，则其忠也，大矣。古之君子知有其君而不知有其身，得失利害一不以动其中，而惟其职之尽者，由其审于忠义之理有素也……人臣之事上，固莫大于忠义，而国家所以褒宠之者，亦莫先于是焉。③

“忠”的理念成为君臣关系的核心，“顺”又是“忠”理念的核心。叶盛的《水东日记》中记载了一则有关杨荣的史料，颇能见杨荣侍君的顺从之态：

> 夏太常仲昭常闻之杨文敏公荣曰：“吾见人臣以伉直受祸者，每深惜之。事人主自有体，进谏贵有方。譬若侍上读千文，上云：‘天地玄红’，未可遽言也，安知不以尝我？安知上主意所自云何？安知‘玄黄’不可为‘玄红’？遽言之，无益也。俟其至再至三，或有所询问，则应之曰：‘臣幼读千文，见书本是天地玄黄，未知是否。’”文敏之言如此，不审明者以为如何？④

恪尽职守，追求以实际的政治功绩作为臣子尽忠的条件。“士君子立身大节，惟忠与孝而已。盖亲生之，而君食之，其德同也，而其报亦同也。既委质事君，恪恭乃职，而不顾其私者，所谓忠也。而为君者，探其情，而使之遂所欲，俾为子者不忘乎其亲，得非所谓孝乎。传曰：‘无公义，非忠臣；无私恩，非孝子。’臣之事君，必先公而后私；君之使臣，

① 杨荣. 文敏集：卷13，送侯都指挥之福建序. 203.
② 同①.
③ 杨荣. 文敏集：卷11，忠义堂序. 157.
④ 叶盛. 水东日记：卷5. 56-57.

必先恩而后义。君臣之间既各得以申其情者如此，而其遭际亦惟时焉而已……太平极盛之时，忠以事君，孝以事亲，两得而兼遂，岂非荣幸之至矣。”①“亲生之，而君食之”之语深切表露着永乐时期君臣关系的特征。

三杨任职于内阁，在永乐到正统期间，内阁的性质是皇帝的咨询机构，内阁大学士只是正五品官员，而非政府行政的六部官员。这种秘书性质使得三杨对皇帝抱着子为父尽孝的态度任职内阁，“顺”的理念在其执政过程中有充分的体现。“臣子欲报于君亲，其道莫大于忠孝。”② 北宋以来士大夫的政治自觉勃发，以政治主宰者身份自居，以孔孟之徒自居，努力去重新建构政权的结构体系和人间的整个秩序，包括伦理秩序、礼法秩序、天人关系等秩序体系：“愿为良臣，不为忠臣。良臣身获美名，君受显号，子孙传福，世世无疆；忠臣身受诛夷，君陷大恶，家国并丧，空有其名。”③ 这样的政治语境和政治生态，在明朝前期内阁这个政治场域中是很难获得体现的。但是亦不能对三杨过度苛求，士人的生存永远离不开政治语境和政治场域，形势和局面的变化势必影响士大夫的思想观念、价值追求，也就影响了士大夫的政治修为和政治举措。三杨这种认知的形成与当时的政治生态息息相关，士大夫的政治自觉性和独立性虽然弱化，却坚韧地蛰伏着。故此，在洪熙帝、宣德帝、正统帝的即位诏书中，杨士奇等才一反永乐政策走向，努力执行维新执政，处处流露出“民为邦本”的政治意味。

2. 三杨对宦官王振等的姑息养奸与顺从

三杨受后人诟病之一就是对宦官集团的妥协。“正统二年春，太皇太后御便殿，召王振欲诛之，三杨申救得免。”④ 虽然王振宦官势力的兴起是明代体制等诸多原因引起的，不能让三杨负全责，但是三杨在宣德和正统初年对宦官势力的妥协、退让，也说明士大夫政治除了要处理与皇权政治的关系，更要妥善处理与宦官政治的关系。正统以后，皇帝年幼，皇权转移为以张太皇太后为首的皇族势力和以王振为首的宦官势力两种权力类型，以三杨为代表的士大夫群体在忍受明前期专制皇权的基础上又要面对与宦权的冲突。正统五年（1440 年）二月，王振以杨士奇与杨荣年老体衰为借口说服二杨致仕：“朝廷事久劳公等。今公等皆高年，倦矣。”杨士

① 杨荣．文敏集：卷 13，送江西佥宪黄汝申归省序．197.

② 杨荣．文敏集：卷 10，忠孝堂记．144.

③ 石介．徂徕集：卷 14，上李杂端书．北京：中华书局，1984：161.

④ 焦竑．玉堂丛语，卷 3．北京：中华书局，1981：83.

奇回答：“老臣尽瘁报国，死而后已。”尽显士大夫的担当和责任意识。杨荣回答：“吾辈衰残，无以效力，当择后生可任者报圣恩耳。”这是权宜之法。正如杨荣所言：“彼厌吾辈矣。一旦内中出片纸令某人入阁，且奈何？及此时进一二贤者，同心协力，尚可为也。”① 杨荣在正统四年（1439 年）作《凉州儒学记》，记叙参与凉州儒学重建的宦官、公伯、御史、地方官员的称谓和次序，均凸显内官太监地位高于王公贵戚：镇守甘肃太监王公贵、少监李公贵、总兵宁远伯任公礼、定西伯蒋公贵、会川伯赵公安、都察院佥都御史曹君翼、巡按监察御史马君昂、陕西参政郭君坚、按察副史于君奎、署都指挥使事任君启。② 薛瑄虽被三杨举荐，后经过王振的同意而成都御史，却不拜会三杨和王振，坚守了士大夫的政治独立。③

以三杨为首的士大夫在正统初年面临更加复杂的政治生态，宦官势力成为影响内阁权力运行的主要干扰因素。士大夫权力无法与王振的宦官权力相抗衡的原因在于宦权是皇权的异化，这证明正统初年并未因皇帝年幼而发生皇权的弱化，而是保持了专制和独裁的状态。

3. 雍容华贵的台阁体透视士大夫自我意识的缺失

永乐以后，文坛逐渐形成“台阁体”，这种文体主要流行于政治上层，以对皇权和皇帝的歌功颂德、炫耀政治的繁盛而著名，并统治了明前期的文坛。三杨文集中的诗歌多为应制诗。“盛世多灵瑞，长歌颂太平。”④ 歌颂天下的治平胜景，祥瑞如甘露、麒麟、神龟、白雉、玄兔、神应泉、白鹦鹉、嘉禾、狮子、白鸟、灵犀、嘉菊、白鹿、瑞雪的出现都要应制作诗以颂太平之像，而太平之像的出现要归结到人间圣主明皇具有无上的德性和无上的功业。如杨荣在为“白兔”所作的应制诗中所寄予的政治寓意是：“喜遇太平无事日，共沾雨露沐恩浓”“自是太平多瑞应，愿祈圣寿效呼嵩”。其颂太平、报君恩的思想很清楚地得到表达。更有“上林日暖祥风轻，啄食永得沾恩荣。愿效嵩呼祝圣寿，日日长闻万岁声”⑤。宣德八年（1433 年）正月上元灯节之时，杨士奇进《太平圣德诗》十首，在其序文中言：“惟太平者，本于皇上之圣德，幸睹盛乐，敢忘所本。敬赋太

① 夏燮. 明通鉴，卷 22. 659.

② 杨荣. 文敏集，卷 10，凉州儒学记. 140.

③ 焦竑. 玉堂丛语：卷 5. 156.

④ 杨荣. 文敏集：卷 1. 12.

⑤ 同④15.

平圣德诗十章，各有序引，以著事实，谨缮写上进。"① 应制诗中将皇帝尊称为"圣皇""圣主"，对皇帝充溢赞美之词，如"皇上以聪明睿智之资，具圣神文武之德，深仁厚泽，覆育天下，是以和气熏蒸而灵物斯至，兹实国家万万年太平之征也"。祥瑞的出现是"圣天子以不世出之资，膺受天命，主宰神人"，其"圣德格天感应之机"②。这种应和歌颂太平的文风绝非三杨所独有，而是普遍流行于朝廷上下，主宰时间大致从永乐开始，到仁宣和正统初年为盛，其后随着"土木之变"的发生而逐渐失去在文坛的统治地位。

但是同时也要看到，士大夫在应制诗中绝非完全意义上的阿谀逢迎，也会寄托政治理想。如杨士奇在《瑞雪颂》的序文中就指出，这种所谓祥瑞的出现乃是因为皇帝施行了"以民为本"的仁政，得到天的感应。言外之意即是如果皇帝对民暴虐、违反天的意愿，灾变就会代替祥瑞："天之生人也，必命仁圣为之君主，使助天之所不及。君之代天理人也，必体天心，使之各得遂其生。君顺事乎天，天弗违于君而福降焉。昔者尧、舜、禹、汤、文、武暨我太祖、太宗、仁宗三圣之为君也，皆以仁民为得天之本。"③"瑞雪""天""皇帝""民"四者形成一个关系网络，瑞雪的出现是上天对人间皇帝施行仁政的嘉奖。在杨士奇等士大夫的观念中，皇帝绝非宇宙内至高无上、无所限制的权力极端，在皇帝之上始终存在着上天的约束力量。尘世的皇帝如果顺天应人、施行仁政，那么就得到上天的眷顾而出现诸多祥瑞；反之，如果皇帝暴虐横行、胡作非为，上天就会降下灾难以示惩罚。借助上天实现对皇权的约束成为士大夫行使政治参与权的一种重要的方式，也是士大夫发挥政治影响力的重要途径。借助上天来限制和规范皇帝的行为，而皇帝能否得到上天的眷顾，在于皇帝是否能够获得治理天下的"道"和"理"，皇帝要想获得上天的肯定和褒奖，就必须向士大夫学习，求取士大夫的帮助而获得治理天下的方法和理路。士大夫成为"上天"和"皇帝"之间的一种政治媒介。士大夫始终在坚守和捍卫这一政治责任，这也是士大夫排斥佛教和道教的原因所在。在士大夫内心中，沟通上天和皇帝的桥梁只能由士大夫充当，如果佛老之教取代了士大夫而成为皇帝沟通上天的途径，那么士大夫的政治地位就会受到威胁从而

① 杨士奇. 东里续集：卷61，太平圣德诗. 535.
② 杨荣. 文敏集：卷1. 7.
③ 杨士奇. 东里续集：卷44，瑞雪颂. 263.

丧失其政治作用。

永乐、仁宣时期兴起的台阁文风，是道统和文统臣服、依附政统的表征。永乐朝编订《四书五经大全》和《性理大全》的目的是明成祖朱棣要建立服务于皇权专制的道统，使政统得以领导道统。修撰《永乐大典》在笼络天下文士的同时，又取得道统领导文统的政治效果。以三杨为代表的士人所作台阁诗文褪去针砭时弊、道德发抒、师心自任的士人风骨，以对皇室歌功颂德、对盛世渲染描述为主的应制诗歌成为台阁文学的代表。表面看来，台阁文体富有华丽雍容的词藻，实质却是士人性情、才学受政统和道统压抑后的转型。因此方孝孺所坚守的道统的文章风骨，到三杨时代已经尽失。雍容华贵的台阁体在浅层表现了三杨等文士独立性的缺失，其深层的政治含义寄托了士大夫的政治寓意和政治诉求，亦代表了士大夫的政治处境和士大夫对这种政治生态的无奈心态。仁宣时期，以三杨为代表的士权仍然笼罩在皇权之下，但是三杨借助与皇帝的亲密关系践行儒家的治国理念，"三杨政治"成为明代士大夫政治的成功典范。台阁体的诗风伴随"三杨政治"局面而生，印证这样一种冲突：一方面，三杨要寻求政治主体地位和践行儒家治国理念；另一方面，三杨要实现理想必须得到皇帝的支持，因此才有应制诗中对皇帝的暧昧情态。

四、于谦的社稷观念与主体意识

于谦，字廷益，钱塘人，永乐十九年（1421 年）进士。《明史》评价其"忧国忘家，身系安危，志存宗社，厥功伟矣"，"忠心义烈，与日月争光"①。于谦的《忠肃集》主要以奏议为主，涉及北伐、南征、杂行类，诗赋部分仅有两卷，其内容主要以朝廷政事为主，没有三杨文集中应制诗的雍容华贵。于谦的文集是明代士大夫文集撰写风格的一个重要转型，自此之后，明人文集逐渐改变了三杨时代的空泛而转为时政的记录。

（一）忠于社稷和国家的思想为主

虽然于谦也强调"臣子以忠孝为先，而不忠不孝者，天讨所不宥"②，但是这种忠孝的观念较之三杨具有更加深刻的政治用意，已经从单纯对皇帝的尽忠转变为对社稷、国家的负责。"食禄居官，志当存于报国。"③

---

① 张廷玉，等．明史：卷 170，于谦传．4553.

② 于谦．忠肃集：卷 7．232.

③ 同②.

“报国”一词在《忠肃集》中出现7次，旨意明确，如《春日客怀》：“离家自是寻常事，报国惭无尺寸功。”《雪霁之夕闻檐溜有声因赋》：“报国常怀丰稔念，关心不是别离情。”《立春日感怀》：“一寸丹心图报国，两行清泪为思亲。”① “惟人君修德于上，人臣效忠于下……臣等当捐躯效力，以图歼灭此敌，以图补报国恩，若苟禄全身，以误大计，罪甘赤族。”② 君主和臣子双方都要对国家、社稷负有政治责任。

（二）无私坚韧的献身精神

于谦以煤炭、石灰自拟，表达其无私奉献的精神境界。其以诗言志，不受台阁体文风和世风的熏染，而极有风度和志趣。如《咏煤炭》：“凿开混沌得乌金，藏蓄阳和意最深。爝火燃回春浩浩，洪炉照破夜沉沉。鼎彝元赖生成力，铁石犹存死后心。但愿苍生俱饱暖，不辞辛苦出山林。”③ 又如其最为后世称道的《石灰吟》：“千锤万凿出深山，烈火焚烧若等闲。粉骨碎身浑不怕，要留清白在人间。”托物言志，表达自己为国尽忠、不惜生命的决心和勇气。《四库全书总目》就评价于谦为：“遭逢厄运，独抱孤忠。忧国忘家，计安宗社。”

（三）民本思想的政治依归

于谦“留心史学，问究古今治乱兴亡之故”，“慨然有天下己任之志”。诗歌中的“但愿苍生俱饱暖”“爱养苍生为赤子”“春满乾坤万姓安”等，表现了浓重的民本思想。其在《入春狂风大作加以久无雨雪因以自咎》中就声言：“抚循失政固予罪，窃禄偷安心独愧。愿移灾咎及余躬，免使苍生受憔悴。”④ 把干旱的原因归罪于自己，并且希望上天能降罪自己，而惠泽苍生。

从其文集中难以找到于谦对自我的关注，其所提倡的政治秩序首要在于皇帝的勤政和爱民、臣子的报国和尽忠，最后的政治期望是百姓安平，免遭苦痛，而对其自身，只是希望像石灰、煤炭一样完全释放出自己的能量后而不需要任何回报。

五、李贤的士风观念与主体意识

（一）士大夫关乎政治治乱

李贤以君子自居，君子和小人的分野在于对义利的认识。“士之仕者，

① 于谦．忠肃集：卷11．363．
② 于谦．忠肃集：卷2．50．
③ 于谦．忠肃集：卷11，咏煤炭．358．
④ 于谦．忠肃集：卷11，入春狂风大作加以久无雨雪因以自咎．343．

所以行其义也。岂但君臣之义，凡事皆当合于义焉。不然则利而已，君子、小人之分在于此。”① 作为君子的士大夫在政治生态中要坚守士的道德。“士之大节，惟孝与忠，百行之源，无出此者。果能忠孝，则功名由是以大，事业由是以广。扩而充之，不难矣。故尝以谓功名、事业，无非孝亲、忠君之实，未有不孝于亲、不忠于君，而能立功名、建事业于天地间者。”② 天顺朝，李贤在与英宗讨论天下治乱之缘由时指出：“自古明君未尝一日不与大臣相接，商确治天下之道，所谓接贤士大夫之时多，亲宦官、宫妾之时少也。”英宗对此回应道：“如此天下岂不治安。”③ 李贤理想中的士大夫即“君子”，其道德操守和政治理想是“尊主、庇民、建功、立业”④。

商辂在《乞休疏》中强调，君臣之间以“义”为关系媒介。“惟士之所当明者，君臣之义；当审者，进退之机。君臣之义，大伦所先；进退之机，廉耻攸系。《论语》曰：‘君命召，不俟驾而行。’《孟子》曰：‘君子进以礼，退以义。’当陛下召命之临，臣若偃蹇目居，是不知君臣之义。今既无补于治，若复贪冒宠禄，是不知进退之机。不知君臣之义为不忠；不知进退之机为无耻。”⑤ 《修德弭灾疏》中道明了士大夫对政治的影响力：“夫君，天也；臣，地也。天地之气交则为泰；其不交则为否，君臣之道何以异是，往古事鉴不敢枚举。惟我祖宗列圣在位，未有不接见大臣，议论政事者……伏望皇上日御便殿，或三二日一召文武大臣忠直有识者，面议政事而可否之，或询军民之休戚，或访人才之贤否，或察治体风俗之得失，有疑于心必询于众，听览日熟未必无少补益。”⑥ 君臣之间良好的政治沟通才能保证政事的顺利进行。

（二）士林风气关注朝政得失

有关明前期士林风气的变化，沈德符指出：“国朝士风之敝，浸淫于正统，而靡溃于成化。”⑦ 士风颓坏，其因有二：其一，明前期虽复理学道统，但道统在明前期受皇权政统压制的状态，历洪武、永乐、洪熙、宣德、正统而不变，道统之独立性因此削弱，士人道统持有者的身份日益消

① 李贤．古穰集：卷 5，进士题名记．537．

② 李贤．古穰集：卷 5，赐游西苑记．531．

③ 李贤．古穰集：卷 27，天顺日录．768-769．

④ 李贤．古穰集：卷 1，论太学状．486．

⑤ 商辂．商文毅疏稿．景印文渊阁四库全书，第 427 册．431．

⑥ 同⑤438．

⑦ 沈德符．万历野获编：卷 21，佞幸．北京：中华书局，1959：541．

解，也就渐失以道统导引政统的追求。其二，文统“与一代政治相表里”，政统在完成压制道统的基础上，进而压抑文统，文失去“载道”的特质而流于虚华、空泛。而诗文所具“言志”的特质预示了士林气运和筋骨的变化。李贤在《古穰集》中清晰表述了正统初年政治风气发生的改变：

> 今之士大夫不求做好人，只求做好官，风俗如此，盖亦当道者使然也。何则？有一人焉，平日仕未显时，士林鄙之，一旦乞求得好官，人皆以为荣，向之鄙之者，今则敬之、爱之矣，欲人之不求做好官，难矣；有一人焉，位未显时，士林重之，介然自守，耻于干人，好官未必得也。若所鄙之人一旦得好官，人反重之，而向之重者，今反轻之，欲人之求做好人，难矣。今欲回此风俗，在当道者留意。若不由公论而得好官者，不变前日之所鄙；不得好官而为好人者，不变前日之所重，庶乎其可也。①

在李贤看来，士林风气关乎整个朝廷的政治走向，这种局面的产生在于士大夫价值标准的变化。士大夫行使权力发生从公权力到私权力的转变，士大夫的评价体系也逐渐从道德操守转移到政治身份。李贤在《上中兴正本策》中积极寻求扭转国家风气的方法。“宋之贤君护风俗如护元气，重名节如重神明，所以士风大振而人人有士君子之行。伏愿陛下取法于宋，以振士风。戒欺诞，以励诚实。疾奔竞，以惜恬退。黜贪墨，以重清廉。抑侥幸之徒，绝谄佞之辈，俾我朝人人有士君子之行，将见士风大振，未必不如宋之可追三代也，惟陛下举而行之，幸甚。”② 把“士风”比为“元气”，把“名节”比为“神明”，力求端正天下士气，形成诚实、清廉、恬静的士林风气，只有这样才能端正天下政治血脉。李贤在这道奏疏中从十个方面入手：“一曰勤圣学，二曰顾箴警，三曰戒嗜欲，四曰绝玩好，五曰慎举措，六曰崇节俭，七曰畏天变，八曰勉贵近，九曰振士风，十曰结民心。夫勤圣学者，所以格物穷理也；顾箴警者，所以诚意正心也；戒嗜欲以至结民心者，所以修身治人之道也，皆切于陛下躬行之事，不系各司举行者，伏乞留中，万机之暇，时赐省览，于陛下身心，未必无少补焉！”③ 其目的在于让皇帝能正心诚意。其中“畏天变”一项仍然是告诫皇帝要谨慎对待上天的意旨：“人君者，务求天意所在，而存修

---

① 李贤．古穰集，卷28．杂录．772-773．

② 李贤．古穰集，卷1，上中兴正本策．493．

③ 同②487．

省之诚，可以变灾为祥，转祸为福。”① 李贤的这道奏疏是仁宣以后提出政治变革的一个代表，证明了正统以后国家整个局面和风气的改变。《明史·儒林传》也道明正统至天顺年间士林风气变化现象：“原夫明初诸儒，皆朱子门人之支流余裔，师承有目，矩矱秩然。曹端、胡居仁笃践履，谨绳墨，守儒先之正传，无敢改错。”②

李贤重视士林气节的思想还表现在对“靖难”中两类士大夫的代表方孝孺和三杨的不同评价上。李贤对方孝孺等死难士人给予高度评价，认为方孝孺的忠义气节是士林亘古未有的典范。③《挽周是修先生》一诗指出：“先生砥节励秋霜，烈烈英声远近扬。王魏一生功业著，夷齐千古姓名香。梁间夜月游尘暗，冢上秋风宿草荒。欲问传家何所有，遗编几卷付贤郎。”④ 认为周是修的节义之气可比于夷齐而流芳百世。

李贤对归顺朱棣的三杨却多有毁誉之词，如批评杨士奇溺爱其子，为败德之事。“少师杨士奇欲一见，贤竟不往。”⑤ 李贤在《周是修先生哀辞》中赞誉周是修的节义可与烈日争光、可历千载而传扬的同时，以“龃龉之偷生”而“含羞”影射“靖难”中归顺的三杨在节义上的缺失。

> 嗟先生之节义兮，与烈日而争光。凛千载之英风兮，实可慕而可伤。视古人其夷齐兮，之就死为尤决抑。所谓求仁而得仁兮，乃丈夫之贞烈。先生之容吾不得而见兮，夷考其行而可知身。虽永隔于黄泉兮，心则暴著而无亏。使我闻之其感慨兮，欲何为而致奠。洁生刍之一束兮，盼千里而酹献。呜呼！义重于泰山兮，何一命之可留。彼龃龉之偷生兮，其视此宁不为之含羞。⑥

（三）君主的政治责任

在李贤看来，君主乃是人间社会端正的根本所在。“人君一身立至极之标准，而天下四方之人环顾而取法。”而君主往往受到诸多事项的干扰，“人主一心，攻之者甚众。不能为玩好所惑者，寡矣”。作为贤明的君主，要“绝去嗜欲之私，养其清明之德，以斯民未被其泽为忧，以天下未得其宁为念，讲周孔之遗编，考帝王之治道，务成中兴之业，以慰祖宗之心，

① 李贤. 古穰集，卷1，上中兴正本策. 491.
② 张廷玉，等. 明史，卷282，儒林传一. 7222.
③ 李贤. 古穰集，卷30. 790.
④ 李贤. 古穰集，卷22，挽周是修先生. 709.
⑤ 张廷玉，等. 明史：卷176，李贤传. 4673.
⑥ 李贤. 古穰集：卷20，周是修先生哀辞. 697.

则社稷幸甚，苍生幸甚”①。只有这样才能行使其作为君主的政治责任，才能使社稷和苍生获得福祉。“土木之变”后，随着明代统治危机的加重，士大夫在论述君主的政治责任时，多关注到君主对社稷和苍生的责任感，这种国家观念也在危机中逐渐得到体现。

君主的首要责任在于安定百姓，固结民心。对于民众的政治责任，坚持的原则是“德惟善政，政在养民”。君主要有爱民之心，安定民心的方法不过是“安之、养之而已”②，施行宽仁之政。李贤的这道奏疏充分体现了士大夫“以道事君”的政治角色定位。十个方面的规谏依循宋明理学内圣外王的政治追求，期望培养起类似三代的圣主明王，最终的政治依归在于为社稷和苍生的福祉而努力。

第三节　明前期权力架构中士大夫的位势

一、士大夫与皇权

吴晗先生在《论绅权》一文中曾就元明两代君臣关系评述如下：

> 蒙古皇朝以马上得天下，也以马上治天下，军中将帅就是朝廷的官僚，军法施于朝堂，朝官一有过错，一顿棍子板子鞭子，挨不了被打死，侥幸活着照样作官。明太祖革了元朝的命，学会了这一套，殿廷杖责臣僚，叫作“廷杖”，在历史上大大有名。光打还不够，有现任官。镣足办事的，有戴斩罪办事的。不但礼貌谈不上，连生命都时刻在死亡的威胁中。皇帝越威风，士大夫越下贱，要不作官吧，有官法硬给绑出去，非作不可，再不干，便违反了皇章，“士不为君用”，得杀头。君臣的关系一变而为主奴，说是主奴吧，连起码的主子对奴才的照顾也不存在的。③

吴晗先生此段论述的主旨是明代君臣关系较之元代趋于恶化，洪武时期表现明显。建文朝后，皇权有收缩的态势，士权开始伸张，政治文人气象明显升腾，士大夫政治格局确立。明朝士大夫对于建文帝和建文朝史事

① 李贤．古穰集：卷1，上中兴正本策．489-490．

② 同①493．

③ 吴晗．论绅权//吴晗，费孝通．皇权与绅权．54．

的追忆根源就在于建文朝给予士大夫政治主体地位及所透视的文人治国的气象，这种政治局面是士大夫的政治理想和终极追求。士大夫的政治理想中的自身政治地位的特性之一就是士大夫从来不想做皇帝，始终把自己定位为皇帝的辅导者和辅佐者。

"靖难"改变了建文朝显示出来的文人政治趋势，永乐朝皇权重新强化和专制，朱棣的皇权完全覆盖了士权，士大夫虽然可以通过内阁和六部发挥政治话语权，但内阁仅仅是皇帝的国策咨询机构，六部更多是政治实施机关，皇帝拥有一切国政的最终决策权，处于国家权力体系的最顶端。

洪熙和宣德以后，皇权仍然保持集中和专制，但是仁宗和宣宗都是在儒学教育熏陶下成长起来的君主，在三杨等人的教育辅导下形成政治理念体系。三杨等士大夫与皇帝之间融合了师徒关系和君臣关系，主奴关系韵味开始逐渐褪去，士大夫逐渐成为政治场域中的主导者，在皇权转移过程中，诸多政治调整在皇帝的遗诏和即位诏中得到体现。正统帝九岁即位，不能亲理朝政，委政于三杨学士，同时朝廷大政必由张太皇太后亲裁，皇权表面看由于皇帝年幼而处于弱化状态，实则皇权发生异化，以张太皇太后为首的皇族势力和以王振为首的宦官势力开始成为皇权异化力量而主导朝政。士大夫在皇权异化的状态中，虽然获得成为政治局面的主导者和操控者的机会，但是同时也要受到皇族和宦官的左右，而难以得到完全伸展的空间。

二、士大夫与宦权

洪武立国后，朱元璋确立了明代的宦官制度。洪武时期宦官人数少，活动范围被限定于宫内，严厉禁止朝臣与宦官的往来，更不许宦官干预朝政。建文朝延续了洪武朝的宦官政策。永乐后，建立东厂，由宦官统领，宦官势力开始扩张，开始逐渐涉足军事、外交、监察、财政等朝政领域，只是由于皇权的强大，宦官权力处于皇权的羽翼下而没有完全彰显其政治力量。仁宣后，延续永乐朝宦官干政趋势，其表现就是宣德期间设立内书堂，教授宦官读书写字，这一看似无足轻重的举措实则是宦官势力扩张后对于读书识字能力需求的表现。自此以后，宦官集团在获得文字知识的帮助下，加强对政治的干预力度，终于在正统朝后出现了以王振为首的宦官干预朝政局面。王振的宦官势力逐渐压制以三杨为首的士大夫势力，人事任免权、军权、司法权、监察权、财政权都受到王振势力的左右。宦官势力的膨胀带来整个朝廷政治空气和政治生态的转变。在王振的淫威下，士大夫群体内部也开始表现出迥然不同的政治面貌，屈从于宦官势力的江南巡抚周忱与抗节不屈的都御史薛瑄成为士大夫的两张脸谱。在王振势力的鼓动下，英宗亲征，酿成“土木之变”。宦官势力成为明代朝政和时局转变的一个表征。景泰后，对于宦官势力并未从根本上给予纠正，景泰初年都察院数次调查太监金英的不法行为，金英的不法行为之一即是倒卖官盐六十船，杖死船夫，所犯为死罪，景帝最终对金英的处罚仅仅是禁锢，完全违背司法公正。“土木之变”后在决定是否南迁时，景帝和孙太后在征求了太监李永昌、兴安、金英三人的意见后最终决定固守北京。后世史家就对此评论说：“是时使非二人监定，以固帝心于内，则虽外有于谦数百辈，亦无如之何。”① 景泰年间，宦官是支持景帝改易太子的主力：“内则始于宦官之劝导，外则成于恶夷之奏章。”② 景泰八年（1457 年）正月“夺门之变”发生前后，宦官是干预朝政的一股重要势力。景帝病重期间，“中外藉藉，谓大学士王文与太监王诚谋白太后，迎取襄王世子”③。“夺门之变”中以曹吉祥为首的宦官势力成为一支重要的参与力量。天顺元年（1457 年），英宗祭祀王振，延续了正统年间重用宦官的传统，以曹吉祥为首的宦官势力左右天顺朝政，终于酿成曹吉祥叛乱的恶果。正统以后，宦官干政的大趋势持续发展，景泰、天顺朝的士大夫主张皇帝集权，却无法改变宦官干政的政治局面。

三、士大夫与贵族

洪武时期，军功贵族和皇室贵族是影响朝政的两股势力，享有一定的政治、经济和司法特权。如《皇明祖训》对这两股势力给予一定的优待：“皇亲国戚有犯，在嗣君自决。除谋逆不赦外，其余所犯，轻者，与在京诸亲会议；重者，与在外诸王及在京诸亲会议，皆取自上裁。其所犯之家，止许法司举奏，并不许擅自拿问。”④ 享受这一司法特权的主要包括：皇后家、皇妃家、东宫妃家、王妃家、郡王妃家、驸马家、仪宾家、魏国公（徐达）家、曹国公（李文忠）家、信国公（汤和）家、西平侯（沐英）家、武定侯（郭英）家。随着胡惟庸和李善长等淮西军阀势力的覆

① 陈建．皇明资治通纪：卷 8，四库禁毁丛刊，史部，第 12 册．368．
② 杨椿．孟邻堂文钞：卷 4，易储论．续修四库全书，第 1423 册．47．
③ 谷应泰．明史纪事本末：卷 35，南宫复辟．529．
④ 朱元璋．皇明祖训．167．

灭，军功贵族在洪武末年开始逐渐失落；建文朝后，虽然预见到藩王势力对中央朝政的威胁，但是以燕王为代表的皇室贵族势力最终依靠军事力量“靖难”成功，建立永乐政权，其后朱棣采取众建诸侯少其力的策略，最终削弱藩王势力。从朱棣病故到宣宗即位之间是藩王势力对政局的潜在影响逐渐表面化的时期，宣宗最终通过镇压汉王叛乱而稳定了政局。明前期，贵族势力对朝政的影响逐渐减弱。

虽然洪武朝马皇后、永乐朝徐皇后都曾经对朝政施加过一定的影响力，但是从未出现后妃和外戚乱政的局面。《皇明祖训》将后妃与朝政关系明确规定为：“凡皇后止许内治宫中诸寺妇女人，宫门外一应事务，毋得干预。”① 正统以后，因皇帝年幼，以皇太后为首的后宫势力开始逐渐成为左右政局的重要力量，当时三杨、宦官王振、张太皇太后共同决定朝政。宣宗皇帝的即位诏书中明确规定，朝廷大事要由张太皇太后最终抉择，三杨保持了朝政咨询者的政治身份。正统二年（1437 年）春天，张太皇太后在三杨面前斥责王振不法行径就是三方势力集中的表现。李贤论正统初年政治生态中张太皇太后的影响力时就明确指出：“大抵正统数年，天下休息，皆张太后之力，人谓女中尧舜，信然。且政在台阁，委用三杨，非太后不能。正统初有诏：‘凡事白于太后，然后行。’太后命付阁下议决，太监王振虽欲专而不敢也。每数日，太后必遣中官入阁，问连日曾有何事来商确，即以帖开某日中官某以几事来议，如此施行。太后乃以所白验之，或王振自断不付阁下议者，必召振责之。”② 正统七年（1442 年）冬，张太皇太后故后，向天下发布遗诏，这是明代第一份皇太后遗诏，对军国政事多有所交代，如表明：“天下者，祖宗之天下；军民者，祖宗之军民，惟爱人为保国之本，惟施仁为爱人之道。尔群臣咸佐皇帝，惇行仁政，各秉廉公，忠诚勤慎不懈，庶几克济。”表达了政权为朱家所有、臣子要忠心辅佐皇帝的基本思想。“宗室诸王，藩屏为重，毋辄离本国，但遣人进香，不必送葬。”③ 为稳定皇权而采取拒绝藩王入京的策略。张太皇太后去世后，英宗生母孙太后逐渐成为朝政的重要决策者。“土木之变”后一系列国政的公布均由孙太后亲自裁决，如册立英宗长子朱见深为皇太子、册封郕王继皇帝位、确定坚守北京的军事方略等。在正统、景泰、天

① 朱元璋. 皇明祖训. 179.

② 李贤. 古穰集：卷 28，杂录. 773-774.

③ 明英宗实录：卷 97. 正统七年冬十月乙巳.

顺三次皇位继承过程中，都要请示皇太后以后才能公告天下。孙太后死后，也有遗诏公布于世，但是与张太皇太后的遗诏相比，就已经成为一种礼仪性质的丧礼讣告，不再涉及具体政事。① 以后皇太后或皇后死后均有讣告发布，但是均不涉及国家政事。“由此看来，明代皇太后干预政事而得到合法性认可的情况，只发生于洪熙到天顺之间。”② 正统以后，洪武和永乐时期的军功贵族的第一代人多数已经死去，其后人均因世袭而获得贵族身份，不再是以军功为主，而是以血缘身份为主，军功贵族对朝政的影响力逐渐减弱。除了洪武时期因军事和政治需要，皇室主动与军功贵族联姻外，永乐以后，明代皇室妃子多选自民间基层社会，与各种权力体均无关系，所以张太皇太后和孙太后两人对朝政有所干涉，但是均没有出现后妃乱政或外戚乱政的政治异常变动。

四、士大夫与武官

明代的军事管理制度大致情况如下：“自京师达于郡县，皆立卫所。外统之都司，内统于五军都督府，而上十二卫为天子亲军者不与焉。征伐则命将充总兵官，调卫所军领之；既旋则将上所佩印，官军各回卫所。盖得唐府兵遗意。”③ 洪武七年改革军政，实行“征调则统于诸将，事平则散归各卫”④ 的军事管理制度，使得将领和兵士之间不产生私人恩属关系，军事将领没有兵士的效忠，将领和兵士都要效忠于皇帝及朝廷，这克服了武人权力对中央皇权的潜在威胁。洪武十三年（1380 年），罢中书省，废除丞相，解决相权对君权的冲击。同时分大都督府为中、左、右、前、后五军都督府。五军都督府分管全国的都司卫所，其自身归兵部管辖。这一措施遏制了武官集权趋势，进一步杜绝武官叛乱的可能性。同时皇帝拥有自己的亲军队伍：金吾前卫、金吾后卫、羽林左卫、羽林右卫、府军卫、府军左卫、府军右卫、府军前卫、府军后卫、虎贲左卫、锦衣卫、旗手卫，归皇帝亲自统领，不隶属于五军都督府。亲军十二卫总兵力大致为 67 200 人。明代实行都司卫所制度，以“卫”和“所”为基本军事单元，5 600 人为一卫，卫下设千户所、百户所，1 120 人为一千户所，112 人为一百户所，百户所设两个总旗、十个小旗。大致而言，在国家要

---

① 明英宗实录：卷 344. 天顺六年九月乙未.

② 赵轶峰. 明代的遗诏. 西南大学学报（社会科学版），2010（1）.

③ 张廷玉，等. 明史：卷 89，兵志一. 2175.

④ 张廷玉，等. 明史：卷 90，兵志二. 2194.

害地，“系一郡者设所，连郡者设卫”①。永乐二十二年（1424年）设置五军、三千、神机三大营京军。其职责分为守常和皇帝出行两种：“居常，五军肄营阵，三千肄巡哨，神机肄火器。大驾征行，则大营居中，五军分驻，步内骑外，骑外为神机，神机外为长围，周二十里，樵采其中。”②景泰元年（1450年）选三大营精锐兵士设立十团营。“莅以总兵，统以总督，监以内臣。”③ 通过十二卫和京军三大营的兵力来保护皇帝的安全。

但是这种对军队叛乱的防范还是出现了变化，其表现就是总兵官的设置。洪武期间，总兵官已经出现，非常设官职，仅仅是临时军事总领。永乐以后，总兵官开始成为常设官职，分为征伐总兵官、镇守总兵官、漕运总兵官三类。征伐总兵不常设，有兵事乃设，完事即撤。镇守总兵和漕运总兵逐渐成为常设机构，有固定办公场所。“凡天下要害地方，皆设官统兵镇戍。其总镇一方者，曰镇守；守一路者，曰分守；独守一堡一城者，曰守备；与主将同守一城者，曰协守。又有提督、提调、巡视、备御、领班、备倭等名，各因事异职焉。其总镇，或挂将军印，或不挂印，皆曰总兵。次曰副总兵，又次曰参将，又次曰游击将军。”④ 总兵官又有挂印与不挂印之别：“凡总兵、副总兵，率以公、侯、伯、都督充之。其总兵挂印称将军者，云南曰征南将军，大同曰征西前将军，湖广曰平蛮将军，两广曰征蛮将军，辽东曰征虏前将军，宣府曰镇朔将军，甘肃曰平羌将军，宁夏曰征西将军，交趾曰副将军，延绥曰镇西将军。诸印，洪熙元年制颁。其在蓟镇、贵州、湖广、四川及攒运淮安者，不得称将军挂印。宣德间，又设山西、陕西二总兵。”⑤ 如陈子懋就以勋臣佩印镇守宁夏：“永乐元年封宁阳伯，禄千石。六年三月，佩征西将军印，镇宁夏，善抚降卒。”⑥ 总兵官的设置开始打破朱元璋理想中的兵将无私属、无私恩的状态，镇守一方的总兵官开始获得具有私人属性的军事力量。从永乐到正统之间，总兵官对于中央皇权还没有表现出潜在的或实质性的威胁。景泰以后，随着北部边防吃紧，总兵官逐渐成为握有兵权的重要军事实体。发动“夺门之变”的石亨在正统十四年（1449年）八月“土木之变”发生后被

① 张廷玉，等．明史：卷90，兵志二．2193.
② 张廷玉，等．明史：卷89，兵志一．2177.
③ 张廷玉，等．明史：卷76，职官志五．1858.
④ 申时行，等修．赵用贤，等纂．大明会典：卷126．270.
⑤ 同③1866.
⑥ 张廷玉，等．明史：卷145，陈亨传．4094.

封为武清伯，充总兵官。“夺门之变”与“曹石之变”都是因武官的参与而获得成功。天顺以后，开始军政改革，实行文官治军的方略。天顺二年(1458年)，委派京官浙江布政白圭等人巡抚辽东、宣府、大同等北部边防重镇，逐渐改变武官专军现象，其后文官管理、宦官监督成为遏制武官的两股力量。明朝中后期，总督、巡抚、经略等职位都是文官出任，镇守一方，如蓟辽总督、辽东经略等职位。这种文官治军、以文官压制武官的军事管理模式在天顺以后逐渐成为定制。

五、士大夫权力演变

明朝建立之初，社会中的儒学者与国家政权尚未融合，在元朝，儒生多游离于政权之外，即便元朝中后期恢复科举制度，儒者可以进入政权体系，但只能成为吏员，难以成为朝廷官员。儒者与政权在元朝是相剥离的，这种状态延续到洪武初期。洪武期间，通过建立中央和地方学校，恢复科举制度，恢复儒学作为国家意识形态的独尊地位，儒生开始逐渐融入到国家政权中。洪武中后期以后，中央官员和地方官员大多由儒者担任。洪武朝三十一年间，由元入明的官僚逐渐退出政治舞台，明朝通过学校教育开始重新培养起一批新的儒家知识分子，并通过科举进入政权体系，这一新生力量没有经历元明之际的社会动荡，洪武时期保持了地方社会的稳定，诏狱和廷杖等事对于基层社会的影响不大。地方府、州、县学校培养新的一批富有政治进取心的儒家知识分子，成为政权的新生力量。如杨荣、杨溥、吴中、胡广等士大夫均是建文二年（1400年）进士，对建文到正统期间的政治产生深远的影响。洪武时期的士大夫政治处境和势力有如下特点：第一，明初的士大夫既不能如宋代士大夫般获得与君主同治天下的尊崇地位，也不能如元朝儒者般游离于国家政权之外。明初的政治生态决定了士大夫的处境必将处于两难之中：既不能同国家政权相分离，又不能在国家政权中获得士大夫应有的主体地位。第二，士大夫在国家关系体系中的位势发生改变。从“君主—士大夫—百姓”模式变成“皇帝—百姓”模式。朱元璋的《教民榜文》和《大诰》是地方社会管理中的两个基本文件，规定了地方社会的礼仪和法律框架。百姓的一切恩泽来自皇帝，皇帝成为地方社会的精神领袖。士大夫仅仅是皇帝旨意在地方社会的施行者，百姓对皇帝的归属感远大于对士大夫的归属感。

建文即位后，试图改变士大夫在洪武时期的政治处境，恢复宋代士大夫与皇帝共同治理天下的局面。方孝孺、齐泰、黄子澄等江南士人逐渐成为政局的主导者。但是，“靖难”改变了正常的前进方向，建文朝给明代留下的是文人治国的实践、士大夫政治的复萌、方孝孺的气节、建文帝的文治倾向，这成为后世士大夫缅怀建文朝政的理由，也证明了宋代以来的士大夫政治趋向是中国政治的正常发展方向。元朝异族统治、“靖难之变”、清军入关均是来自北方的军事力量对这种正常发展趋势的破坏。

永乐朝后，虽然创立“内阁”，却仅仅是皇帝的咨询机构，品级低下，政治影响力有限。永乐时期的诸多政治，如下西洋、五次北征、征战安南、迁都北京等举措，在士大夫眼中均是弊政，却并未招致士大夫的谏阻和反对。元明之际的军事动荡严重摧残了江南经济重心的实力，经历洪武朝三十一年的恢复后，又经历“靖难”的军事消耗，永乐期间国家在财政、赋税等方面并无大的起色。以上大政的实施均要有强大的经济财力支持，在士大夫看来是劳民伤财之举，如下西洋一事，对于国家和民众均无益处可言，但是均按照朱棣的意愿如期进行，并没有遭到士大夫的谏阻。到永乐十九年（1421 年）后，才因灾变求言而鼓荡起士大夫对时政的批评，而批评再次遭到朱棣的大力镇压。户部尚书夏原吉因谏阻北征入狱、兵部尚书方宾因谏阻北征自杀、东宫讲官杨溥入狱十年是永乐时期士大夫的生存状态的写照。士大夫在永乐朝并未获得政治主体地位，而是处于蛰伏状态，永乐朝政依靠的是军功贵族和皇室贵族，辅助以宦官势力。文官士大夫在洪武和永乐两朝并未享受到朝廷对武官的恩礼，对武官的辍朝、赠谥次数远远高于文官。从洪武到永乐末年这五十年中，士大夫始终处于尴尬状态，并未进入权力中心。

朱棣死后，永乐和洪熙政权转移之际是明前期士大夫政治角色、政治主体地位发生变革的关键时期。第一，士大夫成为皇权转移中的核心影响力量，杨荣和金幼孜在行宫中妥善处理朱棣死后事宜，杨士奇辅佐皇太子安定北京局势。三杨等士人主导了皇权在朱棣和朱高炽之间的顺利传承。第二，士大夫借助仁宗即位诏书开始对永乐朝政大力更张，诸如停止下西洋等事被以急切的语气写入诏书中，公告天下。第三，仁宗是继建文后完全接受儒家教育成长起来的皇帝，其治国理念与三杨等士大夫相契合，并在为太子期间得到了士大夫的维护。仁宗和宣宗均经历和参与了朱棣“靖难”的过程，亲眼见到建文皇权的覆灭。从洪武、建文、永乐三朝获得的政治经验是：(1) 国家政策可以大幅度调整，洪武和永乐重武轻文的政治风气应该改变，但是不可动摇皇权集中和专制，这是一切改变和调整的前提。这一经验很可能来自洪武、永乐帝以集中的皇权而获得长时间的统治，而建文却因为放松对皇权的集中和专制而被颠覆。（2）士大夫应在保证皇帝权力至高无上的基础上成为国政的主导者，这来源于士大夫具有管理国家的政治经验和精神追求，还在于士大夫群体相比武人集团来讲更加安全。（3）仁宣时期的士大夫政策就在皇权要专制与士大夫要任用这一天平两端摇摆过程中获得实施。如宣宗在重用杨士奇的同时，却还要深夜到杨士奇住所探访。宣宗在重用士大夫的同时，却也延续了永乐以来宦官对军事、外交、财政等方面势力的渗入，即位诏和遗诏对政策的调整并没有触及已经很明显的宦官干政现象。宣宗还设立内书堂，令宦官读书识字，以期更有效地为皇权所用。（4）士大夫在仁宣时期虽然获得了国家政策主导者和调整者的身份，但是，改革权力的获得来源于皇帝的认可。以三杨为首的改革派对于政治的改革力度越强，越需要获得皇帝的信任。士大夫在仁宣时期对国家政治进行大刀阔斧改革的同时，也是华贵而谄媚的文风发展的最高潮时期。仁宣时期虽然改变了洪武和永乐时期的政治风格，士大夫获得政治发抒的机会，但是皇权的集中和专制并未动摇。士大夫在仁宣的政治场域中，借助与皇帝的亲密关系而获得政治改革的权力，士大夫势力改变永乐时期的蛰伏状态，重新成为改革的主导者。同时士大夫也认识到皇权不可动摇和至高无上，难以恢复宋代的士大夫与皇帝同治天下的政治景象，一切改革必须在获得皇帝支持的前提下才能实现，因此才在政坛掀起这股谄媚和奉迎的士林风气。仁宣对永乐朝政的改革通过皇帝的即位诏、册封太子、太皇太后尊号等皇家诏书的形式向天下发布。

正统以后，以张太皇太后为首的皇室贵族和以王振为首的宦官势力填补了因皇帝年幼出现的皇权空隙。正统初年，士大夫除了尽忠皇帝外，还要处理与太皇太后、王振的关系，政治关系更趋于复杂。随着明初军功贵族集团势力的弱化，特别是“土木之变”后，军功贵族大部覆灭，明朝的政治体制才接受士大夫的全面加入。景泰年间的士大夫已经完全成为国家政治调整的决策者和实施者。

在明代前期，对于官僚士大夫来讲，内阁阁臣的政治身份为皇帝的代言人。六部和都察院是最高的政府机关。明前期废除宰相后，六部和都察院的长官在朝政中的发言权明显增强。永乐朝内阁创立后，依靠与皇帝的亲近关系，政治影响力和政治位势逐渐超越六部和都察院。从永乐到天顺期间，内阁权力保持上升状态。仁宣以后逐渐形成内阁与六部、都察院共同决策和施政的局面，这种类似宰相会议的政治模式正式成为明代中国的政治体制。为纠察高级官员、监督国政、发挥谏诤之权，设立六科、十三道监察御史，多由品级低、资历浅的官员充任。从洪武到天顺期间，科道官员纠察必先请皇帝旨意，缺乏独立自主的政治发言权。如永乐十七年(1419 年) 十二月：“杨荣进言十事，皆指斥五府、六部、三法司积弊。成祖览而喜之，密与荣曰：‘实切时病，但汝为心腹之臣，若进此言，恐群臣益相猜疑，不若使慎密御史言之。’于是得监察御史邓真，俾入奏。众皆股栗，免冠请罪。诏诸司即日悛改，怙终者不赦。”① 叶盛在《水东日记》中评论科道官行使政治监督权的状况时指出：“初，凡有弹纠，必六科先承密旨，十三道则因之。”② 天顺时期，在内阁大学士李贤的主持下逐渐改革科道政治监督模式，朝廷言路逐渐得以畅通。科道官政治监督行为的真正实行须基于官僚士大夫在朝政中地位的彻底稳固，科道官员在内阁和六部的政治纠纷中才逐渐崭露头角。明前期科道官所代表的政治舆论和政治监察功能在天顺以后开始变化，到达明中后期以后逐渐彰显蓬勃的政治影响力。这种风气的转移即是士大夫与皇帝“同治天下”理想的现实发抒，又是明朝无宰相的政体中出现内阁和六部势力均衡的结果。

本章小结

明前期皇帝和士大夫对“皇权”和“士权”的认知处于变化中，可分为两种态度：明太祖朱元璋与明成祖朱棣强化君权，加强对士权的打压和控制；建文和仁宗、宣宗强调士权对皇权的辅佐，淡化君主的绝对独裁和专制。宋濂、方孝孺、三杨、于谦、李贤是洪武到天顺期间各朝士大夫的代表人物。明前期士大夫在与皇权的交错中，保持了清晰的政治主体意识。方孝孺的君臣同治观念、三杨的君尊臣卑观念、于谦的社稷观念、李贤的士风观念是明前期士大夫主体意识彰显的代表。士大夫政治主体意识在明前期随皇权强弱而表现不同：洪武和永乐时期为蛰伏时期，建文时期为凸显时期，仁宣到天顺时期是逐渐恢复和彰显时期。

---

① 焦竑. 玉堂丛语：卷 3，宠遇. 80.

② 叶盛. 水东日记：卷 1，纠弹不承密旨. 11.

第六章　明前期士大夫的奖惩制度

第一节　明前期士大夫所受国家礼遇及其内涵分析

从作为生员的读书人到成为朝廷官僚的士大夫，除了其自身对自我形成的认知外，国家和社会也从外部通过各种礼仪形式、政治待遇、经济特权等多方面对士大夫身份的认同给予诠释和强化，如杨荣母亲在劝导杨荣时就提到杨荣受到朝廷的教育，“不食于家十年”。大致而言，赏赐、封赠、赠印、辍朝、赠谥五者构成明前期士大夫的国家礼遇体系。

一、赏赐

赏赐宴席是皇帝沟通与臣子关系的方式之一。皇帝在重要的节日宴请文武大臣，藩国使臣来到赐宴席与会同馆，经筵讲官给皇帝讲完课后，按例赐宴于左顺门，如正统元年（1436 年）三月的经筵后，“赐知经筵官、同知经筵官、侍班官每员银五十两，彩缎四表里，钞五千贯，兼经筵并讲读官员人等赐各有差，复赐宴于左顺门”①。蹇义是洪武十八年（1385 年）的进士，永乐、洪熙、宣德三朝的重臣，杨荣描述了仁宣时期蹇义所受到的赏赐礼遇：“每遇节日，必赐宴饮，赋诗……赐甲第于文明门之西北，落成之日复赐宴器、钞币。凡节日遣中官宴赐于家，秩满赐宴礼部，降诏褒谕。及公诞辰赐厩马、钞币。今皇帝即位赐赉特厚，公旧有心疾，至是复作，上屡遣中官及太医院名医往视之，复赐羊酒及钞以慰勉之。”② 杨

---

① 明英宗实录：卷 15. 正统元年三月乙亥.

② 杨荣. 文敏集：卷 18. 283-284.

荣本人也屡次受到皇帝的赏赐。永乐九年（1411 年）“元宵节，太宗皇帝御午门观灯，赐百官宴，并示御制诗。公奉和以进。太宗皇帝览而悦之，赐以羊酒、钞币”。后升任“文渊阁大学士兼翰林院学士阶奉政大夫，特赐宴于礼部”①。杨荣得到的皇帝赏赐主要有：钞币、纱衣、银酒钟、古铜器、金织袭衣、靴袜、白金、彩币、金银彩币、玉杯、酒馔、玉带、玛瑙、鹤顶、琥珀、花犀、合香、龙骨、皮裘、黑貂、银鼠、御厨酒馔、金银、鲜果、扇、五色长命缕系腰、诗章、内珍羞异、罗衣、鞍马、金织、麒麟罗衣等。

夏原吉在仁宣时期所受皇帝的赏赐大致如下：

> 赐紫瑛砚、象牙、翠花笔、龙香墨、水晶镇纸、玉笔架，以便条旨用。公诞晨（辰），上亲绘寿星图及制诗赐之，有“独生申甫扶鸿运之褒”。每忧喜及节序，必赐公诗。又亲绘秋香、竹梅二图，以喻公之晚节。文禽、非熊、春霁、鱼游、春水数图，以彰公之遭遇之盛云。至服食、器用、银币，日不虚赐。②

仁宣在给夏原吉的诸多赏赐中也明确表达“使卿之子孙知吾君臣一体”的政治目的。

皇帝即位、册立皇后、册立太子等重要典礼均须宴请群臣，除此之外，在重要的节日如元宵节、端午节也依照惯例宴请文武大臣。赐宴可在礼部、文华殿、史馆、内廷等处举行。《文敏集》记载了杨荣 15 次被赐宴的经历，其中三次是被单独宴请于礼部，一次是被单独宴请于文华殿。内阁大学士金幼孜的《端午赐宴观击球射柳》和《立春赐宴拜和御制》两诗均为回应皇帝赐筵的应制诗。单独被皇帝赐宴是莫大的尊荣。永乐到正统期间是士大夫被皇帝赐宴和赏赐最为频繁的时期。明中期以后，士大夫被皇帝赏赐，特别是被赐宴的次数明显减少。除了皇帝赐宴外，皇后也可以在坤宁宫赐宴于品官命妇。如永乐三年（1405 年）正月、永乐三年二月皇后生日、永乐三年十一月冬至、永乐四年（1406 年）正月、永乐四年二月皇后生日、永乐四年十一月冬至日、永乐五年（1407 年）正月、永乐五年二月皇后生日、永乐五年四月皇帝生日，都记载了皇帝在奉天殿受朝贺并宴请文武群臣，皇后于坤宁宫赐宴于品官命妇。

---

① 杨荣．文敏集：卷 18．283．

② 夏原吉．忠靖集：附录，夏忠靖公遗事．景印文渊阁四库全书，第 1240 册．555．

二、封赠

（一）祖父母、父母、妻子

士大夫入仕为官后，依据其官阶和功业的不同，其父祖与妻子都可被赐予封号，以示褒奖。洪武时期，朱元璋在《赠翰林承旨宋濂祖父诰》中指出：

> 昔者圣人君天下，凡名臣之善，非崇一己之善，必惠及至于祖焉。尔濂学通今古，性淳而朴实，有古人之风，挠之而不怒，静之而不肆，岂不如渊之澄清者乎！夫渊之澄清，搅之而不浊，静之而不清。朕观濂之性有若是焉。今者公卿等皆有祖宗封号，尔为文章之首臣，祖亦有赠焉。朕敕中书下吏部，特赠尔濂祖德乂为太常少卿，父文昭为礼部尚书，故谕卿知之，奉迎前去，以爵冥冥者也。①

如朱元璋封赠蕲国公康茂才母亲朱氏为德人："母因子贵，今以朱氏为德人。"② 在《追赠义惠侯夫人娄氏诰》中指出：

> 人之处世，家道兴隆，必夫妇之良德而然后昌，其内助之功尤大。义惠侯刘继祖妻娄氏，非独夫之仁惠外施，实由内助之功旷阔。曩者朕寓居是方，家遭流疫，父母俱亡，无地可葬。因尔夫妇怜悯困苦，乐惠斯地以致朕皇考、妣阴宅于是，至今难忘。特赠尔娄氏于冥冥，为义惠侯夫人，尔其有知，服兹宠命。③

洪武二十六年（1393 年）确定规制，对于文官父祖的封号，最高可推封到文官三代：父亲、祖父、曾祖。"凡推封，洪武二十六年定：一品赠三代，二品、三品赠二代，四品至七品赠父母妻室……俱照见授职事。"④ 对官员母亲和妻子的封赠品级规定为："凡文官……正、从一品曾祖母、祖母、母、妻各封赠一品夫人，正、从二品祖母、母、妻各封赠夫人，正、从三品祖母、母、妻各封赠淑人，正、从四品母、妻各封赠恭人，正、从五品母、妻各封赠宜人，正、从六品母、妻各封赠安人，正、从七品母、妻各封赠孺人。"⑤ 又有诰命和敕命之别："一品至五品，皆授

---

① 朱元璋．明太祖集：卷 3，赠翰林承旨宋濂祖父诰．48.

② 朱元璋．明太祖集：卷 3，封康鉴母朱氏诰．49.

③ 朱元璋．明太祖集：卷 3，追赠义惠侯夫人娄氏诰．47-48.

④ 申时行，等修．赵用贤，等纂．大明会典：卷 6，文官封赠．115.

⑤ 同④116.

以诰命；六品至九品，皆授以敕命。妇人从夫品级。诰用制诰之宝，敕用敕命之宝，仍以文簿与诰敕，各编字号，复用宝识之，文簿藏于内府。”① 金幼孜在《赠奉议大夫刑部郎中郭公尚礼墓碑铭》中指出：“洪熙改元之初，朝廷推恩，群臣封赠其祖父母、父母如制。”②《赠骠骑将军中军都督府佥事李公墓碑铭》中记载，李英祖父李秉臣、父亲李通均依靠李英功勋被“赠骠骑将军中军都督府都督佥事”③，祖母刘氏、母亲张氏、妻子高氏皆封赠夫人。

杨士奇应杨荣之请为其祖父母、父母所写的神道碑中也记载了洪熙改元后的这次推恩臣子的举措：“洪熙元年正月，朝廷推恩群臣，封赠其祖父母、父母如制，而始自贵近。”杨荣祖父杨达卿、父亲杨伯成被封为“资善大夫太子少傅谨身殿大学士”④，祖母谢氏、阮氏及母亲刘氏皆为夫人。杨荣为夏原吉所作文赋中记述夏原吉的祖父和父亲依据夏原吉的官品而被赠予封号，其祖母、母亲、妻子被封为一品夫人。杨士奇在《故奉训大夫右春坊右谕德兼翰林侍读林君墓表》中记载：“洪熙元年赐诰，赠其父奉训大夫、右春坊右谕德兼翰林侍读，其母宜人，封其妻宜人。”⑤ 林君是永乐八年（1410 年）进士，翰林院编修承事郎。杨荣在《文敏集》中记载朝廷追赠林君其父封号：“赠其父如君之职。”赠予其父与其子相同的官品称谓。王直在《赠主事尹君墓表》中记载：“景泰元年三月，天子嘉念任职之臣，思所以宠褒之，以率励有位，俾兴于事功。诏凡有劳绩者，皆赐之诰敕，而封赠其亲。”⑥ 此次封赠发生于“土木之变”后，其政治用意在于激励臣子尽忠国家。

杨荣的《文敏集》中对品官命妇封号记载如下：《故河间王夫人王氏墓志铭》记载了张辅的母亲被封为夫人；《定西伯夫人李氏墓志铭》记载，定西伯蒋贵妻子宣德年间被封为夫人；《太恭人康氏墓志铭》记右通政李锡之母被封为恭人；《刁母孺人吴氏墓志铭》记翰林院编修文林之妻被封为孺人；《故陈母孺人杨氏墓志铭》记杨荣女婿陈顺德之母被封为孺人；

① 申时行，等修．赵用贤，等纂．大明会典：卷 6，文官封赠．119.

② 金幼孜．金文靖集：卷 9，赠奉议大夫刑部郎中郭公尚礼墓碑铭．景印文渊阁四库全书，第 1240 册．823.

③ 金幼孜．金文靖集：卷 9，赠骠骑将军中军都督府佥事李公墓碑铭．景印文渊阁四库全书，第 1240 册．817.

④ 杨士奇．东里续集：卷 24，赠资善大夫太子太傅兼谨身殿大学士杨公神道碑铭．686.

⑤ 杨士奇．东里文集：卷 16．235.

⑥ 王直．抑庵文后集：卷 27，赠主事尹君墓表．景印文渊阁四库全书，第 1242 册．93.

《孺人彭氏墓志铭》记翰林院编修陈文的祖母被封为孺人；《故节妇高孺人墓志铭》记吏科给事中高旭之母被封为孺人；《封太淑人李母王氏墓志铭》记嘉议大夫、通政使李暹之母被封为淑人；《会昌伯太夫人圹志》记会昌伯之母、宣宗孙皇后之祖母被封为夫人；《封太夫人陈母徐氏圹志》记指挥使陈春之妻被封为夫人；《太宜人曾氏墓志铭》记詹事府少詹事兼翰林侍读学士王英之母被封为宜人；《封太安人楼母胡氏墓志铭》记冬官主事楼文昌之母被封为安人。《文敏集》中所记录的品官命妇的级别为：夫人、恭人、孺人、宜人、安人。综上分析可对明前期封赠礼遇总结如下：

其一，依据官品等级决定封赠几代。最高可达到曾祖父母，最低是父母和妻子。又依据官品的等级封赠不同称号：夫人、恭人、孺人、宜人、安人。杨士奇之妻严氏，“永乐中封宜人，数朝中宫，初赐内制五品冠服，后累赐文绮楮币。今上临御惇念旧臣，士奇屡进官至从一品，遂得推恩，以其官品赠三代，而封妻为夫人”①。

其二，封赠既是对士大夫功绩的肯定，又成为士大夫身份的象征。杨士奇在为梁王府长史宋子环的母亲孙氏所撰写的墓志铭中说明，孙氏“以子贵封太宜人”②。

其三，命妇的品级依其丈夫官级的变化而改易。杨士奇的《兵部职方员外郎周君妻宜人王氏墓志铭》记载：“兵部职方员外郎吉水周君之配王氏，初以其子叙贵封孺人，后以职方贵封宜人。”③ 说明品官命妇的品级可以依据其丈夫或儿子官品的升降而改易。洪熙元年（1425 年）二月，封赠杨荣父祖之时，因杨荣官职为太常寺卿兼文渊阁大学士、翰林学士，官衔为正五品，上封赠到其祖父母。而宣德五年八月，再次封赠杨荣父祖之时，因杨荣此时官职为工部尚书兼谨身殿大学士，官衔为正二品，上封赠到其曾祖父母。④

（二）荫子

明代荫子制度最重嫡庶，《明会典》有关荫叙之制，首款即申明所荫子孙嫡庶之别。“凡用荫者，以嫡长子。如嫡长子有废疾，立嫡长子之子孙，曾玄同。如无，立嫡长子同母弟，曾玄同。如无，立继室所生。如无，立次室所生。如绝嗣者，傍荫其亲兄弟各及子孙。如无，傍荫伯叔及

---

① 杨士奇．东里文集：卷 21．305．

② 同①．

③ 同①308．

④ 苏镒．太师杨文敏公年谱：卷 4．明嘉靖三十一年福建巡按曾佩蓝格刊本．

其子孙。”① 洪武二十六年（1393 年）修订条例如下：

> 职官子孙荫叙，正一品子，正五品叙；从一品子，从五品叙；正二品子，正六品叙；从二品子，从六品叙；正三品子，正七品叙；从三品子，从七品叙；正四品子，正八品叙；从四品子，从八品叙；正五品子，正九品叙；从五品子，从九品叙；正六品子，于未入流品相应上等职事内叙；从六品子，于未入流品中等职事内叙；正七品子，于未入流品下等职事内叙。②

明朝廷对品官荫子制度又提出两项限制：一是一位官员只限荫子一人；二是如果其子达到二十五岁，必须参加五经或四书，达到朝廷要求标准才可获得荫用，不通过者，要求重新学习，再次考试。“凡荫叙限制，洪武二十六年定，职官用荫，各止一名。年及二十五以上，须试本经或四书，能通大义。其有不通者，发还习学再试。”③ 这项限制一直到成化三年（1467 年）才被打破。“成化三年奏准，在京三品以上官员，听令一人送监读书出身。若大臣果有勋劳，特旨录用其子孙者，不在此限。”④

年龄小、不能直接授予官职的品官子弟入国子监读书，称谓“荫监”或“荫生”。“国初因前代任子之制，文官一品至七品，皆得荫一子以世其禄。后乃渐为限制，在京三品以上、满考著绩，方得请荫，谓之官生；出自特恩者，不限官品，谓之恩生。或即与职事，或送监读书。”⑤ 官生和恩生在官学毕业后，依据规定授予官职。《明史·选举志三》中记载，选官之时，“京官五府、六部首领官，通政司、太常、光禄寺、詹事府属官，由官荫生选”⑥。这样品官子弟就可以不经过科举考试而直接进入官僚队伍。如尚宝司多以官员子弟充任：“尚宝司：卿一人，正五品，少卿一人，从五品，司丞三人，正六品。吴元年但设一人，后增二人。掌宝玺、符牌、印章，而辨其所用……勋卫大臣子弟奉旨乃得补丞，其后多以恩荫寄

---

① 徐溥，等撰．李东阳，等重修．明会典，卷 8，吏部七．景印文渊阁四库全书，第 617 册．78.

② 同①78-79.

③ 同①79.

④ 申时行，等修．赵用贤，等纂，大明会典：卷 6．荫叙．117.

⑤ 同④.

⑥ 张廷玉，等．明史：卷 71，选举志三．1715.

禄，无常员。”① 如升散骑舍人耿炳文之子耿瑄为尚宝司卿。

明前期士大夫子弟多以此种方式入仕为官。如杨士奇子杨稷为尚宝丞，杨荣曾孙杨业为建宁指挥，杨溥孙杨寿为尚宝司丞，夏原吉子夏瑄为尚宝司丞，蹇义子蹇英为尚宝司丞。李东阳的《怀麓堂集》卷73《书杏园雅集图卷后》中记录了与官员子弟交往的情况：“予始见于西杨之子太常少卿导，再见于西王之孙顺天训导纶，三见于南杨之孙尚宝卿泰……太常、尚宝二公及东杨之孙吏部员外郎旦，东王之孙兵部司务仁，皆予所与识。”② 其中东王是吏部尚书王直，西王是礼部尚书王英。③

三、赠印

仁宗、宣宗两朝给蹇义、夏原吉、杨士奇、杨荣、金幼孜几人赐予印章，赋予其密疏言事权。“赐吏部尚书蹇义及杨士奇、杨荣、金幼孜银章各一，曰‘绳愆纠缪’，谕以协心赞务，凡有阙失当言者，用印密封以闻。”④ “绳愆纠缪”印最早为洪武时期河南等十三道监察御史所佩之印，每道两枚。奉命巡按地方的称为“巡按某处监察御史”，“铜印直纽，有眼，方一寸五分，厚三分，八叠篆文”⑤。与监察御史所佩铜印不同之处在于此时赐予蹇义等人的印章为银质。

王世贞的《赠印记》详细记载了仁宣时期赠予三杨等人印章的情形：

> 国朝惟仁、宣二庙优礼大臣，赐银图书，以示褒美，后亦有嗣行之者。按仁宗朝，蹇义、夏原吉、杨士奇、黄淮、杨荣、金幼孜俱被赐。其文曰“绳愆纠缪”，而义又有“蹇忠贞”、士奇“杨贞一”之印。宣宗赐义曰“忠厚宽弘”、原吉曰“含弘贞静”、士奇曰“清方贞一”、荣曰“方直刚正”、胡濙曰“清和恭靖”又“文恭世家”、吴中曰“和敏详达”。景泰赐少傅胡濙曰“忠贞惟笃”、少保王文曰“忠诚匪懈”、衍圣公孔弘绪曰“谨礼崇德”。按是时，王少傅直，陈循、高穀、于谦三少保当亦有之。特以景庙赐，不敢登之志传耳。⑥

情形之一，蹇义在仁宗朝被赐予“绳愆纠缪”银印，印章的用意在于

---

① 张居正. 明史：卷74，职官志三. 1803-1805.
② 李东阳. 怀麓堂集：卷73，书杏园雅集图卷后. 773.
③ 李贤. 古穰集：卷12，吏部尚书致仕赠太保谥文端王公神道碑铭. 601.
④ 张廷玉，等. 明史：卷8，仁宗本纪. 109.
⑤ 张廷玉，等. 明史：卷68，舆服志四. 1663.
⑥ 王世贞. 弇山堂别集：卷11，赐印记. 197.

希望蹇义对朝廷的弊政能够有所匡正，密封以进，直达御前。后又被赐“蹇忠贞印”银印，用以褒奖蹇义的忠勤功绩。宣宗即位后赠送蹇义的印章为“忠厚宽弘”。

情形之二，夏原吉在仁宗朝同样被赐予“绳愆纠缪”银印。宣德三年（1428 年）二月，被赐银印为“含宏贞靖谦谦斋”，用以褒奖夏原吉的德量；另一银印为“后天下乐”，用以表扬夏原吉的忠勤；再一枚银印为“傅保之臣”，褒奖夏原吉的寅亮。同时申谕：“自今朕有过举，卿但具奏以此封识进来，朕不惮从也。”①

情形之三，杨士奇在仁宗朝先后被赐“绳愆纠谬”“杨贞一印”两枚银印；宣宗朝又被赐“贞一居士”和“清方贞靖”两枚印章，被赐印的同时，又被赠予玺书。仁宗赐印的目的在于赋予杨士奇等人密疏言事的权力，对于皇帝可能存在的过失，允许杨士奇用此印章加封奏疏，“以此封识进来”②。这样奏疏就不通过通政司等政府部门，而直接到达皇帝面前。仁宣时期，杨荣和金幼孜也同样被赐予“绳愆纠缪”银印。

仁宗和宣宗赠给三杨等士大夫银印的政治用意有四：其一，仁宣时期君臣关系改善，赐予重要朝臣印章，起到激励臣子的作用。其二，印章是官员密疏言事权力的标识，是非常态的政治舆论的发抒方式。其三，赐予大臣印章是维护皇权专制的工具，赐印范围包括政府六部尚书和内阁大学士，皇帝通过赐予印章，与臣下建立恩属关系。其四，仁宣激励士大夫政治参与热情，主动赋予士大夫政治话语权。赐予大臣银印的现象到正统以后就很少出现，以后的内阁大学士李贤、李东阳、张居正等人虽然权力显赫一时，却没有被赐予银印的特殊礼遇。

四、辍朝

因丧辍朝是朝廷为死去的高级贵族和官员而改变常规朝会方式以示悼念的礼仪活动。明代的因丧辍朝一改唐宋以官员为主体的传统，逐渐演变成为皇族的特权。从洪武到弘治，辍朝次数逐渐攀升，到弘治时期达到顶峰，其后随着辍朝制度的改革而逐渐回落。因丧辍朝举行的意义在于：激励官员、凝聚皇族、教化社会。建文和景帝死后实行的亲王辍朝礼仪又使辍朝具有一定的政治寓意。

---

① 夏原吉．忠靖集：附录，夏忠靖公遗事．551-552.

② 杨士奇．东里续集：卷 5，赐印章记．428.

根据目前所掌握的史料推断，因丧辍朝的现象至迟到东汉末年就已经出现，如东汉孝灵帝中平二年（185 年）十月，司空杨赐死后，“帝素服，辍朝三日”①。北周武帝天和二年（567 年），大将军郑伟丧礼中“天子辍朝，弥深大臣之议”②。唐代“贞观、永徽之时，每有公卿大臣薨卒，皆辍朝举哀”③。因丧辍朝也被作为制度写入《唐会要》卷 25《辍朝》中④，并明确指出因丧辍朝的政治目的在于：“成终始之恩，厚君臣之义；上有旌贤录旧之德，下有生荣死哀之美，列于史册，以示将来。”⑤ 宋代延续唐以来因丧辍朝制度传统：“凡大臣等薨，皆有礼例，特辍视朝三日或五日。”⑥《宋史》卷 124《凶礼三·辍朝之制》中详细记载了宋朝因丧辍朝的规制。到了明代以后，因丧辍朝在继承唐宋传统的基础上，逐渐展现出有别于唐宋的特殊性。目前，学界仅对唐、宋、金时期的辍朝有所关注⑦，对明代因丧辍朝尚无专门研究，本书拟系统梳理明代因丧辍朝的制度规定和具体实施的动态变化，并在此基础上分析明代因丧辍朝的特点变化及其所具有的政治寓意和文化内涵。

（一）明代因丧辍朝概况

明朝立国之初即建立朝会制度，皇帝与百官于朝堂上商议国事，这成为国家政治正常运行的基本保障。朝会也可能因某些事项的干扰而难以正常举行，因丧辍朝即是其中之一。明代的因丧辍朝主要分两类：皇族辍朝和官员辍朝。官员和皇族死后，是否为其举行辍朝和具体辍朝日数，要由皇帝和礼部官员商议决定。首先由礼部拟定具体的仪式流程和规则禁忌，经皇帝裁决后，把辍朝的公文发布在东西长安门外。“先期礼部具奏，仍出告示于长安左右门。”⑧ 左右长安门位居皇城大明门两侧，为文武百官上朝必经之地，朝廷颁布的典制规程常悬挂于此。如丘濬建议颁定新的朝仪之礼时，要求“事例详加讲究，概括节略，画为图式，悬于两长安门。

① 朱轼．史传三编：卷 14，名臣传六．景印文渊阁四库全书，第 459 册．240．

② 南北朝．庾子山集：卷 15，周大将军襄城公郑伟墓志铭．景印文渊阁四库全书，第 1064 册．725．

③ 刘昫，等．旧唐书：卷 88，苏颋传．北京：中华书局，1975：2881．

④ 王溥．唐会要：卷 25，辍朝．丛书集成初编，第 817 册．472．

⑤ 同③．

⑥ 赵升．朝野类要：卷 1，辍朝．北京：中华书局，2007：28．

⑦ 相关研究见：夏晓臻．唐代辍朝制度考述．陕西师范大学学报（哲学社会科学版），1989（3）；汤巧蕾．金代辍朝制度初探．东方博物，2005（4）；刘钟．宋朝辍朝制度研究．河北大学中国古代史硕士学位论文，2007．

⑧ 申时行，等修．赵用贤，等纂．大明会典：卷 44，辍朝仪．19．

用以表正百官，观示列辟，俾人人知所趋，避世世得以遵守”[①]。辍朝告示文书褒奖和赞美丧主的德行和功绩，向百官和万民宣达朝廷的恩恤。因丧辍朝一旦与国家祭祀之日相冲突，辍朝就会被取消或减少日数。洪武九年（1376 年）五月，为晋王妃举行辍朝的第二日即是祭祀方丘之日。太祖命翰林侍讲学士宋濂考古制，宋濂引宋真宗和宋神宗不因丧制而废天地和社稷祭祀的成规，重申“夫郊社之礼，国之大事，圣人所重，虽有三年之丧，亦不敢废，示有尊也”[②]。主旨即是并不因辍朝的举行而中止祀地的仪典，这是辍朝与天地祭祀冲突时的处理办法。辍朝与祭祀祖先的典礼相冲突时也是采取避让的办法，洪武二十八年（1395 年）三月，秦王朱樉死后，礼部尚书亨泰奏言：“考之宋制，宜辍朝五日，今遇时享，宜暂辍朝一日。”[③] 秦王的丧礼辍朝因与祭祖之礼冲突，由五日减为一日。

明代调节因丧辍朝和政务处理矛盾的方法是实行“辍朝不废务”的政策。[④] 辍朝期间的公务办理，与平时相比，大致有三个方面的改变：一是停止常朝时的仪式。辍朝之日“早朝，不鸣钟鼓，不鸣鞭，不设仪仗”[⑤]。二是改变常朝的服饰。皇帝大致穿着为“尚翼善冠、浅淡色袍子”[⑥]，百官大致穿着为“浅淡色衣服，乌纱帽，黑角带”[⑦]。辍朝之日，官员必须依照规定着装，一旦穿错，便会因违背礼制而被弹劾。在正统十年（1445 年）十二月的一次辍朝中，通政使李锡因穿着绮绣而被负责纠察礼仪的御史周文盛弹劾。[⑧] 正德年间也曾发生官员因辍朝衣着有误而被纠察之事：“当辍朝之日，学士有误束花带而入者……在朝班中必以失仪为御史所纠。”[⑨] 三是改变朝会举行的地点。明前期的辍朝，皇帝大致在西角门接见官员、处理政事。西角门位于明皇城的西北角，是皇帝在大行皇帝和皇太后丧礼期间的办公地点。辍朝中皇帝于此办公，既表达了对丧主的哀思，又处理了国家政务，尽量减少因丧辍朝对朝廷政务处理的影响。弘治以后，随着辍朝次数的增多，除了皇太后的辍朝外，其余皇妃、公主、亲王

---

① 丘濬. 王朝之礼一//皇明名臣经济录：卷 10. 四库禁毁书丛刊，史部，第 9 册. 168.
② 明太祖实录：卷 106. 洪武九年五月乙丑.
③ 明太祖实录：卷 237. 洪武二十八年三月癸丑.
④ 张廷玉，等. 明史：卷 72，职官志一. 1749.
⑤ 申时行，等修. 赵用贤，等纂. 大明会典：卷 44，辍朝仪. 19.
⑥ 明世宗实录：卷 265. 嘉靖二十一年八月乙酉.
⑦ 明英宗实录：卷 354. 天顺七年秋七月辛亥.
⑧ 明英宗实录：卷 136. 正统十年十二月丙午.
⑨ 明武宗实录：卷 1. 弘治十八年五月甲午.

等人辍朝期间的朝会地点，逐渐由西角门改回到奉天门。《大明会典》记载，弘治以后辍朝之日“文武百官各服浅淡服、黑角带，于奉天门朝参”①。

辍朝的日数，文武官员主要依据官位品级和政治功绩而定；皇族成员主要依据血缘身份和宗室谱牒而定。明代为官员的丧礼辍朝始于洪武二年（1369年）十月，在忠武王常遇春的丧礼中，朱元璋为其罢朝举哀，同时命礼部“议天子为大臣发哀礼”②。礼部官员考察古制后，建议以宋太宗为韩王赵普举哀的程序举行，但是在此议定的丧礼程序中并没有辍朝日数的明确规定。按照宋代辍朝规定，赵普为一品官，应辍朝二日，因赵普于宋朝的卓越功勋，宋太宗特批辍朝五日。③ 朱元璋命礼部官员考察赵普丧礼规程的过程中势必也会关注到辍朝的部分，因此到洪武十年（1377年）十月，卫国公邓愈故后，丧礼中开始包含辍朝三日一项。④ 洪武二十三年（1390年）最终公布勋臣公侯和武臣都督至都指挥的辍朝规定：“公侯亡故，不分病故、阵亡，止给麻布一百匹，本部奏，辍朝三日……都督至都指挥亡故，本部奏，辍朝二日……公侯在外病故，闻丧止辍朝一日，灵柩到京仍辍朝三日，下葬辍朝一日。”⑤ 洪武时期14次官员丧礼辍朝均是为武臣举行。首次文官辍朝始于建文四年（1402年）八月，明成祖朱棣因衍圣公孔鉴病故辍朝一日。⑥ 仁宣以后，为文官的辍朝开始逐渐出现。《明实录》记载了146次武官辍朝，29次文官辍朝，文官辍朝是武官辍朝次数的五分之一。

明代对于官员因丧辍朝的日数规定：公侯在京亡故辍朝三日，公侯在外病故辍朝五日，武官都督至都指挥辍朝二日。⑦ “永乐后更定，惟公、侯、驸马、伯及一品官，辍朝一日。”⑧ 新规定的变化主要体现在两个方面：一是减少公、侯的辍朝日数，统一减为一日；二是扩大辍朝范围，驸马和伯开始获得辍朝的待遇，同时官员的辍朝不再限定都督和都指挥等武官，文官被明确纳入辍朝范围内。

明代皇族辍朝始于洪武九年（1376年）五月，太原晋王谢妃亡故，

---

① 申时行，等修．赵用贤，等纂．大明会典：卷44，辍朝仪．19．

② 明太祖实录：卷46．洪武二年冬十月庚午．

③ 脱脱，等．宋史：卷124，凶礼三·辍朝之制．北京：中华书局，1975：2904．

④ 明太祖实录：卷116．洪武十年十一月癸未．

⑤ 朱元璋．诸司职掌·礼部．续修四库全书，第748册．704，705．

⑥ 明成祖实录：卷11．洪武三十五八月癸亥．

⑦ 朱元璋．诸司职掌·礼部．704，705．

⑧ 张廷玉，等．明史：卷60，礼十四．1480．

朱元璋命礼部和翰林院会议丧礼流程。翰林侍讲学士宋濂议定的谢妃丧礼中就包含辍朝三日一项。① 景泰三年（1452 年）礼部重新议定辍朝规制，对比官员和皇族死后的辍朝，指出《诸司职掌》中公、侯、都督、都指挥等的辍朝是明文的法律规定，而“亲王、公主、郡主薨逝，辍朝俱系特旨。又永乐间伊王薨，辍朝十日，具素服西角门视事。永安公主薨，辍朝四日，亦素服视事于西角门。今后凡辍朝礼仪，俱如永乐间例”②。这次有关皇族的辍朝改革并不明确，只是宣布依照永乐间的惯例举行。直到弘治时期才把皇族因丧辍朝的规定正式载入《大明会典》中：“凡闻皇妃丧，辍朝三日。发引下葬，各免朝一日；亲王丧，辍朝二日；公主丧及下葬，各辍朝一日。郡王及文武大臣丧，年终类辍朝一日。”③ 弘治以前，郡王的丧礼辍朝本为一日：“郡王丧，辍朝一日。”④ 弘治以后，逐渐实行辍朝制度的改革，其中一项即是取消郡王妃的因丧辍朝，郡王的丧礼辍朝也和文武大臣的丧礼辍朝一起于年终择日一体举行，而不再单独于丧期举行。大行皇帝的丧礼辍朝是皇族辍朝中最特殊的一类，辍朝日数一般为 27 日。这 27 日中大致分为两个阶段：前三天，文武官员着“素服、乌纱帽、黑角带，自明日至第三日俱晨诣思善门外哭临，退宿于本衙门，不饮酒食肉”。完全停止公务办理。从第四日到第二十七日，官员“凡入朝及在衙门视事，用布裹纱帽、垂带、素服、腰绖、麻鞋，退即衰服”⑤。恢复公务办理。“毋以哀戚而妨大政”⑥。从洪武到崇祯，明朝共历十六位皇帝，建文帝、景泰帝和崇祯帝死后不得享有大行皇帝辍朝礼仪，因此明朝一共举行了 13 次大行皇帝辍朝。

终明之世仅有一次为外国国王病故的辍朝，永乐六年（1408 年）冬十月来华的古浡泥国国王麻那惹加那乃在会同馆病故，为其辍朝三日。

大致而言，明朝对官员和皇族辍朝的统计如下表：

朝代	官员	皇族	年平均	总计	资料来源
明太祖	14	8	0.60	22	《明太祖实录》
明成祖	13	29	1.91	42	《明太宗实录》

① 明太祖实录：卷 106. 洪武九年五月癸亥.

② 林尧俞，等纂修. 俞汝楫，等编辑. 礼部志稿：卷 87，重考辍朝例. 566-567.

③ 申时行，等修. 赵用贤，等纂. 大明会典：卷 44，辍朝仪. 19.

④ 张廷玉，等. 明史：卷 59，礼十三. 1467.

⑤ 明孝宗实录：卷 1. 成化二十三年八月庚寅.

⑥ 明英宗实录：卷 344. 天顺六年九月乙未.

续表

朝代	官员	皇族	年平均	总计	资料来源
明仁宗	0	1	0	1	《明仁宗实录》
明宣宗	2	13	1.27	15	《明宣宗实录》
明英宗	44	90	4.69	134	《明英宗实录》
明宪宗	27	128	6.70	155	《明宪宗实录》
明孝宗	35	128	9.00	163	《明孝宗实录》
明武宗	13	77	5.56	90	《明武宗实录》
明世宗	13	52	1.42	65	《明世宗实录》
明穆宗	1	20	3.33	21	《明穆宗实录》
明神宗	11	45	1.08	56	《明神宗实录》
明光宗	0	1	0	1	《明光宗实录》
明熹宗	1	6	0.86	7	《明熹宗实录》
明思宗	1	3	0.25	4	《崇祯长编》
合计	175	601	2.76	776	

从表中可知：明朝因丧辍朝总数为776次。其中官员占近23%，皇族占近77%。从洪武到弘治期间次数逐渐攀升，到弘治年间达到顶峰，正德以后次数逐渐回落。与唐宋相比，官员辍朝比重，唐、宋、明三朝依次是73%、46.7%、23%，呈逐渐减少趋势；皇族辍朝在唐、宋、明三朝所占比例依次为14%、27.4%、77%，呈逐渐增长态势。① 明代因丧辍朝的日数，辍朝一日占总数的74%，辍朝三日占总数的20%，特别是对官员辍朝，辍朝一日的比例更是高达90%。②

(二) 明代因丧辍朝情况变动分析

通过统计分析可以发现，明代因丧辍朝具有两大特征：一是将唐宋时期以官员为主体的传统转变为以皇族为主体；二是明代的辍朝大致经历一个动态变化，即从洪武到弘治期间辍朝次数逐渐攀升，到弘治时达到顶峰，正德到崇祯期间次数逐渐回落。

明代的辍朝由官员的恤典转变为皇族的特权表现在官员的辍朝数量不

① 《旧唐书》记载了唐朝163次丧礼辍朝，其中：文武大臣辍朝125次，占据73%左右；皇室贵族23次，占14%；藩国君主12次，占7%；外戚3次，占1.8%；其他由于灾变7次，占4.3%。《宋史》记载了两宋124次丧礼辍朝，其中：文武大臣58次，占46.7%；皇室贵族34次，占27.4%；世家13次，占10.5%；藩国君主9次，占7.2%；外戚9次，占7.2%；宦官1次，占0.8%。

② 明代辍朝日数的统计依据《明实录》中各次辍朝日数的记载统计而来。唐宋时期的辍朝日数统计分别依据《旧唐书》和《宋史》：唐代，丧礼辍朝一日的为64次，占39%，辍朝三日81次，占50%；宋代辍朝日数，丧礼辍朝一日51次，占41%，辍朝三日26次，占21%。与唐代相比，宋代辍朝一日比例持平，辍朝三日比例明显降低。

足辍朝总数的四分之一，皇族的辍朝超过辍朝总数的四分之三。笔者认为原因在于明代从永乐朝开始把可享有辍朝待遇官员的品级提高到一品，这与唐宋三品官即可以享有辍朝待遇相比，把大量的官员排除在辍朝范围之外，使可享受辍朝的官员人数大量减少。即便是辍朝制度规定范围内的一品官员，死后能否获得辍朝最终也要取决于皇帝意志，并非完全按照制度举行。明后期又实行辍朝制度的改革，官员很难获得独立辍朝的机会，每年国家在年末选取一日为本年死去的可享受辍朝的官员和皇族一体合并举行。明代官员辍朝数目对比明代官员总数更显微弱。嘉靖中刘体乾指出："历代官制，汉七千五百员，唐万八千员，宋极冗至三万四千员。本朝自成化五年，武职已逾八万。合文职，盖十万余。"① 死后获得辍朝礼遇的官员在整个官僚队伍中寥寥无几。而高级皇族中的皇妃、公主、驸马、亲王死后的辍朝一直坚持单独在丧期举行，仅仅郡王的辍朝才在后期和文武大臣的辍朝合并举行。在实践层面，官员和皇族的辍朝虽均制定了详细的规则，但是实际上符合要求的一品官员绝大多数没有获得辍朝的恤典。辍朝对官员来说越来越难以企及，辍朝也日益从官员的恩恤行为转移为皇族的身份特权。

从洪武到弘治时期，皇族辍朝次数逐渐攀升，原因在于宗室人口的逐渐增多。根据徐光启所记，明代宗室人口，"洪武中亲郡王以下男女五十八位耳，至永乐而为位者百二十七"②。再经过百余年，到"正德年间，亲王三十位，郡王二百十五位。将军、中尉二千七百位"③。总数当在三千人以上。其后宗室人口一直保持快速增长的势头。到嘉靖八年，"宗室载属籍者八千二百三人。亲王三十位，郡王二百三位"④。万历朝史家王世贞统计隆庆、万历之际宗藩人数："郡王二百五十一位，镇、辅、奉国将军七千一百位，镇、辅、奉国中尉八千九百五十一位，郡主、县主、郡君、县君共七千七十三位，庶人六百二十名。而未封未名者，与齐府之庶高墙之庶皆不与焉。更二十年，而其丽当不亿矣，固千古所未有也。于乎

① 张廷玉，等．明史：卷 214，刘体乾传．5662．霍韬在《修书陈言疏》中也指出："天下武职，洪武初年，二万八千余员。成化五年，增至八万一千余员。锦衣卫官，洪武初年二百一十一员，今增一千七百余员。由二万而八万，增四倍矣。由二百而一千七百，增八倍矣……我朝自成化五年，武职已逾八万矣，合文职计之，盖已逾十万矣，是职员极冗未有甚于此时者。"（明经世文编：卷 187，霍文敏公文集三．北京：中华书局，1962：1921）

② 徐光启．徐光启集：卷 1，处置宗禄查核边饷议．北京：中华书局，1963：14．

③ 郑晓．今言：卷 2．北京：中华书局，1984：94．

④ 郑晓．今言：卷 4．159．

盛哉!”① 到万历三十二年宗室人口达到“隶属籍者十三万，而见存者不下八万”②。为应付宗室人口的过快增长给辍朝带来的压力，成化以后亲王妃和郡王妃不再享有辍朝待遇。永乐时期亲王妃张氏、郡王妃孙氏，正统时期郡王妃韩氏死后均获得辍朝礼遇。成化以后直到明末，亲王妃和郡王妃死后均不再辍朝。对于未及册封而故和革爵后复原爵的郡王和郡王妃的丧礼也剔除辍朝一项，新的规定是“给祭葬与已册封同，但免辍朝”③。

对宗室辍朝的改革从弘治朝开始，在《明会典》的一系列编纂过程中，《辍朝仪》一直存在并逐渐简化。弘治年间，“郡王及文武大臣丧，年终类辍朝一日”。这种合并辍朝的付诸实施使得正德以后辍朝次数逐渐回落。先是选取一日为最近一段时间内先后死亡的郡王举行合并辍朝，如嘉靖四年（1525 年）四月癸卯日为前后去世的灵州王勋溜、崇安王见洵、封丘王同铭辍朝一日。④ 在此基础上，逐渐把宗室成员和文武大臣的辍朝放在一起举行，如隆庆元年（1567 年）和隆庆二年（1568 年）都在年末选取一日为当年死去的官员和贵族联合举行辍朝。“诸王府及文武大臣丧，辍朝一日。”⑤ 万历十七年（1589 年）十二月二十一日为万历十六年和十七年之间病故的郡王、勋臣、大臣一体辍朝一日。⑥ 明熹宗天启三年（1623 年）十二月己酉日，为当年死去的官员和贵族一体合并辍朝。⑦ 这种合并辍朝的改革即是为应付宗室成员的日益膨胀而采取的措施。

为应对宗室人口膨胀给国家政治和经济带来的压力，嘉靖四十四年（1565 年）不得不订立《宗藩条例》，实行减少禄米、简化礼仪等方面的调整。在此基础上，隆庆初年礼科都给事中王之垣请求定议文武官恤典，如《宗藩条例》体式，颁示中外，“以省渎扰”⑧。礼部会议后同意王之垣的提议。同年十二月上《恤典条例》，总体思想是要俭省和简化功臣的朝廷恤典。皇室和官员恤典规则简化政策直接导致了正德以后辍朝次数的逐渐回落。

---

① 王世贞. 弇山堂别集：卷 1，宗室之盛. 9.

② 徐光启. 徐光启集：卷 1，处置宗禄查核边饷议. 14.

③ 林尧俞，等纂修. 俞汝楫，等编辑. 礼部志稿：卷 32，郡王丧礼. 604.

④ 明世宗实录：卷 50. 嘉靖四年四月癸卯.

⑤ 明穆宗实录：卷 27. 隆庆二年十二月丙申. 万历六年十二月乙未亦见同样记载：“以诸王府及大臣丧，辍朝一日。”

⑥ 明神宗实录：卷 218. 万历十七年十二月庚寅.

⑦ 明熹宗实录：卷 42. 天启三年十二月己酉.

⑧ 明穆宗实录：卷 35. 隆庆三年七月乙亥.

(三) 明代因丧辍朝的政治寓意和文化内涵

因丧辍朝虽有制度规定，却往往受到皇帝意志的左右，对官员和贵族辍朝与否的选择，往往具有一定的政治用意。洪武时期，两位王妃故后获得辍朝待遇，一位是太子妃常氏①，常妃为开国元勋、忠武王常遇春之女；另一位是晋王妃谢氏，谢妃是永平侯谢成之女。洪武时期，明朝在北边建立的是皇室贵族和军功贵族联合的防御体系。为巩固这个体系，朱元璋让其镇守北边的儿子和军功贵族联姻。镇守陕西的秦王娶王保保之妹为妃、卫国公邓愈之女为次妃，镇守山西的晋王娶永平侯谢成之女为妃，镇守北京的燕王娶徐达之女为妃，通过联姻的形式巩固北方的军事防御体系。因此在谢妃、常妃故后，朝廷给予辍朝的恩典，既是为了表达哀思之情，更是出于稳定和巩固这种联盟关系的需要。成化二十三年（1487年），万贵妃死后，宪宗破格为其辍朝七日，加赠“恭肃端慎荣静”的六字谥号，远远超出皇妃二字谥号的朝廷规定。“此本朝创见，则以上异宠特加。”② 万贵妃并未诞育皇子，却因明宪宗的溺爱而享受到远远超出普通皇妃的丧礼待遇。而嘉靖三十三年（1554 年）正月康妃故后，作为储君裕王之母，礼部议定辍朝五日，嘉靖帝不顾礼部官员的反对执意把五日的辍朝日期减去三天，谥号也仅为“荣淑”二字，“差官读祝宣册，皆平立不拜，所以剪抑之者至矣”③。对后妃辍朝日数的刻意增减又为解读当时宫廷的政治生态和皇帝的情感所向提供支持。

死后获得辍朝待遇的文武大臣，大多是对时政产生重要影响和起关键作用的人物。其个人品行、道德操守和政治修为也往往被官僚群体所效仿，对他们的辍朝是为天下臣子、士人确立道德模范和政治榜样，也透视了当时时代的政治风格和政策走向。如洪武时期，虽然辍朝制度规定勋臣公、侯死后均可获得辍朝，不区分文武，但是在实际执行中，洪武期间为官员举行的 14 次辍朝却都是武臣，而无一文臣，即便是被封为韩国公的明初第一文臣李善长也因胡蓝之狱而不得善终，死后更无辍朝礼遇。用赠谥做参照可知，洪武朝得谥官员 46 人，均是武官，无一文官；直到永乐朝获得谥号的武官还是远远多于文官，武官为 30 人，文官 4 人。④ 弘治朝

① 林弼．林登州集：卷 19，东宫妃常氏圹志．景印文渊阁四库全书，第 1227 册．153.

② 沈德符．万历野获编．补遗：卷 1，妃谥．802.

③ 同②803.

④ 以上数据是在河南大学田冰的博士论文《明代官员谥号研究》附录的基础上统计得出。田冰．明代官员谥号研究．河南大学中国古代史专业博士论文，2009.

大学士丘濬就指出："洪武初，惟武臣有谥，至永乐中，文臣始得谥。"获得辍朝和谥号两者相互印证了明初"创业重武"的政治风格①，也证明了明代洪武和永乐政治中士大夫势力的弱化。另一个明显的实例即是正统到天顺之间的辍朝，正统年间由于北边防御日益成为国政的重心，因此正统到天顺年间的44次辍朝，42次为武臣举行，是明代武臣辍朝次数最多的时期。为激发防边将领的忠勇之心，都督、都指挥同知、都督佥事都有获得辍朝的可能，辍朝成为国家政策调整的一个辅助。

与封赠、荫子、赠谥、营葬等官员恩恤之礼相同，"激励臣子"代表了辍朝的政治价值，"有助世教"代表了辍朝的教化功能。宣宗皇帝朱瞻基就曾亲口道明品官恤典的政治用意："国家封赠之典，所以劝励百官。苟能尽职，苟显亲扬名，岂不忠孝兼尽。"② 丘濬也曾经指出："国家激劝臣子之大端有在于是其为世教之助，夫岂细哉?"③ 死后获得辍朝礼遇对官员来讲是一项莫大的荣耀，官员若想死后能获得类似国葬的辍朝礼仪，就必须尽职尽责、效忠朝廷。一旦某位官员死后享受到朝廷的辍朝礼遇，不论是对官员个人还是对整个家族来讲，都是盛大的恩泽。这一荣耀迅速被记入这位官员的神道碑铭、墓表、圹志、哀辞、行实、家谱、年谱、文集中，在官僚队伍中间和官员的家乡获得普遍的传颂。传颂既为官员博得美好的名誉而流芳史册，又可以激起后人刻苦用功、光宗耀祖的热情。如杨荣为洪武朝的营国公郭英所做的神道碑铭④、为平江侯陈瑄所做圹志⑤中都要记录朝廷为丧主举行辍朝的礼遇。杨荣死后，礼部尚书胡濙为其所作的《少师杨公哀辞》记载了朝廷为杨荣辍朝的恩恤⑥，这一恩典同样被记录在《太师杨文敏公年谱》⑦ 中。辍朝由仪式变成文字，被记录在年谱、家谱、墓碑、墓表、碑铭中，传播在朝堂和社会中，达到了激励臣子和教化社会的功能和作用。

对建文和景帝实行亲王的辍朝礼节，使得辍朝更具有一定的政治寓意。"靖难之役"中燕王朱棣以兵变攘夺皇权，建立永乐政权，要想构建

---

① 李堂．堇山文集：卷9．四库全书存目丛书，集部，第44册．464.

② 明宣宗实录：卷5．洪熙元年闰七月丙午.

③ 丘濬．举赠谥以劝忠//皇明名臣经济录：卷13．四库禁毁书丛刊，史部，第9册．227.

④ 杨荣．文敏集：卷17，开国辅运推诚宣力武臣柱国武定侯赠营国公谥威襄郭公神道碑铭．263.

⑤ 杨荣．文敏集：卷25，平江侯圹志．397.

⑥ 胡濙．少师杨公哀辞//杨荣．文敏集：附录．429.

⑦ 苏镒．太师杨文敏公年谱：卷4．明嘉靖三十一年福建巡按曾佩蓝格刊本.

起永乐政权合法性，就要动摇建文帝的皇统地位。在辍朝上的体现即是永乐四年（1406年）六月，“备礼葬建文君，遣官致祭，辍朝三日”①。以亲王辍朝之礼祭奠建文帝。这样做的政治寓意有两个方面：一是向天下宣告建文帝已经死亡，杜绝怀有二心臣子的复辟的想法，在政治舆论上稳定皇权；二是把建文定位为亲王而非皇帝，亲王辍朝礼节是三日，以此来动摇建文帝的皇统身份。另一个事例即是“夺门之变”后对景帝死后的辍朝礼节。天顺元年（1457年）二月，景帝朱祁钰死后，英宗依照亲王丧礼规定为景帝辍朝三日，“以亲王礼葬西山”②。天顺五年（1461年）十二月，景帝母亲吴太后病故，英宗为其辍朝一日，谥号为“荣思”二字。天顺七年（1463年）七月，英宗敬妃刘氏故后，英宗却为其辍朝五日，谥号为“贞德懿恭”四字。对比英宗敬妃刘氏的辍朝和谥号，沈德符认为英宗在吴太后丧礼中于辍朝和谥号上的刻意减损有失孝道之义：“丧礼仅止此，曾不敢望敬妃万一，上友于素笃，惟此举似有遗憾。”③成化十一年（1475年）十二月，朝廷恢复郕王朱祁钰的皇帝身份，重新为其议定谥号和庙号，修饰陵寝。景帝汪皇后在正德十四年（1519年）六月去世后，依照皇妃规则辍朝三日。府部大臣及翰林院儒臣、科道官在议定汪妃丧礼时指出：“景皇帝之配与在外王妃不同，丧葬之礼宜如皇妃，礼从厚……自明日始辍朝三日。”④这是景泰皇帝身份的恢复在汪妃丧礼辍朝日数上的体现，此类辍朝代表了朝廷的政治态度。

五、赠谥

官员死后获得谥号的礼遇，自西周开始，历春秋战国，逐渐成为对官员生前功业成就进行品评褒贬的重要方式。唐宋以后，官员谥号更多为褒奖之意，原则上必须是三品以上而又功勋卓著者方能得到朝廷的赠谥。明代以后，“每故事，大臣卒，礼部以谥请，报俞矣，则内阁以两字者三，请于上而自择之，是以具释义也”⑤。

（一）明代官员获得谥号的制度规定

官阶品级和政治功绩是官员能否获得谥号的两个标准。官阶品级规定

① 明成祖实录：卷9．永乐四年六月壬申．

② 张廷玉，等．明史：卷11，景帝本纪．150．

③ 沈德符．万历野获编．补遗：卷1，妃谥．802．

④ 明武宗实录：卷20．正德元年十二月丁卯．

⑤ 王世贞．弇山堂别集：卷70，谥法一．1303．

为三品以上："国家谥法，非三品以上两京大臣不得与。"但是也有官阶在三品之下，却因功勋而获得谥号的官员，此属特例。"留都大臣之有谥者，惟倪文僖谦、文毅岳、周襄敏金、刘清惠麟、梁端肃材、王襄敏以旗，六公皆尚书也。张学士益五品而得谥文僖，以扈从土木死难之故。若太医院判蒋用文，六品官也，以技艺小臣侍上起居，乃得谥恭靖，则尤为异典矣。"①

政治功绩和道德操守是决定官员能否获得谥号的另一个重要标准。文武大臣死后，由所在部门依照惯例上请朝廷请求加谥，文官归吏部，武官归兵部，考虑其生前的政治功绩和道德修为。"本部定为上中下三等，以行业具优者为上，行实颇可者为中，行实无取者为下，开送翰林院拟谥请旨。"② 即便是三品以上大臣，如果生前无突出的政治功绩，死后亦不得谥。"文武三品而上非贤，弗谥也；三品而下非大贤，弗谥也。"③ 谥号是对文武大臣功绩的肯定，有明一代，多为褒奖，绝少恶谥。

（二）明代官员获得谥号的情况统计

明代官员死后获得谥号始于吴元年，主要面向武臣，这种趋势一直延续到永乐朝。仁宣以后，文官死后才逐渐获得谥号的礼遇。

> 洪武之尚为吴也，诸功臣死事及有劳而夭者，皆荣公侯之爵而传之谥。终高帝世，文臣弗得也；武臣即都督，弗赠侯伯，弗得也。至建文，而待制王祎得谥文节矣，文臣之有谥，自祎始也，其谥小臣者亦自祎始。永乐制严矣，终太宗世，文臣之得者，仅姚恭靖广孝、胡文穆广，而恭靖之爵则公也，文臣之有谥仅文穆一也。洪熙初始大合，故臣凡劳于国谊于青官，三品而上易名者十余人，而后文臣之谥广。然宣、英之代犹斤斤焉，持其柄而弗轻予。④

杨士奇在内阁大学士胡广的墓志铭中指出："国朝文臣有谥，自太子少师姚公广孝与公始也。"⑤ 姚广孝在永乐十六年（1418 年）三月被追封为荣国公，谥"恭靖"。胡广卒于永乐十六年五月，谥"文穆"。胡广是五

---

① 顾起元．客座赘语：卷 3．北京：中华书局，1987：72-73．

② 王世贞．弇山堂别集：卷 70，谥法一．1310．

③ 王世贞．弇州山人四部稿：卷 6，古今谥法通纪序．四库全书存目丛书，集部，第 115 册．163．

④ 同②1303．

⑤ 杨士奇．东里文集：卷 12，故文渊阁大学士兼左春坊大学士赠荣禄大夫少师礼部尚书谥文穆胡公神道碑铭．176．

品文官，获得谥号出自皇帝特恩。[①] 考证可知，明朝文官死后得谥的第一人并非姚广孝，而是王袆。王袆于洪武五年（1372 年）被元脱脱杀害，建文即位后，其子王绅向朝廷请封谥号，“诏赠翰林学士，谥文节。正统中，改谥忠文”[②]。根据《明实录》统计可知：洪武朝得谥官员为 46 人，均是武官，无一文官；永乐朝共计 34 人，其中武官 30 人，文官 4 人；洪熙朝共计 19 人，其中文官 16 人，武官 2 人，外戚 1 人；宣德朝共计 19 人，其中武官 13 人，文官 6 人（陈洽为荐举官，夏原吉为太学生，金幼孜、曾棨、郭资、蹇义均为进士出身）；正统到天顺共计 85 人，其中文官 32 人，武官 53 人；成化年间共计 52 人，其中武官 16 人，占近 31%，文官 36 人，占近 69%，文官中进士出身的 30 人，占近 83%，举人或国学出身的 6 人；弘治年间共计 53 人，其中武官和外戚共 12 人，占近 23%，文官 41 人，文官中进士出身的 36 人，占文官整体的近 88%，其他有举人等儒学身份的官员 5 人；正德年间共计 47 人，其中武官和外戚共 8 人，文官 39 人，占近 83%，文官中进士出身的 36 人，占文官整体的近 92%；嘉靖朝共计 199 人，其中武官 52 人，外戚 7 人，方术 3 人，文官 137 人，文官中进士出身的 135 人，占整个文官人数的近 99%；隆庆朝共计 50 人，其中武官和外戚共计 3 人，文官 47 人，都是进士出身，占 100%；万历朝共计 133 人，其中武官 12 人，文官 121 人，进士出身的为 115 人，占文官整体的近 95%，其余为举人、太学生、贡生；天启朝共计 98 人，其中武官 4 人，文官 94 人，文官中进士出身的为 92 人，占文官整体的近 98%；崇祯朝共计 47 人，其中武官 2 人，文官 45 人，文官中进士出身为 44 人，占文官整体的近 98%。[③]

根据统计可知：

其一，在仁宗朝对文官赠谥凸显，而后宣宗、正统两朝回落，成化以后文官获得谥号的比例完全超越武官，其后各朝文官，获得赠谥的机会远超武官，占据绝对优势。

其二，成化、弘治、正德、嘉靖、隆庆、万历各朝获得赠谥官员中进士出身的官员所占比例最低为 83%，最高可达 94%。成化以后，进士成为国家权力中枢的主体，成为三品以上文官的主要来源。

---

① 张廷玉，等. 明史. 卷 106，表七. 3192.

② 张廷玉，等. 明史：卷 289，忠义一. 7415.

③ 根据田冰的《明代官员谥号研究》（河南大学中国古代史专业博士学位论文，2009）附录列表统计。

依据以上统计数字，列表如下：

朝代	武官、外戚等	文官	总数	文官比例	进士	进士比例
洪武	46	0	46	0%	0	0%
永乐	30	4	34	12%	1	3%
洪熙	3	16	19	84%	4	21%
宣德	13	6	19	32%	4	21%
正统	31	8	39	21%	5	13%
景泰	7	13	20	65%	12	60%
天顺	15	11	26	42%	8	31%
成化	16	36	52	69%	30	58%
弘治	12	41	53	77%	36	68%
正德	8	39	47	83%	36	77%
嘉靖	62	137	199	69%	135	68%
隆庆	3	47	50	94%	47	94%
万历	12	121	133	91%	115	86%
天启	4	94	98	96%	92	94%
崇祯	2	45	47	96%	44	94%
合计	264	618	882	70%	569	65%

（三）谥号议定与文官评价

洪武和永乐时期，封赠谥号完全倾向于武臣。“洪武文臣未有赐谥，而武职之臣自公侯下及都督未有无赠谥者，盖创业重武也。”① 获得谥号的文官中，进士出身者占大多数。文官获得谥号的一共 618 人，进士出身的 569 人，占文官群体的近 92%。明代中后期日益呈现“科举社会”或“进士政治”的特色。文官谥号多以“文”字为首字，用两句八字对其学业和功绩分别进行评价。首句用“勤学好问”和“敏而好学”等语句评价其学业，后句用“应事有功”和“安民立政”等语句评价其功绩。

其他对士大夫的国家礼遇还包括赠予诰文、赠予勋职、增加俸禄等。内阁大学士三杨被赠予尚书官衔，支取双俸。又如洪熙元年（1425 年），明仁宗谕礼部尚书吕震，官员归省期间，朝廷给予经济资助：

> 朝臣在任久者，今皆令还乡展省，其得诰敕者，足为家乡之荣。

---

① 李堂. 堇山文集：卷 9. 464.

然到家有养祭宾客之费，往还道里之费，计其在官俸禄给日用外，有余资鲜矣！自今归者，皆赐钞，公、侯、伯一品、二品赐钞五千贯，三品四千贯，四品三千贯，五品二千贯，六品、七品一千贯，八品以下皆五百贯，著为令。①

对于致仕归家贫瘠无子者，洪熙时期规定："若无子嗣，孤独不能自存者，有司月给米二石，养其终身。"②

明前期赋予士大夫国家礼遇的政治寓意在于，激励臣子、教化社会，同时强化士大夫的自我认同。国家礼遇在朝堂和社会中的传播、宣传增加了士大夫的荣誉感和自豪感，入仕为官成为明前期读书人普遍的价值取向。

第二节　明前期皇帝对士大夫控制的方式与情状

明代士大夫在获得国家礼遇的同时，也要经受来自皇权的压制。朝廷控制士大夫的方式主要有三：诏狱、廷杖和枷号。

一、诏狱

（一）诏狱之机构和概括

明代诏狱，乃是天子之狱，又称锦衣卫狱，开始于明太祖之时。其后永乐十八年（1420年）立东厂、成化十三年（1477年）增设西厂、正德三年（1508年）设内厂，均为皇帝的爪牙机构。"锦衣卫狱者，世所称诏狱也。古者狱讼掌于司寇而已。汉武帝始置诏狱二十六所，历代因革不常。五代唐明宗设侍卫亲军马步军都指挥使，乃天子自将之名。至汉有侍卫司狱，凡大事皆决焉。明锦衣卫狱近之，幽系惨酷，害无甚于此者。太祖时，天下重罪逮至京者，收系狱中，数更大狱，多使断治，所诛杀为多。后悉焚卫刑具，以囚送刑部审理。二十六年申明其禁，诏内外狱毋得上锦衣卫，大小咸经法司。"③

洪武十五年（1382年）添设北镇抚司署理，可直接拷掠刑讯，取旨

① 明仁宗实录：卷10. 洪熙六年正月壬申.

② 同①.

③ 张廷玉，等. 明史：卷95，刑法志三. 2334-2335.

行事，刑部、大理寺、都察院等三法司均无权过问。“镇抚司职理狱讼，初止立一司，与外卫等。洪武十五年添设北司，而以军匠诸职掌属之南镇抚司，于是北司专理诏狱。然大狱经讯，即送法司拟罪，未尝具狱词。”①嘉靖时刑科都给事中刘济对此评论为：“国家置三法司，专理刑狱，或主质成，或主平反。权臣不得以恩怨为出入，天子不得以喜怒为重轻。自锦衣镇抚之官专理诏狱，而法司几成虚设。”② 诏狱成为皇帝行使私欲的工具，定罪刑罚的标准完全取决于皇帝意志，其对犯官的刑罚也任由锦衣卫官吏施行。史称：“刑法有创之自明，不衷古制者，廷杖、东西厂、锦衣卫、镇抚司狱是已。是数者，杀人至惨，而不丽于法。”③

锦衣卫监狱内的情况大致为：“镇抚司狱，亦不比法司，其室卑入地，其墙厚数仞，即隔壁嗥呼，悄不闻声。每市一物入内，必经数处验查，饮食之属十不能得一，又不得自举火，虽严寒不过啖冷炙披冷衲而已。家人辈不但不得随入，亦不许相面。惟拷问之期，得于堂下遥相望见。盖即唐之丽景门、宋之内军巡院类也。”“不知何年始加之缙绅，后遂为恒事，士气消折尽矣。”④ 监狱内鼠患丛生，阴森恐怖。“水火不入，疫疠之气充斥囹圄。”诏狱的刑罚极其残酷，刑具有拶指、上夹棍、剥皮、断舌、断脊、堕指、刺心、琵琶等十八种。“南京吏侍章公纶在锦衣狱，六七年不通药饵，遇胸膈不利、眼痛、头痛，辄饮此物，无不见效。”⑤ 此物即是人尿。明末士人所著《诏狱惨言》一书详细记录了诏狱中的悲惨景象。明清之际士人魏禧曾记载姜采在诏狱中的状况：“初公下北镇抚司狱，三日勺水不得入口，冰雪交积，公僵仆土室，无袯被，身婴三木，血流贯械。”⑥

明代的诏狱开始于洪武时期，一直延续到明末，诸多士大夫官僚经历诏狱之难，是明代士大夫所处严酷政治生态的一个重要证据。

（二）洪武诏狱

洪武期间诸多士大夫因诏狱而死，如刘基被毒死，宋濂被贬斥蜀中，抑郁而亡。明初的“吴中四杰”高启、杨基、张羽、徐贲，四人都被牵扯进诏狱中而不得善终。“高启为户部侍郎，已放归，以魏观上梁文腰斩；

---

① 张廷玉，等．明史：卷 95，刑法志三．2335．
② 张廷玉，等．明史：卷 192．5090．
③ 同①2329．
④ 沈德符．万历野获编：卷 21，镇抚司刑具．538．
⑤ 陆容．菽园杂记：卷 13，北京：中华书局，1985：160．
⑥ 魏禧．魏叔子文集外篇：卷 17，明遗臣姜公传．855．

张羽为太常丞投江死；徐贲仕布政，下狱死；杨基仕按察，谪输作。”①通过一系列的诏狱，朱元璋杀了十几万人，贯彻了“以猛治国”的方针，巩固了朱家皇朝的统治。② 赵翼评论洪武诏狱时认为，朱元璋“其残忍实千古所未有，盖雄猜好杀，本其天性”。洪武朝诏狱奠定了整个明代士大夫政治生存的基调，使得明代皇权始终带有明显的独裁和专制的色彩。“汉光武、唐太宗定天下时，方年少，计身老则诸功臣已皆衰殁；宋太祖年虽长，而恃有弟可以驭诸臣，故皆务保全。至明祖则起事虽早，而天下大定，则年已六十余，懿文太子又柔仁，懿文死，孙更孱弱，遂不得不为身后之虑。是以两兴大狱，一网打尽。此可以推见其心迹也。”③ 发动诏狱的政治目的指向皇权这个中心，任何威胁到皇权的巩固和独裁的权力体就立刻成为诏狱的对象。洪武期间重大诏狱如下：

其一，洪武十三年（1380 年），以擅权枉法罪杀胡惟庸。“御史中丞涂节告左丞相胡惟庸与御史大夫陈宁等谋反及前毒杀诚意伯刘基事。”④借助胡惟庸案件废除中书省，达到皇权的集中和专制。胡惟庸案件涉及权臣如韩国公李善长、吉安侯陆仲亨、平凉侯费聚、延安侯唐胜宗、河南侯陆聚、靖宁侯叶升、刑部尚书开济等，诛杀达到三万余人，延续十余年。其打击的是军事贵族和政府首脑的联合势力，这种军人和文臣的权力结合势必要冲击皇帝的权威。“胡惟庸之狱，株连被诛者三万余人。又蓝玉之狱，株连一万五千余人。”⑤ 不管是名士还是普通吏员多受到株连，株连如此之广泛的用意在于：“此不过借惟庸为题，使狱词牵连诸人，为草剃禽狝之计耳。”⑥ 宋濂是皇太子朱标和皇三子晋王朱棡的老师，也在胡惟庸案件中受到牵连，“百口徙蜀，与戎羌邻”⑦。

其二，洪武九年（1376 年），空印案。方孝孺记录空印案说：“洪武九年，天下考校钱谷策书，空印事起，凡主印吏及署字有名者，皆逮系御史狱，狱凡数百人……天子方怒空印事，以为欺罔。行省言臣二十余辈，守令署印者，皆欲置之死。佐贰以下，榜一百免死，为军远方。丞相大夫

① 赵翼．廿二史札记：卷 32．467．
② 吴晗．朱元璋传．北京：人民出版社，2004：274．
③ 同①467．
④ 明太祖实录：卷 129．洪武十三年春正月戊戌．
⑤ 钱穆．国史大纲．666．
⑥ 同①742．
⑦ 方孝孺．逊志斋集：卷 20，祭太史公七首之一．649．

皆知空印者无它，罪可恕，莫敢谏。”① 方孝孺的父亲方克勤也被牵连进空印案。“会印章事起，吏又诬及。九年十月二十四日，遂卒于京师。”②

其三，洪武十八年（1385 年），郭桓案。郭桓案主要为治理官员贪墨之风。“其推原中外贪墨所起，以六曹为罪魁，郭桓为诛首。郭桓者，户部侍郎也。帝疑北平二司官吏李彧、赵全德等与桓为奸利，自六部左右侍郎下皆死，赃七百万，词连直省诸官吏，系死者数万人。核赃所寄借遍天下，民中人之家大抵皆破。”③

其四，洪武二十三年（1390 年），李善长案。七十七岁的李善长及其家人七十余口被诛杀。五月初二日，“以肃清逆党，命刑部尚书杨靖备条乱臣情词，播告天下。上口诏几四千言”④，成《诏示奸党录》一书。解缙在论及李善长的奏疏中试图为其平反，以“立于圣明之朝而无谏诤之士”⑤ 一语指出当时对李善长案的避讳情状。

其五，洪武二十六年（1393 年），族诛大将蓝玉。“凉国公蓝玉以谋反，并鹤庆侯张翼、普定侯陈桓、景川侯曹震、舳舻侯朱寿、东莞伯何荣、吏部尚书詹徽等皆坐诛。己丑，颁《逆臣录》于天下。”⑥ 洪武二十六年五月，朱元璋在《逆臣录》序文中称：“即位以来，悖乱之臣，相继叠出。杨宪首作威福，胡、陈继踵阴谋，公侯都督鲜有不与谋者……乃同曹震、朱寿、祝哲、汪信等合谋，阴诱无知指挥庄成、孙让等，设计伏兵，谋为不轨。其公侯都督皆系胡、陈旧党。”⑦ 此书详细记载了蓝玉案件中涉案人员的招供情况。

洪武诏狱特点有三：一是规模和惨烈程度为明代之最，动辄即达万人以上。如解缙所言：“国初至今，将二十载，无几时不变之法，无一日无过之人。尝闻陛下震怒，锄根翦蔓，诛其奸逆矣。未闻褒一大善，赏延于世，复及其乡，终始如一者也。”⑧ 二是持续时间长，洪武中期以后几大诏狱连续发生，直到洪武末年。三是涉案官员种类多，洪武时期被下诏狱的官员几乎涵盖了洪武朝的各个部门。洪武十一年（1378 年），一位吏员

---

① 方孝孺. 逊志斋集：卷 21，叶伯巨郑士利传. 699.
② 方孝孺. 逊志斋集：卷 21，先府君行状. 679.
③ 张廷玉，等. 明史：卷 94，刑法志二. 2318.
④ 钱谦益. 牧斋初学集：卷 104，太祖实录辨证四. 上海：上海古籍出版社，1985：2141.
⑤ 解缙. 文毅集：卷 1，代王国用论韩国公冤事状. 608.
⑥ 张廷玉，等. 明史：卷 3，太祖本纪三. 50-51.
⑦ 朱元璋. 逆臣录. 北京：北京大学出版社，1991：1-2.
⑧ 张廷玉，等. 明史：卷 147，解缙传. 4115.

在祭祀城隍之时偷饮猪脑酒，被县学生员告发，叶子奇被牵连下狱，在狱中作《草木子》一书，自序中言："幽忧于狱，恐一旦身先朝露，与草木同腐，实切悲之。"①

朱元璋开创了明朝诏狱的先河，诏狱被后世嗣君继承，成为明代士大夫遭受皇权压制的标志之一。锦衣卫在皇帝的直接授意下担负起监督和打击士大夫的任务，诏狱成为明代特务政治的特征之一。持续而过度的诏狱也激起了士大夫的反对，太学生周敬心对此上疏批评："洪武四年录天下官吏，十三年连坐胡党，十九年逮官吏积年为民害者，二十三年罪妄言者。大戮官民，不分臧否，其中岂无忠臣烈士善人君子？于兹见陛下之薄德而任刑矣，水旱连年，夫岂无故哉！"② 洪武十八年（1385 年），进士王朴遇事与朱元璋强争辩，激怒朱元璋，被下令诛杀，后又召还。朱元璋问王朴："汝其改乎？"王朴对曰："陛下不以臣为不肖，擢官御史，奈何摧辱至此？使臣无罪，安得戮之？有罪，又安用生之？臣今日愿速死耳。"其被绑缚路过史馆之时，大呼："学士刘三吾志之：某年月日，皇帝杀无罪御史朴也。"③ 解缙也指出太祖待士之法过于严苛："尝闻陛下震怒，锄根剪蔓，诛其奸逆矣。未闻诏书褒一大善，赏延于世，复及其乡，尊荣奉恩，始终如一者也。或朝赏而暮戮，或忽罪而忽赦，施不测之辱则有之矣。"④ 诏狱不经过司法机关审核论定，擅自拘捕朝廷大臣，施以酷刑，此种做法始终不被士大夫所认可。刘宗周上疏请求废除诏狱："请自今廷臣有犯，一切下之法司。永除诏狱，庶不至以非刑辱士。"⑤

（三）永乐诏狱

"靖难之役"后，建文朝文治气象中断，政治环境重趋紧张和严酷。"成祖幸纪纲，令治锦衣亲兵，复典诏狱。纲遂用其党庄敬、袁江、王谦、李春等，缘借作奸数百千端。久之，族纲，而锦衣典诏狱如故，废洪武诏不用矣。"⑥ 洪武后期开始松动的锦衣卫狱重新开始活跃起来。"锦衣卫之狱，太祖尝用之，后已禁止，其复用亦自永乐时。厂与卫相倚，故言者并称厂卫。初，成祖起北平，刺探宫中事，多以建文帝左右为耳目。故即位

---

① 叶子奇．草木子．5．

② 张廷玉，等．明史：卷 139，周敬心传．3999．

③ 张廷玉，等．明史：卷 139，王朴传．3999-4000．

④ 解缙．文毅集：卷 1，大庖西封事．599．

⑤ 刘宗周．刘蕺山集：卷 4，敬陈圣学疏．景印文渊阁四库全书，第 1294 册．377．

⑥ 张廷玉，等．明史：卷 95，刑法志三．2335．

后专倚宦官，立东厂于东安门北，令嬖昵者提督之，缉访谋逆、妖言、大奸恶等，与锦衣卫均权势，盖迁都后事也。然卫指挥纪纲、门达等大幸，更迭用事，厂权不能如。”①

永乐朝政的一个突出特色即是皇权的再次强化和士大夫权力的蛰伏，虽然永乐朝政的处理和政治的运行主体是六部、内阁，但前提是皇帝的独裁统治。士大夫的政治处境重新回归到类似洪武的威严，甚至恐怖之中。身经此种境地的杨士奇就明言，此时的政治空气是“禁近之臣侍监国者，惴惴苟活朝暮间”②。解缙是洪武时期的进士，也是朱元璋留给后世子孙所用的文臣儒士。永乐二年（1404 年）解缙入内阁成大学士，但是因其卷入皇太子和皇帝的政治矛盾中而在永乐四年（1406 年）以后逐渐失去政治地位，永乐八年（1410 年）下狱，永乐十三年（1415 年）因朱棣的一句：“缙犹在耶?”遂被埋雪中而死，死后被抄家，妻子儿女宗族之人放逐辽东苦寒之地，乃是永乐内阁中下场最为凄惨的大学士。③ 三杨之一的杨溥入锦衣卫诏狱达十年之久。“家人供食数绝，而帝意不可测，旦夕且死。溥益奋，读书不辍。系十年，读经史诸子数周。”④ 永乐十二年（1414 年）九月，“以太子遣使迎驾缓，征侍读黄淮，侍讲杨士奇，正字金问及洗马杨溥、芮善下狱”⑤。杨士奇、杨溥、黄淮都经历了这次诏狱。其他如永乐三年（1405）“礼部尚书兼左春坊大学士李至刚有罪下狱”⑥。永乐十九年（1421 年）　“翰林院侍读李时勉坐累下狱”。永乐十九年（1421 年）十一月，因谏阻北征一事，夏原吉下狱，直到仁宗即位才从狱中释放，入狱将近三年。在此案中，兵部尚书方宾畏惧自杀，后被戮尸，刑部尚书吴中入狱。⑦ 吏部尚书蹇义在永乐二十年（1422 年），“帝北征还，以太子曲宥吕震婿主事张鹤朝参失仪，罪义不匡正，逮义系锦衣卫狱。又明年春得释”⑧。六部尚书中的户部尚书、兵部尚书、刑部尚书在一次诏狱中同时被牵连，其生命悬于皇帝之手，皇帝控制了六部、内阁等士大夫的生杀予夺大权。

① 张廷玉，等. 明史：卷 95，刑法志三. 2331.

② 杨士奇. 刘伯涵，朱海，点校. 东里文集：卷 17，梁用之墓碣铭. 247.

③ 张廷玉，等. 明史：卷 147，解缙传. 4122.

④ 张廷玉，等. 明史：卷 148，杨溥传. 4142.

⑤ 张廷玉，等. 明史：卷 7，成祖本纪三. 101.

⑥ 明成祖实录：卷 45. 永乐三年八月戊辰.

⑦ 明成祖实录：卷 243. 永乐十九年十一月丙子.

⑧ 张廷玉，等. 明史：卷 149，蹇义传. 4148.

（四）东厂之设

建文皇帝继承了洪武皇帝对宦官严厉的控制政策，乃至出现“靖难”中宦官的反叛。“及燕师逼江北，内臣多逃入其军，漏朝廷虚实。文皇以为忠于己，而狗儿辈复以军功得幸，即位后遂多所委任。永乐元年，内官监李兴奉敕往劳暹罗国王。三年，遣太监郑和帅舟师下西洋。八年，都督谭青营有内官王安等。又命马靖镇甘肃，马骐镇交趾。十八年置东厂，令刺事。盖明世宦官出使、专征、监军、分镇、刺臣民隐事诸大权，皆自永乐间始。”① 这大致归纳了永乐期间宦官参与的政治活动。永乐皇帝使用宦官的心理，当在其获得帝位的方式不尽光明，在其内心深处也深知官僚士大夫的归顺多是因其军事势力的强大而采取的权宜之计，在永乐的皇帝宝座和士大夫官僚群体中间始终存在着一条隐藏的正统性和合法性的鸿沟，这条鸿沟难以用永乐朝廷的政治宣传填平。在他看来，没有子嗣的宦官群体是可以信赖和依靠的力量，因此在迁都北京后，永乐皇帝给宦官设立了十二监、四司、八局的二十四衙门，势成内廷的小朝廷。日本学者宫崎市定对此评论：“这就是天子专制政治与天子独裁政治之间的差异，因为专制天子的权力系属个人的缘故，所以其中含有重大的弱点；但是独裁天子却因为是制度的，所以即使私的宦官势力想与之对抗，最后也都是失败的。”②

永乐十八年（1420年）朱棣在东安门外迤北“始设东厂，命中官刺事”③。东厂完全由宦官把持，称谓“督主”或“厂公”，全名为“钦差总督东厂官校办事太监”。其设立的官职为“提督东厂：掌印太监一员，掌班、领班、司房无定员。贴刑二员，掌刺缉刑狱之事”。“凡内官司礼监掌印，权如外廷元辅；掌东厂，权如总宪。”④ 大致而言，东厂在督主或厂公主持下，设置掌刑千户一员、理刑百户一员，均是从锦衣卫中选拔而来。下设掌班、领班、司房共计四十多人，圆帽、皂靴、直身，分十二颗，管事戴圆帽、皂靴，穿曳衫。其余档头办事一百余名，都是从锦衣卫中选拔“最轻黠狷巧者”充当，也分子、丑、寅、卯十二颗。役长又称为“档头”，这些人戴着尖帽子，穿着青紫色带褶皱的衣服，腰间系着小绦，脚上穿白皮靴。率领手下一千多番子刺探官民，细致入微，无所不至。

---

① 张廷玉，等. 明史：卷304，宦官传一. 7766.

② 宫崎市定. 中国史. 464-465.

③ 张廷玉，等. 明史，卷7，成祖本纪三. 100.

④ 张廷玉，等. 明史，卷74，职官志三. 1821.

东厂厅堂设置分为外署和内署两部分：

其一，外署。外署大厅之左小厅，供岳武穆像一轴。厅徙砖影壁雕狻猊等兽狄梁公断虎故事，存此者良有深意也。大厅之西有祠堂，内供从来掌厂职名牌位，前有小坊曰“百世流芳”，稍南有狱一处，凡重犯则系狱，轻犯干连则在署外之店也。署西面有门向南，大门不恒开也。

凡中府等处会审大狱，北镇抚司拷讯重犯，东厂皆有人听记，具口词一本，拷打数一本，于本日晚或次早奏进。每日兵部访看有无进部，有无塘报。京城各门、皇城各门关防出入俱有事件奏闻，或地方失火或雷击何物亦奏闻之。又每月晦日，奏报在京杂粮、米豆、油面之价，凡禁地人命亦皆有事件。

其二，内署。内署在东上北门之北，街东混堂司之南。万历间种植古槐树，气氛肃然。凡各处办事打来事件皆到内署，先见厂公心腹内官，发司房删润奏之。有匾曰“朝廷腹心”。有至圣堂，有井，其掌厂公宫中直房有钦给密封牙章一枚，凡事件应封奏者以此钤封。①

东厂的“番子”虽有一千余人，但还是不能满足皇帝刺探信息的需要，因此东厂雇佣京城无赖流氓充当爪牙，这些无赖之徒“得一阴事，由之以密白于档头，档头视其事大小，先予之金。事曰起数，金曰买起数”。这些无赖因有东厂这一生活渠道而乐此不疲。官民人等一旦被东厂番子刺探到有任何违背皇帝或宦官的言论，“既得事，帅番子至所犯家，左右坐曰打桩。番子即突入执讯之，无有左证符牒，贿如数，径去。少不如意，搒治之，名曰干醡酒，亦曰搬罾儿，痛楚十倍官刑。且授意使牵有力者，有力者予多金，即无事。或靳不予，予不足，立闻上，下镇抚司狱，立死矣”。入东厂狱者，很难生还。

对于京城内外的事项，无论巨细，东厂的爪牙均要报告皇帝。“以故事无大小，天子皆得闻之。家人米盐猥事，宫中或传为笑谑，上下惴惴无不畏打事件者。”② 范围涵盖六部行政系统、都察院等司法系统、兵部等军事系统、百姓的社会生活、官员的私人生活，每日旦夕如此。东厂的特务行为具有两大特点：空间覆盖的广泛性，无所不至；时间上的持续性，乃至昼夜不息。除了皇帝本人，任何人不管是文武大臣、市井小民还是达官贵族等日夜都要活在这种严密的特务组织所布下的恐怖氛围中。

---

① 刘若愚. 明宫史：卷2，东厂//中国野史集成，第39册. 11.

② 张廷玉，等. 明史：卷95，刑法志三. 2333.

至此，明代的特务组织厂卫体制正式形成，并开始逐渐影响甚至左右政治，但是厂卫制度却又绝对和直接听命于皇帝，因此厂卫爪牙可以肆无忌惮地打击当朝的大臣，却不会丝毫威胁到皇权的稳定。“由此看来，永乐帝完全不信赖朝廷的官吏，因为文武官吏全部都是钻营私利私欲的，所以天子必须组成与官吏完全不同的另外系统，极端利用天子的私人宦官，以防止官吏们的营私舞弊，这可以看作是困窘哲学的信奉者。”①

（五）正统诏狱

正统以前，宦官已经获得监军、出使、采办、司法、监察等权力，逐渐展现了对政治、经济、司法、军事、外交的影响力。“帝冲年践阼，虑群下欺己，治尚严。而中官王振假以立威，屡摭大臣小过，导帝用重典，大臣下吏无虚岁。”② 司礼监太监王振在明代宦官群体中的独特性在于他是以上这些权力的综合所有者，其权力触角已经完全伸入政治、经济、司法、军事、外交等领域。

正统以后，以王振为代表的宦权与以三杨为代表的士权开始发生冲突和对抗。士权在与宦权的抗衡中逐渐处于劣势和被动地位。原因在于：(1) 以王振为首的宦官集团势力的形成，是明前期特别是永乐以后，宦官所获得的各种权力的合流，王振成为将宦官所获各种权力集于一身者。(2) 明代的宦官权力是皇帝权力的异化。正统皇帝年幼即位，皇权处于弱化状态，以张太皇太后为首的皇室贵族权力保证了皇权的稳定和专制，张太皇太后故后，王振权力填充皇权弱化空缺。(3) 正统以后，三杨个人政治德行的缺失，如杨士奇与杨溥因为庇护乡里而反目、杨荣接受边将馈赠、杨士奇儿子杨稷杀人犯法等事，使得以三杨为首的士权逐渐失去对抗宦权的威望。王振撤去朱元璋“内臣不得干预政事”的铁牌，代之以“官员人等说谎者斩”的铁牌③，此举即是宦权压制士权的一个证据。后世史家陈建就批评三杨之中的杨士奇晚节的缺失：“杨文贞在本朝固为巨擘，愚独恨其晚年昧知止之义，知进而不知退也。夫大臣事君，道合则从，不可则止。立乎人之本朝而道不行，耻也!”④ 正统初年国家权力体系中皇权、士权、宦权三种主要势力经过纠缠后，宦权逐渐超越士权而成为政治的主导力量。“自王振窃弄威权，干预外政。于是各省镇守并都营、掌兵

① 宫崎市定. 中国史. 463.

② 张廷玉，等. 明史：卷159. 4295.

③ 陈建. 皇明资治通纪：卷16，英宗睿皇帝纪. 四库禁毁丛刊，史部，第12册. 355.

④ 同③357.

及经理内外仓场与提督营造、珠池、银矿、市舶、织染等事，无处无之。永乐间，内官到五府、六部禀事，内官俱离府部官一丈作揖。路遇公、侯、驸马、伯，下马勿立，自后，呼唤府部如呼所属，公、侯、驸马、伯路遇内官，反避之矣。"① 即便是"其治以爱民为本""殚公心以体国"的工部尚书周忱，"亦善于附势，中官王振极重之。宦游其地者无虚日，人人得其所欲。释子见造者，必往求之，所获必过望。然自出粟千石旌其门，又令子纳马得官，士林以此少之"②。周忱任江南巡抚，力主地方财政改革，深得百姓爱戴，他对王振屈服可理解为权宜之计。沈德符指出：

> 周文襄忱抚江南最久，功最大，三吴人至今德之。然亦正谲兼用。时王振新建私第，文襄密令人规度，其厅事内室，广狭长短，命松江府织绒地衣以馈，振铺之不爽分寸，因大喜，凡有奏请，其批答无不如意，以此得便宜展布。及振死虏中，景帝命籍之，得一金观音，背镂云："孝孙周忱进"。为司籍没御史钱昕所目睹。盖委曲以从事，亦豪杰作用。③

《明史纪事本末》卷29《王振用事》大致记录了王振在正统年间迫害士大夫的情状："以诸贤垂暮之气，当奸人新发之锋。李时勉，祭酒也，头囊三木。刘中敷，上卿也，荷械九门。石璟，帝婿也，待系请室。薛瑄，廷尉也，论斩禁狱。而侍中刘球，竟为振党窃杀。蒲埋犴狴，归葬血裙。悲夫！侍中战死，仅返污衣；吕祉魂归，惟持括帛。虽范滂不祭皋陶，安国见溺死灰，未有若斯之惨者也。"④ 王振对士大夫的迫害，实则是借助皇权对宦权的默认和纵容。如英宗以"先生"呼王振，朝政均听从王振决议。正统六年（1441年）十月，三大殿完工，宴请百官。按照明朝祖制"宦者虽宠，不得预王庭宴"，王振却大怒声称："周公辅成王，我独不可一坐乎！"自比为周公，违制入朝臣正宴，从东华门中门入，英宗亲迎，百官跪拜。⑤

王振权力的恶性膨胀并未引起士大夫群体的足够重视，除刘球等少数士人揭露王振擅权干政外，大多沉默。"自王振擅权以来，宦官之祸极矣，

① 陈建．皇明资治通纪：卷16，英宗睿皇帝纪．四库禁毁丛刊，史部，第12册．359.

② 李贤．古穰集：卷30．793-794.

③ 沈德符．万历野获编补遗：卷3．893.

④ 谷应泰．明史纪事本末：卷29，王振用事．451.

⑤ 同④445.

然终正统之世，未敢有显然攻之者，我朝臣僚功宦寺，自此疏始。”① 刘球在上疏中指出：

> 古圣王不作无益，故心正而天不违之。臣愿皇上勤御经筵，数进儒臣，讲求至道。务使学问功至，理欲判然，则圣心正而天心自顺。夫政由己出，则权不下移。太祖、太宗日视三朝，时召大臣于便殿，裁决庶政，权归总于上。皇上临御九年，事体日熟，愿守二圣成规，复亲决故事，使权归于一。②

刘球请求英宗总揽朝纲以杜绝宦官干政，因此激怒王振而被肢解。“自是人缄口不敢言。”③ 大理寺少卿薛瑄掌诉讼平反之事，因与王振抵触而被罢官六年。“时振权倾一时，自三公以下，莫不行跪礼。学士杨士奇、曹鼐知振憾先生，恐其获罪，屡谕先生，以时势所在。”④ 李贤描述正统年间王振势力膨胀后的政治局面时指出：“初惟府、部、院、寺大臣，以后百执事俱行之，在外方面俱见之，当朝觐日，大开其门。郡邑庶职能具礼者，无不进见，以百金为寻常，重至千两者，始得一饱一醉而出。由是以廉者为拙，以贪者为能。被其容接者若登龙门，上下交征，利如水去堤防，势不可止，君子付之太息而已。”⑤ 兵部尚书徐禧、工部侍郎王佑都因贿赂王振而获得升职。“工部尚书王卺以不能屈意王振，十三年致仕去。”正统十三年（1448 年）五月，山西布政司左布政使石璞升为工部尚书，就在于“璞为振所善，遂召为尚书”⑥。

正统年间受王振迫害士人情况如下表⑦：

编号	士人	官职	时间	缘由	方式
1	刘中敷	户部尚书	正统六年	言官劾其阻止御用牛马分牧民间	械于长安门外十六日
2	吴玺	侍郎	同上	同上	同上
3	陈瑺	侍郎	同上	同上	同上

① 谷应泰．明史纪事本末：卷 29，王振用事．445．

② 刘球．两溪文集：卷 2，雷震奉天殿鸱吻奏请修省疏．432．另参见：张廷玉．明史：卷 162，刘球传．4404．

③ 李贤．古穰集：卷 30．794．

④ 王鸿．薛文清公行实录：卷 1．续修四库全书，第 551 册．7．

⑤ 同③．

⑥ 明英宗实录：卷 166．正统十三年五月丁亥．

⑦ 本表所依据史料为《明英宗实录》和《明史》列传。

续表

编号	士人	官职	时间	缘由	方式
4	刘球	侍读学士	正统八年	谏阻麓川之征；对王振门人不敬	校尉持刀断刘球颈，流血被体，肢解之，埋于锦衣卫狱后空地
5	董璘	编修	同上	自陈愿为太常，而刘球应召上疏中有“太常不可用道士，宜易儒臣”，王振诬其朋比	被释放，藏刘球血衣归刘球家人
6	薛瑄	大理寺少卿	同上	薛瑄为王振所举，却不登门拜谢，见面亦不拜，“一人独立”。“素不为振屈，振衔之。”	下锦衣卫诏狱，诬其死罪，因兵部侍郎王祎申救，免死，除名，放归
7	李时勉	国子监祭酒	同上	王振往国子监，时勉无加礼，遂恨。诬李时勉伐官木、私家用	枷号于国子监门。会昌伯孙继宗言于孙太后，太后申救得免
8	赵琬	国子监司业	同上	同上	同上
9	金鉴	国子监掌馔	同上	同上	同上
10	张环	内使	同上	匿名写诽谤语	下锦衣卫狱，磔于市
11	顾忠	同上	同上	同上	同上
12	石璟	驸马都尉	正统九年	骂家内阉人吕宝	下锦衣卫狱
13	李俨	监察御史	正统十年	见王振不跪	戍边铁岭卫
14	张需	霸州知州	同上	被牧马官所诬	箠楚几死，谪戍边
15	于谦	巡抚、兵部侍郎	正统十一年	拒绝贿赂王振	降为大理寺左少卿，后因地方请，复官

正统以后开始逐渐展现出宦官政治气象。“正统六七年以后，张太后崩，二杨相继而亡，进退天下人才之权，遂移于中官王振，邪正倒植矣。”① 只是明代的宦官政治是皇权的外化，这种外化来源于皇帝年少而

① 李贤．古穰集：卷30．792．

无法完全行使皇权的专制和独裁。清代史家汪有典论正统时局时就指出："至正统时，王振窃弄太阿，生杀在乎，而国势遂大变矣。自此而天子深居大内，不得与群臣相接议政矣；自此而公孤尸素，拱承珰命，票拟不得与闻矣；自此而天子呼宦官为先生，举朝尊宦官为翁父。上无纪纲，下无廉耻。首足倒乱，武备懈弛，而胡虏跳梁，至尊蒙尘矣。"① 同时批评三杨不能防微杜渐以清君侧，对正统初年政治生态的恶化负有主要责任。"三杨相业为有明之冠，予特以为心熏禄位、志怵祸机，去鄙夫一间耳。"②

正统期间，王振宦权对士权的压制也带来政治风气和士林风气的改变，李贤在《古穰集》中描述，当时"奔竞成风，士大夫不知廉耻、节义为何物。贤深忧之，思欲息此风。适廷试举子，以'求贤'、'安民'二事问之，欲得真才，止奔竞以正士习"③。景泰元年（1450 年），山西都司令史贾斌评论正统初年的政治时局时也指出："比者胡寇犯边，未闻有一人敢奋勇督众以迎击之也；上皇被留虏庭，未闻有一人能致身致命，以翼蔽之也。"④ 正统年间的大儒吴与弼亦言："宦官、释氏不除而欲天下治，难矣。"⑤

二、廷杖

廷杖之出现，最晚不迟于汉代。东汉光武帝刘秀时，尚书近臣已遭捶扑。到了东汉明帝刘庄时，"政法严峻，故卿皆鞭杖"。大臣上书谏阻，认为"九卿位次三公，班在大臣，行有佩玉之号，动有庠序之仪，加以鞭杖，诚非古典"⑥。沈德符在《万历野获编》卷 18《廷杖》中对廷杖的历史流变介绍如下：

士人受杖，古不经见，惟后汉显宗，撞郎药松，不过手自杖之，然已非礼。六朝则南齐陆澄传有之，以郎吏积杖至千数，意如对簿受笞之类，未必廷杖也。北朝则元魏时有之，此索虏陋习，而宇文高氏遂因之。隋文帝亦挞人于殿廷。至唐犹然，如李邕之杖死朝堂而极

---

① 汪有典. 史外：卷 1. 四库禁毁丛刊，史部，第 20 册. 355.
② 同①355.
③ 李贤. 古穰集：卷 25. 748.
④ 明英宗实录：卷 195. 景泰元年八月戊寅.
⑤ 李贤. 古穰集：卷 29. 785.
⑥ 李昉，等. 太平御览：卷 650，刑法部十六. 景印文渊阁四库全书，第 898 册. 840.

> 矣。然姜皎、裴伷先辈，犹以曾为大臣，得免此辱，盖当时已觉其亏国体矣。本朝如谏南巡，及大礼大狱，被杖者多或数十人，至有再笞多死者，惟今上时，诸贤皆全活；又当时被杖毕仍供职者，即大臣有之，如左都御史屠侨、刑部侍郎彭黯之属，今上则斥为编氓，使被笞者优游养创，无腼颜视事之耻，且赐环寻亦相继，其保完士节，更胜前朝云。①

明代刑法规定："笞，大头径二分七厘，小头减一分。杖，大头径三分二厘，小头减如笞之数。笞、杖皆以荆条为之，皆臀受。讯杖，大头径四分五厘，小头减如笞杖之数，以荆条为之，臀腿受。笞、杖、讯，皆长三尺五寸，用官降式较勘，毋以筋胶诸物装钉。"② 笞杖是国家刑罚的一个部分，士大夫犯法本来具有一定的刑罚优免权。洪武时期，朱元璋与刘基等士人论待大臣之礼。太史令刘基申明："古者公卿有罪，盘水加剑，诣请室自裁，未尝轻折辱之，所以存大臣之体。"侍读学士詹同指出："古者刑不上大夫，以励廉耻也。必如是，君臣恩礼始两尽。"洪武六年(1373年)，工部尚书王肃坐法当笞，朱元璋也表态："六卿贵重，不宜以细故辱。"下令用罚俸的方式赎罪。自此之后，文武大臣除犯谋反、大逆等死罪外，多以罚俸的方式以示惩戒。但是明朝廷杖亦始于洪武之时："然永嘉侯朱亮祖父子皆鞭死，工部尚书薛祥毙杖下，故上书者以大臣当诛，不宜加辱为言。廷杖之刑，亦自太祖始矣。"③ 仁宣到正统初年虽被誉为有"三杨政治"的士大夫政治气象，但是廷杖之事也屡有发生，如仁宗即位之初，用金瓜击打李时勉；宣宗即位之初，下兵部侍郎戴纶于锦衣卫狱。"帝临鞫之，纶抗辩，触帝怒，立棰死，籍其家。"④ 正统以后，殿堂廷杖已成习惯之事。景泰年间，廷杖之事亦曾发生。如景泰六年（1455年)，南京大理寺少卿廖庄被廷杖八十，谪定羌驿丞。⑤ 同受杖刑的还有被关押在锦衣卫狱中的章纶和钟同二人："明年杖廖庄阙下，因封杖就狱中杖纶、同各百。同竟死，纶长系如故。"⑥ 成化、正德以后廷杖渐成规模之势，一次被廷杖的士人甚至多达数百人，如"正德十四年，以谏止南

---

① 沈德符. 万历野获编：卷18，廷杖. 476.
② 张廷玉，等. 明史：卷93，刑法志一. 2282.
③ 张廷玉，等. 明史：卷95，刑法志三. 2329.
④ 张廷玉，等. 明史：卷162，戴纶传. 4400.
⑤ 张廷玉，等. 明史：卷162，廖庄传. 4414.
⑥ 张廷玉，等. 明史：卷162，章纶传. 4411.

巡，廷杖舒芬、黄巩等百四十六人，死者十一人。嘉靖三年，群臣争大礼，廷杖丰熙等百三十四人，死者十六人”①。明中晚期后廷杖规模较之明前期更趋于恶化。明前期廷杖均在北京进行，南京廷杖开始于成化十八年（1482年）：“南御史李珊等以岁祲请振。帝摘其疏中讹字，令锦衣卫诣南京午门前，人杖二十，守备太监监之。至正德间，南御史李熙劾贪吏触怒刘瑾，矫旨杖三十。时南京禁卫久不行刑，选卒习数日，乃杖之，几毙。”② 明人朱国桢对廷杖之事记载如下：

> 成化以前，凡廷杖者，不去衣，用厚绵底衣重毡叠帕，示辱而已。然犹卧床数月，而后得愈。正德初年，逆瑾用事，恶廷臣，始去衣，遂有杖死者。又成、弘间下诏狱，惟叛逆、妖言、强盗、好生打着问，喇虎、杀人打着问。其余常犯，送锦衣镇抚司问，转法司拟罪，中间情重始有来说之旨。正德以后，一概打问，无复低昂矣。
>
> 凡廷杖者俱豫知状，或自分疏入必不免，得多服药，节啬以待，然间有死者。惟廖恭敏庄谏上皇事，久留中不报矣，以母忧领勘，合入见。景皇想旧事，大怒。命锦衣卫着实打八十，送吏部贬驿丞，此而不死，真天佑也。余同年有为刑官者曰：“凡卒然与杖，即十下亦可死。有意待杖，至百亦难毙。”盖心血不上冲故也，然刑人者亦可念已。③

统计《明实录》可知，从洪武到弘治期间，明代的廷杖逐渐形成规模，弘治以后，廷杖朝臣已经成为司空见惯之事。晚明士大夫所受廷杖大致情状如下：

> 是日特遣大珰曹化淳、王德化监视众官朱衣陪列午门外西墀下，左中使、右锦衣卫各三十员，下列旗校百人，皆衣襞衣执木棍。宣读毕，一人持麻布兜自肩脊下束之，左右不得动，一人缚其两足，四面牵曳，唯露股受杖，头面触地，地尘满口中，杖数折。公昏绝不知人。弟垓时官行人，口含溺吐公饮之。名医吕邦相夜视公曰：“杖青痕过膝者不治。吾以刀割创处，七日而痛，为君贺矣。”半月，去败肉斗许，乃苏。④

---

① 张廷玉，等．明史：卷95，刑法志三．2330．

② 同①2330-2331．

③ 朱国桢．涌幢小品：卷12，廷杖．北京：中华书局，1959：267．

④ 魏禧．魏叔子文集外篇：卷17：明遗臣善公传．856．

这是魏禧在文集中所记明末士人所受廷杖之大概，此次所受廷杖的士人姜公存活下来是万幸之事，多数受杖士人立死杖下。廷杖多行于朝堂之上，行杖之时，“监杖用内官，行杖用卫卒，遂使士大夫悬命其手”①。内官和卫卒为皇帝私人，士大夫的生命完全取决于皇帝意志。廷杖之事遭到士大夫的普遍反对，如洪武时期解缙就建议朱元璋：“毋令逮系大臣，有过恶当诛不宜加辱。”②“而今内外百司捶楚属官，甚于奴隶。是致柔懦之徒，荡无廉耻之节，擎跽曲拳于进退，下气怡色而奔趋。一为下官，肌肤不保，甚非所以长孝行、厉节义也。臣以为自今非犯罪恶解官，笞杖之刑勿用。催科督厉，小有过差，蒲鞭示辱，亦足劝惩矣。”③批评这种奴化士大夫的方式不符合古代的待士之道。

明末刘宗周指出，廷杖同诏狱一样造成整个国家政治风气和社会风气的恶化：“而至于廷杖一节，原非祖宗故事，辱士尤甚。士可杀不可辱。仍愿陛下推敬礼大臣之心以及群臣，与厂卫一体并罢，还天下礼、义、廉、耻之坊。礼、义、廉、耻之坊设，而恻隐之良愈著矣，由是化群臣以化兆民。”④清朝士人对廷杖的评价是：“明之秕政，莫过廷杖一事……遂至奸珰逞其私愤，流毒缙绅。彼时转有以曾经廷杖为荣者，纲纪陵夷，名实倒置。如此国是尚可问乎?”⑤士大夫有错不经过三司，而交由镇抚司和锦衣卫，是不经过公权力而入私权力。经过刑部、大理寺、都察院等国家法律部门的审理，乃是证明了士大夫与国家之间的从属关系，士大夫的对错以国家法律为评判标准。士大夫的错误，只要经过正常的审理和判决，就会获得士大夫群体的支持和认可，不涉及士大夫的气节问题。但是廷杖和诏狱使士大夫的案件归于皇帝个人的私权力所涵盖的范围。镇抚司、锦衣卫、司礼监官员与皇帝之间更多一层主奴关系，乃是皇帝的私人，由他们来审理士大夫的案件，不被士大夫所接受和认可，因此往往激起士大夫的气节意识，往往越打击越勃发。明中期以后，廷杖已经很少能起到恫吓士大夫的政治高压效果，反而成为士大夫政治发抒的手段。诏狱和廷杖达到的最终目的就是要士大夫既被皇帝所用，又不能与皇权有丝毫

① 钱穆. 国史大纲. 668.

② 解缙. 文毅集：卷1，大庖西封事. 600.

③ 同②603.

④ 刘宗周. 刘蕺山集：卷4，敬陈圣学疏. 景印文渊阁四库全书，第1294册. 377.

⑤ 爱新觉罗·弘历. 乾隆御制诗五集：卷32，右永陵. 景印文渊阁四库全书，第1310册. 109.

的冲突。所以明太祖时期即开设“寰中士夫不为君用科”，强迫士大夫入仕做官，为朝廷出力，同时又要用廷杖等严刑峻法压制士大夫，使得士大夫屈从于皇帝的威严之下。

三、枷号

枷号是古代刑罚之一，枷是一种方形木质项圈，以套住脖子，有时还套住双手，作为惩罚。“枷，自十五斤至二十五斤止，刻其上为长短轻重之数。长五尺五寸，头广尺五寸，杻长尺六寸，厚一寸。”① 强制罪犯戴枷于监狱外或官府衙门前示众，以示羞辱，使之痛苦。明代的枷号有断趾枷令、常枷号令、枷项游历之分。刑期为一月、二月、三月、六月、永远五种。枷的重量从二十斤、三十斤到一百五十斤不等。戴上最重枷的囚犯往往几天内就会毙命，后来也从耻辱刑演变成了致命的酷刑。明代枷号的特殊性在于枷号逐渐成为皇帝惩罚和羞辱士大夫的方式之一。触犯国家法律或违背皇帝旨意的士大夫被皇帝下旨枷号，并不影响交由法司拟罪，往往皇帝的枷号与三法司的刑罚两者联合起来，共同成为惩办士人的方法。“枷号半月，满日，仍送法司问罪。”② 沈德符的《万历野获编》卷18《立枷》载：

> 三木囊头，自古有之。盖如桎梏示辱耳。至唐酷吏，始有凤凰晒翅、猿猴献果诸名。亦用以一时拷讯耳。本朝枷号，始渐滥行，如正统间王振、正德间刘瑾。二阉盗柄，始以重枷示威……其头号者，至重三百斤，为期至二月，已百无一全。而最毒则为立枷，荷此者，不旬日必绝……大抵皆因罪轻情重，设为此法以毙之。或得罪禁廷，万无可活之理……自古无此惨刑，虽五代之立钉坐钉，无以过之。③

宣德时期已经出现枷号刑罚：“宣德三年怒御史严皑、方鼎、何杰等沉湎酒色，久不朝参，命枷以徇。自此言官有荷校者。至正统中，王振擅权，尚书刘中敷，侍郎吴玺、陈瑺，祭酒李时勉率受此辱，而殿陛行杖习为故事矣。”④ 正统以后，枷号之刑逐渐成为处罚官员的方式。正统七年（1442年）十月，行人司行人尚褫上疏请求舒缓控制朝臣的苛政：

---

① 张廷玉，等．明史：卷93，刑法志一．2282-2283.

② 马文升．修饬武备疏//明臣奏议：卷8．景印文渊阁四库全书，第445册．141.

③ 沈德符．万历野获编：卷18，立枷．477.

④ 张廷玉，等．明史：卷95，刑法志三．2329-2330.

大臣上为朝廷付托，下为百官取法。有缺固不可轻任，有过尤不可轻辱。是以黥劓之罪，不及大夫，以其离天子不远也。今文武大臣，或被言官弹劾，或被旗校缉访，露顶跣足，束缚奔走，若系囚然。事果实验，情犹庶几，或涉虚妄，不免复职。然今日衣冠之大臣，即昨日受辱之囚，系面僚友而统属官，能无愧于心乎？请自今文武大臣有犯未的者，命锦衣卫官召至午门，敕诸大臣以礼会问，踪迹果验，疏其轻重，请裁。如其不验，即奏复职，庶大臣知重而职业愈修……旗校缉事，固不可不信，尤不可尽信。间有用心邪枉者，或为他人报仇，或以自平私怨，倒置是非，诬陷平人，其所缉事，能悉出于实乎？请自今旗校缉事，务见实证，然后坐罪。如或不实，所缉者量轻重，以其半坐之，庶不得乘隙报怨，滥及无辜。①

正统朝，文官受枷号之罚，以李时勉为著名。正统九年（1444 年），李时勉"疏请修太学，王振怒，坐以擅伐官树，枷号监前"②。太学生石大用会同六馆疏请代罪。其疏文称："臣闻民生于三，事之如一。今李时勉擅伐官树，薄示枷号。切缘时勉年已七十，兼患风疾，况值炎热，死亡无日。乞容臣代枷，以存师生恩义。"③ 国子监助教李继求救于孙太后之父会昌侯孙忠，得孙太后帮助，李时勉才得释放。正统到天顺期间，统计受到枷号惩罚的官吏大致如下表：

序号	时间	官员姓名	官职	枷号地点	枷号时间	结果	史料来源
1	正统二年	王学敏	监察御史	枷示于各衙门	三月	谪戍辽东边卫	《明英宗实录》卷 32
2	正统五年	杨宁	户部郎中	长安左右门及六部都察院	各三日	不详	《明英宗实录》卷 72
3	正统六年	刘中敷	户部尚书	长安门外	十六日	不详	《明英宗实录》卷 84
4	正统六年	吴玺	户部侍郎	长安门外	十六日	不详	同上

① 明英宗实录：卷 97. 正统七年冬十月丙申.

② 廖道南. 殿阁词林记：卷 6，学士拜祭酒李时勉. 景印文渊阁四库全书，第 452 册. 236.

③ 黄瑜. 双槐岁钞：卷 5，石主事救师. 北京：中华书局，1999：89.

续表

序号	时间	官员姓名	官职	枷号地点	枷号时间	结果	史料来源
5	正统六年	陈瑺	户部侍郎	长安门外	十六日	不详	同上
6	不详	汪宾	国子监丞	国子监门	不详	谪戍威远	《明英宗实录》卷120
7	不详	巩贵	都指挥佥事	教场	不详	不详	《明英宗实录》卷120
8	正统九年	李时勉	祭酒	国子监门外	不详	不详	王锜：《寓圃杂记》卷2
9	正统九年	赵琬	司业	国子监门外	不详	不详	同上
10	正统九年	金鉴	掌馔	国子监门外	不详	不详	同上
11	正统十年	不详	太医院吏	太医院门前	不详	不详	《明英宗实录》卷129
12	不详	华嵩	指挥使	教坊司门	不详	谪充大同军	《明英宗实录》卷152
13	不详	范质	指挥	大同桥	七十余日	谪充铁岭卫	《明英宗实录》卷207
14	天顺二年	陈琏	刑部郎中	不详	不详	不详	《明英宗实录》卷293
15	天顺四年	安振	宿卫	不详	一月	发充威远卫军	《明英宗实录》卷313
16	天顺四年	樊雄	指挥同知	长安门外	不详	不详	《明英宗实录》卷314
17	天顺四年	万经	监生	礼部前	一月	黜为民	《明英宗实录》卷315
18	天顺五年	欧阳昭	指挥使	长安右门	三月	不详	《明英宗实录》卷326
19	天顺六年	张佑	副指挥	五城	一月	不详	《明英宗实录》卷337
20	天顺六年	六人名不详	指挥	大街	三月	不详	《明英宗实录》卷339
21	天顺六年	黄忠	校尉	不详	三月	发广西南丹卫充军	《明英宗实录》卷342
22	天顺七年	韩祺	监察御史	长安左门外	不详	死	《明英宗实录》卷353

从上表可知，正统朝枷号特点是：其一，官员和吏员、文官和武官都可能成为枷号的惩罚对象；其二，枷号的地方不固定，高级官员多在长安左右门外，低级官吏多在所属的官衙门前；其三，枷号时间没有成法规定，最长为三个月；其四，正统到天顺，枷号屡次出现，成为明朝惩办官吏的重要方式之一。

正德以后，枷号之刑罚更是恶化。“且创例，罪无轻重皆决杖，永远戍边，或枷项发遣。枷重至百五十斤，不数日，辄死。尚宝卿崔璇、副使姚祥、工部郎张玮、御史王时中辈并不免，濒死而后谪戍。”① 正德二年（1507年）正月，枷号尚宝司卿崔璇、湖广副使姚祥于长安左右门外，工部郎中张玮于张家湾。大学士李东阳等进言指出：

> 近崔璇等各因公差赴任，在途犯法，荷蒙钦断，俱用大枷枷号一个月。天威所施，中外悚惧。臣等仰窥圣意，盖悯念地方人民之不胜劳役也。但各人所犯，自有本等罪名，若枷号，乃至重之典，死生系焉。由儒生而入于官者，岂能忍死至一两月之久？臣等每见皇上当处决重囚之际，哀矜详审，往往从宽，好生之心，直与天地相似。今此三人，以侍从部署，亦曾效微劳，一日不谨，致罹重法，命在旦夕，实可矜怜。今枷号已经数日，足示惩刑，伏望少霁威严，特加宽贷，或送法司，依律问拟，则轻重适中，恩威并著，既已见爱民之仁，亦不失待士之体，使天下之人，称颂圣德，永永无穷。斯文幸甚，群臣幸甚。臣等备员辅导，职赞钧衡，非敢回护文官，实欲阐扬圣德、区区犬马之诚，不能自已，故敢昧死上陈，伏惟圣明鉴察。②

其后武宗传旨：“崔璇等枷号期日未满，姑从轻释，发铁岭卫永远充军。”③ 这证明枷号之刑并非由国家法司所裁定，而是由皇帝传旨而行。

枷号之刑是对身体和精神的双重惩罚，并且偏重于精神方面的羞辱，特别是对文官士大夫而言，对道德尊严的冲击尤其严重。正统时期枷号的增多是明代政治文化史中的一个特殊现象。枷号与廷杖、诏狱相比较有两个特征：其一，公开示辱时间较之廷杖长，最长可为三个月；其二，枷号于午门之外等公共场所，在对官员起到警示作用的同时，也使被枷号官员示辱于群臣和百姓中。

---

① 张廷玉，等．明史：卷95，刑法志三．2332.

② 王世贞．弇山堂别集：卷29，史乘考误十．520-521.

③ 同②521.

诏狱、廷杖、枷号三者成为明前期皇权控制和压抑士权的方式。士大夫所受这三种惩罚方式的情状证明，明前期的士大夫政治被笼罩在皇权政治之中。明前期的君臣关系较之宋元趋于恶化，带有主奴色彩，此三者冲击了士大夫的道德尊严和主体意识。余继登在《典故纪闻》中记录了嘉靖初致仕刑部尚书林俊对明代廷杖之刑在明中期后变化的评论："古者挞人于朝，与众辱之而已，非必欲坏烂其体肤而致之死也。成化时，臣及见廷杖三五臣，容厚绵底衣，重毡叠帕，然且卧床数月，而后得痊。正德时，逆瑾用事，始启去衣之端，酿有末年谏止南巡杖死之惨，幸遇新诏收恤，士气始回。"[①] 伴随晚明政治生态的恶化，诏狱、廷杖和枷号之刑更趋频繁与惨酷，成为打击士大夫群体尊严的重要方式。

第三节 明前期士大夫的政治平反与意义解读

明前期士大夫被朝廷惩罚后的政治平反往往代表了朝廷的政治转向和反思，这种政治平反的形式多样，可以是重新征召官员回朝任职，对已经故去的官员可以通过给予家属政治礼遇以此彰显官员家属在地方社会的声望。对官员的政治平反代表了朝廷的政治生态的自我修复能力，是明代政治生命力的一种自我调节。

一、平反时期分类

国家礼遇和皇帝诏狱是明前期士大夫政治处境的两面，有时发生在同一位士大夫的身上。如蹇义、夏原吉、杨士奇、杨溥均有被成祖朱棣下诏狱的经历，又有被仁宗和宣宗封赠、赐印的经历。明代前期士大夫犯法分两类：一类是确实触犯明朝法律而被制裁，这类士大夫不能获得朝廷平反；另一类是没有触犯明朝法律，却因卷入权力斗争、得罪皇帝而被制裁，一旦时局变迁，往往可获平反。应该得到平反的士大夫又分为两类：一类士大夫的政治案件对明代的政治意识形态冲击不大，相对比较容易获得平反；另一类为"靖难"死难臣子方孝孺等，由于"靖难"关乎明成祖朱棣的皇统地位，对方孝孺的平反无法超脱意识形态的限制，这类士大夫在整个明代终未获得完全意义上的平反。如被誉为明朝开国第一文臣的宋

---

① 余继登．典故纪闻：卷 17．北京：中华书局，1981：301.

濂在洪武十三年（1380年）卷入胡惟庸案，被安置于四川茂州，洪武十四年（1381年）病死。弘治九年（1496年），因四川巡抚马俊所请，弘治帝命礼部会议后决定恢复宋濂的官职与名誉，春秋两季给予官方祭祀，正德朝追谥为“文宪”。① 而方孝孺却直到南明才获得谥号。按照为士大夫平反的时间可分为两类：

（一）本朝给予平反

永乐朝，蹇义和杨士奇先后被下诏狱，不数月而得释放。仁宗即位后，大理寺卿虞谦“尝应诏上言七事，皆切中时务”。杨士奇在《圣谕录》中对此事有详细记载：“先是，虞谦奏事：侍臣有言此当榻前密请旨，不当于朝班对众敷奏，为卖恩者，又有言其属官杨时习先导之密陈而谦不从者，遂降谦为大理少卿，而升时习为卿。”后因杨士奇为其辩白而获仁宗赦免，得以官复原职。② 又如仁宗朝大理寺少卿弋谦言数事，仁宗厌其繁琐，又因尚书吕震、吴中，都御史刘观、侍郎吴廷用等先后弹劾其卖直沽名，遂被免朝参。杨士奇指出，如果免弋谦朝参，势必造成其他臣子的恐慌而停止建言行为。一个月后，因杨士奇建言，弋谦反而得以升迁重用。③

（二）后世给予平反

获得后世平反的士大夫主要有解缙、于谦、刘球等人。解缙在永乐十三年（1415年）死于锦衣卫狱。“正统元年八月诏还所籍家产。成化元年复缙官，赠朝议大夫。”④ 嘉靖朝因江西抚臣之请，朝廷命地方官为解缙修建祠堂，给予春秋两季祭祀，万历朝赠谥为“文毅”。仁宣时期，杨士奇为解缙所作的墓志铭中对解缙的政治功业大加歌颂。⑤ 牵扯进解缙一案中的王汝玉、汤宗、李至刚三人也先后获得政治平反。王汝玉在洪熙初年被赠太子宾客，谥“文靖”，遣官祭其家。⑥ 汤宗在洪熙初年从锦衣卫狱中被释放，得以复官，再迁南京大理卿。⑦ 李至刚在仁宗即位后得释复官，升任为左通政。⑧ 仁宗即位之初，释放被朱棣下狱的夏原吉和杨溥等人。

---

① 张廷玉，等．明史：卷128，宋濂传．3788.
② 杨士奇．东里别集．398.
③ 同②402.
④ 张廷玉，等．明史：卷147，解缙传．4122.
⑤ 杨士奇．朝列大夫交趾布政司参议春雨解先生墓碣铭//解缙．文毅集：附录．838-841.
⑥ 张廷玉，等．明史：卷152，王汝玉传．4191.
⑦ 张廷玉，等．明史：卷150，汤宗传．4171.
⑧ 张廷玉，等．明史：卷151，李至刚传．4182.

二、平反典型及寓意

对明前期士大夫的平反，以方孝孺、于谦、李时勉、刘球为典型。方孝孺的平反更为复杂而有专节讨论，此节专述于谦、李时勉、刘球三人的平反经历。于谦、李时勉、刘球三人各有特点：于谦是“土木之变”中拯救社稷的功臣，反遭到英宗诛杀，其功绩和遭遇冲突巨大；李时勉是明前期遭受诏狱、廷杖、枷号三种刑罚于一身的士大夫；刘球是正统朝士权与宦权冲突中惨烈的牺牲者。平反可由被害士人后人主动提出请求，如于谦之子于冕多次上疏请求为于谦平反，或由后世士大夫上疏朝廷提出请求，后一种方式较为普遍。如弘治元年（1488 年），给事中孙儒为于谦平反，上疏指出：“古之节义，则诸葛孔明、张巡、文天祥；今之节义则李时勉、刘球与公。宜一体报祀，以励后来，廷臣合议以闻，诏岁一祀公于乡民所立祠。”① 其余李时勉、刘球等人的平反也多借助士大夫的力量而得以完成。

（一）李时勉

李时勉，江西安福人，永乐二年（1404 年）进士，选为庶吉士，后被任命为翰林侍读。永乐十九年（1421 年）应三殿灾变求言，上疏时务十五事。永乐二十年（1422 年），“翰林侍读李时勉等十余人为飞言所中，太宗皇帝怒，欲罪之，公力救解，得免”②。洪熙元年（1425 年），李时勉以节民力、谨嗜欲、勤政事、务正学四事规劝仁宗。“节民力”一项谏阻仁宗要珍惜民力，不可擅兴土木建筑：“今又重劳民力，闻内官催木，疾如风火，郡县被其折辱，小民被其棰楚，公私繁扰，所至骚然。”“谨嗜欲”一项谏阻仁宗在朱棣丧服期内采办侍女一事：“斩焉衰绖之中，正以礼导民之日也，侧闻内官远自建宁，选取侍女，使百姓为之惊疑，众心为之惶惑。”“勤政事”一项告诫仁宗要居安思危：“若谓天下大安，可以优游于庶政。则飞蝗蔽天，民食寡乏，诚战兢惕厉之日也。”“务正学”一项告诫仁宗要亲近儒臣、端正本心：“愿陛下于万几之余，进一二儒臣以侍左右，以备顾问。或求帝王经世之要，古人治乱之由，参究天人之蕴，察知稼穑之难。俾涵养既深，本心既正，则惟精惟一，逸乐无益之事无自而

---

① 倪岳．青溪漫稿：卷 21，肃愍于公神道碑．景印文渊阁四库全书，第 1251 册．276.

② 杨荣．文敏集：附录．410.

萌芽矣。遵义遵道，佛老异端之说无自而眩惑矣。”① 仁宗览疏大怒，召见李时勉于便殿。李时勉坚持疏中所言，被仁宗命力士用金瓜击断三根肋骨，后被拖曳。“大学士杨士奇遇于外朝，因以烧酒灌之，得不死。”② 宣德元年（1426 年），宣宗亲自召见，为其平反，并于宣德五年（1430 年）升为翰林侍读学士。③ 正统三年（1438 年）掌翰林院事兼经筵官，正统六年（1441 年）任国子监祭酒。

正统九年（1444 年）被枷号于国子监门外。王锜的《寓圃杂记》对此有详细记载：

> 中官王振生辰，诸大臣皆往贺，先生独不往。振衔之，坐以擅斫文庙前古木为不敬，特置“百斤枷”，命枷先生与司业赵琬、掌馔金鉴。有一枷特重数斤，为先生设也。金曰：“鉴年颇壮，当荷此。”先生曰：“老夫筋骨甚坚。”即以自荷。诸生司马询等数百人上章伏阙愿代，三日方得苏，稍迟皆死矣。不半年，恳求致仕，振犹以为恨，削其恩礼焉。④

“土木之变”后，七十六岁的李时勉遣其孙赴北京上疏景帝，建言选将练兵，亲君子、远小人，褒表忠节，迎还车驾，复仇雪耻等事。

> 忧国忘家者，臣子之诚心；听言致治者，人君之大德。臣身居林野，心在朝廷。方卧病床帷，忽闻乘舆有沙漠之征，恨不臂羽面陈利害。未几，来报者有败绩覆军之祸，不觉惊悸起立，肝肠寸裂，拊心挥泪，恸哭而不能止。⑤

李时勉在明前期士人群体中的特殊性有二：其一，他在永乐、洪熙、正统三朝先后经历了诏狱、廷杖、枷号三项刑罚，成为文臣获此三项惩罚之第一人；其二，虽然成祖、仁宗、英宗三人采用三种不同方式惩罚李时勉犯颜直谏的行为，却还是保存其性命，不久就给予其政治平反。正统十二年（1447 年），他致仕归乡之时，“送者凡三千余人，远近观者塞路。一时行旅不得往来，商贾为之废业，莫不啧啧焉，称羡以为荣，至有为泣下者。诸生又以先生平日廉洁自守，行李萧然，乃集白金数百两为赆，先

---

① 李时勉．上仁宗奏疏//明臣奏议：卷 2．36-38．

② 王锜．寓圃杂记：卷 2，李祭酒忠谏．13．

③ 彭琉．李时勉行状//古廉文集：卷 12．景印文渊阁四库全书，第 1242 册．889-895．

④ 王锜．寓圃杂记：卷 2，李祭酒荷枷．13．

⑤ 李时勉．古廉文集：卷 8，封事．788．

生悉却之。”①。朝廷对李时勉死后的礼遇主要有：

第一，赠予谥号。景帝赠予谥号“文毅”。成化五年（1469 年），改谥“忠文”。

第二，赠予礼部侍郎荣誉官职。②

第三，崇祀于国子监。

第四，为其修建墓地，进行祭祀。景泰朝对李时勉的《御祭文》如下：

> 卿以刚介之资，通敏之学，发身科第，进职词林，历事累朝，多输诚悃。列圣眷遇，贤誉用彰，爰自翰林，迁掌太学，作兴造就，士类有成。方谐致政之休，讵意遗荣之速。倏兹闻讣，伤悼惟深，遣祭卿灵，尚其钦服。③

第五，给予诰命褒奖。成化五年（1469 年）赐予李时勉《诰命》，褒奖其“领袖华国之众彦，模范用世之群英”④。

第六，荫其孙李昂为国子监生。

地方上督学佥事李龄与知县李会为其改建墓地、修建祠堂，地方长官在春秋两季给予祭祀。⑤ 吏部尚书王直为其撰写墓表，翰林院编修彭琉为其撰写行状。虽然李时勉生前遭诏狱、廷杖、枷号酷刑的惩罚和羞辱，但是其死后中央和地方、官方和民间均给予其高度评价，朝廷的礼遇和平反与地方的歌颂和赞美交相呼应，达到激励臣子、奖励后学和教化社会的政治目的。

（二）于谦

于谦，字廷益，今浙江省杭州市人，永乐十九年（1421 年）进士。“土木之变”后被誉为再造国家的功臣，“夺门之变”后被英宗处死。对于谦的平反在成化和弘治两朝完成，杭州和开封等地也为于谦修建祠堂，给予春秋祭祀，用以表彰于谦的美德和功业。

1. 成化年间：修缮墓地、遣官祭祀、召回家人

成化二年（1466 年）十二月，明宪宗为于谦平反，赦还其家人，修

---

① 彭琉．李时勉行状//古廉文集，卷 12．893.

② 张廷玉，等．明史：卷 163，李时勉传．4423.

③ 李时勉．古廉文集：卷 12，附录．景印文渊阁四库全书，第 1242 册．888.

④ 同③889.

⑤ 彭时．古廉先生祠堂记//古廉文集，卷 12．900-901.

缮其墓地，并遣行人司行人马璇祭祀，《谕祭文》如下：

卿以俊伟之器，经济之才，历事先朝，茂著劳绩。当国家之多难，保社稷以无虞，惟公道而自持，为权奸之所害。在先帝已知其枉，而朕心实怜其忠，故复卿子官，遣人谕祭。呜呼！哀其死而表其生，一顺乎天理；厄于前而伸于后，尤惬乎人心，用昭百世之名，式慰九泉之意。灵爽如在，尚其监之。①

朝廷对于谦的祭祀被士大夫认为是："此诚天日开明、公道暴白之秋也。"② 成化四年（1468 年）二月，朝廷任命于谦之子于冕为兵部员外郎，又于成化十五年（1479 年）三月改任为南京太仆寺少卿，成化十九年（1483 年）十月，升任为应天府府尹。

2. 弘治至万历期间：赠予谥号、颁发诰文、赠予勋职、赐予匾额

弘治二年（1489 年），于冕上疏请求为于谦封赠谥号、赐予祠额、给予国家祭祀。礼部在回复中指出："古今忠义之臣能为国家建大议、决大事，而成非常之功者，生则有旌擢之恩，没则有褒恤之典。非特酬其一时之功，实以为后来人臣之劝也。故少保兵部尚书于谦，当正统十四年，虏寇犯顺，中外危惧，而能奋其忠义，卫安宗社，一时修武备，靖疆域之功固多，其间斥和议、立团营之功尤大。已用言者，准令立祠致祭。今冕奏年老无嗣，恐后颓废，乞悯其情，恳令有司，移杭民所建祠宇于坟所，赐与祠额、祭文，加增一祭，春秋行礼，仍如诏书例，给一夫守视，复其杂徭。"于冕之请，获得朝廷允准。弘治三年（1490 年）三月十四日，朝廷下诏赐予于谦祠堂匾额为"旌功"，两侧对联为："逢时艰危，安内攘外。社稷之功，世永不忘。"加赠特进光禄大夫和柱国，赠予谥号为"肃愍"。③《赠官谕祭文》如下：

朕惟功大者褒典宜隆，行伟者扬名必远。惟显忠于既往，斯励节于方来，古今攸同，岂容缓也。故少保兼兵部尚书于谦，气禀刚明，才优经济，兼资文武，茂著声猷。当皇祖北狩之时，正国步艰危之日，乃能殚竭心膂，保障家邦，选将练兵，摧锋破敌，中外赖以宁谧，人心为之晏然。回銮有期，论功应赏，不幸为权奸所构，乃陨其身，舆论咸冤，恤恩已锡，兹复赠特进光禄大夫柱国太傅，谥肃愍。

① 于谦．于谦集：附录．杭州：浙江古籍出版社，2016：667.

② 倪岳．青溪漫稿：卷 21，肃愍于公神道碑．276.

③ 明孝宗实录：卷 33．弘治二年十二月辛卯．

命有司立祠致祭，用昭旌崇之典。呜呼！执羁靮，守社稷，劳盖均焉；表忠直、愧回邪，理则明矣。诞数嘉命，永贲幽扃。灵爽如存，尚其歆服。①

万历十八年（1590年）二月十六日，万历皇帝改赠于谦谥号为“忠肃”，派遣都御史傅孟春谕祭太傅兵部尚书于谦。《赐谥忠肃谕祭文》如下：

惟卿钟灵间气，著望先朝，属多难以驰驱；矢孤忠于极荡。社稷是守，力摧城下之要盟；樽俎不惊，坐镇道傍之流议。返皇舆于万里，维国祚以再安。赤手扶天，不及介推之禄；丹心炳日，宁甘武穆之冤。此恤典所以洊加，而公论犹有未惬。爰颁谕祭，载易嘉名。贲华衮于重原，表清风于百世。卿灵不昧，尚克祗承。②

万历二十三年（1595年），赐予“忠节”祠堂匾额，命地方官于春秋祭祀。万历中期后统治危机加深，对于谦的优礼具有激烈官员和鼓舞士气的政治寓意。③

3. 地方社会：修建祠堂、春秋祭拜④

于谦获得政治平反后，杭州和开封两地为其修建祠堂，给予祭祀。其家乡杭州民众请求地方官员修建祠堂祭祀于谦。“杭之父老，白于巡按监察御史，请即公所居，建祠祀公，榜曰‘怜忠遵制’词也。”⑤ 于谦曾任职的开封府也为他修建祠堂给予祭祀：“庇民祠在府治西，祀侍郎于谦。成化中，汴父老建，即公之寓马廨所也。正德十年重修，每岁春秋有司致祭。”其中祭祀于谦情境如下：“开封城马军衙桥西，故有于少保祠云。初，公以定倾保大之功，居无何而死。于是天下人闻公死，咸惊而疑，而

① 于谦. 于谦集：附录. 667-668.

② 同①668.

③ 明神宗实录：卷282. 万历二十三年乙未.

④ 清初孙承泽的《春明梦余录》记载于谦的祠堂“在崇文门内东裱背巷，公故赐宅也。祠三楹，祀少保兵部尚书于谦，塑公像危坐，岁春秋遣太常等官致祭”。朱一新在《京师坊巷志稿》中记载：“于忠肃祠，万历乙未二月己未敕建。顺治中，公像被毁。”乾隆中，励宗万奉命对京城古迹做调查，其《京城古迹考》云：“乃遍访故巷，悉为民居，求其所谓忠肃祠者，皆曰不知。”清末震钧《天咫偶闻》载：“于忠肃祠，在裱背胡同，芜废已久，近始重修，浙人逢春秋闱，居为试馆。”1984年北京市人民政府决定“于谦祠”为北京市重点文物保护单位。其地址在今天的北京市东城区西裱褙胡同23号。

⑤ 倪岳. 青溪漫稿：卷21，肃愍于公神道碑. 276.

涕泣……而梁父老于是闻公死，咸涕泣，日相率潜诣公廨，为位哭奠焉。”①

于谦虽屈死于“夺门之变”，却在成化和弘治两朝完成政治平反，伴随明朝统治危机的加深，日益被朝野所歌颂和祭祀。倪岳在为于谦所撰写的神道碑铭中指出：“一时之屈，万世之伸；一时之冤，万世之雪。公于此，可以无憾也。”②

（三）刘球

刘球，字廷振，今江西省安福县人，永乐十九年（1421年）进士。正统六年（1441年），刘球因得罪王振而被下锦衣卫狱，后被指挥马顺秘密杀害并遭肢解。“土木之变”后，朝廷开始为刘球平反。正统十四年（1449年）九月，吏部听选知县蒋忠上疏朝廷请求为刘球平反，疏文如下：

> 闻武王有天下，首封比干之墓，所以表忠义于既往，励臣节于方来。往者翰林侍讲刘球，数言北虏强盛，患在目前，朝廷宜修武备以防之。使用其言，岂有今日之祸。奈何反为奸臣阻忌，竟死非命，天下孰不冤之。然其孤忠幽愤，不得暴白于世，诚为可悯。乞加本官，赠谥官爵，以雪忠愤，伸直气则人臣感激，而临难死节必有其人矣。③

正统十四年（1449年）十月，“景帝怜球忠，赠翰林学士，谥忠愍，立祠于乡”④。景泰元年（1450年）十月，因教授赵永言所请，朝廷命江西吉安府祀故翰林院侍讲刘球于忠节祠。⑤ 此时距刘球被害之时已经八年，朝廷对刘球的平反，一方面在于拨乱反正，抨击王振对正统政事的干涉；另一方面在于借助为刘球平反的机会制造政治舆论，渲染忠孝节义的气氛，达到激励官员、鼓舞将士的效果。刘球的惨烈遭遇并未动摇其后人入仕为官的政治追求和价值取向，他的两个儿子先后考中进士，入仕为官。长子刘钺为广东参政，次子刘釪为云南按察使。为刘球平反的同时，其后世子孙也得到国家的特殊恩典。弘治十六年（1503年）八月，录用刘球的曾孙刘祠为通政使司知事。⑥ 正德十一年（1516年）七月，荫刘球

---

① 邹守愚.（嘉靖）河南通志：卷18. 明嘉靖三十四年刻本. 北京图书馆善本部藏.
② 于谦. 忠肃集：附录. 418.
③ 明英宗实录：卷182. 正统十四年九月辛巳.
④ 张廷玉，等. 明史：卷162，刘球传. 4406.
⑤ 明英宗实录：卷197. 景泰元年十月乙亥.
⑥ 明孝宗实录：卷202. 弘治十六年八月辛亥.

曾孙刘祚为国子监生。[①] 嘉靖四年（1525 年）十二月，录刘球玄孙刘宏溥为国子监生。[②]

在明前期的士大夫中，获得政治平反的代表还有景泰朝因建议景帝恢复英宗所立皇太子而被惩罚的钟同、章纶、廖庄三人。

钟同在景泰朝的复储案中被景帝入锦衣卫狱，在狱中被廷杖一百而死。“英宗复位，赠同大理左寺丞，录其子启为国子监生，寻授咸宁知县。启请父遗骸归葬，诏给舟车路费。成化中，授次子越通政知事，给同妻罗氏月廪。寻赐同谥恭愍，从祀忠节祠，与球联位，竟如同初志。”[③]

章纶在景泰朝的复储案中被景帝廷杖一百，入锦衣卫狱。英宗复位后得以释放，升任礼部右侍郎。去世后，被赠南京礼部尚书，谥“恭毅”，荫其一子为鸿胪典簿。[④]

廖庄在景泰朝的复储案中被景帝廷杖八十，降谪为定羌驿丞。英宗复位后，从定羌驿被召回，升任礼部右侍郎，成化后改刑部左侍郎，死后被赠尚书，谥“恭敏”。[⑤]

获得平反的士人，其重要者可以获得国家祭祀，如青田祭祀刘基、云南祭祀王祎、苏州祭祀夏原吉和周忱、杭州祭祀于谦、庐陵祭祀刘球和李时勉、平阳祭祀薛瑄。[⑥] 对士大夫的政治平反，一方面是端正国家政治风气的需要，另一方面也是皇权政治本身对其错误和弊端的及时修补。大致而言，为士大夫平反具有以下特征：

第一，除了为当事人政治平反外，同时恢复其子孙享有的功臣后代的待遇，并且延续数代，如刘球的儿子、孙子、曾孙、玄孙都获得朝廷的恩典，有史料可证者就从景泰持续到嘉靖。

第二，持续时间长。如对方孝孺的平反延续到了南明。对于谦的平反，经历成化、弘治，直到万历朝仍然进行。

第三，对士大夫的平反往往带有一定的政治寓意，如“土木之变”后为刘球的平反和万历中后期对于谦的再次施加恩泽。

第四，中央朝廷与地方官绅百姓都可成为士大夫平反的力量。如对于

---

① 明武宗实录：卷 139．正德十一年秋七月辛丑．
② 明世宗实录：卷 59．嘉靖四年闰十二月辛未．
③ 张廷玉，等．明史：卷 162，钟同传．4410．
④ 张廷玉，等．明史：卷 162，章纶传．4412．
⑤ 张廷玉，等．明史：卷 162，廖庄传．4414．
⑥ 张廷玉，等．明史：卷 50，礼志四．1310－1311．

谦的平反中，除了朝廷给予祭祀、赠谥等礼仪活动外，杭州和开封等地方长官与士绅也积极为于谦修建祠堂，进行祭祀活动。

第五，对士大夫的平反可以达到褒奖后学、激励臣子和教化社会的政治功能。如于谦和刘球的后人并未因父祖的政治遭遇而脱离政治，相反仍然抱有积极的入仕心态。

总之，士大夫的政治平反多由士大夫群体内部上疏皇帝提出请求，皇帝交由礼部会议后做出决定，给予赠予官职、封赠谥号、修葺墓地、修建祠堂、遣官祭祀等礼遇。于谦和刘球因功勋卓著而入祀历代功臣庙，享受国家祭祀。某位士人获政治平反后，其友人就可以为这位士人撰写墓志铭、墓表、行状等祭祀文章，给予相对公允的评价，开展一系列的追忆活动。对某些时局中关键人物的平反往往关乎某些重大事件的历史定性，而这些在明代难以完成，如对方孝孺的平反终明之世未能完成。

本章小结

国家礼遇、皇帝惩罚、政治平反构成明前期士大夫的奖惩制度。国家对士大夫的赏赐、封赠、赠印、辍朝、赠谥等礼遇活动增加了士大夫的政治尊严感和荣誉感，激励士大夫的政治热情和主动性，强化士大夫的自我认同。因丧辍朝、赠予谥号等礼仪活动举行次数在各朝发生的动态变化可以透视出明前期政治生态和士大夫政治处境的变迁，印证明前期士大夫政治的逐渐形成。诏狱、廷杖、枷号三者构成明前期君主控制和打压士大夫的惩罚体系。这三种惩罚方式在摧残士大夫身体的同时，又使士大夫的精神饱受折磨，特别是冲击了士大夫的道德尊严。遭受惩罚迫害的士大夫在当朝或后世可能获得政治平反，可以获得赠予谥号、封荫子弟、修缮墓地、遣官祭祀等国家礼遇，政治平反同样可以达到激励臣子和教化社会的功能。

第七章　明前期士大夫的话语权

士大夫的话语权，即士大夫意见对国家政策制定和运行所发挥的影响力。国家给予士大夫话语空间的大小与士大夫对话语权追求的力度，是分析士大夫话语权的两个重要视角。士大夫入仕之前在学术场域中掌握儒家治国理念的同时，生成“话语权平等”的信仰。进入政治场域后，对于品级高的士大夫来讲，具有与皇帝同治天下的精神信仰和政治追求；对于品级低的士大夫来讲，并不因官位品级的低下而失去与高级官员同等的精神信仰和政治追求。也就是说，下级官僚具有与高级官僚同等的政治诉求，并认为这种追求是绝对平等的。

明朝科道官员虽然品级低下，却具有弹劾大臣、监督朝政的权力，皇室贵族、军功贵族、六部尚书、内阁大学士以及地方的军政长官都被纳入科道官员的监督范围内。科道官员也从不因为自身品级的低下而产生自卑和恐惧心态，明前期的重大政治事件中曾多次出现科道官员行使监督权和话语权的事例，如景泰朝复储事件中章纶、廖庄、钟同等下级官僚与景帝的据理力争。所有的士大夫不管品级和出身如何不同，均自视为孔子的门生，亦即儒学道统的传承者和守护者，“引君当道”成为所有士大夫的政治追求和政治责任。

明立国之初，朱元璋在《谏官诰文》中就提出士大夫具有监督朝政得失、赏善罚恶、明辨是非的政治功能：

> 语善兴邦，仁君泽民，大贤以为易，中志以为艰，所以今古名世者，罕为此也。然朕尝命儒者诵诸《通鉴》，欲本于心，善于言者鲜矣。若商之伊尹、傅说身心寅畏，故以格神之词而敷奏，仲虺佐新运而明革命之道，未尝不以幽明之理表正人君。今则不然者何？心非精一之诚，智非通古之才，事务一临，泛应恍惚，顷刻乖违，所以不易而艰。上志之士，精诚无二，动合神人，辨是识非，去恶优善，君心

革而神明知，四时序而阴阳和。①

明仁宗即位之初就对杨士奇等人申明："勿谓崇高而难入，勿以有所从违而或怠。"鼓励大臣及时监督朝政得失。宣宗即位诏申明："言路所以广视听，达民隐。自今朝廷政务，或有不便，及军民利病，或当兴除者，许诸人陈言，勿有所讳。"② 仁宣以后舆论环境的改变是士大夫话语空间得以扩大和话语权得以伸展的表现。正统到景泰期间，刘球、钟同、廖庄、章纶是士大夫积极主动行使话语权的代表。天顺时期，内阁大学士李贤积极主张开放言路，赋予科道官员独立的监督权力，自此以后，士大夫的话语权逐渐得以伸展。本章集中分析明前期士大夫对话语权的信仰与追求、行使话语权的方式与途径，以及话语权的价值与影响。

第一节　"理在君上"：士大夫行使话语权的精神信仰

一、皇储教育的程序与目的

皇储教育关系国家命脉，历来备受重视。洪武初年设立"大本堂"，征集古今图书于其中，征召四方名儒为皇太子、亲王讲读。永乐二年（1404年），令春坊司经局官与翰林院官，日分二员讲解《尚书》《春秋》《资治通鉴》《大学衍义》《贞观政要》等书，直述大义，辑成篇章，进呈御览，然后赴文华殿讲说。讲读之日，"三师、三少及詹事府官、鸿胪寺并每科给事中一员侍立。进讲毕，众官齐出。若有召问，亦须前项官员一同进出。如有独进、并独自留后者，许给事中、鸿胪寺官并司直清纪郎纠劾之"③。高拱在《日进直讲》序中大致描述了嘉靖三十一年（1552年）为裕王朱载垕讲读的内容："先《学》《庸》《语》《孟》，而后几及经，于是乃分说四书故事。""凡有关乎君德、治道、风俗、人才、邪正、是非、得失之际，必多衍数言，仰图感悟。"高拱的《大学直讲》一文所用语言通俗易懂，如对《大学章句》做如下解说："大学，是大人之学。古者人生八岁，上自王公，下至庶人子弟，都入小学，教他洒扫、应对、进退之

① 朱元璋．明太祖集：卷3，谏官诰文．55．

② 杨士奇．东里别集：代言录．457．

③ 申时行，等修．赵用贤，等纂．大明会典：卷216，詹事府．571．

节，礼、乐、射、御、书、数之文，此是小子之学。到十五岁时，则自天子之元子、众子，公卿大夫、元士之嫡子，与凡民之俊秀，都入大学，教他穷理、正心、修己、治人之道，此是大人之学。这一本书全是说大人之学，故名《大学》。"① 明代皇储和皇子教育所用教材以儒家经典著作为主。

讲解并非单纯地讲解经史，往往结合当时五军都督府的军政和政府六部的紧要事务，以及抚谕四夷恩意的文书。詹事府官员和左右春坊官员将基本朝政的处理程序和行政建议于文华殿读书后讲解给皇太子及众位亲王。永乐年间，杨荣任职左春坊，于文华后殿为诸位皇孙讲读："每进讲罢，必从容以正心、务德、亲贤、去邪、尚俭、戒逸之言进，深见嘉纳。或访以政务，必陈其切要及先后缓急施行之序，皆恳切无少避忌。"这得到仁宗的口头嘉奖："他日学成，即汝训迪之功也。"②

除了理论上讲解经义外，还要让皇储身体力行，践行儒家治国理念。永乐八年（1410 年），夏原吉陪同皇太孙朱瞻基到京畿视察民情：

> 命辅导皇太孙周行乡落，以观民俗，仍便宜行事。至一村店，公先取韭与黍尝之，进于皇太孙曰："臣愿殿下味此，将以知其艰。"皇太孙乃为尝韭一茎，黍数匙。又至一民舍有犯驾者，皇太孙怒，欲罪之。公言："臣亲承上命，所至毋扰吾民，罪之，非上意也。"皇太孙从之。召见乡长老，令一一陈其风俗、疾苦。耄者，赐之帛；节义者，表其闾；孤独者，给其廪，以复其役。民皆首香称叹。驾复，有兔逸出道左，皇太孙欲驰射之。公言："今丰草中多狐鼠穴，纵骥驯御，孰能保不测之蹶乎？"皇太孙为之止。③

在这次视察之后，又陪同皇太孙"阅武于郊，俾知兵事"。仁宗说明此次检阅军队的用意在于："此安不忘危之意，卿善导之。"④ 皇储教育以儒家治国理念为中心指导思想，课堂讲读与社会实践相结合，民本和仁政的文治理念与安不忘危的军事武功教育同时进行。

明代皇储教育机构如下表⑤：

---

① 高拱．高拱论著四种·日进直讲．北京：中华书局，1993：226．

② 杨荣．文敏集：附录．408．

③ 夏原吉．忠靖集：附录，夏忠靖公遗事．景印文渊阁四库全书，第 1240 册．546．

④ 同③．

⑤ 本表绘制主要依据《明史》卷 73《职官志二》和《大明会典》卷 216《詹事府》。

机构	属员	人数	品级	职责
詹事府	凡东宫监国、抚军、出狩，及朝会出入，复启，画诺，必审署以移詹事			
注：詹事府多由他官兼掌。天顺以前，或尚书、侍郎、都御史；成化以后，率以礼部尚书、侍郎由翰林出身者兼掌之。其协理者无常员。				
府	詹事	一员	正三品	
	少詹事	二员	正四品	
	府丞	一员	正六品	
	主簿	一员	从七品	勾会文移、检稽脱失
	录事	二员	正九品	辅佐主簿
	通事舍人	二员		典东宫朝参谒辞见之礼与承令劳问之事
左春坊	专典东宫上奏请、下启笺及讲读之事			
	大学士	一员	正五品	
	左庶子		正五品	
	左谕德	一员	从五品	
	左中允	二员	正六品	
	左赞善	二员	从六品	
	左司直郎	二员	从六品	掌弹劾纠举/不常设
	左清纪郎	一员	从八品	辅佐司直郎/不常设
	左右司谏	二员	从九品	掌箴诲鉴戒之事，以拾遗补过/不常设
右春坊	专典东宫上奏请、下启笺及讲读之事			
	大学士	一员	正五品	
	左庶子		正五品	
	左谕德	一员	从五品	
	左中允	二员	正六品	
	左赞善	二员	从六品	
	左司直郎	二员	从六品	掌弹劾纠举/不常设
	右清纪郎		从八品	辅佐司直郎/不常设
	左右司谏	一员	从九品	掌箴诲鉴戒之事，以拾遗补过/不常设
司经局	掌收贮经史子集，刊缉图书，立正本、副本、贮本以备进览			
	洗马	一员	从五品	
	校书	二员	正九品	掌缮写装潢、诠其讹谬、调其音切、以助洗马
	正字	二员	从九品	

景泰五年（1454年）进士尹直记述了为皇储讲学的大致程序：

> 东宫讲读则在文华殿东厢房，凡三间，设座于北一间中，开一门向南。每早各官皆绣服进，则行叩头礼后分班立。东宫自座上背诵先日之书毕，东讲官直上至地平前立，内侍授以牙签，手执指书而讲。四书讲毕，从西而下，横折过东，还班。西讲官从下横折过东，直上地平前，讲经如东仪，讲毕，从西下，横折回班。盖左进而右退，折旋中矩，礼也。书册皆向上。讲毕退，食后，东宫乃易衪襒金镶宝石或玉钩条，向西窗下习仿书一张。各官易素袍复进，通讲三日之书。既毕，睿旨："先生每吃茶。"各官叩头而出中间，少立，内臣设一桌，将东宫仿书展于桌上，请视。阁老以朱笔点字之端楷者，内臣每请多能数字，庶奉进皇太后见之而喜。点毕，内臣将仿书进，各官出门外，内臣奉茶，饮毕，乃退。①

整个讲解过程井然有序，其中讲官与皇储既是君臣又是师生，讲官士大夫既要保证老师的基本尊严，又要履行臣子的礼节规范。因与皇储亲近的关系，在皇储成为皇帝后，讲官往往成为重要的政治人物，如杨士奇、杨溥均在仁宗为皇储时讲学于东宫。杨士奇在《代言录》的《视学之碑》中指出："夫学以明道也，道之体广大光明，配乎天地日月，而其实不离乎彝伦日月之间。"② 强调道学对国家治平的重要作用。教育皇储的目的是达到道与君合二为一，"尊道"与"尊君"并重，"道统"与"政统"统一。因此，三杨在对待皇太子朱高炽的教育上极其重视，有其政治寓意所在。

二、皇帝教育的程序与目的

经筵制度是指儒家士大夫定期依照程序为皇帝讲解儒学经典的制度。明朝建国之初，儒臣讲官就开始给朱元璋讲解经史：

> 太祖下金陵，辟儒士范祖干、叶仪。克婺州，召儒士许元、胡翰等，日讲经史治道。克处州，征耆儒宋濂、刘基、章溢、叶琛至建康，创礼贤馆处之。以濂为江南等处儒学提举，溢、琛为营田佥事，基留帷幄预谋议。③

① 尹直．謇斋琐缀录：卷1，翰林故事．四库全书存目丛书，子部，第239册．362.

② 杨士奇．东里别集：代言录．435.

③ 张廷玉，等．明史：卷71，选举志三．1711.

这些儒士皆“会食中书，日召二人，进讲经史，敷陈治道，此论道学之始”①。成祖、仁宗和宣宗成为皇帝时均已成年，已经具备基本的儒家经史知识和治国理念，因此这一期间并没有形成经筵制度。永乐创立内阁后，内阁大学士处皇宫中，随时供皇帝咨询时政得失，讲读经史，讨论治理。大致而言，明代的经筵制度形成于英宗正统初年，英宗朱祁镇九岁即位，尚未成年，借助这个机会，三杨即把皇储教育和经筵制度结合起来。

正统元年（1436 年）二月，在三杨的积极建议下创立经筵仪注。“自古圣贤之君，未有不由讲学而能致治者也。”② 为实现皇帝进学而致治的追求，首先要选择学术精纯、道德高尚的儒家士大夫充任讲官。“经筵之设，所以讲明道学，关系甚重，故侍从皆用文学之臣。”③ 杨士奇在《请开经筵疏》中申明皇帝教育关乎国家治乱兴衰，皇帝要认真学习并掌握儒家治国理念，才能成为像三代君主那样的明君，实现三代之治。“必明尧、舜、禹、汤、文、武之道，以兴唐虞三代之则。宗社永安，皇图永固，天下蒙福，永远太平，然其根本，在致力于圣学。自古贤圣之君，未有不学而能致治者也。”同时要慎重选择皇帝身边的随从人员，用以规范皇帝的行为礼仪，端正皇帝的为学心态，免受不良习气熏染，以成就君德。

> 今皇上富于春秋，凡起居出入，一应随侍及使用之人，皆宜选择行止端庄，立心行已正当者，使在左右。庶不正之言，不正之习，悉皆屏远，不得以上惑聪明；此事关系最重，伏望太皇太后陛下、皇太后殿下皆留圣心，为皇上慎选左右随侍及使用之人。如或其人举动轻佻，语言亵慢，立心行已不正者，皆宜早去之。若不早去，随侍既久，情意相洽，不觉其非，言听计从，后来欲去，其势难矣。古语云：与善人处，如入芝兰之室；与不善人处，如入鲍鱼之肆。盖言慎所渐染也。此在常人尚须谨择，何况天子之左右。④

当时的重要士大夫都参与到皇帝的讲学中来，包括三杨、蹇义、王直、王英、李时勉、钱习礼、陈循、苗衷、高穀、马愉、曹鼐等人。其中陈循、高穀等人均为进士出身，通过科举入翰林院为官，对儒家的经典掌握纯熟。整个经筵过程礼仪庄严，表达了皇帝和文臣对儒家治国学说虔诚

① 高拱．经筵日讲始末//中国野史集成，第 39 册．59．

② 明英宗实录：卷 14．正统元年二月丙辰．

③ 明宪宗实录：卷 51．成化四年二月辛亥．

④ 杨士奇．东里别集：奏对录．419-420．

的信仰和衷心的向往。“经筵”分春秋两季举行：春季从二月十二日到五月初二，秋季从八月十二日到十月初二，春秋两季共计大约160天。举行期间又分为“经筵”和“日讲”两个部分。《明会典》卷52《经筵》专门记载明朝经筵制度：“国初经筵无定日，或令文学侍从之臣讲说，亦无定所。正统初，始著为仪，常以月之二日，御文华殿进讲，月三次，寒暑暂免；日讲于文华穿殿，其仪简。”① 举行经筵时期，礼仪隆重，主要朝臣均要参加。正统初年，在三杨的主持下设定经筵礼仪：

> 凡经筵初开，敕勋臣一人知经筵事，内阁学士或知或同知经筵事。六部尚书、左右都御史、通政使、大理寺卿及学士等官侍班，翰林院春坊等官及国子监祭酒二员进讲，翰林春坊等官二员展书，给事中御史各二员侍仪，鸿胪寺锦衣卫堂上官各一员供事，鸿胪寺鸣赞一员赞礼，序班四员举案，勋臣或驸马一人领将军侍卫。礼部择吉题请，先期直殿内官于文华殿设御座，又设御案于殿内御座之东稍南，设讲案于御案之南稍东。是日早，司礼监官先陈所讲四书、经、史各一册置御案，又各一册置讲案，皆四书东、经史西。先期讲官撰四书经或史讲章各一篇，预置于册内。是日早，上御文华殿，升御座，将军侍卫如仪。鸿胪寺官引知经筵、及侍班讲读执事侍仪等官于丹陛上行五拜、三叩头礼，毕，以次上殿，依品级东西序立。知经筵官序于侍班官上，侍仪御史给事中于殿内之南，分东西北向。序班二员举御案置御座前，二员举讲案置御案之南正中。鸿胪寺官赞进讲，讲官一员从东班出，一员从西班出，诣讲案前稍南北向并立。东西展书官各一员，各从本班出，进至御案之南铜鹤下东西向立。鸿胪寺官赞讲官鞠躬、拜、叩头、兴、平身，毕，东班展书官进诣御案前，跪展四书，毕，起退立于东鹤下。讲四书讲官进至讲案前立，奏讲某书，讲毕，稍退。展书官诣御案前，跪掩四书，毕，仍退立于鹤下。西班展书官进诣御案前，跪展经或史，毕，起退立于西鹤下。讲经史讲官进至讲案前立，奏讲某经，或某史，毕，少退，并立如初。展书官诣御案前跪掩书，毕，仍退立于鹤下。鸿胪寺官、赞讲官鞠躬、拜、叩头、兴、平身，各退就东西班，展书官随之。序班二员举御案，二员举讲案，退至原所。鸿胪寺官赞礼毕，命赐酒饭。鸿胪寺官及各官皆

---

① 申时行，等修．赵用贤，等纂．大明会典：卷52，经筵．106．

跪承旨，出至丹陛上行叩头礼，至左顺门酒饭毕，入行叩头礼。[①]

举行经筵期间，每月初二、十二日、二十二日是经筵，其余时间为日讲，日讲期间礼仪简化，只用讲读官和内阁学士侍从而已。经筵所讲内容，以四书五经等儒家经典为主。经筵礼仪庄严而隆重，体现了明前期君臣对儒家经典学说的尊重。经筵制度把皇帝和士大夫统一到儒家道统的体系上来，是士大夫“引君当道”和“以道事君”理想的政治实践。

皇储和皇帝教育制度的首要目的是要“增崇圣德”，即加强皇帝的道德修养。何乔新指出：“经筵之设，所以讲圣学、沃君心，以为修齐治平之本也。所用者必端良博洽之儒，所讲者必明德新民之要，夫然后可以涵养本原，成就德器矣。”[②] 通过经筵制度来培育儒家士大夫眼中的圣人君主，把“尊君”和“君道”这两者融合起来，通过形式化的“尊君”达到“尊道”的追求。“盖世儒以尊君为说，而不暇于自尊耳。儒者固不当自尊，而在朝廷则尊君，在经筵则尊道，亦各当其理耳。”[③] 儒家士大夫通过经筵的讲授，希望通过正反两方面的历史经验和教训，培养皇帝具有三代圣君的德行，其根本在于通过君主的德行来实现儒家士大夫仁政的理想。“天下治乱在宰相，君德成就责经筵，则所以涵养气质，熏陶德性，宁非讲官责耶？读治不读乱，读存不读亡，恐非劝戒之义；知言治而不知正君，知正过而不知养德，恐非辅道之实。”[④] 讲官要悉知皇帝的日常起居，理学对皇帝的影响超出经筵的范围，并渗入皇帝的日常生活中，以便全面塑造儒家士大夫眼中的圣君形象。“皇帝在宫中语言、动作、衣服、饮食，皆当使经筵官知之。”[⑤]

总之，明前期的士大夫通过影响皇帝的思想来左右甚至控制政治，施加对政治的影响，希望形成“君臣之间，自初及终，岂惟君臣，以师以友，言同虑从，恩隆情厚”[⑥] 的政治场景。其思想根源在于其政治主体意识始终保持强化状态，即便是皇权独裁的洪武和永乐时期，士大夫仍然通过对皇帝和皇储的影响以达到传承儒家道统的目的，这种追求印证了明前期士大夫政治主体意识的保持和坚守。

---

① 申时行，等修. 赵用贤，等纂. 大明会典：卷 52，经筵. 106-108.

② 何乔新. 椒邱文集：卷 8. 景印文渊阁四库全书，第 1249 册. 131.

③ 吕中. 大事记讲义：卷 15. 景印文渊阁四库全书，第 686 册. 337-338.

④ 吴泳. 鹤林集：卷 33. 景印文渊阁四库全书，第 1176 册. 322.

⑤ 程颢，程颐. 二程集. 北京：中华书局，1981：539.

⑥ 叶適. 水心集：卷 28，祭史太师文. 景印文渊阁四库全书，第 1164 册. 498.

第二节　明前期士大夫行使话语权的方式与途径

一、朝会言事

（一）正常朝会

明朝建立之初即建立朝会制度，皇帝与百官于朝堂上会议国政是国家正常运行的基本保证。早朝举行地点是华盖殿或奉天殿。永乐七年（1409年）改朝会仪式，于右顺门内便殿奏事。景泰初年开始定午朝仪，地点为左顺门。其中有言："府部奏事毕，撤案，各官退，有密事，赴御前奏。"① 官员和皇帝之间的政务沟通方式分为两种：一种是在朝堂上直接交流，不涉及保密性质的公务；一种是带有一定保密性质的公务，可以直达御前商议。参与朝会的官员涵盖政府各核心部门，均可以在朝会奏事。明前期朝会的举行保持稳定状态，由于洪武、建文、永乐、洪熙、宣德、正统几代皇帝尚属于勤政之君，朝会才得以顺利举行。但是较为复杂的政务，多是在召开朝会之前，皇帝和大臣预先商议后再到朝堂上进行讨论。如宣德二年（1427年）对于安南的政策问题，宣宗皇帝在朝会前先后征求杨士奇、杨荣、蹇义、夏原吉四人的意见，其中杨荣、杨士奇二人力主放弃安南，蹇义、夏原吉力主固守安南，这是两种完全冲突的意见，最终宣宗在充分考虑利弊之后决定放弃安南。朝会之前内阁大学士和六部尚书等中央官员都可能被皇帝召见，询问处理某一政务的方法。特别是明朝内阁的职责在于"掌献替可否，奉陈规诲，点检题奏，票拟批答，以平允庶政……以其授餐大内，常侍天子殿阁之下"②。宣德年间内阁获得票拟权，《弇山堂别集》卷45有言："内柄无大小，悉下大学士士奇等取报行。"③ 又言："内阁臣职在司内外制而已，未有所谓调旨也。自宣德中大学士二杨公与尚书蹇、夏始有调旨之说。"④ 其实在宣德朝，票拟权并非始于内阁大学士，而是始于六部尚书。"宣德中，诏少师、吏部尚书蹇义，少保、太子太傅、户部尚书夏原吉辍部事，朝夕侍左右顾问，赐珊瑚笔格玉砚条

① 张廷玉，等．明史：卷53，礼志七．1352．

② 张廷玉，等．明史：卷72，职官志一．1732．

③ 王世贞．弇山堂别集：卷45．833．

④ 同③850．

旨，然不与阁臣职。”① 但是此时票拟权并没有公开化和制度化，到正统年间开始形成惯例。“英宗以幼冲即位，三阁老杨荣等虑圣体易倦，因创新制，每日早朝，止许言事八件。前一日先以副本诣阁下，豫以各事处分陈上，遇奏依所陈传旨而已。”② 李贤的《古穰杂录》对当时内阁和皇帝之间政务交流的情况记载如下：“英宗九岁登极，有诏凡事白于张太后然后行。太后令付内阁议决，每数日必遣中官入阁，问连日曾有何事来商榷，具帖开报验看，不付阁议者，即召司礼监责之，内阁票旨始此。”③ 明代士人认可内阁的票拟权，认为这是政事处理的正确途径。“以票拟归阁臣，以庶政归部院，以献可替否付言官，而一人主持焉。”④

通政司是保证朝会言事正常进行的重要机构。通政司设立于洪武十年（1377 年）七月，朱元璋明确指明设立通政司的目的：“政犹水也，欲其常通，故以‘通政’名官。卿其审命令以正百司，达幽隐以通庶务。当执奏者勿忌避，当驳正者勿阿随，当敷陈者毋隐蔽，当引见者毋留难。”⑤ 通政司是士大夫和皇帝交流的桥梁与纽带，其以通政命名，也是在于希望朝廷政务能顺利通畅，不致拥塞。其主要的职责和工作内容在于：

> 通政使掌受内外章疏敷奏封驳之事。凡四方陈情建言，申诉冤滞，或告不法等事，于底簿内誊写诉告缘由，赍状奏闻。凡天下臣民实封入递，即于公厅启视，节写副本，然后奏闻。即五军、六部、都察院等衙门，有事关机密重大者，其入奏仍用本司印信。凡诸司公文、勘合辨验允当，编号注写，公文用“日照之记”、勘合用“验正之记”关防之。凡在外之题本、奏本，在京之奏本，并受之，于早朝汇而进之。有径自封进者则参驳。午朝则引奏臣民之言事者，有机密则不时入奏。有违误则籍而汇请。凡抄发、照驳诸司公移及勘合、讼牒、勾提件数、给繇人员，月终类奏，岁终通奏。凡议大政、大狱及会推文武大臣，必参预。⑥

正统年间，吏部尚书王直论通政司时指出：“今之通政司，盖古纳言之职，所谓喉舌之司也。上之政令敷于下，与下之有事奏陈者，皆由通政

① 王世贞. 弇山堂别集：卷 45. 849.
② 孙承泽. 春明梦余录：卷 49. 北京：北京古籍出版社，1992：1063.
③ 李贤. 古穰杂录//王云五. 丛书集成初编. 台北：商务印书馆，1936.
④ 刘宗周. 刘蕺山集：卷 2，冒死陈言疏. 景印文渊阁四库全书，第 1294 册. 336-337.
⑤ 张廷玉，等. 明史：卷 73，职官志二. 1781.
⑥ 同⑤1780.

司。审核其可否疏驳其违谬，当闻于上者即以闻，其余则以付诸司行之。文牍常堆案盈几，欲顷刻自暇不能也。其重且烦如此，惟贤而后能举其职。不然则有壅滞宽纵之病，是故必择贤而任之，非贤不与也。”①

（二）召对议事

朝会之余，皇帝常召见大臣于内宫。黄佐的《翰林记》卷6《召对》记录明前期皇帝召见大臣一事：

> 祖宗以来，于凡燕闲之际，执政大臣、左右近侍时常皆得接见。自英宗以幼冲嗣位，此礼遂废。惟有大事则传奉召之，问对一二语遽出，因袭以为故事，景帝时壅蔽尤甚。及英宗复辟，始知其由，乃亲决章奏，日与大学士李贤议之，贤据便殿入奏旧规，每朝退独留，不待呼召，径诣上，燕闲入见，以承顾问。②

这种方式具有私下咨询性质，在明前期经常进行，士大夫借助被皇帝召见的机会而发挥政治话语权。如永乐期间，解缙、杨士奇、蹇义等人多利用被朱棣召见的机会而美化和保护皇太子朱高炽。由于明前期皇权的专制色彩浓重，军国大政通过这种私属性质的召对方式进行商议和决策成为惯例。

夏原吉的《忠靖集》描述了宣宗朝数次被召对议事的场景：

> 时丧礼及即位之仪皆具，皆公一二人所豫定，谕众敕草命公等删削，诏赦之议多主公言。每朝呼召面议政务，及手敕咨访国事，悉如仁考。初公同蹇少师、二杨少傅同心辅政。蹇重厚多谋，公含弘能断，文贞博古守正，文敏明达有为，中外称为得人。上时与公等面议久，命坐赐茶，或命退殿庑少休，复至扆前，论议。上尤以心腹托公，朝退之暇，不时独召公密切顾问，或袖中出小帖子亲付公手，公亦或有所呈于上。凡中外所进章疏，专命公批答，或批未及，命携出条旨，许用小票墨书，帖各疏面以进，中易红书批出，或未批多命公传旨处分。公日孜孜惟谨，所受圣谕及纳诲于上者，未尝退以语人。③

召对议事是朝会言事的一种重要补充方式，明前期的诸多国政依靠这

① 王直．抑庵文后集：卷22，赠毕通政序．景印文渊阁四库全书，第1241册：849.

② 黄佐．翰林记：卷6，召对．景印文渊阁四库全书，第596册．923.

③ 夏原吉．忠靖集：附录，夏忠靖公遗事．552-553.

种方式得以实施，如永乐时期确立朱高炽的储君身份与宣德年间改变安南政策。明前期被皇帝召对议事成为士大夫发挥政治影响力、参与朝政处理的一种途径。

二、密疏言事

明代的密封奏事现象始于洪武时期，早在洪武十三年（1380 年）废除丞相之前，朱元璋已经运用密疏言事的方式征求意见。洪武十年（1377 年）“六月丁巳，诏臣民言事者，实封达御前”①。其后密疏言事渐成惯例，士大夫也借助皇帝的信任，通过这一方式影响朝政，成为行使话语权的一种特殊而有效的方式。②

具体有史料可查的密疏制度的确立时期当是永乐年间：“内阁密务，有难扬言敷奏者，太宗许密封进呈，谓之密疏。”③ 仁宣以后，杨士奇、杨荣、杨溥、蹇义、夏原吉、金幼孜等人被赐予“绳愆纠缪”印章作为密疏言事的凭证，所上奏疏不经通政司直达皇帝御前。洪熙元年（1425 年），明仁宗在赠杨士奇等人银印时申明密疏言事的用意：

> 今朕嗣位，军国之务重，须卿等协心赞辅。凡政事有阙，或群臣言之而朕未从，或卿等之言，朕有不从，悉用此印密疏以闻，其毋惮于再三言之。君臣之间，尽诚相与，庶几朝无阙政，民无失所，而朕与卿等皆不负祖宗付托之重。④

密封奏事制度虽然是非正常的朝政处理方式和途径，但是三杨等士大夫借助皇帝赋予的密奏权力，更直接而有效地发挥对政治的影响力，更广泛、有效地行使政治话语权。典型事例就是杨荣批评五府六部弊政一事，杨荣通过密疏制度预先告知朱棣，朱棣再授意科道官员以监督和批评政治的方式正式上疏朝廷，进入朝会讨论环节，也就实现了由密奏到公议的转变。

明前期有明确记载的通过密疏言事的方式处理朝政的情况统计如下：

---

① 张廷玉，等．明史：卷 2，太祖本纪二．32．

② 有关明代密疏言事的研究以王剑教授的《明代密疏研究》（北京：中国社会科学出版社，2005）为代表，书中对明代密疏言事的变革、书写格式、传递与进呈方式、处理程序、言事者的资格限定、密疏的保密制度、密疏制度的政治文化内涵等方面进行了系统而深入的研究。

③ 黄佐．翰林记：卷 2，密疏言事．875．

④ 佚名．明仁宗圣政记．26．

士大夫	官职	时间	密疏事项	结果	文献出处
卓敬	户部侍郎	建文元年	燕王“谋反”	不详	《明史》卷141《卓敬传》
葛诚	燕府长史	建文元年	燕王装疯	引起建文帝重视	《明史》卷142《张昺传》
杨荣	内阁大学士	永乐十七年	进言十事，皆斥五府六部三法司积弊	获得朱棣褒奖，众皆股栗、免冠请罪	《翰林记》卷2《密疏言事》
胡濙	礼部尚书	永乐十六年	太子诚敬孝谨七事	朱棣对太子的疑虑解除	《古穰集》卷12《礼部尚书致仕赠太保谥忠安胡公神道碑铭》
杨荣、金幼孜	内阁大学士	永乐二十二年	军中利病，劝成祖班师	下诏班师	《文敏集》卷17《文靖金公神道碑铭》
杨溥	翰林学士	洪熙朝	不详	赐宝钞彩币	《殿阁词林记》卷1《武英殿大学士杨溥》
杨士奇	内阁大学士	洪熙朝	“朝廷求贤任官今乃使养马而课责与民同非贵贤贱畜之意。”谏阻兵部尚书李庆所请官员养马一事	下敕停止，已领者准洪武中官员乘例不责生息亏损不责偿未给者止勿给	《翰林记》卷2《密疏言事》
陈瑄	平江伯	宣德朝	请选其精锐，以转漕为名，俟（楚王）至京师，因而留之，可无后患	楚无过，不可	《明史》卷116《太祖诸子》
廷臣		宣宗初年	弹劾都御使刘观	下刘观锦衣卫狱	《明史》卷151《刘观传》
俞山	郕府审理	景泰四年	谏阻景帝改易太子之事	景帝并未采纳	《明史》卷152《俞山传》
李贤	内阁大学士	天顺七年	空中有声，大学士李贤密奏曰：“《传》言：‘无形有声，谓之鼓妖。上不恤民则有此异。’”因条不便于民者十事	上皆从之，即诏天下	《翰林记》卷2《密疏言事》
岳正	内阁大学士	天顺朝	直陈曹吉祥、石亨罪恶	因陷害，被黜	《翰林记》卷2《密疏言事》

从统计中可见，具有密疏言事权力的士大夫主要是内阁大学士和六部尚书等人，永乐到正统时期是密疏言事次数最多的时期，这一时期，三杨和李贤等人身居内阁，除与皇帝日常交流、解答皇帝咨询外，还通过密疏言事方式发挥对政治的影响力。但是到天顺朝以后，内阁大学士通过这种方式行使话语权而获得皇帝肯定的频次开始下降。天顺时期，大学士岳正因密疏言事被降黜。永乐到正统间士大夫密疏言事情状成为后世士大夫追念的对象："沃心之论，造膝之谋，初不事于表暴，而天下自阴受其赐，此内阁之所以异于谏官也。若先朝之委任杨、李，真可以为万世之法。"①

密疏言事制度毕竟是一种非常态的议政条陈机制，虽然士大夫可能借助这种方式发挥对政治的影响力，但是其所具有的特务政治性质，还是遭到士大夫的批驳，对政治的影响力在天顺以后也逐渐减弱。早在洪武十七年（1384年）就有士大夫提出批评，这一年所征召的贤良萧岐在上十事中就有"请禁止实封以杜诬罔"一项。② 弘治朝兵部尚书刘大夏论密疏言事制度时指出："臣下以揭帖显行，是亦前代斜封墨敕之弊。陛下宜远法帝王，近法祖宗。事有可否，外付之府部，内咨之内阁，可也。如有揭帖日久，上下俱有弊，且非后世法，臣不敢效顺。"③

三、应诏上言

"天"始终是士大夫用来制衡皇权的方式之一，天象的异常变动被士大夫和皇帝认为是上天对尘世政治不满的一种表达方式。正如明仁宗所言："天道人事未尝判为二途，有勤于此，必应于彼……惟天心仁爱人君，常示变而警之，惟明君必敬天于所示警，皆有惕励修省之诚，未尝忽也。"④ 如日食就被认为是君德亏损或君德有失的表征："日者，君象也，君不修德则天垂鉴戒。"⑤ "上干天和"是处理政务的一个主要的禁忌。因此异常天象发生之时就成为士大夫发表政治言论和政治主张的时机。士大夫因天变上言可分为两种情况：一是天变发生后，应皇帝的请求上疏言事，简称为天变应召上言；二是士大夫借助天变的机会主动向皇帝上疏言事。其中天变主动上言又有两种情况：一种是士大夫本身认可天象示警而

① 黄佐. 翰林记：卷2，密疏言事. 875.
② 张廷玉，等. 明史：卷139，萧岐传. 3984.
③ 郑晓. 今言：卷2. 北京：中华书局，1984：78.
④ 佚名. 明仁宗圣政记. 41.
⑤ 宋濂. 宋景濂未刻集：卷下，喀喇公神道碑铭. 590.

主动影响朝政，另一种是士大夫借助天象示警的机会向皇帝表达自己的政治主张。天象示警成为士大夫发抒政治舆论和表述政治理想的最佳机会之一。

明前期士大夫借助天象示警的机会发抒政治见解，往往直指当时朝廷弊政。① 如洪武九年（1376 年）以天变诏群臣言事，《求言诏》指出："迩来钦天监报：五星紊度，日月相刑，于是静居日省，皆古今乾道变化，殃咎在乎人君。寻思至此，惶惶无措手足。惟诏告臣民，许言朕过。"② 在此次应诏上言中，海州学正曾秉正上疏数千言。③ 山西平遥训导叶伯巨上疏指出时局弊病："分封太侈也，用刑太繁也，求治太速也。"希望给朱元璋以警醒，进而促使政策转变，达到"消天变而安社稷"④ 的效果。永乐十九年（1421 年）四月初八，奉天、华盖、谨身三殿发生火灾。明成祖朱棣下罪己之诏、减免天下税粮、停止不急之务，同时派遣蹇义等二十六人巡行天下，安抚军民。士大夫借助这次机会而抨击时政，如户部尚书夏原吉把"敬天"和"爱民"两者通过这件事情统一起来："敬天者，所以爱民也。今民力已竭，宜将累岁所欠贡赋及被灾该纳刍粮、采办金银课程悉蠲之。赈济水旱缺食之民，优恤流移复业之众，则人心悦而天意回矣。"⑤ 主事萧仪、翰林院侍讲邹缉、国子监祭酒李时勉等人都对时政提出批评，如迁都、北征等事都成为士大夫批评的焦点。正统八年（1443 年），雷震奉天殿鸱吻。此次灾变的发生，导致皇上素服辍朝，下罪己之诏，出省躬之言。侍讲刘球在《雷震奉天殿鸱吻奏请修省疏》中首先指出天象和政务的相互关联性："君心之所感，天心之所应，有如响之答声，影之随形，而国家成败兴亡莫不系之。董子所谓国家失道，天乃先出灾害以谴告之，不知自省，又出怪异以警惧之，此天心仁爱，人君欲止其乱也。人君遇天戒，岂得不严于修省哉？"⑥ 希望英宗体会这次灾变的寓意，反躬自省，调整国政。刘球在疏中陈述消灾弭祸十政：勤圣学以正心、亲政务以总权纲、别贤否以亲正士、选礼臣以隆祀典、严考核以督吏治、慎刑罚以彰宪典、罢营作以苏人劳、宽逋负以悯民穷、息兵威以重民命、修

① 李媛．明代皇帝的修省与罪己．西南大学学报（社会科学版），2010（1）．此文对明代皇帝修省与罪己的原因和政治意义进行了系统而深入的研究。

② 朱元璋．明太祖集：卷 1，求言诏．3．

③ 张廷玉，等．明史：卷 139，曾秉正传．3987．

④ 张廷玉，等．明史：卷 139，叶伯巨传．3990．

⑤ 夏原吉．忠靖集：附录，夏忠靖公遗事．548．

⑥ 刘球．两溪文集：卷 2，雷震奉天殿鸱吻奏请修省疏．431-434．

武备以防外患。其中“总权纲”与“亲正士”两点直接冲击王振权势，激怒王振，刘球也因此而罹难。

景泰二年（1451 年）二月，南京雷雨击损大报恩寺塔，景帝下罪己诏书：“君失其德，臣失其职。”于谦借助天象示警的机会上疏调整政策：第一，加强南京的军事防卫，严控城门进出，于要害处操练水军。第二，指出“今日天下之事，莫重于兵，而为兵之害，莫重于受贿”，以此请求朝廷端正军队作风，提高战斗能力。第三，要求南京和北京三法司审理重囚，疏导民怨。第四，借助雷震塔庙，以塔庙是奉佛之地，遭到雷震必是上天示警，请求朝廷控制僧徒度牒发放。景帝批准了于谦的建议，并表达了君臣同心修德、以回天意的政治希望。① 同年六月，户部右侍郎兼翰林院学士江渊“以天变条上三事”。此次天变指六月初一发生的日食，日食发生在朔望之日，较平日寓意更为严重。江渊认为日食发生的原因在于：“日食，或妾妇乘其夫，或臣子背君父，或政权在臣下，或荆楚侵中国，皆阳微阴盛之证。而先儒胡安国以为日者，众阳之宗，人君之象，克谨天戒，则虽有其象而无其应，弗克畏天则必召灾，天之示人，可谓显矣。”② 同年十月吏科左给事中程信上疏三事：敬天、谨灾、纳谏。先列举日食、星殒、雷雨、阴霾等异常天气，赋予其“天心不豫”的政治寓意。为扭转天心，就要敞开言路、淘汰贪官、施行仁政、获得民意。③ “天变”往往成为士大夫批评朝政的借口，李贤对景泰朝政的批评中就包含违背天意的内容：“景泰时，不孝于亲，不敬其兄，不睦其室，而朝廷之上怨恨忧郁之气充满。是以六七年间，水旱灾伤遍天下，天变于上，气乖于下，一年甚于一年。”④ 景泰六年（1455 年）七月，监察御史倪敬、盛昶、杜宥、黄让、罗俊、汪清借天变而讽时政：

> 府库之财，不宜无故而予；游观之事，不宜非时而行。曩以斋僧，屡出帑金易米，不知栉风沐雨之边卒，趋事急公之贫民，又何以济之？近闻造龙舟，作燕室，营缮日增，嬉游不少，非所以养圣躬也。章纶、钟同直言见忤，幽锢逾年，非所以昭圣德也。愿罢桑门之供，辍宴佚之娱，止兴作之役，宽直臣之囚。⑤

---

① 明英宗实录：卷 201. 景泰二年二月甲申.

② 于谦. 忠肃集：卷 5，杂行类. 159.

③ 明英宗实录：卷 209. 景泰二年冬十月戊寅.

④ 李贤. 古穰集：卷 26，天顺日录. 761.

⑤ 张廷玉，等. 明史：162，倪敬传. 4415.

“政通人和”和“风调雨顺”是中国士大夫最理想的政治状态，一旦发生异常，整个国家就要反省时政的缺失，及时调整政策，这样做的目的是给政治增加一种政治信仰和道德尺度。在政治的外部一直存在“天”这样一个监督者和仲裁者，涵盖了所有的人，包括皇帝和士大夫。士大夫借助天象的变化而发抒政治主张，约束皇权。天象示警既为士大夫提供了话语权的时机，又给士大夫行使话语权提供自信，士大夫认为天象的异常印证了自己对时政的批评。天象示警后的应诏上言或借口天变的主动建言成为士大夫批评时政的重要方式。明前期，士大夫的正常话语权受到皇权压制，借助天象示警而上疏言事成为士大夫行使话语权的重要方式。

四、遗诏与即位诏

遗诏和即位诏是皇权转移中两个最重要的公告，在申明新皇权的合法性和正统性的同时，又体现了朝廷的政策更张。士大夫往往借助皇权转移过程中皇权的相对弱化，而积极地对政治进行调整。明前期皇帝死后的遗诏均出自士大夫之手。明太祖遗诏的起草者为齐泰，《革除逸史》记：“兵部尚书齐泰授顾命。”① 其中对藩王在太祖丧礼期间的条款规定为：“诸王各于本国哭临，不必赴京。”“国王所在文武衙门军士，今后一听节制，护卫官军，王自分处。”② 这是齐泰和黄子澄等士人建议建文帝推行削藩策略的第一次实践。齐泰同时是建文即位诏书的起草者之一。太祖遗诏和建文即位诏作为洪武和建文皇权转移过程中的两个重要公告，宣告了明朝政治“从威猛严苛转向文治宽仁的意向，虽不具体，旨意甚为明白，并且可以获得后来建文时期实际推行的政策举措的印证”③。建文即位诏具体条款虽然仅仅八条，但是已经透露出政治风格的转变：“德惟善政，政在养民，当遵先圣之言，期致雍熙之盛。”④“四年宽政解严霜”的政治更张的气象已经开始孕育。

永乐二十二年（1424 年）九月，永乐皇帝在第五次北征蒙古的回军过程中病死于榆木川，并无遗诏公布。《大明会典》中对于永乐帝无遗诏的记载为：“永乐二十二年，文皇帝丧礼，遗诏丧服礼仪，一遵洪武旧

① 朱睦㮮．革除逸史：卷 1//中国野史集成丛书，第 23 册．2．

② 佚名．皇明诏令：卷 3．77-78．

③ 赵轶峰．明前期皇帝的即位诏：从洪武到正统．求是学刊，2011（1）．

④ 姜清．姜氏秘史：卷 1．续修四库全书，第 432 册．554．

制。"① 这也代表了明代官方的政治态度。但是朱棣死前，内阁大学士杨荣和金幼孜陪伴身边，全权负责朱棣之死的善后工作，并且杨荣火速回京处理北京迎灵柩之事。杨荣的《北征记》、金幼孜的《后北征记》、杨士奇为杨荣所写的行实中对成祖病故之事记载细致微妙。此三人也成为永乐和洪熙皇权转移过程中的核心人物。仁宗即位后，"东杨后赐玺书奖谕，令三俸兼支，则赏其榆木川顾托之功，或兼以阴拥翼故，不可知"②。其后仁宗皇帝的即位诏书和遗诏、宣宗皇帝的即位诏书和遗诏、英宗皇帝的即位诏书均出自杨士奇之手，延续了建文即位诏书对朝政进行更张的传统。在遗诏和即位诏的撰写过程中，士大夫的政治用意是借助皇权短暂弱化的时机发挥对政治的影响力。

为皇帝代言发布政治公告成为士大夫行使话语权的另一重要方式，诏书以皇帝的名义向天下发布，具有法律效力和社会宣传效果。仁宗和宣宗时期的诏书大多由内阁草拟而成，其中主要的参与者杨士奇借助为皇帝草拟诏书的机会践行士大夫的治国理想。如杨士奇在《论初即位事宜》中对瓦剌提出防范建议："今卫拉特强盛，恐此寇侵边，欲请敕谕边将及守边头目，凡缺马之处，许于本处行太仆寺及苑马寺关用，仍开数奏闻。其西番等处进贡马匹，除上等好马令进来京，其中、下等马，悉留边上，给军骑操，亦具数，付进贡之人奏闻，以凭给与马价。""卫拉特之寇既灭阿鲁台，其势方盛，至三四月草青之时，或恐犯边，不可不备。其陕西见调在京操备官军，合无令兵部同英国公、成国公等一同计议，发回各卫所操练，遇有贼寇，以便调用。如马军无马者，就北京太仆寺领去骑操。"③其在《谕计议除授方面等官》中提出，朝廷选拔官员"必取廉公端厚，识达大体，能为国为民者"④。在《敕兵部罢朝观官牧马》中建议朝廷优礼士大夫："盖国家以禄待仕者，使之牧民。今以马责其孳牧，非惟有失礼待臣下之体，且使廉者艰于保其操行，贪者得以假此扰民。"⑤ 在《戒法司慎刑诏》中提出减轻刑罚、施行宽大政治的理想："夫刑以禁暴止邪，导民于善，岂专务诛杀哉!""自今惟犯谋反大逆者，依律连坐，其余有

① 申时行，等修. 赵用贤，等纂. 大明会典：卷96，丧礼一. 649.

② 王世贞. 弇山堂别集：卷22. 407-408.

③ 杨士奇. 东里别集：奏对录. 417.

④ 同③427.

⑤ 杨士奇. 东里别集：代言录. 452.

犯，止坐本身，毋得一概处以连坐之法。”①

总之，士大夫通过日常朝参维持国家政治的正常运转，通过密疏言事、应诏言事两种方式对国家政治要事进行干预，最后通过撰写遗诏、即位诏两种诏书完成对国家政治更张和政治走势的调整，这一系列成为士大夫行使话语权的方式和途径。

第三节　明前期皇位传承中士大夫的话语权

永乐和景泰两朝士大夫对皇储册封的影响力是明前期士大夫行使话语权的标志。在两次皇储废立的过程中，士大夫积极行使话语权，也因对皇权传承的干预而牵扯进政治漩涡中：一是朱棣和朱高炽皇权冲突，二是景帝易太子和复太子事件。

一、永乐朝太子事件中士大夫的话语权

（一）朱高炽皇太子身份获得过程中的士大夫

洪武二十八年（1395年），朱元璋亲自册封朱高炽为燕世子，即燕王藩位的继承人。这个藩封寓意不深，因为朱棣是燕王，封其长子为世子，主要依据其嫡长子的身份，而不是其功业和才能。“靖难”中，朱高炽留守北京，抵御了李景隆的进攻，保住北京，为朱棣南征提供军需物资。朱高炽生于洪武十一年（1378年）七月二十三日，“靖难之役”后，朱棣获得帝位，二十四岁的朱高炽具有成为皇太子的政治资本和身份资本。永乐元年（1403年）正月，群臣上表请求册立太子。三月，文武群臣再次请求册立太子。这两次请求均被朱棣拒绝。永乐政权建立后迟迟不册立成年的嫡长子朱高炽为皇太子，这与洪武元年（1368年）朱元璋即册封长子朱标为皇太子大不相同。到永乐元年（1403年）四月初四，朱棣在《却周王请立东宫诏》中以长子朱高炽“学问未广，德业未充”为借口拒绝册立其为储君。②

直到永乐二年（1404年）二月，才派遣隆平侯张信，附马都尉、永春侯王宁，“召帝及高煦至南京，授帝金册、金宝，立为皇太子。封高煦

① 杨士奇. 东里别集：代言录. 454.
② 孔贞运. 皇明诏制：卷2. 续修四库全书，第458册. 11.

为汉王、高燧为赵王，国朝定制中外政务有成式者，启皇太子施行，大事悉奏请。时太宗皇帝欲天下皆归心于帝，凡有宽贷悉付帝行之”①。永乐二年（1404年）四月初四颁发《立皇太子并封诸王诏》，借助此道诏书，朱棣还分封了楚王五子、蜀王四子、代王二子、辽王七子、宁王一子、岷王二子、谷王二子、韩王三子、秦王一子、晋王一子。② 虽然冠以“统承列圣，内外相保”的政治符号，通过再次分封，各地藩王权力被分割，势力弱化，终永乐一朝皇权再无藩王势力的威胁。朱高炽迟迟不被立为储君，原因在于朱棣和朝臣对于选择长子还是次子为皇储产生意见分歧。淇国公丘福以汉王朱高煦有军功，当立为皇太子，其理由是军功超越血统谱系成为选择皇储的标准。解缙等文臣以“皇长子仁孝，天下归心”为依据请求册立朱高炽为储君，主要依据是“道德”和“民意”。一方以军功为标准，一方以“道德”和“民意”为标准；一方是武将，一方为文官。这种冲突证明永乐初年国家政治风格在“文治”和“武功”之间的徘徊，乃是洪武、建文两种迥异的政治气象的纠结和矛盾。为避免刺激朱棣“靖难”夺位的政治神经，双方都不强调朱高炽的嫡长子血统身份。永乐朝皇太子朱高炽的生存境遇彰显了“军功”和“道德”两个标准之间的矛盾冲突。这其中有诸多制约和影响的因素发挥作用。其一，嫡长子继承制度在洪武朝的实践是为后世子孙的皇位传承确立基本的规则和法度。朱高炽的皇长子身份为其获得皇位提供了血统身份的支撑。其二，朱高炽的性格特征和执政风格比较符合士大夫群体对皇帝的标准要求，使其能获得士大夫群体的普遍支持。其三，在朱棣看来，继续这种以军功为条件的获取方式，为后世明代皇位传承的稳定和安全预设了危机及矛盾。在整个过程中，士大夫起关键作用。其出发点和政治旨归在于谁做皇帝更有利于士大夫权力的彰显。因此解缙、金忠、黄淮、尹昌隆等大部分文臣都坚决拥护朱高炽，借助一切可能的机会为朱高炽创造机会。如解缙应朱棣之命为《虎彪图》题诗时所作：“虎为百兽尊，谁敢触其怒？惟有父子情，一步一回顾。”③ 并以皇太孙朱瞻基为附加条件说服朱棣。皇太孙朱瞻基在朱棣与朱高炽父子间的权力冲突中，处于重要的位置，其所具有的才华和风度成为后世君主的一个代表。如永乐十一年（1413年）五月端午节，朱棣

---

① 明仁宗实录：卷1，卷首.

② 佚名. 皇明诏令：卷5. 118.

③ 夏燮. 明通鉴：卷14，纪十四. 466.

出“万方玉帛风云会”，朱瞻基对“一统山河日月明”[①]。

朱高炽最终被册立为皇储，开辟永乐后仁宣政治的源头。嫡长子的血缘身份和士大夫对“仁义”“道德”文治政治取向的需求促使朱棣最终放弃册立朱高煦的意愿，这种转变是解缙等士大夫建言努力的结果，也预示了永乐朝后国家气象的转变。

（二）皇帝和皇太子权力斗争中的士大夫

朱高炽虽被册立为储君，但是同时也爆发了皇帝和太子之间持久的冲突。朱高炽用“出危履安”四字概括其从太子到皇帝期间境遇的转变。即位后，同杨士奇和蹇义谈到永乐年间所处境遇时说：“监国二十年，为谗慝所构，心之艰危，吾三人共之。”[②] 在朱高炽被册立为皇储中起到关键作用的解缙是最早卷入这场斗争的士大夫，永乐五年（1407 年）被贬，永乐十三年（1415 年）被埋于雪中处死。永乐十二年（1414 年），朱棣第二次北征期间命金忠、蹇义、黄淮、杨士奇四人辅导皇太子监国南京。北征回来后以出迎缓慢为由悉征东宫官属下狱。[③] 永乐十六年（1418 年），因太子宽宥陈千户被告发，朱棣遂大怒，立杀千户。此事又牵连进东宫官署：“翰林院侍读兼右春坊右赞善梁潜以辅导有阙，逮下狱。潜初以文学简侍皇太子监国南京。有陈千户者，害民取财，皇太子谪交趾立功，后念其旧军功，宥之。或言陈千户不当宥。潜及司谏周冕预闻之而不谏止，遂逮下狱。后冕在狱不谨，遂并潜皆死。”[④]《省衍集》的序文中记载黄淮被汉王朱高煦陷害，因为辅导东宫有误而被下狱十年，直到仁宗即位。

永乐二十年（1422 年）九月第三次北征回来后，重阳节大宴文武群臣之时，“以左春坊大学士杨士奇辅导有阙，下锦衣卫狱；鸿胪寺丞刘顺奏事失辞，下锦衣卫狱”[⑤]。第四天，“下礼部尚书吕震及吏部尚书兼詹事府詹事蹇义锦衣卫狱。盖以鸿胪寺序班言震之婿户部主事张鹤朝参失仪，皇太子以震故曲宥之，而义在侧不言故也”[⑥]。“于是上复疑太子。”直到当年六月，朱棣命礼部侍郎胡濙巡抚浙江诸郡，密令其伺查太子，并告诫其曰：“人言东宫多失德，汝至京师，可多留数日，试观何如，密奏来，

① 明成祖实录：卷 140. 永乐十一年五月癸未.
② 杨士奇. 东里别集：圣谕录. 397-403.
③ 张廷玉，等. 明史：卷 150，金忠传. 4160.
④ 明成祖实录：卷 202. 永乐十六年七月甲戌.
⑤ 明成祖实录：卷 251. 永乐二十年九月癸亥.
⑥ 明成祖实录：卷 251. 永乐二十年九月丙寅.

奏字须大，晚至即欲观也。”最终胡濙以“皇太子诚敬孝谨七事密奏之，自是上疑始释”①。永乐期间，虽然朱高炽的储君身份并未被改易，但是朱棣本身以军功为基色的政治风格与建文中升腾起来的士大夫政治的文治气象始终存在冲突，朱高炽是这两种气场矛盾和冲突的焦点，其最终继承皇位，预示了文治的最终胜利。

二、景泰朝太子事件中士大夫的话语权

（一）士大夫与易太子

“土木之变”后，在景帝继位的同时，孙太后册立英宗长子朱见深为皇太子，目的是保持英宗一脉的皇统地位。此时皇帝和储君之间是叔侄关系，景帝唯一的儿子朱见济生于正统十三年（1448 年），母亲为景帝的杭皇后。“父死子继”与“兄终弟及”两种皇权传承的方式同时发挥政治影响力。朱见深被立为皇储体现的是“父死子继”的皇权传承法则，得到以孙太后为首的一派士人支持；郕王朱祁钰由监国到继承皇位体现“兄终弟及”的皇权转移理论，得到了于谦等一派士大夫的支持。景帝一登上皇位，皇权就被分裂成两股力量，向着两个方向发展。景帝的改易太子事件是两股力量冲突的表象。景泰朝士大夫受这两股势力影响而形成内在张力。

景泰三年（1452 年）三月初一早朝退后，内臣将广西黄竑改易皇太子的奏本送到内阁。② 宦官到内阁征求意见，大学士商辂言：“这是朝廷大事，有上圣皇太后在上，为臣子的，谁敢议这事？如依这本，岂不伤了母后的心。”从商辂的回答中可以推断，内阁并不同意改易太子。第二日，朝臣于东阁议事，商辂参与其中，据其所言：“时在廷大臣有升职一品、二品者甚众。”③ 可见，在改易英宗太子的过程中，士大夫成为景帝最大的障碍。在太监王诚、舒永的建议下，景帝赐少保户部尚书兼文渊阁大学士陈循、少保户部尚书兼东阁大学士高穀各百金，吏部左侍郎兼学士江渊、礼部左侍郎兼学士王一宁、户部右侍郎兼学士萧镃、翰林学士商辂各五十金。朝中出现“满朝皆太保，一部两尚书”的独特局面。当时吏部尚书王直被赐元宝，拍案顿足而叹：“此何等大事，乃出一蛮夷耶？吾侪愧死矣。”数次上疏求退。④ 改易皇太子的朝会，集合士大夫、皇帝、宦官、

① 夏燮．明通鉴：卷 17：纪十七．532.

② 明英宗实录：卷 215．景泰三年四月甲申．

③ 商汝颐．商文毅公遗行集．续修四库全书，第 551 册．59.

④ 黄瑜．双槐岁钞：卷 5．北京：中华书局，1999：102.

贵族、武臣、皇族等多方势力。包括士大夫在内的朝臣大多是“知不可、莫敢言”。司礼监太监兴安以“事不得已，不可无署名”为由，说服朝臣在同意改易太子的公文中署名。① 兴安是景泰年间一位重要的宦官，被景帝重用，参与了固守北京的决议讨论，北京保卫战期间同于谦、石亨总理军务，参与改易太子和复英宗太子等一系列朝政要事。

在上报景帝的公文中，朝臣用“父有天下传之子，三代享国长久，皆用此道”的说辞支持了景帝改易太子的意愿。景帝指出：“卿等所引皆古义，近者耆旧内臣，亦来劝导与卿奏同，朕不敢专，上请皇太后，太后曰：‘但欲宗社乂安，天下太平，人心如此，政当顺之。’朕不敢违。礼部其具仪，择日以闻。”② 接着置东宫官署，以上署名官员均在东宫官署之内，在原职基础上加双俸禄。景泰朝的九十余位士大夫，涉及中央六部、都察院、大理寺、通政司等各个部门，涵盖了中央官署各个领域。如此一来，景帝改易太子之事就获得了理论和现实的支持：“父有天下传之子”成为理论基石；申明此举获得了太后的同意，为改易太子获得皇族支持和认可提供保障；朝臣的集体署名和上疏请求为改易太子获得政治舆论的支持。皇帝、太后、士大夫、贵族、宦官诸多权力体纠缠其中。景帝此举的政治目的有三：一是预防英宗势力威胁皇位，二是预防英宗太子朱见深年长后削夺自己的权力，三是保持本支皇族统系的延续。改易太子事件，既有景帝的主观因素，又是客观环境使然。

景泰三年（1452 年）五月甲午日，颁布景帝皇太子即位诏书：

> 父有天下传之子，斯固本于万年，此三代之圣谟，诚百王之懿范。朕长子序在伦先，宜正东宫，以明继体，事方闻于圣母，遽见允于舆情，复以皇后之谦冲，固逊轩龙于有子，再三陈恳，理顺名鸿，肆循慈训之谆，兼遂贤情之切。乃于五月初二日册朕长子见济为皇太子，其母杭氏为皇后。大本既正，彝伦亦明，亲亲之义，尤所当取。太上皇帝长子特更封为沂王、次子见清为荣王、见淳为许王，同屏国家，卫安宗社，爰推恩于远迩，庸资弼于臣民。③

景泰四年（1453 年）二月乙未日，新立皇太子朱见济弱冠，朝贺；同月的乙卯日，废太子朱见深及荣王弱冠，免贺。英宗太子朱见深这股力

① 谈迁. 国榷：卷 30. 1925.
② 同①.
③ 明英宗实录：卷 216. 景泰三年五月甲午.

量被削夺，景帝通过改易太子达到皇权的再次集中，但是此举却违背了中国传统皇权继承的基本法则，被后世史家所诟病。

对于景帝改易太子之事，兵部尚书于谦并没有表态，查阅《忠肃集》，对此事件也没有任何言论记载。但是，于谦没有脱离这种政治语境和生态，于谦担任太子太傅，随后兼支双俸。后世史家评论此事时认为，于谦可“百折不回于社稷无君之日”，却“不能出一言于东宫易动之辰”。田汝成指出：“至今人言易储事，谓肃愍卷舌而不谏，殆有罪焉。”① 陈懿典也指出，当时“中朝遂无一人言之。世传李侃、林聪、朱英极知不可，王直署名有难色，陈循曲跪奉笔，卒皆署名，世乃独以此罪于谦，何耶?”解释其中原因为于谦专心军政，无暇顾及皇储的改易：“当时亲信无过谦者，倘谦出一言，事尚可止。谦岂畏怯不敢言者，则本兵职专军旅，宗伯、内阁、辅臣、九卿俱无言，故默默从众耶。而不知世固责备贤者独深也。”②

在景帝改易太子的过程中，士大夫的话语权较永乐年间弱化。在景帝与士大夫就改易太子的矛盾和冲突中，士大夫一方完全听命于景帝的意见，再没有公开发表政治言论的权力。而永乐年间，士大夫为保护太子朱高炽的皇储地位而不顾惜生命，积极参与其中。

（二）士大夫与复太子

景泰四年（1453 年）十一月，景帝唯一的儿子太子朱见济夭折，皇储问题重新浮出水面。“中外望复沂王于东宫。”③ 恢复英宗太子的政治诉求在朝野中重新涌动。监察御史钟同、礼部郎中章纶等人先后发起了复英宗太子的政治主张。钟同在奏疏中指出：“父有天下，固当传之于子。乃者太子薨逝，足知天命有在。臣窃以为上皇之子，即陛下之子。沂王天资厚重，足令宗社有托。伏望扩天地之量，敦友于之仁，蠲吉具仪，建复储位，实祖宗无疆之休。”此道奏疏以天命所归建议景帝恢复英宗太子朱见深的皇储身份，并借此建议景帝：“亲庶政以总威权，敦伦理以厚风俗，辨邪正以专委任，严赏罚以彰善恶，崇风宪以正纪纲。去浮费，罢冗员，禁僧道之蠹民，择贤将以训士。然后亲率群臣。”④ 钟同的上疏，得到了宁阳侯陈懋、吏部尚书王直的支持，景帝在向他们咨询的时候，二人请求景帝采纳钟同的建议。钟同的这道奏疏，只是士大夫努力的一个前奏。几

---

① 谈迁．国榷：卷 30．1927.

② 同①1928.

③ 张廷玉，等．明史：卷 162，钟同传．4408.

④ 同③4409.

日后，章纶再次上疏建言复储之事，在《养圣躬勤论政惇孝义疏》中集中论述孝义之说，建议景帝要早晚朝拜两宫太后，并且要在朔望日率领在朝文武官员朝拜英宗："于朔望日或节旦幸南宫，率群臣朝见上皇于延安门，以叙连枝同气之情，以极尊隆崇奉之道。"① 这种建议预示着景帝一脉的皇权力量因为新立太子的夭折而开始弱化，英宗这一统系开始获得士大夫群体的支持。章纶认为，"太上皇帝君临天下十四年，是为天下之父也。与皇上同气异胞，是为至亲之兄也。皇上曾亲受上皇之册封，是为上皇之臣子也"②。英宗和景帝之间兼有兄弟和君臣两种关系，英宗及其儿子对于并无子嗣的景帝来讲构成巨大威胁。由英宗这个统系来重新继承皇帝权力符合士大夫的政治诉求。"推念同气犹子之义，诏沂王复居储位，以候皇子之生。如此则五伦全备而和气充溢于宫廷；万姓爱戴而欢声洋溢于四海。殆见天心自回，灾异自弭，而胡虏不足平矣。"③《明经世文编》对此评论："公以此疏下狱，其进规景皇，可谓言人所难言。"④ 可见，此时复皇储的请求在士大夫中获得普遍认可。这道奏疏激怒景帝，当夜内旨从宫门传出，下章纶和钟同诏狱。此时英宗已经成为景帝的政治魔咒，英宗所处的南宫成为景帝的政治阴影。景泰五年（1454 年）秋七月，南京大理寺左少卿廖庄上疏请求景帝朝见英宗：

> 太上皇帝在南宫，臣为远臣，未知皇上于万几之暇，曾时时朝见，以敦友爱之情否也？臣自曩时，见太上皇帝遣使册封皇上于藩邸，每遇庆节，必命群臣朝谒于东庑。臣伏望皇上时时朝见太上皇帝于南宫，或讲明家法，或商确治，仍于时节令群臣朝见，以慰太上皇帝之心。如此，则祖宗在天之神安，而天地之心亦安，灾可弭而祥可召，岂必求之他道与！然国家所系之重不特此也。太子者，天下之本。臣窃以为太上皇帝诸子，皇上之犹子也。宜令亲近儒臣，讲读经书，使天下臣民晓然知皇上有公天下之心，而无私天下之意也。盖天下者，太祖高皇帝、太宗文皇帝之天下；仁宗昭皇帝、宣宗章皇帝继体守成者，此天下也；太上皇帝之北征，亦为此天下也。今皇上抚而有之，必能念祖宗创业之艰难，思所以系属天下之人心，以保祖宗之

① 章纶．养圣躬勤论政惇孝义疏//明经世文编：卷 47，章钟二公疏．368．

② 同①．

③ 同①369．

④ 同①．

天下于万年之永。况自近年以来，日食、星变、地震且陷，山崩、水溢、灾异迭见，非止霜雪不时而已。臣实窃忧之，意谓弭灾召祥之道，莫过如此。①

这道奏疏道明了景帝皇权来源于英宗，英宗在朝廷政治中的影响力仍然强大。景帝对此并没有做出任何回应。景泰六年（1455年）八月，廖庄以丁母忧进京陛见，再次请求复英宗太子，景帝十分恼怒，廷杖廖庄八十，远谪陕西定羌城驿驿丞。"南京大理少卿廖庄以请复沂王为皇太子，杖于阙下，并杖章纶、钟同于狱，同卒"②。在这次皇帝与士大夫的政治冲突中，内阁大学士商辂亲历并从中多所调护。对于章纶建言欲复储位而下狱，景帝在与商辂讨论此事时批评："章纶这厮无礼，轻议朝廷大事。"商辂解释为："章纶所言亦无别意，不必深罪。若害了他命，是成就他好名，损了朝廷体面。"③ 可见，在复太子事件中，内阁大学士支持章纶、钟同等人的政治主张，廖庄和章纶等人的上疏也得到后世士大夫的赞誉，对此评论如下："明初承平之治，至宣德、正统而极，大小臣工，莫不将顺颂美，忧治危明，乃得李时勉、刘球二人。景泰之季，廖庄三人，开口奋臆，不有其身，其所持论，皆宗社大体要矣。"④ 这次士大夫政治舆论的发抒是景泰间一次重要的政治话语权的行使事例。

恢复英宗太子的事情在朝野造成很大的影响。其后礼部郎中孟玘亦上疏请求恢复英宗太子，同样被景帝拒绝。常熟进士杨集在给于谦的信中指出："奸人黄玹献议易储，不过为逃死计耳，公等遽成之。公国家柱石，独不思所以善后乎？今同等又下狱矣。脱诸人死杖下，而公等坐享崇高，如清议何！"于谦将此书交给王文，王文指出："书生不知忌讳，要为有胆，当进一官处之。"⑤ 杨集因此被授予安州知州一职。其中"忌讳""有胆""进一官"三词颇有深意。"忌讳"预示此事成为当时朝野共同关注的主题，但是士大夫在其中的影响力和决策权并不强，景帝的皇权处于主导地位。"有胆"说明此事成为士大夫的政治言论禁区，成为士大夫和景帝之间最为敏感的话题。"进一官"代表当时士大夫的政治态度，复英宗太子成为士大夫群体共同的政治诉求。

---

① 明英宗实录：卷243．景泰五年秋七月庚戌．

② 张廷玉，等．明史：卷11，景帝本纪．148．

③ 商汝颐．商文毅公遗行集．续修四库全书，第551册．59．

④ 谈迁．国榷：卷31．1997．

⑤ 张廷玉，等．明史：卷162，廖庄传．4410．

英宗和景帝形成最高权力的两极，子嗣颇多的英宗在士大夫群体中的影响力和支持度逐渐超越没有子嗣的景帝，景泰后期爆发了景帝和英宗的权力冲突，深处南宫的英宗虽然在朝堂获得士大夫群体的支持，但处于景帝权力的包围中。外廷朝臣与内廷宦官之间的冲突也是景帝和英宗冲突的一个主要的表现。“英宗在南宫，左右为离间。及怀宪太子薨，群小恐沂王复立，谗构愈甚。”[①] 景泰六年（1455 年）七月，刑科给事中徐正上言：“太上皇帝临御岁久，威德在人。沂王尝位储副，在天下臣民所仰戴。不宜居于南宫，宜迁置所封之地，以绝人望，别选宗室亲王之子，育于宫中。”[②] 建议景帝增加南宫的宫墙，砍伐周围树木，灌铁固门。景帝虽然表面上拒绝徐正的建议，但实际上以上建议全部采纳并付诸实施。

复太子事件得到士大夫群体的支持大致可以归因于以下几个方面：第一，英宗正统初年，“三杨政治”局面成为后世士大夫所怀念的一个盛世景观。而景泰以后，明前期诸多政治危机逐渐展现出来，虽然有明智士大夫指出这种危机的出现非景泰年间所形成，乃是整个明前期政策累积的后果，但是政治危机确实在景泰年间得到彰显，这种对正统年间盛世局面的心理依归成为英宗赢得政治复辟的资本。第二，景泰年间的政治局面没有得到根本性的改变，如流民问题、北边防御等都没有获得根本性的改观，这种政治局面的持续存在削弱了景帝的政治威望，也影响了士大夫对他的政治信心。第三，按照皇室血统的谱系流程，恢复英宗太子成为普遍共识，景帝在其中的刻意阻止，反而使他日益失去士大夫的认可和信任。

在改易太子的过程中，士大夫群体表现出各种姿态。于谦以社稷、国家为核心关注对象，君主位居次位，他的一切举措都以京师的稳定和安全为念，对皇储改变的关注不多。陈循、商辂等士大夫明知景帝改易太子违背儒家的伦理纲常和嫡长子继承制度，却在皇权的压制下无力反抗，只能顺从景帝意志。另有一些士大夫借助改易太子的时机，支持景帝以获得政治资本。在景泰易储事件中，章纶、钟同、廖庄等人坚持建议景帝恢复英宗太子，端正皇族本源血统，维持皇权的稳定。

---

① 张廷玉，等．明史：卷 162，廖庄传．4414．

② 明英宗实录：卷 256．景泰六年七月辛巳．

本章小结

在明前期的政治生态中，士大夫保持了对政治话语权的追求热情和持续坚守。为保持对政治的话语权和影响力，士大夫开辟多条途径，使用多种方法。明前期士大夫话语空间和权力效能依皇权强弱而呈波浪式变化。洪武时期，士大夫话语权弱化，叶伯巨奏疏反映的政治时局以及叶氏本人的政治命运代表士大夫话语权的缺失。建文朝，士大夫的话语空间得以拓展，方孝孺等士人对政治的影响力增强。永乐朝设立内阁，虽然为政策咨询机构，但彰显了士大夫的政治影响力。仁宣两朝，三杨等人被赠予银印，被赋予密疏言事的权力。正统到天顺期间，因统治危机的出现，以李贤为代表的士大夫进而提出开放言路的政治主张，士大夫对时政的话语权和影响力也逐渐进入到朝廷正常的合法途径上，明代士大夫的话语空间向更宽广的方向演变。

第八章　明前期理学与政治文化

明太祖朱元璋所建立的政权是在元代百余年统治后恢复的汉族皇权，整个明代前期的几代皇帝均在努力恢复和重建汉族的统治秩序。建立一个有权威的国家系统，除了通过一系列严苛的政治措施来稳定皇权和实现皇权的至高无上外，明前期庙堂政治的核心是重建国家的礼乐文化秩序，恢复、重建以理学为基础的思想和知识体系，进而在朝廷政治中重构皇权和天理的信仰格局，在基层社会重建以理学主导的民间秩序。有明一代思想学术之源与流可归结于“理学”与“心学”的传承，这也是宋明理学分派中“二系说”最为流行的说法。在两宋时期，并无“理学”一词，周敦颐、张载、二程诸儒之学皆被称为“道学”，而非“理学”。元末张九韶的《理学类编》是最早以“理学”统称宋元以来诸儒学问的一本著作。“心学”一名，最早当出于明代陈真晟的《心学图》。[1] 理学到心学的演变历程为：“从元代的朱陆合流，到明初宋濂的朱陆调和，再到吴与弼的‘兼采朱陆’，直至王守仁‘范围朱学而进退之’。”[2] 明前期极其尊重程朱理学，其最终的目的是实现政治意识形态化与理学道德伦理制度化两者之间的融合，为皇权政治提供天理和道统的政治合法性与合理性。[3]

第一节　明前期朱学独尊与陆学蛰伏

明朝立国后通过多种方式确立程朱理学的独尊地位，以实现政治意识

---

① 黄宗羲．明儒学案：卷46，诸儒学案上．1088．

② 侯外庐，邱汉生，张岂之．宋明理学史．北京：人民出版社，1987：147．

③ 明前期理学研究的主要成果有：钱穆．宋明理学概述．北京：九州出版社，2011；余英时．宋明理学与政治文化．长春：吉林出版集团有限责任公司，2008；古清美．明代前半期理学的变化与发展//明代理学论文集．三重：大安出版社，1990；祝平次．朱子学与明初理学的发展．台北：学生书局，1994。

形态与思想道德伦理的融合，程朱理学成为朝廷治理天下、选拔人才、祭祀天地的核心思想理论根据。程朱理学思想所设计的家法伦理成为上自皇帝、下到庶民的基本行为规范准则，其中明前期士大夫的政治行为、家庭生活逐渐遵从朱学伦理和道德规范，逐渐走向程序化和范式化。程朱理学逐渐由思想演变成被士大夫膜拜信仰的知识和文本，自元代朱熹理学进入科举的程序后，明初科举延续这种章法和程序，朱熹理学的书籍成为儒士科举入仕最重要的文本依托。在元代逐渐固态模式化的程朱理学，并没有在明前期获得重新激活的机会，理学思想逐渐模式化和世俗化。由于朱熹理学的独尊地位，陆九渊的心学在明前期始终是边缘化的，一直处于蛰伏的状态。但是作为可以和朱熹理学分庭抗礼的一种思想学说，陆学仍然在明前期政治文化的底层流动。

一、朱学与陆学的本体论与方法论

宋明理学讨论的核心问题就是本体论、心性论和认识论三个问题。

本体论问题，即世界的本原问题。在这个问题上，理学家虽然有不同的回答，但都否认人格神和彼岸世界的存在。张载提出气本论哲学，认为太虚之气是万物的本原；二程建立“天即理”的理本论哲学，认为观念性的理是世界的本原；朱熹提出理为“本”、气为“具”的学说。

心性论问题，即人性的来源和心、性、情的关系问题。张载提出天地之性、气质之性和心统性情的学说，认为天地之性来源于太虚之气；程颢提出了心即天以及性无内外的命题，把心、性、天统一起来；程颐则提出性即理的命题，把性说成形而上之理；朱熹认为心之本体即是性，是未发之中，心之作用便是情，是已发之和，性和情是体用关系，而心是“主宰”。

认识论问题，即认识的来源和认识方法的问题。张载首先提出“见闻之知”与“德性之知”两种知识，并提倡穷理尽性之学，成为理学家共同讨论的问题；二程提出“格物致知”的认识学说；朱熹提出“即物穷理”的系统方法；陆九渊强调“反观”；王守仁则提出“致良知”说，认为格物致知就是致吾心之良知于万事万物，从而完成由内向外的认识路线。

（一）程朱理学与陆九渊心学的本体论与心性论

朱学本体论的核心是：“天即是理”。陆学本体论的核心是：“心即是理”。

理或天理是朱熹理学思想的最高哲学范畴。他说：“太极只是一个理字。”“合天地万物而言，只是一个理。”“太极只是天地万物之理，在天地言则天地中有太极，在万物言则万物中各有太极。未有天地之先，毕竟是先有此理，动而生阳，亦只是理；静而生阴，亦只是理。”①

他认为理是构成世界的本体，理和气同时产生，运化生成万物。《中庸章句》：“始言一理，中散为万事，末复合为一理。放之则弥六合，卷之则退藏于密。”在天地，则是理与气；成人物，则是性与形。“夫‘真’者理也，‘精’者气也。理与气合，故能成形。”② 朱熹对理、气、性、形四者的先后关系问题论述如下：

> 天地之间，有理有气。理也者，形而上之道也，生物之本也；气也者，形而下之器也，生物之具也。是以人物之生，必禀此理，然后有性。必禀此气，然后有形。其性其形，虽不外乎一身，然其道器之间，分际甚明，不可乱也。③

理与气无先后之分，理虽是根本，却离不开气的依托。“此本无先后之可言。然必欲推其所从来，则须说先有是理，然理又非别为一物，即存乎是气之中，无是气则是理亦无挂搭处。气则为金、木、水、火，理则为仁、义、礼、智。”④

> 所谓理与气，此决是二物。但在物上看，则二物浑沦，不可分开各在一处，然不言二物之各为一物也。若在理上看，则虽未有物，而已有物之理。然亦但有其理而已，未尝实有是物也。大凡看此等处，须认得分明，又兼始终，方是不错。⑤

朱熹对理与气的关系，有一个十分清晰的举例说明：“理在气中，如一个明珠在水里。理在清底气中，如珠在那清底水里面，透底都明；理在浊底气中，如珠在那浊底水里面，外面更不见光明处。”⑥

在理与气的基础上，朱熹进而提出“心性”论，其根源仍然是理的本体论。“先有个天理了，却有气，气积为质，而性具焉。”⑦ 朱熹在《孟子

---

① 黎靖德．朱子语类：卷 1．景印文渊阁四库全书，第 700 册．16-17．
② 朱熹．晦庵集：卷 46，答刘文叔．景印文渊阁四库全书，第 1144 册．374．
③ 朱熹．晦庵集：卷 58，答黄道夫．4．
④ 同①18．
⑤ 同②．
⑥ 黎靖德．朱子语类：卷 4．77．
⑦ 同①17．

集注》中对“性”“生”“气”三者做如下说明：“性者，人之所得于天之理也；生者，人之所得于天之气也。性，形而上者也；气，形而下者也。人物之生，莫不有是性，亦莫不有是气。然以气言之，则知觉运动，人与物若不异也；以理言之，则仁义礼智之禀，岂物之所得而全哉？此人之性所以无不善，而为万物之灵也。”① 在朱熹这里，人的性的来源是天地之气，得天地之气的不同造成人的性情和命运的不同。“禀得精英之气，便为圣为贤，便是得理之全，得理之正；禀得清明者，便英爽；禀得敦厚者，便温和；禀得清高者，便贵；禀得丰厚者，便富；禀得久长者，便寿；禀得衰颓薄浊者，便为愚、不肖、为贫、为贱、为夭。”②

陆九渊也认为最高的哲学范畴上有“理”的概念。但是他借助的是儒学“天人合一”的思维模式，认为“心”即“理”，万物皆备于我。“四方上下曰宇，往古来今曰宙，宇宙便是吾心，吾心即是宇宙。”“宇宙内事乃己分内事，己分内事乃宇宙内事。”③ 断言天理、人理、物理只在吾心之中。人同此心，心同此理。往古来今，概莫能外。他在《与曾宅之》中提出：“盖心，一心也；理，一理也。至当归一，精义无二，此心此理，实不容二。”

> 仁即此心也，此理也。求则得之，得此理也。先知者，知此理也；先觉者，觉此理也。爱其亲者，此理也；敬其兄者，此理也；见孺子将入井而有怵惕恻隐之心者，此理也；可羞之事则羞之，可恶之事则恶之者，此理也；是知其为是，非知其为非，此理也；宜辞而辞，宜逊而逊者，此理也；敬此理也，义亦此理也；内此理也，外亦此理也。④
>
> 道塞宇宙，非有所隐遁，在天曰阴阳，在地曰柔刚，在人曰仁义。故仁义者，人之本心也。⑤
>
> 此道充塞宇宙，天地顺此而动，故日月不过，而四时不忒；圣人顺此而动，故刑罚清而民服。古人所以造次必于是，颠沛必于

① 朱熹. 四书章句集注：孟子集注：卷11，告子章句上. 北京：中华书局，1983：326.
② 黎靖德. 朱子语类：卷4. 80.
③ 陆九渊. 陆九渊集：卷36，年谱. 北京：中华书局，1980：482-483.
④ 陆九渊. 陆九渊集：卷1，与曾宅之. 5.
⑤ 陆九渊. 陆九渊集：卷1，与赵监. 9.

是也。①

此理充塞宇宙，天地鬼神，且不能违异，况于人乎？诚知此理，当无彼己之私。善之在人，犹在己也。故“人之有善，若己有之”，“人之彦圣，其心好之，不啻若自其口出。”“胥训告，胥保惠，胥教诲。”此人之情也，理之所当然也，亦何嫌何疑？“诚者，非自成己而已也，所以成物也。成己，仁也；成物，智也。性之德也，合内外之道也”，顾恐未能成己耳。若“私淑”二字则出于孟子，当深明其旨，不当轻用于此。此用字之疵，不足以达理，而能为理之累。②

朱熹与陆九渊在“气”的认识上有分歧。朱熹之“气”是和“理”相对的概念，既指宇宙万物生成的基础、构成万物的物质材料（一草一木），又指形成人物（善恶贤愚）之别的内在因素。在陆九渊的概念中，“气质”只是一个生理、心理意义上的问题，指的是人的一种心理或生理状态。他认为，人的这种生理、心理品性和人的社会行为之间虽有联系，但并不是必然的、唯一的关系，即人的气质并不能决定人的善恶贤愚，并不能决定人的最后归宿，学能变化气质。

朱熹认为心是分为“人心”与“道心”的，道心是天理的体现，是“原于性命之王”，是义理之心，是人心的主宰；人心是气质的表现，故而必须接受道心的主宰和统领，此即“心统性情”。“性只是理，然无那天气地质，则此理没安顿处。但得气之清明，则不蔽锢此理，顺发出来。蔽锢少者，发出来天理胜。蔽锢多者，则私欲胜。便见得本原之性，无有不善。”③

陆九渊认为“人心”与“道心”只是从不同方面描述心的性质状态，如果将二者对立起来，则分明是“裂天人为二”，心是人的本质所在，是伦理本能。朱熹觉得形而上为道心、形而下则为人心，本质还是天理决定气的问题；陆九渊认定心就是理，理就是心。陆九渊对此有一论证：“盖心，一心也；理，一理也。至当归一，精义无二，此心此理，实不容二。”特别是针对程朱理学的存天理、灭人欲的思想主张，陆九渊给予批评，认为“天理人欲之分论极有病。自《礼记》有此言，而后人袭之。《记》曰：‘人生而静，天之性也；感于物而动，性之欲也。’若是，则动亦是，静亦

① 陆九渊．陆九渊集：卷 10，与黄康年．132．
② 陆九渊．陆九渊集：卷 11，与吴子嗣．147．
③ 黎靖德．朱子语类：卷 4．71．

是，岂有天理物欲之分？若不是，则静亦不是，岂有动静之间哉？”①

（二）朱熹理学与陆九渊心学的认识论与方法论

朱学认识论与方法论的核心是“格物致知”。陆学认识论与方法论的核心是“明心见性”。

朱熹提倡读书，认为穷理之要，必在读书。他的提倡促进了徽州良好的读书风气，缙绅之家往往自编教材，由父兄率子弟诵读；理学家对理欲、心性、义理、天人等概念的意义、关系的追问和逻辑论证，培养了深厚的理性主义传统。理学恪守朱熹的义利之辨，强调“天理为义，人欲为利”，颂扬“正其谊不谋其利，明其道不计其功”思想，学子以之为书院之规，士夫以之为立身处世的教条。朱熹在《大学章句》中对格物、致知之义，解释程子之意而补充之：

> 所谓致知在格物者，言欲致吾之知，在即物而穷其理也。盖人心之灵莫不有知，而天下之物莫不有理，惟于理有未穷，故其知有不尽也。是以大学始教，必使学者即凡天下之物，莫不因其已知之理而益穷之，以求至乎其极。至于用力之久，而一旦豁然贯通焉，则众物之表里精粗无不到，而吾心之全体大用无不明矣。此谓物格，此谓知之至也。②

朱熹理学方法的核心“格物致知”的前提是“正心诚意”，即在内心中正、意念中诚的基础上，通过认知外界事物，分析其形成和演变的理，来认知和体认世界，追求理学的终极认知目标。理学的方法论的根底是从人的自身向外去探求世界本原的形成和发展，是外向型的哲学思维方法。朱熹理学探求的根本在于格万事万物，追求真理本然，这种思维和方法的外求促使理学具有积极的、出仕的政治取向，这也与宋明皇权科举取士的国家政策不谋而合，达到思想与政治的统一和融合，因此朱熹理学在元朝初期即被定为科举出题和应试的不二法门，这是思想进入政治权力领域的一种具体表现。朱熹的理学修养论的主旨核心是“持敬”。“人之为学，千头万绪，岂可无本领，此程先生所以有持敬之语。只是提撕此心，教它光明，则于事无不见，久之自然刚健有力。”③ 外表要庄严整肃，内心才“主一无适”。他认为：“敬字工夫，乃圣门第一义，彻头彻尾，不可顷刻

① 陆九渊．陆九渊集：卷35，语录下．475．

② 朱熹．四书章句集注：大学章句．6-7．

③ 黎靖德．朱子语类：卷12．188．

间断。”“敬之一字，真圣门之纲领，存养之要法一主乎此，更无内外精粗之间。”① 对程颐的“敬”的解释，朱熹进一步发明说：

> 若论为学，则自有个大要。所以程子推出一个敬字与学者说，要且将个敬字收敛个身心，放在摸匣子里面，不走作了，然后逐事逐物看道理……心地光明，则此事有此理，此物有此理，自然见得。②

朱熹理学修养提出“持敬”的同时又引入“义”，只有“敬义夹持”，才能真正达到“敬”的修养目的。

> 敬有死敬，有活敬。若只守着主一之敬，遇事不济之以义，辨其是非，则不活。若熟后，敬便有义，义便有敬。静则察其敬与不敬，动则察其义与不义……须敬义夹持，循环无端，则内外透彻。③

至于持敬的方法，朱熹指出：“持敬之说，不必多言，但熟味整齐严肃，严威俨恪，动容貌，整思虑，正衣冠，尊瞻视，此等数语，而实加工焉！则所谓直内，所谓主一，自然不费安排，而身心肃然，表里如一矣！”④ 朱熹赞同程子的持敬观：“涵养须用敬，进学则在致知。”持敬只是涵养精神和思想的方法，最终的旨归是达到致知的学术和修养的本真追求，亦即朱熹对持敬的要求：“内天妄想外天妄动。”⑤

陆九渊接受孟子明心求仁的思想。孟子说：“存乎人者，岂无仁义之心哉！”又说：“我固有之，非由外铄我也。”因此，陆九渊提出因为物欲、意见而失去本心光明。“愚不肖者不及焉，则蔽于物欲而失其本心；贤者智者过之，则蔽于意见而失其本心。”⑥“百姓日用而不知，故君子之道鲜矣。”“徇物欲者，既驰而不知止，徇意见者，又驰而不知止。故道在迩而求之远，事在易而求之难。道岂远而事岂难？意见不实，自作艰难耳。深知其非，则蔽解惑去而得所止矣。道本自若，岂如以手取物，必有得于外然后为得哉？”⑦“愚不肖者之蔽在于物欲，贤者智者之蔽在于意见，高下污洁虽不同，其为蔽理溺心而不得其正，则一也。然蔽溺在污下者往往易

① 黎靖德. 朱子语类：卷 12. 188.
② 同①187，189.
③ 同①192-193.
④ 同①189.
⑤ 同①189.
⑥ 陆九渊. 陆九渊集：卷 1，与赵监. 9.
⑦ 同⑥9.

解，而患其安焉而不求解，自暴自弃者是也。蔽溺在高洁者，大抵自是而难解，诸子百家是也。”①

陆九渊心学修养的方法是先立乎其大，辨明义利，明心见性。如何发明本心？“学问之要，得其本心而已。”何为本心？陆九渊回答：“恻隐，仁之端也；羞恶，义之端也；辞让，礼之端也。此即是本心。”②“吾心苟无所陷溺，无所蒙蔽，则舒惨之变，当如四序之推迁，自适其宜。”③“人心有病，须是剥落。剥落得一番，即一番清明，后随起来，又剥落，又清明，须是剥落得净尽方是。”④陆九渊五十岁时，毛刚伯说：“先生之讲学也，先欲复本心以为主宰，既得其本心，从此涵养，使日充月明。读书考古，不过欲明此理，尽此心耳。”⑤

> 此天之所以予我者，非由外铄我也。思则得之，得此者也；先立乎其大者，立此者也；积善者，积此者也；集义者，集此者也；知德者，知此者也；进德者，进此者也。同此之谓同德，异此之谓异端。心逸日休，心劳日拙，德伪之辨也。岂唯辨诸其身人之贤否，书之正伪，举将不逃于此矣。自有诸己至于大而化之，其宽裕温柔足以有容，发强刚毅足以有执，齐庄中正足以有敬，文理密察足以有别，增加驯积，水渐木升，固月异而岁不同。然由萌蘖之生而至于枝叶扶疏，由源泉混混而至于放乎四海，岂二物哉？《中庸》曰：“诚者，物之终始，不诚无物。”又曰：“其为物不贰。”此之谓也。⑥

陆九渊对“理”的界定与朱熹所说的“理为天地人物存在之本”和“理先于宇宙而存在”明显不同。结果，朱熹主张由道问学，强调格物致知，即穷物理，强调学习知识的重要性，以为人的道德水准必将随着知识的增长而增进。陆九渊说“明心”，要尊德性，强调为学的目的并不仅仅在于增进知识，更是为了实现道德的至高境界；儒家经典的学习与研究、对外界事物的认知与把握，都不可能直接有助于实现增进道德境界的目的，因为人的本心就是道德的根源，因此只要扩大、完善人的良心结构就能实现增进道德的目的。从当前德育范式来看，学习知识的多寡并不决定

① 陆九渊．陆九渊集：卷1，与邓文范．11.
② 陆九渊．陆九渊集：卷36，年谱．489.
③ 陆九渊．陆九渊集：卷12，与赵然道．159.
④ 陆九渊．陆九渊集：卷35，语录下．454.
⑤ 同②502.
⑥ 陆九渊．陆九渊集：卷1，与邵叔谊．1.

道德水准，比如禹三过家门而不入，他并没有高深的知识，但是，知识的深浅有助于增长或降低道德水准，不过，这是由于学习者不把学作为致知目的而作为完善德性的追求之果。朱熹本人教育思想的核心是道德教育，而这种定位方式难以达到道德的较高境界。陆九渊心学追求的理想是高远的，他的主要哲学命题是“心即理”，“人皆可以为尧舜”，“收拾精神，自作主宰。万物皆备于我。有何欠阙。当恻隐时自然恻隐，当羞恶时自然羞恶，当宽裕温柔时自然宽裕温柔，当发强刚毅时自然发强刚毅”①。

陆九渊的修养是内求其心，明心见性，明心成圣，不倚靠外在知识文本，只要内观自我之本性本心，即可成圣人。朱熹理学的认识论是外向的，在对外界万事万物的分析中，探究天地间永恒的道与理，实现外王的理学追求，因此“格物致知”即是朱熹理学的方法论的核心。陆九渊心学的认识论是内向的，强调对内心世界的探求，去除芜杂，实现内心本体的清明，实现内圣的心学追求。

黄宗羲在《宋元学案》中评论朱陆哲学思想之争时总结说：“先生（陆九渊）之学，以尊德性为宗，谓‘先立乎其大，而后天之所以与我者，不为小者所夺。夫苟本体不明，而徒致功于外索，是无源之水也。’同时紫阳之学，则以道问学为主，谓：‘格物穷理，乃吾人入圣之阶梯。夫苟信心自是，而惟从事于覃思，是师心之用也。’”朱陆之时即有“鹅湖之会”“鹿洞之讲”这样的辩论，其两家后学更是相互诘难。“宗朱者诋陆为狂禅，宗陆者以朱为俗学。两家之学各成门户，几如冰炭矣。”但是在黄宗羲看来，为天下传道是两家共同的道德责任，本不用如此辩解异同，以为口实，特别是发展至两家后学的门户森然。在黄宗羲看来，陆九渊“先生之尊德性，何尝不加功于学古笃行？紫阳之道问学，何尝不致力于反身修德？”②

二、明前期孔庙从祀的朱学标准

明初，从祀孔庙的先儒有一百零五位。王祎的《孔子庙庭从祀议》有详细说明：

> 孔子庙庭从祀者，凡百有五人。自澹台灭明至孔鲤七十一人，皆

① 陆九渊．陆九渊集：卷35，语录下．455-456．

② 黄宗羲．宋元学案．北京：中华书局，1986：1885-1886．

> 受业圣人之门，而承圣人之教者也。自左丘明至许衡三十四人，皆传注圣经，尊崇圣学，而有功于圣人之道者也。盖自唐贞观二十一年(647 年)，始以左丘明至范宁等二十一人，从祀庙庭。及宋元丰七年(1084 年)，复增荀况、扬雄、韩愈，以世次先后，从祀左丘明二十一人之间。淳祐元年（1241 年），乃以周敦颐、程颢、程颐、张载、朱熹，列于从祀。景定二年（1261 年），又增张栻、吕祖谦。咸淳三年（1267 年），又增邵雍、司马光。及元皇庆二年（1313 年），乃以许衡，继宋九儒，居从祀之例，所谓三十四人者也。①

是否传承朱学成为明前期集议元朝大儒的一个标准，这个具体的例子就是宣德十年（1435 年）四月，“以元学士吴澄从祀孔子庙庭”。提出这个请求的是湖广慈利县儒学教谕蒋明：“先儒有功于道学者，皆得从祀。近世之儒，若临川吴澄，道尊孔子，学述六经，著书立言，师表当世，其功不下于许衡，衡既从祀，澄当如之。”② 宣宗皇帝把此事下礼部集议，少傅、兵部尚书兼华盖殿大学士杨士奇在《吴文正公从祀议》中分析吴澄对理学道统传承的功绩，认为吴澄从祀获得朝野公论的认同：

> 盖澄自十岁得宋儒朱熹所著大学读之，即知为学之要。专勤诵读，次读《语》《孟》《中庸》亦然，遂大肆力于诸经。十五专务圣贤之学，致践履之实，以道自任。其所自励，有勤谨敬和，自新自修，消人欲，长天理，克己悔过，矫轻警惰，颜冉理一等铭。其教学者，有学基、学统等篇，深究濂、洛、关、闽之旨。考正孝经，校定《易》《书》《诗》《春秋》，修正《仪礼小戴记》及邵雍、张载之书，有《易书》《春秋》《礼记纂言》及《易纂言外翼》，皆所以启大道之堂奥，开来学之聪明，传之百世而无弊也。时朝廷屡起之，乃就国子监丞，稍进司业，一言不合，即自解去。后屡征复起，亦不久于位。进退之际，卓然君子。盖元之正学大儒，许衡及澄二人。衡遭际世祖，功在朝廷。澄在朝之日虽浅，其职论思教，成均劝，讲经筵，咸积诚意，预大议，论大事，咸引古道，而功在学者尤多。故二人之没，皆谥文正。衡在当时，已列从祀。澄既后出，又卒于元衰之际，当时已有建议宜列从祀者，属元纲日颓，未及举行，今澄所著诸书具在，我国家崇儒重道，大明《四书》、《五经》及《性理》之旨，凡澄

---

① 王祎．王忠文集：卷 15，孔子庙庭从祀议．景印文渊阁四库全书，1226 册．306.

② 明英宗实录：卷 4．宣德十年四月壬戌.

所言，皆见采录，以惠学者。盖澄问学之功，朱熹以来，莫或过之，而从祀诸儒，自荀况下至范宁，语其事功，皆未及澄。今若升澄从祀孔子庙庭，列诸许衡之次，允惬斯文之公议，昭国家之盛典。①

杨士奇遵从皇帝旨意庙议吴澄从祀之论，其根本的合理性解读也是表彰吴澄的“消人欲，长天理”等对于理学的羽翼之功，这也与明前期修订的《四书大全》、《五经大全》与《性理大全》使程朱理学的制度化取向相一致，吴澄从祀孔庙是给理学的制度化提供一种国家层面礼仪文化的道德支持，理学制度化与从祀孔庙的礼仪化相互辉映，使理学在明前期顺利实现思想道德伦理与政治统治实践之融合。许衡是元代大儒，故去后，很快就被元朝皇帝批准从祀孔庙。关于许衡对程朱理学的羽翼之功，明前期的君臣多有论述。如朱元璋对许衡就大加赞扬，认为他在严守华夷秩序的元朝能施行教化，开化士庶，于程朱理学在元朝能获得延续而非断裂，有很大的价值功绩。“当是时，元得一士而立纲纪，明彝伦，半去胡俗，半用华仪，中国得生全者，我汉儒许衡是也。如此者不三十年之间，华夷儒风竞起，人虽不为名儒，昔之不效者，今识字矣。”②

明初士大夫王祎认为，许衡对道统之传有大功于世，从祀孔庙是对他的表彰。王祎主张，道统自孟子后，直接到二程、朱熹，而接续于许衡，这代表了明初士大夫对道统体系的一种认知。明初士大夫对道德人物的品评始终以道统的传承为核心点，理学思想逐渐成为官方评定人物的依据：

圣贤相传之道，自孟轲既没，无所传受，至宋而程颢、程颐氏兄弟者出，乃有以续其不传之绪，及朱熹氏作而其传复续矣。元兴，许衡继起，则又续所传于朱氏者也。当其被遇世祖，纯乎儒者之道，诸公所不及，而世祖圣明天纵，深知儒术之大思，有以作人而用之，乃首建国学，而衡自中书罢政为之师。衡之教学，一本于圣贤之为道，撮礼乐之微，权以通其用，掇忠孝之大纲以立其本，于是彬彬然悉为成材，而数十年间，号称名卿贤大夫者，多其门人矣！呜呼！使圣贤之学大被于斯世而至于今，学术以正而人心以一者，伊谁之功也？是其继往圣，开来学，功殆不在朱氏下。况乎程氏、朱氏未尝得君以行

① 杨士奇．东里文集：卷23，吴文正公从祀议．338.
② 朱元璋．明太祖集：卷16，辩答禄异名洛上翁及谬赞．347.

其道，而衡则盖遇圣君，居相位，而有以尧舜其君民矣！①

明前期，从祀孔庙的士大夫，其后还有宋儒胡安国、蔡沈、真德秀。广东肇庆府知府王萅、顺天府通判曹铭等皆言："宋儒若胡安国、蔡沈、真德秀，皆有功道学，羽翼六经，其格言微意，扩先儒之未发，处己行事，又皆正大光明，足以绍承道统之绪，皆未得从祀。"② 明英宗正统二年（1437 年）六月，朝廷以宋儒胡安国、蔡沈、真德秀从祀孔子庙庭。明孝宗弘治八年（1495 年）七月，又"追封宋儒杨时为将乐伯，从祀孔子庙庭，位列温国公司马光之次"③。作为整个帝国政治精神信仰的最高层级，孔庙从祀标准反映了朝廷绝对主体的思想价值信仰。其后朝廷在集议孔庙从祀的时候，基本以对程朱理学的传承功绩作为核心标准，反映了明代士大夫以理学为最高祭祀标准的精神信仰和价值追求，特别是晚明后随着王阳明心学的逐渐勃发，士大夫对理学信仰的忧心忡忡更加激起他们对理学从祀信仰偶像选择和祭祀的急切行为。明前期国家礼乐文化和祭祀制度完全理学化，程朱理学对士大夫在政治、家庭中的所有行为进行理学的价值附加和伦理解释，逐渐成为明前期士大夫思想和行为的不二法门，甚至达到不可逾越半步的程度。整个帝国最重要的孔庙祭祀把程朱理学作为神明高悬于朝堂之上，成为明前期君臣行为、选择的最终精神和价值解释模式，宣告了程朱理学在明前期政治文化、政治生态中的独尊和一统地位。

三、明前期士大夫的朱学范式化

元明以后，程朱理学的独尊虽然带来政治意识形态和道德伦理观念空前的融合，但同时带来的消极结果是儒士不再主动积极地开拓和思考新的空间，读书人已经接受了程朱理学知识文本，进而转到信仰的深度，将程朱理学奉为圭臬。他们认为自己对理学的责任只是信奉背诵，然后在生活中时时刻刻践行理学伦理。嘉靖朝进士王樵对此有过一段评论：

① 王祎. 王忠文集：卷 14，元列传二首. 290. 洪武五年（1372 年）正月，王祎奉诏书到云南劝谕梁王，后在洪武六年（1373 年）十二月被元军杀害。建文元年（1399 年）四月，被谥为"文节"，为明朝文臣赠谥第一人。正统六年（1441 年）改谥号为"忠文"。

② 明英宗实录：卷 31. 正统二年六月乙亥.

③ 明孝宗实录：卷 102. 弘治八年七月丁亥.

> 朱子之学得之程子，居敬以立其本，穷理以致其知，反躬以践其实，是以卓然不缪于圣人之门户，而能升其堂、入其室。不得已，而后著书，其《大学》《中庸》章句，《论语》《孟子》集注，发圣人之精蕴，可谓无余，羽翼圣传，其功于是为大。善学者惟当潜心体玩，笃志力行而已，何暇于多言？自陆子静与朱子论学不合，诋朱子为支离，自此喜异之士为陆氏左袒者，纷然而起，其实皆阳儒阴佛，而自托于德性之知，不缘闻见。近则又显然惟佛之为归，不复讳其名矣！窃谓躬行而不至，不失为圣人之徒。若惑于异端，肆为异论，诋毁程朱，坏人心术，将来之忧，必有大焉！①

明前期的士大夫对程朱理学逐渐不再有反思的努力，思想变成了教材文字和知识文本，逐渐失去了思想应该发挥的启迪和引领作用。士大夫的生活、思想和行为全部被纳入程朱理学所规定和设计的程序中。虽然这种趋势的出现始于元代，元代把朱学纳入科举程式中，朱学成为整个国家治理思想和道德观念绝对的中心，但是元代皇帝和贵族对佛老思想的宽容和支持，仍然使得元代的朝野思想是多元的，并没有出现程朱理学独尊和一统的局面。明前期几代皇帝在延续元代科举理学程序化的基础上，又在政治思想上确立朱学的精神核心，从而逐渐排斥佛老思想，形成理学独尊的思想文化局面。士大夫行为和思想的日益理学范式化成为明前期政治生态、政治文化中一种畸形的现象，这在古代中国的政治生态中是一种绝无仅有的变态现象。明前期政治、思想和文化中出现多种奇特的现象，标志之一即是明前期文学领域中台阁体文学作品虽然辞藻华丽、格式规范，却思想僵化、缺乏新意。

从思想信仰这个角度分析，在朱熹已经从祀孔庙的基础上，明前期又在宣德和正统间两次强化朱熹的祠庙祭祀，优礼朱熹后人，以此加强朱熹在明代前期政治道德信仰中的符号化。一个古代士大夫能被从祀孔庙，享有皇帝的祭祀，这是最高的国家礼遇。明前期，朝廷和地方对朱熹给予最高的礼遇，并且形成政治互动。修缮朱熹故宅、墓地，家乡修建祠堂，给予春秋祭祀。宣德三年（1428 年）五月，福建建宁府儒学教授彭勖上疏朝廷，请求修缮建宁府朱熹故宅，同时请求修缮旧有祠堂，春秋祭祀，免除朱熹子孙徭役，年少废学的后人入官学习业。② 建宁府有司修缮朱熹墓

① 王樵．方麓集：卷 2，绍闻编序．景印文渊阁四库全书，第 1285 册．138.
② 明宣宗实录：卷 43．宣德三年五月辛未．

地，置神道，建屋五楹，翼以两庑，墓前由建坊悬挂匾额“朱文公墓道”，置田七十五亩给朱熹后人作为祭祀墓地之费，诸如此类，完善了朱熹墓地的祭祀规制。①

明前期士大夫行为和思想的理学范式化，其中一个重要表现就是元代编写的《居家必用事类全集》已经成为明前期士庶均要学习的读本，被列入明朝内府的刊刻书目中。这本书的首章就是《朱文公童蒙须知》，这个部分几乎涵盖一个童生事无巨细的生活，例如“凡揖必折腰”，“凡侍长者之侧，必正言拱手”，“如厕，必去上衣，下必浣手”。又如《朱子读书法》中取“居敬持志，循序渐进，熟读精思，虚心涵泳，切己体察，著紧用力”作为主要学习内容。② 明前期的礼制修订，从地方的庶人婚礼到朝廷的品官丧礼，均参照《朱子家礼》而制定。

明前期的儒学童生从出生的时候就被纳入程朱理学礼的场域中，八岁入私塾，即开始儒学小学的教育，一旦可以进入府、州、县学，学习的内容就是朝廷颁发的《四书大全》、《五经大全》和《性理大全》等遵照程朱理学精神而修订的官方教材。他的生活要遵照《居家必用事类全集》，大到侍亲事长，小到吃饭如厕，都要遵照理学的行为规范。如果再有机会参加科举考试，又要研修和学习朱熹的《四书章句》等理学书籍，方有机会入仕为官。即便进入政治场域，又开始进入更全面的理学构建的朝廷礼乐制度中。他要尽到理学的臣道，要有引君当道的政治担当，要有民为邦本的政治情怀。他要扮演好一个士大夫应该扮演的角色，在朝堂要做个忠君爱民的理学官僚，在地方要做个孝顺节义的士宦之家的典范。是否遵从朱熹的理学行为规范，也成为士林群体品评人物的一个主要标准。如果一位士大夫坚持遵守朱子礼法，那么后人在他的行状和墓表中就会用浓重的笔法记载下来，从而成为士大夫群体的典范。总之，明前期理学成为士大夫行为和思想的范式化标准，小到生活细节，大到为君殉难，都是程朱理学信仰促成的结果。特别是对《朱子家礼》，杨士奇就明确说：“今士大夫家多遵用之。”③ 下表反映了明前期士大夫在品评士林人物时把是否信奉与遵从《朱子家礼》作为道德评价的一条标准。

---

① 嘉靖建宁府志：卷20，丘墓.

② 佚名. 居家必用事类全集：甲集. 续修四库全书，第1184册. 314，323.

③ 杨士奇. 东里续集：卷18，朱子家礼. 597.

作者	士名	尊礼评语	史料出处
宋濂	叶由庚	若冠若昏丧，亦皆遵《朱子家礼》	《文宪集》卷十《叶由庚传》
宋濂	张恕	治丧勿用浮屠氏法，当依《朱子家礼》从事	《文宪集》卷十九《故处州路庆元县儒学教谕张公墓志铭》
宋濂	雷机	其葬祭之凡，悉依《朱子家礼》从事	《文宪集》卷二十一《元故翰林待制朝散大夫致仕雷府君墓志铭》
宋濂	朱震亨	建祠堂若干楹，以奉先世神主，岁时行事，复考《朱子家礼》而损益其仪文	《文宪集》卷二十四《故丹溪先生朱公石表辞》
苏伯衡	林元彬	治家以法，冠婚丧祭，一本《朱子家礼》，未尝若流俗人，惑浮屠之法，修淫昏之祀	《苏平仲文集》卷十二《故梅轩处士林君碣铭》
陈谟	刘楚兰	葬及祭，不丰不约，大致准《朱子家礼》	《海桑集》卷八《刘深林先生墓志铭》
陈谟	罗大可	孝养兼至，丧葬依《朱子家礼》，无违事	《海桑集》卷八《元故隐君峻极罗先生墓志铭》
梁潜	王沂	仿《朱子家礼》，作主以祀先，其法制极备。岁时祭祀，拜跽升降，动合礼仪	《泊庵集》卷八《竹亭王先生行状》
王直	张君璋	作祠堂以祀先，一本《朱子家礼》	《抑庵文集》卷四《张氏文献集序》
王直	林聪	居丧一以《朱子家礼》，不用浮屠	《抑庵文集·后集》卷二十四《副都御史林公神道碑》
王直	屈理	事亲极其孝敬，左右顺承，无违礼，饮食之珍，衣服之美，不先以奉亲不敢用，其所赢财必以告于亲，而归诸藏，未尝私一毫。亲没治丧，一依《朱子家礼》。事二兄尤笃，隆然恭爱之施，著家规廿余条，以整齐其家	《抑庵文集·后集》卷二十五《屈氏二亲墓表》
王直	彭启	奉柩归，治丧悉依《朱子家礼》，不用浮屠。重作祠堂以祀先，岁时行事，必诚必敬	《抑庵文集·后集》卷二十八《彭先生墓表》
王直	宋珏	凡所行一遵《朱子家礼》，不用浮奢	《抑庵文集·后集》卷三十一《宋子琳墓志铭》
王直	罗升	作居室必先建祠堂奉祖考，一依《朱子家礼》，居乡党，以谦和为本	《抑庵文集·后集》卷三十三《罗先生妻张孺人合葬墓志铭》
刘球	杨士奇	若祠堂中，大小礼节，则惟《朱子家礼》是准	《两溪文集》卷十五《上东里杨先生书》

此表反映了明前期士大夫丧礼祭祀依照《朱子家礼》而行。丧礼在士大夫礼仪思想中是极其重要的礼仪形式，遵从《朱子家礼》的同时，反对佛教丧礼在士大夫家礼中的实行。从中可以推断，明前期佛老思想已经逐渐渗透进地方社会的丧礼中，士大夫群体用《朱子家礼》抵制佛老丧礼仪式向上层士人家庭的渗透。在明前期士大夫的群体中，礼仪形式和思想基本坚持了朱熹理学的规范，并且逐步走向范式化。礼仪行为的程序化，逐渐演变为思想文化的僵化，使得明前期的思想与文学领域逐渐变得沉闷，缺乏生机和活力，直到明中期江南经济的繁荣和心学思想的流行，才使得明代中国在16世纪初逐渐产生新的变化，也带来士大夫群体思想、观念乃至行为方式的逐渐鲜活和生动。

四、明前期陆学的边缘化

清儒全祖望在《淳熙四先生祠堂碑文》中对陆九渊的心学与理学的分歧有如下论断：

> 予尝观朱子之学，出于龟山，其教人以穷理为始事，积集义理，久尝自然有得；至其“所闻所知，必能见诸施行，乃不为玩物丧志”，是即陆子践履之说也。陆子之学，近于上蔡，其教人以发明本心为始事，此心有主，然后可以应天地万物之变；至其戒“束书不观，游谈无根”，是即朱子讲明之说也。斯盖其从入之途各有所重，至于圣学之全，则未尝得其一而遗其一也。是故中原文献之传，聚于金华，而博杂之病，朱子尝以之戒大愚，则诋穷理为支离之末学者，陋矣！以读书为充塞仁义之阶，陆子辄咎显道之失言，则诋发明本心为顿悟之禅宗者，过矣！夫读书穷理，必其中有主宰而后不惑，固非可徒以泛滥为事。故陆子教人以明其本心，在经则本于孟子扩充四端之教，同时则正与南轩察端倪之说相合。心明则本立，而涵养省察之功，于是有施行之地，原非若言顿悟者所云：“百斤担子一齐放”者也。①

全祖望认为，朱学和陆学虽然在思想主张、学术旨趣和体认方法上有差异，但是并没有达到泾渭分明、门户森然的程度。“朱陆之学，本领实同，门户小异，故陆学主于超卓，直指本心，而晦翁以近禅为疑；朱学主于著书，由下学以造上达，而象山翁又以支离少之。门分户别，伐异党

---

① 陆九渊. 陆九渊集：附录三. 567.

同，末流乃至交排互诋，哗竞如仇敌，遂令千古圣学之意，滋郁弗彰矣！”① 但是元明之际，随着科举取士以程朱理学为程式和内容，陆学自此开始处于蛰伏状态，成为思想主流的边缘。朝廷权力的引导，科举制度的导向，使得程朱理学在明代前期成为独尊思想。在朝廷压倒式的态势和士大夫矫枉过正的心理双重冲击下，陆九渊心学思想逐渐边缘化，并且逐渐与朱学保持了清晰的边界区分。以前试图调和朱陆学术分歧的学者在明前期逐渐处于弱势，朱陆学说的分歧被扩大和深入，理学也在明前期越来越走向保守和僵化。

明前期，陆学被边缘化，主要原因即是政府主导的科举制度自元朝开始已经以程朱理学为圭臬。清儒全祖望论有明一代学术脉络时指出：“当明之初，宗朱者盖十八，宗陆者盖十二，弓冶相传，各守其说，而门户不甚张也。”② 明初程本立论程朱理学与陆九渊心学在元明之际时代转型期间所处态势时也指出：

> 自乾道、淳熙以来，天下学者皆归仰于朱子，以为大宗。而其同时、名儒，各自以其说名家者不一。于是陆象山兄弟，以径造顿悟之学，兴于大江之西。一时学者，乐其简便，靡然从之，不可胜数。虽其大旨归趣不大异于朱子，而求其求端用力入道之方，卒不能合。其后朱子之书，虽家传而人诵之，亦不过取其章句，以应主司之举而已……江西士人乃至今往往有能坚守陆公之说者，有识之士亦不过为之喟然太息而已！呜呼！在此者既徒诵习其书，而不知实用其力；在彼者又狃于气习，而不肯舍其旧见，以归于一。然则斯道，何由而明？学者之趋向，何由而定哉？夫曾子、子思、孟子之传，所以无弊者，岂不以下学笃实明善，诚身集义，深造之有科级次第哉！且性与天道，自子贡而下，已不得而闻。而子游氏之轻洒扫应对，则不能不见黜于子夏，此学者所共知也，朱陆之辨盖决于此。奈之何学者犹懵然而不知所从哉？③

程本立所论代表一部分士人对朱陆学说争论的调和之法，也印证了明初政治文化中朱学已经成为当时社会的主流风气，成为天下学者的追求趋向。谈论陆学必然导致当时学者“厌鄙之，而不以听”。作为地方社会的

---

① 刘埙．水云村集：卷 5，朱陆合辙序．景印文渊阁四库全书，第 1195 册．374-375.

② 全祖望．鲒埼亭集：卷 28，陆桴亭先生传．四库丛刊影印本．

③ 程本立．巽隐集：卷 3，送朱叔仁之官序．景印文渊阁四库全书，第 1236 册．185.

守令，基本职责是“明道学以正人心”。明初的学术风气一直持续下去，整个明前期陆学始终处于蛰伏的边缘地带。明代中期的士大夫王鏊在总结明前期以来学术思想的演变态势时，仍然为陆学的湮没无闻而感到可惜：“今朱子之学，海内宗之，子静之学殆绝矣，世无复知者。顾其颖脱超诣，有非言之可传，而遂泯然无传焉，可不惜乎?”①

陆九渊认为，沉溺于科举很容易造成无志士人追名逐利，使其丧失本身本心，这与明前期已经固定化的科举取士制度在思想上是冲突的，也自然不会得到已经被科举制度引领的明前期士人的价值认同。虽然认为士大夫的基本政治追求是“格君心之非，引之于当道，安得不用其极。此责难所以为恭，而不以舜之所以事尧事君者，所以为不敬其君也。思虑审精，每及一事，既举纲领，又详其条目，使立可施行”②，但是其对科举取士造成的士风趋于功名利禄的取向很痛心疾首。“无常产而有常心者，惟士为能。古之时，士无科举之累，朝夕所讲，皆吾身吾心之事而达之天下者也。夫是以不丧其常心。后世弊于科举，所乡日陋，疾其驱于利欲之途，吾身吾心之事漫不复讲，旷安宅而弗居，舍正路而弗由，于是有常心者不可以责士。非豪杰特立，虽其质之仅美者，盖往往波荡于流俗，而不知其所归，斯可哀也!”③ 陆九渊的这种思想，虽然得到江西等地很少一部分游离于政治之外的儒士的价值认同，但是这种抵制科举的思想使陆学始终处于边缘化的处境。陆九渊的追求不是科举制下的功名利禄，而是致君尧舜、引君当道、格君之非的士的道德担当。他终极的道德践履和精神追求是“人皆可以为尧舜。此性此道，与尧舜元不异，若其才则有不同。学者当量力度德”④。他所修养的是成圣之路，因此尊德性成为他成圣的基本方法。

明前期陆九渊心学的边缘化，直到明中期才逐渐得到改观。正德十五年（1520年）正月，王守仁在给抚州府金溪县三十六都儒籍陆时庆的《褒崇陆氏子孙》一文中，以陆学为得正传之学：

> 宋儒陆象山先生兄弟，得孔孟之正传，为吾道之宗派，学术久晦，致使湮而未显，庙堂尚缺配享之典，子孙未沾褒崇之泽。仰该县

① 王鏊. 震泽集：卷16，慈湖书屋记. 景印文渊阁四库全书，1256册. 304.

② 陆九渊. 陆九渊集：卷13，与郑溥之. 179.

③ 陆九渊. 陆九渊集：卷20，送毛元善序. 241.

④ 陆九渊. 陆九渊集：卷35，语录下. 455.

官吏将陆氏嫡派子孙差役，查照各处圣贤子孙事例，俱与优免。其间有聪明俊秀堪以入学者，具名送提学官处选送学肄业，务加崇重之义，以扶正学之衰。①

这是王守仁在江西任上对陆九渊学说的褒奖和认可之举。他的门人在王阳明年谱中也谈及王守仁对陆九渊心学思想的推崇和复兴的努力："象山与晦翁同时讲学，自天下崇朱说，而陆学遂泯。先生刻《象山文集》，为序以表彰之……先生论学于龙场，深病陆学不显，作《鸣冤录》以寄先生。称其身任斯道，庶几天下非之而不顾。"② 这说明即便是到了明代正德年间，陆九渊的心学思想仍然是被天下学者非议的对象。明代中期后，王阳明心学的兴起也逐渐引起理学家的极大担心和顾虑，后者认为王阳明学说蛊惑人心，是造成士风和世风日下的祸水。

陆九渊的心学思想，以"明心见性"为法，直指本心，其简易的思考方法与朴素纯净的价值追求虽然在明前期始终处于蛰伏和边缘的境地，但是其学说关注精神世界的澄净清明，拒绝平庸和支离的功名利禄，在明前期士林思想中仍然被少数人所追随和认可，并在底层的士林群体中时时涌动，这为明中期后王阳明心学的勃发提供了思想上的源头活水。

第二节　明前期理学主导地位的重构

道统之说滥觞于孟子，其言曰："由尧舜至于汤，由汤至于文王，由文王至于孔子，各五百有余岁，由孔子而来至于今，百有余岁，去圣人之世，若此其未远也，近圣人之居，若此其甚也。"认为孔子的学说上接尧、舜、汤、周文王，并自命是继承孔子的正统。"道统"一词由朱熹首先提出，《朱子语类》首论"道论"这一概念，如"子贡虽未得承道统，然其所知，似亦不在今人之后"③。又如"若谓只'言忠信，行笃敬'便可，则自汉唐以来，岂是无此等人，因其道统之传却不曾得？亦可见矣"④。

① 王守仁．王文成公全书：卷 17，褒崇陆氏子孙．北京：中华书局，2015：722.

② 王守仁．王文成公全书：卷 33，附录二·年谱二．1457.

③ 朱熹．晦庵集：卷 36，答陆子静．14.

④ 黎靖德．朱子语类：卷 19．景印文渊阁四库全书，第 700 册．374.

朱熹在《中庸章句》序言中正式明确提出“道统”的政治哲学概念：“《中庸》何为而作也？子思子忧道学失其传而作也。盖自上古圣神继天立极，而道统之传有自来矣。”朱子虽然最早将“道”与“统”合在一起讲“道统”二字，但“道统说”的创造者却并非朱熹，而是唐代韩愈。韩愈明确提出儒家有一个始终一贯的有异于佛老的“道”：“斯吾所谓道也，非向所谓老与佛之道也。”韩愈所说的儒者之道，即是“博爱之谓仁，行而宜之之谓义，由是而之焉之谓道，足乎已无待于外之谓德。仁与义为定名，道与德为虚位”。概括地说，也就是指作为儒家思想核心的“仁义道德”。“道原于天，具于人心，著于事物，载于方策。”① 千百年来，传承儒家此道者有一个历史的演化过程，这个过程就是“尧以是传之舜，舜以是传之禹，禹以是传之汤，汤以是传之文、武、周公，文、武、周公传之孔子，孔子传之孟轲，轲之死，不得其传焉”②。儒者之“道”的传授谱系也就是朱熹所说的“道统”。韩愈在《送王埙秀才序》中又说：“孟轲师子思，子思之学，盖出曾子。自孔子没，群弟子莫不有书，独孟轲氏之传得其宗。”韩愈本人则以孟子继承者自居，并自谦说：“韩愈之贤不及孟子，孟子不能救之于未亡之前，而韩愈乃欲全之于已坏之后。”③

到两宋后，程颐把其兄程颢尊为道统传人，他说：“周公没，圣人之道不行；孟轲死，圣人之学不传。道不行，百世无善治；学不传，千载无真儒。……先生出，揭圣学以示人，辨异端，辟邪说，开历古之沉迷，圣人之道得先生而复明，为功大矣。”④ 南宋大儒朱熹进一步将韩愈儒道传授系统的思想概括为“道统”，把伏羲列为首位，他在《中庸章句》中说：“自是以来，圣圣相承：若成汤、文、武之为君，皋陶、伊、傅、周、召之为臣，既皆以此而接夫道统之传。”⑤ 南宋绍熙五年（1194 年）十二月，朱熹筑成沧洲精舍，率诸生行释菜之礼，祝文曰：“恭惟道统，远自羲轩。集厥大成，允属元圣……周程授受，万理一原。”⑥ 但朱熹把韩愈排除在外，认为程颢、程颐继承孟子：“千百年来无人晓得，后都黑了。到程先

① 黄幹．勉斋集：卷 19，徽州朱文公祠堂记．景印文渊阁四库全书，第 1168 册．215.

② 韩愈．昌黎先生文集：卷 11，原道．续修四库全书，第 1309 册．559.

③ 韩愈．昌黎先生文集：卷 18，与孟尚书书．618.

④ 程颐，程颢．二程文集：卷 12，明道先生墓表．景印文渊阁四库全书，第 1345 册．724.

⑤ 朱熹．晦庵集：卷 76，中庸章句．582.

⑥ 朱熹．晦庵集：卷 86，沧洲精舍告先圣文．34.

生后，说得方分明。”[①] 又说：“吾少读程氏书，则已知先生之道学德行，实继孔孟不传之统。顾学之虽不能至，而心向往之。”[②] 黄幹在《朱子行状》中指出朱熹在儒道道统传承中的地位：“窃闻道之正统，待人而后传，自周以来，任传道之责，得统之正者，不过数人，而能使斯道章章较著者，一二人而止耳。由孔子而后，周、程、张子继其绝，至先生而始著。”[③] 又在《徽州朱文公祠堂记》中再次强调朱熹的道统传承地位：“尧、舜、禹、汤、文、武、周公生，而道始行；孔子、孟子生，而道始明；孔孟之道，周、程、张子继之；周、程、张子之道，文公朱先生又继之。此道统之传，历万世而可考也。”[④]《宋史·道学传》更充分肯定朱熹继承儒家“道统”的地位。

对儒家道统说进行哲学的分析，可以把儒家的道统归结为三个方面：认同意识、正统意识、弘道意识。明前期士大夫承继程朱理学道统思想的精神旨归，无论是齐家之道，还是治国之道，于“内圣”与“外王”之中坚守、传承、捍卫了儒家的道统思想和学说体系。有关明初理学重新确立的脉络，清代四库馆臣在《明史》中有如下论述：

> 原夫明初诸儒，皆朱子门人之支流余裔，师承有目，矩矱秩然。曹端、胡居仁笃践履，谨绳墨，守儒先之正传，无敢改错。学术之分，则自陈献章、王守仁始。宗献章者曰江门之学，孤行独诣，其传不远。宗守仁者曰姚江之学，别立宗旨，显与朱子背驰，门徒遍天下，流传逾百年，其教大行，其弊滋甚。嘉、隆而后，笃信程、朱，不迁异说者，无复几人矣。要之，有明诸儒，衍伊、洛之绪言，探性命之奥旨，锱铢或爽，遂启岐趋，袭谬承讹，指归弥远。至专门经训授受源流，则二百七十余年间，未闻以此名家者。经学非汉、唐之精专，性理袭宋、元之糟粕，论者谓科举盛而儒术微，殆其然乎。[⑤]

明前期理学大势走向为：“当明之初，宗朱者盖十八，宗陆者盖十二，弓冶相传，各守其说，而门户不甚张也。敬轩出而有薛学，康斋出，传之敬斋而有胡学，是许平仲以后之一盛也。白沙出而有陈学，阳明出而有王

---

① 黎靖德．朱子语类：卷 61．景印文渊阁四库全书，第 701 册．199．

② 朱熹．晦庵集：卷 78，建康府学明道先生祠记．619．

③ 黄幹．勉斋集：卷 36，朱子行状．428．

④ 黄幹．勉斋集：卷 19，徽州朱文公祠堂记．215．

⑤ 张廷玉，等．明史：卷 282，儒林传一．7222．

学，是陈静明、赵宝峰以后之一盛也。未几，王学不胫而走，不特薛、胡二家为其所折，而陈学亦被掩。波靡至于海门，王学之靡已甚。”① 兹以宋濂、刘基、薛瑄、曹端、吴与弼五人的理学思想为主线，分析明前期理学的概貌，并借以分析程朱理学所确立的明前期政治文化的精神气质。

一、宋濂的理学思想

宋濂，字景濂，浙江金华人，世称“潜溪先生”。生于元武宗至大三年（1310年），卒于明洪武十四年（1381年），明代“开国文臣之首”，是明前期理学的重要代表人物。刘基在《宋景濂学士文集序》中称赞宋濂：“若经，若史，若子、集，无不遍览辄能记忆。年未弱冠，文名播于遐迩。至正中，词林群公奏为国史编修，力辞不起。大明皇帝定鼎建业，丞相李韩公以名闻，即日遣使者奉书币聘致之，俾提举江南儒学，授皇太子经，擢居记注之职。会有诏纂修《元史》，东南名士，一时皆集，复命充总裁官。书成，入翰林为学士。海内求文者，项背相望，碑版之镌，照耀乎四方。高丽、日本、安南之使，每朝贡京师，皆问安否，且以重价购其《潜溪集》以归，至有重刻以为楷式者。儒林清议佥谓开国词臣当推为文章之首，诚无间言也。”② 他的入室弟子方孝孺在《潜溪先生像赞》中说他：“星斗之文，江海之量。优游玉堂，为天下望。”“卓然间气之挺出，粹然穷理而尽性也。”“事功、言语传于世者，乃其绪余。”③ 认为宋濂在穷理、尽性、事功、言语等方面都是元明之际承继理学的大儒。宋濂自认为接续宋元以来的程朱学脉，但是又杂糅佛道，中和陆学心法，其包含的学术态度，实际于明初社会思想文化的发展和形成有诸多益处。虽然士大夫极力排斥佛老之学，诋毁陆学心法，但是在民间社会，佛老思想已经成为庶民生活中精神世界和礼仪生活的一个重要寄托和依据，这一点是毋庸置疑的。

宋濂的世界本体论是“元气说”，他认为构成世界的本原是“气母”“元气”。“殊不知春夏之伸而万汇为之欣荣，秋冬之屈而庶物为之藏息，皆出于一元之气运行。气之外初不见有他物也。”“太虚之间，一降一升而能橐钥于无穷者，非气母也耶！气母之所孕，其出无根，其入无门，而其

① 全祖望．鲒埼亭集：卷28，陆桴亭先生传．四库丛刊影印本．

② 刘基．刘伯温集：卷2，宋景濂学士文集序．杭州：浙江古籍出版社，2011：124．

③ 方孝孺．逊志斋集：卷19，潜溪先生像赞二首．635-636．

应也甚神。人能察乎阴阳之变，而不凝滞于物者，其知鬼神之情状矣乎。”① 在气的生成运化作用下，天地之万物之心便形成了：“天地之大德曰生。夫生者，乃天地之心。虽阴阳之所运行，有开阖、惨舒之不齐。然天地之心，生生而弗息者，恒循环于无穷。”

宋濂基本的精神追求是修内心，成为圣人，所以他的理学伦理中有很强烈的修养内心的方法追求。“我所愿则学孔子也。其道则仁、义、礼、智、信也，其伦则父子、君臣、夫妇、长幼、朋友也。其事易知且易行也，能行之则身可修也，家可齐也，国可治也，天下可平也。我所愿则学孔子也。”② 在这个基础上，他对儒家经典的态度也反映了他修“吾心”的思想追求。他在《六经论》中指出：“六经皆心学也，心中之理无不具。故六经之言无不该。六经所以笔吾心之理者也，是故说天莫辨乎《易》，由吾心即太极也；说事莫辨乎《书》，由吾心政之府也；说志莫辨乎《诗》，由吾心统性情也；说理莫辨乎《春秋》，由吾心分善恶也；说体莫辨乎《礼》，由吾心有天序也；导民莫过乎《乐》，由吾心备人和也。人无二心，六经无二理，因心有是理，故经有是言。心譬则形，而经譬则影也。无是形则无是影，无是心则无是经。其道不亦较然矣乎。然而圣人一心皆理也，众人理虽本具，而欲则害之，盖有不得全其正者。故圣人复因其心之所有，而以六经教之。”又强调说：“圣人之道，唯在乎治心。”“大哉心乎！正则治，邪则乱，不可不慎也。”“然虽有是六者之不同，无非教之以复其本心之正也。”“六经实本于吾之一心。所以高者涉于虚远而不返，卑者安于浅陋而不辞，上下相习，如出一辙，可胜叹哉！”③ 他的学问中时时谈到追求吾心，颇有调和朱陆的思想追求。在他看来，单纯地格物致知并不能完全体会天地自然万事万物，必须参以内心的省察和体认才能实现透彻认知世界的哲学追求。“生学在治心，道在五伦，自以为至易至简……天地之理欲穷之而未尽也，圣贤之道欲凝之而未成也。”④

宋濂接受佛道思想，他有大量的有关佛教的著作。他在《观音大士观瀑像赞》中说“南瞻部洲东新罗国”，这也说明他接受佛教的四大部洲的世界本体论理论。他对《金刚经》中的教义就给予高度赞誉：“无著以一十八住为义，天亲以二十七疑为宗，发明理观事行之详，破一切执，断一

① 宋濂．宋濂全集：潜溪后集：卷7，温忠靖王庙堂碑．394．
② 宋濂．宋濂全集：潜溪前集：卷6，七儒解．192．
③ 宋濂．宋濂全集：潜溪前集：卷6，六经论．193．
④ 宋濂．宋濂全集：潜溪前集：卷7，白牛生传．201．

切疑。至于智境相即，能所俱妙，三观之圆融，三谛之冥泯，即一而三，即三而一，盖有不可思议者矣。”①

宋濂的理学思想后被方孝孺所继承：“某虽不足以知道者，然性命之说，尝闻诸父师矣。倘以为未当，而辱教焉，以明乎圣贤之旨，则敢不承命。”② 这体现在其接受宋濂的世界本体论和认识论等多方面，并且在宋濂调和朱陆、杂糅佛老的基础上，方孝孺的学问却逐渐精纯于理学。“方氏之学，以行为本，以穷理诚身为要，以礼乐政教为用。因人以为教，而不强人所不能；师古以为制，而不违时所不可。此其大较也。”③ 如对于元气之说，方孝孺就称：“元气者，斯道是也。自朱子殁，斯道大坏。”④ 说明方孝孺对宋濂世界本体论的认识是认可和赞同的。同时，从宋濂到方孝孺，他们均认同程朱理学“持敬”的修养方法：

> 夫敬为复善去恶之机，天理之所由存，人欲之所由消也。故人能一主乎敬，窔奥之间，俨乎若上帝之临，造次之顷，凛乎若圭璧之奉，妄思邪虑罔或萌蘖其中，而皆发于义也。以之事父则尽乎孝，而非欲人称己之孝而为之也。以之事君，则致其忠，而非愿乎富贵华宠而为之也。操之而不失，则内直。内直，则方外者在是，而圣人之天德，可庶几而至矣！故曰：“直方大，不习，无不利。”则不疑其所行也。学而至于不疑，其所行非几于圣，而能之乎！夫人皆可以与天同德，而不知主敬以明善。⑤

他们认为持敬的最终目的在于修养自己内心的仁义之性。“养之以敬，以澄其内。制之于义，以应乎外。”⑥ 方孝孺的理学逐渐精纯，他以非常严厉的态度批驳了佛老思想的荒诞不经，并且自觉与佛老思想保持清晰的思想边界，认为作为一名醇正的儒士，必须要断绝与佛老的丝毫联系。

宋濂的理学思想反映了元明之际一部分儒士的思想倾向：中和朱陆，杂糅佛老。元代对汉族知识分子施行较为宽松的文化政策，对汉族知识分子较为包容。元代书院林立，使得大量的汉族儒士能优游于山林，没有科举入仕的思想压力和对功名利禄的执着追求，因此元明之际的儒士接受佛

---

① 宋濂．宋濂全集：芝园前集：卷7，金刚般若经新解序．1472－1473．
② 方孝孺．逊志斋集：卷11，答林子山．355．
③ 方孝孺．逊志斋集：卷1，宗仪九首·务学．46．
④ 方孝孺．逊志斋集：卷11，答刘子传．351．
⑤ 方孝孺．逊志斋集：卷17，直内斋记．555－556．
⑥ 方孝孺．逊志斋集：卷8，郑氏四子加冠祝辞．254．

老和陆学心法就成为自然而然的事情。因此，宋濂作为明初的理学思想家，其思想中杂糅佛老的因素也是可以理解的。

二、刘基的理学思想

刘基，字伯温，浙江青田人。生于元武宗至大四年（1311 年），卒于明洪武八年（1375 年）。刘基理学对世界的认知，认为是气的一元论。他在其学说的核心著作《郁离子》中对此有过数次说明：

> 夫天浑浑然也，地包乎其中，气行不息，地以之奠。
>
> 天以其气分而为物，人其一物也。天下之物异形，则所受殊矣。①
>
> 天道幽微，非可亿也。然以吾观之，天裂，阳不足，是也；地动，阴有余，未必然也。夫天浑浑然气也，地包于其中，气行不息，地以之奠。今而动焉，岂地之自动乎？观乎地之动也，盖象夫震掉颤惕，而不为跳跃奋舞之状也。夫既不为跳跃奋舞，则岂地之自动乎？其必有以使之然矣。然则地之动也，非其自动也，由其所丽者有所不恒而使之然也。犹舟之在水，其动也由乎水，非舟之自动也。②

刘基对理与气的论述仍然是继承程朱理学对于理与气二者的关系理论，认为理是形而上的道，气是形而下的物；理是气的主宰，气是理的依托；人的气质之性的不同在于所禀受的气的差异，而非理的不同；气不同形成不同的气质之性的人，而人所具有的理是一致的。

> 天之质，芒芒然气也，而理为其心，浑浑乎惟善也。善不能自行，载于气以行。气生物而淫于物，于是乎有邪焉，非天之所欲也。人也者，天之子也，假于气以生之，则亦以理为其心。气之邪也，而理为其所胜，于是乎有恶人焉，非天之欲生之也。③

刘基的为学之道更突出儒者的身份认同，在他的理念中，格物致知是儒者为学修养的一种基本的内在精神。“儒者之道，格物以致其知，贵能推其类也。故观水而知学，观耨田而知治国，善推之而已矣。”④ 为达到求其心的目的，刘基接受程朱理学所坚持的“敬”的修养为学方法。“敬

① 刘基. 刘伯温集：卷 1，郁离子. 68.
② 同①76.
③ 刘基. 刘伯温集：卷 5，天说上. 186.
④ 刘基. 刘伯温集：卷 2，赠弈棋相子先序. 89.

也者，其万事之根本与，故圣人之语君子惟曰修己以敬。故禹汤以克敬而王，桀纣以不敬而亡。自天子至于庶人，岂有异哉?”“敬也者，不可须臾离也。”①

刘基基本的政治伦理思想体现在《春秋明经》一书中，在朱熹看来，“《春秋》大旨，其可见者，诛乱臣讨贼子，内中国外夷狄，贵王贱伯而已”②。刘基延续这一学说，认为“《春秋》之作，无非为存天理、正人伦计也。人事舛，则伦不正；天道僭，则理不明。圣人上奉天时，下立人纪，故有赏刑之庸，而有燮理之道焉。《春秋》，天子之事也，安得不于天人之际交致其谨也哉?”③

刘基政治思想中对君臣关系伦理最基本的观念是以道事君、引君当道。虽然从表现来说，这是一种臣子对君主的绝对的忠诚，但是必须要深入分析“道”这个观念，这种忠诚的背后是把君主治理天下、抚恤万民的思想和方法导入士大夫坚守的“道”的轨道上来，使君主成为“道”的最高的践行者，这种引君当道就是士大夫理想中的政治。“夫以道事君者，忠之大也。”④ 作为臣子的士大夫，其坚守的儒家思想学说即是理学所认可坚守的道统。“为臣而擅置其君，为子而专有其国，则皆得罪于王法矣。夫《春秋》为正名分而作也。”⑤ 刘基在《春秋明经》中表达的是理学所提倡的天下秩序和纲常名教，同时在其中也表达了民本主义的政治追求，他在《春秋明经》中数次提到“民本”二字。“夫国以民为本，而民以食为本，可不相时而轻用其力也哉?”⑥ 告诫君主，要用民以时。如果违背了民本的政治现实，就会招来灾祸。“困民以致灾者，理之常；悖道而获福者，理之变。”⑦“力役荐兴而民困，故天降之异为可忧。夫固国莫大于保民，而保民莫切于备患也。”⑧

刘基在三篇《官箴》中表达了其在政治场域中践行理学思想的精神旨归。他在《官箴上》中表达的主体思想是民本主义。“嗟尔司牧，代君抚绥。君禄我食，君令我施。”是对官的自我认知和定位。“邦本弗固，庶事

① 刘基. 刘伯温集：卷 11，敬斋箴. 222.
② 黎靖德. 朱子语类：卷 83，春秋纲领. 746.
③ 刘基. 刘伯温集：卷 26，春秋明经. 756.
④ 同③727.
⑤ 同③732.
⑥ 同③711.
⑦ 同③712.
⑧ 同③739.

咸堕。受寄匪辒，敢不肃祇？治民奚先？字之以慈。有顽弗迪，警之以威。振惰奖勤，拯艰息疲。疾病颠连，我扶我持。禁暴戢奸，损赢益亏。如农植苗，蚤夜孜孜。涝疏旱溉，无容稗秕。如良执舆，顺以导之。无俾旋泞，强策以驰。慈匪予爱，帝命溥时。威匪予憎，国有恒规。弱不可陵，愚不可欺。刚不可畏，媚不可随。无取我便，置人于危。”这是地方官员的本分职责。“无避我谤，见义不为。天鉴孔昭，民各有思。惠之斯怀，推之乃离。誉不可骄，器恶满欹。谤不可怒，退省吾私。人有恒言，视民如儿。”①

这是表达以民为邦本、视民如子的做官情怀。在这篇官箴中，刘基表达的中心思想是“民为邦本”的政治理念，官员代替天子扶绥万民，要以“慈”为中心，要爱民如子，要施行仁爱之政。

刘基在《官箴中》中主要警示胥吏的卑劣行径，当为官员警醒：

> 在昔隆古，分封国都。付之以民，俾养勿瘏。上下协心，各保乃区。明庶考绩，昭哉范模。秦废圣制，代德以狙。刀笔之权，始归吏胥。弄法舞文，聋痴瞽愚。流波至今，一任簿书。行立公庭，如雁如凫。我欲是求，我利是趋。摩揣官情，以逞觊觎。官惟好货，我甘以苴。官惟好名，我逢以谀。官惟畏嫌，我疑以污。官惟好惰，我淫以娱。官惟好猜，惑以多途。官惟好威，道以掊摅。语默有为，俯仰有须。觇容察辞，助忿乘愉。法度盈口，奸邪满躯。蛊智迷昧，欺庸陷迂。俾好作恶，以紫为朱。未获官心，姬姬儒儒。亦既获止，如登天衢。傲兀民士，凭陵里闾。恶积祸来，官与之俱。人有恒言，遇吏如奴。坚防固堤，犹恐或窬。矧曰听之，百姓何辜？是用作箴，敢告仆夫！②

《官箴下》主要从官员防微杜渐、道德养成等角度分析一位官员所应该具有的职业素养：

> 无谓余明，人莫能昧。离娄善察，不识其背。无谓予能，人莫敢欺。校人烹鱼，子产弗知。立事惟公，烛诈惟诚。小节勿固，小慧勿行。无矜我廉，守所当为。无沽我名，以生众疑。何以简讼？决之使通。何以弭贪？慎检乃躬。去谗斥佞，远吏近民。待人以宽，律己以

① 刘基．刘伯温集：卷11，官箴上．222-223．
② 刘基．刘伯温集：卷11，官箴中．223．

勤。无咎人弗信，忱至斯孚；无患人不闻，惟德不孤。德以进善，威以挫奸。德不可偏，威不可烦。无谓彼富，我必极之。无谓彼贫，我必直之。持心如衡，以理为平。无为避嫌，以纵无情。人有恒言，为臣不易。是用作箴，敢告有位!①

刘基在《嘉兴路重修陆宣公书院碑铭》中说明"士"的精神旨归，在明初政治文化逐渐形成的过程中，刘基的政治身份认同坚守了儒家的精神追求。"士有以一身任社稷之安危、一言回天下之趋向，盖其智足以识事机，其诚足以动人心，故能出入危邦，扶持庸君，宠之而不阿，违之而弗惩，知有国而不知有其身，若是，真可谓大臣哉！孔子称大臣以道事君，不可则止。其或先蒙君之知，而期尽心以报效，知过而不避，知难而不止。"② 他的所有哲学思想在政治领域和自我认同领域的最终归宿仍然是士这样一个基本的哲学身份范畴，他仍然是以士的身份去传承理学的道统，最终实现平天下、理万民的最高价值理想。

三、曹端的理学思想

曹端，字正夫，号月川，河南渑池人，生于明洪武九年（1376 年），卒于宣德九年（1434 年）。在明前期理学家中，曹端是能守先儒正传的人。他的后世弟子门人彭大、司马泽在正德年间曾上疏朝廷请求褒奖曹端在明前期理学传授中所发挥的作用和价值。"我朝一代文明之盛、经济之学，莫盛于刘诚意、宋学士，至道统之传则断自渑池曹先生始。"③ 黄宗羲在《明儒学案》中对曹端给予很高的评价："方正学而后，斯道之绝而复续者，实赖有先生一人。薛文清亦闻先生之风而起者。""先生之学，不由师传，特从古册中翻出古人公案，深有悟于造化之理，而以'月川'体其传，反而求之吾心，即心是极，即心之动静是阴阳，即心之日用酬酢是五行变合，而一以事心为入道之路，故其见虽彻而不玄，学愈精而不杂，虽谓先生为今之濂溪可也。乃先生自谱，其于斯道，至四十而犹不胜其渺茫浩瀚之苦；又十年，恍然一悟，始知天下无性外之物，而性无不在焉，所谓太极之理，即此而是。盖见道之难如此，学者慎毋轻言悟也哉。"④

① 刘基．刘伯温集：卷 11，官箴中．224.

② 刘基．刘伯温集：卷 12，嘉兴路重修陆宣公书院碑铭．227-228.

③ 黄宗羲．明儒学案．2.

④ 同③.

清人认为："至于明代理学，实肇于霍州曹端，其学以诚敬为主，力辟邪说，薛瑄称其质纯气粹，理明心定，为有明理学之冠。"①

曹端研修和传承理学，本于周敦颐的太极图说，参照以朱熹的论说讲义，并在此基础上有所发明，这说明曹端对朱熹的理学讲说并非照本宣科、一味继承，而是在此基础上有所取舍，有所体悟发明，这对明前期理学的进一步发展演变是有益的。"端成童业农，弱而学儒，渐脱流俗，放异端，然尚縻于科举之学者二十余年，自强而后，因故所学，而潜心玩理，几十年之间，仅有一发之见。而窃患为成书病者，如前所云，乃敢于讲授之际，大书周说而分布朱解，倘朱解之中有未易晓者，辄以所闻释之，名曰述解，用便初学者之讲贯而已，非敢渎高明之观听也。"②

曹端理学思想以太极为一切学说的根源和旨归。他认为"太极，理之别名耳。天道之立，实理所为。理学之源，实天所出"③。他认为一切天地万物的生成和运化都是太极气化形成的结果："因太极图说中有气化、形化、死生之说，乃述其意而作诗以自喻。"在描述太极的这种变化的时候，他在四首诗中分别给予描述：

> 《诗四首·气化》："太一分兮作两仪，阴阳变合化工施。生人生物都无种，此是乾坤气化时。"
>
> 《诗四首·形化》："乾坤气化已成形，男女雌雄牝牡名。自是生生有形化，其中气化自流行。"
>
> 《诗四首·死生》："阴阳二气聚时生，到底阴阳散时死。生死阴阳聚散为，古今造化只如此。"
>
> 《诗四首·轮回》："空家不解死生由，妄说轮回乱大猷。不有天民先觉老，孰开我后继前修。"④

曹端在《辨戾》一文中，系统阐释了周敦颐的太极图说的世界本体论思想。"天地间凡有形象、声气、方所者，皆不甚大。惟理则无形象之可见，无声气之可闻，无方所之可指，而实充塞天地，贯彻古今，大孰加焉？故周子言'无极而太极'。"⑤ 理是构成世界的本原，他认为无极即是

---

① 梁国治. 国子监志：卷 53. 景印文渊阁四库全书，第 600 册. 580-581.
② 曹端. 曹端集：卷 1，太极图说述解序. 北京：中华书局，2003：3.
③ 同②1.
④ 同②21-22.
⑤ 曹端. 曹端集：卷 7，曹月川先生录粹. 239.

理，所以他的学说的根源上溯于周敦颐的理学思想，并未完全接受朱熹的理学理路：

> 先贤之解太极图说，固将以发明周子之微奥，用释后生之疑惑矣。然而有人各一说者焉，有一人之说而自相龃龉者焉，且周子谓："太极动而生阳，静而生阴。"则阴阳之生，由乎太极之动静。而朱子之解极明备矣，其曰："有太极，则一动一静而两仪分。有阴阳，则一变一合而五行具。"尤不异焉。及观语录，却谓："太极不自会动静，乘阴阳之动静而动静"耳，遂谓"理之乘气，犹人之乘马，马之一出一入，而人亦与之一出一入"，以喻气之一动一静而理亦与之一动一静。若然，则人为死人，而不足以为万物之灵，理为死理而不足以为万化之原，理何足尚而人何足贵哉？今使活人乘马，则其出入、行止、疾徐，一由乎人驭之何如耳。活理亦然，不之察者，信此则疑彼矣，信彼则疑此矣，经年累岁，无所折衷，故为辨戾，以告夫同志君子云。①

曹端继承朱熹的"理一分殊"观，认为："天地之间，人物之众，其理本一，而分未尝不殊。以其理一，故推己可以及人。以其分殊，故立爱必自亲始。为天下者，以其心而不失其序，则天下之大，亲疏远迩，无一物不得其所。"②"大抵一理散为万物，万物合为一理，造化以此而已，圣人以此而已。""理有未穷，故其知有不尽，则其心之所发，必有不尽纯于义理，而无杂乎物欲之私。"③

曹端对"天理"与"人欲"二者之间的观念是"存天理，灭人欲"，认为学者对天理的理解杂糅进人欲就无法达到对天理的透彻感知。"学者须要天理、人欲之间见得分明，方始有益。一毫相杂，则学非其学而德非其德矣。"天理与人欲之间必须保持清晰的界限，使天理不受人欲的丝毫污染，才能最终达到对天理的体悟。"于天理、人欲之界上截然限断，使不正之言、非礼之色不得接吾耳目，则无以侵挠于内而天理宁矣。"④

针对佛老思想对庶民社会中礼仪行为的渗透，特别是已经开始进入儒士家庭的丧葬礼仪中，曹端是深恶痛绝的。曹端的父亲也深受佛老思想的

---

① 曹端．曹端集：卷1，辨戾．23-24．
② 曹端．曹端集：卷7，曹月川先生语录．213．
③ 同②209．
④ 同②209．

影响，为此曹端专门撰写《夜行烛》一书，劝诫其父摒弃佛老思想，回归理学的思想体系中。明前期，在庶民的基层社会中，特别是祭祀和丧葬礼仪中，佛老思想和礼仪已经相当普遍，这种现象受到当时儒士群体的反对，刘驷、方孝孺、薛瑄、曹端等坚持理学正统的儒士均持批驳的态度，希望用理学的礼仪规范重整天下的礼仪秩序和精神信仰。曹端的这种对佛老之学的批驳和反对是明前期士大夫反对佛老思想的一个重要典型：

> 儒家之礼，原出于天地，而制成于圣人。故自周公而上作之者，非一人。自孔子而下明之者，亦非一人矣。其在五经、四书详且备焉。彼释迦、老聃之书，本无斋醮之论，而梁武、宋徽之君，乃妄为斋醮之说，故武饿台城，而徽流落于金。将求冥福，俱遭显祸，诚万世之明鉴也。奈何人不知戒，踵谬成俗，流至于今，可胜痛哉！然出俗超凡，何代无人。宋程伊川先生家治丧不用浮屠，在洛亦有一二人家化之。元许鲁斋先生居乡里，凡丧葬一遵古制，不用释老二氏，士大夫家因以为俗，四方闻风亦有效之者。今欲明其礼而却其俗焉，以二先生为法。毋曰我下愚也，岂敢效大贤之所为哉？孟子不曰："人皆可以为尧舜。"况程许乎？葬家诗曰："葬家风水果何由？举世滔滔苦信求。我道如依风水说，阴阳个个做王侯。"①

因此，曹端特别重视家庭内伦理秩序，如儒家伦理道德中的男女有别思想，在曹端的《夜行烛》中就有明确的说明："男女有别，乃人伦之大体，正家之大经，礼之尤重者也。若或男女无别，则与禽兽无异。所以古之君子，必严内外之分，以谨男女之别。故自七岁以上至六十以下，不同席、不共食，其严如此。"② 其严格传承宋元以来的道学思想还体现在他的礼义贞节观中，他认为女人应从一而终，夫死改嫁是违背礼义贞节的事。"无礼无义不贞不节之妇，夫死而又适他人，不惟玷己之身，又且辱夫之行。"③ 从这则文献史料中可以推测，曹端生活的永乐到宣德年间，佛教与道教思想在基层社会民众的生活中普遍存在，其对于民众生活的影响已经相当深入和普遍。但是在曹端的思想和精神世界中，精致化的儒学即程朱理学思想才是社会中精神的主宰，并且是唯一的。

---

① 曹端．曹月川集．景印文渊阁四库全书，第1243册．3.

② 同①.

③ 同①5.

四、薛瑄的理学思想

薛瑄，字德温，号敬轩，山西河津县人。永乐十九年（1421年）进士，官至通议大夫、礼部左侍郎。生于洪武二十二年（1389年），卒于天顺八年（1464年），是明前期理学思想的主要代表。薛瑄是曹端后北方朱学的代表人物，开创“河东之学”，影响范围主要在山西、河南、陕西、北直隶、山东一带。清代理学家在论明前期理学家的时候，把薛瑄称为“明初理学之冠”“开明代道学之基”。

薛瑄的理学思想承继朱学，又有所更革。在世界构成本原的理气问题上，薛瑄继承了朱学的理气论。他说：“凡大小有形之物，皆自理气至微至妙中生出来，以至于成形而著。”①“天地万物，浑是一团理气。”② 虽然万物均从理气而来，理与气却又有区别。他说：“理极难说，太抵神妙不测，不问远近、幽深、大小、精粗，无乎不在。可见者是气，气之所以然便是理；理虽不离气而独立，亦不杂气而无别。看来理一齐皆具，而无一物能外之者。气则万变不齐，理则一定不易。”③ 即理是形而上的，是“万事万物自然之脉络条理也”。气是形而下的。薛瑄认为理与气不能融为一体，不可分先后，这与朱熹的“理在气先”论是不同的。对理气二者产生的先后关系，朱学认为：“未有天地之先，毕竟先有此理。”薛瑄对此提出更革：“气不可分先后。盖未有天地之先，天地之形虽未成，而所以为天地之气，则浑浑乎未尝间断止息，而理涵乎气之中也。及动而生阳，而天始分，则理乘是气之动而具于天之中；静而生阴，而地始分，则理乘是气之静而具于地之中。分天分地，而理无不在；一动一静，而理无不存。”④ “气有形，理无迹；气载理，理乘气。二者浑浑乎无毫忽之间也。”⑤ 既然是浑浑乎无毫忽之间的关系，理与气即不可毫发分离。“理气不可分先后”，“理只在气中，决不可分先后”，“理气虽不可分先后，然气之所以如是者，则理之所为也”⑥。他在一段论述中指出：

> 理如日光，气如飞鸟，理乘气机而动，如日光载鸟背而飞，鸟飞

① 薛瑄．薛瑄全集：读书录：卷2．太原：三晋出版社，2015：710．
② 薛瑄．薛瑄全集：读书录：卷3．734．
③ 薛瑄．薛瑄全集：读书录：卷4．770．
④ 同②730．
⑤ 同②747．
⑥ 同③762．

而日光虽不离其背，实未尝与之俱往，而有间断之处，亦犹气动而理虽未尝与之暂离，实未尝与之俱尽而有灭息之时。气有聚散，理无聚散，于此可见。①

薛瑄理学本体论的核心思想认为理气是构成万物的根本和源头，从理学推之人性，最终的目的是端正人心、恢复理学提倡的伦理秩序，也就是“以性为宗”与“复性为要”。他在《读书录》中有一段论述，很好地阐发了从本体论到伦理观的逻辑论证：

天地之间，物各有理。理者，其中脉络条理合当是如此者是也。大而天之所以健而不息，地之所以顺而有常，皆理之合当如此也；若天有息而地不宁，即非天地合当之理矣。以万物观之，如花木之生，春夏秋冬之各有其时，青黄赤白之各有其色，万古常然不易，此花木合当之理也；若春夏者发于秋冬，秋冬者发于春夏，青黄者变为赤白，赤白者变为青黄，即非花木合当之理矣。以至昆虫鸟兽，莫不各有合当之理。以人言之，自一心之所存，以至一身之所具，皆有降衷秉彝之性而不可易者，乃合当如是之理也。不如是，则非人之理矣。以至君之仁，臣之敬，父之慈，子之孝，夫妇之别，皆合当如是之理也；凡此一有不尽，则非人伦合当之理矣。此理之所以‘无物不有，无时不然’。语大，天下莫能载；语小，天下莫能破也。②

从“理气”论到“复性”的主张，薛瑄想为天下万世传道，这也是他的自我认知。他说：“道学相传，非有物以相授也。盖‘性者万物之一原’，而天下古今公共之理，即所谓道也。但先觉者能明是道，行是道，得其人而有以觉之，使之明是道，行是道，则道得其传。无其人，则道失其传矣。”③

最终的目的是要在明代朝堂和社会中确立宋儒朱学提倡的伦理秩序：“三纲五常立国之本，循之则治，违之则忽。”“人伦之当止者，如君止于仁、父止于慈、臣止于敬、子止于孝之类。推之万事万物皆有当止之则，必各得其所止，则天理得矣。”④ 薛瑄的政治理想是实现王道，为此他对王道的理解是：“所谓王道者，真实爱民如子。《孟子》所谓‘老吾老以及

① 薛瑄．薛瑄全集：读书录：卷5．782．

② 薛瑄．薛瑄全集：读书录：卷1．690-691．

③ 薛瑄．薛瑄全集：读书续录：卷5．991．

④ 薛瑄．薛瑄全集：读书续录：卷3．954，945．

人之老，幼吾幼以及人之幼’。上以是施之，则民爱之如父母者有必然矣。”① 这种王道思想的最终旨归仍然是民本思想，古代中国士大夫在哲学思想体系中始终把百姓置于所有理念和价值的中心位置，为生民立命是古代士大夫最朴素、最真实的价值追求。“王道君臣以至诚相与，如虞舜、皋、夔、稷、契、汤武、伊、傅、周、召是也。自汉初君臣皆以诈而不以诚，王道降矣。”② 在薛瑄的王道理念中，他认为君臣之间交往的核心是“诚”，他真诚地希望明前期的君臣能以诚相见、以礼相待，共同实现治国安民的政治理想。但是在明前期的政治生态中，这种坦诚相见、以礼相待的君臣关系始终不曾出现，士大夫虽有爱民之情，却始终蛰伏在皇权的政治高压之下，虽然在台阁体的歌颂皇权中，呈现了一派君臣和谐的治世景象，但是理学家所期许的君臣关系仍然是一种奢望和幻想。

薛瑄对释老之学亦持否定批判的态度。他说：“释老之高，只是无欲，无欲而灭绝伦理，故曰‘高而无实’。”③ 这种灭绝伦理的佛老追求，与理学的思想追求，显然是不能融合的。他评论《金刚经》“只欲说形而上之道，以形而下者为幻迹，此所以偏于空虚也。圣人则道器合言，所以皆实”④，说明佛教超脱万物的思想与儒家圣人的道器之论是冲突的。薛瑄反对佛老的思想是明前期理学家普遍的价值追求。

至于薛瑄一生政治功过，黄宗羲在《明儒学案》中总结如下：

> 前辈论一代理学之儒，惟先生无间言，非以实践之儒欤？然先生为御史，在宣、正两朝，未尝铮铮一论事；景皇易储，先生时为大理，亦无言。或云，先生方转饷贵州。及于肃愍之狱，系当朝第一案，功罪是非，而先生仅请从末减，坐视忠良之死而不之救，则将焉用彼相矣。就事相提，前日之不谏是，则今日之谏非，两者必居一于此。而先生亦已愧不自得，乞身去矣。然先生于道，于古人全体大用，尽多缺陷，特其始终进退之节，有足称者，则亦成其为文清而已。阅先生《读书录》，多兢兢检点言行间，所谓“学贵践履”，意盖如此。或曰：“七十六年无一事，此心惟觉性天通。”先生晚年闻道未可量也。⑤

① 薛瑄．薛瑄全集：读书续录：卷 3．953．

② 同①954．

③ 薛瑄．薛瑄全集：读书录：卷 4．772．

④ 薛瑄．薛瑄全集：读书录：卷 5．779．

⑤ 黄宗羲．明儒学案：师说．2-3．

薛瑄是明前期一位思想醇正的理学家，虽然在政治事功等方面，后世文人多有批评，但是从对理学传承、发展的功绩来讲，薛瑄在明前期做出了自己的贡献，并且对朱熹的理学也有修订之处。明中期后，随着王学的兴起，理学士大夫日益感到来自王学的威胁和冲击，把薛瑄作为端正理学正统的一个文化符号，提出薛瑄从祀孔庙的政治主张。经过一百年的努力，终于在隆庆五年（1571 年）获得皇帝批准，从祀孔庙。薛瑄成为明代第一位从祀孔庙的理学家，这也是对明前期理学的一个肯定和认可。

五、吴与弼的理学思想

吴与弼，字子傅，号康斋，江西抚州人，世称“康斋先生”。生于洪武二十四年（1391 年），卒于成化五年（1469 年）。创立“崇仁之学”，其弟子又分为“余干之学”与“白沙之学”。吴与弼的理学主要强调身心修养，不重视道德实践与天道自然。他的学术和事功全不在政治作为的“外王”，甚至在英宗征召他为太子老师的时候，他也坚持拒绝。他所有的心思全在“内圣”。他在《日录》中几次都提到了梦见孔子和朱子的经历。明仁宗洪熙元年（1425 年），“梦孔子、文王二圣人在南京崇礼街旧居官舍之东厢，二圣人在中间，与弼在西间，见孔圣容貌为详，欲问二圣人，生知安行之心如何。又仿佛将文王书一册在案披玩，似文王世系”①。梦见朱子在此条之下：“梦侍晦庵先生侧，先生颜色蔼然，而礼甚恭肃焉，起敬起仰也。”②

吴与弼的治学之道的主旨是“反求吾心”，变化气质。虽然后人说他是朱熹的信徒，但是他一生却不热衷于科举入仕，他把全部的精力用于修养内心、变化气质、成为圣人的价值追求中。

> 大抵圣贤授受，紧要惟在一敬字。人能衣冠整肃，言动端严，以礼自持，则此心自然收敛，虽不读书，亦渐有长进。但读书明理以涵养之，则尤佳耳。苟此心常役于外，四体无所管束，恣为放纵，则虽日夜苦心焦思读书，亦恐昏无所得，脱讲说得纸上陈言，于身心竟何所益？徒敝精神，枉过岁月，甚可惜也！③

他的为学之论也强调格物致知，认为：“圣贤教人，必先格物致知以

---

① 吴与弼．康斋集：卷 11，日录．景印文渊阁四库全书，第 1251 册．566.

② 同①.

③ 吴与弼．康斋集：卷 8，与友人书．520.

明其心，诚意正心以修其身。修身以及家而国而天下，不难矣。故君子之心必兢兢于日用常行之间，何者为天理而当存，何者为人欲而当去。涵泳乎圣贤之言，体察乎圣贤之行。优柔厌饫，日就月将，毋期其近效，毋欲其速成，由是以希贤而希圣，抑岂殊途也。”① 但是吴与弼的为学治学之功夫与朱熹的思想是有差异的。朱熹认为：“为学之道，莫先于穷理，穷理之要，必在于读书。”认为读书是“集义”，是“涵养德性本原”②。朱熹也认为心是“空豁豁地，更无一物”。心要能知，必须通过格物，通过外知而到内知，而不是发明“己心”。这也是朱熹的理学思想与陆九渊心学思想在治学读书问题上的最大不同处。吴与弼为实现“反求吾心”的治学追求，发明了“静观”和“夜思”两种功夫。所以他的文集中有很多安贫乐道、体认自然的思想，如“知止自当除妄想，安贫须是禁奢心”，“淡如秋水贫中味，和似春风静后功”③。这种“静观”并非禅宗的顿悟，亦与朱熹的治学方法大相径庭，因此四库馆臣在评价吴与弼的时候也说他“兼采朱陆之长”。

黄宗羲在《明儒学案》中评论：“康斋倡道小陂，一禀宋人成说。言心，则以知觉而与理为二，言工夫，则静时存养，动时省察。故必敬义夹持，明诚两进，而后为学问之全功。其相传一派，虽一斋、庄渠稍为转手，终不敢离此矩矱也。白沙出其门，然自叙所得，不关聘君，当为别派。於戏！椎轮为大辂之始，层冰为积水所成，微康斋，焉得有后时之盛哉！”④ 因为黄宗羲是王守仁心学的信徒，对“崇仁之学”推崇备至，对吴与弼的肯定也来源于陈献章、王守仁的师承关系。但是近代容肇祖在《明代思想史》中却认为，吴与弼“是朱学的信徒，他是极端拘守的，而且学问简陋，除‘四书’、‘五经’、宋儒著作外，几乎都不注意的”⑤。

宋濂、刘基、曹端、薛瑄、吴与弼是明前期理学家中的五位主要代表，其基本理学思想和方法延续宋元以来程朱理学的主旨思想和研究理路，引领了明前期理学发展的主流趋势，并且与政治权力相结合，逐渐成为明前期主流的思想意识形态化的理学。《宋明理学史》中对明代前期理学发展的演变走势有过这样一段论述：“通观有明一代前期一百多年的历

① 吴与弼．康斋集：卷10，厉志斋记．555.

② 朱熹．晦庵集：卷44，答江德功．311.

③ 吴与弼．康斋集：卷11，日录．568.

④ 黄宗羲．明儒学案：卷1，崇仁学案．14.

⑤ 容肇祖．明代思想史．郑州：河南人民出版社，2016：19.

史，虽然有三部理学大全的钦定，独尊程朱，但就程朱理学思想来说，宋濂的‘佞佛’，方孝孺的戆迂，曹端的《戾说》，在他们对朱学的‘体认’中，与朱学往往不能合辙，有的甚至对朱学是‘得其半而失其半’。后来薛瑄与吴与弼也是各走极端。薛瑄只重朱学的下学工夫，以至‘困于流俗’；吴与弼只重朱学的上达工夫，强调‘静观’‘洗心’，以至成为王学的肇端。在明代前期的理学中，由宋濂、曹端到薛瑄、吴与弼，所出现的这些思想变化，致使程朱理学的思想体系，被弄得‘支离破碎’，这不能不说是王学得以风靡一时的重要原因之一。”① 当学术思想逐渐走向一统和独尊的时候，思想逐渐成为知识和文本，成为儒生教授和传承的符号，在朝廷科举制度和皇帝权力的联合推动下，理学思想逐渐成为政治统治的思想工具，越来越失去其鲜活的思辨的哲学意味。朱陆“鹅湖之会”这类辩论激发起的思想火花逐渐被淹没，陆学所追求的内心的平静和体悟在明前期只停留在极少数儒士的内心中，与渐行渐远的理学正统相比越来越式微，却始终存在。

六、明前期理学的中期转向

明前期理学到明中期后经陈白沙到王阳明，心学思想逐渐勃发，并有取代程朱理学成为思想主流的可能。

陈献章，字公甫，号石斋，广东新会白沙里人，世称“陈白沙”，生于明宣德三年（1428年），卒于弘治十三年（1500）。他是明代儒学实现从理学到心学转变的开启人物。他在《与民泽》中持守程朱理学的心法：“圣人之学，惟求尽性。性即理也，尽性至命。理由化迁，化以理定。化不可言，守之在敬。有一其中，养吾德性。”② 二十七岁后，他的治学心法由体认自然、格物致知的理学学理逐渐过渡到静坐见性的心学学理。陈献章在与成化年间出任粤东提学佥事赵瑶的书信往来中，对其从读书穷理转向求之本心的过程有详细记载：

> 仆才不逮人，年二十七始发愤，从吴聘君学，其于古圣贤垂训之书，盖无所不讲，然未知入处。比归白沙，杜门不出，专求所以用力之方，既无师友指引，惟日靠书册寻之，忘寝忘食，如是者亦累年而卒未得焉。所谓未得，谓吾此心与此理，未有凑泊吻合处也。于是舍

① 侯外庐，邱汉生，张岂之. 宋明理学史：下. 6.

② 陈献章. 陈献章集：卷4，四言诗. 北京：中华书局，1987：278.

彼之繁，求吾之约，惟在静坐，久之然后见吾此心之体，隐然呈露，常若有物，日用间种种应酬，随吾所欲，如马之御衔勒也。体认物理，稽诸圣训，各有头绪来历，如水之有源委也。于是涣然自信曰："作圣之功，其在兹乎!"有学于仆者，辄教之静坐，盖以吾所经历，粗有实效者告之，非务为高虚以误人也。①

这里的吴聘君即江西吴与弼。他说在吴与弼处学理学格物致知时，并无所得。他要实现的是"理"与"心"的耦合融洽，埋头圣贤之书、格尽天下之物并不能实现他的儒学追求。只有静坐，"久之然后见吾此心之体"，这是陈献章实现由理学到心学转变的不二法门。他有一句学理名言："千休千处得，一念一生持。"② 这句感悟得到后世理学家的关注和诠释。王学后人罗洪先曾评论如下："白沙诗云：千休千处得，一念一生持。于千休之中而持一念，正出万死于一生者也。今言休而不提一念，便涉茫荡必不能休。言念而未能千休，便涉支离亦非真念。苟不知念则亦无所谓能休者，能念不期休而自休矣。"③ 高攀龙论此有云："白沙曰：千休千处得，一念一生持。若非千休亦无一念，当得大忿懥、大恐惧、大忧患、大好乐而不动，乃真把柄也。"④

陈献章的诗文中出现较多的佛教和道教思想，如《午睡起》中有："道人本自畏炎炎，一榻清风卷昼帘。无奈华胥留不得，起凭香几读《楞严》。"⑤《春兴》中有："野晴花簇白，山暖树更青。卯酒醉欲睡，午风吹又醒。闲拈曲江句，胜读《法华经》。自在山窗下，跏趺趣已冥。"⑥《邹吏目书至有作兼呈吴县尹》中有："天涯放逐浑闲事，消得《金刚》一部经。"⑦《病中寄张廷实，用杜子美韵》中有："胸中一部《莲华经》，江云浩浩江泠泠。"⑧《赠周成》中有："虚无里面昭昭应，影响前头步步迷。说到鸢飞鱼跃处，绝无人力有天机。"⑨ 陈献章的这种佛老思想，始终受到后世理学家的批评。清代陈廷敬在评论陈白沙诗时就指出："世多论白

① 陈献章．陈献章集：卷2，复赵提学佥宪．145.
② 陈献章．陈献章集：卷4，五言古诗．312.
③ 黄宗羲．明儒学案：卷18，江右王门学案三．424-425.
④ 高攀龙．高子遗书：卷1．335.
⑤ 陈献章．陈献章集：卷6，七言绝句．652.
⑥ 陈献章．陈献章集：卷4，五言律诗．344.
⑦ 同⑤684.
⑧ 陈献章．陈献章集：卷4，七言古诗．326.
⑨ 同⑤566.

沙，我大物小，物有尽而我无尽，至无而动，至近而神，致虚所以立本，谓为禅学。夫白沙之禅学，初不自讳也。其诗曰：'无奈华胥留不得，起凭香几读《楞严》。''天涯放逐浑间事，消得《金刚》一卷经。'盖其不自讳如此，初何尝似王阳明支吾闪烁，欲盖而弥彰耶？然阳明犹知释子之所谓道，必不容于吾儒之道，故文其说而阴用其实。若白沙者则并不知释之不可容于儒，故其沾沾自喜者正在此也。"① 这段评论指出，陈献章与王阳明同为心学，虽然被反对者批评均有"禅学"的思想，但是二者却有不同之处，陈献章认为儒学和佛学是可以兼容的。

总之，"白沙先生之学，以自然为宗，至其得要，则随动随静，终日照应，而不离彼"②。陈献章在明代再续陆九渊心学思想，开启明代心学思想大门，为明代理学到心学转变的发起者和创立者。

明代中叶，士大夫群体身处的政治生态与两宋相比极度恶化，其中在王守仁身上具体而深切的体现就是"去衣行杖"。这种当众脱衣棒打士大夫的惩罚方式是对士大夫身心的极度羞辱，冲击了士大夫的尊严和人格，是明代政治生态在明中叶后恶化的标志。三十五岁的王守仁在正德元年（1506 年）二月"上封事，下诏狱"。首当其冲就受此"去衣行杖"的侮辱。"是时武宗初政，奄瑾窃柄。南京科道戴铣、薄彦徽等以谏忤旨，逮系诏狱。先生首抗疏救之……疏入，亦下诏狱。已而廷杖四十，既绝复苏。"③ 贬谪贵州龙场驿驿丞。王阳明龙场悟道，创立以"致良知"和"知行合一"为核心的心学思想体系，并开门授徒，这是明代中叶思想史上的一大震动。"此学不明于世久矣，而旧闻旧习障蔽缠绕，一旦骤闻吾说，未有不非诋疑议者。然此心之良知，昭然不昧，万古一日。但肯平心易气，而以吾说反之于心，亦未有不洞然明白者。然不能即此奋志进步，勇脱窠臼，而犹依违观望于其间，则旧闻旧习又从而牵滞蔽塞之矣。"④

何良俊在《四友斋丛说》中对王阳明心学兴起在明代士大夫思想领域产生的震动评说如下："我朝薛文清、吴康斋、陈白沙诸人亦皆讲学，然亦只是同志。薛文清所著《读书录》，康斋、白沙俱有语录，正门人札记之以贻同志者。何尝召集如许人？唯阳明先生从游者最众。然阳明之学自

① 陈廷敬．午亭文编：卷 24，杂著．景印文渊阁四库全书，第 1316 册．370．
② 黄宗羲．明儒学案：卷 18，江右王门学案三．422．
③ 王守仁．王阳明全集：卷 33，年谱一．上海：上海古籍出版社，2011：1352．
④ 王守仁．王文成公全书：卷 6，答以乘宪副．267．

足耸动人……若阳明者，真所谓天人，三代以后岂能多见？而后世中才，动辄欲效之。呜呼！几何其不贻讥于当世哉！阳明同时如湛甘泉者，在南太学时讲学，其门生甚多。后为南宗伯，扬州、仪真大盐商亦皆从学，甘泉呼为行窝中门生。此辈到处请托，至今南都人语及之，即以为谈柄。甘泉且然，而况下此者乎！宜乎今之谤议纷纷也。”①

王阳明心学的政治用意也经历了从“得君行道”到“觉民行道”的思想过程。传统士大夫思想中“以道事君，不可则止”引申出士大夫的出处观，一旦无法实现“引君当道”的政治理想追求，士大夫往往选择逃避权力场域，达到独善其身的理想状态。王阳明的心学改变了传统士大夫的政治选择困境，当希望中的君主无法实现士大夫的政治道统寄托的时候，目标由君主到民众的依托对象的转移，即可以理解为从理学到心学的思想转型。王阳明“致良知”心学思想的最终目的是重建合理的人间新秩序，上承宋代理学血脉，下启明代心学学术。这是明代政治生态高压背景下，道统思想的无奈变异和改革，而非如明前期士大夫一味地屈从或者逃避。余英时对此总结如下：“概括言之，明代理学一方面阻于政治生态，‘外王’之路已断，只能在‘内圣’领域中愈转愈深，另一方面，新出现的民间社会则引诱它掉转方向，在‘愚夫愚妇’的‘日常日用’中发挥力量。王阳明便抓住了这一契机而使理学获得了新生命。”② 因此王阳明说：“你们拿一个圣人去与人讲学，人见圣人来，都怕走了，如何讲得行？须作个愚夫愚妇，方可与人讲学。”“我这里言格物，自童子以至圣人，皆是此等工夫。但圣人格物，便更熟得些子，不消费力。如此格物，虽卖柴人亦是作得，虽公卿大夫以至天子，皆如此做。”③

因为王阳明心学思想重视向内反思与思辨，明心见性，这与佛教思想有一定相通之处，因此明中后期后，明代士大夫因科举仕途受阻而处失意状态中时，多有谈禅悟道的行为。佛教与儒学的融合也在士大夫家书中得到体现。如王门弟子王樵就在家书中提到两者之间的融通，并且传授给家人相关体验：“万法皆空，人生要超然，看破便无事也。途中看《圆觉》《楞伽》《楞严》甚热，大抵佛家有助于孔子之教，不可不观。今寄《六祖坛经》《黄檗心要》二本，吾侄试一参之，当知我言之不妄也。”④ 王阳明

① 何良俊. 四友斋丛说：卷 4. 北京：中华书局，1959：32.
② 余英时. 宋明理学与政治文化. 196.
③ 王守仁. 王阳明全集：卷 3，记录三. 133.
④ 王樵. 方麓集：卷 9，与从子堅书. 景印文渊阁四库全书，第 1285 册. 277.

与其门人的家书成为王阳明心学在基层社会传播的一大渠道，阳明心学思想通过家书的方式渗入地方社会的宗族，带来明代中后期地方社会的变革。明代中后期，士大夫群体的精神旨归和价值取向发生明显的异动，进而导致明代基层社会价值观和生存观的变革。中国自明代中期，即16世纪中叶开始，基层社会变革趋势加剧，社会道德和价值观念包括两性观念、商业观念等都开始发生变异，解读明代中后期士大夫的家书情态和语境，似乎可以破解、透视明中叶以后社会变革的动因和取向。

第三节　明前期御赐书籍与理学传承

皇帝赐书是皇帝以朝廷名义赠予宗室成员、朝廷官员、学校、周边少数民族、外国的书籍。明代藩国、官员与宗室是皇帝赏赐书籍的主要对象。依据三者与皇帝关系性质的不同，皇帝对三者赏赐不同的书籍。书籍所宣达的主旨思想和文化寓意不同，同时承载不同的政治文化功能，实现朝廷不同的外交或政治目的。明代皇帝对藩国赐书的主要意涵是恢复华夷秩序、重建中华正统、诠释文化自信的外交表征；对官员赐书的意涵是宣达皇权至上、维护君臣关系、渲染政道合一的权力符号；对宗室赐书的意涵是宣扬孝道思想、巩固宗法秩序、形成天下表率的伦理标识。

明代皇帝所赐书籍主要有《皇明祖训》《大诰》《大诰续编》《大诰三编》《大诰武臣》《教民榜文》《为善阴骘》《孝顺事实》《圣学心法》《五伦书》等，这些书均修于明前期百年之内，都是在皇帝主持下由礼部和翰林院组织天下文人分次编修而成。在宣扬明朝皇权的合法性和正统性的基础上，御赐书籍把理学的基本精神传递给帝国的各个主要的政治主体。“列圣相承，前后一心，无非劝善警恶，导民归于礼教而已。”① 永乐年间，朱棣主持编修《为善阴骘》和《孝顺事实》，到明武宗正德十四年（1519年）定宗学教习之制，规定宗学“诵习《皇明祖训》《孝顺事实》《为善阴骘》诸书，而《四书》《五经》《通鉴》《性理》亦相兼诵读”②。御赐书籍对基层社会民户的影响，通过府、州、县学和卫所学校，逐渐向民间社会

① 倪谦．倪文僖集：卷25，乡试策二道．493．
② 张廷玉，等．明史：卷69，选举志．1689．

层层渗透。

明代皇帝御赐书籍的深刻用意被用在顺天府乡试的试题中，请士子们体会，皇帝御制书籍和赏赐天下具有深刻的政治寓意和文化内涵。政治上需要为天下端正政治伦理秩序，文化上用儒家的道德伦理规范君臣、百姓的社会行为，实现治国安民的政治目的：

> 问国家开科策士，必首举圣制为问，而经史时务次焉，尊时制也。在我太祖高皇帝时，则有《大诰》三编，太祖文皇帝时则有《为善阴骘》《孝顺事实》《性理大全》书，宣宗章皇帝时则有《五伦书》，英宗睿皇帝时则有《大明一统志》，及我皇上嗣位以来则有《续资治通鉴纲目》。或躬御翰墨次第成编，或分官纂修手赐裁定，顾其首简必亲制序文，或继志补作，以著述作大意，天下臣民家传人诵，佩服而体行者，盖已久矣。王言之博大，篇帙之浩瀚，固不可以一二指，亦不可以顷刻陈也。
>
> 请问：诸书述作之大意何居？见诸序文者何说？仰窥伏读之余，有得于心而愿体诸身者何事？夫不知其意而徒习其辞者，虽多无益；不体诸身而徒得其意者，虽精亦且无用。皆非所望于诸士子者。①

明前期御赐书籍成为朝廷端正正统思想、加强政治统治、实现君臣理学治国理念的工具，并在有明一代得以继承和坚持，这成为明前期政治生态中重构理学思想正统的方式和手段。

一、洪武朝朱元璋所修书籍

洪武十八年（1385年），朱元璋向天下颁布《御制大诰》一书，其中多条款项涉及社会伦理秩序的重构。如第22款《婚姻》就对前代元朝婚姻礼俗有诸多更革。“同姓两姨姑舅为婚，弟收兄妻，子承父妾，此前元之胡俗，朕平定之后，除元氏已成婚者勿论。自朕统一申明我中国先王之旧章，务必父子有亲、君臣有义、夫妇有别、长幼有序、朋友有信，方十八年矣。有等刁顽之徒，假朕令律，将在元成婚者，儿女已成行列。其无籍之徒，通同贪官污吏妄行告讦，致使数十年婚姻，无钱者尽皆离异，有钱者得以完全，此等之徒，异日一犯，身亡家破，悔之晚矣！胡人之俗，

① 李东阳．怀麓堂集：卷38，顺天府乡试策问三首．413-414．

岂止如此而已，兄收弟妇，弟收兄妻，子承父妾。有一妇事于父，生子一，父亡之后，其妾事于正妻之子，亦生子一。所以夫妇无别，纲常大坏，与我中国圣人之教何如哉！设理旧事，难为者多矣，所以元氏之事，不理为此也。今后若有犯先王之教，罪不容诛。"① 朱元璋的"御制大诰"第 74 款"颁行大诰"向天下申明："朕出是诰，昭示祸福，一切官民，诸色人等，户户有此一本，若犯笞杖徒流罪名，每减一等。无者，每加一等，所在臣民，熟观为戒。"② 朱元璋把其所规划的民间社会礼乐风俗通过政府法典的形式强力地推行到基层社会，使得明初基层社会恢复儒家的礼乐制度体系。

《皇明祖训》既是明太祖朱元璋主持编撰的典籍，内容是为巩固朱明皇权而对其后世子孙的训诫。初名《祖训录》，始纂于洪武二年（1369年），洪武六年（1373 年）书成，洪武九年（1376 年）修订，洪武二十八年（1395 年）更名为《皇明祖训》。朱元璋的《皇明祖训》为整个明代二百七十余年的政治统治确立了法典性质的统治规则，并且不许后世子孙更改一字，极大地彰显了《皇明祖训》的无上至尊的权威性，寄托了朱元璋创立明朝后最核心的政治理想和对后世皇帝最真实的期望。《皇明祖训》既是明代皇帝治理天下的基本法典，同时又是士大夫约束朱元璋后世子孙皇帝行为的一道律令。在晚明的政治生态中，士大夫在与皇帝权力博弈中的伏阙、乞休等政治行为中，往往拿出《皇明祖训》作为批驳当今皇帝的一个权威法杖：

> 朕观自古国家建立法制，皆在始受命之君。当时法已定，人已守，是以恩威加于海内，民用平康。盖其创业之初，备尝艰苦，阅人既多，历事亦熟，比之生长深宫之主，未谙世故，及僻处山林之士，自矜已长者，甚相远矣。朕幼而孤贫，长值兵乱，年二十四，委身行伍，为人调用者三年。继而收揽英俊，习练兵之方，谋与群雄并驱，劳心焦思，虑患防微，近二十载，乃能剪除强敌，统一海宇。人之情伪，亦颇知之，故以所见所行与群臣定为国法。革元朝姑息之政，治旧俗污染之徒，且群雄之强盛诡诈，至难服也，而朕已服之；民经世乱，欲度兵荒，务习奸猾，至难齐也，而朕已齐之。盖自平武昌以来，即议定著律令，损益更改，不计遍数。经今十年，始得成就，颁

① 朱元璋．御制大诰：第 22，婚姻．续修四库全书，第 862 册．249.

② 朱元璋．御制大诰：第 74，颁行大诰．265.

> 而行之，民渐知禁。至于开导后人，复为祖训一编，立为家法。大书揭于西庑，朝夕观览，以求至当。首尾六年，凡七誊稿，至今方定，岂非难哉？盖俗儒多是古非今，奸吏常舞文弄法，自非博采众长，即与果断，则被其眩惑，莫能有所成也。今令翰林编辑成书，礼部刊印以传永久。凡我子孙，钦承朕命，无作聪明，乱我已成之法，一字不可改易，非但不负朕垂法之意，而天地祖宗亦将孚佑于无穷矣。呜呼，其敬戒之哉！①

洪武十八年（1385年）十月颁布《大诰》，朱元璋在序言中明示天下：

> 朕闻曩古历代君臣，当天下之大任，闵生民之涂炭，立纲陈纪，昭示天下，为民造福。当是时，君臣同心，志同一气，所以感皇天后土之监，海岳效灵，由是雨旸时若，五谷丰登，家给人足，斯君臣之逝，遐且久矣。育民之功，载诸方册，犹如见存，君子读诵至斯，陡然情怀感激，仰慕于千万古之下，恨不目击耳闻，乐此升平以为庆幸。昔者，元处华夏，实非华夏之仪，所以九十三年之治，华风沦没，彝道倾颓，学者以经书专记熟为奇，其持心操节必格神人之道，略不究衷，所以临事之际，私胜公征，以致衍深旷海，罪重巍山，当犯之期，弃市之尸未移，新犯大辟者即至。若此乖为覆身灭姓见存者，曾几人而格非。呜呼，果朕不才而致是欤？抑前代污染而有此欤？然况由人心不古，致使而然，今将害民事理，昭示天下，诸司、敢有不务公而务私，在外赃贪酷虐吾民者，穷其原而搜罪之，斯令一出，世世守行之。②

洪武中期，官吏贪赃枉法、豪强兼并、逃避粮差日趋严重。朱元璋为维护封建统治，遂将"官民过犯"典型案例辑录成帙，仿周公《大诰》之制，于洪武十八年（1385年）冬刊布《大诰》七十四条，十九年（1386年）春刊布《大诰续编》八十七条，十九年冬刊布《大诰三编》四十三条；颁行天下，诰诫臣民，反映了明太祖治乱世用重典的思想。因为过于严酷和过多体现明太祖个人特征，《大诰》在洪武之后基本不再行用。《大诰》内分十种项目，颁之学宫以课士，令人人习之。不久又颁布《续编》

① 朱元璋．皇明祖训．165.

② 朱元璋．御制大诰．243.

《三编》。为了扩大《大诰》的影响，朱元璋把它们列为全国各级学校的必修课程，令科举考试从中出题。奉其旨意，行文国子监正官，严督诸生熟读讲解，以资录用，有不遵者则以违制论处。当时天下讲读《大诰》的师生来京朝见者多达十九万人，均赐钞遣还。永乐十七年（1419 年）三月，朱棣命礼部向天下公布诏令："自今科举取士，准《大诰》例，于内出题。"① 将如此众多的师生由全国各地召来京师讲读《大诰》，使得整个政府的行政和治民的基本思想达到高度的统一。

明朝对基层社会管理的总的理念是"保甲为经，宗族为纬"。明前期几位皇帝先后颁布了《为善阴骘》、《孝顺事实》与《五伦书》等朝廷规则到基层社会。洪武十四年（1381 年），明朝在全国范围内推行乡村社会的里甲制度。里甲制度成为自然村落之外的朝廷管理乡村社会模式，负责朝廷具体的赋税征收和人口统计等基本的义务。洪武二十一年（1388 年）三月十九日，明朝向天下发布《教民榜文》，这是一本具体处理地方社会事务的宣示榜文。其基本特征是在基层社会建立了完备的老人制度和里甲制度："一切小事须要经由本里老人、里甲断决，若系奸盗诈伪人命重事，方许赴官陈告。是令出后，官吏敢有紊乱者处以极刑，民人敢有紊乱者家迁外化。"② 希望每个基本的民户聚落选出老人和里甲，负责自然村落民户的司法和自然生活管理。洪武三十年（1397 年）九月，朝廷命户部下令："天下民每乡里各置木铎一，内选年老或瞽者，每月六次持铎徇于道路曰：'孝顺父母，尊敬长上，和睦乡里，教训子孙，各安生理，毋作非为。'又令民每村置一鼓，凡遇农种时月，清晨鸣鼓集众，鼓鸣皆会田所，及时力田，其怠惰者，里老人督责之。里老纵其怠惰不劝，督者有罚。又令民凡遇婚姻、死葬、吉凶等事，一里之内互相赒给，不限贫富，随其力以资助之，庶使人相亲爱、风俗厚矣。"③ 这基本代表了朱元璋洪武朝对基层民户的要求。

二、永乐朝朱棣所修书籍

明成祖永乐年间，官修的书籍除了《四书大全》、《五经大全》、《性理大全》以及《永乐大典》外，朱棣亲自主持编修，并且作为御赐书籍的主

① 明成祖实录：卷 210. 永乐十七年三月丁巳.

② 张卤. 皇明制书：教民榜文卷之八. 续修四库全书，第 788 册. 352.

③ 明太祖实录：卷 255. 洪武三十年九月辛亥.

要是《为善阴骘》、《孝顺事实》与《圣学心法》三书。

永乐七年（1409 年）二月，明成祖朱棣在北巡之前，把《圣学心法》一书草稿展示给翰林学士胡广等人，并说明该书主旨："古人治天下，皆有其道，虽生知之圣，亦资学问。由唐汉至宋，其间圣贤明训，具著经传，然简帙浩繁，未易遽领其要。帝王之学，但得其要，笃信而力行之，足以为治。皇太子，天下之本，于今正当进学之时，朕欲使知其要，庶几将来太平之望。秦汉以下，教太子者多以申韩刑名术数，皆非正道。朕间因闲暇，采圣贤之言，若执中建极之类，切于修身、齐家、治国、平天下者。"① 在得到胡广等人的极力肯定后，朱棣命名此书为《圣学心法》，并且命司礼监刊印。五月，书成，赐予皇太子朱高炽。此书"采辑圣贤格言，切于修身、齐家、治国、平天下之要者，为书四卷：曰君道、臣道、父道、子道"。第一卷标题是"君道"，主旨是"统言君道"，记述历代帝王的"君权天授"观。"夫大人者，与天地合其德，与日月合其明，与四时合其序，与鬼神合其吉凶。先天而天弗违，后天而奉天时。"② 第二卷分论"君道"诸条为：学问、敬天、法天、祀神、法祖、谨好恶、勤励、戒谨。第三卷分论"君道"条目是：德化、正内治、睦亲、仁政、育才、用人、纳谏、辨邪正、修礼乐、正名分。第四卷分论"君道"条目是：礼臣下、明赏罚、慎刑、理财、节俭、驭夷狄、征伐。第四卷其余部分为：父道、子道、臣道。朱棣在这本书中是要规定他理想中的君臣伦理和父子伦理，为天下和朝政的运行端正理学的秩序和权力结构。他通论臣道之中就列举历代先贤名臣对臣道的各种论述，基本精神就是要求臣子守臣道，臣道的核心理念就是孔子在《孝经》中表达的"以孝事君则忠，以敬事长则顺，忠顺不失以事其上，然后能保其禄位，而守其祭祀"③。对规范臣子之道，基本延续儒学对臣道的论述，如朱棣引朱熹对臣子之道的三条论述："一命之士，苟存心于爱物，于人何所不济?""直己守道，所以济时；枉道徇人，徒为失己。""为臣之道，当使恩威一出于上，众心皆随于君。若人心从己，危疑之道也。"④

朱棣御修《圣学心法》明言是书"承皇考太祖高皇帝洪基"，仿照唐太宗作《帝范》十二篇，以训其子曰："饬躬阐政之道，备在其中。"以

① 明成祖实录：卷 88. 永乐七年二月甲戌.

② 朱棣. 圣学心法：卷 1，君道. 续修四库全书，第 935 册. 302.

③ 朱棣. 圣学心法：卷 4，臣道. 429.

④ 同③431.

“六经圣贤之道”编辑成书。朱棣《圣学心法》中的“君道观”指出，君主是至高无上的权力中心。“夫君人者，尊居九重之上，而统临万物之表。智周乎天下，然后能应天下之务。”君主要治理天下，必须要修德善学：“《大易》以学聚问辨，为修德之首；《中庸》以学问思辨，为择善之功。”“是皆经传之名，言圣贤之彝教，循至其极，则可以参天地而赞化育，锡四海之纯福，开万世之太平，何莫不本于斯。”要涵养心志，修养德行，动静适宜，严宽合法，自然可取得治理天下的成果。全书主旨可从以下十个层面概述：

第一个层面是“君权天命”。朱棣为渲染皇权的合法性，首要任务是提出“天”的合法性和合理性，“敬天”是其心法的核心任务。

> 盖为治莫大于敬天，天者至尊无对，观其高高在上，若不吾见，然无时而不监焉；苍苍不言，若不吾与，然无时而不保焉。天之视听，相为感通，人心之敬忽有间，则天命之去留无常，吉凶晦否，匪降自天，实由于人，永保天命者，其在于敬乎？若夫天道不言，四时行而万物生，圣人设教，海宇宁而天下服。天道至诚无息，圣人之道亦至诚无息，天道至公无私，圣人之道亦至公无私。法天之行，体天之德，则上天眷顾，四海乂安。苟逆天之道，所行差忒，天命去之，人心违之，欲少假延于须臾，焉可得也。①

在“敬天”的基础上又延伸出“帝”与“神”，进一步神化了权力的至高无上，并且这种权力通过礼仪形式变成朝廷的政治行为，披上天道自然的合理性外衣。“天之主宰，谓之帝；阴阳不测，谓之神；海岳川渎，皆有攸司。凡飨帝祀神，尊祖配天，所以报本反始也。”由天到帝，到神，再到礼乐制度，逐渐把上天的权力人格化和仪式化，并且强化了帝国权力体系根源的神格化，最终的落脚点是皇帝权力的至尊无上和合理合法，这是顺应天道自然、符合天人感应的。

第二个层面是“祖宗之法”。朱棣在“敬天”的基础上，进一步论证“尊祖”的重要性。“靖难”始终是永乐朝野一道无法逾越的政治关节，朱棣本人亦对此有心结顾虑，“尊祖”在《圣学心法》中的提出，即是朱棣渲染永乐政权的合法性的做法，表示他承继了朱元璋的皇权，这种合法性来源于血统嫡传的身份认同。所以“尊祖”的核心在于遵从祖宗之法。

① 朱棣．圣学心法：序．289．

“祖宗立法，所以为后世也。当敬之、守之，不可以忽。继世之君，谨守祖法，则世祚延长；衰世之生，败其祖法，则身亡国削，监于成宪。”“道德仁义，教化之源。善治天下者，以道德而为郛郭，以仁义而为干橹。”①要防微杜渐、要辨别忠奸，时时省察，处处留意。

第三个层面是“亲睦宗族”。朱棣对宗室贵族的态度是要和睦宗亲。亲睦九族，才能平章百姓，这其实是按照理学修身、齐家、治国的顺序展开的。他这一表述的政治目的除了告诫后世子孙用人选任对于治理天下的重要作用外，也是为“靖难”后稳定宗藩贵族、获得皇室贵族的政治支持做舆论宣传。“自古圣君之为治，必先于亲九族，九族既睦，平章百姓，此唐尧之德也。夫睦亲者，人道之大者也，不违其所亲，则宗族之义全。是故建邦树屏，必于亲戚者，重维翰之寄也。”②

第四个层面是“养士用人”。朱棣指出：“致治之要，以育才为先。化民成俗，以学道为至，学不至道则不足以成才，是故养士必有素，求贤必得其效。”③ 国家的治理必须依靠贤德的士大夫，而成功培育治国理政有素的士大夫，首要在建立学校，选择良师。因此朝廷用人要选择贤才，审慎地使用，必须获得公论认可，不偏听于一人。“取之至公，用之至当。不以私昵而妨贤，不以非贤而旷官。”④

第五个层面是“礼乐文化”。朱棣认为礼乐是实现王道的必备因素，礼乐制度是朝廷治理的秩序准备。“夫礼者，治国之纪也；乐者，人情之统也。是故先王制礼所以序上下也，作乐所以和民俗也。非礼则无以立也，非乐则无以节也。教民以敬，莫善于礼；教民以和，莫善于乐。礼乐兴，则天地泰而君臣正，刑罚中而长养遂，故曰礼、乐、刑、政四达而不悖，则王道备矣。治天下者，必先于修礼乐。”⑤

第六个层面是“政治秩序”。朱棣要建立一个尊卑有序、贵贱有等的朝廷和社会秩序。这种政治统治秩序是稳定的层级结构，强调各种身份之间的不同责任和义务，这是政治伦理制度的社会实践。“夫天地者，尊卑之位也。君臣者，贵贱之等也。尊卑之义明，贵贱之等辨，则天地定而阴阳和，人伦序而名分正，是故圣王之于天下也，不使卑逾尊、贱凌贵、小

① 朱棣．圣学心法：序．291.
② 同①.
③ 同①292.
④ 同①292.
⑤ 同①294.

加大、庶先嫡，君君、臣臣、父父、子子各得其所而礼义立。孔子论为政必先于正名，春秋纪王法必严于谨分。治天下者必明乎此，则君臣正、父子亲、夫妇别、长幼顺，上以统下、大以维小、卑以成尊、贱以事贵，则朝廷之义明，而祸乱之源塞矣。人君之于臣下，必遇之以礼、待之以诚，不如是，不足以得贤者之心。夫君不独治，必资于臣，敬大臣非屈己之谓也，以道在是，而民之所观望者也，是故待下有礼，则天下之士鼓奋而相从，待下无礼，则天下之士纳履而远去。”①

第七个层面是“分明赏罚”。朱棣认为，治理万民要有清晰的赏罚准则，这样才能导民于善，惩治奸顽。“夫赏以旌善，罚以惩恶，赏当功则人劝，罚当罪则人服，执此之柄而行庆威，非至公至明者，弗足以语是道。”“使民见刑而远罪，迁善而改过。是故刑虽主杀而实有生之道焉，何也？盖禁奸革暴，存乎至爱，本乎至仁。制之以礼，而施之以义。始也，明刑以弼教；终也，刑期于无刑。”②

第八个层面是“实行仁政”。君主治理天下的最终目的是安定民心、恢复民业、为民谋。在论证民与财的关系时，朱棣表达的观点是“财聚则民散，财散则民聚”。国家税收不能夺民之力、取民之财，应该藏富于民。他认为“民者，邦之本；财者，民之心”。百姓是江山社稷的根基，要爱护百姓，就不能过度取财于民。“民本主义”是朱棣此书的基本政治追求。“民者，国之根本也。根本欲其安固，不可使之凋敝。是故，圣王之于百姓也，恒保之如赤子。未食，则先思其饥也；未衣，则先思其寒也。民心欲生也，我则有以遂之；民情恶劳也，我则有以逸之。教之树艺而使之不失其时，薄其税敛而用之必有其节。如此，则教化行而风俗美，天下劝而民心归。行仁政而天下不治者，未之有也。”③

第九个层面是“华夷秩序”。朱棣认为，华夷秩序是内外秩序的延伸，内外华夷秩序之间的边界是清晰的，驾驭夷狄的规则仍然是以怀柔为主，临兵为辅。怀之以道德，厚之以仁爱，防之以兵武。“驭夷狄有道，谨边备是也。严关防，守要害，修封域，明斥堠，务农讲武，养威蓄锐，此之谓也。其来侵犯，则有以御之；其来归服，则有以处之。毋先事以起衅，毋贪利以邀功。起衅邀功，损财耗力，中国疲弊，职此之由。大抵夷狄之

---

① 朱棣. 圣学心法：序. 295.

② 同①.

③ 同①291-292.

性无常，强则叛，弱则服，圣王驭之之道，不威以威，而惟怀以德，厚之以仁，而待之以信，不以其归顺也，而弛边防；不以其衰微也，而忘讲武。是以内治外安，四夷宾服。”①

第十个层面是“君臣关系”。朱棣认为，君臣关系的纽带是臣要“以道辅君”“引君当道”“格君之非”，作为臣子要“正己守道”，因此“道”是君臣关系的核心，“道”的最终的价值追求仍然是治国安邦、理政安民。“夫君者，元首也；臣者，股肱也。君统乎臣，臣辅乎君。匡弼左右，务引君以当道；责难陈善，毋陷君于有过。克己奉公，以尽其职。正心修德，必先爱人。勿矜其能，勿伐其功。毋以不肖而妒贤，毋以阴险而贼善。毋恃恩以要誉，毋弄权以作威。毋险谲以逞奸欺，毋骄恣以成怠傲。小心畏慎，恭俭和柔。不枉道以徇人，必正己以守道。致其君为尧舜之君，致其民为尧舜之民。”②

朱棣说这本《圣学心法》都是取“圣贤之言”锤炼而成，目的是垂示后世子孙。他强调“天命观”和“德行观”，认为天命不是亘古不变的，所以要修养德行，只有修养了德行，才能获得上天的认可，“天命无常，惟德是与”，只有修养道德，才能合乎天心天命。“惟能修德，以合天心。”为了达到这样的目的，他告诫后世子孙要“以道制欲，以理制心”。其中“道”与“理”正是明前期理学所重点诠释的两个政治哲学概念。

永乐十七年（1419 年）三月十三日，朱棣主持修纂的《为善阴骘》颁行。这本书“采辑传记，得百六十五人，复各为论断以附其后，并系以诗，次为十卷”③。其基本的政治寓意仍然是要向天下宣达儒家的伦理道德，基本精神就是仁义与忠厚。如在《蒋王灵应》传中，朱棣评语中说朱元璋能定鼎金陵是得到了“神阴加佑”。并且说自己从小受疢疾所困，其后皇考、皇妣“致祷于神，冀加保佑”，“果蒙神庇，寻获痊安”④。在《二真成仙》传中，朱棣的评语是：“为人臣而功施社稷、泽被生民者，必生为英杰，死为明神。”⑤ 在《鲁恭三异》传中，朱棣的评语是：“县令所以牧民，而民之休戚系焉！故令贤则一邑之人受惠，否则人受其害，有不

① 朱棣. 圣学心法：序. 296.
② 同①300.
③ 朱棣. 为善阴骘：序. 四库全书存目丛书，子部，第 121 册. 597-598.
④ 朱棣. 为善阴骘：卷 1，蒋王灵应. 601.
⑤ 朱棣. 为善阴骘：卷 1，二真成仙. 603.

可胜言者矣。”[①] 在《仁杰申理》传中，朱棣的评语是：“君子长者之心，凡可以申其义而达其仁者，无所不极其至焉。”[②] 在《有功仁恕》传中，朱棣的评语是：“刑者，民命所关，圣人甚重而不敢轻也。苟司刑者，以残刻为心，滥及非辜，生民无所措手足，有能主之以仁，行之以恕，使刑得其平，则民无冤，天下被其泽矣。”[③] 这本书基本的精神是导人向善，有很浓重的善恶报应的思想，儒家传统认知是“积善之家，必有余庆；积不善之家，必有余殃”。

永乐十八年（1420 年）五月十一日，朱棣颁布《孝顺事实》一书，其主旨精神是向天下臣民宣扬孝顺精神。“天经地义，莫尊乎亲。降衷秉彝，莫先于孝。故孝者，百行之本，万善之原。大足以动天地、感鬼神；微足以化强暴、格鸟兽、孚草木。是皆出于天理民彝之自然，非有所矫揉而为之者也。”[④] 朱棣命史臣考历代史书，采集二百零七位孝子的孝行事迹，在每一位孝子事迹后御制评语，同时赋诗以赞之。如《姜诗出鲤》记中，朱棣在评语中说：“人之立身，莫大于孝。”[⑤] 如《刘平感盗》记中，朱棣在评语中说：“孝者，百行之本，乃天性之自然，而人心之同然者也。是以孝诚之至，则可以动天地，感鬼神，而况于人乎？故虽盗贼，亦足以感发其心，盖其性非有异也。”[⑥] 朱棣作《孝顺事实》，在向天下万民宣传孝顺精神的基础上，为治理朝政，管理官僚，必然要求臣子能移孝于忠。因此，在《孝意死节》记中，朱棣在评论中说：“夫孝，始于事亲，中于事君。盖事君之忠，即事亲之孝也。人惟父生而君食之，故事之如一也，忠孝岂有二道哉？”[⑦]《孝顺事实》一书几乎涵盖了古往今来历史上有记载的所有孝顺事例，除了子女对父母尽孝事例外，还有妇人孝顺公婆的孝行事例。如《赵妇鬻子》记中，朱棣评论：“妇事舅姑，犹子事父母。凡可以致其孝者，当无所不竭其心焉！”[⑧]

永乐十八年（1420 年）六月，颁布《孝顺事实》于文武群臣及两京

---

① 朱棣．为善阴骘：卷 2，鲁恭三异．612．
② 朱棣．为善阴骘：卷 3，仁杰申理．624．
③ 朱棣．为善阴骘：卷 3，有功仁恕．624．
④ 朱棣．孝顺事实：序//北京图书馆珍本丛刊，第 14 册．489．
⑤ 朱棣．孝顺事实：卷 1，姜诗出鲤．504．
⑥ 朱棣．孝顺事实：卷 1，刘平感盗．500．
⑦ 朱棣．孝顺事实：卷 5，孝意死节．555．
⑧ 朱棣．孝顺事实：卷 10，赵妇鬻子．620．

国子监、天下学校。[①] 并命户科给事中胡濙“巡游天下，以访异人为名，实察人心向背。时御制《性理大全》《为善阴骘》《孝顺事实》书成，俾公以此劝励天下，以故虽穷乡下邑，轨迹无不到”[②]。朱棣“尝巡北京，以仁宗随行，道途所经过农家，遍览农具及其衣食。且谕以农民勤苦之事。曰：‘此为帝王者不可不知也。’遂作《务本之训》以授仁宗，又《为善阴骘》《孝顺事实》二书以风厉天下”[③]。

除了上述几书外，朱棣还为徐皇后主持编修的《古今列女传》亲写序文，颁之六宫，行之天下。[④]

三、宣德时期朱瞻基的《五伦书》

明英宗正统十二年（1447 年）五月初二，正式向天下颁布明宣宗朱瞻基从宣德年间开始修纂的《五伦书》。此书共六十一卷，卷一为五伦总论，其余六十卷分别论述君道、臣道、父道、子道、夫妇之道、朋友之道、师生之道。卷二到卷二十三论述君道，卷二十四到卷五十三论述臣道，这两个部分是《五伦书》主体。卷一是五伦总论，从《五经》对五伦的论述开始，到《易》中的“父父、子子、兄兄、弟弟、夫夫、妇妇而家道正，正家而天下定矣”[⑤]。到宋代理学家张栻的“天地位而人生乎其中，其所以为人之道者，以其有父子之亲、长幼之序、夫妇之别，而又有君臣之义、朋友之交也”[⑥]。最后到元代大儒许衡的“君知君道，臣知臣道，则君臣各得其所矣；夫知夫道，妇知妇道，则夫妇各得其所矣”[⑦]。把亘古以来关于五伦的论证几乎均囊括在内。

卷一五伦总论后，其余各卷分论君道、臣道等。《君道》细分为嘉言、圣德、圣学、敬天、法祖、圣孝、谦德、谨戒、戒欲、节俭、惇信、刚明、礼乐、重祀、建储、睦亲、封建、德化、勤政、制治、命官、求言、听纳、养老、崇儒、兴学、育才、知人、求贤、用贤、仁民、重农、正名、报功、褒嘉、赏罚、去邪、恤刑、宥过、兵政、马政、征伐、命将、

① 明成祖实录：卷 226. 永乐十八年六月辛丑.

② 徐纮. 明名臣琬琰录：卷 24，礼部尚书忠安胡公神道碑铭. 景印文渊阁四库全书，第 453 册. 262.

③ 黄佐. 翰林记：卷 13，修书. 997.

④ 同③996.

⑤ 朱瞻基. 五伦书：卷 1，五伦总论. 续修四库全书，第 935 册. 508.

⑥ 同⑤510.

⑦ 同⑤511.

驭夷、贞淑、内助、治内、逮下、教育等诸款。君道部分包含了中国古代文献和先贤在政治伦理中对君主政治责任、执政行为的所有理解和期许，以儒家对君主的角色和责任认知为主体，亦有老子和庄子对君主的论证。主要从两个方面开展论述，一是列举历朝文献和先贤对君主道德品行、政治行为等方面的警示之语；二是举出和各个条款相关的历史案例。如在“节俭”一款中，就有洪武元年（1368年）十一月，明太祖在宫中隙地种菜的事例：“太祖皇帝退朝还宫，皇太子、诸王侍，太祖指宫中隙地谓之曰：‘此非不可起亭馆台榭为游观之所，今但令内史种蔬，诚不忍伤民之财，劳民之力耳！昔商纣崇饰宫室，不恤人民，天下怨之，身死国亡。汉文帝欲作露台，而惜百金之费，当时民安国富。夫奢俭不同，治乱悬判。尔等当记吾言，常存儆戒。’”①

《臣道》细分为嘉言、辅德、经国、典礼、典铨、考课、荐举、守法、持正、刚正、谏诤、弹劾、忠义、识大体、政治、教化、正俗、恤民、抚字、劝农、平赋、决狱、备荒、救灾、理财、水利、屯田、奉使、将略、御边、除寇、镇静、恩信、正学、勤励、笃行、明敏、智识、忠谨、德量、廉介、谦让、不欺、恬退等诸款。这涵盖了古代中国皇帝对臣子美好品德的全部希望，是明前期国家层面对官僚士大夫能力素养、品行道德、气节操守等全面的理解和考察。《五伦书》中的《臣道》部分仍然是先用箴言警示教育，再举历朝名臣典范引导，晓谕天下臣子。如“嘉言”款中，举南宋胡铨警示嘉语：“臣事君，犹子事父，知无不言，若于君有隐，则于父亦有隐也，非忠孝也。”②“谏诤”款中，又举胡铨谏止高宗见金朝使臣一事，其语曰：“陛下一屈膝，则祖宗庙社尽污夷狄，祖宗之赤子尽为左衽，朝廷宰执皆为陪臣。异时豺狼无厌，安知其不加我以无礼如刘豫。夫三尺童子无知，指犬豕而使之拜，则怫然怒，堂堂天朝相率而拜犬豕，曾无童稚之羞耶！”③《臣道》在选材中不仅取程朱理学的臣道嘉言，亦取陆九渊关于臣道的论述。取朱熹嘉言如下条目：

> 1. 古之君子居大臣之任者，其于天下之事，知之不惑，任之有余，则汲汲乎其时而勇为之。知有所未明，力有所未足，则咨访讲求

① 朱瞻基. 五伦书：卷7，君道. 575.
② 朱瞻基. 五伦书：卷24，臣道. 803.
③ 朱瞻基. 五伦书：卷32，臣道. 43.

以进其知，扳援汲引以求其助，如救火追亡，尤不敢以少缓。上不敢愚其君，以为不足与言仁义；下不敢鄙其民，以为不足以兴教化；中不敢薄其士大夫，以为不足以成事功。一日立乎其位，则一日业乎其官；一日不得乎其官，则不敢一日立乎其位。有所爱而不肯为者，私也；有所畏而不敢为者，亦私也。屹然中立，无一毫私情之累，而唯知其职之所当为者。夫如是，是以志足以行道，道足以济时，而于大臣之责，可以无愧矣。

2. 士大夫出身事主，上则使其君为尧舜之君，下则使其民为尧舜之民。

3. 诚以天下之事为己任，则当自格君心之非始。欲格君心，则当自身始。

4. 欲图大者，当谨于微。欲正人主之心术，未有不以严恭寅畏为先务，声色货利为至戒。

5. 大臣以得士为功，下士为难，而士之所守，乃以不自失为贵。

6. 于天下之事有可否，则断之以公道，而勿牵于内顾偏听之私。于天下之议有从违，则开以诚心，而勿误为阳开阴阖之计，则庶乎德业盛大，表里光明，中外远迩心悦诚服。

7. 守官只要律己公廉，执事勤谨，昼夜孜孜，如临渊谷。

8. 臣子无爱身自佚之理。

9. 今入仕官不能尽心尽职者，是无那先其事而后其食底心。①

对陆九渊臣道嘉言选取如下：

1. 共其职，勤其事，心乎国，心乎民，而不为身计，其得不谓之君子乎？

2. 古人所以不屑于间政适人，而必务有以格君心者，盖君心未格，则一邪黜一邪登，一弊去一弊兴，如循环然，何有穷已。及君心既格，则规模趋向有若燕越，邪正是非有若苍素。大明既升，群阴毕伏，是琐琐者亦何足污人牙颊间哉！②

其余为《父道》《子道》《夫妇之道》《朋友之道》，体例与《君道》

---

① 朱瞻基. 五伦书：卷24，臣道. 804. 这几条在《性理大全集》卷65《君道》中亦有收录。
② 朱瞻基. 五伦书：卷24，臣道. 805. 第2条在《性理大全集》卷65《君道》中亦有收录。

《臣道》一致。《五伦书》以《师生之道》为最后一卷。此卷中特举两例。一例是南宋陈淳师学朱熹之事："陈淳少习举子业，林宗臣见而奇之，曰：'此非圣贤事业也。'因授以《近思录》。淳退而读之，遂尽弃其业。朱熹来守其郡，淳请受教。熹曰：'凡阅义理必穷其原，如为人父，何故止于慈？为人子，何故止于孝？其他可类推也。'淳闻而为学益力，日求其所未至。熹数语人以：'南来吾道，喜得陈淳。'门人有疑问不合者，则称淳善问。"① 说明南宋理学道统之传谱系之一。另一例是元代大儒许衡国子监教授之事："出入进退，其严若君臣。其为教，因觉以明善，因明以开蔽，相其动息以为张弛。课诵少暇，即习礼，或习书算。少者则令习拜跪、揖让、进退、应对，或射，或投壶，负者罚读书若干遍。久之，诸生人人自得，尊师敬业，下至童子，亦知三纲五常，为生人之道。"②

正统初年御赐《五伦书》的政治目的在于："欲嘉与万方，讲求其理，将以施之于身，行之于家，而达之于邦国，俾咸囿仁义、忠孝、慈良之域而后已，是即帝尧亲睦九族、帝舜慎徽五典、大禹祗台德先、成汤肇修人纪、文武明德重民，五教之所为也。"③ 正统十三年（1448 年）九月，颁布于天下儒学。

四、明前期御赐书籍的政治寓意

明前期皇帝所修的书籍，经常用来赏赐给皇亲宗室成员、文武官员等，这些人也以得到御赐书籍为一种政治荣耀，并在家内设置藏书楼等专门房间布置御赐书籍，同时会在行状、年谱等传记类记述中做重点的记载。宗室是皇帝赐书一大主体对象，在《明实录》中，此种史料甚为多见。如景泰二年（1451 年）十月，御赐鲁王朱肇辉《孝顺事实》等书十三部，褒城王朱范堮《五伦书》一部。④ 这种宗室成员向朝廷请求赐予书籍的行为贯穿了整个明朝历史，从朝廷角度讲，是向宗室宣达孝顺忠义的思想，从宗室成员角度讲，向朝廷请书是表达忠心节义的行为，各有其政治寓意和功能。嘉靖时期士大夫胡直撰写的《胡氏世叙》中说，胡氏宗族在教育弟子时，"家居称引《内则》、《少仪》及《孝顺事实》、《为善阴

① 朱瞻基. 五伦书：卷 62，朋友之道. 续修四库全书，第 936 册. 372.
② 同①373.
③ 朱祁镇. 五伦书：序. 500.
④ 明英宗实录：卷 209. 景泰二年冬十月庚午.

骘》，二书语恳恳敷肾肠，群从子弟服行凛凛，无饮博忿争者"①，"无非劝善警恶，导民归于礼教"②。

这些书在明代始终发挥了重要的政治文化功能。成化三年（1467年）十二月，国子监助教李伸提出："御制书籍如《大明律》《大诰》《为善阴骘》《孝顺事实》《五伦书》诸书皆化民成俗之道，切于日用常行之实，凡在臣民俱宜佩服。乞敕该部行令天下有司，每遇朔望谒学，督令师生逐一讲说，使在官人等悉得预闻大义。不惟官吏通晓法律，而人皆敦崇孝道、修行善事，以成丕变之风矣。"③ 嘉靖十年（1531年），"吏部右侍郎周用、刑部右侍郎朱廷声、通政使司右通政郧绅、大理寺卿周期雍、刑科都给事中陈守愚、江西道监察御史丘道隆、尚宝司司丞鲍说、中书舍人周一元等及五十余人，各疏乞赐《款天记》《颂祖德》《诗传训》《无逸殿碑记》《明伦大典》《大学衍义》诸书籍"。礼部尚书夏言等奏曰："祖宗以来，赐书皆出自持思，以示宠渥，非亲信大僚、侍从儒臣鲜得与焉。未有比例陈乞，若是纷纷者者，今诸臣所请如卿佐、如台谏，固宜给之。下是则职有案卑，体有轻重与否惟圣裁。"④ 这说明，在嘉靖之前能得到御赐书籍的官员多为皇帝身边的亲信侍从之大臣，品级不高的官员一般获得不了皇帝的赐书。但是此次中书舍人和尚宝司司丞均是六品以下的低级官员，嘉靖皇帝却诏准全部给予赏赐。

皇帝御赐书籍成为恩礼大臣的一种政治待遇，成为臣子的一种政治礼遇。赐给大臣书后，他们一般会记文表示感谢，如杨士奇有《赐〈为善阴骘〉百官谢表》⑤，杨荣和金幼孜均有《御编〈为善阴骘〉书颂》。正统间，礼部尚书倪谦在文集中记载，永乐年间詹事府少詹事邹济辅导皇子读书，得到明成祖朱棣嘉奖曰："这老秀才还好，时《为善阴骘》书新成，未颁特赐一本。"⑥ 正统十三年（1448年），南京礼部尚书魏骥"迁南京吏部尚书，赐《五伦书》《五经》《四书》《孝顺事实》《为善阴骘》等书"⑦。御赐书籍成为朝廷和皇帝褒奖臣子道德操守和忠臣之义的一种政治行为。正统朝内阁大学士李贤在《古穰集》卷22中有《赐五伦诸书》，记被正统

---

① 胡直．衡庐精舍藏稿：卷8，胡氏世叙．景印文渊阁四库全书，第1287册．302-303．

② 倪谦．倪文僖集：卷25，乡试策二道．493．

③ 明宪宗实录：卷49．成化三年十二月戊戌．

④ 明世宗实录：卷132．嘉靖十年十一月丁丑．

⑤ 杨士奇．东里续集：卷44，赐《为善阴骘》百官谢表．272．

⑥ 倪谦．倪文僖集：卷25，恭题宠荣录后．486．

⑦ 毛奇龄．西河集：卷73，明南京吏部尚书荣禄大夫谥文靖魏公传．654．

帝御赐《五伦书》一事："正统年中得赐书，赐来书籍意何如？五伦事迹新成类，一代规模已用儒。盖世功名当自致，逢时忠悃要全输。立身不在生前乐，千载相期有令誉。"①

除了向当朝大臣或致仕臣子御赐书籍外，也向民间孝顺节义之家赐予书籍。杨荣在《送郑御史致仕还金华》中记载，永乐十七年（1419 年）四月，致仕监察御史郑榦与其弟致仕蜀府长史郑楷，在皇帝万寿节之时，自金华入觐。皇帝念其"出于义门，既贤且老，复能躬诣阙下，以致其诚敬，特赐宴于殿廷，又赐以楮币并《为善阴骘》书，慰劳甚至"②。

为扩大社会影响，使之覆盖整个明朝帝国的版图，皇帝所修的书要向天下府州郡县学颁布，只要是新设的学校，不管是在边疆还是在内地，首要在颁给御赐书籍。景泰三年（1452 年）五月，四川松潘新设儒学，朝廷御赐《为善阴骘》《孝顺事实》《五伦书》并《四书五经大全》各一部。③ 作为回应，府州县的师生往往诣阙感恩。如永乐二十年（1422 年）五月，交趾、宣化、太原、镇蛮、奉化、清化、新安等府及所隶州县学师生贡方物诣阙，谢赐《五经》《四书》《性理大全》《为善阴骘》等书。④ "礼部奏，天下儒学师生蒙赐《五伦书》籍，往往赴京谢恩，荒废学业，乞令就彼望阙谢恩为便，从之。"⑤ 天下府州县学都要建藏书楼于明伦堂附近，收藏朝廷颁布、御赐的书籍："《大诰三编》《大明律》《易经大全》《书经大全》《孝经大全》《春秋大全》《礼记大全》《四书大全》《为善阴骘》《孝顺事实》《五伦书》《性理大全》。"各府州县学藏书多少不同，但是基本的朝廷御赐书籍是一致的。⑥

对周边少数民族御赐书籍，具有以华化"夷"、传播中华文化的政治功能，宣传普化中华文化，开化"四夷"。于谦在奏疏中说，边疆少数民族首领"讨《御制大诰》一部，《为善阴骘》书一部，《孝顺事实》一部，《洪武韵》《礼部韵》《广韵》《玉篇》《周易》《尚书》《毛诗》《小学注解》《士林广记》《居家必用》《方舆胜览》《成都记》《释文》《三注古文》各一部。书中词语甚恭，非若每时放肆，有见感戴圣恩，洗心向化之意"⑦。

---

① 李贤．古穰集：卷 22，赐五伦诸书．712.

② 杨荣．文敏集：卷 6，送郑御史致仕还金华．89.

③ 明英宗实录：卷 216．景泰三年五月戊申．

④ 明成祖实录：卷 249．永乐二十年五月庚申．

⑤ 明英宗实录：卷 172．正统十三年十一月庚子．

⑥ 唐胄．（正德）琼台志：卷 15，学校上//天一阁藏明代方志选刊．

⑦ 于谦．忠肃集：卷 4，南征类．175.

永乐十七年（1419 年）五月，《为善阴骘》一书成，当年六月就派遣中官黄俨使朝鲜，敕谕朝鲜新国王李祹说："尔父以尔孝弟力学，可承宗祀，请嗣其爵位。尔常念传序之不易，孝以事亲，忠以事上，俾子孙世享其庆，而一国之人亦永有赖焉，其敬之哉！并赐《为善阴骘》书一帙。"①

第四节　薛瑄入祀孔庙的百年曲折与文化寓意

任何政治和文化行为的背后，一定有行为者自身的政治诉求和文化寓意。这种诉求和寓意如果出于对天下国家的考察，就是一种天下普适的价值关怀。薛瑄在明英宗天顺八年（1464 年）故去，朝廷谥号为"文清"，其后由他的"河东学派"延伸出的"关中学派"的主导者并没有获得朝廷的政治权力中枢地位，也难以与南方的"阳明心学"抗衡。可是在弘治至隆庆年间，明代士大夫群体中却出现持续上疏朝廷，请求薛瑄从祀文庙的奏疏，这一群体行为背后一定蕴涵思想和文化的动因——为天下确立名教的正统地位，坚守理学的思想一统："孔庙清，名教正。"②

一、弘治朝薛瑄从祀之议缘起

天顺八年（1464 年）十一月，致仕的礼部左侍郎兼翰林学士薛瑄病故。薛瑄是明前期理学家，曾经在英宗复辟后入内阁办事，他的病故获得朝廷的恩遇。朝廷遣官吊唁，当地郡县有司营葬，并赠谥"文清"。文官的谥号中有一"文"字是一标准的寓意，而这一"清"字，却是朝廷对其学术的高度赞许，虽未达到"正"的标准，但是"清"字代表着薛瑄理学思想的醇正和正宗。《明宪宗实录》的编修者对他的评论是："志学甚笃，趋向甚正，践履平实，不为伪言华貌，其事亲孝，其教人词气恳款，终日无惰容，出其门者颇众。其居官持法不挠事，有便于民，不顾利害为之。"在薛瑄故去后，即有部分士人请求薛瑄从祀文庙祭祀，主要有国子监助教

① 明成祖实录：卷 213. 永乐十七年六月辛巳.

② 就薛瑄从祀的研究，新加坡许齐雄的《北辙：薛瑄与河东学派》一书有专章论述，其主要观点是，薛瑄的入祀主要是士大夫改变了孔庙从祀的范式和标准，这是薛瑄从祀成功的主要原因，另一个原因是嘉靖和隆庆的士大夫为保持程朱理学的正统道统地位，防范南方王阳明心学的地位提升。其余有关薛瑄从祀的论文主要是山西省内学者的单篇论文较多，主要从薛瑄的道德操守、学术成就等方面给予分析。

李仲奏请元儒刘因与薛瑄从祀，同时山东济南府知府陈铨也建议朝廷批准薛瑄从祀。李仲在论证薛瑄应当从祀的疏文中赞扬薛瑄："潜心体道，笃志力行。所著《读书录》《河汾集》诸书足以发明往圣，垂惠后学"，"往往有建，请从祀者"。英宗皇帝把士林的建议发给翰林院集体讨论。当时的少保吏部尚书兼华盖殿大学士李贤就此事回奏英宗皇帝："有传道之大功者，然后可享天下之通祀。苟非道足以继往哲，言足以淑来世，则人心有所不服，今虽幸进，后必有举而黜之者矣。"请求英宗把此事交由翰林院进行公议。翰林学士刘定之的言论似乎代表了当时朝廷的主流意见，他否定了李仲举荐刘因和薛瑄从祀的主张，认为刘因"既未若（许）衡之道行于当时，又未若（吴）澄之道明于后世"，不宜从祀。只宜"令其所在官司建祠奉祀，庶足以伸敬先贤，劝励未学，亦圣时崇儒道之举也"①。朝廷遂命北直隶容城县立祠祭祀元儒刘因。至于薛瑄从祀之议，刘定之是持否定态度的，他虽然认为薛瑄"直躬慕古，谈道淑徒，进不附丽，退不慕恋，允为一代名臣"，"然论其于朱熹之道所得，尚未若黄榦、辅广之亲承微言，金履祥、许谦之推衍绪论，而遽言从祀，恐建言者非愚则谀"。本条实录后强调刘定一对薛瑄的评论"一时公论谓所议允当"②。

弘治元年（1488 年）四月，南京兵部主事娄性又请如前元用许衡从祀故事，上疏朝廷请求宋濂、吴与弼、杨士奇、薛瑄、吴讷宜从祀。礼部在讨论此事的时候，以此事重大，不可轻议而拒绝，并指出上疏诸人中也有徇私妄举的嫌疑。③ 同年八月，礼科给事中张九功再次上疏请求薛瑄从祀："笃志好学，于道有见，贵真知实践之益，黜矫伪浮靡之病。入仕与人同，而为国则不同；讲学与人同，而为己则不同；述文与人同，而为道则不同；接人处事与人同，而忠信严正则不同。《河汾文集》固其英华，《读书二录》实为根本，立德立言，考诸此《录》，绰有明验。是盖濂、洛之流波，覃怀之步武，人所共知者也。"④ 此事与文庙祭祀的诸事一起到礼部商议，圣旨谓从祀之事关系甚大，要求五府、六部、都察院、通政司、大理寺、翰林院、国子监会议。礼部尚书周洪谟在回奏皇帝的意见书中再次重申了前朝刘定之对薛瑄从祀之议的结论，薛瑄从祀之事再次被朝

① 明宪宗实录：卷 24. 成化元年十二月庚子.
② 明宪宗实录：卷 10. 天顺八年十月甲申.
③ 明孝宗实录：卷 13. 弘治元年四月丁酉.
④ 张九功. 请从祀孔庭疏//薛瑄. 薛瑄全集. 1135.

廷否决。[1]

弘治元年（1488 年）四月与八月，几位士大夫对薛瑄从祀一事的两次上疏，均被朝廷否决，此事一度搁浅九年。直到弘治九年（1496 年）十二月，刑科给事中杨濂上疏朝廷，首先是赞许薛瑄："学识纯明，操守固完。蚤岁闻讲性理诸书，即焚其所为诗文，一意于宋诸儒之学，凡其微词奥义，靡不精究。修己教人，惟以复性为务。晚年造诣益高，进退之际，大节尤伟。平生所著有《读书录》，皆积年致思之所得，有益学者。"[2] 在说明薛瑄承宋儒理学之正宗、学问醇正之后，向朝廷提出请求。与以往请求从祀文庙、取得通祀地位不同，此次申请比较折中。这次主要是两个方面的请求：一是请求朝廷在薛瑄的家乡山西平阳府建祠赐额，有司每岁春秋祀之；二是版刻薛瑄的《读书录》一书，发给国子监六馆生员学习。杨濂的这个奏疏得到礼部的支持，礼部提出《读书录》一书可以供皇帝和皇太子御览，并且让福建书坊翻刻。弘治皇帝就此事的答复是："薛瑄以性理之学，继宋诸儒后，实我朝名儒。"同意杨濂请求，为薛瑄在家乡建祠，四时祭祀，刊行文集，并给薛瑄祠堂颁发匾额"正学"。这可以代表明代中期，弘治朝君臣对薛瑄在明前期理学传承中地位的正式态度。弘治十二年（1499 年）十月，刑科给事中吴世忠在《议饬孔庙祀典疏》中又建议朝廷："崇仁之吴与弼、河东之薛瑄，其道、其功视程朱虽不及，至其平生刻苦，动依圣训，视唐太宗所升汉晋诸儒，匪直无愧而已，乞各令从祀于其乡学。"[3] 这次建议薛瑄从祀于其家乡乡学之举是弘治九年（1496 年）杨濂上疏的跟进。弘治朝的礼部尚书倪岳在奏议的祀典一节中就推举薛瑄入祀文庙："今之儒臣礼部左侍郎兼翰林院学士文清公河东薛瑄，笃志好学，于道有见，贵真知实践之益，黜矫伪浮靡之病。入仕与人同，而为国则不同；讲学与人同，而为己则不同；述文与人同，而为道则不同；接人处事与人同，而忠信严正则不同。《河汾文集》固其英华，《读书一录》实为根本，立德、立言考诸此录，绰有明验。是盖濂洛之流波，覃怀之步武，人所共知也。昔洪武、宣德年间，尝增董仲舒、吴澄入从祀矣。今薛瑄无愧二子，可不列诸从祀哉！"[4] 这是弘治朝对薛瑄入祀孔庙一事最重要的一次倡议，虽然并未成功，但这是明中期后，朝

① 明孝宗实录：卷 17. 弘治元年八月癸卯.

② 明孝宗实录：卷 120. 弘治九年十二月己卯.

③ 林尧俞，等纂修. 俞汝楫，等编撰. 礼部志稿：卷 46. 867.

④ 倪岳. 青溪漫稿：卷 11. 107.

廷对理学正统地位进行的一次主动加固和强调，预示明中期朝廷政治文化思想已经出现裂痕，高层士大夫通过此举主动修正、调整朝廷政治思想和政治舆论的方向。

二、嘉靖朝薛瑄从祀之议勃发

嘉靖元年（1522 年）十一月十七日，四川等处承宣布政使司右参政许赞上《崇真儒以隆圣治疏》，建议薛瑄入祀。他认为有明一代，尚无一位理学家入祀孔庙，与元代两位真儒入祀孔庙相比，不利于朝廷道统的传承。“崇向作尚之举，莫大于扶正道，明正学，崇真儒，使天下晓然。知吾之所崇向作尚者专在于是，则内外远近翕然从风，而一切诡道邪说之人，咸知改革，而惟正是从矣。”此举“上有以继往圣之统绪，下有以启来学之习传”[①]。他认为有明一代以来，薛瑄的学术道德达到了入祀孔庙的标准。“天禀高明，学识醇正。年少读书，即知践履；历壮至老，不怠躬行。以圣贤为依归，以道德为己任，权势利达无以动其心，死生利害无以移其志。盖见之既明，故守之自固。然且刚强不折，和易有节。至于著述之功，布之《集》《录》者，性命、道德、中正、仁义之言，皆有以发明圣贤之秘奥；阴阳、动静、刚柔、太极之论，又有以阐扬造化之几微。诚文行一致，学业大成之真儒也。”[②]

嘉靖二年（1523 年）三月，巡抚延绥都御史姚镆又建议朝廷批准薛瑄从祀孔庙，诏下礼部讨论，未有定论。[③] 直到嘉靖十九年（1540 年）三月，又再一次为薛瑄是否入祀进行一次规模较大的集中讨论。御史杨瞻、樊得仁上奏朝廷，认为薛瑄是明朝开国以来的理学大儒，宜从祀文庙。嘉靖帝诏下儒臣集议。当时礼部尚书霍韬、礼部侍郎张邦奇，詹事府詹事陆深、少詹事孙承恩，国子监祭酒王教、学士张治，詹事府丞胡守中、庶子杨维桀，谕德龚用卿、屠应竣，洗马徐阶、邹守益，中允李学诗、秦鸣夏、闵如霖，赞善阎朴，司直谢少南、吕怀，编修兼校书王同祖、赵时春，编修兼司谏唐顺之、黄佐，侍讲胡经二十三人集议后，上疏嘉靖帝建议薛瑄应当从祀孔庙。但是当时也有不同的声音，一部分士人如庶子童承叙、赞善浦应麒认为应宜暂缓入祀；一部分士人如赞善兼检讨郭希颜认为

---

① 许赞．崇真儒以隆圣治疏//薛瑄．薛瑄全集．1135-1136．

② 同①1136．

③ 明世宗实录：卷 24．嘉靖二年三月戊申．

薛瑄无著述之功，提出反对意见。礼部集议后请嘉靖皇帝裁定，嘉靖帝回复："道学不明，士趋流俗。朕今有感薛瑄能自振起，诚可嘉尚，但公论久而后定，宜候将来。"① 这表明，就薛瑄是否应该入祀一事，士大夫和朝廷之间、士大夫群体内部声音并不一致，在主流的赞同意见之外，仍然有部分士大夫持反对和暂缓的意见。赞善兼检讨郭希颜提出反对的声音后，虽然当时的御史饶天民弹劾郭希颜与公论意见相左，阻挠薛瑄从祀，应该受到皇帝的责罚，但是嘉靖皇帝并没有责罚郭希颜，反而认为饶天民不达国体，给予斥责。② 这次集中讨论薛瑄从祀孔庙的集议中，在目前所见的史料中，对薛瑄从祀理由论证充分翔实的是当时的翰林院编修唐顺之的《故礼部左侍郎薛瑄从祀奏议》，其中主要从四个方面正面论证了薛瑄应该从祀孔庙的理由，同时批驳了反对薛瑄从祀的两派观点：

第一，他认为薛瑄"以复性为究竟，以持敬凝静为工夫，非圣人之道不以志而学，非濂洛关闽之说不以尊而信。虽其于所谓精微之际，未知其何如也，而历其平生，其背于圣人者亦少矣。谓其为圣门之羽翼也，复何疑乎？此瑄之可附于祀典者一也"③。薛瑄理学可以扶翼圣学，这是应该入祀的基本之处。

第二，他认为明朝理学虽然彬彬有盛，然其气"自瑄以前儒者，犹汩于辞章事功之习，而未有能卓然于道德性命之归者也，而瑄实倡之矣。自瑄以后，其有如瑄者继踵而出乎，未可知也；其有能直接孔氏之心传者出乎，未可知也，而瑄实倡之矣。是则瑄其我朝理学之一辟也，比之濂洛倡道于宋，虽其所自得或有深浅，而功则并之，此瑄之可附于祀典者二也"④。薛瑄端正了明朝前期道德性命之学。

第三，"明兴且二百年，弦歌之化，畅乎远近。竖子皆知诵法孔氏，而壁宫之侧，至今无一人得俎豆其间者，非所以鼓士气而彰圣朝棫朴之盛也。元之世且推其臣许衡，而从祀焉！我明乃无一人之几于衡者，其不然矣。由此言之，苟为圣人之徒者，犹宜援而进之，而况如瑄之真可以羽翼圣门者乎？……况今之所谓祀者，乃其偃然于累代群儒之后，而非如

① 林尧俞，等纂修．俞汝楫，等编撰．礼部志稿：卷85下．530．

② 明世宗实录：卷235．嘉靖十九年三月庚子．

③ 唐顺之．荆川集：卷1，故礼部左侍郎薛瑄从祀奏议．景印文渊阁四库全书，第1276册．189．

④ 同③190．

《记》所谓特祀以为先师者也。奚不可哉？此瑄之可附于祀典者三也”①。他认为明朝立国已经二百年，没有一位大儒获得入祀孔庙的礼遇，这与明朝理学气象不符，不利于鼓舞士气。薛瑄从祀孔庙可以达到鼓舞士气、端正学术的文化礼教目的。

第四，他认为薛瑄“尝督学于齐鲁，而诸生翕然尊之曰吾薛夫子也。故其时，师道之尊而庠序之饬，始自齐鲁，而风于天下。盖在胜国时，许衡实为祭酒，胜国时之能尊师道而作人材者，莫如衡。而我朝之能尊师道而作人材者，莫如瑄。其亦近乎乐祖瞽宗之义否耶！此瑄之可附于祀典者四也”②。薛瑄为明朝二百年端正了师道尊严。

唐顺之在奏疏中同时对士林中不同意薛瑄入祀之士的两个责问做了回应。反对者观点一认为：“瑄于六经少所著述，宜不得与从祀。”唐顺之的反驳是：“夫圣人所为作经者，何也？以摹写此心而已。儒者求诸心而有得也，是真能发挥六经者也。且自古儒者说经之多，莫如马融；其体认本心，绝不肯为六经注脚者，莫如陆九渊。陛下尝进九渊而黜融，则圣明昭鉴，固有取于躬行妙悟之实，而不徒以闻见讲解为功矣。况瑄所著《读书录》且十余万言，固濂洛关闽之绪，而六经之旨也，其为著述则亦已繁。此瑄之无碍于祀典者也。”反对者观点二认为：“宋儒之贤，若尹焞、罗从彦、李侗、黄幹皆不得与，今瑄所得，未知其与数子何如乃得与?”唐顺之反驳说：“夫瑄之所得，诚未知其与数子何如也？然自濂洛倡道之后，群儒连茹而出，耳目熏染，亲相授受，故其兴起为易，而瑄独崛起绝学之后，故其树立为难，其连茹而出也，不得不择其尤者而祀之，其崛起也不得不援而进之，譬如繁星丽空，非五纬不能耀芒，而晨星相望，则维参与昴嘒，然而见微显阐幽之义也。安得牵彼以例此乎！此又瑄之无碍于祀典者也。”③

嘉靖十九年（1540 年）三月的这次集议未获得朝廷的最终许可，此事再度搁浅。其他两例奏请分别为嘉靖十八年（1539 年）九月监察御史杨瞻所上《从祀真儒以光圣治疏》和嘉靖三十二年（1553 年）监察御史尚维持的《表章真儒以励世风疏》。

直到隆庆元年（1567 年）六月，给事赵铳、御史周弘祖“请以故礼

---

① 唐顺之. 荆川集：卷 1，故礼部左侍郎薛瑄从祀奏议. 景印文渊阁四库全书，第 1276 册. 190.

② 同①191.

③ 同①.

部侍郎薛瑄从祀，下礼部议。至是覆言，孔庙从祀，国家所以崇德报功，垂世立教，其典甚重。我朝祖宗列圣增入名贤类，皆宋元以上。而明兴二百年间，未有一人诚慎其事也。臣等谨考侍郎薛瑄，潜心理道，励志修为，言虽不专于著述，而片言只简，动示楷模；心虽不系于事功，而伟节恢猷，皆可师法。尚书王守仁质本超凡，理由妙悟，学以致良知为本，独观性命之源，教以谨讲习为功，善发圣贤之旨。此二臣者，皆百年之豪杰，一代之儒宗，确乎能翼赞圣学之传矣。但瑄则相去百年，舆论共服，先朝科道诸臣建言上请，累十余疏。而儒臣献议与瑄者十居八九。世宗皇帝亦嘉瑄能振起，然犹谓公而后明，宜俟将来。若守仁则世代稍近，犹恐众论不一，请敕翰林院、詹事府、左右春坊、国子监儒臣，令其广咨博讨，撰议进览，仍下本部会官集议，以俟圣断”①。紧接着，当年十月，户科都给事中魏时亮再次上疏，认为薛瑄、陈献章、王守仁均得圣学真传，并宜崇祀孔子庙庭，“请录真儒，以彰道化”②。其后，六科给事中韩楫、贵州道监察御史马三乐等交章上疏，请以薛瑄从祀孔庙。虽然都没有获得朝廷认可，但是增加孔庙从祀大儒的讨论已经成为明朝朝廷的一件大事，成为端正明朝思想学术统系的重大事项。

三、隆庆朝薛瑄获准从祀孔庙

隆庆五年（1571年）九月初九，明朝政府最终向天下发布诏书，“诏以故礼部左侍郎薛瑄从祀孔子庙庭”，批准薛瑄从祀孔庙，享有国家祭祀的最高礼遇。诏谕中高度赞扬了薛瑄的理学贡献：

> 幼年一见濂洛诸书，即叹曰：“此学道正脉也。”遂弃去词赋，专心于是。其学以复性为的，以居敬穷理为功，以反躬践履为实，潜心体玩，至老弥精，充养之纯，超然自得，此其学问之大原也；平生言动举止悉合于矩，辞受取与一揆诸义。居家则孝友无间，与人则乐易可亲。中正足以矫枉律偏，刚直足以廉顽立懦，此其行履之大略也；所著有《读书录》，有《河汾集》，虽不专以述作为事，而只简片言，皆可师法，微词奥义，悉合圣谟，至今学者莫不尊信而诵习之，此其著述之大旨也；至于立朝行已之际，不折节于权门，不谢恩于私室，不屈法于贵近，不慑志于临刑，荣辱不以关其心，死生无以易其操，

① 林尧俞，等纂修．俞汝楫，等编撰．礼部志稿：卷85下．530．
② 明穆宗实录：卷13．隆庆元年十月丙申．

此其树立之大节也。故一时信从者有河东夫子之称，一代真儒之许，至今无异议焉。间有疑其著述之寡者，不知学贵心得，道在躬行，矧瑄所著书，且十余万言，不为不多。又有言宋时罗从彦、李侗诸儒尚未遍祀，瑄不应独祀者。不知从彦等皆讲求圣学于大明之日，而瑄乃兴起于既绝之后，课其难易，功实倍之。①

隆庆五年（1571年）九月十一日，尚书兼翰林院学士潘晟向皇帝奏报薛瑄从祀的各项礼仪形式：

一、钦天监选入庙吉期；

一、工部如式造办木主②；

一、翰林院撰祭诰文；

一、顺天府备办彩亭鼓乐等项；

一、太常寺备办祭品；

一、至期本部司官一员，迎主至国子监。该监预用堂官一员，奉安神主于西庑先儒吕祖谦之下。安毕，该监堂上官告于先师孔子，行释采礼如常仪；

一、通行南北直隶并十三布政司转行所属，凡有建设学校处所，一体从祀。③

九月二十九日，正式举行薛瑄从祀孔庙的大型祭祀典礼。礼文如下：

维隆庆五年，岁次辛未，九月二十九日。皇帝遣国子监祭酒马自强致祭于至圣先师孔子曰："兹者廷臣议奏，故礼部左侍郎兼翰林院学士赠礼部尚书谥文清薛瑄，笃志圣贤，潜心义理，嘉言善行，模范后人，理宜从祀。爰命有司具主，附于前代先儒之后，以昭盛典。特遣祭告，惟神鉴歆。谨告。"④

经过百年的努力，薛瑄最终成为明代第一位从祀孔庙的大儒。

四、薛瑄入祀孔庙的政治文化寓意

从天顺八年（1464年）薛瑄故去，到隆庆五年（1571年）最终从祀，

---

① 明穆宗实录：卷61．隆庆五年九月戊辰．

② 李媛．塑像与木主：明朝祭孔形象的变迁及其原因．史学月刊，2011（8）．"嘉靖九年，世宗进行孔庙改制，撤去孔子塑像，改用木主，并令天下各府州县遵行。"

③ 薛瑄．薛瑄全集．1147．

④ 同③1148．

整整历时一百零七年，其间在弘治初年、嘉靖初年、隆庆初年经历了三次集中讨论，才最终实现了明朝第一位理学家入祀孔庙的政治文化盛举。薛瑄入祀是明代理学史和明代政治文化史的一件大事，其过程曲折，其寓意深远。薛瑄从祀孔庙，是在明朝立国二百年后，这与明代理学在国家教育中的地位是不相符的。四川承宣布政使司右参政许赞就指出："祖宗以来，设学校余千百区，养士余百五六十年，岂无一人可与游圣人之门者乎？且元以胡入主中国，未百年而从祀孔庭有二人焉。"① 贵州道监察御史马三乐在《恳乞圣明崇祀真儒以昭圣化以振士风事》的奏疏中说道："太祖高皇帝辟乾坤于再造，复日月于重光，上接尧舜之传。我成祖文皇帝，统一圣真，昭明理学，颁布《性理》诸书于天下，人文宣朗，道化益新。列圣相承，有隆无替。二百载之间，治熙教洽，独无一真儒足以从祀孔庭者，岂非盛世之缺典？"② 明朝以后，在全国范围内各省、府、州、县均设学校，从中央国子监到地方府、州、县学，生员的培养和教育都较为系统和规范，同时随着中国造纸术和印刷术的进一步发展，永乐一朝又整理编纂《四书五经大全》和《性理大全》颁行全国学校。朝廷推行科举取士，激励士风。较之元代，明朝整个教育规模和状态，至少从外在的模式上看是有很大进步的。但是为什么直到立国二百年后才有一位大儒获得从祀的国家礼遇？这位大儒从祀又是经历了士大夫群体一百多年的不懈努力和朝廷各部门数次集体讨论，并且最终在士大夫群体内部，薛瑄并不是获得了一致的认可和同意，反对他从祀的声音一直存在。就是对于赞同和支持薛瑄从祀的士大夫，其文化心理亦值得反思：除了对薛瑄道德品行、学术造诣的尊重和认可外，更多的是为了士大夫权力的彰显和自我认同感的内涵建设。

（一）君权独尊与士权博弈

薛瑄从祀孔庙，其实在明代士大夫群体中，一直不曾获得一致的赞同和支持。明清以后也有对薛瑄的学术思想提出批评的人。高攀龙在对薛瑄和吕柟的评论中说："薛文清、吕泾野二先生《语录》中，无甚透悟语，后人或浅视之，岂知其大正在此。他自幼未尝一毫有染，只平平常常、脚踏实地做去，彻始彻终，无一差错，既不迷，何必言悟耶？"③ 高攀龙虽

① 许赞. 崇真儒以隆圣治疏//薛瑄. 薛瑄全集. 1137.

② 马三乐. 恳乞圣明崇祀真儒以昭圣化以振士风事//薛瑄. 薛瑄全集. 1143.

③ 沈佳. 明儒言行录：卷4. 景印文渊阁四库全书，第458册. 741.

然在正面肯定薛瑄和吕柟道德操守的醇正，但是认为他们对程朱理学奥义的发明与阐述缺乏系统化和理论化，更无超越，而只是在正心、诚意、修身等方面保持了一位理学家应有的道德操守。其实整个朝廷和士林在讨论薛瑄应否从祀孔庙的百余年间，反对者总是以薛瑄对程朱理学缺乏系统阐发和著述作为反对的核心理由。

明清之际的黄宗羲在《明儒学案》中对薛瑄开创的河东学派也持贬低的态度。黄宗羲对薛瑄的贬低主要是从两个方面阐释：一方面是从学理层面，《河东学案》的开章提要中对河东学派提出批评。“河东之学，悃愊无华，恪守宋人矩矱，故数传之后，其议论设施，不问而可知其出于河东也。若阳明门下亲炙弟子，已往往背其师说，亦以其言之过高也。然河东有未见性之讥，所谓‘此心始觉性天通’者，定非欺人语，可见无事乎张皇耳。”其中“此心始觉性天通”一句，本是薛瑄临终前赋感怀之诗“七十六年无一事，此心始觉性天通”①。黄宗羲用此语贬低河东学派，言过其实。黄宗羲提出薛瑄的这一缺点正是天顺朝、弘治朝反对薛瑄从祀士大夫的理由和借口。正如李贤所言：“人心有所不服，今虽幸进，后必有举而黜之者矣。”②

另一个方面就是对薛瑄政治品行的抨击。这方面黄宗羲主要引述两位明人对薛瑄从政期间政治品行的否定之语。一位是弘治朝进士崔铣，他指出：“先生之佐大理，王振引之也，当时若辞而不往，岂不愈于抗而得祸与？于忠肃有社稷之功，其受害也，先生固争之矣。争不得，即以此事而去，尤为光明俊伟。”此事是批评薛瑄接受王振举荐担任大理寺少卿，虽然薛瑄出任大理寺少卿后，并未向王振谢恩，但是士林中还是有人对此事持批评的态度。至于于谦被害一事，当时身为京官的薛瑄并未挺身相救，在崔铣来看，这都是与其政治身份和道德操守相背离的。另一位是南安知府林竿，他说：“比者提学薛瑄，以生员有疾罢斥者，追所给廪米。臣以为不幸有疾，罢之可也，至于廪给，糜费于累岁，而追索于一朝，固已难矣。父兄不能保子弟之无疾，今惩偿纳之苦，孰肯令其就学！”③ 正统元年（1436 年）十二月，当时薛瑄在山东担任提学佥事，上奏朝廷提出：“各处儒学廪膳、增广生员，有久病不痊，及已成废疾者，虚费廪米，徒

① 黄宗羲. 明儒学案：卷 7，河东学案上. 110.
② 同①.
③ 同①112.

疵差徭，宜令有司视验，不堪医治者，黜退为民。”① 当时的行在礼部把薛瑄的这条建议增加到生员条例中，令天下县学遵从施行。正统四年（1439 年）二月，薛瑄又言：“各处儒学生员，多有屡犯刑宪，全无忌惮。盖缘例许纳米赎罪还学，不但刁顽无耻，终难教养，抑且良善同居，被其染污。况考试不中者，皆发充吏，为民奸恶犯法者，却得赎刑复业，轻重失宜，何以劝惩?”② 朝廷同样采纳薛瑄建议，再次修改生员条例：廪膳生员触犯刑律，追回供米，解送京城；增广生员触犯刑律，发附近军民衙门充当吏员。

民国时期容肇祖的《明代思想史》对薛瑄的批判就更加直接和严厉：

第一条是：“薛瑄以复性为宗，只向宋儒的理学作注作解。程朱以来的博学致知的精神，到此没有了。大家可以依赖躬行复性的空话，懒惰的不去求别的学问了。”

第二条是：“这可见他的见解，以为学问都在于心性上的用工。本来程颐、朱熹以来有用敬致知的两条路，到薛瑄就把这两条路归并成‘复性’的一条路了。”

第三条是：“这是很清楚的，他注重明性复性之功而封断了博学致知的一条路了。他把致知解作明此性，而程朱以来‘即物穷理’、古人‘博学审问’的工夫都可废了。明性、复性是‘涵养’‘用敬’的工夫，故此，我们可以说由程颐、朱熹开辟下来的两条路径到薛瑄则只剩‘用敬’的一条路了。”

第四条是：“这可见他的主敬工夫是消极的抑制感情，把抑制感情当作毕生大事，当作实践工夫，未免太没事、太没工夫了。”

第五条是：“他主张‘立心’为本，以为‘人心一息之顷，不在天理，便在人欲’。故此，心无时得闲。这种主敬，这种存心，实在是从一种宗教家的态度变出来的。”

第六条是：“这是很清楚的承认存其心、养其性为事天的事情。可见，明儒的理学跑上‘主敬’的惟一的路径，而‘主敬’又基于宗教的事天的见解，无复自觉的、自由的思想。程朱的思想末流到这样，不能不说是大大的退化了。他又不敢自立己说，甘作古人言语及古人思想的奴隶。”

第七条是：“这可见他的思想的拘守与迂腐，这是他的‘自考亭以还，

① 明英宗实录：卷 25. 正统元年十二月甲子.

② 明英宗实录：卷 52. 正统四年闰二月乙酉.

斯道已大明，无烦著作，直躬行耳’的见解。高攀龙云：‘薛文清、吕泾野（柟）语录中皆无甚透悟。’这话是很对的。”①

容肇祖对薛瑄的思想学术整体持批驳的态度，可以说是对黄宗羲思想的一个历史回应。薛瑄从祀孔庙，更多地可以理解为明代中期后士大夫权力与皇帝权力的一种博弈，士大夫群体需要在自身内部寻找到一位精神领袖，这位精神领袖一定是程朱理学的代表和传承者。明前期的方孝孺虽然具有这样的身份和地位，但是当时政治生态中有关“靖难”和方孝孺的评说仍然是明代中期士大夫无法逾越的两大禁区。而作为方孝孺老师的宋濂、吴讷等明初的理学家，其思想中杂糅了佛道思想，与士大夫所寻找的较为醇正的理学大儒还是存在差异。因此，在明代中期百年历史中，士大夫找到了薛瑄作为士大夫群体的一尊偶像和木主，他的政治表征和文化符号作用在明代中期的政治场域和文化场域中都发挥了团结士林、彰显士权的价值和意义。

（二）政统彰显与道统式微

隆庆初年，贵州道监察御史马三乐在为薛瑄请求从祀的奏疏中说，薛瑄的从祀对于当时明代的思想学术和政治文化都具有端正士风、羽翼六经的作用。奏疏批判明中期学术风气日渐追求心性之学，有违圣道。实则暗讽阳明“致良知”的学术思想。“矧今士习渐流，道真日晦，讲良知者以顿悟为妙，而略居敬穷理之功；论道体者以幻空为言，而昧理一分殊之实。非惟不足以卫道，而实所以病道也。”② 表明薛瑄从祀孔庙可以“使世之为儒者知所仪刑轨范，不蹈于异端曲学之弊”③，最终使得程朱理学的道统昭明、重振儒风、补益世教。

薛瑄从祀孔庙是明代中期士大夫群体中的一部分人寻找一位精神领袖作为明代道统的传承者的尝试和努力。这本身代表了明代道统的式微，政统的彰显笼罩了孔孟儒学和程朱理学道统的光芒，这种光芒本来是中国古代历朝皇帝和朝廷一直在坚守和推崇的一种文化力量。明代的皇帝和朝廷表面上也在坚守这种推崇的礼乐形式和文化宣传，但是明代二百年后才在矛盾中选出一位存在争议的从祀对象，这一事件本身就是道统在明代已经式微的表现。明代经历朱元璋和朱棣两位皇帝的强权统治后，特别是《皇

① 容肇祖．明代思想史．14-18．

② 马三乐．恳乞圣明崇祀真儒以昭圣化以振士风事//薛瑄．薛瑄全集．1143-1144．

③ 同②1144．

明祖训》《永乐大典》等典籍修撰发布后，明代政治统治背后的精神文化内容被强加上开国和继任皇帝个人的政治想象与感悟，并且作为不可动摇的法典在后世的继任皇帝中传承下来，甚至不可更改一字。这种强权的政治思想的传承使得士大夫自身所具有的道统传承者的身份认同开始变得非常微弱。继任皇帝认为已经承继了本朝历代皇帝传承下来的治国理政、抚育万民、归化四夷等军国大政的方法和思想，那么士大夫手里掌握的道统在明代治国理政中的不可替代性和独尊地位就被弱化。

政统与道统在政治文化层面的内在冲突，虽然表现为皇权与士权之间的冲突，而更深的表现却是两种思想的冲突。因此薛瑄从祀孔庙的提议均发生在皇权转移的时刻，这是士大夫中一部分人利用皇权转移的特殊时刻，实现自身道统传承人的政治诉求。明代士大夫的自我认同中根本的身份认同仍然是孔子的门生，为天下传道、引君当道是基本精神认同。他们努力的根本方向是把政治秩序引导到理学道统的价值核心中去。因此，薛瑄的从祀，其深层的文化动因是明代中期士大夫试图通过这种从祀重新确立理学道统在政治生态和政治文化中的独尊地位，实现士大夫权力的重塑和彰显。

本章小结

明前期通过官方的政治权力和逐渐完善的科举制度、礼乐祭祀制度，逐渐确立程朱理学作为主流的思想政治形态，实现政治权力和学术思想的合流和统一。在明前期朱学一统的大势下，陆学式微，始终处于蛰伏和边缘的状态，但是作为理学思想的一个重要分支，陆学在思想学术界仍有一席之地，虽然这种边界被明前期理学家划分得非常清晰和明确。明前期的理学通过宋濂、刘基、薛瑄、曹端、吴与弼等理学家的师门传承和国家推动，逐渐在朝堂、乡里成为朝廷政治和士庶生活的主流思想原则，儒士的坚持逐渐使得理学思想成为士大夫行为和思想的规范。明前期皇帝主持修纂的理学著作成为皇帝赏赐给臣子和宗室等成员的主要礼品之一，御赐书籍取法于理学主旨并与政治现实统治相融合，逐渐使得明前期的国家治理覆盖上理学思想引导的道统精神，同时，这种精神在宗室、臣子和地方社会传播开来。明前期虽然坚持了朱学一统，但是明前期近百年的理学家对朱学多为传承和信仰，缺乏对朱学的推演和更张，对朱学思想少有发展和推进之功，这也造成理学思想逐渐走向沉闷和无力；思想的启迪与争鸣消失后，逐渐沦落为士子的科举教材和知识文本，逐渐失去思想活力。明前期理学的僵化和无力，逐渐在明中期发生裂变，这一标志即是陈白沙心学的萌发，其后随着王阳明心学的系统化和逐渐成熟，阳明心学在东南的影响逐渐扩展到全国的范围。虽然王学以近佛而饱受部分理学家的质疑和鞭笞，但是王学"致良知""知行合一"的心学思想逐渐成为明代思想界的一大潮流。随着王门后学在各地传播学脉，晚明社会思想、学术逐渐呈现出与明前期迥然有别的面貌和特征。伴随理学在明中期的心学转向，士大夫群体开始寻找一位本朝的理学大儒撑起正统理学的旗帜，成为士大夫的精神领导和道德模范，并最终把目光投向薛瑄。在明中期政治、思想变迁的时代，明朝中央就薛瑄是否能够从祀孔庙开展了长达百年的争论，最终在隆庆朝薛瑄从祀获得成功，这是明代士大夫对思想和时局的担忧，更是对道统的坚守和维护。

第九章 明前期士大夫家国观的生成与演变

明前期的政治生态酝酿并确立了有明一代政治制度和政治文化的基色：皇权对士权的完全压制和全面监控。随着明前期政治的稳定发展，“屏迹公门”一词在明代士大夫文集中逐渐出现，成为清流士大夫管束家人的一种政治自律，也是朝廷对士大夫的一种期许和引导。随着明代政治时局的演变，皇帝和朝廷对士大夫的监督和控制逐渐冲击士大夫道德尊严的底线。现实处境与传统理想之间的巨大冲突荡涤着士大夫的精神世界，他们需要从中国文化中寻求一种调试和缓冲。明中期后，士大夫文集中“人在仕途”一词逐渐增多，如王阳明就在文集中几次提到“人在仕途”一语，表达自己在仕途中的彷徨无奈和矛盾心态，如“人在仕途，如马行淖田中，纵复驰逸，足起足陷，其在驽下，坐见沦没耳！乃今得还故乡，此亦譬之小歇田塍，若自此急寻平路，可以直去康庄，驰骋万里”①。当朝廷政治场域无法实现自己的政治理想和价值追求时，“乞休归隐”是士大夫不满情绪的一种无奈表达。在明前期政治演变中，士大夫始终坚守“垂范乡里”的政治追求，士大夫回归原籍后，同样在家乡做出表率，引导风俗，发挥“仕宦之家”的道德表率作用，在地方社会实现其普适的儒家思想追求。

第一节 “屏迹公门”：明代士大夫治家的公私观

明朝前期经历洪武、永乐两朝的重典治吏后，政治空气开始舒缓，随之而来，官员家属交通公门、以公谋私的不法之事渐有蔓延膨胀之势。伴随这一局势变化，明代中期士大夫家书等文献中“屏迹公门”一词逐渐增

① 王守仁. 王文成公全书：卷 4，与陆元静. 203.

多。依据士大夫家书文献体系中的不同语境，“屏迹公门”一词具体意涵有三：其一是士大夫禁止家人涉足公门、谋取私利；其二是士大夫自我约束，不因私事而访公门，干扰公事；其三是致仕官员乡居期间远离公门，严守法度。“屏迹公门”逐渐成为明代朝廷官员考核、士林道德品评的重要内容之一，出现在考核评语和墓表行状等文本中。“屏迹公门”成为明代清流士大夫管束家人和约束自身的自律行为，这既体现宋明理学修身齐家思想带来的道德约束，也反映士大夫维护政治地位和官声清誉的现实考虑。

明朝实行异地任官制度，致仕以后亦回归故里。祖业、尊长，不能尽随出仕者迁移，需留在家乡，因而出仕官员必有家人留守祖业，官员会在很大程度上与家人中之一部分异地而居。又因为出仕意味着荣耀和权势，出仕官员的乡人乃至官府，皆对出仕者官员家属予以礼敬，视为乡绅之家，地位在庶民之家以上，从而使出仕官员家属在地方社会拥有一定的话语权。这样，官员在籍家人就有可能利用出仕官员的影响力，出入官府，为自己或利益相关者说情，谋取利益，甚至干预司法。明代士大夫对待此类现象的态度自然不会尽皆相同，其中最为清流推崇的姿态，是要求在籍家人“屏迹公门”。这既是明代士大夫品评人物时常常提到的一种操守，也是许多士大夫以家书等方式对在籍家人的嘱托。学术界对于这种现象和观念虽有涉及，但未见专论。[①] 本章梳理明人家书及其他相关文献，尝试对明代士大夫“屏迹公门”观念的时代与制度背景、思想内涵、社会影响做出初步分析。

一、异地为官与士大夫的家人管束困境

明代延续前代已有的任官回避制度，在明初就已经确定异地任官的基本原则，具体做法中，强调南北更调。洪武四年（1371 年），“吏部铨选，南北更调，已定为常例”[②]。“洪武间，定南北更调之制，南人官北，北人官南。其后官制渐定，自学官外，不得官本省，亦不限南北也”[③]。“国家

① 主要有：陈爱生，秦菊波．从“以公克私”到个体“私”意识的萌动：宋明公私观念的人文启蒙意义．江西社会科学，2010（7）；郭振香．宋明儒学公私观之初探．江淮论坛，2003（6）；陈宝良．从君子小人之辨看明代士大夫的精神世界//中国社会科学院历史研究所明史研究室．明史研究论丛：第九辑．

② 明太祖实录：卷 70．洪武四年十二月丙戌．

③ 张廷玉，等．明史：卷 71，选举志三．1716．

用人，不得官于本省。盖以亲族所在，难于行法；身家相关，易于为奸”①。南北更调制度甫一施行，就“有厌远喜近者，往往以南籍改冒北籍，以北籍冒南籍”。明太祖朱元璋晓谕吏部禁绝之。② 到洪武十三年(1380年)，对南北更调之制再次详细申明：“吏部以北平、山西、陕西、河南、四川之人于浙江、江西、湖广、直隶有司用之；浙江、江西、湖广、直隶之人于北平、山东、山西、陕西、河南、四川、广东、广西、福建有司用之；广西、广东、福建之人亦于山东、山西、陕西、河南、四川有司用之；考核不称职及为事解降者，不分南北，悉于广东、广西、福建汀漳、江西龙南安远、湖广郴州之地迁用，以示劝惩。”③ 隆庆五年(1571年)，吏部放宽下层官员在家乡附近任官的限制：“学仓、驿递、闸坝等官，其所司者，不过训诲、出纳之常，供应、启闭之役。初非有民社之寄者也，而又其官甚卑，其家甚贫，一授远地，或弃官而不能赴，或去任而不能归，零丁万状，其情可矜。近例，教官系边远人者，得授本省地方，甚以为便，乞令前项杂流，得视此以例，酌量隔府近地铨补。”④ 这一针对末流官员任职原籍近地的政策调整并不能改变明代朝廷任官坚持回避制度的根本，特别是针对品级较高官员以及掌握兵粮钱财的实权官员的选任，严格执行这一制度。明朝立国后试图延续古代中国这种任官回避制度，但是地缘因素和血缘关系却经常干扰、影响官员的正常行政。即便是明前期“三杨政治”中，杨荣仍然在福建佥事廖谟杖死驿丞案件中存有袒护之情实，被后世士林所讥。“正统初年，福建佥事廖谟杖死驿丞。东杨（杨士奇）以乡官欲坐偿命；西杨（杨荣）以乡故，欲拟因公。互争不决，请裁太后。王振因而进言：‘二杨皆有私，偿命过重，因公过轻，宜对品降调府同知。’”⑤

异地为官，调动无常，异日终将回归故里，所以其家乡仍为根基之地，所置家业也多在原籍。如此，明代官僚家眷中必然有人留守原籍。洪武朝重典治吏，官场相对清肃，该时期文献中关于出仕官员在籍家人不当行为的记述也不多。宣德、正统后，官场中因私废公、官私勾结、以权谋私等违法乱纪之事悄然兴起，风气大变，官僚在籍家人的管束渐成问题，

① 明穆宗实录：卷59. 隆庆五年七月丙戌.
② 明太祖实录：卷70. 洪武四年十二月丙戌.
③ 明太祖实录：卷129. 洪武十三年春正月乙巳.
④ 同①.
⑤ 陈建. 皇明通纪：卷12. 北京：中华书局，2008：625.

其中显然包括士大夫对子女的教育、约束乏力问题。

大学士杨士奇在建文三年（1401 年），被荐举入翰林院，直到正统四年（1439 年）获准回乡展墓，其间历三十八年未回原籍。① 虽然居官期间“乡里来者甚多”②，但对儿孙的管教却不得不依靠其家人兄弟。③ 他在给其兄杨思贻、其弟杨宾畿的家信中屡加嘱托：“稷子读书，烦令用意教之。”④“稷在家，烦教训之，使不入小人之伍，千万、千万。”⑤“稷、秫望以同气之亲，教诲之为好人，更不可似前时冷眼旁观也。”⑥ 虽有此类嘱托，但杨家子弟似乎并未养成杨士奇所希望的人格。杨士奇长子“在乡好利忽义，获罪乡里，不敢遣归”⑦。正统七年（1442 年）十一月，江西泰和县民李衮赴京上告杨士奇长子杨稷“豪横不法百余事，词所连者几千人，事下都察院。士奇自陈稷冥顽不肖，并已失教状，且以所连者众，乞令法司量逮之。上命执稷并连重者三百余人至京，其余巡按御史等官收验以闻”⑧。从杨士奇的家书中，可知杨稷“不孝，违背父训，专交小人，作恶犯法，今得死罪”⑨。“与人接受不明田土、池塘、山园、房屋等业”⑩。英宗就此事书谕杨士奇：“惟卿之子有违家训，干于国纪，重以祖宗之法拘系之，卿其以理自处。”⑪ 杨士奇就此事向英宗解释：“缘初因臣家无得力之人，稷是长男，自小留在原籍，看守祖坟，因此隔远，失于教训。近年屡闻在乡听信奸邪小人设计唆诱，非理妄为。”⑫ 梳理杨士奇的家书，可见他曾一再以立身持家之道告诫家人，其中极突出的一点就是要求家人不可干谒公门，对交通公门之事，深加痛恶。“吾所甚恶者，须猛

---

① 杨思尧，杨汝敬．太师杨文贞公年谱//北京图书馆藏珍本年谱丛刊，第 37 册．北京：北京图书馆出版社，1998：510-511.

② 杨士奇．东里续集：卷 51，与宾畿弟书．352.

③ 同①481，485，490-491．根据《太师杨文贞公年谱》所记：永乐六年，杨士奇四十四岁，长子杨稷生于南京，同年十一月十日杨士奇辅导皇太孙巡狩北京；永乐十年，杨士奇四十八岁，第二子生；永乐十八年，杨士奇五十六岁，第三子生；永乐二十年，杨士奇五十八岁，第四子杨秫生。

④ 杨士奇．东里续集：卷 51，奉思贻兄书．347.

⑤ 同④350.

⑥ 同②353.

⑦ 同②353.

⑧ 明英宗实录：卷 98．正统七年十一月己巳.

⑨ 杨士奇．东里续集：卷 51，示长新妇．384.

⑩ 杨士奇．东里续集：卷 53，分付导子及昱曷诸孙．384.

⑪ 明英宗实录：卷 113．正统九年二月丙戌.

⑫ 杨士奇．东里别集：卷 3，为乡人诉告事．659.

觉悟。”① 见下表：

对象	屏迹公门之语	修身齐家之道	史料出处
兄	“公门不可干求，小民不可凌虐。”	“宜依本分治生理。”	《东里续集》卷五十一《奉思贻兄书》
弟	“削迹公门，交处良友。”	“既可养德，又足远害。”	《东里续集》卷五十一《与宾畿弟书》
弟	“不造公门，不管闲事。”	“此为保身延福之本，切不可将自身作人情也。”	《东里续集》卷五十一《与宾畿弟书》
侄	“非自己有公务，不可入公门，不可预闻他事，随世俗波浪，以坏家法。”	“无事闭户力学，谨择良友相资益。”	《东里续集》卷五十一《示旅弼鶂良书》
侄	“不可混同流俗，入公门惹是非。”	“凡人安静守分，自是名誉好、身家安。” “孝事父母，兄爱弟敬，各尽其诚。”	《东里续集》卷五十一《书示侄旅鶂良》
子	“公门中绝迹不可行，公门中人绝影不可交。”	“毋为人甘言谲计所诱也，但绝此一念，便有向上之路。”	《东里续集》卷五十二《示稷子书》

这种反复的告诫，一方面显示出杨士奇于仕宦之中竭力约束家人，保持清廉高洁；另一方面，却也暴露出其家人可能一再触犯干谒公门之禁忌的信息。关于后一点，可揣摩杨士奇的另一封家书中语：“近年乡里有一样害民小人，为御史、布政司、按察司、府县之官所治。又有一等贪利之人，假我之名为他解释，称是我亲戚、是我学生之类，多者得数十两，少者得十数两。此样人，今有死者，亦有罢官，亦有尚在而不悛者，天地神明鉴临在上，如此攫财，岂能长远受用？今朝廷遣内官、遣大臣来江西，专为扫除奸弊以安良民，圣旨甚严，吾家当谨守法度，不可学俗人粗心大胆，仍前谒见上官，为人求解，以苟微利。”“不可听人鼓诱又去管事，虽

① 杨士奇．东里续集：卷52，示稷子书．362．

至亲有事亦不可管。”① 其中“仍前谒见上官”云云，分明意味着杨士奇在籍家人屡有借其威势而干谒公门的行为。

弘治六年（1493年）进士何孟春曾提到杨士奇女婿在京受贿之事：

> 权衡之地，铢两可移，势之所使，不言而喻。杨文贞在阁时，其婿来京，久之当归，念无装资。会有知府某犯赃千万，夤缘是婿，赂至数千，为其求救。时某知府已入都察院狱，文贞不得已，于该道当问理日，遣一吏持盒食至院云：“杨少师与某知府送饭。”该道官遂亲下，释某知府刑具，候其饭毕，凡事一切听令分雪，遂得还职。我朝不立宰相，然内阁之权已如此。世不避权势者几人，小人居之，岂不坏事！②

如果何孟春所说属实，那么杨士奇对家人“屏迹公门”告诫的缺乏约束力就变得很自然。他的言说，尤其是编辑在文集中的言说，肯定是高度符合当时士大夫洁身自好、勤勉王事的价值观的，但在遭遇这种价值观与亲情、利益的矛盾之事时，也时或做出妥协。伦理与行为不能完全吻合，知行难以彻底合一，这是常见的现象，亦不足怪。需要注意的情况是，杨士奇时代以后，士大夫文集中“屏迹公门”的提法的确逐渐增多，而这种告诫似乎也总是伴随着士大夫家人干谒公门的消息。例如，嘉靖朝礼部尚书霍韬在给家人的书信中说道：“只愿各兄弟勿惹闲事，乃闻又去布政司取椒票，是何道理？我居此地，当以廉介率百官，如辞受取与不严，赃官何所警戒？”③ 霍韬家人在原籍的违法行为是明代中期官员子弟以公谋私而有损官声清誉的一个典型。成化朝翰林院修撰罗伦一任京官，即在家书中告诫家人要严守法度、“不扰官府”④。现实政治中官员家人子弟干扰公门、违法谋私之事的逐渐增多与士大夫家书中“屏迹公门”的殷切叮嘱成为明朝中后期政治生态中交织缠绕的两股情势。

崇祯朝生员江天一有一篇《乡宦子弟论》，该文专论晚明政治中官员子弟假借权势、交通公门、营私舞弊之事。文中，江天一告诫各级官员在家内应该管束子弟：“戒饬其纷华靡丽之习，禁绝投献请托之人”。对外要遍告原籍所在地的知府与县官，一旦遇官员家人子弟做出危害地方败类之事，“即求密告于己，而隐告者之姓名”。“即求府县官正法以处，而勿惜

① 杨士奇．东里续集：卷51，示鹓侄书．359．

② 陈建．皇明通纪：卷13．647．

③ 霍韬．渭厓文集：卷7，家书．四库全书存目丛书，集部，第69册．172．

④ 罗伦．一峰文集：卷9，戒族人书．景印文渊阁四库全书，第1251册．749．

其体面，如是而小过既惩，大恶自已，虽有甚不肖，亦稍稍就闲，不至加大害于天下。”当时的士风却非如此，常见情况是“报捷者甫至，而父兄之心早已驰于有司、同年之地，以为某可取财、某可作势，田园、宫室、子女、玉帛之念杂然而起，绝无有所谓行义达道之心，而劝惩亦必不力，子弟又安从畏惧乎？况其嗣兹以后，其首务在请托子弟。子弟，白丁也，则委嘱以博衣巾，一人不已又一人焉”①。晚明政治生态如此，可知其灭亡的因由不一而足。

二、“屏迹公门”观的分层解析

随着政治生态的变异，明代官员对于家人屏迹公门的叮嘱趋于郑重，梳理相关言说，俨然成为一种理路清晰的思想、价值主张。这可以通过品味嘉靖礼部尚书霍韬在嘉靖十三年（1534 年）十二月初五给家人的书信加以分析：

> 近闻天下官司送到贤否册来，逐一检阅，见赃官害民考语，脚色皆注，曾送金银若干与吏部某官，或送段帛，或送酒器，或送金玉，带到京与权要官。此样考语到部，此官必退了，而京官遂受污玷。幸我家无被人送者，各官考语亦无送礼物及本家者，此可喜也。今后各处官司交际，决要谨慎，勿轻受渠礼物，为我累也。又赃官凡送些礼物于权要之家，权要之家若肯纳之，彼得计曰：“吾有权要人在上，能扶持我。”遂肆贪无忌，行检败露，则求权要人为之救援。如救之，是保赃奸也，斯民何辜？赃官无忌，皆权要人受渠些小馈遗致之也。是故，赃官满天下，皆京官教之也、纵之也、为之作窝主也。近日汪公、张公绝迹不受外官礼物，家中亦极严，故赃官少震惧，不知我家中兄弟体此意否？有人馈礼物否？曾受纳否？又本家有事干扰官司否？如本家少有此事干及官司，彼则卑视我矣，其卑视我又何足惜，我一人行检，于兄弟何足重轻哉？但恐赃官窥我卑了，遂无忌惮，贪婪害民，则我之罪也。天地生我，国家养我，将以福惠天下，纵不能惠天下，又徒而为赃官窝主，俾有所恃以害民，是重得罪天地也。我子孙他年尚望做好人，幸兄弟体此意，为子孙植些福，俾渠有所依赖也。此帖尹先同体刚至祠堂熟讲之，使兄弟深体之，仍留为子孙后日无穷之训。②

---

① 江天一．江止庵遗集：卷 2，乡宦子弟论．四库未收书辑刊，第 6 辑，第 28 册．249.

② 霍韬．渭厓文集：卷 7，家书．171.

霍韬这封家书承载多方面信息。从中可见，地方官交结、贿赂六部官员现象在嘉靖时期已经成为常态，京官原籍家人成为地方官员贿赂、交结中央官员的媒介。虽有此种风气，但霍韬代表的相对清廉的士大夫反复告诫原籍家人，不要接受地方官员贿赂，不要成为贪官的窝主，不要坏了在京为官者的声誉。明人家书中表达官员为洁身自好、保持清誉而屏迹公门的说法很多，霍韬的这封信中除了这种常见的道理之外，还表达了一种由官员在籍家人的清廉而守持官场清廉的意图，这就使得明代士大夫劝诫家人“屏迹公门”的言说具有了几分更凝重的天下担当意味。况且，霍韬还把这作为一种原则，嘱咐要使得后辈通晓其义，世代坚守。崇祯时期大学士杨嗣昌对家人的告诫偏重于强调与官府交往会成为其官声之累的一面：“官府如讨文章，亦不必送，恐有尊亲辈，或以他事相强，又恐无知辈，以嘱托相疑，皆能坏我心行，玷我名节，惟不见官则杜绝矣。”① 这种言说背后，自然也是廉洁的伦理，但偏重于保持自我尊严的考虑，比起霍韬前书承载的天下担当之意来，已较单薄了。

在更具有儒者气象的士大夫中，“屏迹公门”的要求可能是出于更为内在化的修养诉求。黄道周就曾告诫家人子弟：“有司极不可与相知，家中子弟亦禁，不与有司往来。韬晦，是长者之风；干谒，非吾辈之事。”② 这里，“屏迹公门”不再是一种劝诫，而是一种禁忌，其程度达到互不听闻，而不是不去干谒就可。这样做的理由，主要不是自保，而是大儒者内心的格局。儒者以天下为怀，岂可干谒谋私？

崇祯朝县令胡敬辰在家书中对在籍家人交通官府营私一事做出严厉斥责，同时敦促家人完纳粮银。书云：

> 吾闻汝辈在家，一遇官府生辰及于节气，习为谄兢，逐队争趋。夫交接，虽孔子不废善事，大夫之贤，何必不然。但于中生一谄媚心，又于中生一结纳心，又更于中生一说公事心。因之渔利以损德，罔上而害民，其究有不忍言者，此甚不可。善乎！董子之言曰：“内足以养老尽孝，外足以事上供税。”真是至言。然而供税一事，汝曹则必不肯行，且夫食国家之毛而纳县官之粮，古今之通义也。凡值限期，虽或手中窘乏，必须借贷完纳，毋贻累里长杖责。然每观汝曹全不以纳粮为当务，见年来催，高坐书房，支吾不肯相见。及至相见，

① 杨嗣昌．杨文弱先生集：卷 46，家书．续修四库全书，第 1372 册．658.

② 黄道周．黄石斋先生文集：卷 5，与外氏书．续修四库全书，第 1384 册．128.

东扯西拽，我捱你推。像凭己意宽缓，理上万不能通，勉令手下人往纳，又或比较已过，不肯全完，而见年里长为汝曹欠户，受杖讨保、血肉淋漓、呼天号地矣。夫十递里长，皆汝曹宗族也，山无多田产，苦当见年。族中有做官者不能周庇而笃厚之，反以仕族欠粮之故，使之至此。杖有杖钱，保有保钱，催差有催差钱，拿号有拿号钱，坐都有坐都钱，粮房使用有粮房使用钱，汝曹宁不闻之乎？汝分毫不欠，则与汝无干；汝有所欠，宁得诿之他人也？又毋曰："官之征收太急也。"事关考成，部催旨迫，急于风火，为官者岂不爱民，欲催科稍缓，然而理势有万万不能者。乡绅不完，不得不重责里长，里长吞□毒杖，犹不敢怨骂缙绅之子拖欠钱粮者，尔宁不愧于心乎？终是汝曹负宗族也。其三思之，早完粮银，以免里长苦痛，是亦睦族，事大夫之一端也。①

胡敬辰的这封家书与大多数明人家书不同，其对于家人屏迹公门的要求不是用叮嘱的口吻，而是用近乎詈骂的口吻表达出来。显而易见，他已为家人趋媚官府、苟取私利、拖欠钱粮的行为所激怒，鄙夷痛恨交加，形诸笔端。这就应和了前文讲到的情况，出仕士大夫因为异地为官，对家人的约束力常常不足，家人行为与出仕士大夫的道德理念不一致，甚至可能产生直接冲突。出仕者既不能放弃理念，又不能斩绝亲情，只好苦口婆心地劝说，声色俱厉地斥责。胡敬辰的两难，是晚明部分士大夫心境和处境的写照。

屏迹公门虽在明代中期逐渐成为清流士大夫提倡的一种政治自律行为，但是也有士大夫对此提出异议，认为屏迹公门的同时不应该禁止士大夫家属与府县官之间正常的礼节往来。嘉靖二年（1523 年）进士、江右王学的代表人物欧阳德在嘉靖十三年（1534 年）十一月十二日的家书中就曾对此提出异议："府县及乡士夫一切庆问之礼，皆不可废，此非以为媚。府县，吾父母官也；乡士夫，吾斯文骨肉也。于此不用其情，恶乎用其情？但近世欲以此为干求之资，故不事干求者，遂并其礼而废之。夫我不加礼于人，往往不自觉，人不加礼于我，我心若之何哉？此强恕而行之道，不但府县，过往士夫，不相闻则已，相闻亦不可不自尽。"② 并且在

① 胡敬辰．檀雪斋集：卷 7，家报．四库全书存目丛书，集部，第 191 册．208.

② 欧阳德．欧阳南野先生文集：卷 6，家书十一．四库全书存目丛书，集部，第 80 册．468.

嘉靖十四年（1535年）二月初九的家书中再次叮嘱："吾家于府县官事之殊简略，岂惟官为然，虽吏卒亦不可忽之。乡里士夫、朋友以爱憎为毁誉，虽非所当计，而待之亦不可草草。"① 欧阳德师从王守仁，致良知之学，乃明代中期著名理学家。其人"器宇温粹，学务实践，不尚空虚"②。欧阳德此论说明，屏迹公门不能矫枉过正，地方士绅家属与府县官之间正常的礼节往来是被儒家政治伦理所接受和允许的。

士大夫中既然有许多人坚持清廉自守、约束家人的价值观念，就有许多人能够有效地说服、约束家人的行为，也会有士大夫敦促家人平时垂范乡里，在发生水旱灾荒、兵戈变乱等情况时，有所担当。居家士大夫中，也有许多人勤勉地方公益。如万历朝内阁大学士沈鲤归家后，修建"沈公桥"，立社仓，设义塾，修文雅社。他在家乡主持修建的防洪工程，被后世誉为"沈堤"。③"屏迹公门"与"垂范乡里"在此类士大夫身上是融为一体的。

因此，明代中期后，"屏迹公门"一语在家书等文献中逐渐增多，是清流士大夫禁束家人干谒公门、谋求私利的自律之举。为了维护清誉和防范家人，清流士大夫甚至严禁家人与府县官吏进行正常的礼节往来。但是，儒家士大夫普适的天下情怀也使这些清流士大夫期许其家属在救助灾荒、抵御动乱、引导风俗等方面发挥表率作用，实现"仕宦之家"的价值追求。

三、"屏迹公门"观与明代政治生态

明代士大夫的"屏迹公门"治家理念体现其在公与私、家与国之间的认知取向。这种取向与朝廷对于官员的为官伦理要求具有一定的一致性。明太祖朱元璋在开国之初《谕群臣务公去私》中劝勉群臣要"立心尚志"，"务功名，匡君之政，济人利物"，不可"务易利，专速达"④。宣德三年（1428年），吏部尚书蹇义在奏文中指出："近本部放回官吏、监生、人材与记名、致仕、侍亲、养病及为民官员，多违礼法，有出入公门、结交官吏、嘱托公务、妄兴告讦、挟制官司、暴横乡里、蠹政害民者，今后许诸

① 欧阳德. 欧阳南野先生文集：卷6，家书十四. 469.

② 张廷玉，等. 明史：卷283，欧阳德传. 7277.

③ 杨子建，莫振麟，等校点.（乾隆）归德府志. 郑州：中州古籍出版社，1994：457.

④ 朱元璋. 明太祖集：卷7，谕群臣务公去私. 135.

人陈告提问明白，并家属发口北充军，逃者拟重罪。”① 这说明朝廷对回籍官员有出入官府的约束，以防止其干扰地方官府正常公务。明代法律对于官员子弟犯罪也有明确惩治规定：“官吏家人于所部内，取受求索，借贷财务，及役使部民，若卖买多取价利之类，各减本官罪二等。若本官知情，与同罪。不知者不坐。”② 正统五年（1440年）十二月，英宗也曾针对南京守备及五府六部等衙门官员提出约束家人的要求：“或从家人子弟强取商人货物，欺压良善，军民被害，道路侧目，人罔诉告，为恶如此，宁不致灾?”“毋狭私瞒公，毋虐人取利，严戒家人并守国法。”并敕谕都察院“即委公正严明御史询察，如有仍前僭分、擅作威福官员，具实奏闻。若家人子弟有犯，就便拿问，知而不举，一体罪之”③。嘉靖二十八年（1549年）十一月颁布的《考察事宜》中，将家人行为列入考察官员尺度：“有指称本部官名目，或称家人亲属，交通打点骗财者，枷号发烟瘴充军。”“在京文武官，有以乡里亲故，交通来朝官，及令家人往来者，听缉事人侦捕。”④

明朝在表彰官员的时候，可能将管束家人在地方社会的行为作为相关项，在惩治违纪官员的时候，会将纵容家人危害地方社会作为违规项。在朝官员与地方官员的结交，也会成为朝廷政治倾轧的一个口实。如隆庆五年（1571年）五月，湖广汉阳知府孙克弘被弹劾。孙克弘是徐阶同乡，“尝遣其家人孙伍至京师，或妄传为阶所使”。给事中韩楫、宋之韩“欲寻端批根，以中阶”，乃更引他事，弹劾徐阶之子徐璠“侵盗本府起解钱粮，各坐以不法。并尽捕阶家人留居京师者，杂考治之”⑤。御史王元宾等受韩楫等指使，弹劾孙克弘“夤缘升迁”，当罢黜，并极力诋毁徐阶。此案虽然较为复杂，但其中明显可见朝廷官员与原籍官员的交通和往来颇受关注，双方家人的往来会成为攻讦的理由。因此，官员为保护自己的名节，必须在管束家人的过程中，要求家人屏迹公门。

在明代政治环境中，致仕、守制官员或官员家人屏迹公门会带来士林的肯定性评价。此类评价常见于明人墓志铭、墓表、神道碑、行状、年谱中，下表呈现其中部分例证：

---

① 明宣宗实录：卷42. 宣德三年闰四月癸未.

② 徐溥，等撰. 李东阳，等重修. 明会典：卷131，家人求索. 338-339.

③ 明英宗实录：卷74. 正统五年十二月庚寅.

④ 明世宗实录：卷354. 嘉靖二十八年十一月庚寅.

⑤ 明穆宗实录：卷57. 隆庆五年五月己卯.

作者	原文	对象与情态	出处
王直	“足迹不一至公门。”	兵部主事曾士宏之父 致仕乡居	《抑庵文集》卷五《曾子贯挽诗序》
王直	“以外艰归，居丧尽礼，哀慕之情三载如一日，足迹未尝至公门，乡党之间酒食伎乐之燕不与。”	礼部侍郎龙文 丁忧乡居	《抑庵文集·后集》卷二十四《侍郎龙君神道碑》
王直	“虽居城市，足迹未尝至公门。县大夫雅敬之，乡饮以大宾礼焉。”	袁仲彬 致仕乡居	《抑庵文集·后集》卷三十三《袁处士仲彬墓志铭》
王直	“无事不一至公门，惟乡饮则至焉。士大夫嘉其晚节之坚，以松竹拟之，称为晚翠先生。”	常州府学训导罗升之父 致仕乡居	《抑庵文集·后集》卷三十三《罗先生妻张孺人合葬墓志铭》
金幼孜	“遂归，杜门不出，惟日洁清庭宇，种莳花木，与宾客、故人徜徉以为乐。虽所居城市，足未尝及公门，物论多之。”	太常博士丁尚文 致仕乡居	《金文靖集》卷九《封太常博士丁尚文墓志铭》
彭韶	“惟葛巾野服，优游自适于寂寞之滨，足迹未尝至公门，人视之颓然，犹里老匹夫也。”	刑部主事黄元安 致仕乡居	《彭惠安集》卷三《同寿堂记》
何乔新	“丁孺人忧，解官居丧，足不践公门。”	福建按察司副使辛访 丁忧乡居	《椒邱文集》卷三十一《明故中顺大夫福建按察司副使辛公墓表》
吴与弼	“然区区绝迹公门，高明所素悉者。”	吴与弼自勉之语 致仕乡居	《康斋集》卷八《答黄季恒书》
吴与弼	“虽教授在乎阛阓，而未尝一履公。”	教授黄宽 自任期间	《康斋集》卷十二《黄先生墓表》
程敏政	“足未尝闯公门。”	徐文 致仕乡居	《篁墩文集》卷四十二《孝友徐君墓志铭》
黄仲昭	“家居十六年，杜门读书著文，间与贤士大夫唱和以为乐，足迹未尝一轻至公门，士论重之。”	秦府右长史郑循初 致仕乡居	《未轩文集·补遗》卷上《秦府右长史郑循初列传》
蔡清	“先生既归休，日杜门教子孙读书，足迹不及公门。”	云南按察司副使林廷珍 致仕家居	《虚斋集》卷五《钦进亚中大夫云南按察司副使致仕云室先生林公墓志铭》

续表

作者	原文	对象与情态	出处
邵宝	“平居恬淡，慈惠侃侃，群居不以词色悦人，公门市井绝无君迹，惟存交重义、忍事退步为素所念耳。”	户部主事刘烨 致仕乡居	《容春堂续集》卷十六《明赠承德郎户部主事刘君墓志铭》
史鉴	“非公事不至公门。”	苏州府吴江县乡贤史鉴 祭祀申文赞语	《西村集》卷首《乡贤申文》
方良永	“五年之内未尝以衰绖入公门，耻干人以私。”	吏部考功司郎中刘绍功 丁忧乡居	《方简肃文集》卷二《赠考功刘绍功北上序》
韩邦奇	“家食二十余年，一字不入公门，绝口不谈时事，惟二三知友饮酒弈棋而已。”	提刑按察司副使邵镛 罢黜乡居	《苑洛集》卷四《中顺大夫四川等处提刑按察司整饬松潘兵备副使前山邵公墓志铭》
韩邦奇	“足不履市肆、公门。”	监察御史杨本深 年少乡居	《苑洛集》卷六《监察御史杨公墓志铭》
夏尚朴	“足迹不履公门。”	成都府学训导娄谅 因病家居	《东岩集》卷五《娄一斋先生行实》
王慎中	“绝迹公门。”	正德十二年进士陈琛 辞官乡居	《遵岩集》卷十六《陈紫峰先生传》
沈鲤	“请告家居，键关却扫，足迹不及公门，日惟种莳花竹，畜法书图绘，朝夕披览。客有欲干以私者，辄饮之醇酒，不得言。”	吏部尚书太子太保宋纁 请告家居	《亦玉堂稿》卷十《明资政大夫吏部尚书赠荣禄大夫太子太保谥庄敏栗庵宋公墓志铭》
胡应麟	“亡论姻娅乞援，即亲子弟郡邑试，未尝寸牍入公门。”	中丞滕伯轮	《少室山房集》卷八十七《中丞滕先生传》
毕自严	“公奉太夫人讳归矣，读礼三年，哀同始殡，足迹不履公门，即亲友小集亦坚不一诣也。”	吏部文选司郎中王教 丁忧乡居	《石隐园藏稿》卷四《奉政大夫吏部文选司郎中秋澄王公行状》
范景文	“屏迹公门，未尝有所关说。”	进士李如峰 丁忧乡居	《文忠集》卷七《李公暨配于恭人行状》

要求家人“屏迹公门”的思想主张，也往往被士大夫写入家训中，成

为整个家族世代遵守的行为法则。晚明理学家邹元标《家训》中一款即是："输赋无讼，迹绝公室，尊宪守约，终鲜差失。"① 到万历朝，"屏迹公门"的思想进而被内阁大学士沈鲤在《学政条陈疏》中提议写入天下学宫规约中，明确规定严禁学生"出入公门，为人请托，为不守之过"②。

清人评价明朝士大夫时，也将"屏迹公门"作为褒奖的行为，这在清修方志和理学著作中多有记载。如《山西通志》表彰济南府通判刘潮致仕家居期间"绝迹公门，不谈时事，讲究经史，训诲后学，士论推重"③。李清馥的《闽中理学渊源考》赞誉教授吴文旭"隐居不出林下二十余年，绝迹公门，其平居敬义自持，势利不入于心，睦族周贫，训子孙以勤俭"④。

这里依然需要再次强调，明代官员是一个庞大的群体，并不是所有明代士大夫都坚守"屏迹公门"的政治伦理，官员家人犯罪现象时有发生，其中甚至多有士大夫本人纵容和指使的情况。⑤ 即便在洪武时期，官场相对清肃，亦不乏官员家人依势谋私犯法之事。朱元璋针对功臣家人违法之事，召集大臣训谕："尔等从我，起身艰难，虽成此功，非旦夕所致。比闻尔等所畜家僮，乃有恃势骄恣逾越礼法，此不可不治也。小人无忌，不早惩治之，他日或生衅隙，岂不为其所累？如治病，当急去其根，若隐忍姑息，终为身害。"⑥ 除朝堂晓谕规劝外，洪武九年（1376 年）秋八月朝廷又奉诏旨发布公告："凡在官者，其族属有丽于法，听其解职还乡里。"⑦ 虽然朝廷法律给予建国功臣一定的司法豁免特权，但在"应议者之父祖有犯"条款之下对功臣家人犯罪明确规定要予以严惩："其余亲属、奴仆、管庄、佃甲，倚势虐害良民，陵犯官府者，加常人罪一等，止坐犯人，不在上请之律。"⑧ 虽然在舆论道德和司法条文中，朝廷希望官员能公私分明、贵公抑私，规约家人严守法纪、屏迹公门，但是明代中后期，官员家人交通公门、营私舞弊之事依然呈现蔓延膨胀的势头。弘治

① 邹元标．愿学集：卷 1，家训．景印文渊阁四库全书，第 1294 册．3.

② 沈鲤．亦玉堂稿：卷 3，学政条陈疏．234.

③（雍正）山西通志：卷 131，人物三十一．景印文渊阁四库全书，第 546 册．494.

④ 李清馥．闽中理学渊源考：卷 87，教授吴景阳先生文旭．809.

⑤ 林惠．明代官员家属犯罪惩治与明代政治．上海师范大学中国古代史硕士学位论文，2013.

⑥ 余继登．典故纪闻：卷 1．北京：中华书局，1981：7.

⑦ 李诩．戒庵老人漫笔：卷 1，在官有族犯皆去职．四库全书存目丛书，子部，第 111 册．27.

⑧ 刘惟谦，等．大明律：卷 1，名例律·应议者之父祖有犯．续修四库全书，第 862 册．392.

十二年（1499年），进士户科给事中刘茝“劾户部尚书佀钟纵子受贿，论外戚庆云侯、寿宁侯家人侵牟商利，阻坏盐法”①。万历三年（1575年），河南卫指挥王闰中“私使家人入京营求升守备”②。万历十五年（1587年）十二月，吴县乡官原任兵部尚书凌云翼“家人韩文殴死生员章士伟，诱辱道学生员张元辅等”③。这些官员违法案例，与士大夫清流所提倡的“屏迹公门”主张，一同存在。

综上，屏迹公门是明代士大夫群体中清流的价值取向之一，是该时代官僚操守的一般尺度，体现了当时体制下维持政治公平性的社会诉求，也是士大夫维护官声名节、保守身家的一种策略。明代的屏迹公门观符合宋明理学公私义利观，不为私利而入公门，不以私心而废公义，被认为是符合儒家道德哲学的君子之为；与此相反，以私心而废公义，被认为是违背儒家价值精神的小人之为。屏迹公门，成为士林群体、地方宗族、天下学宫日常行为的一个道德规范。晚明，在公门与私家之间，又加入党争，使晚明的政治更趋混乱和复杂，当无力的制度阻止不了私欲膨胀的时候，当时的有识之士仍然希望维持和实践儒学修身与齐家的政治道德，但“屏迹公门”的清流主张，已逐渐被晚明政治生态中的“交通公门”乱象所淹没。

第二节　乞休之忧：明代士大夫的家国一体观

乞休是官员在满七十岁之前，因疾病、孝亲等客观原因或因权力斗争、政治谋略等主观原因而主动提出致仕归家的行为，为乞休归家而上的奏疏称为乞休疏。乞休行为自古有之，见诸史册者始于唐朝，却并不多见，宋元仍不明显。明朝正统以后，士大夫乞休现象逐渐勃发，终明一代呈逐渐增长的态势。明朝士大夫乞休现象出现的时机和演变的状态与明代的政治生态变迁、政治文化演变密切相关，是士大夫家国观念变化的重要外在体现。通过分析士大夫的乞休奏疏，可以发现明代士大夫家国观念在明中期后发生了变化，士大夫家国观念中“家”与“族”的观念逐渐浓

① 张廷玉，等. 明史：卷188，刘茝传. 4971.
② 明神宗实录：卷44. 万历三年十一月庚子.
③ 明神宗实录：卷193. 万历十五年十二月丁酉.

重，士大夫自我实现的途径多元化，“家国同构”观念处于分裂状态，“国”不再是士大夫实现自我的唯一和最好的选择。明中后期后，中国地方社会绅士阶层的形成与明帝国后期士大夫家国观念的转变存在重要关联。

一、明代官员“乞休”概况

中国古代官员七十致仕，在满七十岁之前，因疾病等原因提前请求致仕归家的现象称为乞休。唐代官员乞休现象，根据《新唐书》和《旧唐书》统计，仅仅2次，最早一次是唐武宗会昌六年（846年），“左拾遗王龟以父兴元节度使起年高，乞休官侍养，从之”①。查阅《宋史》，官员乞休现象也仅仅9次，并非显要的政治现象。从《清实录》中统计，清朝官员乞休次数大致为827次，每年平均为3次。清代并未发生官员群体性乞休现象，另外清代官员乞休大致在康熙朝开始出现。而明代官员乞休现象在数量和规模上都超越唐、宋、清时期，成为明代政治文化中的一种特殊现象。非正常七十致仕状态下官员乞休行为发生在其家国观念发生重大冲突时期，解读官员的乞休奏疏，对分析明代士大夫家国观念变迁走势具有重要的研究价值。

以“乞休”与“乞致仕”为条件，对《明实录》进行检索可知，从洪武到宣德期间，《明太祖实录》《明成祖实录》《明仁宗实录》《明宣宗实录》中“乞休”与“乞致仕”现象并不多见。明代官员的乞休风气大致开始于明英宗正统时期，正统五年（1440年）七月，广东布政司右布政使刘永清年未七十以病乞休，正统时期其他三位乞休官员分别为：国子监祭酒李时勉、工部尚书谨身殿大学士兼东阁大学士高穀、吏部尚书何文渊三人。

查阅《明实录》，可对明代官员乞休做如下统计：

年代	乞致仕	年平均	乞休	年平均	总计	年数	年平均	史料来源
洪武	9	0.25	0	0	9	31	0.25	《明太祖实录》
永乐	5	0.23	0	0	5	22	0.23	《明成祖实录》
洪熙	3	3	0	0	3	1	3	《明仁宗实录》
宣德	15	1.5	0	0	15	10	1.5	《明宣宗实录》

① 刘昫，等. 旧唐书：卷18上，武宗本纪. 609.

续表

年代	乞致仕	年平均	乞休	年平均	总计	年数	年平均	史料来源
正统	248	8.55	4	0.14	252	14	8.69	《明英宗实录》
成化	160	6.96	103	4.48	263	23	11.43	《明宪宗实录》
弘治	375	20.83	75	4.16	450	18	25.00	《明孝宗实录》
正德	142	8.88	144	9.00	286	16	17.88	《明武宗实录》
嘉靖	114	2.53	487	10.82	601	45	13.35	《明世宗实录》
隆庆	25	4.17	76	12.67	101	6	16.83	《明穆宗实录》
万历	61	1.27	893	18.60	954	48	19.88	《明神宗实录》
天启	4	0.57	143	20.43	146	7	20.86	《明熹宗实录》
总计	1 161	4.47	1 925	7.40	3 086	260	11.87	

从表中我们可以发现如下现象：第一，洪武到宣德期间的明前期，士大夫乞休现象稀少。明英宗正统以后，士大夫乞致仕和乞休数量较之前四朝激增，说明士大夫乞休现象逐渐常态化。另一现象是《景印文渊阁四库全书》中，正统以后，明人文集中乞休致仕奏疏逐渐增多。第二，明代士大夫乞休数量呈现逐渐增长态势，从年平均数字上可以得到体现，特别是万历以后，乞休行为逐渐成为政治场中的常见现象，成为朝廷不得不着力解决的政治事件。第三，从乞休行为在明代的历史演变态势可推测出明代政治生态和政治文化发生的动态变迁，对乞休行为的研究为解读政治生态中士大夫家国观念的变迁提供路径。以明武宗一朝为例，分析乞休士大夫群体构成比例，根据《明武宗实录》统计，正德年间上疏乞休的官员大致为144位，百分之九十以上为中央三品以上的高级文官，武官、地方官员、低级官员所占比例微乎其微。

对明代士大夫乞休现象进行分类分析，表象上常以年老、疾病、孝亲、天象示警、考察自陈等为理由，明代就曾出现南人任职北方，因“畏寒，不乐久处边地，屡上封事乞休”①。深层原因多为权力斗争和权术谋略的运用。如果单从规模人数和历时时间来分析，明代士大夫的乞休行为可以分为个体性乞休与群体性乞休两类。个体性乞休最为常见，政治诉求多样，政治情态复杂，虽有共性特征，亦可体现士林风骨和家国观念，但是政治影响力不及群体性乞休行为。士大夫个体性乞休行为又有两种特殊情态：一种是仕途中数次乞休。弘治与正德两朝内阁大学士李东阳从弘治

① 明宪宗实录：卷57．成化四年八月己亥．

六年（1493 年）首上乞休疏到正德七年（1512 年）十二月致仕归家，历时近二十年。当然，每次乞休政治情态不一，弘治朝多借乞休致仕劝谏皇帝，如弘治十四年（1501 年）五月乞休疏中表达政治态度："愿陛下儆畏天戒，矜恤民穷，勤励讲学，省节游宴，爱惜财用，慎重官爵，礼制贵戚，法驭边将，亲贤远佞，崇正辟邪。达台谏为四聪，合宫府为一体。遵宪章于列圣，严教养于皇储。以培天下之元气，以寿国家之命脉。此臣区区犬马之诚，有不能自已者。倘臣言可采，陛下幸留意焉，则臣之退犹臣之进也。如其不可，则臣虽力疾备位，苟充任使，陛下将焉取之，而亦将安用之哉？"① 正德元年（1506 年）乞休的更多意味是政治权力斗争中的政治韬略。"以一二人之私恩坏百年之定制而不顾，以一二人之邪说违满朝之公论而不恤。""旨从中出，略不预闻，有所议拟，径行改易，诏书不信，政令失中。"② 正德五年（1510 年）以后的乞休疏，就已经透出无可奈何的政治意味："人臣之义，能则致身，不能则止，二者不容以发。"③李东阳时年六十四岁，距离七十致仕的朝廷规定尚有六年期限，并且从李东阳获准乞休归家后的行为来推论，李东阳仕途中的乞休完全不是因为身体疾病等原因。

另一种是连续数次上疏，集中精力乞休归家。万历三十一年（1603 年），内阁大学士温纯与沈一贯相忤，被沈一贯私人弹劾，杜门九月，上乞休二十疏。万历三十二年（1604 年），温纯与吏部侍郎杨时乔主持京官考核，沈一贯所欲庇者钟兆斗、钱梦皋等皆在谪中，而加深与沈一贯的矛盾，又不能得到万历帝的支持，求去甚力，连上乞休疏十次。两年间，温纯上乞休疏三十余次。明代后期，士大夫上疏乞休动辄几十疏，甚至数百疏。如此频繁的乞休，明显不是官员正常乞休致仕行为。④

另有主动乞休与被动乞休之分。主动乞休除了身体、疾病等客观原因外，多为政治规谏皇帝或权力斗争失意。被动乞休多因被朝臣弹劾、考核失职，如正德元年（1506 年）巡抚顺天等府地方都察院右副都御史柳应辰因被朝臣弹劾而乞休明志。这种被动乞休行为一类是朝廷对功勋卓著臣子犯错而采用的一种柔和的辞退方式，另一类就是如同柳应辰这样因被弹

① 李东阳．怀麓堂集：卷 99，求退录．1059.
② 同①1060－1061.
③ 同①1064.
④ 温纯．温恭毅集：卷 6．景印文渊阁四库全书，第 1288 册．522－553.

劾而被动乞休。①

对中央官员和地方官员的乞休，朝廷处理方式也存在差异。中央官员，特别是内阁大学士、各部尚书等政治地位高的官员，乞休奏疏直达皇帝，由皇帝做出官方批答，从成化到万历前期，大多是给予褒奖挽留、赐医问好、派官劝慰等劝止行为。万历中后期，士大夫乞休行为渐成常态，皇帝对这种乞休行为多采用留中不发的政治策略。万历三十九年（1611年）大学士叶向高指出："十余年来，大臣得请者，百无一二。至如辅臣李廷机、部臣赵世卿，皆羁留四载，疏至百余，且廷机又屡次叩阍，未蒙允放。今尚书孙丕扬、李化龙又以考察军政不下，相率求去。若复踵桢所为，成何纪纲。""故欲禁诸臣之善去，必先体诸臣之至情。可留则留，且行其言，以安其身；不可留，则听其去，明白裁断，毋事虚拘。则臣子之进退得全，而朝廷之体统不失矣。"② 乞休士大夫在长久得不到朝廷公文回复后，往往以挂冠而去、杜门明志等方式消极地对抗皇帝的冷漠。明代地方官员的乞休行为并不多见，绝大多数官员遵从七十致仕的朝廷成法。如果地方官员有乞休行为，往往通过吏部考功司和地方上级官员对这位乞休官员进行评价后，报呈皇帝，最后确定是否同意其乞休归家。嘉靖初年，山东承宣布政使司右参议韩邦奇在上疏乞休后，嘉靖帝令吏部与山东布政司合议而定，并参考巡抚都御史陈凤梧的意见："韩邦奇秉恬退之节，抱经济之才，偶因脾疾之攻，遂起思亲之念，既上疏以乞休，即促装而就道。伏望皇上轸念人才难得，将本官暂令致仕，以遂其恬退之节，病痊起用，以尽其经济之才。"③

与个体性乞休相对，群体性乞休常关乎明朝国运走向与政治变革，关涉明朝中央权力体系的变迁，又与廷杖、诏狱、伏阙、留中等政治现象相互关联，因此政治影响力往往持久，具有深意。

明代第一次群体性乞休现象发生在成化十三年（1477年）七月到十二月这一时期，六个月中，六十余位高级官员上乞休奏疏，涉及内阁、六部、都察院、大理寺等中央各权力机构官员。④ 这次群体乞休，目标直指同年设立的特务组织西厂。成化十三年（1477年），"近侍汪直权倾中外，外设西厂行事"。内阁大学士商辂上《请革西厂疏》，直陈西厂设立的政治

---

① 明武宗实录：卷12. 正德元年夏四月辛未.

② 明神宗实录：卷481. 万历三十九年三月丙辰.

③ 韩邦奇. 苑洛集：卷17，乞恩休致事. 景印文渊阁四库全书，第1269册. 621.

④ 明宪宗实录：卷171. 成化十三年冬十月己未.

弊端，并发动士林集体抗争。明宪宗虽迫于政治舆论压力而停罢西厂，但是宦权压制士权的态势却已然成为政治生态的基色。通过商辂在成化十三年上乞休奏疏后皇帝的答复意见，就可以透视出政治生态的变化。商辂在成化二年（1466 年）到四年（1468 年）曾经三次上乞休致疏，均借天象示警，自陈不能尽忠职守而劝诫皇帝反躬自省，却三次被宪宗驳回，慰问挽留，不允归家。而成化十三年（1477 年）所上的乞休疏上达宪宗后，明宪宗没有做任何形式上的挽留，很快就下诏同意商辂乞休所请。

第二次群体性乞休现象因乞休三人同为内阁大学士，又同是明孝宗皇帝的临终顾命重臣，而更加具有政治寓意。早在弘治年间，以徐溥、刘健、李东阳、谢迁为代表的士林群体“协心辅治，事有不可，辄共争之”[①]。到明武宗继位后，政治环境急转直下。正德元年（1506 年）五月，内阁大学士刘健引用宋儒朱子言，“一日立乎其位，则一日业乎其官；一日不得乎其官，则不敢一日立乎其位”，上疏朝廷请求改易弊政，武宗留中不下。刘健等再次上疏，历数政令十失，指斥武宗留中不发之弊：“臣等言是，则宜俯赐施行。臣等言非，则亦明加斥责。而乃留中不报，视之若无，使臣等趋向不明，进退无据，深忧极虑，寝食弗宁。”[②] 迫于压力，武宗不得已而发还前疏。刘健“知志终不行，首上章乞骸骨，李东阳、谢迁继之”[③]。正德元年相继乞休的士大夫还有总督两广军务左都御史潘蕃、少师兼太子太师吏部尚书马文升、参赞机务太子少保南京兵部尚书王轼、南京吏部尚书林瀚、南京工部尚书李孟旸、太子太保刑部尚书闵圭、翰林院学士刘忠、南京国子监祭酒章懋、礼部尚书张升、南京户部尚书秦民悦等高级官员。刑科给事中吕翀在其后的奏疏中道明了刘健、谢迁乞休的真正原因：“盖以维新之政，未能一一尽善，其随事救正冀以感悟君心，尽其职业而章疏每上，虽辄荷忠爱之褒，未必见之行事。若复苟安其位，必取尸素之讥，此所以决于求去而有不俟终日者也。”[④]

第三次群体性乞休事件发生在正德十四年（1519 年）三月间，士大夫群体因谏阻武宗南巡奏疏被留中不发，内阁大学士杨廷和、兵部尚书杨一清、南京户部尚书邓庠、南京兵部尚书乔宇、湖广按察司佥事孟洋乞休退隐。进入四月后，内阁大学士蒋冕、太子少保户部尚书石玠、广西布政

---

① 张廷玉，等. 明史：卷 181，徐溥传. 4805.
② 李东阳. 怀麓堂集：卷 99，求退录. 1060-1061.
③ 张廷玉，等. 明史：卷 181，刘健传. 4815.
④ 明武宗实录：卷 18. 正德元年十月癸酉.

司左布政使何珊等人先后以老病上疏乞休求退。群体性乞休现象是士大夫集体对抗皇权的政治行为，皇帝除了温和的留中、劝慰之外，往往又借助诏狱、伏阙等政治迫害而回击士大夫群体的政治诉求。明武宗为排除亲征和南巡的政治阻力，就曾经大兴诏狱来打压士大夫。正德十四年三月，“下郎中等官黄巩等六人于锦衣卫狱，孙凤等一百七人罚跪于午门”①。

第四次群体性乞休事件发生于明世宗嘉靖元年（1522 年）到嘉靖三年（1524 年），这次群体性乞休行为伴随“大礼议”的政治冲突而发生，又与明代历史上激烈的士大夫伏阙、廷杖、诏狱等政治悲剧结合。三年间 100 多位官员乞休归家，这种势头一直持续到嘉靖八年（1529 年）才逐渐减弱。

士大夫乞休行为往往激起士林震动，造成规模化的政治影响。对于德高望重官员的乞休，士大夫群体内部往往上疏皇帝，表达士林挽留这位官员的政治诉求。正德初年，内阁大学士刘健、谢迁乞休后，刑科给事中吕翀上疏正德皇帝，指出不可轻弃两位大学士的五大原因。当正德初年皇帝年少国疑之时，时局又是“民穷财尽，而府库空虚，将弱兵寡，而夷虏强盛，水旱盗贼无处无之，星象草木，妖变迭出”②，刘、谢二人为弘治皇帝临终付托重臣，期望辅导新帝一新政治。如果听任刘、谢致仕归家，皇帝就要有不能慰在天之灵、不能昭思慕之孝，却又轻弃老成之嫌。吕翀劝谏正德帝重用刘、谢这样的刚正之人，杜绝起用柔顺之人。嘉靖后期以后，士大夫群体内部对某位官员的乞休行为关注度逐渐降低，到万历以后，乞休又成为某些官员沽名钓誉的策略，士林内部反应就更加多样化。

士大夫乞休如果获得朝廷的允许，地位崇高者，朝廷往往给予优待，或者官升一级，给予物质优待。颁发的允许致仕归家的诏书中，多有溢美之词，如李东阳乞休获准后，皇帝“命有司时加存问，岁给舆隶十名，月馈官廪八石，仍赐白金、彩币，袭荫子侄一人为中书舍人”③。获得这种褒奖和赐予的致仕归家的官员也要上疏皇帝表示感谢，同时借助这种感谢疏劝谏皇帝实行合理的政治。

万历后期后，士大夫的乞休奏疏往往被皇帝留中，士大夫对朝廷的这种消极抵制的行为往往采取过激的方式，更加凸显乞休行为的情绪化。第

① 明武宗实录：卷 172．正德十四年三月癸丑．

② 明武宗实录：卷 18．正德元年十月癸酉．

③ 明武宗实录：卷 95．正德七年十二月丁卯．

一种反应就是坚持不懈，屡上乞休疏。这是最常见的方式，万历朝大学士王锡爵“四年乞休，至八十余疏”[①]。李廷机自万历三十六年（1608 年）四月二十一日到万历三十九年（1611 年）十月，上乞休疏 123 封。李廷机在万历三十九年（1611 年）的奏疏中指出：“凡历四年，计四十四个月，约一千三百日矣。”[②] 第二种反应是拒绝俸禄以明去志。万历六年（1578 年）内阁次辅大学士吕调阳八疏乞休，没有得到获准后，以“杜门旷职，不当支俸”为由，上疏万历帝拒绝朝廷俸禄。[③] 第三种反应是移居山林以坚去志。万历朝李廷机为乞休，移居荒庙。[④]

明代士大夫的乞休与官职高低密切相关，整个乞休士大夫群体中，三品以上官员所占比例为 90%，中央官员所占比例超过 90%，说明与权力体中心越近，发生乞休的可能性越大、频率越高。同时也可推论，士大夫官位级别越高，其政治自主性和自我主体意识越浓重，相对而言，低级官员和地方官员次之。明代士大夫乞休现象处于复杂变动状态中，与明代的政治时局和国运走向息息相关、密不可分。士大夫乞休行为由士大夫家国观念和主体意识所决定，乞休现象是解读明代士大夫群体精神风貌和风骨气质变迁的重要切入点。

二、明代士大夫乞休现象的政治寓意与文化内涵

明代士大夫乞休根植于明代独特的政治文化土壤中，归因于明代士大夫家国观念的变化和明代政治文化的变迁。嘉靖后期，群体性乞休现象不多见，预示明代士大夫群体内部裂变加剧。万历中期后，士大夫乞休现象再成规模之势，成为士大夫群体内部政治斗争的手段之一，士大夫乞休逐渐成为明显的政治情绪发泄方式，情绪化更加明显。万历中期后，官员乞休渐成政治常态，但是这种群体性乞休与成化以后的群体性乞休性质不同，成化年间的乞休是士大夫群体性行为，代表了士大夫群体的政治诉求；万历以后，虽然乞休数量和规模大增，但是多以个人的政治行为为主，虽然总体上形成与皇权的矛盾态势，但是并未真正形成群体性政治诉求的表达方式。士大夫群体的生存状态从明前期的压抑状态逐渐过渡到正统以后政治个性能够得到表达的彰显状态，明代士大夫的整体性特征逐渐

① 明神宗实录：卷 363. 万历二十九年九月丁未.

② 明神宗实录：卷 488. 万历三十九年十月戊子.

③ 明神宗实录：卷 75. 万历六年五月庚申.

④ 明神宗实录：卷 482. 万历三十九年四月辛巳.

得以展现。嘉靖中期后，情态发生变化，士大夫群体的整体性特征开始发生分裂，至万历中期后，这种分裂态势呈勃发状态，成为一显性的政治现象。明末，士大夫乞休又与党争、朋党相关联，成为政治斗争的手段之一。乞休疏逐渐改变政治味道，渐成流俗。

明中叶后，士大夫希望政统复归道统领导的政治诉求逐渐彰显。商辂在《修省疏》中指出："夫天下之道二，正与邪而已。正者，二帝三王圣贤之道也；邪者，佛老异端之教也。自古人君崇正道者，无不安享治平之乐；惑邪教者，未有不致危亡之忧。"① 商辂乞休归家后，告诫内阁大学士万安、刘吉、刘珝"当言则言，当行则行，毋以区区因循过日也"②，表达了士大夫要行道济民的政治追求。万历朝内阁大学士沈鲤在《考察自陈不职疏》中也指出："顾徒见闾阎之苦，征求者无虚日，四方之报水旱者无虚月，星官之陈灾变者无虚时，潢池之弄兵革者无虚岁，海内举纷纷忧乱焉，此非臣溺职而谁也？"③ 其在《时政疏》中也申明，虽然屡次乞休，久卧床榻，但是仍然"感时触事，不胜忧国之念，将终蕴而不言，则恐一旦长毕，目且不瞑"，并且指明"事在可缓，必不敢轻易进言"④。政治现实与道统理想之间过度冲突，成为士大夫乞休的重要现实原因。这种冲突又发生在明代皇权过度强化的政治生态中，士大夫群体无法通过正常谏诤等方式实现道统的政治诉求。士大夫谏诤的方式除了上疏，即是伏阙等过激行为，而皇权有诏狱、廷杖、枷号等变态的惩罚形式相对，极度无奈之下，乞休就成为化解这种冲突和矛盾最好的方式。

乞休现象又代表了士大夫的政治操守。在中国士大夫的自我认同中，治世济民与得天行道始终是其政治生涯的核心价值和终极追求。如果不能实现自己家国天下的政治情怀，乞休就成为必然之路。正德朝内阁大学士杨廷和在乞休奏疏中就表达了这一政治情怀："朝廷之委重于臣，必将责其实用；人臣之受知于上，必欲尽其常职。职业未尽，不敢安其居；绩用无成，即当听其去。此君臣之大义，出处之大节也。"⑤

明代士大夫的乞休疏通常与政治时局处于矛盾状态，士大夫通常在乞休奏疏中指明时局艰难，也提出政治改革的建议和举措，具有浓重的政治

① 商辂．商文毅公集：卷2，修省疏．四库全书存目丛书，集部，第35册．27.
② 商振伦．明三元太傅商文毅公年谱．四库全书存目丛书，史部，第83册．142.
③ 沈鲤．亦玉堂稿：卷5，考察自陈不职疏．273.
④ 沈鲤．亦玉堂稿：卷5，时政疏．274.
⑤ 明武宗实录：卷172．正德十四年三月己酉.

寓意，但是这种政治建议却是以乞休疏的形式表达出来。万历朝内阁大学士沈鲤在《乞休第二疏》中印证了这一现象，其在乞休疏中指出："海内清明与天下相安于无事，臣亦可藏拙匿瑕，不嫌于碌碌伴食也。今环视四境之内，在在民心已离，处处土崩可畏。其时难，其势难，犹厝火积薪之下。火虽未燃，而烟云已滃然，四出一发，而不可扑灭矣。"[①]"盖臣子立身大节，不过一忠。其事君而能，为忠臣也，则天下之至荣也；其不忠，则天下之至辱也。所谓忠，不必皆龙逢比干也，其远而宣猷效力，近而责难陈善，尊主庇民，有造于天下国家者皆是也。其不忠，不必皆奸回谀佞也。"[②]"时难"与"势难"的政治时局中，士大夫却选择乞休隐退，与士大夫坚持的政治抱负和政治情怀相冲突，士大夫的乞休行为就只能归因于与皇权矛盾中的无奈之举。终明之世，士大夫的乞休奏疏虽依政治时局而有较大差异，但是其乞休疏坚持和传承了尊天与重民的价值取向；这种价值取向可能是用一种政治说教或道德标榜体现出来，但是这一政治气息却始终存在于士大夫的乞休奏疏中。沈鲤在《病危遗疏》中就表达了"苍黎是国家之元气也，元气壮则国势强，元气衰则国势弱"[③]的临终告诫。

明末以后，时局动荡，士林群体纷乱难辨。"东林一派始以务为名高，继乃酿成朋党，小人、君子杂糅难分，门户之祸，延及朝廷，驯至于宗社沦亡，势犹未已。"士林群体发生的动荡根源于学风的改变，清代学者在论及明末的学风之时，就有如下的评论："讲学之风，至明季而极弊，姚江一派自王畿传周汝登，登传陶望龄、陶奭龄，无不提唱禅机，恣为高论，奭龄至以因果立说，全失儒家之本旨。"[④]所以通过乞休奏疏解读明代士大夫的家国观念，除了要以明代士大夫的政治信仰和学术脉络为基础外，明中期后，阳明心学与儒释道合流对整个士林群体的风骨和面貌都有深入的影响。

明末权力场斗争日益复杂多样，刘宗周"一厄于魏忠贤，再厄于温体仁，终厄于马士英"，但是终以"首阳一饿"，"日月争光"，"在有明末叶，可称皭皭完人，非依草附木之流"。其在乞休奏疏中表达了"君亲并重"

① 沈鲤．亦玉堂稿：卷5，乞休第二疏．279．

② 同①278-279．

③ 沈鲤．亦玉堂稿：卷5，病危遗疏．284．

④ 刘宗周．刘蕺山集：提要．景印文渊阁四库全书，第1294册．301．

的政治情怀。[①] 万历时期大学士温纯在《衰疾难胜重任再恳圣恩俯允归籍疏》中道明仕途两苦，其一是："上下相疑相猜，或修怨反噬，暂且不可，况岁岁皆然。"其二是："差满不得代者怨臣，有疾不得告者怨臣，臣一身方为怨府。"[②] 清人在论及温纯的政治处境时也说，温纯政治生涯"厄于群小，无一日安于其位，而日久论定，究称名臣"[③]。其后围绕与科臣钟兆斗、钱梦皋等的政治舆论斗争，上乞休三十余疏，乞休成为政治道德发抒的途径。

明代中后期士大夫家国观念的改变根源于士大夫内圣与外王政治理想的改变。明代中期后，阳明心学逐渐成为显学，日益渗透进士大夫的精神世界。传统儒家认为内圣是外王的前提和基础，而外王是内圣的结果和目的。心学兴起后，人人均可为尧舜，内圣与外王的途径开始简约化和平民化，这带来明代中后期士大夫政治追求路径的多元化。传统社会中士大夫修身、齐家、治国、平天下的政治追求兴趣弱化。"以道事君，不可则止。"这是道统与政统的融合与矛盾。"道"是士大夫在政治场域中保持独立性和鲜明个性的基础。士大夫自认为掌握着治理国家、整齐天下的道，这是国家政治正常运转、最后实现天下太平的不二法门。"君"为政统的代表，是一个朝代的政治脉络。在士大夫眼中，政治统系可以发生变化，但是道统却一脉相承、不可动摇。所以士大夫一旦发现现实政治极大地违背了精神信仰的道统后，乞休就成为调和这种政治冲突的一种适合的方法。"进退不关其忠，职任不行其术。"[④] 唐宋时期士大夫乞休现象并不多见，是因为唐宋两代政治生态相对适合士大夫通过谏诤等方式实现政治诉求，士大夫独立性和主体性可以得到相对充分的表达。明代前期，士大夫乞休行为也不多见，在于明代前期政治生态恶化，士大夫对自身命运的自主性和选择性降低。洪武时期断趾不仕的现象，被方孝孺诛杀十族的政治悲剧淹没。在明前期的政治现实中，君臣关系处于被压抑后的扭曲状态，明前期皇权执政状态和政治角色与士大夫眼中垂衣裳而治天下的理想君主形象是冲突的。明中期后，政治生态经过一百五十多年的演变后，仍然无法与士大夫的政治理想相契合，差距进一步拉大，当超过了士大夫的精神张力后，乞休现象就逐渐成为政治常态。

---

① 刘宗周．刘蕺山集：提要．303.

② 温纯．温恭毅集：卷6，衰疾难胜重任再恳圣恩俯允归籍疏．527.

③ 温纯．温恭毅集：卷首．383.

④ 沈鲤．亦玉堂稿：卷5，乞休第二疏．279.

三、明代“乞休”官员的家居生活

明代官员是士大夫阶层的重要组成部分，无论是自我认同还是基层社会对其公共认知，士大夫阶层在基层社会的伦理道德构建与规范、社会风化的教导与推行，乃至中央政令在地方的推行实施、地方社会的安全与稳定中均发挥核心领导作用。官员在乞休的奏疏中也始终希望实现“不可持私心怠公务”“未尝敢以家事而先于国”的政治理想。乞休归家官员自我认同中的“负天下之重望，身处于家，必存于国”与“天地生我，国家养我，将以福惠天下”观念在家族和宗族的社会实践中得到体现。

乞休归家官员可以通过家族内部的私学、宗学、族学向整个家族和宗族子弟传授为官之道、教子之道、忠恕之道、居家之道等明代士大夫的政治理念和社会理想，如教导家人“凡与人必谦和，与官必敬畏，居家必勤谨。勿欺贫弱，勿傲官长，勿慢乡邻，勿疏亲戚。如此则家道和、乡邻敬、亲戚依、官府悦，人称为‘仕宦之名家’”[①]。乞休归家的士大夫希望构建一个合理化的社会秩序体系，其家族认同中希望自身和自家在地方社会成为核心角色。在明代较为紧张的政治生态中，乞休归家士大夫希望通过在家族和宗族中建立通俗易懂的族规和宗法，来践行其儒家道德理想。用语的世俗化、平民化更能近距离触及士大夫阶层的内心情感世界。如霍韬在家书中就告诫家人，新建成的书院要“定例不容妇女居住，如容妇女居住，他年败家，必从此始”[②]。又如尊师重道观念，如因子侄“抗拒先生”而“发回大宗祠前，朔日会众，打二十棍”[③]，用宗族礼教维护师道尊严。“自来士夫，凡有权势者，多难保有终誉。虽其本身不修、实德不足所致，亦一半由家人兄弟妻子累之也。”[④] 家族和宗族所居的地方社会成为乞休归家士大夫践行政治理想和抱负的舞台。

明代乞休归家的官员完成由大夫到绅士的身份转型后，在愉悦山水、以诗琴书画度日之外，并未完全消解其政治理想和抱负，往往积极投入地方社会文教礼治中来。内阁大学士沈鲤评论“在野”与“在朝”时指出：“虽然用壮者以力，用老者以言。谏行言听，即力已效矣。力效，即所以为致身也。臣在野，犹在朝也。谏不行言不听，则无所见功，无所宣力，

① 黄福．黄忠宣公文集：卷4，奉老亲．268.

② 霍韬．渭厓文集：卷7，家书．四库全书存目丛书，第69册．172.

③ 同②.

④ 同②174.

臣虽备员左右，不过血气之躯而一筹未展，竟亦何裨，其在朝，犹在野也。由斯以谈言用为上，身用次焉。故古之英君谊辟，遇有衰老笃疾之臣，不能受官，则使人受言于家。或当去国之日，亦谆谆叩所欲言，而听其人之自去，盖言在则，即其人在也。”①

乞休行为在明代士大夫的家书中也屡次出现。如王樵在《与再从子尧封书》中指出：“闻连日体中颇有不快，此时应已平复。人到半百之年，药饵之助亦不可少。乞休疏以初八日行东归计，不出阳月中也。”② 乞休归家的士大夫，在地方社会往往成为道德模范和社会风气的倡导者，发挥自身的影响力。在明清以后的中国基层社会，绅士阶层发挥重要的道德模范作用。内阁大学士李东阳立朝五十年，清节不渝，乞休罢政居家，“请诗文书篆者填塞户限，颇资以给朝夕”③。其在给宗族写的《与阖族书》中说：“董太守书云为我造屋，已蒙巡按准行，令人惊愕。累日自念作官四十年，不能一日庇乡里，乃复以土木筋力为之累，纵令出自宗族，亦必借官府之声势财力。于心诚不安，而怨怒诮谤亦所不免。使得归而居之，犹为得不偿失。今乃以虚名招实怨，亦何所苦而为之哉？往岁牌坊之作，在本家已为多费，而官府复屡为之。若不早闻及其书辞免，则其事已遂。不意今者复蹈前辙，而又甚焉。悲怆之余，增我郁悒，用是衔哀，孰笔亟达此情。望我同姓深相体念，亟告于官，停此大役，乃见骨肉之情，非道路比也。”④ 在《再与阖族书》中说：“嘉表来承厚馈，且分田百亩以相赡给，非骨肉至情何以及此。但闻古人有分田以赡族者，未闻有出田以供仕者。某自登第以来几四十年，不能一赡宗族而顾辱。此馈事之倒行而逆施者，莫甚于此，吾岂可恬然受之哉？”⑤

乞休虽是士大夫安全退出政治场域的一种途径，但政治斗争却往往并不以士大夫乞休归家为结束。正德元年（1506 年）乞休归家的内阁大学士刘健归家后，宦官刘谨继续追讨，正德二年（1507 年）三月，诏列五十三人为奸党，“榜示朝堂，以健为首”。谢迁乞休归家后，“与客围棋，赋诗自若”。内阁大学士焦芳与宦官刘谨联合“勒罢其弟兵部主事迪，斥

① 沈鲤．亦玉堂稿：卷 5，乞休第二疏．279-280．

② 王樵．方麓集：卷 9，与再从子尧封书．284．

③ 张廷玉，等．明史：卷 181，李东阳传．4825．

④ 李东阳．怀麓堂集：卷 70，与阖族书．738．

⑤ 李东阳．怀麓堂集：卷 70，再与阖族书．738-739．

其子编修丕为民”。正德四年（1509 年），刘健被“削籍为民，追夺诰命”①。正德十一年（1516 年）八月，因与宦官刘瑾政治斗争失败，大学士杨一清引疾乞休。刘瑾“诬一清冒破边费，逮下锦衣狱。大学士李东阳、王鏊力救得解。仍致仕归，先后罚米六百石”②。正德十四年（1519 年）三月，武宗南巡后，致仕归家的杨一清再度被起用，并在镇压宁王叛乱中发挥至关重要的作用。“帝南征，幸一清第，乐饮两昼夜，赋诗赓和以十数。一清从容讽止，帝遂不为江、浙行。”③

“得时行道”与“致主泽民”始终是士大夫的政治理想和追求。④ 当在国家层面无法实现这一理想和追求时，士大夫只能借助乞休的途径退隐归家，在家乡层面践行这一理想情怀。沈鲤归家后，修建“沈公桥”，立社仓，设义塾，修大堤，修文雅社⑤，特别是在家乡主持修建防洪工程，被后世誉为“沈堤”。“中州河患最甚者，莫如考城，每逢秋夏水发，城郭漂没，民鲜定居。明时，用沈文端条议，河南岸顺筑长堤一道，河南州、县始免冲决。”⑥ 沈鲤通过兴修水利、设立义仓、义学教化等实践实现着“民为邦本”与“家为国基”的政治理念。

第三节 垂范乡里：明代士大夫的普适取向

中国古代士大夫在朝为官之时，其家人和族人在家乡居住，对地方教化和救灾等往往发挥表率作用，这也是士大夫对其家庭和宗族在地方社会角色担当的主流期许，希望通过这种方式成就“仕宦之家”的美好名声。士大夫致仕后家居期间，积极主动参与地方社会建设和风俗教化更是士大夫践行儒家民本主义的方式。明代政治生态给士大夫实现自我政治理想和抱负的空间舞台较之以往更显艰难，因此在家乡践行儒家的政治理想就成为诸多士人实现自我价值和主体意识的探索与尝试。

基层民户是中国古代社会最小的人类共同体，以婚姻和血缘为纽带，

---

① 张廷玉，等．明史：卷 181，刘健传．4817.
② 张廷玉，等．明史：卷 198，杨一清传．5227.
③ 同②5229.
④ 沈鲤．亦玉堂稿：卷 5，乞休第三疏．280.
⑤ （乾隆）归德府志：卷 17，水利略四．郑州：中州古籍出版社，1994：502.
⑥ （乾隆）归德府志：卷 14，水利略一．457.

一般包括夫妇和父子两种伦理结构，同居共产，依据姓氏接受宗族管理，履行朝廷的经济和政治义务。明朝立国后，朝廷通过学校制度、里甲制度、老人制度把向善、孝顺、伦序等礼教思想渗透到基层民户，实现其编户齐民、治理天下的政治目的。地方社会宗族和家族制定家规、族规、宗法，通过一系列礼仪形式把基层民户纳入宗法管理体系，民户被强制性地纳入宗法伦理和家规的权力控制中。明代士人通过家书、家训等方式把宋明理学的治家思想渗透到士人家庭的管理中，又通过士人宗族的模范作用产生社会效应进而扩展其影响。①

明代的小户家庭结构形态，根据洪武二十四年（1391 年）明朝政府首次编造的赋役黄册计算，当年全国户有 10 684 435 户，民有 56 774 561 口，户均人数为 5.31 口。这里的户，依据明代的赋税征收法律，指的是独立承担国家赋税和劳役等义务、具有同居共产特征的个体小民家庭。依据平均为五口的概念推断，这类小户家庭主体包括夫妇和子女这两种家庭伦理关系。根据《明太祖实录》② 所载，做统计如下：

直隶与各省	户数	口数	每户人口数
直隶十四府、四州	1 876 638	10 061 873	5.36
浙江布政使司	2 282 404	8 661 640	3.79
山东布政使司	720 282	5 672 543	7.88
北平布政使司	340 523	1 980 895	5.81
河南布政使司	330 294	2 106 991	6.38
陕西布政使司	294 503	2 489 805	8.45
山西布政使司	593 065	4 413 437	7.44
广东布政使司	607 241	2 581 719	4.25
江西布政使司	1 566 613	8 105 610	5.17
湖广布政使司	739 478	4 091 905	5.53
广西布政使司	208 040	1 392 248	6.69
福建布政使司	816 830	3 293 444	4.03
四川布政使司	232 854	1 567 654	6.73
云南布政使司	75 690	354 797	4.69

① 关于明代家庭史的研究成果较多，较有代表的著作有：郑振满. 明清福建家族组织与社会变迁. 长沙：湖南教育出版社，1992；王玉波. 启动·中断·复兴：中国家庭、家族史研究述评. 历史研究，1993（2）；赵克生. 家礼与家族整合：明代东山葛氏的个案分析. 求是学刊，2009（2）。其余对各类家庭的研究成果较多，如商人家庭、官宦家庭等，并对家庭中的女性、婢女等人群进行分析，此外关乎家庭司法、婚姻、财产等方面的研究成果亦较多。兹不赘述。

② 明太祖实录：卷 214. 洪武二十四年十二月壬午.

根据本表可知，洪武二十四年（1391年），各个布政司户均人口数差异很大。陕西布政使司户均人口数最多，是8.45，浙江布政使司户均人口数最少，是3.79，最多与最少之间相差1.23倍。弘治元年（1488年），户数为9 113 630，口数为50 207 934，户均人口数为5.5。嘉靖四十一年（1562年），户数为9 638 396，口数为63 654 248，户均人口数为6.6。从全国规模来看，户均人口数基本维持在五口到六口之间。虽然赋役黄册统计受后世学者所诟病，并且明代中期后，有部分小民隐藏于大户之中，但是基本的结构是可以肯定的。通过这种分析基本可以得出如下结论：平均五口之家的小户民构成明代基层社会的最小单位。

一、士大夫伦理观与地方社会风俗教化

重建一种社会秩序，并在这种社会秩序中担当垂范和领导角色，是明代士大夫一致的精神追求。家书和家训成为士大夫实践这种社会理想的依托，因此家书中往往侧面或者专章论述家训和家规的内容，其中基本的精神又往往与明代朝廷的社会期许相一致。这是南宋以来士大夫对治道与民俗关系的一种论证："治道之要在正风俗，而风俗之别，则有二焉，曰民俗，曰士俗。民俗不正，士俗救之。"①

明太祖朱元璋在洪武三十一年（1398年）二月十九日派户部尚书柳新等同文武群臣于奉天门向全国颁布《教民榜文》（也称《教民六谕》或《圣谕六言》）。其内容是："孝顺父母，恭敬长上，和睦乡里，教训子孙，各安生理，毋作非为。""周而尽，亲而比，事体归一，气类联络。"其目的是"使之人人儆省，世世遵守"②。朱元璋公布《教民榜文》，既为重建社会秩序理想，又是明朝民间社会经历三十年的稳定后，社会秩序出现新的变化后的一种重新调试。朱元璋《教民六谕》也的确对明代民间社会秩序重建起到一定规范作用，并且这种地方社会家族管理理念也影响了有明一代士大夫家书中的家训思想。直到晚明，士大夫高攀龙所著《家训》仍然传承了朱元璋的《教民六谕》思想："人失学不读书者，但守太祖高皇帝《圣谕六言》，孝顺父母，尊敬长上，和睦乡里，教训子孙，各安生理，毋作非为。时时在心上转一过，口中念一过，胜于诵经，自然生长善根，消沉罪过。"万历《黄岩县志》中大致勾勒出明前

① 宋会要辑稿：165册，刑法二. 影印版. 北京：中华书局，1957：6497.
② 邱浚. 大学衍义补：卷18. 177.

期社会风貌："自是以来，士皆激昂奋励，以礼、义、廉、耻为先，以行俭名节为贵，非下愚不移者，必不屑自弃于贪墨躁竞之途。""婚嫁之择，必先门第，吊死庆生，敦尚礼节，休风淳俗，殆彬彬然矣。"① 明中后期士大夫对明前期政治生态和社会生存情态的追忆在一定程度上是真实历史回忆的反映。这寓示了理学已渗入基层社会，奠定了明朝政权的社会基石。

明人治家的基本礼法思想基于儒学，更确切的是宋代儒家重释形成的理学思想。洪武十一年（1378 年）刊布的浦江郑氏的《浦江郑氏家范》中有两条比较具有代表性：一条是"子孙不得惑于邪说，溺于淫祀以邀福于鬼神"；另一条是"子孙不得修造异端祠宇，装塑土木形像"②，"妇人亲族有为僧道者，不许往来"③。明初翰林学士宋濂所作的《浦江郑氏家范引》中说明，这个家范的最终目的在于"厚人伦，美教化"④。洪武二十一年（1388 年）四月，《浦江郑氏家范》进而刊行天下，代表明朝廷对民间社会家内秩序和伦理结构的官方态度。"仿古蓝田吕氏，今义门郑氏《家范》，布之天下，率先以旌劝之。"⑤ 礼的背后是一种权力，明代的几部有关家礼的专著都详细规定了家庭内部基于家礼的权力体系。在家庭内部，血缘身份的不同直接决定个人在家庭和宗族内部权利与义务的差异化。洪武年间浦江郑氏在家礼条文里规定的《男训》《女训》条目代表了明初民间社会基层家庭男女成员的行为和道德规范。

> 《男训》云："人家盛衰，皆系乎积善与积恶而已。何谓积善？居家则孝悌，处事则仁恕，凡所以济人者皆是也。何谓积恶？恃己之势以自强，克人之财以自富，凡所以欺心者皆是也。是故能爱子孙者遗之以善，不爱子孙者遗之以恶。《传》曰：'积善之家，必有余庆；积不善之家，必有余殃。'天理昭然，各宜深省。"
>
> 《女训》云："家之和与不和，皆系妇人之贤否。何谓贤？事舅姑以孝顺，奉丈夫以恭敬，待娣姒以温和，接子孙以慈爱，如此之类是已。何谓不贤？淫狎妒忌，恃强凌弱，摇鼓是非，纵意徇私，如此之

---

① 袁应祺，修．牟汝忠，等纂：（万历）黄岩县志：卷 1，风俗．万历七年刻本景印本．
② 郑涛．浦江郑氏家范．283．
③ 同②286．
④ 宋濂．浦江郑氏家范引．283．
⑤ 谷应泰．明史纪事本末：卷 14，开国规模．219．

类是已。天道甚近，福善祸淫，为妇人者不可不畏。”①

其余诸条如：“诸妇必须安详恭敬，奉舅姑以孝，事丈夫以礼，待娣姒以和。然无故不出中门，夜行以烛，无烛则止。如其淫狎，即宜屏放。若有妒忌长舌者，姑诲之；诲之不悛，则责之；责之不悛，则出之。”②“诸妇姻亲颇多，除本房至亲与相见外，余并不许。”“妇人亲族有为僧道者，不许往来。”③“男女不共圊溷，不共湢浴”，“男女不亲授受，礼之常也。诸妇不得用刀镊工剃面”④。这些条目均是对家族成员行为的详细规定，基本的精神在于追求理学的孝顺思想，同时规定了家内和族内的权力架构，进而规定了家庭内各种身份成员的行为举止规范。这种规则是明前期理学在庶民中的社会实践，是士大夫对庶民社会的道德期许。

明初基层社会宗族内部管理的核心在于宗族家长的角色担当和权力行使。家长制自宋元以来逐渐完善，至明朝立国，已经在基层社会宗族结构中形成稳定、牢固的文化模式和权力基础。宋明理学家十分重视宗法，期望通过基层宗族内礼乐文化的施行达到稳固朝廷的政治目的。如宋儒张载在《宗法》章中说明，基层社会确立宗法是为了“管摄天下人心，收宗族，厚风俗，使人不忘本”。特别是儒家士大夫通过“各保其家”，在基层社会确立忠义思想。“忠义既立，朝廷之本，岂有不固?”“宗法若立，则人人各知来处，朝廷大有所益。”⑤ 北宋司马光的《居家杂仪》首条即是家长制：“凡为家长，必谨守礼法，以御群子弟及家众。分之以职，谓掌仓廪、厩库、庖厨、舍业、田园之类；授之以事，谓朝夕所干及非常之事，而责其成功。制财用之节，量入以为出。称家之有无，以给上下之衣食及吉凶之费，皆有品节，而莫不均一。尽其所有而均之，虽粝食不饱，蔽衣不完，人无怨心。裁省冗费，禁止奢华，常须稍存赢余，以备不虞。凡诸卑幼，事无大小，无得专行，必咨禀于家长。”南宋陆九韶在《陆氏家制》中也明确了家长制，“一人最长者为家长，一家之事听命焉”⑥。明前期，宗族家长制度获得朝廷的认可和支持，成为宗族管理的核心基础。

① 郑涛．浦江郑氏家范．272．
② 同①286．
③ 同①284．
④ 同①286．
⑤ 张载．张载集：宗法．北京：中华书局，1978：258，259．
⑥ 陆九韶．陆氏家制．续修四库全书，第935册．257．

永乐七年（1409 年）五月，明成祖朱棣对北京耆老发布的诏书可以代表明代前期朝廷对家长制和坊长制的政治认可：

帝王之治天下，以安民为务，而安民之道以教化为先，是以上下相承，风俗淳厚，天下和平。朕受天命，嗣大统，即位以来，夙夜拳拳，志图治理。今建北京，思与百姓同享太平，惟能务善去恶，可以永保身家。凡一家有家长，一乡、一坊有乡坊之长。为家长者，教训子弟，讲读诗书，明达道理，父慈子孝，兄友弟敬，尊卑长幼，各循其序。如此，则一家和顺辑睦，有无穷之福。为乡坊之长者，教训其乡坊之人，力农于稼穑，毋后赋税，工专于技艺，毋作淫巧，商勤于生理，毋为游荡，贫富相睦，邻保相恤，毋为争竞，毋习赌博，毋奸宄窃盗，毋藏匿逋逃。如此，则乡坊之内相安相乐，有无穷之福。夫作善降祥，作不善降殃，天道至公，不爽毫发，不可不戒。诚能遵朕斯言，身家获吉，不然罝行妄作，身罹殃咎，害及子孙，不可不戒。或有尝为恶于前，而能改过于后，亦是善人。若不改悔，终为恶类。其省之、慎之，不可怠忽。①

中国古代社会家长职责主要是主导家内成员的礼乐文化活动。明初修撰的《浦江郑氏家范》生动描写了家长在宗族礼乐活动中的角色和地位，通过礼乐仪式，进而端正宗族成员的伦理秩序和家内角色，用儒家礼乐文化要求和引导宗族成员行为，使之符合礼法规范。

朔望，家长率众参谒祠堂毕，出坐堂上，男女分立堂下，击鼓二十四声，令子弟一人唱云："听、听、听，凡为子者必孝其亲，为妻者必敬其夫，为兄者必爱其弟，为弟者必恭其兄。听、听、听，毋徇私以妨大义，毋怠惰以荒厥事，毋纵奢侈以干天刑，毋用妇言以间和气，毋为横非以扰门庭，毋耽曲药以乱厥性，有一于此，既殒尔德，复隳尔胤。眷兹祖训，实系废兴。"②

宗族家长是宗族成员的道德典范和精神领袖，这种角色的背后是家长需要具有浓厚的儒家文化因素，角色扮演和权力行使需要符合儒家礼法规范。"家长总治一家大小之务，凡事令子弟分掌，然须谨守礼法以制其下。其下有事，亦须咨禀而后行，不得私假，不得私与。""当以至诚待下，一

---

① 明成祖实录：卷 92. 永乐七年五月壬申.

② 郑涛. 浦江郑氏家范. 续修四库全书，第 935 册. 272.

言不可妄发，一行不可妄为，庶合古人以身教之之意。临事之际，毋察察而明，毋昧昧而昏，更须以量容人，常视一家如一身可也。”家长的选拔或者家长本身应该具有的品质是：“家长专以至公无私为本，不得徇偏。如其有失，举家随而谏之。然必起敬起孝，毋妨和气。若其不能任事，次者佐之。”①

明初理学家曹端的《家规辑略》是其宗族管理的规则法度。其基本思想在于正人心、树仁义、禁异端、习正业、立义冢、轻外物、厚人情、睦乡邻、救疾苦、恤孤微、倡节烈、惩邪淫、申礼法、慎婚姻、睦宗族等二十六个条目。② 曹端在《家规辑略序》中对所列条目的寓意进行说明：“且国有国法，家有家法，人事之常也。治国无法则不能治其国，治家无法则不能治其家。譬则为方圆者，不可无规矩；为平直者，不可以无准绳。是故善治家者，必先立法以垂其后。自今观之，江南第一家、义门郑氏合千余口而一家，历千余岁而一日。以其贤祖宗立法之严，贤子孙守法之谨，而致然也。其法一百六十有八则，端悉录而宝之，今姑择其切要者九十有四则，因其类聚群分，定为一十四篇，名曰《家规辑略》。敬奉严君，祈令子孙习读，而世世守行之。期底于郑氏之美，而又妄述数十余则，以附其后。虽不能如郑氏之家规妙合圣贤之心法，扶世道、正人心、敦教化、厚风俗，上以光其先，下以裕其后，亦庶乎治家垂训之一小补云。”③ “扶世道、正人心、敦教化、厚风俗”代表了理学家曹端家训的基本思想追求。其有两首关于家训思想的诗，亦代表了曹端希望家人秉承厚重家风、传之久远的思想。《续家训》曰：“修身岂止一身休，要为儿孙后代留。但有活人心地在，何须更问鬼神求？”《诫子孙》曰：“越奸越狡越贫穷，奸狡原来天不容。富贵若从奸狡得，世间痴汉吸西风。”④

清流士大夫致仕归乡居住，往往成为一邑之望，成为基层百姓的道德榜样，在地方社会救助灾荒等事务中发挥“垂范乡里”的价值追求。“凡郡县有一善政及一切禁令，士夫皆当率先遵行，以为百姓之望。”⑤ “士大

---

① 郑涛．浦江郑氏家范．续修四库全书，第935册．273．
② 曹端．曹月川集．景印文渊阁四库全书，第1243册．7-9．
③ 同②16．
④ 同②17．
⑤ 何良俊．四友斋丛说：卷16．143．

夫家居，宜谨身循礼，以训子孙，式里巷。”① 明前期兵部尚书、镇守安南大臣黄福的家乡在莱州府昌邑州，他在镇守安南任上给家人的书信中说，仕宦之家“必须常常教道，使循礼法。凡与人必谦和，与官必敬畏，居家必勤谨，勿欺贫弱，勿傲官长，勿慢乡邻，勿疏亲戚，如此则家道和、乡里敬、亲戚依、官府悦，人称为仕宦之名家”②。在其后给家族兄弟写的书信中屡有告诫：“勿忘同气连枝，必须努力，更加小心，畏官府，守礼法，早了官租，勤事官役，敬亲戚，和乡邻，使家道兴，行止立。”③

仕宦之家的基本标准就是：“与人必谦和，与官必敬畏，居家必勤谨。勿欺贫弱，勿傲官长，勿慢乡邻，勿疏亲戚。如此则家道和、乡里敬、亲戚依、官府悦，人称为仕宦之名家。”④ 官员家属慎重处理与地方民众、地方官府两者的关系，使得亲戚、乡里、官府与官属均达到和谐状态，这是主流士大夫期许“仕宦之家”的处事法则和规范。

关于官员对家乡风俗教化的影响，这里以清代嘉庆朝修纂的湖南《常德府志》中《列传》所举明代常德府官员致仕归里后在家乡的行为为例，可以管窥明代官员归家后对家乡社会的教化影响。明代常德府隶属湖广布政司，领武陵、桃源、龙阳、沅江四县。《常德府志》对明代当地士人的历史记载和评述选取的均是对地方社会风俗教化发挥表率作用的士人，或表彰其学术思想，或评论其道德品行，或论述其节操气概。这些美好的道德品行都是常德府地方读书人和庶民百姓效法的对象，对端正一方民俗风气发挥重要的模范作用。

姓名	籍贯	出身	乡祭	《常德府志·列传·明代》⑤
翟霖	武陵	永乐举人		“落职归里，馈送非义，一介不取，清白之风，至老不渝。”
文澍	桃源	成化进士	祀乡贤	“巨乡以礼法自律，为士类所钦。”
杨维	武陵	成化进士		“捐七十亩为府学田，以备祭器。”
杨褫	武陵	弘治进士	祀乡贤	“构闻山精舍，偕蒋信、冀元亨诸人讲学。”

① 李廷机．李文节先生燕居录．四库禁毁丛刊，史部，第44册．670．

② 黄福．黄忠宣公文集：卷4，奉老亲．四库全书存目丛书，集部，第27册．268．

③ 黄福．黄忠宣公文集：卷4，付弟祐禧侄瓆璲瑾等．269．

④ 同②．

⑤ 应先烈，修．陈楷礼，纂．（嘉庆）常德府志．长沙：岳麓书社，2008：523-552．

续表

姓名	籍贯	出身	乡祭	《常德府志·列传·明代》
杨伯高	武陵	万历举人		“里居喜与后辈论文，博洽不愧其家学。”
陈洪谟	武陵	弘治进士	祀乡贤	“筑高吾书院，纂辑郡志。”
印伟	桃源	弘治举人		“归老林下，汲引后进，时论高之。”
唐祺	桃源	正德贡生		“以引年归，足不履城市。结庐渔溪上，环堵萧然。”
邓玺	龙阳	嘉靖举人		“致政家居，授徒讲学，略不入公府。”
陈仲禄	武陵	嘉靖进士	祀乡贤	“周恤邻里，构祠堂，置祭田，著有诗文集。”
陈可登	武陵	万历举人	祀乡贤	“晚益好书，籍手自抄校，与里中词人结木奴诗社，萧散自适。”
胡舜华	武陵	嘉靖进士	祀乡贤	“家素贫，所得俸，悉置义田赡族，无私利。”
唐炼	武陵	嘉靖进士		“以忧归，不复出，诗酒自乐，清约如寒士。”
刘邦彦	龙阳	嘉靖举人		“贫至不能成殓，方里居时，族有负逋被系者，求脱于邦彦。邦彦曰：‘催科，有司正务。何得挠之。’遂如数代输焉，其守法笃义类如此。”
李征	桃源	嘉靖进士		“有时相父子夺民居为茔，院司俱左袒，征独持不可，时相衔之，嗾言官论罢归。”“捐俸余置义田三百亩，以赡乡族。于县北建漳江书院，造就邑人士。卒之日，囊无遗金。”
刘悉	龙阳	万历贡生		“居家孝友，修城浚濠，皆极力捐助。”
龙膺	武陵	万历进士		“归休沐逃禅，疏布自甘，俸入尽散诸亲友。”
曾寿贵	龙阳	万历举人		“致仕归里，建本邑镇龙阁。”“筑龙阳大围堤，捐赀修与有劳焉。”
王道成	武陵	万历举人		“致仕晋秩，林居留心利济，修北关外石桥，并倡修明王寺石桥。”
王俊	沅江	万历贡生	祀乡贤	“归田赈救荒歉，焚贷券。”
罗名臣	桃源	天启贡生		“致仕立团练御寇，有治兵之略。”

在地方志中被收录在《名贤传》中的这些明代士人除了坚守士人的道德操守、清白自律外，还在地方社会的救济和教化等方面发挥表率作用。这些士人在地方社会中起到了引导社会风俗、端正社会教化的社会价值。他们的道德情操在地方社会发挥表率和引领作用。

明前期士大夫治理家族和宗族，希望能在家乡社会用理学伦理引导民风民俗，成就仕宦之家的社会功能。理学伦理是士大夫管理家族和宗族的核心理念。薛瑄在《戒子书》中明确指出：

> 人之所以异于禽兽者，伦理而已。何谓伦？父子、君臣、夫妇、长幼、朋友五者之伦序是也。何谓理？即父子有亲、君臣有义、夫妇有别、长幼有序、朋友有信，五者之天理是也。于伦理明而且尽，始得称为人之名。苟伦理一失，虽具人之形，其实与禽兽何异哉？盖禽兽所知者，不过渴饮饥食、雌雄牝牡之欲而已，其于伦理则蠢然无知也，故其于饮食雌雄、牝牡之欲既足，则飞鸣踯躅，群游旅宿，一无所为。若人，但知饮食男女之欲，而不能尽父子、君臣、夫妇、长幼、朋友之伦理，即暖衣饱食，终日嬉戏、游荡，与禽兽无别矣。圣贤忧人之陷于禽兽也如此。其得位者，则修道立教，使天下后世之人皆尽此伦理；其不得位者，则著书垂训，亦欲天下后世之人皆尽此伦理。是则圣贤穷达虽异，而君师万世之心，则一而已。①

明代士大夫在家乡社会通过订立族规、建立族田、建设宗祠等方式，扩展其社会影响和功能。这是士大夫拟“齐家”为“治国”思想的一种尝试。中国古代社会到明代中期后，宗族在地方社会的影响逐渐扩大，甚至超出国家的影响力，达到乡村自治的程度，这与明代政治生态中士大夫践行儒家思想日益艰难，进而回归家族和宗族，以期望在地方社会发挥儒者的社会担当有关。这是明中期后，士大夫群体的一种价值取向和社会实践，预示了明中期后中国基层社会的一种变革。

二、士大夫天下观与地方社会灾荒救助

民本主义是明代士大夫最根本政治理想的旨归，家国异体而同构是士大夫基本的政治理念。明代所处的 15 世纪至 17 世纪，是水旱自然灾害频发的三个世纪，在此期间，较为典型的是长江、黄河、淮河、江南地区的洪涝灾害以及陕西、山东、河南等地的旱灾和蝗灾，根据明代灾荒史统计分析，这一时期是中国古代灾害发生频率和受灾程度较为严重的时期。因此，明代士大夫的文集中经常出现救助灾荒的奏疏和家书。

明代成化二十三年（1487 年）进士蒋冕的家乡全州在明代隶属于湖广布政司永州府，下辖灌阳一县，现今是广西壮族自治区桂林市的全州县和灌阳县。正德初年，蒋冕为吏部左侍郎，这时全州与灌阳周边发生了一

① 薛瑄．敬轩文集：卷 12，戒子书．景印文渊阁四库全书，第 1243 册．233．

场灾荒，蒋冕为救民于倒悬，特向当时在两广总督兼巡抚任上的岳父陈金写家信求援。“春仲且然，自今日至于秋成尚数阅月。”这个时候的全州和灌阳地区受灾百姓的生活状况已经是“困于荒歉者极矣。山间所生葛根、蕨根与夫染色之树根，有曰金羊头者，掘之殆尽。村落之间，人皆菜色。有夫卖妻者，有父母鬻子女者，有饥困而自缢者，有菜食既久困惫无力荷锄田间，因仆而死者”。可以推断灾荒应该是从前一年就已经开始，甚至已经持续更长的时间。蒋冕认为这个时候，百姓因受灾荒已经达到垂死的边缘，朝廷和地方再不救助就可能激发起民变。他在书信中引用古人的话说服其岳父陈金，大意是天下的危机和祸乱大多是因百姓危难而起。“百姓安则乐其生，不安则轻其死。使凡为百姓者皆轻其死，则将无所不至，其为患可胜言哉?”百姓乐于安生必然重于生死，百姓不能安于生，那么就会轻视死亡而群起抗争，为避免民变发生，首先要做的就是“所宜兴发振贷，汲汲恐后，而乃上下相蒙，恬莫之省，或者方且切切以催科为务，刑罚惟患不严，赋敛惟患不急，其亦不仁甚矣。《周礼·十二荒政》一曰散利，二曰薄征。说者谓散利是发公财之已藏者，薄征是减民租之未输者，荒政之大莫先于此二者。今莫若稍仿其意，于税粮之在民而未征者则量减之，使凡民之有田而被灾无收者，皆得以蒙其惠；至于阻饥之人，则急出官廪以赈贷之，而不责其偿。官廪不足，则或高时估以招商，或发官帑以市籴，则犹庶几也”。减免税粮，同时开官库发粮赈济灾民。他认为此时已经到了不得不赈济的时刻，救灾宜速不宜迟，“盖自古及今，荒政之失未有不失于迟者”。救灾之后又应为地方剪除弊政，如“差科之偏重，驿传之过劳，民款之不宜远调，旁郡夫马之不能协济他方，诸如此类，方将次第陈之，以俟裁处”①。这种通过士大夫私人关系寻求地方灾荒救助的实例在明代士大夫文集中较多，情形也很相似，士大夫均希望通过自身努力，使得朝廷和地方能及时救灾安民，稳定地方，稳定朝政。

这时候的全州知州是弘治九年（1496年）进士顾璘，顾璘在正德四年（1509年）官任开封府知府，“数与镇守太监廖堂、王宏忤，逮下锦衣狱，谪全州知州”②。据此可以推断，全州此次灾荒当发生在正德五年（1510年）左右，顾璘在《跋敬所相公奉总制陈公请赈书后》中记，蒋冕

---

① 蒋冕. 湘皋集：卷22，上外舅少保西轩先生陈公求赈济乡郡书. 四库全书存目丛书，集部，第44册. 236.

② 张廷玉，等. 明史：卷286，顾璘传. 7355.

的岳父陈金在两广总督任上接到蒋冕的书信后，即“折粮发粟，咸如所议”。顾璘作为地方长官，为蒋冕此举刻石留记：“此其乡国一事，其恳到委曲，必期万全，如此可以观相国之心矣。璘故与今守章君诤刻于石，俾邦人世世以无忘，笃近之仁也。”① 这是明代官员家书救治家乡灾荒的实例，透视了明代官员的乡土情结和担当精神。

晚明官员杨嗣昌是湖广布政司常德府武陵县（今湖南省常德市）人，万历三十八年（1610 年）进士，官至兵部尚书、总督军务大臣，在家书中提到主持修筑武陵县城墙一事始末。“先借起工于驿裁，既乃求助于河税。”借助驿递收入和河流商税解决修筑的费用问题，“庶乎本地无加征之扰，而贫民得役事之资”②。在修筑城墙无钱之时，杨嗣昌写家书请求家人筹措捐献银两助役：“抚院之意，似以屯租……驿裁岁止六千，修城尚不济事，则捐助最为紧要，我家自为首倡。今写书与道尊，当捐银一千两，我陆续设法寄来可也。”③ 崇祯十年（1637 年），杨嗣昌以丁父忧家居，“闻流贼犯楚，遂作请修常德城稿，授绅士转呈巡方御史白士琳奏之，嗣昌以费巨，遂暂撤镇远总税，以司理陈景颐管之，撤旧易新，三年而工完，极其壮饰”。清代嘉庆朝修的《常德府志·城池》有言，“城加三尺，桥修七里，街修半边”④。

查阅明代官员家书史料，其余涉及救治家乡灾荒的还有李应升写给家人的书信。在得知家乡遭水患后，李应升告知家人，要“宽减贫佃之租、少减无用食口为第一义”⑤。顾鼎臣是苏州府昆山县人，弘治十八年（1505 年）进士第一，嘉靖十七年（1538 年）入内阁。“鼎臣官侍从时，悯东南赋役失均，屡陈其弊，帝为饬抚按巡抚欧阳铎厘定之。昆山无城，言于当事为筑城，后倭乱起，昆山获全，乡人立祠祀焉。”⑥ 顾鼎臣在家书中描述了为家乡昆山争取朝廷赈济的情形：“江南唯苏困为剧，苏唯吾昆为剧。钱粮雄于他县，而地瘠民贫，连岁荒凶，几十室九空矣。自非徼朝廷赈恤，昆民其靡有孑遗乎！”并且说，如果还得不到朝廷的周济，“弟

① 顾璘．跋敬所相公奉总制陈公请赈书后//汪森．粤西文载：卷 59．景印文渊阁四库全书，第 1466 册．730．

② 杨嗣昌．杨文弱先生集：卷 47．续修四库全书，第 1372 册．690．

③ 杨嗣昌．杨文弱先生集：卷 46．家书．658．

④ 应先烈，修，陈楷礼，纂．（嘉庆）常德府志．94．

⑤ 李应升．落落斋遗集：卷 9，官西台寄父亲．四库禁毁丛刊，集部，第 50 册．300．

⑥ 张廷玉，等．明史：卷 193，顾鼎臣传．5116．

当拉吴中巨老合力以请，东南半壁庶有起色，然亦未知如何也!”① 官员面对家乡的水旱灾荒之时，一则自己减少佃农的租税，宽减小民，尽到一家一族在地方的责任和义务；一则借助在朝廷为官的机会，寻求朝廷帮助。顾鼎臣就要求家人，“自今年已后，再另收租米五十担，连前一百五十担，作济人施物之资。只除水旱内荒之年，家中阙食不施，但饭米有余，便须捐施。次序先宗族，次邻里，次坟邻，次不拘远近亲疏。但遇十分困苦的，便要随宜周济，不可有分毫吝惜之意”②。这种分配方案也是依据血缘关系展开的。遇到地方出现水旱灾荒，士大夫主动在家书中告诫家人，减少粮租，主动借贷粮食给小民。嘉靖十四年（1535年）七月二十三日，南京尚宝司卿欧阳德在家书中就告诫家人：“乡间水患异常，临近诸省旱蝗相属，今南都米价踊贵后，此恐更可忧民，贫盗起，虽富足之家其能独利？吾家今岁租入，须稍减时价粜之，以惠乡族，贷者可轻其息。”③

万历三十六年（1608年），晚明士大夫朱国桢家居期间，家乡浙江一带发生了百年不遇的洪灾，他亲自参与到对家乡的救助中，进行实地踏查。“处处霪雨，夹以山泉，胡海俱溢，拥以东风，不能即泄，立秋甚近，农望绝矣!”④ 他除了亲自带领家族和宗族成员参与家乡救灾之外，还撰写《救荒略》《荒政议》等文，积极向浙江地方有司和京城内阁首辅叶向高申诉浙江地区水患之重。他在《救荒略》中有士大夫在地方社会灾荒救助中应该发挥的作用和表率之论：

> 国初，帑藏匮乏，支用日增，内者不出，外者无可入，二税不得不劳民，又不得不瘁之东南数郡。民间十室九空，水旱盗贼，奸宄狱讼，与有增无减之日，费必不可已。商贾若榷税，蚕桑之利，大都归于远之收者，织者而民不与焉，此政椎髓刳心之时。即贤有司固已攒看含泪，穷于无何。独我辈养尊处优，无所事事，总为天地间一蠹蠹之轮回，当作何物，直须急急救之。斋僧念佛、修桥补路固是好事，吃紧莫若救民。然与其为忧民之空言，不若为分劳之实事。但一年中，如山人食客，选胜追欢，量减少许，捐五十金，遣一仆如抱告者

① 顾鼎臣．顾文康公三集：卷3，寄仲兄书．上海：上海古籍出版社，2013：389.
② 顾鼎臣．顾文康公文草：附录，家书．172.
③ 欧阳德．欧阳南野先生文集：卷6，家书十五．469.
④ 朱国桢．朱文肃公文集：第8册，救荒略．续修四库全书，第1366册．314.

然，以应公家之役。士夫当一份，则民省一分；士夫当一名，则民省一名。更肯励精从事，如领银起解，入京销批之类，用意检点，衬以束礼，不但率先小民，节省浮费，亦可以为县主之助。舍此不图，孜孜为子孙计，不肯分小民丝发痛痒，于心何忍？且士大夫之体在省事省心，当道待士夫之体在尊贤取节，区区争免役二字陋矣！又姑曰："助财。"又曰："义助。""义"之一字着落何所？何自待之薄也。小人之见谬，谓克己大端，不过如此。宦户推之孝廉、学校以及小民，迎刃而解，可以拱手观成，无须过计矣。①

明代中晚期，政治生态进一步恶化，虽然明前期朱元璋和朱棣建立的政治制度能在皇帝不视朝的情况下，维持整个国家行政的正常运行，但却是以影响整个国家的政治效能为代价。晚明，自然灾害频发，仅仅朱国桢文集中有关浙江地区水灾的记载就有多次，几次较大洪灾甚至覆盖浙江周边几省。晚明时局艰危，皇帝避朝不视，官员陷于党争义气，政治行政效率低下，对地方救灾力度不足。地方士绅家族又多有侵蚀小民之事，加之东南商业发达，奸商盘剥小民之利，遂使地方一遇灾荒，即显极其悲惨之镜像。朱国桢等救世士大夫哀民生之多艰，救民于水火，拳拳赤子之心，这是中国士大夫政治的灵魂。即便在晚明时代，整个国家政治江河日下，政治生态恶化，士大夫也逐渐显露出多样的面貌和气质，但是为民请命的道德责任感和政治担当精神仍然是士大夫群体中的一股清流，时时涌动。明清之际顾炎武的"天下兴亡，匹夫有责"的责任意识和担当精神，是对这一清流的极好总结。

本章小结

明前期的政治生态演变后，士大夫群体逐渐在管理家庭、宗族的事项中形成明代士人的价值观念和精神追求，"屏迹公门"与"垂范乡里"成为两大主流的价值取向。明代士大夫更加注重在公私之间划一道清晰的分界线，主流的士大夫希望朝廷政府的权力在实现普适公正的时候，尽量避免权力阶层的干涉，这是中国古代士大夫基本的价值取向。"屏迹公门"一词在明代中期士大夫文集中逐渐增多，透视着明代政治中特权阶层对公

① 朱国桢．朱文肃公文集：第8册，救荒略．续修四库全书，第1366册．328．

权力的侵蚀态势。随着士大夫政治主体意识在明代中期的逐渐凸显，士大夫家国观随政治生态和士大夫政治处境的变化而呈现不同的表现形式。政治生态恶化时期，如皇权强化、宦权彰显，士大夫群体的道德操守和政治选择出现分化，某些士大夫开始通过“乞休”的方式回归家乡，在家乡层面践行自己的政治理想和价值理念。家乡与朝廷是士大夫实现国家理念的两个平台，他们依据时局和语境的不同而做出进退取舍。明代士大夫始终站在道统的制高点上审视着明朝的皇权和政治，并利用每一次政治变革之机践行儒家士大夫的“仁政”、理想和“民本主义”追求。“垂范乡里”是明代士大夫在治理家庭和宗族过程中基本的齐家伦理，代表了士人阶层自我认知、认同的价值取向：希望在基层社会成就“仕宦之家”的道德和社会角色。明代士大夫在家书中体现的家国观念是以天命与民本为对象、以仁政和道德为核心、以道统坚守者和践行者为身份认同，坚持国事大于家事、公务大于私利的原则。

第十章　对明前期君臣的历史记忆与评价

明前期皇帝与主要大臣经历百年努力，确立有明一代政治生态和政治文化的基色。随着明代政治时局的演变，明中期后士大夫群体逐渐展开对明前期几位皇帝和重要大臣的追忆和评论，并在这些评论中附加浓重的政治目的。士大夫群体恢复建文皇帝和景泰皇帝皇权合法性的努力，体现在为“靖难”和“南宫”两次事件中相关殉难臣子政治平反的努力中。恢复建文帝合法性的努力，又与对永乐帝朱棣的评价交织在一起，成为极为复杂和矛盾的政治记忆。方孝孺的气节与三杨的归顺，同样是明中晚期士大夫追忆和评论明前期政治的两大关节所在。明代中期后，随着王阳明心学逐渐勃发，士大夫群体重新回溯明前期，寻找程朱理学的代表人物薛瑄作为士大夫坚守理学主导和一统地位的象征，经过百年努力，终于在晚明确立薛瑄从祀孔庙。晚明政治时局的艰难与明清鼎革之际的覆亡，重新激发起士人群体对明前期的历史记忆，并在这种回溯和追忆中，再现士人对明前期赋予的美好想象。

第一节　对建文的历史评价

建文四年（1402 年）六月，燕王朱棣攻入南京，建文帝不知所终。[①]朱棣建立永乐政权，废除建文年号，以亲王礼节祭建文帝，建文帝失去年号和帝号等皇权象征。“有明一代阙典，如建文、景泰二帝，君临天下数年，不得入庙，并不得修实录。”[②] 建文朝实行的文人治国政治为建文帝

① 牛建强的《试论明代建文帝历史冤案的反正过程：以明中后期建文朝史籍纂修为视角》，（《史学月刊》1996 年第 2 期）和《明代中后期建文朝史籍纂修考述》（《史学史研究》1996 年第 2 期）两文分析建文史学的编纂方法。

② 龙文彬. 明会要：卷 36，职官 8. 北京：中华书局，1956：637.

获得后世士大夫持续的尊重和追忆。虽然对建文帝的评价中有批评的声音，如张居正认为："懿文仁柔，建文误用齐黄诸人，踵衰宋之陋习。日取高皇帝约束纷更之，亦秦之扶苏也。建文不早自败，亦必亡国。"① 但总体上，建文获得了后世士大夫的尊重和肯定。明末钱谦益在《建文年谱序》中指出，建文史事具有三大特点：不易说、易动情、不易写。"一则曰实录无征也，二则曰传闻异辞也，三则曰伪史杂出也。"但是建文帝所开创的时局仍然未能泯灭于史迹："当沧海贸易禾黍顾瞻之后，欲以残编故纸，慭遗三百年未死之人心。"② 《国榷》卷 12 中记录了后世士大夫对建文评价中的赞美之词，如何乔远的"尊贤敬士""求仁义者"；郑晓的"宽仁慈厚，少好文章礼节"；朱国桢的"道化融洽，路不拾遗"；顾起元的"治化几于三代，一时士大夫崇尚礼义"。

官方对建文的平反始于天顺元年（1457 年），当年十月释放建文帝家属 18 人，安置凤阳。"每月令所司支与食米二十五石、柴三十斤、木炭三百斤。听于军民之家自择婚配，其亲戚许相往来，其余闲杂之人并各王府不许往来交通。若因衣服饮食之类，许出街市交易买卖。差出内使鲁博、黄父住，刘敬、潘成、赵玉、韦州就与庶人看守门户，出入使令，尔春等须要照顾防闲，令其安分守法，亦宜以礼优待，毋得忽慢，庶副朕眷念宗室之意。"③ 此后为建文平反的声音逐渐成为政治舆论的主流。

万历以后，对"靖难"死难臣子的追忆和平反、对建文年号恢复的努力开始炽热起来。朝野士大夫开始不断为建文朝史事的重新解读做出努力，如沈鲤、万象春、杨天民等士人都曾在奏疏中建言恢复建文年号。这种现象的出现，一方面由于自万历朝开始明政府面临着内忧外患的局面，统治危机逐渐彰显，另一方面由于万历以后士大夫群体持续参政议政的思想动态趋于明朗。可以说，这一平反思潮的形成具有深刻的历史背景，又富有深厚的政治寓意。万历十二年（1584 年）二月，广东道御史屠叔方请宥释忠臣外亲。万历十六年（1588 年）二月，国子监司业王祖嫡上书奏请恢复建文年号。同年三月，大学士申时行以礼部名义回复司业王祖嫡奏请复建文年号一事时，也表达了相同的诉求。万历二十三年（1595 年）九月，礼科给事中杨天民请复建文年号。万历三十七年（1609 年）十二

① 张居正．三代至秦浑沌之再//黄宗羲．明文海：卷 94．北京：中华书局，1987：919.

② 钱谦益．牧斋有学集：卷 14．上海：上海古籍出版社，1996：683.

③ 明英宗实录：卷 283．天顺元年冬十月丙辰.

月，礼部请言："成祖于革除诸臣，虽诛其顽，而心赏其忠。每每见之于谕廷臣大典之议，诸臣引经守旧，批鳞受杖，世宗未尝不为心动……皇上登极恩诏，令各地方有司查诸臣生长乡邑，特为建祠，岁时祭其坟墓，恤录其裔，赐谥易名，不靳于诸臣明矣。乞敕下臣部列名核实上请，并敕立祀一节，着实举行。"①

万历十六年（1588 年）二月，国子监司业王祖嫡的上疏中，举出五大理由论证应当恢复建文年号：

> 建文纪年之不可泯者五：自古无道之君，天人共弃，闻革其命矣，不闻革其年，引师曰"靖难"，明非复仇，胡为追薄海内外已奉之正朔而去之，不可一；靖难宣力诸臣妄希茅土，日构建文之过，本非成祖之心，事平固已幡然感悟，故鄗李实独无封事，谕吏部不念旧恶，榜条方列，旋即除毁。革除之议起于六月庚午，命府部建文条格悉复旧制，今年称三十五年而已，然皆一时逢迎之臣从谀为此，后世不察，遂谓成祖独断，归过君父，使亲亲之心不白，不可二；或谓成祖定鼎，功同再造，如复革除则师疑无名。夫天下者，太祖之天下也，太祖之视成祖、建文，同一子孙也，今日之视二祖，同一祖宗也。不革除谓不能仰体成祖心，必革除其为仰体太祖心乎？书"靖难"所以彰成祖再造之功，不革除所以纪建文在位之实，何悖之有？矧成祖谟烈昭垂，岂以革除显不革除晦乎？不可三；国史、野史上下并传，世往往信野史而疑国史，若谓国事多讳，不若求之野耳。夫年既革除，事必散逸，今纪建文者无虑数十家，谬无相承，至有不忍读者，逞其雌黄，遂淆朱紫，岂细故也哉？不可四；革除者，不过使天下后世不复知有建文耳，而千万世之后，宁能以建文之实历，为洪武之虚年乎？大书特书，固将不免与其纪年，立史于千万祀之后，孰与今日之为得乎？不可五。②

万历皇帝批示此疏下礼部会议。万历十六年（1588 年）三月，大学士申时行就此道奏疏的回复情况向皇帝报告指出："惟建文年号因成祖靖难之日，诏今年仍以洪武三十五年为纪，其建文年号相传以为革除，及考《靖难事迹》，亦称少主，称元年、二年、三年、四年，则是未尝革除也，但不称建文耳。英宗实录修于成化初年，在景皇帝未复位号之先，故仍称

① 明神宗实录：卷 465. 万历三十七年十二月庚申.
② 明神宗实录：卷 195. 万历十六年二月丁丑.

郕戾王。而景泰七年事遂附英宗实录之内，部覆极为详明，第事体重大，年岁久远，如欲更定，须自圣裁，今景皇帝位号已复，不过于实录内改正，其理顺而事亦易。”① 万历皇帝最终没有采纳朝臣恢复建文年号的建议。

士大夫在为恢复建文年号、帝纪努力的基础上，万历二十九年以后又进而开始为建文帝建庙而努力，建庙就是为建文设定庙号。年号、谥号、庙号是标志皇帝身份的三个主要元素，三个元素的恢复，即是建文帝皇帝身份恢复的标志。万历二十九年七月，礼部请求为建文皇帝“别立一庙，四时致祭”②。这个请求的发出者是礼部而非个人，代表广大士大夫普遍的政治诉求。万历皇帝没同意，也没发表明确的反对意见。万历三十年（1602 年）七月，礼部在回复通政使沉子木的公文中指出：“天下，高皇之天下也；正朔，高皇之正朔也。本自一家，原非两敌。代邸天授，少帝何尤？请于懿文太子庙侧别立一庙，四时致祭。庶高皇在天之灵可安，而成祖盛德益光，本心益明，其益于圣孝大矣。”③ 万历三十八年（1610 年）九月，南京太常寺少卿刘曰梧继续上疏请求为建文恢复年号、增立庙号：“建文君应否追崇尊谥，增立庙祀，复其年号，封表山陵，用补一代缺典，如以太庙难于议祔，山陵年远难稽，则请别立一庙，岁时享祀如制，或准先科臣万象春议，祔主于懿文太子之庙，一体致祭。”④ 直到天启元年（1621 年）二月，太常寺少卿李宗延仍然在为建文入祀太庙而努力：“建文、景泰二帝，未沾庙享，恐列圣会聚之时，必有不安者。窃谓既膺一代帝王之统，亦宜享一体黍稷之馨，一祧庙宜议。”⑤ 天启四年（1624 年）三月，南京户科给事中欧阳调律再次请求为建文别建庙祠，获得国家祭祀：“夫建文太子，庙貌宛然，岁九祭。而建文生为帝王，殁无谥号。既不得入祔太庙，又不得别享一祠。封墓莫识，魂魄安依，二祖列宗必有不安。”同时请求朝廷对建文史事的编写要独立成章，不可附录于太祖实录或成祖实录中。“至编年一事，成祖诏中原无降削位号之说，前此祇属承讹。今即列建文年号于永乐之前，亦有嫌忌，而强附之洪武

① 明神宗实录：卷 196. 万历十六年三月壬辰.

② 明神宗实录：卷 361. 万历二十九年七月丁巳.

③ 明神宗实录：卷 374. 万历三十七年七月癸未.

④ 明神宗实录：卷 475. 万历三十八年九月辛亥.

⑤ 明熹宗实录：卷 6. 天启元年二月庚戌.

后，统系不明。乞敕廷议，毅然举行，成一代之美。”① 直到此时，天启帝仍然没有同意这个请求。明朝官方对于建文帝的史家抒写笔法，始终还是坚守了基本的政治原则。天启六年（1626 年）正月，礼科都给事中彭汝楠也曾积极努力恢复建文帝的年号、庙号和谥号。直到明末，建文帝的帝号、年号、谥号、庙号均未得到恢复。

正统以后，伴随士大夫恢复建文年号的持续努力，一批私人纂述建文史事的书籍陆续刊刻印行：正德六年（1511 年）祝允明的《野记》、正德七年（1512 年）都穆德的《壬午功臣爵赏录》和《壬午功臣别录》、正德十年（1515 年）林塾的《拾遗录》、正德十一年（1516 年）张芹的《备遗录》、正德十五年（1520 年）黄佐的《革除遗事》、嘉靖前期姜清的《姜氏秘史》、嘉靖二十一年（1542 年）许相卿的《革朝志》、嘉靖二十二年（1543 年）无名氏的《靖难功臣录》、嘉靖二十七年（1548 年）袁褧的《奉天刑赏录》、嘉靖年间郑晓《吾学编》中的《逊国臣记》、嘉靖年间郁衮的《革朝遗忠录》、嘉靖末年邓士龙编的《建文遗迹》、万历二年（1574 年）朱睦㮮的《革除逸史》、万历二十二年（1594 年）朱鹭的《建文书法拟》、万历二十三年（1595 年）后许有穀的《皇明忠义存褒》、万历二十六年（1598 年）屠叔方的《建文朝野汇编》、万历二十八年（1600 年）张朝瑞的《忠节录》、崇祯六年（1633 年）周镳的《逊国忠记》和钱士升的《皇明表忠纪》、崇祯十二年（1639 年）赵士喆的《建文年谱》、崇祯十五年（1642 年）刘廷峦的《建文逊国之际月表》、南明以后钱士升的《逊国逸书四种》和曹参芳的《逊国正气纪》。入清后谈迁、计六奇、张岱、顾炎武、黄宗羲、王夫之等明代遗民的著作更是对这段历史用墨颇多，寓意也更加深刻。② 如谈迁的《国榷》就以建文年号记建文朝史事。社会中私人著述的大量印发与朝廷中上层士大夫的努力交相辉映，使建文和“靖难”成为国家和社会两个层面的主要话题之一。

直到南明政权建立后，崇祯十七年（1644 年）七月初三，南明弘光朝为建文帝上谥号和庙号。谥号为“嗣天章道诚懿渊恭观文扬武克仁笃孝让皇帝”，庙号为“惠宗”。“三百年郁勃之人心，从兹丕畅；十五朝未竟之遗志，自此发皇。”③

---

① 明熹宗实录：卷 40. 天启四年三月辛巳.

② 赵园《明清之际士大夫研究》第三章“作为话题的“建文”事件”专论明清易代之际的士大夫对建文、成祖、方孝孺评论的心态和寓意。

③ 钱士升. 皇明表忠记：卷首. 四库全书存目丛书，史部，第 110 册. 520-523.

乾隆元年（1736 年）七月，追赠建文帝为恭闵惠皇帝。① 同年九月，建文入祀历代帝王庙，位次在明太祖之侧。② 至此建文作为皇帝的身份才最终得到承认。清修《明史》为建文立《惠帝本纪》，以建文年号纪年。

至此，建文作为皇帝身份象征的年号、帝号、谥号、庙号均得以恢复。

第二节　对朱棣的评价

永乐二十二年（1424 年）七月，六十五岁的朱棣病死在第五次北征回来的路上，遗诏命皇太子朱高炽即皇帝位。“太宗疾作，顿剧。已而崩于榆木川。中官马云等皆仓皇莫知所措，乃密告荣、幼孜入御幕中。首议丧事，荣等言宜循古制，用衣衾殡殓，庶为允当。”③ 朱棣死后并未公布正式遗诏，所谓遗诏信息均出自随征官员杨荣和金幼孜之口。特别是仁宗即位依据的是杨荣驰回北京后代言的口谕，而非公文：“传遗命仁宗昭皇帝即位，预议丧礼悉遵古制。”④ 谈迁指出，当时情形紧急，可能无法形成文字的遗诏。“大行故事有遗诏。榆木川之变，殆圣情违豫，仓皇中不及有所命也。”⑤ 杨荣的《文敏集》和《北征记》、金幼孜的《北征录》均记述了朱棣去世前后情形，但是史实仍显扑朔迷离。⑥

整个明代国家政治的基本格局在永乐朝得以形成，并一直持续运行到明朝灭亡。“永乐帝留给明代后来的君主们一项复杂的遗产。他们继承了一个对远方诸国负有义务的帝国、一条沿着北方边境的漫长的防线、一个具有许多非常规形式的复杂的文官官僚机构和军事组织、一个需要大规模的漕运体制以供它生存的宏伟的北京。这只有在一个被建立帝国的理想所推动的朝气蓬勃的领袖领导下才能够维持，这个领袖能够不惜一切代价，并愿意把权力交给文官，以保持政府的日常职能。永乐帝的直接继承者都不具备这种英勇的品质，但是他们仍然坚持他关于帝国的远见和他所奠定的政制基础。”⑦

① 陈建．皇朝通志：卷 54．景印文渊阁四库全书，第 644 册．669．

② 陈建．皇朝通志：卷 40．476．

③ 佚名．明仁宗圣政记．35．

④ 杨荣．文敏集：附录．424．

⑤ 谈迁．国榷：卷 17．1215．

⑥ 同④411-412．

⑦ 牟复礼，崔瑞德．剑桥中国明代史．305．

有关朱棣，从永乐直到明末官方均给予歌颂和赞扬，这一评价基调终明之世没有改变。正统以后，伴随明朝统治危机的逐渐显现，士大夫借助批评三杨在永乐朝缺少谏诤行为而影射朱棣永乐时期的政治失误。如明中期后，士大夫批评三杨没有阻止朱棣征伐安南和迁都北京等政策失误。天顺以后，随着政治生态和舆论环境的改观，建文和方孝孺成为士大夫政治舆论的核心。特别是万历朝以后，士大夫加大为建文和方孝孺平反的舆论压力：一是为方孝孺等"靖难"死难臣子平反，以求重新端正和振奋士林风气；二是积极建议朝廷恢复建文年号，借以恢复建文的皇统地位。士大夫借助对方孝孺和建文的平反而影射朱棣，动摇朱棣的官方评价体系。嘉靖朝许相卿所著《革朝志》记载了"靖难"死难臣子刘璟对朱棣行为的客观论证："殿下百世后逃不得一个字，盖谓'篡'云。"① 万历以后，明王朝危机的加深逐渐激发起士大夫对永乐朝政的反思。但是，明代的士大夫无法摆脱明代的政治生态和官方意识形态的束缚，因此，只能在两难之中取得妥协和中和：建文非失政的天子，朱棣也非篡夺的皇帝。按照皇族谱系来讲，朱棣继承皇位，保持了朱明王朝的政治合法性，非易姓变革，也在史家的接受范围内。

明清易代之际，士大夫更把明朝的覆亡追根溯源到朱棣的"靖难"之时，认为朱棣此举一是中断了建文朝展现的文人气象，二是斩杀了天下的正气，损伤国家之本。钱谦益批评朱棣在"靖难"后的大肆诛杀和对建文踪迹的持续追寻："文皇帝苟有分毫利天下之心，国难方新，遗种未殄，必翦灭此而后即安。张天网以罗之，顿八纮以掩之，闭口捕舌，遁将何所？以文皇帝之神圣，明知孺子之不焚也，明知亡人之在外也，明知其朝于黔而夕于楚也。胡濙之访张邋遢，舍人而求诸仙，迂其词以宽之也。郑和之下西洋，舍近而求诸远，广其途以安之也。"② 清朝所修《明史》对朱棣的评价是："即位以后，躬行节俭，水旱朝告夕振，无有壅蔽。知人善任，表里洞达，雄武之略，同符高祖。六师屡出，漠北尘清。至其季年，威德遐被，四方宾服，受朝命而入贡者殆三十国。幅员之广，远迈汉、唐。成功骏烈，卓乎盛矣。然而革除之际，倒行逆施，惭德亦曷可掩哉？"③ 肯定了朱棣的政治功业，同时批评朱棣"靖难"后大肆诛杀，这

① 许相卿．革朝志：卷5，刘璟传．四库全书存目丛书，史部，第47册．196.

② 钱谦益．牧斋有学集：卷14．683.

③ 张廷玉，等．明史：卷7，成祖本纪三．105.

是清朝官方对朱棣的政治态度。乾隆帝论朱棣时指出："晋阳之甲以清君侧为名，七国之反以诛晁错为名，大抵乱臣贼子必有说以为兵端，燕王之称靖难，亦犹是也。明季诸臣曲为尊亲之讳，凡纪言事必以靖难时书之，言之不顺，殊乖征实。今于初起时直载其事，其余所有靖难之名，即行刊削。"① 把朱棣获得皇权的方式定义为篡夺。私人史家段玉裁在《明史十二论》中也对朱棣大加挞伐，直斥其"篡夺"行为，将朱棣获取皇权方式的性质由"靖难"界定成"篡弑"。②

其他如永乐十八年（1420年）迁都北京，实现了国家政治中心和经济中心的再次分离，重新使北京与周围蒙古、女真、朝鲜形成犄角之势，在缓解明朝国防压力的同时也增加了南北漕运的负担，特别是随着明代九边防御体系的建立，北京城居民的粮食、九边守军的军粮都要靠漕运支撑，增加了江南地区的经济负担。七下西洋，耗损国家财力。永乐朝实行扩张和外向政策，增加了国家压力，也促使士大夫在朱棣死后积极进行政策更张。

第三节　对景帝的平反

天顺元年（1457年）二月，景帝朱祁钰死后，谥号为"戾"。"戾"为恶谥，根据谥号法则规定，"不悔前过曰戾"。英宗依照亲王例辍朝二日，发引后复辍朝一日，丧葬礼仪亦如亲王，"以亲王礼葬西山"③。天顺五年（1461年）十二月，景帝母亲吴太后故后辍朝一日，而两年后英宗敬妃刘氏故后却辍朝五日。沈德符认为，英宗对景帝生母辍朝日数的刻意减损，此举有失孝道之义："丧礼仅止此，曾不敢望敬妃万一，上友于素笃，惟此举似有遗憾。"④ 景帝汪皇后在正德十四年（1519年）六月去世后，依照皇妃规则辍朝三日。府部大臣及翰林院儒臣、科道官在议定汪妃丧礼时指出："景皇帝之配与在外王妃不同，丧葬之礼宜如皇妃，礼从厚……自明日始辍朝三日。"⑤ 这是景泰皇帝身份的恢复在汪妃丧礼辍朝日数上的体现。

成化十一年（1475年）十一月，诏复郕王帝号。成化皇帝在恢复景

---

① 傅恒. 通鉴辑览：卷101. 景印文渊阁四库全书，第339册. 221.
② 吴德义. 试论建文史学. 西北师范大学学报（社会科学版），2010（2）.
③ 张廷玉，等. 明史：卷11，景帝本纪. 150.
④ 沈德符. 万历野获编补遗：卷1. 802.
⑤ 明武宗实录：卷20. 正德元年十二月丁卯.

帝帝号公文中申明：

> 朕叔郕王践阼，戡难保邦，奠安宗社，亦既有年，及寝疾临薨之际，奸臣贪功生事，妄兴谗构，请去帝号。先帝寻知诬枉，深怀悔恨，以次抵奸于法，不幸上宾，未及举正。朕嗣承大业，于兹一纪，每思儒先有言，祖父有欲为之志而未为，子孙善继其志而成就之，此所谓孝。间以帝号之复质诸圣母皇太后，亦云此先帝本意，宜即举行。朕祗服慈训，敦念亲亲，诞告在廷，用成先志，其郕王可仍旧皇帝之号。①

商辂具体记述了恢复景帝年号过程中的情境："初下群臣议，入遣太监怀恩等至内阁问公等。公力陈所以当复之故，言甚剀切，左右皆泣，公亦泣。上闻为之感动，疏入遂允其请。公举手加额曰：'皇上此举，尧舜之圣德也。'"② 明朝国史馆编写实录，虽然用景泰年号记景帝朝事，却定名为《废帝郕戾王附录》，置于英宗实录之内。

成化十一年（1475 年）十二月，成化帝上景帝"恭仁康定景皇帝尊谥"，先期命翰林院撰谥册，册封之日遣抚宁侯朱永、襄城侯李瑾、定西侯蒋琬祭告天地、宗庙、社稷。遣英国公张懋祭祀陵寝，上景帝尊谥礼仪。尊谥册文如下：

> 伏以功业之盛者，宜享乎徽称；孝爱之隆者，莫先于继志。恭惟叔父郕王，比当多难之秋，俯徇群臣之请，临朝践阼，奋武扬兵，却虏势于方张，致銮舆之遄复，奠安宗社，辑宁邦家，敬养构于奉尊，惠化周于逮下。偶因寝疾，遂至弥留。皇考应天顺人，复正大位。眷惟同气，初无间言，奈奸臣贪功妄生异议，请去帝号，退就王封。赖皇考日月之明，灼知诬枉，抵奸于法，拟复旧称，不幸上宾，因而未果。侄嗣守大业，敦念亲亲，间以帝号之复请于圣母，伏承慈旨，欣然允从。是用参合至公，祗荐鸿号。昭叔父之盛烈，副皇考之素心。谨遣英国公张懋奉册宝上尊谥曰："恭仁康定景皇帝"。伏惟神灵如在，鉴是用歆，锡庆流芳，永永无极，谨言。③

成化十二年（1476 年）二月，增修景帝陵寝殿庑、斋房，增加祭器。自此以后，直到明末，每年都遣官祭祀景帝陵寝。但是宪宗并未完成对景

① 明宪宗实录：卷 148. 成化十一年十二月戊子.

② 商汝颐. 商文毅公遗行集. 续修四库全书，第 551 册. 64.

③ 明宪宗实录：卷 148. 成化十一年十二月己亥.

帝的彻底平反，所定谥号仅为五字，而按照明朝谥法规定，皇帝谥号为十七字，因此景帝的五字谥号与其他皇帝的十七字谥号相比，规格大为降低，同时并未议定景帝庙号。直到南明弘光元年（1645 年）才为景帝上十七字的谥号，即“符天建道恭仁康定隆文布武显德崇孝景皇帝”，同时定景帝庙号为“代宗”。景帝皇后汪氏谥号为“孝渊肃懿贞惠安和辅天恭圣景皇后”①。

至此，景帝作为皇帝的帝号、年号、谥号、庙号均得到恢复。清修《明史》也有《景帝本纪》，以景泰年号纪年，承认景帝的皇帝身份。

第四节 对方孝孺的评论

建文四年（1402 年）六月，朱棣“靖难”成功，颠覆建文政权。建文重臣方孝孺拒绝为朱棣草拟即位诏书，并严厉斥责朱棣篡弑行径，被诛杀十族八百余人。永乐后，对方孝孺的平反和评价一直是士大夫群体关注的焦点问题之一；万历以后，随着明朝统治危机的加深，对方孝孺的平反活动逐渐炽热起来。明亡后，明朝遗老反思明朝灭亡的原因时，更是上溯到“靖难”之时，认为“靖难以正气渐削，故酿为今日猃猾之徒，屈膝拜伪”②。因此南明朝廷举行为靖难而死的建文臣子追封、赠谥等礼仪活动。“追补建文死节诸臣赠谥，立庙京师，春秋祭祀。文臣：文学博士方孝孺，赠太师，谥文正。”③ 希望以此来重新唤起和激发士大夫的忠义气节。在晚明清初，这种志义名节思潮影响甚大。苏轼言“气节”时指出：“盖存之于身，谓之气；见之于事，谓之节。节也，气也，合而言之道也。”④“气节”成为宋明理学所提倡的世俗性的社会道德观念，乃士大夫立身于世首要的精神气质和内涵。在这种思潮下，方孝孺在明末遂成为士大夫追忆和关照的对象。清朝官方和私人史家均给予方孝孺极高评价，赋予方孝孺国家祭祀礼遇。⑤

① 黄宗羲．弘光实录钞：卷 1．24.

② 李清．南渡录：卷 1．杭州：浙江古籍出版社，1985：28.

③ 李清．南渡录：卷 3．110.

④ 苏轼．东坡全集：序．景印文渊阁四库全书，第 1107 册．4.

⑤ 吴德义．建文史学编年考．天津：天津教育出版社，2009．此书对建文史学研究进行动态走势的分析，提出建构“建文史”的观点。王春南，赵映林．宋濂 方孝孺评传．南京：南京大学出版社，1998．此书分时代、家世、生平、政治思想、法思想、经济思想、理学思想、文学主张和风格六个方面对方孝孺进行系统研究。赵园．明清之际士大夫研究．北京：北京大学出版社，1999．此书第三章为“作为话题的‘建文事件’”，涉及对方孝孺的评价。

一、明清官方对方孝孺的评论

“靖难之役”后，朱棣建立的永乐政权取代建文政权，政治秩序逐渐稳定，政治舆论环境却依然严肃，朝廷明令禁止谈论方孝孺等殉难之人。朝廷和士大夫内部对有关方孝孺的言论讳莫如深。朝廷奉行丑化方孝孺的舆论导向，三杨主持纂修的《明太宗实录》就迎合朱棣的政治态度而把方孝孺写成叩头祈哀的形象。记载如下：“上指宫中烟焰谓孝孺曰：‘此皆汝辈所为，汝罪何逃?’孝孺叩头祈哀。上顾左右曰：‘勿令遽死，遂收之。’”① 仁宗即位后，一改永乐压抑的政治语境和舆论氛围：“即位之初，即诏齐泰、方孝孺等俱是忠臣，其子孙亲识抄没充军者，悉皆赦回。”② 李乐在《见闻杂纪》中记载了仁宗时期政治语境的变化：“仁宗撰长陵神功圣德碑文，称建文君虽追废，犹书其没曰‘崩’，当在其位犹尊之曰‘朝廷’。又谕群臣曰：‘若方孝孺辈皆忠臣，诏从宽典。’于是天下始敢称孝孺诸死义者为忠臣云。”③ 对方孝孺的评论语境开始松动。

正统七年（1442年），张太皇太后去世前，杨士奇等受顾命时，“举三事：一谓建庶人虽亡，当修实录。一谓太宗诏有收方孝孺诸臣遗书者死，宜弛其禁……其三未及奏上，而太后已崩”④。目的在于缓解压抑的政治语境，端正天下士气，但是由于张太皇太后的故去，此举并没有施行。

其后各朝都有士大夫上疏朝廷，为方孝孺等死难臣子平反。如弘治六年（1493年）兵科给事中吴世忠⑤，弘治十七年（1504年）户部郎

① 明成祖实录：卷9. 四年六月乙丑.

② 陈建. 皇明通纪集要：卷24. 四库禁毁书丛刊，史部，第34册. 278.

③ 李乐. 见闻杂纪：卷1. 明万历刻清补修本.

④ 张廷玉，等. 明史：卷113，后妃传一. 3513. 此事在祝允明的《野记》(四库全书存目丛书，第240册. 33) 中记载更为详细：“太后大渐，召三杨于榻前，问朝廷尚有何大事未办者?士奇首对有三事。其一建庶人虽已灭，曾临御四年，当命史官修其一朝实录，仍用建文之号。后曰：‘历日已革除之，岂可复用?’对曰：‘历日行于一时，实录万世信史，岂可蒙洪武之年以乱实?’后颔之。(或曰请谥为‘神宗皇帝’，非实。) 其二后亦首肯。其三方孝孺得罪已诛，太宗皇帝诏‘收其片言一字，论死’，乞驰其禁，文辞不系国事者，听令存而传之。后默然未答。三公即趋下，叩头言臣等谨受顾命，遂出。”薛应旂的《宪章录》(续修四库全书，第352册. 246) 所记于此大致相同。万历朝张朝瑞对此说法提出质疑：“按张太后遗诏今存，未闻有此三事也。即有之，实录何以不书? 以失国之君，加神圣之谥，尤为不伦，且孝孺集成化时始出。”(张朝瑞. 忠节录：卷6. 续修四库全书，第537册. 81)

⑤ 明孝宗实录：卷72. 弘治六年二月辛酉.

中陈仁[①]，嘉靖十四年（1535 年）七月吏科给事中杨僎[②]。万历年间对方孝孺等死难臣子的平反逐渐炽热起来。大臣利用万历皇帝年幼即位的时机，开始大力为方孝孺等殉难功臣平反。隆庆六年（1572 年）五月穆宗死，六月神宗即位，七月辛亥在给两宫太后上尊号的诏书中明确提出为殉难功臣平反的申明：

> 革除间被罪诸臣，忠于所事，甘蹈刑戮，有死无二，皆我太祖高皇帝所储养忠臣义士。我成祖文皇帝当时亦有“练子宁若在，朕犹当用之”之语。是诸臣罪虽不赦，心实可原。朕今仰遵我圣祖遗意，褒表忠魂，激励臣节。诏书到日，各地方有司官，查诸臣生长乡邑，或特为建祠，或即附本处名贤忠节祠。岁时以礼致祭，其坟墓苗裔倘有存者，厚加恤录。[③]

依据诏书旨意，士大夫展开大规模为建文恢复年号和为方孝孺等死难臣子平反的上疏建言活动。万历二年（1574 年），巡按浙江御史萧廪对其治辖范围内的方孝孺等三人墓进行修整，请求朝廷“于省城择善地建祠秩祀，以彰圣朝洪恩”[④]。同年十二月，巡按浙江御史田乐上疏：“先年遣戍卢龙等卫葛乾相等三百七十余户，系方孝孺姻党，乞行豁除，不允。”[⑤]万历十二年（1584 年）二月，广东道御史屠叔方在《请宥释忠臣外亲疏》中指出为建文忠臣平反对于国家纲常和礼教的价值和意义。万历皇帝亲自批复此道奏疏，批文如下：“革除被罪诸臣，除齐泰、黄子澄外，其方孝孺等连及罪累者，俱令查勘豁免。”[⑥] 这是明朝皇帝第一次以官方的形式为方孝孺进行平反，这一年是万历十三年，公元 1585 年，距离建文四年（1402 年）方孝孺殉难已有一百八十三年。万历十四年（1586 年）三月，明朝廷正式诏告天下，释放“靖难”被罪诸臣的亲属：

> 释革除年，坐忠臣方孝孺等谪戍者：浙江七百一十三人，江西三百七十一人，福建二百四十四人，四川四十一人，广东三十四人。[⑦]

---

① 明孝宗实录：卷 212. 弘治十七年五月癸丑.

② 明世宗实录：卷 177. 嘉靖十四年七月乙酉.

③ 明神宗实录：卷 3. 隆庆六年七月辛亥.

④ 明神宗实录：卷 23. 万历二年三月丙戌.

⑤ 明神宗实录：卷 33. 万历二年闰十二月癸未.

⑥ 明神宗实录：卷 146. 万历十二年二月己巳. 吴亮. 万历疏钞：卷 14，褒忠类. 续修四库全书，第 468 册. 577.

⑦ 明神宗实录：卷 159. 万历十三年三月壬辰.

天启、崇祯两朝延续万历朝为建文诸臣平反的势头。清朝乾隆年间分别在乾隆十六年（1751年）、二十二年（1757年）、二十七年（1762年）、三十年（1765年）、四十一年（1776年）、四十五年（1780年）、四十九年（1784年）七次遣官祭祀方孝孺祠。同治二年（1863年），因户科给事中王宪成请，“予明臣方孝孺从祀文庙”①。

从方孝孺所著《逊志斋集》一书的刊刻历程也可见朝廷对方孝孺态度的转变。永乐时期舆论禁锢，不可涉及有关方孝孺的只言片语。到天顺七年（1463年）重刻的《逊志斋集》问世流通，这种紧张的政治语境和严肃的舆论环境就开始变得相对宽松。《逊志斋集》序文为王绅所作，时间为洪武三十年（1397年）冬十一月。“至天顺癸未（1463年），方氏没后六十二年，才有赵洪刻本（简称蜀本）问世……赵本以后，重编再刻的版本不断梓行，篇目和编排也逐步增多和完善。现据不完全统计，五百多年来的刻本不下三十种。其中较有特色的是明成化郭绅刻本（简称邑本）、正德顾璘刻本（简称郡本）、嘉靖王可大等刻本、万历孙如游等刻本、崇祯张绍谦等刻本、清康熙俞化鹏等刻本、同治孙熹刻本等。”② 成化年间，兵部职方郎中陆容在其《菽园杂记》卷15也说道：

> 《逊志斋集》三十卷，《拾遗》十卷，《附录》一卷，台人黄郎中世显、谢侍讲鸣治所辑，今刻在宁海县。其二十八卷内《勉学诗》二十四章，本苏士陈谦子平所作，误入方《集》耳。子平，元末人。张士诚兵至吴，有突入其室者，胁其兄训使拜，不屈，刃其胸。子平以身翼蔽，并遇害。平生著述甚富，兵后散亡，独所著《易解诂》二卷及古今诗数十篇传于世。正统间，吾昆山所刻《养蒙大训》收其诗，予幼尝见之。京师士人徐本以道亦尝刻其诗印行，后有国初韩奕公望跋语。③

结合以上方氏著作在天顺、成化、正德、嘉靖、万历、崇祯几朝的不断刻印，可以推断，方氏之书在明代士大夫群体中已经广为流传。如嘉靖王可大在《重刻正学方先生文集叙》中说，方孝孺以“讲明道学为己任，以振作纲常为己责，以继往绪开来学为己事，以辅君德起民瘼为己业。养植既粹，文彩自沃，以故绪言余论见重当时。而二百年来，不问贤不肖皆

① 清穆宗实录：卷68. 同治二年五月丁卯.

② 方孝孺. 逊志斋集：校点说明.

③ 陆容. 菽园杂记：卷15. 183.

知有先生，皆知有先生之文”①，亦可证明方孝孺所诠释的“气节”血脉在士人群体中缓流不息。

二、明清士人对方孝孺的评论

方孝孺受业于明初大儒宋濂，深得宋濂赏识。宋濂对方孝孺赞许有加，认为他深得理学精髓。“凡理学渊源之统，人物绝续之纪，盛衰几微之载，名物度数之变，无不肆言之。离析于一丝，而会归于大通。生精敏绝伦，每粗发其端，即能逆推，而底于极。本末兼举，细大弗遗。”②

与方孝孺同时代的大儒王绅认为，方孝孺在功业和道德两个方面都可以成为一代楷模：“圣贤任道之心虽一，而行道之势则不同。伊尹、周公得志而见于功业。孔子、孟子不得时而托于空言。其事虽殊，要其归则一也。后之学者不察其心，而离于二端。专功业者则诋立言者为空文，务立言者则谓必藉是以明道……天台方君希直……言功业，则以伊周为准；语道德，则以孔孟为宗。”③

从永乐到正统期间，因政治压力，士大夫的文集中绝少提到方孝孺。直到天顺朝，内阁大学士李贤才在《古穰集》中对“靖难”时的死义士人发表评论，对方孝孺评价极高：“孝孺受业于宋景濂，其文章滂沛，议论波澜，类东坡之才，而忠义之气，凛然不可犯，景濂不能及也。”④ 认为方孝孺在“忠义”这方面甚至超过了他的老师宋濂。

万历以后，随着对“靖难”和方孝孺的政治解压，士人逐渐开始关注建文和方孝孺等，甚至出现朱鹭“为诸生，当万历全盛之世，每谈建文朝事，辄泣下泛澜，悲不自胜，不知其何谓也？”⑤ 这种情境的出现是长期以来受压抑的士大夫对建文和方孝孺情感发抒的表现。其所著《建文书法拟》一书记载大量有关殉难功臣的笔记。⑥ 李贽甚至认为“一杀孝孺，则后来读书者遂无种也。无种则忠义人材岂复更生乎？”⑦

万历十三年（1585 年），时任督抚浙江兵部右侍郎兼都察院右佥都御史的温纯上疏建议赦免方孝孺、戴德彝、王叔英、郑恕、卓敬等被株连的

① 王可大．重刻正学方先生文集叙//方孝孺．逊志斋集．

② 宋濂．送希直归宁海五十四韵//方孝孺．逊志斋集：附录．869．

③ 王绅．序//方孝孺．逊志斋集．8．

④ 李贤．古穰集：卷 30．790．

⑤ 钱谦益．牧斋初学集：卷 71，朱鹭传．760．

⑥ 朱鹭．建文书法拟．续修四库丛书，第 433 册．

⑦ 李贽．续藏书：卷 5，文学博士方公．北京：中华书局，1959：87．

亲属。奏疏中说："捐躯尽节，人臣殉国之忠；褒往劝来，圣主砺世之典。革除年间被罪诸臣方孝孺等，节蒙累朝，褒崇恤录，所以振纲常、表节义者，诚千载之一时矣。"① 认为方孝孺死难的意义在于"振纲常"和"表节义"。

谈迁在《国榷》中综述了明代学人对方孝孺的评价。明代学人一致认为方孝孺的殉难惨烈至极，认为方孝孺乃亘古未有的士林典范。虽然"或訾以更改制度为无成，或怜以激烈沈宗为太过"，但是"孝孺死，浙东之仕于朝者，以身殉建文君，独多于天下"②，实则方孝孺"欲以一人之身，挽回数千年之世"③。

晚明以后，在内忧外患的时局中，政治舆论环境逐渐松动，士大夫在这种语境中更加追忆方孝孺的气节，以此来表达对现实政治的不满和对时局的忧虑，各种情感得以汇集，掀起了一股为方孝孺平反的舆论浪潮，这一浪潮一直持续到南明，乃至清前期。

士人认为，晚明世乱道衰，要想重新恢复和扭转时局，就应当恢复方孝孺所诠释的"道"，只有恢复了"道"，才能端正天下的"气"与"节"。陈子龙就认为，方孝孺的功绩在于传天下之大"道"，方孝孺的死也是为天下万世确立了标准和原则。"自周公没而圣人之道不行，孔子没而圣人之道不明。"④ "俗儒不察，每每尚中庸而诬节义，此世道之所以日卑也。有宋诸儒复明圣道，继邹鲁之微绪。明兴有宋濂溪氏，方正学先生出于其门，而益大之，以立一代纲常之极，而圣人之训大明于天下……文皇以嫡胤尊属，靖我邦家，非有改物改步之事，而先生首倡大义于天下，一时贵戚大臣以至樵夫渔子不屈其志，或镮屠市朝之间，或枯槁岩石之下者，不可胜数。"⑤

黄尊素说方孝孺"君子社稷之心，重于名节"⑥。刘宗周对方孝孺评价甚高，直言"国朝理学之传，必以先生为称首"。认为方孝孺之死的政治寓意在于："将一死以救天下之乱。计非以十族殉君不可，惟先生以十族为一身，而后能以一身易天下，使天下尽化而为忠臣孝子。"⑦

① 温纯．温恭毅集：卷 3．景印文渊阁四库全书，第 1288 册．427．
② 谈迁．国榷：卷 12．860．
③ 同②859．
④ 陈子龙．安雅堂稿．台北：伟文图书出版社有限公司，1978：76．
⑤ 同④80．
⑥ 黄宗羲．黄氏家录．413．
⑦ 刘宗周．刘蕺山集：卷 9，方逊志先生正学录序．458-459．

黄宗羲给方孝孺的定义为“有明之学祖”“千载一人”，为“千秋正学”之楷模。“持守之严，刚大之气，与紫阳（朱熹）真相伯仲，固为有明之学祖也。”[①] 方孝孺“以九死成就一个是”的行为诠释了节义与理学两者之间的关系，也就是说方孝孺是明初理学集大成者，是姚广孝所言的“读书种子”，同时其所体现出的舍生取义、杀身成仁的气节又超出明代的范围，成就其“千载一人”的美誉：

> 先生禀绝世之资，慨焉以斯文自任。会文明启运，千载一时。深维上天所以生我之意，与古圣贤之所讲求，直欲排洪荒而开二帝，去杂霸而见三王。又推其余以淑来祀，伊周孔孟合为一人，将旦暮遇之。此非学而有以见性分之大全不能也。既而时命不偶，遂以九死成就一个是，完天下万世之责。其扶持世教，信乎不愧千秋正学者也。考先生在当时已称程、朱复出，后之人反以一死抹过先生一生苦心，谓节义与理学是两事，出此者入彼，至不得与扬雄、吴草庐论次并称。于是成仁取义之训为世大禁，而乱臣贼子将接踵于天下矣，悲夫！[②]

近代学人陈祖武认为黄宗羲把方孝孺和刘宗周二人置于《明儒学案》卷首和卷尾具有深意：“其所论一代学人，冠以明初方孝孺，而《蕺山学案》案主则是黄宗羲的老师刘宗周。方孝孺于明初死节，刘宗周则于明亡殉国，同是儒林中人，一在明初，一在晚明。黄宗羲著《明儒学案》选择这样一个布局恐非寻常之属辞比事。如果说《明儒学案》所云‘同门之友，多归忠节’，那么黄宗羲在其间的寄托，抑或有其深意在。”[③]

南明弘光朝补谥逊国文臣七十五人，方孝孺位居首位，被赠谥号为“文正”。同时“夺靖难大学士胡广谥。谥靖难左都御史陈瑛丑厉”[④]。黄宗羲的《行朝录》记载隆武纪年：“上谓国家元气之削由于靖难。命礼臣追复建文年号，立忠臣方孝孺祠，设姚广孝像跪于阶前。”[⑤] 钱谦益论方孝孺等死难臣子“有功无罪”，当给予褒奖。[⑥]

方孝孺更被清代学者们奉为有明一代儒者仪型。乾隆朝史家汪有典搜

---

① 黄宗羲．明儒学案：卷43，文正方正学先生孝孺．1042．

② 黄宗羲．明儒学案：卷首，师说．1．

③ 陈祖武．《明儒学案》发微．中国史研究，2009（4）．

④ 黄宗羲．弘光实录钞．49-52．

⑤ 黄宗羲．行朝录//黄宗羲全集（第一册）．119．

⑥ 钱谦益．牧斋初学集：卷89，策·第四问．1854．

集明朝死节臣子凡300人而成《史外》一书，首位就是《方正学先生传》。指出方孝孺的死义除了“以一死安天下”的效果外，更时时给朱棣以鞭策，永乐时期的一系列军国大政都透视着朱棣的紧张和不安：“终无以释然于天下。于是修文竞武，迁都、扫迹，终其身不敢自逸……盖三百年，恬熙无事，狩而还，断而续，追唐虞三代之盛，则文皇帝之功，而先生及诸死节者，愤激之力也……岂非亘古亘今忠臣之第一乎？”①

综上可知，对方孝孺的评价在明清两代一直存在，并且持续升温，帝制时代的君主与具有一定独立性、代表了国家意识形态的士大夫在对待方孝孺的态度上也存在伦理价值和政治利益上的差距。方孝孺成为重气节一类士人的精神领袖，身上寄托、映照了士大夫的政治理想和道德追求。在对方孝孺的品论和追忆中透漏了各个时代士大夫的心理状态，更有深刻的意义和丰富的情感关怀。宋明儒学以及士大夫所处的历史情境，使得生死以及生死所蕴涵的“节义”取向成为政治伦理以及人生的一大主题，成为士大夫重要的关注点和话题之一。

第五节　对三杨的评论

“靖难”后，三杨归顺朱棣，被选入内阁，在永乐、洪熙、宣德、正统年间随着内阁权势的膨胀，逐渐成为政治的中坚力量。宣德和正统年间，形成了“三杨政治”局面，获得“明称贤相，首推三杨”的美誉。但是三杨所建的政治功业却始终无法笼罩住“靖难”后归顺所凸显的节义缺失。后世士人对三杨的品评中始终纠结着“气节”与“事功”之间的矛盾和冲突。“气节”与“事功”成为后世士大夫评价中的天平两端，依据政治时局的演变，评价也在天平两端摇摆，评价背后也寄托了士大夫对时局批评的政治寓意。

一、明代的三杨评论

三杨经历了永乐、洪熙、宣德和正统初年，历事四朝。这四朝中随着内阁地位的凸显，三杨成为此时政治的代名词。郑晓在《皇明直文渊诸臣表序》中评价三杨：“镇定危疑，消弭谗隙，文经武纬，内戢外宁，四十

---

① 汪有典．史外：卷1，方正学先生传．四库禁毁丛刊，史部，第20册．336．

余年，号称平治。”① 三杨在这四朝的确创造了卓越的政治成就和文化成就：“时号三杨，三人者各有所长，士奇有学行，荣有才识，溥有雅操，天下引领望焉！”②

三杨在正统初年相继去世，掩盖在盛世繁华后的危机不断露出苗头，如王振为首的宦官专政和其后的“土木之变”。特别是正统十四年（1449年）发生的“土木之变”，使明朝经历了建国以来最大的一次政权危机。皇帝被俘虏，虽在于谦等人的维持下，秩序得以稳定，但是士大夫群体逐渐开始对“三杨政治”的弊端进行反思，批评之声渐起，从侍讲学士周叙给吏部尚书王直的《奉王冢宰书》中对三杨的评价可见一斑：

> 叙于永乐、宣德间，尝仰望少师东里先生可当之，然迹其举措，究其底里，工夫公论不容掩也……我朝当三杨先生辅政之初，一几也，不深思熟虑身任其责，惟阳敛阴施，掩人耳目，虽曰自保，其实误国，故致今岁七月之祸；此时先生与诸君子辅政之初，又一几也，宜鉴覆辙，为宗社生灵永远之谋，开天下后世太平之治，俾欧阳子、周平园之事业复见，今日顾不伟哉？失今不图，恐异日噬脐之悔莫及矣！③

对三杨批评的士人中，最重要的代表人物是天顺朝的内阁大学士李贤。李贤是宣德八年（1433年）进士，曾经在吏部供事，亲历过“三杨政治”局面，是三杨后负有盛名的内阁大学士。“我朝相业，当以李文达公为首……致使士风丕变，至今犹未衰熄。”④ 但李贤对作为前朝元老的三杨却颇多微词：

> 文贞于本朝为巨擘，侧于宋之公卿，终有愧焉！试以一二较之。王文正以张师德两造其门，恶其奔竞，终身不用。文贞必以造门者举之，甚至人举所知，自以为不知而沮之，宜恬退自守者不出其门也；文彦博以唐介攻已被谪，再三申救，后卒举用。文贞以攻己者为轻薄生事，必欲黜之，禁锢终身也。与二公所行，何相远哉？⑤

① 贺复徵．文章辨体汇选：卷288，皇明直文渊诸臣表序．景印文渊阁四库全书，第1405册．504.

② 明英宗实录：卷143．正统十一年七月庚辰．

③ 程敏政．明文衡：卷28．817-818.

④ 夏尚朴．东岩集：卷1．景印文渊阁四库全书，第1271册．5.

⑤ 李贤．古穰集：卷30．788-789.

李贤认为，杨士奇缺失的是“节义”与“德性”，恰是这两点使三杨并不能成为李贤效法的榜样，也是李贤拒绝杨士奇主动邀请的原因所在。“少师杨士奇欲一见，贤竟不往。”① 朱棣入南京后，胡广、金幼孜、黄淮、胡俨、解缙、杨士奇、周是修等人约定同死社稷。“惟是修具衣冠，诣应天府学，拜宣圣遗像毕，自为赞，系于衣带，自缢于东庑下，可谓从容就死者矣。诸公初亦有约同死，已而俱负约，真有愧于死者。”② 后来谢缙为周是修作墓志，杨士奇为周是修作传记，对周是修后人说：“当时吾亦同死，谁与尔父作传?”成为时人笑谈。同时指出，“士奇晚年，泥爱其子，莫知其恶，最为败德事”③。李贤虽没有以道德操守的短缺而泯灭三杨的历史功绩，但是却认为三杨不能以道侍君，缺乏士大夫的独立性：“至于格君心之非，引之当道，则概乎未有闻也。”④ 在李贤看来，三杨在“靖难”中的归顺是被后世批评的病根所在。

弘治朝大学士丘濬也批评三杨对永乐和正统两朝一系列弊政没有直言谏阻：“我朝相业，三杨伟矣。然当其时，南交叛逆，轩龙易位，敕使旁午，频泛西洋，曾无一语，权归常侍，远征麓川，兵连祸结，极于土木之变，谁实启之?”⑤ 列举了从永乐到正统期间一系列弊政，如征战安南、宦官出使、七下西洋、麓川战事，三杨惧于朱棣皇权或王振宦权而无任何谏阻的言论和举动，最终导致“土木之变”的发生。

后世士人对三杨的批评主要集中于放弃安南一事。嘉靖朝广东按察司佥事林希元论弃守安南时声言：“未尝不恨三杨之失策。”⑥ 严从简在论述安南战守事宜时指出，三杨“皆帏幄重臣，曾无一言以告，使事机再失。乃徒劝朝廷弃地与贼，不及蹇、夏之见远矣”⑦。李文凤声言：“太宗以百万而取之，谋国者以片言而弃之。”⑧ 茅元仪也指出：“宣宗之弃安南，此我朝大业之首亏也。往尝著论归罪三杨，而文贞为最甚。”⑨ 认为朱棣征战安南，耗费大量军用钱财，三杨竟然无谏阻之言；宣德朝安南治理平顺

① 张廷玉，等. 明史：卷176，李贤传. 4673.

② 李贤. 古穰集：卷30. 789.

③ 同②.

④ 古穰集：卷30，杂录. 792.

⑤ 陈建. 皇明通纪集要：卷24. 279.

⑥ 林希元. 林次崖文集//明经世文编：卷163. 1650.

⑦ 严从简. 殊域周咨录：卷5. 198.

⑧ 李文凤. 越峤书：卷5. 四库全书存目丛书，史部，第163册. 29.

⑨ 茅元仪. 掌记：卷4. 四库禁毁书丛刊，集部，第110册. 372.

之时，却力主放弃安南，并最终得以实行。

> 文皇帝两出师，损士众、倾府库、竭仓廪，当是时天下良苦之。数公者固心腹帷幄之臣也，岂不可置一语哉？及郡邑之、戍守之，章章有程，士大夫便于朝、农便于野、商贾便于道，一夫跳梁，委而弃之。①

嘉靖朝礼部尚书霍韬在《上杨邃庵书》中对三杨给予犀利批评，甚至把三杨与唐朝奸臣李林甫相等同。“世传三杨入阁，极一时勋名之盛。不知三杨坏我太祖之法已多矣！上下晏安，苟且度日，卒贻正统之乱。昔李林甫死，然后禄山反。明皇卒鞭林甫尸，谓其酿乱也。三杨肉未寒，即有土木之扼，律以林甫之刑，尚可辩说乎？今欲图治，非痛洗三杨以后之弊而上复祖宗之旧不可也。”《明经世文编》编者对此指出：“此论虽苛，亦有确见。”② 何良俊对三杨虽无激烈批评，但也认为三杨不死于建文，“于大节有亏”③。陈建对杨荣评价为：“有济人及物之仁，而不忍却人之馈，人以是短之其辅理之功。”认为仁宗、宣宗和正统初年“乾纲独断，百司守令，久任不更，官民相安，天下号为太平，三杨之名，所由以著”④。李贽认为：“麓川之征，遣将出师，疲耗中国，滥费爵赏，九溪苗獠乘机不靖，延至叶满宗、邓茂七、黄萧养辈相煽而起，极于土木之大变，此皆三杨失计，无以服振之心故也。”⑤

万历朝行人司行人刘宗周认为：“靖难之役非易姓，比在三杨，固可以不死。”⑥ 他在《修正学疏》中指出，正统之时虽然天下呈现治平的气象，但是繁盛的政局背后却是“三杨徒以容悦，养成王振之乱，英庙北狩，竟未有较然死节”。并且认为“土木之变”中无臣子为君死难局面的出现，是因为“靖难”中大肆诛杀，造成天下元气的亏损。“乃知国家之有贤人君子，犹人之有元气也。元气削，则其人未有不立槁者。”⑦ 三杨显然被排除在天下元气之外，并且从永乐到正统初年，三杨也没有培植起高尚忠义的士林气节。

---

① 茅元仪．石民四十集：卷46，安南考引．续修四库全书，第1386册．450.

② 霍韬．上杨邃庵书//明经世文编：卷188，霍文敏公文集四．1945.

③ 何良俊．四友斋丛说．卷7．59.

④ 陈建．皇明通纪法传全录：卷19．314.

⑤ 李贽．续藏书：卷10//李贽文集，第4卷．北京：社会科学出版社，2000：209.

⑥ 刘宗周．刘蕺山集：卷9．458.

⑦ 刘宗周．刘蕺山集：卷1，修正学疏．315.

万历朝兵部尚书黄克缵认为，三杨虽然“存有显号，没有荣名”，却无法掩盖“气节”缺失的弊病。并且认为这种“气节”是“乾坤之所以不毁，日月之所以常明者，以有此忠义也”。而三杨、蹇义、夏原吉等归顺士人无法与方孝孺、周是修、练子宁三君子比拟。黄尊素也批评三杨：“尝观三杨诸公，每于朝退联骑出游。适意于旷闲，萧散之地，此唱彼和，动盈卷轴，降而七子曹务之余，相劘切以为古文词。余方叹诸公遭此盛时，周旋官业，不为四海治安之计，徒以滥言曼辞相为夸大。”① 黄宗羲把三杨和薛瑄进行对比分析，认为薛瑄虽被三杨举荐却不拜见，更不以得罪王振为惧而拒绝拜见②，透出褒薛贬杨的语意。

顾炎武借批八股而批三杨：“自八股行而古学弃，《大全》出而经说亡，十族诛而臣节变，洪武、永乐之间，亦世道升降之一会矣。”③ 认为以三杨为首的士大夫在永乐朝遵从朱棣旨意纂修《四书五经大全》和《性理大全》，造成天下学术的空泛：

> 当日儒臣奉旨修《四书五经大全》，颁餐钱，给笔札，书成之日，赐金迁秩，所费于国家者不知凡几。将谓此书既成，可以章一代教学之功，启百世儒林之绪，而仅取已成之书抄誊一过，上欺朝廷，下诳士子，唐、宋之时有是事乎？岂非骨鲠之臣已空于建文之代，而制义初行，一时人士尽弃宋、元以来所传之实学，上下相蒙，以饕禄利，而莫之问也？呜呼！经学之废，实自此始。后之君子欲扫而更之，亦难乎其为力矣。④

顾炎武同时也批评三杨在安南问题上的政策失误，认为三杨是“永乐谋国之臣”，却“以小信小惠，割版图以贻覆亡之祸，观于此而可为痛哭也”⑤。

综上，正统以后随着统治危机的日益显现，对三杨的批评之声日起。对三杨的评价又往往与对方孝孺的评价纠结在一起，上溯于“靖难”之时，对三杨的批评寄托了士大夫的政治主张和政治寓意，往往借批三杨而论朱棣。后世士大夫常常游走于建文朝的文治气象和永乐朝的武功成就之

① 黄尊素．黄忠端公集：卷 2，病中偶记．清康熙十五年许三礼刻本．

② 黄宗羲．明儒学案：卷 43．119．

③ 顾炎武．日知录集释：卷 18，书传会选．1045．

④ 顾炎武．日知录集释：卷 18，四书五经大全．1043．

⑤ 王夫之．读通鉴论：卷 24．北京：中华书局，1975：1950．

间，明中期直至晚明之际，往往在对二者的对比论述中寄托其自身浓重的文治理想和追求。

二、清代的三杨评论

明朝官方对三杨的评价为："明称贤相，必首三杨。均能原本儒术，通达事几，协力相资，靖共匪懈。史称房、杜持众美效之君，辅赞弥缝而藏诸用。又称姚崇善应变，以成天下之务；宋璟善守文，以持天下之正。三杨其庶几乎。"[①] 认为三杨以儒学辅佐君主治国，开创了盛世局面。

清代私人史家对三杨却多批评之声。如陈绍箕在《鉴古斋日记》中论三杨对"土木之变"的责任时指出："三杨有太后为之主持，正可当拟王振罪之时。明正典刑，则除一害矣。何至有土木之变哉？乃三杨以王振为英宗私人，恐以此开罪于英宗。不惟不拟王振以死，而反求恕于太后，王振得以不诛，此一大失机也。三杨之不诛王振，非有爱于振也，由其惜身家、保禄位之念重，畏首畏尾，不能任事，以为国家大事与吾辈无涉，但保全禄位身家已耳。"[②] 魏禧在《相臣论》中更是指出明朝"此三百年之所以无相业也"，认为自明太祖废丞相后，"然人才庸下，视宋加甚"，"李贤、张居正其才足任，乃又以骄吝失之。"[③] 汪有典也把"土木之变"归罪于三杨。[④] 谷应泰认为三杨在仁宣虽为重臣，却缺乏谏诤之举。"然而三杨作相，夏、蹇同朝，所称舟楫之才、股肱之用者，止士奇进封五疏，屡有献替耳。其他则都俞之风，过于吁咈；将顺之美，逾于匡救矣。"[⑤] 清代史家段玉裁在论述"靖难"史事时，把三杨定义为"交通之逆臣"[⑥]。清代史家查继佐的《罪惟录》一书把三杨等归顺朱棣的建文臣子归入《荒节诸臣列传》，在其所论中多有批评之语[⑦]；而把方孝孺、练子宁、周是修等抗拒朱棣的士人列入《抗运诸臣列传》，与史可法等明末死义诸臣归为一类，在其所论中多有褒奖之语。[⑧]

---

① 张廷玉，等．明史：卷148．4145．

② 陈绍箕．鉴古斋日记：卷4．清光绪二十八年刻本．

③ 魏禧．魏叔子文集外集：卷1，相臣论．北京：中华书局，2003：33．

④ 汪有典．史外：卷1，刘忠愍传．四库禁毁丛刊，史部，第20册．355．

⑤ 谷应泰．明史纪事本末：卷28，仁宣致治．441．

⑥ 段玉裁．明史十二论：三大案论．续修四库全书，第450册．707．

⑦ 查继佐．罪惟录：卷20，荒节诸臣列传．杭州：浙江古籍出版社，1985：2414-2434．

⑧ 查继佐．罪惟录：卷9，抗运诸臣列传．1467-1489．

明清易代之际的士大夫给清政府造成诸多麻烦，鼎革之际的清廷也急需用功业获得汉人的支持，因此特重事功，对士人的气节给予打压，在文字狱的背景和语境中，特重三杨的政治功业，而评论极高。而清前期的私人史家，多经历了明清之际的动荡，亡国奴的身份更加刺激他们对三杨的归罪心态，所做批评和分析也就过多苛刻之语，虽然这种批评潜在指向明成祖朱棣。

第六节　追思前朝：明清之际遗民的“前朝记忆”

明清鼎革之际，坚守华夷秩序、拒绝归顺清廷的明朝遗民流亡域外，是为清初域外明朝遗民。朝鲜、日本、越南等国依据与中国的宗藩关系，对明朝流亡遗民采取不同的外交态度。朝鲜因与清廷宗藩关系紧密，对入境明朝遗民采取押解北京、交还清廷的政策。日本在清初与清廷尚未建立严密的宗藩关系，日本德川幕府实行闭关锁国政策，仅对入境明朝遗民中的学者和僧侣给予政治避难权。越南则对入境明朝遗民没有明确的拒绝政策，初期亦征召有文字能力的明朝遗民。这部分流亡域外的明朝遗民流亡原因多样，其自身对其流亡域外的合理性解读也呈现多元化，坚守华夷秩序、“忠明抗清”是主流的清雅之论。流亡域外的明朝遗民坚守了明朝的衣冠制度和礼乐文化，并多有对故国的追思和记忆。“远托异域”与“坚守中华”之间自然形成了清初流亡域外明朝遗民矛盾的自我认同。

明清鼎革之际，部分士人为坚守华夷秩序，“或阖室自焚，或赋诗临刑”①，亦有离开故土、移居海外之人。周围的朝鲜、日本、越南是明朝遗民流亡域外的主要国家，以上三国也根据自身与清廷宗藩关系的亲疏而实行不同的接纳政策。中国与朝鲜、越南有陆路可以往来，历来贡使与商旅必由之路自然成为明末遗民去往两国的陆上通道。日本通中国之路，一直以海路为主，只是晚明后，受倭患之扰，明廷“恐贡市往来，导之入寇”②，东南海禁甚严。明万历三十八年（1610 年），日本与朝鲜通市，可以借助朝鲜半岛进入中国东北和山海关，打通一条通往中国的海路与陆路结合的通道。“日本贡道本从浙福二省，自朝鲜之役，我往彼来，俱从朝

① 朱舜水. 舜水集：卷 3，上长崎镇巡揭. 北京：中华书局，1981：39.

② 徐光启. 徐文定公集：卷 4，海防迂说//明经世文编：卷 491. 5443.

鲜之釜山径渡。海面既无多，亦无湍险。至封贡事起，则直自山海关入京，日本几成陆路通衢矣。"① 明亡后，根据日本学者木宫泰彦统计，仅举1652年、1655年、1658年三年为例，就分别有50艘、45艘和43艘船只往返于中日之间的航道。② 明清鼎革之际，这批流亡异域的明朝遗民在总结、反思明朝衰亡的历史经验和教训的同时，对其流亡的价值选择和精神旨归给予合理性解读。他们在域外传播中华学术文化，实现其"平天下"的儒家政治理想。分析解读在华夷失序和家国沦陷政治语境中流亡域外明朝遗民的历史记忆和思想冲突，具有学术价值和现实意义。③

一、清初周边国家对明朝流亡遗民的态度

朝鲜在清朝入主北京之前即有臣服满洲之势，顺治改元后，清廷与朝鲜的宗藩朝贡体制开始顺利运行。顺治二年（1645年），清廷遣返朝鲜李朝世子（从北京到沈阳），"且以汉人男女二十余人、菜园夫二人、宦者三人许令率去"④。朝鲜世子归国后，清廷使臣向朝鲜国王宣达清廷敕书，朝鲜国王"扶掖而出，迎于阙庭"，接受清朝的诏谕册封。清廷在给朝鲜的敕书中申明："今朕平定中原，诞登大位，恩及九州，海内欣戴，特颁诏旨，大赦天下。咨尔朝鲜，沾化已久，既列外藩，宜均大赉，特布宽恩。"⑤ 诏书明言："仍建有天下之号曰大清，定鼎燕京，纪元顺治。"针对居住于朝鲜半岛的明朝属民，也专门表明了态度："明朝进言被谪者收用，投顺立功者叙录。"⑥ 自此确立了朝鲜与清朝的宗藩朝贡关系体系。对待明亡后流散到朝鲜的明朝遗民，清廷的态度较为严厉，明令朝鲜押解

① 沈德符．万历野获篇：卷17，兵部·日本．436．

② 木宫泰彦．日中文化交流史．北京：商务印书馆，1980：627．

③ 有关明末清初流亡日本的中国士人研究，主要有：石原道博．明末清初日本乞师的研究．东京：富山房，1945；刘玉才．清初渡海遗民与中日文化认知：以《张斐笔语》、《霞池省庵手简》为中心．北京大学学报（哲学社会科学版），2010（4）；南炳文．明末流亡日本二遗民朱舜水、戴笠生平考二则．东北师大学报（哲学社会科学版），2008（2）。有关朱舜水的专门研究，代表论文有：南炳文．朱舜水学术思想二论．古代文明，2007（3）；南炳文．朱舜水生平考异三则．吉林大学学报（社会科学版），2008（5）；韩东育．朱舜水在日活动新考．历史研究，2008（3）；韩东育．朱舜水在日活动再考．古代文明，2009（3）。研究综述专著有：徐兴庆．中日学界朱舜水研究的回顾与展望//黄俊杰．东亚儒学研究的回顾与展望．上海：华东师范大学出版社，2008．

④ 吴晗．朝鲜李朝实录中的中国史料：上编，卷58，仁祖大王，实录七．北京：中华书局，1980：3740．

⑤ 同④．

⑥ 同④3742．

回北京处置。顺治六年（1649年）秋七月，商船过朝鲜海域，船中商贾多“山西、河南、荆襄之人，财货与药材价直累千金”。朝鲜的态度是：“朝廷以商人及财货，皆畀清使之到我国者，送于北京。”① 顺治九年（1652年）三月发生的一件朝鲜押送流亡明朝商民到北京之事较为典型。

明朝遗民商船漂于旌义县。“俱以南京苏州民，行商日本，才得回船，忽遇飓风，船败大洋中，溺死者一百八十五人，幸而生者只二十八人。而其所沉没财货甚多。”② 其中苗珍实口述中国形势：“曩岁崇祯皇帝为李子（自）成所弑，而北京遂为清人所陷。弘光之后，又有鲁王，先在漳、福之间，复被清兵寇掠，徙居广东，以永历为号。李子（自）成之子在广西者，翊戴鲁王，以拒清兵。其相则山西屈（曲）沃县人路镇（振）飞，其将则郝姓人也。清人尽得南京、陕西、山东等地。而曩时有大明总兵姜祥，坐据大同府，调发六府兵，屡杀清兵数十万。居二年，食乏士饥，为麾下所杀，故山西亦为清人所有。泗（四）川则张显（献）忠既死，为武大定所据。云南则沐英之后，尚在其地，故清兵不敢侵矣。”③

明朝遗民向朝鲜请求援助：“小商等以南京苏州府吴县人，弘光元年奉旨过洋，往贾日本。遽遭李子（自）成之乱，且缘清朝侵伐南京，弘光天子被害，天下凶扰，小商等不敢回归，转投交趾，行商为业，今至七年。窃闻清朝爱民如子，故将还本土。正月二十二日，自日本发船，二月初九日到贵国地方，遇风船败，同伴二百十三人皆溺死，存者仅二十八人。恳祈老爷大发慈悲，直送小商等于日本，则庶可得生也。若送北京，道路逾远，二三年当到本土，而其全生得达，不可必也。自此距日本才数日程，自日本距南京亦数月程，父母妻子，重得相逢，恩莫大焉。”朝鲜廷议后认为：“漂来汉人，难可掩置，宜遵前例，载其赀财，送至北京。不然，恐有诘问之端矣。”证明了清廷对流亡朝鲜明朝遗民的严肃态度，并且前有案例证明送回者皆被屠戮。“前日自我国执送者，尽被屠戮，予又不忍迫就死地，而时势到此，其将奈何!”④ 朝鲜为维护与清廷的宗藩关系，最终遵前例将此次漂流遗民送还北京，交付清廷处置。

越南自明宣德三年（1428年）独立后，与明朝的关系较朝鲜为松散，加之南明政权活跃于两广地区，地近越南，与清廷相距较远，越南前期态

---

① 吴晗．朝鲜李朝实录中的中国史料：下编，卷1，孝宗实录．3775.
② 同①3821.
③ 同①381-3822..
④ 同①3822.

度游离于南明与清廷之间，但是主体上承认了清朝的统治地位，接受清廷册封。清顺治元年（1644 年），清廷授莫元清为安南都统使，清廷与安南国初步建立宗藩关系。顺治八年（1651 年）十月，南明差官捧敕印来，封清王为副国王。“朝廷置外藩，所以抚要荒弘捍蔽，承平则渐濡德教，戡定则翊赞明威，维翰维城，无分中外，尔懋膺宠锡，务益忠贞，来辅黎氏，永修职贡，作朕南藩，永世勿替。”① 虽其后在顺治十七年（1660 年）和十八年（1661 年）双方有过接触，安南也向清廷进贡方物②，但是安南抛弃南明、尊奉清朝、确立两国宗藩关系是在康熙五年（1666 年）到六年（1667 年）之间。康熙五年五月，安南国“缴送故明王永历敕、印”。康熙六年，遣内国史馆翰林学士程方朝、礼部郎中张易贲册封黎维禧为安南国王。③ 册文如下：“来王来享，要荒昭事大之诚；悉土悉臣，国家着柔远之义。象贤崇德，爰载旧章，缵服承先，宜加新宠。尔安南国嗣子黎，日南启宇，辰北归心，圭璧禔躬，夙被礼义之化，梯航奉职，远慕声教之隆，顷复纳伪印以摅忱，缴伪敕而效顺，念尔忠贞世笃，允扬继述于前徽，誉命未光，爰有纶音之下逮，特遣内国史院侍读学士支从三品俸程芳朝、礼部仪制司郎中张易贲封尔为安南国王，奄有属郡，抚兹旧邦，守职宣猷，用永绵夫带砺，制节谨度，期报答于君亲，钦此，无替朕命。”④ 鉴于与清廷关系松散，越南国王对明朝遗民采取了包容的态度，并征召有文字和学术成就的明朝遗民进入越南朝廷供职。

日本在明代中后期，因与明廷关系恶化，宗藩朝贡关系一直处于停止状态。清顺治三年（1646 年），日本为德川幕府执政时期。当年八月，台湾郑芝龙奉南明唐王朱聿键之意，向日本赠送书籍和方物，乞求援兵。德川幕府将军与宰执酒井忠胜、德川三亲藩赖会议后确定对南明与清廷的基本态度：“援而有功，无益于国。倘若无功，匪翅辱国，结怨强邻，实贻后患，勿援为便。”⑤ 其后亦有冯京第、黄宗羲、朱之瑜的日本乞师之行，最终未获日本援兵支持。日本虽未出师援助南明政权，但是明清之际“华商之来日本者日众，有船一百八十四艘杂居长崎街市”⑥。其时日本施行

① 陈荆和. 大越史记全书：本纪：卷 18. 953.

② 赵尔巽，等. 清史稿：卷 527，越南传. 14627.

③ 同②14628.

④ 陈荆和. 大越史记全书：本纪：卷 19. 983.

⑤ 黄遵宪. 日本国志：卷 6，邻交志上. 续修四库全书，第 745 册. 69.

⑥ 同⑤.

闭关锁国的国政，特别是针对西洋传教士。1542 年葡萄牙传教士到日本传教，1595 年日本以天主教惑众之说而禁止西方传教士在日本的传教行为，又于 1608 年和 1609 年两次明令“申禁天主教，尽毁京畿诸道教堂”①。至于对待中国流亡之士，从目前掌握的史料来看，日本对明朝流亡遗民也保持审慎的态度。朱舜水在谈到自己定居日本期间有言，“日本国之禁，三十余年不留唐人，留弟乃异数也”②。明清之际流亡日本的士人和僧侣逐渐成为中国在日本的两大主流群体，对后期日本文化也产生广泛而深远的影响。

随着清朝统治的稳固和域外明朝遗民复明希望的破灭，到清朝中期后，对这部分遗民的历史书写日益呈现肯定和褒奖的态度。光绪朝《余姚县志》把朱舜水纳入明朝列传中，即是承认他的明朝遗民身份。民国期间，流亡域外的士人又被赋予新的时代意涵。民国赵尔巽等在《清史稿》中把这类人写入《遗逸传》中，并评论曰：“其初或起义，或言事，各有所谋，其后或蹈海，或居夷，志不少沮，皆先后云亡。”③

二、清初域外明朝遗民论流亡异域之合理性

朝代更替之际，遗民的选择问题自古是道德哲学和儒家伦理关注的核心问题。“古者君灭国亡，其卿大夫以及公子、卿大夫之子，义可无死者，皆出奔他国。”④ 司马迁在《伯夷列传》中说：“武王已平殷乱，天下宗周，而伯夷、叔齐耻之，义不食周粟，隐于首阳山，采薇而食之。及饿且死，作歌。其辞曰：‘登彼西山兮，采其薇矣。以暴易暴兮，不知其非矣。神农、虞、夏忽焉没兮，我安适归矣？于嗟徂兮，命之衰矣！’遂饿死于首阳山。”⑤ 这种史书笔法，奠定了古代中国在朝廷更迭之时前朝士人出处选择的道德哲学标准。元明之际，中华秩序重建、华夷恢复之时，士人尚有留恋前朝而绝意仕途之人。明初向天下征召隐于乡野的读书人，江西刘驷被征召即抗争不仕：“主上今日贵为天子，富有四海以天下养，思量父母不逮，尝推此心以待天下贤者，学生之才虽如伊傅，惟以侍亲一节，誓死据告而不受职，则主上若杀学生，主上则受杀士之名，学生则得孝子

① 黄遵宪．日本国志：卷 7，邻交志下．76．
② 朱舜水．朱舜水集：卷 4，与陈遵之书．43．
③ 赵尔巽，等．清史稿：卷 500，遗逸一．13841．
④ 朱舜水．朱舜水集：卷 3，上长崎镇巡揭．38．
⑤ 司马迁．史记：卷 61，伯夷列传．北京：中华书局，1959：2123．

之名。谅主上必不杀学生而放侍亲，其时徒劳使者心力也。夫人之有生必有死，譬犹夜旦之必然，且如一日一夜有一生一死，一年之春夏又生秋冬又死。生死之理既得，则沛然而就义矣。”[①] 表明了拒绝入仕明朝的思想诉求。明清鼎革之际，明朝的遗民面对的是华夷失序的时局，其出处选择更具有时代性和冲突性。

在有关明朝的历史记忆中，东渡日本的朱舜水是代表人物。朱舜水在崇祯十七年（1644 年）、弘光元年（1645 年）三征不就后，于清顺治元年（1644 年）四月，离家东渡日本，时年四十六岁，后“不别家人，只身前来日本”。自此直至康熙二十一年（1682 年）八十二岁于日本长崎去世，其间一直流离域外。到日本的第二年，又南渡到安南境内。[②] 顺治八年（1651 年）十月，朱舜水在《上长崎镇巡揭》中叙述流亡日本的原因，表达了其普适的家国观念和朴素的道德伦理选择。就普适的家国观念角度分析，朱舜水在揭帖中明确说明：“敝邑运当季世，奸贪无道，以致小民怨叛，天下丧于逆虏。”[③] 分析这则史料可知，在朱舜水的政治理念中，明朝的灭亡原因首先是国运到季世，这一理念的核心在于明朝国运运行的基本依据是上天的主宰，官吏的贪婪无耻造成小民失业流离，动摇王朝运行的民本根基。清入主中原与明朝的覆亡之间不存在直接的因果关系。

在解释流亡域外的原因时，朱舜水申明：“以瑜祖、父、兄世叨科甲，世膺诰赠，何忍辫发髡首，狐形豕状，以臣仇虏？”父兄祖上世受明朝厚恩，因此他不会做清廷的归附者。那么何以不死于义？朱舜水解释为：“然而不死者，瑜虽历举明经孝廉，三蒙征辟，因见天下大乱，君子道消，故力辞不就，不受君禄。而家有父母未襄之事，义不得许君以死。”[④] 那么分析这其中的道德伦理与逻辑关系就颇耐人寻味。“崇祯末，以诸生两奉征辟，不就。福王建号江南，召授江西按察司副使，兼兵部职方司郎中，监方国安军，之瑜力辞。台省劾偃蹇不奉诏，将逮捕，乃走避舟山，与经略王翊相缔结，密谋恢复。渡海至日本，思乞师。鲁王监国，累征辟，皆不就。”[⑤] 从君臣政治伦理角度分析，古代中国确立了“君使臣以礼”与“臣事君以忠”的道德标准，而这种关系确立的一个重要的标准在

① 刘驷．爱礼先生集：卷 9，辞辟举家书．68.
② 朱舜水．朱舜水集：卷 2，安南供役纪事．20.
③ 朱舜水．朱舜水集：卷 3，上长崎镇巡揭．37.
④ 同③.
⑤ 赵尔巽，等．清史稿：卷 500，遗逸一．13837.

于君臣关系事实成立，主要证据是读书人主动地通过科举考试，或者通过朝廷征召、荐举等方式，进入帝国官僚队伍中。方法和途径不同，君臣关系确立事实却相同。明末政治中，类似朱舜水这种在朝廷征召下累次拒绝的事例很多。只要不接受朝廷征召，不确立这种君臣关系，朱舜水与明末和南明皇帝之间即不构成君臣关系的事实，那么在这个层面讲，朱舜水没有为明朝皇帝殉难的政治责任和义务。瞿昌文在追忆其祖父瞿式耜于顺治八年（1651 年）为国死难时，申明："世受国恩，身膺重寄。臣子之分，不可不尽耳!"① 这种思想在明清鼎革之际的士人群体中较为多见。黄道周在《京师与侄书》中指出："汝岂不知作官是祸难根本？凡人读书，不过为君父耳。"② 黄端伯在《寄内书》中申明忠臣不事二主的道德伦理："忠臣不事二君，烈女不更二夫。适闻汝有守节之心，甚可敬也。关将军殉难，吕蒙吐血立必；岳王殉难，秦桧全家受诛。史册所载，因果明白，惟守死以听天之自定耳！诀别诗可一寓目。忠烈自盟，乃丈夫分内事，守此以听明命而已。食用无措，当称贷亲友以益之，定有善人相助也。"③ 在《寄侄甲炳》中再次申明："国家有难，七尺之躯，无足顾惜，正欲借此以报君亲耳。"④

朱舜水在《上长崎镇巡揭》中又向长崎官长陈述大义，把君灭国亡的士人出逃到周围四夷属国后，其国国君对待之礼分为五种："所至之国，待之者有五：太上则郊迎，秦穆公、楚庄王之于重耳。而宾之师之。汤之于伊尹，秦昭王之于范雎，随在皆然，不能悉数。其次则廪饩而臣之。畏彼国之见讨，则因而归之，施伯之于管仲。有罪则逐之。季文子之于莒仆。"⑤ 在解释完五种应有态度后再次重申，对待逃入其境的外国遗民，从道义和道德层面讲，"未有不闻不见，听其自来自去者。倘贵国念忠义不可灭，慨然留之，亦止瑜而已。此外更无一人可以比例"⑥。这则史料既是朱舜水以忠义为要挟，请求日本长崎容留的证据，"此外更无一人可以比例"也凸显了朱

① 瞿式耜．瞿忠宣公集：卷 9，自诀．续修四库全书，第 1375 册．292.

② 黄道周．黄石斋先生文集：卷 5，京师与侄书．续修四库全书，第 1384 册．127.

③ 黄端伯．明夷集．四库全书存目丛书，集部，第 193 册．310.

④ 同③311.

⑤ 朱舜水．朱舜水集：卷 3，上长崎镇巡揭．38．文中有关史事可参阅相关史书。重耳流亡之事可详见：杨伯峻．春秋左传注：僖公二十三年．北京：中华书局，1981；伊尹、范雎流亡之事可详见：司马迁．史记：卷 3，殷本纪；卷 79，范雎列传；施伯之于管仲之事可详见：国语：卷三，齐语．上海：上海古籍出版社，1978；季文子之于莒仆可详见：杨伯峻．春秋左传注：文公十八年。

⑥ 朱舜水．朱舜水集：卷 3，上长崎镇巡揭．38.

舜水在长崎获得日本政治避难权的艰辛。朱舜水流亡日本，主要目的是“乞师”与“复明”，他亦在论著中论证其流亡行为在道德层面上的合理性，并且为其流亡附加上“忠孝节义”等儒家政治伦理的价值取向。

这批流亡到域外的明朝遗民，在南明政权活跃于东南和两广地域之时，入日本乞师以图恢复的意图较为明显。《海东逸史》中记录，冯京第与黄孝卿赴日本“乞师”，被长崎王所拒，不许登岸，冯京第“日于舟中，朝服拜哭不已”，后在东京撒斯马王遣官行部，冯京第因致血书：“中国丧乱，我不遑恤而使其使臣哭于吾国，吾国之耻也。遂议发各岛罪人同孝卿往而令京第先还。”① 光绪二十五年（1899 年）《余姚县志》载：“冯京第使日本，之屿（瑜）偕行，至长崎岛，许发罪人三千，京第先还，之屿（瑜）意未慊，请谒见将军陈方略，已而事不行，遂留海岛。”② 明清鼎革之际，流亡域外背后的合理解释和道义旨归关乎士人的家国情怀，特别是对于朱舜水、冯京第等去日本乞求援兵之人，必然是在家与国冲突中的选择。朱舜水在七十八岁时写的家书中表达了其流亡异域的心路历程：“七十八岁，衰备不可胜言，思欲得一子孙朝夕侍奉。”并申明子孙“既为虏官者，必不可来。既为虏官，虽眉宇英发、气度娴雅，我亦不以为孙”③。“虏官”的称谓既表明朱舜水对清朝政权合法性的否定，也是其华夷之辨思想的具体表达。朱舜水终其一生坚守了华夷秩序的政治伦理。

清顺治十四年（1657 年），安南国王黎维禔了解到安南国内有明朝流亡遗民，于是征召能文之士为安南朝廷所用。朱舜水以“大明征士”的身份拒绝向安南国王行拜礼，在给南明鲁王的奏疏中，也申明其身份的特殊性和表征性：“臣屡被诏敕，在国家为征士，与寻常官员不同，何敢屈膝夷廷，以辱国典？故长揖不拜者礼也。”④ 并且认为自己“今日守礼而死，含笑入地矣”。这种抗拒使安南国内震怒：“即中国之人，无不交口唾骂。平素往还亲昵者，或随机下石以求媚，或缩朒寒蝉以避祸。即有二三人不相攻诋，然无或敢评骘一语者，惟日本诸人啧啧称奇耳。”⑤ 这基本能反映当时流亡安南明朝遗民精神和思想多样性的实态，与明末政治生态中士

① 张寿镛．海东逸史：卷 8，冯京第传．续修四库全书，第 444 册．421.

② 周炳麟，修．邵友濂，孙德祖，等纂．余姚县志：卷 23，朱之屿（瑜）传．光绪二十五年刊本．台北：成文出版社，1983：645.

③ 朱之瑜．舜水先生文集：卷 1，与诸孙男书．续修四库全书，第 1384 册．442.

④ 朱舜水．朱舜水集：卷 2，安南供役纪事．32.

⑤ 同④19.

人群体所表现出来的内在冲突性和多元化是一致的。赵园先生认为："'遗民'不只是一种身份，而且是一种状态、心态。"① 有关这种多元和冲突，明朝遗民在总结和反思明朝灭亡的历史教训时多有分析。虽然这是朝代更迭之时普遍存在的一种政治思想现象，但是在明清鼎革之际华夷变化的大势下，更加凸显了士人群体内部的冲突、矛盾和多元。朱舜水在《安南供役纪事》中写道："因中国折柱缺维，天倾日丧，不甘剃发从虏，逃避贵邦。"② 对于清的入主中原，朱舜水认为这是"中夏沦胥，外夷闰位"。对于安南国主征召儒生之事，朱舜水对越南差官更是申明了"天子方可言征"的政治伦理思想，并且明确说明安南"不过是荒服一诸侯，而何敢言征!"③

朱舜水在顺治十四年（1657 年）二月十七日和五月二十七日先后两次上疏南明鲁王，叙述其在安南不拜安南国王一事，疏尾写明"监国鲁王丁酉年伍月贰拾柒日，恩贡生朱之瑜具"，证明了朱舜水在安南供役期间仍然坚持使用南明历法，申明其自我认同的身份是明朝的贡生，并自称"臣"。根据梁启超先生所撰《朱舜水先生年谱》，朱舜水"弱冠，见世道日坏，国是日非，慨然绝进仕之怀"④。何以"止称恩贡生"，朱舜水在与弟子的问答中有言："其年天下大乱，人情沸然，故鲁国主未知我三诏特征之事；不佞又弢藏谨密。止称恩贡生，设使彼时知其详，敕书当更郑重，不止于如此矣。然彼时知其详，我必与舟山同死，不得来此有今日之事矣。"⑤ 南明鲁王给朱舜水的敕书中称，"毋安幸免，濡滞他邦"，可以推测南明鲁王在清初曾经向流亡域外的明朝遗民发布敕书，征召回国，共图恢复。朱舜水此时在安南朝廷供役，显然是拒绝了南明朝廷的再次征召，而自称为恩贡生。⑥

生存本能的需要与对现实的强烈不满不断冲击、碰撞，在明清鼎革之际华夷失序的时代变迁中，以朱舜水为代表的明朝遗民流亡到周边各国，同时在文集中论证和表述了流亡的合理性。这种合理性在于对华夷秩序的坚守、对清廷的抗拒和对故国的精神寄托。以朱舜水为代表的流亡文人在

① 赵园. 明清之际士大夫研究. 316.
② 朱舜水. 朱舜水集：卷 2，安南供役纪事. 15.
③ 同②16.
④ 梁启超. 朱舜水先生年谱//朱舜水集：附录. 648.
⑤ 朱舜水. 朱舜水集：卷 10，答安东守约问八条. 370.
⑥ 朱舜水. 朱舜水集：卷 2，监国鲁王敕. 34.

其著述中坚持了这一精神信仰和道德旨归，并把这种信仰通过讲学、著述、游历等方式传播开去。

三、清初域外明朝遗民的“前朝记忆”与自我认同

相比于留居故国遗民所处之政治生态和文化语境，域外明朝遗民表达对前朝的记忆和追思更趋于自由。明亡后自决的瞿式耜在诗词中就明确说明了生死的选择原因：“胡装毕竟仍华种，汉语如教听圣书。”① 其诗“一月悲歌待此时，成仁取义有天知。衣冠不改生前制，名姓空留死后诗。破碎山河休葬骨，颠连君父未舒眉。魂兮懒指归乡路，直往诸陵拜旧碑”，明确表达坚守明朝衣冠、为君死义的生死选择。明朝遗民身处家国礼乐文化巨变的历史时局中，在强烈的思想冲突与精神矛盾张力之下，做出生死存亡的立场选择。流亡异域的明朝遗民怀着对故国的思念，反思明朝走向衰亡的历史经验和教训，展开对前朝的历史记忆。

朱舜水在追忆明末时局时指出，“搢绅罪恶贯盈，百姓痛入骨髓，莫不有‘时日曷丧，及汝皆亡’之心”。官僚与百姓之间的冲突矛盾最终动摇了政权的社会基础。“故流贼至而内外响应，逆虏入而迎刃破竹，惑其邪说流言，竟有前途倒戈之势；一旦土崩瓦解，不可收拾耳。”因此他得出的结论是“罪在士大夫”②。他在《致张定西侯书》中也告诫定西侯张名振要善于取士用士：“得郡得县，惟以得士为先。”究其根本，在于“所称得士者，明古今，知兴废，直躬谠论，为藩台所敬而事之之人，非仅读书识字事藩台之人也。得士则过失日闻，嘉言嘉猷日进，以此收桑榆之效不远也”③。朱舜水以士的身份自居，更以士的理想为追求，在对晚明与南明政权失望的焦虑和矛盾中选择赴异域宣扬自己的政治学说。

朱舜水认为南明政权同样延续了明末的政权特征，其本质是一致的。“此时弘光初立，又非令主。”所依靠的中枢辅臣马士英“借台衡密勿之重，开西邸以卖官”，武臣方国安“综四十八万之师，拥中军而作奸”。朱舜水在回答弟子“征辟不就，其义如何”的疑问时，详细解释了不就征的

① 瞿式耜．瞿忠宣公集：卷9，初六日纪事．续修四库全书，第1375册．289．

② 朱舜水．朱舜水集：卷1，致虏之由．1．“时日曷丧，及汝皆亡”一语出自《尚书·汤誓》，意为夏桀自比于日，而暴虐其民，其民皆与汤共伐之（皮锡瑞．今文尚书考证：卷5，汤誓．北京：中华书局，1989：199-200）．

③ 朱舜水．朱舜水集：卷4，致张定西侯书．40．

原因：荐举他的是方国安，而当时中枢宰相是马士英，亦是奸相。若受官，则“膺异数，既膺异数，自当感恩图报。若与相首尾，是奸臣同党也。若直行无私，是背义忘恩也，是举君自伐也。均不免于君子之讥，天下万世之罪，故不顾身家性命而力辞之”。究其根本，在于“见天下事不可为而后辞之”①。

明朝遗民何倩甫与林上珍在康熙十四年（1675 年）随商船抵达日本长崎，并从此定居日本。根据德川幕府时期针对中国来日船只而设定的“风说书制度”，何倩甫撰写《大明论》，主要介绍明朝灭亡的原因；林上珍撰写《清朝有国论》，主要介绍清朝建立政权的缘由。在《大明论》中，何倩甫在论明朝灭亡的原因时总结说，他本人“反复思之，崇祯非比暴厉昏淫之君，可谓浚哲文明之帝”②。林上珍在论明朝何以灭亡时也申明，“吾君亦非亡国之君”，南明政权“无有能之者，智鲜及而谋不臧。罪在庸臣误吾君，而不能复立吾君”③。

何倩甫在论明朝崇祯朝灭亡原因时总结如下：

> 北方州郡，荒罕水灾相继而作，百姓困苦，啼饥号寒，流离琐尾，不可胜数。当此之时，臣无直奉其事，君不闻民之苦，而民不思为逆者寡矣。天祸李闯，机谋百出，散财数载。渐入畿内，诈投大臣为奴者，伪充大将为兵者，聚凶数载，大臣付之不问，君虽有至圣之聪明，焉得而知之乎？突然内外合攻，顷刻破城。百官从虏者有之，死难者有之。呜呼，崇祯之所以亡也，实谓大臣之误也，岂非天哉？④

清初流亡域外的明朝遗民多把明朝覆亡归因于晚明科举取士之弊，根本在于科举取士偏离甚至改变了明朝前期设科取士的宗旨。朝廷科举选官，务于辞藻文章、笔端工式，却淡化和忽视了科举文章应有的精神实质，“文以载道”的大义已经在社会和时局的变革中渐渐失去。“官以钱得，政以贿成。”这种政治生态下形成的官场局面和社会生态就呈现官僚“坐沐猴于堂上，听赋租于吏胥；豪右之侵渔不闻，百姓之颠连无告。乡

① 朱舜水. 朱舜水集：卷 10，答安东守约问八条. 371.
② 何倩甫. 大明论//林春胜，林信笃. 华夷变态：卷 3. 国书刊行会汉译写本. 1906.
③ 林上珍. 清朝有国论//林春胜，林信笃. 华夷变态：卷 3. 国书刊行会汉译写本. 1906.
④ 同②.

绅受贿，操有司狱讼之权；役隶为奸，广暮夜苞苴之路”①。朝鲜君臣论明朝覆亡的历史原因时也指出：“宦寺弄权，士卒离心，遂致伊贼隳突，终乃灭亡云。”“必是皇帝不辟，宦寺执政，礼义扫地，廉耻颓废，士夫之有志节者先已去位而然也。”② 认为明朝皇帝的无能昏聩造成名士去位、宦寺弄权、奸臣当道，最终导致明朝的衰落和灭亡。

虽然对前朝覆亡的反思带来精神的痛苦，但是清初域外的明朝遗民群体仍保持对前朝美好的历史记忆，这种历史记忆的标志符号即是坚守明朝的衣冠制度。朱舜水受日本之请，“制明室衣冠，至是而成，朝服、角带、野服、道服、明道巾、纱帽、幞头之类”③。根据文献记载：“士在明朝，多方巾大袖，雍容儒雅。至本朝定鼎，乱离之后，士多戴平顶小帽，以自晦匿。”④ 明清鼎革之际的衣冠制度变革对留居故国明朝遗民的思想冲击巨大，而流亡海外的明朝遗民坚守明朝的衣冠制度没有冲突和阻力。日本、朝鲜和越南等周边国家，虽和明朝保持或紧密或松散的外交关系，但明朝近三百年的礼乐文化对以上三国仍然具有一定的文化影响力，因此三国对流亡的明朝遗民坚守故国衣冠礼乐持包容态度。而留在故国的明朝遗民却在生死与归附之间，绝大多数选择接受清廷的衣冠制度，虽然其内心是抗拒的。遗民屈大均就有《秃颂》这样的讽刺文章。其《藏发赋》曰：“弁髦遗体，以变羌氐。”“乌桓之俗，女直无违。遂易天下，掩辫垂规。无发则雄，有发则雌。雌虽有发，双鬓不垂。”⑤ 陈垣的《明季滇黔佛教考》记载，云南边邑义士在入清数年后仍“蓄发，加冠峨峨，仍汉威仪，出入里闬，意气坦如也”⑥。亦记载为拒绝清廷衣冠制度而逃禅之士：“毗卢帽子锦袈裟，高坐公堂颂《法华》。世上威仪都改尽，看来不改是僧家。”⑦ 再如流亡日本的僧侣如戴笠、蒋兴俦等人，对清朝剃发等衣冠制度的抵制是他们逃尘入禅的主要原因之一。

在坚守明朝衣冠制度的同时，域外遗民的日常行为也体现了明朝的礼仪文化。如朱舜水“朔望必望拜。黎明，门弟子扫堂设几，展毡，备香烛，先生披道服，戴包玉巾，东向而拜，口诵细语，食顷，竟不知其为何

① 朱舜水．朱舜水集：卷1，致虏之由．1．
② 吴晗．朝鲜李朝实录中的中国史料：上编，卷58，仁祖大王，实录七．3733，3735．
③ 今井弘济，安积觉同．舜水先生行实//朱舜水．朱舜水集：附录1．612．
④ 佚名．研堂见闻杂录//中国历史研究资料丛书．上海：上海书店，1982：268．
⑤ 屈大均．屈大均全集：翁山文外：卷16，藏发赋．北京：人民文学出版社，1996：254．
⑥ 陈垣．明季滇黔佛教考：卷5．北京：中华书局，1962：247．
⑦ 同⑥．

等语。盖文集所载，庚寅年（1650 年），陷难告天文等类也”①。清顺治十年（1653 年）三月到达日本长崎的戴笠在《跋安南供役纪事》中赞朱舜水“逋臣客轨，执义自高，不为罄折，死亡不顾，言夺气争，铮铮铁石，今古上下，无其事，无其人。自视孤虚一命，益挫益坚，得俾从容履蹈，使荒裔知有凛凛大节，不因国破，全斯中外高风，可称今古第一义帜”②。

在朝鲜半岛，跟随朝鲜李朝世子归国的九位明朝遗民王以文、冯三仕、黄功、王美承、裴三生、杨福吉、王文祥、郑先甲、柳溪山，在朝鲜被称为“九义士”。这九人因是清廷赠予朝鲜世子的仆从人员，与流亡入境朝鲜的遗民身份不同。但是这九人在朝鲜期间仍坚守了明朝的衣冠制度，表达了对故国的哀思，以及恢复中华的期盼。其中济南生员王以文拒绝朝鲜李朝孝宗授予的官职，表达了自己作为明朝遗民流亡朝鲜的心境：“羁旅之臣宠荣而忘国仇哉！天若祚明，克复中夏，归死足矣。”③ 其毕生的政治追求在于恢复明朝、再造中华，移居朝鲜期间坚持祭祀崇祯皇帝，拒绝入仕朝鲜，一生在对明朝的追忆中度过。根据吴庆元的《小华外史》和冯荣燮的《大明遗民史》所记，郑先甲是崇祯朝进士，因为疾病才辞职归家。郑先甲在其回忆前朝故国的诗文中常做如下表达：“羁旅贱臣，敢忘国破家亡，猥蒙国恩，纵欲荣利，将何面目归见先帝先祖于地下乎？宁愿殿下益勉尝胆之志，遣使南朝，合力协谋，臣等得归故乡，虽死足矣。”④ “九义士”在朝鲜期间与先期入朝汉人交往颇多，重要者有崇祯末年入朝鲜的江西吉安人文可尚、处士许格等。郑先甲在《侨居感怀》诗中用“异国淹留”“风尘零落”“师友分离”“乡梦有蛰”“尺书无雁”“恋主心缠”“思亲魂绕”等语寄托前朝记忆和家国哀思。⑤ 文可尚在崇祯末年渡海到朝鲜，与郑先甲一起居住，其《怀乡诗》中多用“流落腥尘”“圣朝文物”“华音”“毡裘”等语抒发坚守华夷秩序、保存前朝记忆的思想诉求。⑥

流亡域外的明朝遗民在朝鲜、日本和越南等国生活期间，思想与学术活动较为自由和宽松。中华文化在周边域外有深远的历史影响和普遍的文

① 安积觉. 朱文恭遗事//朱舜水. 朱舜水集：附录 1. 625.
② 朱舜水. 朱舜水集：卷 2，跋安南供役纪事. 35.
③ 金平默. 重庵集//冯荣燮. 大明遗民史. 汉城：保景文化社，1989：247.
④ 冯荣燮.（韩国）临朐冯氏族谱. 汉城：保景文化社，1989：74.
⑤ 冯荣燮. 朝宗岩文献录. 汉城：朝宗岩再建推进会，1977：524.
⑥ 吴庆元. 小华外史：续编卷 2. 崇祯后五戊辰刊刻. 白岳山房文库.

化认同，作为中华文化代表的这些遗民，很好地保存了对前朝的历史记忆，并在衣冠制度、日常生活、礼仪文化等方面展开对故国历史记忆常态化的仪式性追忆。

综上，明亡后一批坚守华夷秩序、拒绝归顺清朝的遗民流亡到周边各国，并定居异域，传播中华思想学术。朝鲜、日本、越南三国是明朝遗民流亡域外的主要国家。朝鲜、日本、越南三国基于其国内的外交和文化政策，以及与清朝宗藩关系亲疏程度的不同而对流亡其国内的明朝遗民采取不同的外交礼遇。这些流亡异域的明朝遗民在同异域国家文化融合的基础上，坚守了明朝的衣冠礼乐文化。流亡域外的明朝遗民在儒家道德层面上树立了爱国忠君、名分大义的忠义形象，进而在异域国度传播了这种精神，成为异域国度自身精神文化的一种催生力量。学术造诣突出的明朝遗民同时在异域国度传播了中华学术精神。移居日本的移民朱舜水坚守明朝衣冠制度和礼仪文化的精神，其思想是日本水户学派“尊王攘夷”思想理论的重要来源。正如《隋书·隐逸传》所言：“古之所谓隐逸者，非伏其身而不见也，非闭其言而不出也，非藏其智而不发也，盖以恬淡为心，不皦不昧，安时处顺，与物无私者也。”① 朱舜水客观分析程朱理学和陆王心学，反对空谈心性，提倡实功实用，为日本朱子学中“主气派”学说的形成提供理论支撑；随后在不断的融合和思辨中，逐渐形成日本近代化的理论思维模式，推动了日本的近代化进程。

本章小结

“靖难之役”与“夺门之变”导致明前期两次非常态的皇权转移。“靖难”所关涉皇帝为朱允炆与朱棣，主要士人为方孝孺与三杨；“夺门”所关涉皇帝为英宗与景帝，主要士人为于谦与李贤。以上两次事件中的皇帝、文臣均成为后世士大夫历史评论和政治舆论的焦点。对建文帝和景帝的政治平反涉及“靖难”和“夺门”的性质定位，“靖难”关乎永乐皇权的合法性和正统性，受制于意识形态，而无法在明代获得最终定性，建文帝也无法获得政治平反。与之对比，对景帝的平反和对“夺门”的定性就相对容易。对建文和景帝的历史平反寄托了士大夫追求皇权合法性的政治

① 魏征，等. 隋书：卷 77，隐逸传. 北京：中华书局，1973：1761.

诉求，对方孝孺政治平反的努力代表了士大夫对建文朝文治气象的追忆和渴望，对三杨的历史评论代表了士大夫对节义的坚守心态和借批三杨而影射朱棣的政治寓意。明前期百年历史奠定了明代政治文化、政治生态的格局和基调，随着晚明社会政治的无力和颓废走势，特别是明清鼎革之际，流亡域外的明朝遗民开始反思和追忆明前期的政治遗产。虽然明前期的“靖难”与朱棣始终是明代士大夫正统观念中逾越不了的两道关卡，但是随着明朝的覆亡，这些遗民仍然抱着认同和追忆的态度憧憬并回忆明前期的政治文化光芒。

结　论

本书以明前期的政治生态与士大夫的主体意识为研究对象，以国家权力体系的动态变迁为研究视角，运用新文化史和政治文化相关理论展开分析。分析主要从八个方面展开。一是集中分析了明前期士大夫的政治角色、主体意识、权力认知和政治话语权的意义内涵与演变轨迹。二是解析明前期士大夫的观念体系、政治诉求与价值取向，如皇权合法性理念、民本主义的精神追求等。三是解读明前期国家权力体系中士大夫与皇帝、宦官、贵族、武臣等权力集团的关系态势，以及这种态势的演变趋势。四是深入分析明前期士林风气与文学风格所发生的演变，以及演变背后的政治寓意。五是以明初儒士刘驷为代表，分析了明初国家政策与地方儒士之间的互动，探讨刘驷的学术思想、精神世界与出处选择，进而分析了儒士个人与时局转变的政治命运。六是分析了明前期程朱理学的继承与传播，确立了明前期政治文化的基色。七是通过分析士大夫家书文献，系统研究了明代士大夫的居官之道与家国情怀。八是以“权力”和“角色”为角度，论证明前期士大夫和士大夫政治所具有的时代特征。

一、明前期士大夫的总特征

特征一：坚守了政治主体地位。

明前期士大夫政治地位依皇权强弱而变化，但是从总体上看，士大夫保持了政治的主体地位。洪武政权本身就建立在以刘基和李善长为代表的儒士集团的支持基础上，朱元璋安排儒士教育皇子，其本人也征召名儒为其讲解儒家经典，如亲自书写《大学衍义》于内廷以便随时学习，成为明朝以儒学道统治国的标志之一。虽然洪武十三年（1380 年）废除宰相，强化君权，但是伴随科举制度的恢复，儒家士大夫成为中央和地方官员的主体，成为政治运行的基本保障。

建文朝是士大夫政治主体地位凸显、文治气象展现时期。永乐期间成立内阁，内阁七人中，杨荣等五人为进士出身，其他两人也以儒学被征召入仕。这七人成为永乐朝政的重要参与者，如杨荣、金幼孜数次扈从成祖北征，成为重要的军事谋臣；在皇帝与皇太子的权力冲突中，也积极进行调停以保护皇太子的皇储地位，如解缙在皇储选立中积极进言。

仁宣到正统期间，三杨成为政治时局的主要推动者和改革者。杨士奇为仁宗、宣宗、英宗三代撰写即位诏书，向天下公布改革措施，如停止下西洋等永乐弊政、支持宣宗改变安南政策、平定汉王叛乱等等。

正统以后，以王振为首的宦官势力对士大夫权力和地位有所冲击，如杨士奇、叶盛、刘球等士大夫对征战麓川之事提出的反对意见被王振驳斥，最终刘球因得罪王振而被处死。“土木之变”前士大夫对英宗的谏阻与王振对英宗的鼓动是士大夫权力和宦官权力冲突的直观表现。但是随着“土木之变”的发生，以于谦为首的士大夫重新成为时局的主导者，对王振及其余党的讨伐和发布的公告是士大夫重新成为政治主体的标志。景泰年间，于谦、王直、王文、商辂、叶盛等士人成为朝政的主要参与者。在易太子事件中，景帝为获士大夫的支持，不惜重金贿赂重要朝臣，这反映了士大夫在景泰期间对朝政的影响力。

总体上讲，士大夫在明前期保持了政治的主体地位，担当了政治改革者和推动者的角色。

特征二：政治表现具有差异性和复杂性。

明前期士大夫群体除了具有研修儒学与入仕为官的两个共同特征外，在政治立场、道德操守和价值取向上具有巨大的差异性。元明之际的士大夫，对于新建的明朝就存在入仕与归隐的不同选择。“靖难”后，方孝孺被诛杀十族与三杨的顺利归顺再次形成巨大反差。永乐到宣德期间，既有三杨为首的士大夫在应制诗中对皇帝的歌颂，又有李时勉、戈谦、虞谦等士大夫的犯颜直谏。正统期间，面对王振宦官势力，士大夫群体更是表现出差异化特征，如三杨对王振的姑息、周忱等官员对王振的逢迎、薛瑄对王振的冷落、刘球对王振的斗争，这几种政治态度同时存在。“夺门之变”中，徐有贞、李贤、于谦、王文、陈循、商辂等士人在皇权转移中均表现出差异化精神风貌，于谦被处死，徐有贞得到升迁，其深层原因在于士大夫思想观念和价值取向的不同。于谦在诗歌中以石灰自拟，表现出为国捐躯的价值信仰；徐有贞在讨论是否南迁时表现出投机心态：这些可以用来佐证二人政治选择和政治命运的差异性。

特征三：皇权转移期间是士大夫主体地位凸显时期。

明前期皇权转移期间往往成为皇权相对弱化时期，这给士大夫践行儒家治国理念、推动政治改革提供契机：一方面，士大夫借遗诏和即位诏向天下公布改革方案，积极纠正前朝的政治弊端，宣布新朝的政治走向，进行政治更张；另一方面，在诠释新的皇权合法性和正统性的同时，对国家权力体系和格局进行调整。如“靖难之役”、“土木之变”和“夺门之变”期间，士大夫都借助皇权的转移对政治结构和权力体系进行调整，其主要思想就是借助皇权的弱化时机，强化士大夫的政治主体地位。

明前期的每次皇权转移都带来士大夫的政治改革。洪武和建文期间的皇权转移过程中，以方孝孺、齐泰、黄子澄为首的江南士大夫主持了建文朝的文治改革。

建文和永乐皇权转移过程中，以三杨为首的士大夫也是积极投身于永乐朝政的建设中，如杨荣在朱棣进入南京后迎于马首，建议朱棣先拜谒太祖的孝陵而后入皇宫，以凸显朱棣皇权授之于太祖的政治寓意，其后三杨均被选入内阁，成为永乐朝政的重要咨询者和参与者。

永乐和洪熙的皇权转移过程中，朱棣病死在榆木川行宫后，杨荣和金幼孜主持了行宫内一切事项，稳定行宫的政治局面。其后杨荣入京口传朱棣遗诏，宣布仁宗即位，杨士奇、蹇义、夏原吉在北京城辅佐仁宗稳定政局，杨士奇、杨荣、金幼孜、蹇义等士人成为永乐与洪熙皇权转移得以顺利完成的关键人物。其后在夏原吉、蹇义、杨士奇等人的辅佐下，仁宗开始对永乐朝政进行大规模的更张改革。

洪熙与宣德之间的皇权转移完成后，三杨等人辅助宣宗平定汉王叛乱，解除地方藩王势力对中央皇权的威胁，延续洪熙朝的改革思路。三杨的积极筹划，都御史顾佐的整肃吏治，况钟、于谦、周忱对地方的治理，三者共同推动了宣德朝的政治改革。

“土木之变”后，英宗与景帝的皇权转移过程中，以于谦为代表的士大夫重新开始对政治进行调整。“夺门之变”后，李贤辅佐英宗平息武官与宦官叛乱，实施端正士风、开放言路等方面的政策调整。

特征四：保持了清醒的政治自觉和明确的主体意识。

明前期的士大夫具有清醒的政治自觉和明确的主体意识。洪武时期刘基、李善长、宋濂、方孝孺、解缙等士人成为士大夫主体意识和政治自觉彰显的代表人物；建文朝的方孝孺、齐泰与黄子澄等士人是士大夫政治自觉凸显的代表，方孝孺建构并阐发了完整而系统的士大夫政治的理论体系、权力架构与价值追求；永乐十八年（1420 年），因三殿火灾，翰林院侍读李时勉、翰林院侍讲邹缉、主事萧仪不顾生死犯颜直谏；洪熙时期，李时勉、戈谦与虞谦等士人坚持直谏的政治风格，李时勉被金瓜击断肋骨仍不退缩；正统时期，薛瑄与顾佐不屈服于王振势力，保持气节凛然之态，刘球不顾生死借天变而上言死谏。虽然在皇权强化和宦权彰显时期，士大夫群体表现出差异化的面貌，但是方孝孺、李时勉、薛瑄等士大夫保持了清晰的主体意识和道统持有者的精神面貌，成为士大夫精神的传承者和守护者。

明前期士大夫清醒的政治自觉和明确的主体意识还表现为借助“天命”与“民意”从上下两个层面制约皇权，“天命”与“民意”成为士大夫践行儒家道统思想的政治依托。明前期士大夫数次借助天气的异常变动而发表政治言论，抨击政治弊端；借助“民意”来说服皇帝施行宽仁的政治，百姓福祉成为士大夫政治实践的精神旨归。

特征五：士大夫群体内部缺乏活力。

明前期皇权保持了强化和专制状态，士大夫在皇权笼罩下表现出内部缺乏活力的特征。整个明前期，士大夫群体在没有宰相这一组织领袖的状态下，政治上的派系冲突和斗争并不明显。虽然在政治冲突和统治危机中表现出活跃状态，但是从整体上看，较之晚明士大夫群体的活跃，明前期士大夫群体更多表现出相对平静的状态。永乐政权建立后，“靖难”、方孝孺、建文成为政治舆论禁区，从永乐到成化之间，士大夫群体对此三者大多保持缄默状态。天顺以后，李贤等士人开始反思“三杨政治”的弊端，进而对三杨提出批评。直到成化以后，对方孝孺和建文的平反才逐渐成为舆论的话题之一。永乐朝编订《四书五经大全》和《性理大全》并成为科举考试的指定教材，理学成为思想主流并逐渐教条化，这也是明前期士大夫群体相对沉闷、缺乏活力的原因之一。

总之，虽然明前期皇权保持强化状态，但是明前期的士大夫仍然扮演了政治主体的角色，并借助皇权弱化时机凸显政治主体意识，积极进行政治改革。明前期士大夫既可以享受到赏赐、辍朝、封赠等国家礼遇，又可能受到诏狱、廷杖、枷号等皇权的压制与惩罚。国家礼遇发挥激励臣子与教化社会的宣化作用，惩罚制度达到强化皇权与打压士人的政治目的。明前期士大夫在这两极之间保持了清醒的政治自觉和明确的主体意识，却也难以避免整体沉闷而缺乏活力的外在表征。

二、明前期士大夫政治的总特征

明前期中央官僚中进士所占比重呈现增长的态势，地方长官也以儒家士大夫为主体，并成为地方社会的主导力量，明前期国家与社会这两个层面都运行着士大夫政治。明前期士大夫政治的总特征主要表现为以下六个方面。

特征一：明前期士大夫政治被皇权政治所笼罩。

明前期皇权强化，特别是洪武和永乐两朝，皇权政治完全笼罩士大夫政治。仁宣到景泰年间，士权的彰显仍然以获取皇权的庇护为条件。整个明前期，仅建文朝士大夫政治受皇权政治的控制程度较轻。明前期士大夫政治被笼罩于皇权政治之中，这一特征主要表现为以下五个方面：

第一，洪武到天顺之间，科道言官政治监督权力的行使多要经皇帝的授意。

第二，皇权政治是国政的最终决定力量，士大夫政治是国政的具体实施力量。

第三，皇帝掌握士大夫群体中高级官员的任免权。

第四，废除宰相制度，士大夫群体失去首脑，难以形成制衡皇权的群体力量。

第五，明前期士大夫的政治作为、功业的实现程度取决于与皇帝的关系状态。

特征二：天命与民意是士大夫政治抗衡皇权政治的两种方式。

美国哲学家与伦理学家约翰·罗尔斯在《正义论》① 一书中为权力的合法性设置两个尺度：正当性和正义性。正当性指向权力来源的合法性，正义性指向权力实施的有效性。明前期士大夫为皇权设置有效性的尺度、标准主要是天命和民意。以嫡长子血缘身份获得皇权被视为是正当合法性的，但是这个皇权也要接受天命和民意的约束，其合法性并非一成不变。大致包括两个方面：一是皇帝是否依照上天的旨意在人间施行仁政，保卫社稷江山的稳定，教化和养护百姓，是否真正成为百姓的保护者；二是皇帝作为全国的精神领袖，是否能为天下树立道德模范作用，是否既具有治国才能，又具有良好的政治品行和高尚的道德情操，是否能成为天下的精神领袖。“中国的政治思想，总是想消解人君在政治生活中的主体性，以

① 约翰·罗尔斯. 正义论. 北京：中国社会科学出版社，1988.

凸显出天下的政治主体性。”① 天命以民意为基础，所谓天象示警最终指向天下百姓的福祉。天命秩序是以民众为基础的政治-社会秩序。作为个人，即使是君主，也必须顺应而不能违背这种秩序。正如明仁宗所言：“君国之道，事天为大；事天之实，恤民为本。”“上惟天地之重，下念生民之艰。”② 这种限制，皇帝才不能自负而盲目地冲撞这个规则和法度。天命和民意要求皇帝不仅要具有治理天下的才能，更要有美好的德行，教化和保护百姓，施行仁政，做天下的表率，要具有成为圣君的资格和追求。方孝孺的《君学》《君量》《君职》三篇说明君主对于天下百姓的责任和义务。明前期士大夫也借助这个天命秩序约束皇权，如永乐十九年（1421 年）三殿火灾期间士大夫对时政的批评。

特征三：明前期士大夫政治有重臣无权臣。

洪武十三年（1380 年）废除宰相后，分宰相权力于六部。政府六部分割宰相权力，虽然品级和位势获得提升，但是六部各司一职，权力分散，六部尚书都不具有冲击皇权的实力。内阁在永乐到天顺之间的国家权力体系中始终是皇帝的咨询机构，地位和权力上并未能超越六部；三杨以后，内阁士大夫在政治中的影响力趋于弱化。作为士大夫群体组织领袖来制衡皇权的宰相被废除后，士大夫群体整体性特征弱化。明前期所建构的这种权力体系使得任何一位官僚士大夫都不能形成一股可能与皇权相制衡的力量。方孝孺、三杨、于谦、李贤等士大夫虽然是朝廷倚重的重要官员，也有突出的政治功绩和道德声望，却无人能形成足以抗衡皇权的政治势力。

特征四：理学是明前期士大夫政治的核心理论。

洪武建国后，朱元璋通过祭祀孔子、恢复科举等一系列措施恢复理学的正统地位。洪武时期在南京立国学，在地方广建学校，实现科举和学校的融合，培养士大夫官僚阶层。建文朝文治气象推动者如齐泰、黄子澄都是洪武朝进士，方孝孺被誉为程朱复出，是明初理学的集大成者。永乐时期通过《四书五经大全》和《性理大全》等儒学经典的编订实现了科举与理学的完全融汇。仁宣到天顺期间，士大夫政治的主导者多为科举出身的进士，理学成为明前期士大夫政治的核心理论。明前期实现了程朱理学的

① 徐复观．中国的治道：读陆宣公传集书后//李维武．徐复观文集：第 2 卷．武汉：湖北人民出版社，2002：269-294.

② 杨士奇．东里别集：代言录，效祀覃恩诏．448.

一统和独尊，确立了明前期政治文化的基色。明前期的理学家对程朱理学多为传承，缺乏创新，理学逐渐成为知识文本，渐渐失去思想文化本应具有的活力和张力。明前期士大夫在理学思想的熏陶和教育下，思想和行为严格遵从理学规范，形成理学的范式化。明前期的皇帝通过御修书籍，把理学思想贯彻其中，赏赐给天下功臣、宗室、外国等，确立了理学至高无上的思想地位。明前期陆九渊心学思想始终处于蛰伏状态，但是其思想活力和影响却始终存在。明前期的理学在明中期后，逐渐转向陈献章和王守仁的心学体系。坚守理学正统思想的士大夫经过百年努力，最终在隆庆朝使朝廷批准明前期大儒薛瑄从祀孔庙，这是政治时局演变后士大夫的一种思想回溯。

特征五：明前期士大夫政治在正统朝以后逐渐生成并开始演变。

经过明前期百年政治生态的演变，正统朝以后，明代士大夫政治逐渐生成，并展现其政治文化特征。主要表现之一就是士大夫文集中“屏迹公门”一词逐渐增多，成为清流士大夫管束家人的一种政治自律，也是朝廷对士大夫的一种期许和引导。随着明前期理学在明中期的心学转向，士大夫开始关注内心的自我，“乞休”的现象逐渐增多，成为士大夫自我觉醒和自我实现的表达方式。士大夫的天下观念和家国情怀逐渐有回归原籍的表现，在地方社会引导风俗、提倡教化、赈济灾荒等事项中，清流士大夫往往有承担和主持的责任意识。“垂范乡里”始终是清流士大夫的价值追求和思想取向。

特征六：民本主义是明前期士大夫政治的价值核心和基本精神。

民本主义是士大夫政治的核心理念，明前期的士大夫坚守和传承了这一核心理念，主要体现在两个方面：其一，百姓福祉成为士大夫践行儒家政治的精神旨归；其二，民本主义既是士大夫政治和皇权政治的冲突点，又是两者的融合点。明前期士大夫的民本主义表现在以下几方面：

第一，从洪武到天顺期间的即位诏书中，在宣告上承天命的同时，宣达“民为邦本”的治国理念。仁宗即位诏书中所言敢有一毫扰民者即治以重罪、正统即位诏书中停止宣德年间民间的采办都是士大夫与皇帝在民为邦本信仰上的融合。

第二，明前期士大夫的政治选择和道德操守可能存在巨大差异，但是民本主义成为各类士大夫坚守的政治原则之一。从宋濂、章溢、方孝孺、三杨、于谦、李贤、商辂等人的文集、奏疏、诗赋中都可见民为天下之本的观念，如方孝孺所言“予拳拳之心为天下生民虑”，又如于谦的诗歌

“但愿苍生俱饱暖”“免使苍生受憔悴”。

第三，民本主义成为明前期君臣的共同价值追求。“夫人民者，天下之元气也。人君得之则治，失之则乱，顺其道则安，逆其道则危。”① 这是明前期士大夫一贯的精神信仰和价值追求。明前期皇帝所颁布的诏书和敕文也坚持了以民为本的精神旨归，如明仁宗所希望达到的政治局面：“衣食充足，礼让成风，匹夫匹妇，咸得其所。”②

明前期的士大夫持续不断地努力恢复理想中的士大夫与皇帝同治天下的政治秩序，但是始终无法超越皇权专制的限制，经历明前期近百年的努力都无法找到改变皇权专制的突破口，无法实现儒家“外王”的精神追求。明中期以后，士大夫在“外王”努力失败后，逐渐转移到对“内圣”的追求，遂改变了士大夫的整体风貌。宋明理学的治国理念成为明前期君臣共同的政治信仰。儒学与科举的结合孕育了士大夫的精神和理想，明前期士大夫始终坚守了人间秩序重建者的身份定位和“引君当道”“以道事君”的政治理想。虽然在“靖难”“土木”“夺门”等大的时局转变中，士大夫可能权宜地屈从某一政治势力，但是在士大夫群体中始终存在一个终极的是非标准——道义，对“道义”的坚守使明前期的士大夫始终具有清晰而明确的自我认同与主体意识。这种认同与意识的持续存在，为明中叶以后士大夫政治舆论发抒提供了源头活水。

---

① 方孝孺．逊志斋集：卷2，深虑论二．62．
② 杨士奇．东里别集：代言录，敕谕天下文武群臣修政事．

参考文献

一、古籍书目

姚广孝，等. 明实录. 台北："中央研究院"历史语言研究所景印，1962.

杨士奇，黄淮. 历代名臣奏议. 景印文渊阁四库全书，第 433－441 册.

黄训. 名臣经济录. 景印文渊阁四库全书，第 443－444 册.

黄佐，廖道南. 殿阁词林记. 景印文渊阁四库全书，第 452 册.

徐纮. 明名臣琬琰录. 景印文渊阁四库全书，第 453 册.

项笃寿. 今献备遗. 景印文渊阁四库全书，第 453 册.

俞汝楫. 礼部志稿. 景印文渊阁四库全书，第 597 册.

张廷玉. 词林典故. 景印文渊阁四库全书，第 599 册.

梁国治. 国子监志. 景印文渊阁四库全书，第 600 册.

鲍应鳌. 明臣谥考. 景印文渊阁四库全书，第 651 册.

宋濂. 文宪集. 景印文渊阁四库全书，第 1223－1224 册.

刘基. 诚意伯文集. 景印文渊阁四库全书，第 1225 册.

汪广洋. 凤池吟稿. 景印文渊阁四库全书，第 1225 册.

陶安. 陶学士集. 景印文渊阁四库全书，第 1225 册.

宋讷. 西隐集. 景印文渊阁四库全书，第 1225 册.

王祎. 王忠文集. 景印文渊阁四库全书，第 1226 册.

张以宁. 翠屏集. 景印文渊阁四库全书，第 1226 册.

危素. 云林集. 景印文渊阁四库全书，第 1226 册.

林弼. 林登州集. 景印文渊阁四库全书，第 1227 册.

朱右. 白云稿. 景印文渊阁四库全书，第 1228 册.

苏伯衡. 苏平仲文集. 景印文渊阁四库全书，第 1228 册.

胡翰. 胡仲子集. 景印文渊阁四库全书，第 1229 册.

高启. 大全集. 景印文渊阁四库全书，第 1230 册.
杨基. 眉庵集. 景印文渊阁四库全书，第 1230 册.
林鸿. 鸣盛集. 景印文渊阁四库全书，第 1231 册.
袁华. 可传集. 景印文渊阁四库全书，第 1232 册.
吴伯宗. 荣进集. 景印文渊阁四库全书，第 1233 册.
郑真. 荥阳外史集. 景印文渊阁四库全书，第 1234 册.
练子宁. 中丞集. 景印文渊阁四库全书，第 1235 册.
程通. 贞白遗稿. 景印文渊阁四库全书，第 1235 册.
周是修. 刍荛集. 景印文渊阁四库全书，第 1236 册.
解缙. 文毅集. 景印文渊阁四库全书，第 1236 册.
胡俨. 颐庵文选. 景印文渊阁四库全书，第 1237 册.
杨士奇. 东里集. 景印文渊阁四库全书，第 1238-1239 册.
杨荣. 文敏集. 景印文渊阁四库全书，第 1240 册.
黄淮. 省愆集. 景印文渊阁四库全书，第 1240 册.
夏原吉. 忠靖集. 景印文渊阁四库全书，第 1240 册.
金幼孜. 金文靖集. 景印文渊阁四库全书，第 1240 册.
王直. 抑庵文集. 景印文渊阁四库全书，第 1241-1242 册.
李时勉. 古廉文集. 景印文渊阁四库全书，第 1242 册.
薛瑄. 敬轩文集. 景印文渊阁四库全书，第 1243 册.
刘球. 两溪文集. 景印文渊阁四库全书，第 1243 册.
于谦. 忠肃集. 景印文渊阁四库全书，第 1244 册.
李贤. 古穰集. 景印文渊阁四库全书，第 1244 册.
徐有贞. 武功集. 景印文渊阁四库全书，第 1245 册.
倪谦. 倪文僖集. 景印文渊阁四库全书，第 1245 册.
朱彝尊. 明诗综. 景印文渊阁四库全书，第 1459-1460 册.
陈建. 皇明从信录. 续修四库全书，第 351 册.
姜清. 姜氏秘史. 续修四库全书，第 432 册.
黄佐. 革除遗事. 续修四库全书，第 432 册.
杨荣. 北征记. 续修四库全书，第 433 册.
朱鹭. 建文书法拟. 续修四库全书，第 433 册.
金幼孜. 北征录. 续修四库全书，第 433 册.
杨铭. 正统临戎录. 续修四库全书，第 433 册.
袁彬. 北征事迹. 续修四库全书，第 433 册.

李实. 虚庵李公奉使录. 续修四库全书，第 433 册.

杨瑄. 复辟录. 续修四库全书，第 433 册.

商汝颐. 商文毅公遗行集. 续修四库全书，第 551 册.

佚名. 皇明诏令. 续修四库全书，第 457 册.

孙旬. 皇明疏钞. 续修四库全书，第 463-464 册.

叶盛. 叶文庄公奏议. 续修四库全书，第 475 册.

尹守衡. 皇明史窃. 续修四库全书，第 520 册.

徐咸. 皇明名臣言行录. 续修四库全书，第 520 册.

徐开任. 明名臣言行录. 续修四库全书，第 521 册.

雷礼辑. 国朝列卿纪. 续修四库全书，第 522-524 册.

唐鹤征. 皇明辅世编. 续修四库全书，第 524 册.

焦竑. 国朝献征录. 续修四库全书，第 525-531 册.

焦竑. 熙朝名臣实录. 续修四库全书，第 532 册.

王兆云. 皇明词林人物考. 续修四库全书，第 532 册.

过庭训. 本朝分省人物考. 续修四库全书，第 535 册.

张朝瑞. 忠节录. 续修四库全书，第 537 册.

张卤. 皇明制书. 续修四库全书，第 788 册.

申时行，等修. 赵用贤，等纂. 大明会典. 续修四库全书，第 789-792 册.

陈循. 芳洲文集. 续修四库全书，第 1327 册.

雷礼. 皇明大政纪. 四库全书存目丛书，史部，第 7 册.

谭希思. 明大政纂要. 四库全书存目丛书，史部，第 14 册.

朱国桢. 皇明大政记. 四库全书存目丛书，史部，第 16 册.

邓元锡. 皇明书. 四库全书存目丛书，史部，第 29 册.

娄性. 皇明政要. 四库全书存目丛书，史部，第 46 册.

吕本. 皇明宝训. 四库全书存目丛书，史部，第 53 册.

孔贞运. 皇明诏制. 四库全书存目丛书，史部，第 57 册.

张瀚. 皇明疏议辑略. 四库全书存目丛书，史部，第 71 册.

顾尔行. 皇明两朝疏抄. 四库全书存目丛书，史部，第 74 册.

朱吾弼. 皇明留台奏议. 四库全书存目丛书，史部，第 74 册.

郁衮. 革朝遗忠录. 四库全书存目丛书，史部，第 90 册.

于慎行. 词林典故. 四库全书存目丛书，史部，第 258 册.

皇甫录. 皇明纪略. 四库全书存目丛书，子部，第 240 册.

佚名．明内廷规制考．丛书集成新编，第 27 册．
廖道南．殿阁词林记列传．明代传记丛刊，第 18 册．明文书局印行．
李绍文．皇明世说新语．明代传记丛刊，第 22 册．明文书局印行．
雷礼．内阁行实．明代传记丛刊，第 27 册．明文书局印行．
汪国楠．皇明名臣言行录新编．明代传记丛刊，第 46 册．明文书局印行．
邓元锡．皇明书列传．明代传记丛刊，第 73 册．明文书局印行．
何乔远．名山藏列传．明代传记丛刊，第 75 册．明文书局印行．
陈仁锡．皇明世法录列传．明代传记丛刊，第 79 册．明文书局印行．
尹守衡．明史窥列传．明代传记丛刊，第 83 册．明文书局印行．
傅维麟．明书列传．明代传记丛刊，第 87 册．明文书局印行．
王鸿绪．明史稿列传．明代传记丛刊，第 95 册．明文书局印行．
张萱．西园闻见录．明代传记丛刊，第 116 册．明文书局印行．
张铨．国史纪闻．上海：上海古籍出版社，2018．
朱元璋．明太祖集．合肥：黄山书社，1991．
方孝孺．逊志斋集．宁波：宁波出版社，2000．
杨士奇．东里文集．北京：中华书局，1998．
刘基．刘伯温集．杭州：浙江古籍出版社，2011．
宋濂．宋濂全集．杭州：浙江古籍出版社，2014．
于谦．于谦集．杭州：浙江古籍出版社，2016．
薛瑄．薛瑄全集．太原：三晋出版社，2015．
商辂．商辂集．杭州：浙江古籍出版社，2012．
曹端．曹端集．北京：中华书局，2003．
夏原吉．夏原吉集．长沙：岳麓书社，2012．
李湘洲．李湘洲集．长沙：岳麓书社，2012．
陈献章．陈献章集．北京：中华书局，1987．
王守仁．王文成公全书．北京：中华书局，2015．
黄宗羲．黄宗羲全集．杭州：浙江古籍出版社，2012．
黄宗羲．明文海．北京：中华书局，1987．
程敏政．明文衡．长春：吉林出版集团，2005．
高拱．高拱论著四种．北京：中华书局，1993．
李贽．李贽文集．北京：社会科学文献出版社，2000．
邓士龙．国朝典故．北京：北京大学出版社，1993．

黄景昉. 国史唯疑. 上海：上海古籍书店，2002.

查继佐. 罪惟录. 杭州：浙江古籍出版社，1986.

黄佐. 翰林记. 上海：商务印书馆，1937.

钱谦益. 列朝诗集小传. 上海：上海古籍出版社，1983.

钱谦益. 牧斋初学集. 上海：上海古籍出版社，1985.

钱谦益. 国初群雄事略. 北京：中华书局，1963.

赵翼. 廿二史札记校证. 北京：中华书局，2016.

苏镒. 杨文敏公年谱. 嘉靖福建巡按曾佩蓝格刊本. 台湾省图书馆藏.

杨思尧. 太师杨文贞公年谱. 北京图书馆藏珍本年谱丛刊，第37册. 北京：北京图书馆出版社，1998.

卢演. 方正学先生年谱. 北京图书馆藏珍本年谱丛刊，第37册. 北京：北京图书馆出版社，1998.

朱兴悌，戴殿江，原纂. 孙锵，增辑. 宋文宪公年谱. 北京图书馆藏珍本年谱丛刊，第37册. 北京：北京图书馆出版社，1998.

刘耀东. 刘文成公年谱稿. 北京图书馆藏珍本年谱丛刊，第37册. 北京：北京图书馆出版社，1998.

金檀. 青邱高季迪先生年谱. 北京图书馆藏珍本年谱丛刊，第37册. 北京：北京图书馆出版社，1998.

赵士喆. 建文年谱. 北京图书馆藏珍本年谱丛刊，第38册. 北京：北京图书馆出版社，1998.

王翔. 芳洲先生年谱. 北京图书馆藏珍本年谱丛刊，第38册. 北京：北京图书馆出版社，1998.

杨鹤. 薛文清公年谱. 北京图书馆藏珍本年谱丛刊，第38册. 北京：北京图书馆出版社，1998.

顾祖禹. 读史方舆纪要. 北京：中华书局，2005.

张廷玉，等. 明史. 北京：中华书局，1974.

夏燮. 明通鉴. 长沙：岳麓书社，1999.

谈迁. 国榷. 北京：中华书局，1958.

谷应泰. 明史纪事本末. 北京：中华书局，1977.

龙文彬. 明会要. 北京：中华书局，1956.

赵翼. 廿二史札记. 北京：中华书局，1984.

陈子龙. 明经世文编. 北京：中华书局，1962.

王世贞. 弇山堂别集. 北京：中华书局，1985.

孙承泽. 春明梦余录. 北京：北京古籍出版社，1992.

沈德符. 万历野获编. 北京：中华书局，1959.

黄瑜. 双槐岁钞. 北京：中华书局，1999.

陆容. 菽园杂记. 北京：中华书局，1985.

顾起元. 客座赘语. 北京：中华书局，1987.

何良俊. 四友斋丛说. 北京：中华书局，1959.

余继登. 典故纪闻. 北京：中华书局，1981.

郑晓. 今言. 北京：中华书局，1984.

叶盛. 水东日记. 北京：中华书局，1980.

焦竑. 玉堂丛语. 北京：中华书局，1981.

王士性. 广志绎. 北京：中华书局，1981.

谢肇淛. 五杂俎. 北京：中华书局，1959.

李清. 三垣笔记. 北京：中华书局，1982.

俞本. 纪事录笺证. 北京：中华书局，2015.

陈建. 皇明通纪. 北京：中华书局，2008.

朱舜水. 朱舜水集. 北京：中华书局，1981.

刘天授.（嘉靖）龙溪县志. 天一阁藏明代方志选刊. 上海：上海古籍书店，1962.

姚鸣鸾.（嘉靖）淳安县志. 天一阁藏明代方志选刊. 上海：上海古籍书店，1965.

陈洪谟.（嘉靖）常德府志. 1964.

夏玉麟，郝维岳.（嘉靖）建宁府志. 1964.

康河.（嘉靖）赣州府志. 1962.

崔铣.（嘉靖）彰德府志. 1962.

袁应祺.（万历）黄岩县志. 1963.

黎晨.（嘉靖）宁国府志. 1962.

姚良弼.（嘉靖）惠州府志. 1961.

常用丛书版本信息如下：

景印文渊阁四库全书. 台北：商务印书馆，1986.

续修四库全书. 上海：上海古籍出版社，1995.

四库全书存目丛书. 济南：齐鲁书社，1995—1997.

四库禁毁书丛刊. 北京：北京出版社，1997.

四库未收书辑刊. 北京：北京出版社，1997.

北京图书馆古籍珍本丛刊. 北京：书目文献出版社，1988.

明人文集传记丛刊. 台北：明文书局，1991.

丛书集成新编. 台北：新文丰出版公司，1985.

丛书集成续编. 台北：新文丰出版公司，1996.

丛书集成三编. 台北：新文丰出版公司，1996.

明人文集丛刊（第一期）. 台北：文海出版社，1970.

天一阁藏明代方志选刊. 上海：上海古籍书店，1961—1966.

天一阁藏明代方志选刊续编. 上海：上海书店，1990.

北京图书馆藏珍本年谱丛刊. 北京：北京图书馆出版社，1998.

二、今人著作

李洵. 明清史. 北京：人民出版社，1956.

李洵. 下学集. 北京：中国社会科学出版社，1996.

吴晗. 读史札记. 北京：生活·读书·新知三联书店，1956.

吴晗. 明史简述. 北京：中华书局，2005.

孟森. 明史讲义. 上海：上海古籍出版社，2002.

汤纲，南炳文. 明史. 上海：上海人民出版社，2001.

南炳文. 南明史. 北京：故宫出版社，2012.

赵轶峰. 明代的变迁. 上海：上海三联书店，2008.

赵轶峰. 明代国家宗教管理制度与政策研究. 北京：中国社会科学出版社，2008.

余英时. 朱熹的历史世界：宋代士大夫政治文化研究. 北京：生活·读书·新知三联书店，2004.

余英时. 士与中国文化. 上海：上海人民出版社，1987.

余英时. 宋明理学与政治文化. 长春：吉林出版集团有限责任公司，2008.

王瑞来. 宰相的故事：士大夫政治下的权力场. 北京：中华书局，2010.

王明荪. 元代的士人与政治. 台北：学生书局，1992.

吴晗，费孝通. 皇权与绅权. 上海：观察社，1948.

赵毅. 明清史抉微. 长春：吉林人民出版社，2007.

赵毅，刘晓东. 晚明基层士人社会生活谫论. 长春：吉林人民出版社，2006.

罗冬阳. 明太祖礼法之治研究. 北京：高等教育出版社，1998.

王剑. 明代密疏研究. 北京：中国社会科学出版社，2005.

刘晓东. 明代士人生存状态研究. 长春：吉林文史出版社，2002.

徐林. 明代中晚期江南士人社会交往研究. 上海：上海古籍出版社，2006.

牟宗三. 政道与治道. 桂林：广西师范大学出版社，2006.

杜联喆. 明人自传文钞. 台北：艺文印书馆，1978.

钱穆. 国史大纲. 北京：商务印书馆，1996.

钱穆. 中国历代政治得失. 北京：生活·读书·新知三联书店，2001.

钱穆. 中国文化史导论. 北京：商务印书馆，1994.

钱穆. 宋明理学概述. 台北：学生书局，1977.

钱穆. 中国思想史. 台北：学生书局，1989.

柳诒徵. 中国文化史. 上海：上海古籍出版社，2000.

冯天瑜，杨华，任放. 中国文化史. 北京：高等教育出版社，2005.

梁漱溟. 中国文化史要义. 上海：上海人民出版社，2005.

张显清. 明代政治史. 桂林：广西师范大学出版社，2003.

商传. 明代文化史. 上海：东方出版中心，2007.

容肇祖. 明代思想史. 郑州：河南人民出版社，2016.

张学智. 明代哲学史. 北京：北京大学出版社，2000.

关文发，颜广文. 明代政治制度研究. 北京：中国社会科学出版社，1996.

杨树藩. 明代中央政治制度. 台北：商务印书馆，1978.

方志远. 明代国家权力结构及运行机制. 北京：科学出版社，2008.

刘建明. 明代政权运作与文学走向. 北京：光明日报出版社，2010.

王天有. 明代国家机构研究. 北京：北京大学出版社，1992.

唐克军. 不平衡的治理：明代政府运行研究. 武汉：武汉出版社，2004.

韦庆远. 明代的锦衣卫和东西厂. 北京：中华书局，1985.

谭天星. 明代内阁政治. 北京：中国社会科学出版社，1996.

丁易. 明代特务政治. 北京：群众出版社，1983.

王其榘. 明代内阁制度史. 北京：中华书局，1998.

杜乃济. 明代内阁制度. 台北：商务印书馆，1970.

陶希圣，沈任远．明清政治制度．台北：商务印书馆，1978.

韦庆远．明清史新析．北京：中国社会科学出版社，1993.

何朝晖．明代文官铨选制度研究．北京：北京大学出版社，2003.

李渡．明代皇权政治研究．北京：中国社会科学出版社，2004.

刘化兵．士风与诗风的演进：明代成化至正德前期士人与诗派研究．北京：中国社会科学出版社，2007.

陶希圣，沈远任．明清政治制度．台北：商务印书馆，1978.

苏同炳．明史偶笔．台北：商务印书馆，1995.

林延清．明清史探究．北京：中国文史出版社，2005.

潘荣胜．明清进士录．北京：中华书局，2006.

吴晗．朱元璋传．北京：人民出版社，2004.

晁中臣．明成祖传．北京：人民出版社，1993.

商传．永乐皇帝．北京：北京出版社，1989.

赵中男．宣德皇帝大传．北京：中国社会科学出版社，2008.

赵毅，罗冬阳．正统皇帝大传．北京：中国社会科学出版社，2008.

王崇武．明靖难史事考证稿．上海：商务印书馆，1948.

王崇武．明本纪校注．北京：中华书局，2017.

陈学霖．明代人物与史料．香港：香港中文大学出版社，2003.

王尔敏．明清社会文化生态．台北：商务印书馆，1997.

巫仁恕．品味奢华：晚明的消费社会与士大夫．台北：联经出版公司，2007.

陈宝良．明代社会生活史．北京：中国社会科学出版社，2003.

陈宝良．悄悄散去的幕纱——明代文化历程新说．西安：陕西人民教育出版社，1998.

南炳文，何孝荣．明代文化研究．北京：人民出版社，2006.

徐朔方，孙秋克．明代文学史．杭州：浙江大学出版社，2006.

夏咸淳．情与理的碰撞：明代士林心史．保定：河北大学出版社，2001.

高一涵．中国内阁制度的沿革．上海：商务印书馆，1933.

黄彰健．明清史研究丛稿．台北：商务印书馆，1977.

张分田．亦主亦奴：中国古代官僚的社会人格．杭州：浙江人民出版社，2000.

葛荃．立命与忠诚：士人政治精神的典型分析．杭州：浙江人民出版社，2000.

赵园. 明清之际士大夫研究. 北京：北京大学出版社，1999.

赵园. 制度·言论·心态：明清之际士大夫研究. 北京：北京大学出版社，2006.

赵园. 家人父子：由人伦探访明清之际士大夫的生活世界. 北京：北京大学出版社，2015.

陈宝良. 明代士大夫的精神世界. 北京：北京师范大学出版社，2017.

陈宝良. 明代社会转型与文化变迁. 重庆：重庆大学出版社，2014.

罗宗强. 明代后期士人心态研究. 天津：南开大学出版社，2006.

甘怀真. 皇权、礼仪与经典诠释：中国古代政治史研究. 上海：华东师范大学出版社，2004.

吴智和. 明史研究专刊（第一期到第六期），台北：大立出版社，1982.

毛佩琦. 永乐皇帝大传. 沈阳：辽宁教育出版社，1994.

李新峰. 明前期军事制度研究. 北京：北京大学出版社，2016.

何龄修. 清初复明运动. 北京：中国社会科学出版社，2016.

王泛森. 权力的毛细管作用：清代的思想、学术与心态. 北京：北京大学出版社，2015.

田澍. 明代内阁政治研究. 北京：人民出版社，2017.

姜德成. 徐阶与嘉隆政治. 天津：天津古籍出版社，2002.

方志远. 明代国家权力结构及运行机制. 北京：科学出版社，2008.

展龙. 元明之际士大夫政治生态研究. 北京：人民出版社，2013.

赵伟. 元末明初士大夫政治文化与文学研究. 北京：中国社会科学出版社，2015.

雷炳炎. 明代宗藩犯罪问题研究. 北京：中华书局，2014.

胡丹. 明代宦官制度研究. 杭州：浙江大学出版社，2018.

吴琦，赵秀丽. 明代"问题皇帝"研究. 北京：中国社会科学出版社，2015.

吴琦. 明清社会群体研究. 北京：中国社会科学出版社，2009.

任文利. 治道的历史之维：明代政治世界中的儒家. 北京：中央编译出版社，2014.

邓小南. 祖宗之法：北宋前期政治述略. 北京：生活·读书·新知三联书店，2014.

钱国莲，薛冰. 薛瑄年谱. 杭州：浙江大学出版社，2015.

三、日本和欧美研究著作

卜正民. 纵乐的困惑：明代的商业与文化. 北京：生活·读书·新知三联书店，2004.

卜正民. 明代的社会与国家. 北京：商务印书馆，2014.

正民. 挣扎的帝国：元与明//哈佛中国史（第五册）. 北京：中信出版社，2016.

牟复礼，崔瑞德. 剑桥中国明代史. 北京：中国社会科学出版社，1992.

费正清. 中国：传统与变迁. 北京：世界知识出版社，2002.

S. A. M. 艾兹赫德. 世界历史中的中国. 上海：上海人民出版社，2009.

宫崎市定. 宫崎市定全集. 京都：岩波书店，1993.

史景迁. 王氏之死：大历史背后的小人物的命运. 上海：上海远东出版社，2005.

范德. 明初两京制度. 台北：虹桥书店，1977.

杜维明. 道·学·政：论儒家知识分子. 上海：上海人民出版社，2000.

杜维明. 儒家思想新论：创造性转换的自我. 南京：江苏人民出版社，1996.

戴仁柱. 十三世纪中国政治与文化危机. 北京：中国广播电视出版社，2003.

冈田武彦. 王阳明与明末儒学. 上海：上海古籍出版社，2000.

和田清. 明代蒙古史论集. 北京：商务印书馆，1984.

小野和子. 明季党社考. 上海：上海古籍出版社，2006.

司徒琳. 南明史（1644—1662）. 上海：上海人民出版社，2017.

许齐雄. 北辙：薛瑄与河东学派. 杭州：浙江大学出版社，2015.

四、理论书目

加布里埃尔·A. 阿尔蒙德，小 G. 宾厄姆·鲍威尔. 比较政治学：体系、过程和政策. 上海：上海译文出版社，1987.

加布里埃尔·A. 阿尔蒙德，西德尼·维巴. 公民文化：五国的政治态度和民主. 杭州：浙江人民出版社，1989.

让·马克·夸克. 合法性与政治. 北京：中央编译出版社，2002.

约翰·罗尔斯. 正义论. 北京：中国社会科学出版社，1988.

林·亨特. 新文化史. 上海：华东师范大学出版社，2011.

乔伊斯·阿普尔比，林恩·亨特，玛格丽特·雅各布. 历史的真相. 北京：中央编译出版社，1999.

彼得·伯克. 历史学与社会理论. 上海：上海人民出版社，2001.

哈罗德·D. 拉斯韦尔. 政治学：谁得到什么？何时和如何得到？. 北京：商务印书馆，2008.

狄百瑞. 儒家的困境. 北京：北京大学出版社，2009.

伯特兰·罗素. 权力论. 北京：商务印书馆，2008.

马克思·韦伯. 学术与政治. 北京：生活·读书·新知三联书店，2005.

丹尼斯·朗. 权力论. 北京：中国社会科学出版社，2001.

S. N. 艾森斯塔得. 帝国的政治体系. 贵阳：贵州人民出版社，1992.

阎步克. 士大夫政治演生史稿. 北京：北京大学出版社，1996.

王亚南. 中国官僚政治研究. 北京：商务印书馆，2010.

侯外庐，邱汉生，张岂之. 宋明理学史. 北京：人民出版社，1997.

劳思光. 新编中国哲学史. 北京：生活·读书·新知三联书店，2015.

周兵. 新文化史：历史学的“文化转向”. 上海：复旦大学出版社，2013.

张星久. “圣王”的想象与实践：古代中国的君权合法性研究. 上海：上海人民出版社，2018.

五、学术论文

赵轶峰. 票拟制度与明代政治. 东北师大学报（哲学社会科学版），1989（2）.

赵轶峰. 明前期皇帝的即位诏：从洪武到正统. 求是学刊，2011（1）.

赵轶峰. 明代的遗诏. 西南大学学报（社会科学版），2010（1）.

梁曼容. 明代藩王研究. 东北师范大学中国古代史专业博士论文，2016.

梁曼容. 明代宗室法律特权及其上下分野. 古代文明，2019（2）.

梁曼容. 困顿与解脱：靖难后明代藩王精神探微. 故宫学刊，2018（1）.

林金树. 明代政治史研究思考//第七届明史国际学术讨论会论文集. 长春：东北师范大学出版社，1999.

王剑. 明代的密疏：下情上达的一种特殊方式——以题本、奏本为参照. 西南师范大学学报（人文社会科学版），2005（2）.

王剑. 明初密疏言事改革的制度化趋势. 社会科学战线，2005（2）.

张小平，周少青. 政治合法性视野中的明成祖朱棣：一个范本的解读. 吉林师范大学学报（人文社会科学版），2008（2）.

郭厚安. 论"靖难之役"的性质. 西北师范大学学报（社会科学版），1997（3）.

左东岭. 元明之际的"气"论与方孝孺的文学思想. 文艺研究，2006（1）.

杨永康. 朱棣"革除"建文年号考：以孔尚任所藏《燕王靖难札付》为证. 文史哲，2018（5）.

张树旺. 论方孝孺之死对明代士风的影响. 广东社会科学，2006（1）.

邵唯一. 试论中国古代士大夫人格与文格的背离现象. 学术月刊，1991（12）.

陈新权. 朱元璋分封藩王与"靖难"之变. 上海师范大学学报（哲学社会科学版），1990（1）.

赵毅，刘国辉. 略论明初三杨权势与"仁宣之治". 东北师大学报（哲学社会科学版），1997（1）.

刘晓东. 科举危机与晚明士人社会的分化. 山东大学学报（人文社会科学版），2002（2）.

刘晓东. 晚明士人生计与士风. 东北师大学报（哲学社会科学版），2001（1）.

刘晓东. "地位相悖"与"身份悬浮"：生存状态视角下的明代士人社会地位刍议. 社会科学战线，2003（2）.

孙湘云. 简析方孝孺的君臣关系说. 华中师范大学学报（人文社会科学版），1991（4）.

朱立. 论"靖难之役". 新疆师范大学学报（哲学社会科学版），1990（3）.

郭厚安. 论仁宣之治. 西北师大学报（社会科学版），1992（2）.

晁中辰. "仁宣之治"还是"永宣之治". 山东大学学报（哲学社会科学版），2003（2）.

赵中男. 略论"高熙之叛". 安徽史学，1988（2）.

赵中男．明宣宗的政治核心集团及其形成．北方论丛，1996（1）．

赵中男．明洪宣时期历史特点论略．求是学刊，1997（2）．

赵中男．论朱高炽的历史地位．辽宁大学学报（哲学社会科学版），1997（5）．

赵中男．明宣宗的削藩活动及其社会意义．社会科学辑刊，1998（2）．

赵中男．论朱瞻基的历史地位．北方论丛，2004（4）．

王绍东．浅论朱瞻基重用元老大臣的原因及得失．内蒙古大学学报（哲学社会科学版），1991（2）．

王昊．仁宣致治下的“台阁”标本：杨士奇诗歌解读．岱宗学刊，2005（1）．

韦庆远．三杨与儒家政治．史学集刊，1988（1）．

李凤飞，暴鸿昌．对杨士奇应做全面评价：兼谈三杨在正统初政中的失误．北方论丛，1996（2）．

杨志华．试论杨士奇对明初社会政治的贡献．江西师范大学学报（哲学社会科学版），1998（4）．

冷东．明初三杨与宦官关系论略．汕头大学学报（人文科学版），1992（2）．

籍芳丽．明代文坛三杨研究．上海师范大学中国古代文学专业硕士学位论文，2006．

许林如．三杨与明初政治．山西大学中国古代史专业硕士学位论文，2007．

于冬萃．明前期士大夫“治道”观研究：以《历代名臣奏议·治道》为中心．东北师范大学中国古代史专业硕士学位论文，2017．

孙鸿敏．诏狱之变与明前期政治．吉林大学中国古代史专业硕士学位论文，2018．

骆芬美．三杨与明初之政治．台北私立中国文化大学史学研究所硕士学位论文，1982．

安碧莲．况钟对明初苏州社会经济之改革．台北私立中国文化大学史学研究所硕士学位论文，1979．

钟云校．明初与北元关系之研究（1368—1464）．台北政治大学边政研究所硕士学位论文，1980．

马青清．于谦之研究．台北私立中国文化大学史学研究所硕士学位论文，1979．

蔡泰彬. 夏原吉研究. 台北私立中国文化大学史学研究所硕士学位论文，1981.

萧慧媛. 明代官员的乞休致仕：官场困局下求退告归的时代现象. 台北私立中国文化大学史学研究所博士学位论文，1994.

林延清. 朱棣五征漠北应重新评价. 南开史学，1989 (2).

杨杭军. 评永乐帝的五次北征. 河南师范大学学报（哲学社会科学版），1995 (2).

腾新才. 朱棣的性格特征与蒙古战争刍论. 西南师范大学学报（哲学社会科学版），1998 (6).

陈传席. 台阁体与明代文人的奴性品格. 社会科学论坛，2001 (4).

魏崇新. 台阁体作家的创作风格及其原因. 复旦学报（社会科学版），1999 (2).

洪早清. 明代阁臣群体为相情结述论. 中南民族大学学报（人文社会科学版），2007 (2).

李精耕，黄佩君. 明代“台阁体”盟主杨士奇诗文取向初探. 江西社会科学，2008 (11).

左东岭. 论台阁体与仁、宣士风之关系. 湖南社会科学，2002 (2).

李精耕. 明代“台阁体”的相关问题浅探. 甘肃社会科学，2008 (6).

胡凡. 明代皇帝的家庭与帝位传承. 光明日报，2002-10-15.

朱子彦. 论明代的内阁与党争. 社会科学战线，1996 (1).

刘晓东. 监阁共理与相权游移：明代监阁体制探赜. 东北师大学报（哲学社会科学版），1998 (4).

郑礼炬. 明代洪武至正德年间的翰林院与文学. 南京师范大学中国古代文学专业博士学位论文，2006.

刘群英. 明代文官父祖封赠制度研究. 东北师范大学中国古代史专业硕士学位论文，2009.

宗韵. 明代家族上行流动研究：以1595篇谱牒序跋所涉家族为案例. 华东师范大学中国古典文献学专业博士学位论文，2007.

柴志明. 试论科举文化熏陶下的明代文人. 浙江大学学报（人文社会科学版），2004 (3).

郭培贵. 明代文官荫叙制度考论. 历史研究，2005 (2).

孙卫国. 16世纪两类士大夫的代表：文人王世贞与相臣张居正. 中

国社会历史评论，2005（1）.

李志坚．明太祖与洪武士人关系新论．商丘职业技术学院学报，2003（4）.

吴琦，赵秀丽．明代皇帝及储君教育的缺失．淮阴师范学院学报（哲学社会科学版），2007（6）.

丁淑梅．明代士大夫：戏剧肇祸与道德救赎．贵州社会科学，2009（3）.

刘建明．明代前期政权运作与诗文走向．社会科学辑刊，2009（4）.

向燕南．明前期政治、文化特点与史学．廊坊师范学院（社会科学版），2008（4）.

林金树．明代政治史研究的思考．汕头大学学报（人文科学版），1997（6）.

赵忠祥，侯波．明代前期理学走向与文化精神的变革．河北师范大学学报（哲学社会科学版），2006（1）.

田澍．明代嘉靖至万历时期政治变革的走向．兰州大学学报（社会科学版），2008（2）.

唐克军．官场恩怨与明代政治：以私人关系为中心．史林，2005（5）.

夏咸淳．明代文人心态之律动．东南大学学报（哲学社会科学版），2003（4）.

刘擎．政治正当性与哲学无政府主义：以西蒙斯为中心的讨论．华东师范大学学报（哲学社会科学版），2007（6）.

周濂．从正当性到证成性：一个未完成的范式转换．华东师范大学学报（哲学社会科学版），2007（6）.

刘杨．正当性与合法性概念辨析．法制与社会发展，2008（3）.

袁德良．中国古代士大夫政治文化传统管窥．原道，2008（6）.

汤志波．明前期台阁文人“风格论”探析．山东师范大学学报（人文社会科学版），2015（6）.

吴恩荣．元代礼失百年与明初礼制变革．北京社会科学，2016（8）.

吴恩荣．明初“五礼”体系的重建与唐宋以来的礼制趋向．史林，2018（6）.

吴恩荣．明前期国家礼制的定型及其对政治与社会秩序的构建．江苏社会科学，2019（1）.

附录一　明前期士大夫自传文钞

一、宋濂

简介	宋濂（1310—1381），字景濂，早年号白牛生，浙江金华人，官至翰林学士，谥文宪。
《白牛生传》	《文宪集》卷11，《景印文渊阁四库全书》，第1223册，第562页。

白牛生者，金华潜溪人，宋姓，濂名。尝骑白牛，往来溪上，故人以白牛生目之。生躯干短小，细目而疏髯，性多勤，他无所嗜，惟攻学不怠，存诸心，著诸书六经，与人言，亦六经，或厌其繁，生曰："吾舍此，不学也。六经其曜灵乎，一日无之，则冥冥夜行矣。"生学在治心，道在五伦，自以为至易至简，或笑其迂。生曰："我其迂哉，我若迂，孟子则迂之首矣。"生好著文，或以文人称之，则又艴然怒曰："吾文人乎哉？天地之理，欲穷之而未尽也；圣贤之道，欲凝之而未成也。吾文人乎哉?"或求学文，生曰："其孝弟乎，文则吾不知也。"生不肯干禄，或欲挽之使出，生曰："禄可干耶，仕当为道谋，干之私也。"生安于义命，未尝妄有所为，或疑其拙，生曰："我契以天，不合以人，是乃巧之大者，拙乎哉?"生慕孔颜之乐，如聆钧天之乐，如获褭蹏之金，言及之，手足舞蹈不已，或以为狂，生曰："吾能知之，恨未能允蹈之，奚其狂。"生幼多灾，常行服气法，或诮其欲久生。生曰："盗跖甚夭，颜子甚寿，子知之乎?"或人不答，生曰："窃阴阳之和，以私一已，服气矣，运量元化，节宣四时，服气乎?"生虽贫，喜色常溢眉宇间，或诘之，生曰："吾内足乐也，内既足乐，无人非，无鬼责，得亦乐，失亦乐，我何忧哉?"生御恶衣犗馔安之，或虑其诈，生曰："锦衣与卉服虽异，暖则一；糟核与淳熬固殊，饱则均。何诈为?"生不贵贵人，不贫贫人，或尤其无别，生曰："贵自贵尔，于我何加焉！贱自贱尔，于我何损焉！生遇物以诚，三尺之童，莫之敢欺，或讥其同。生曰："我道盖如是，同不同弗知也。"生不享外神，唯事其先甚谨，或谓其报本耶！生曰："非唯报本也，以气感气，吾先以之。外人何预哉?"生多读台衡贤守慈恩诸家书，或谤其偏，生曰："我虽口之，未尝心之也。何其偏?"生当情意调适，辄悬特磬于簴，亲击以铁篦，瞑目侧耳而听，自以为达制乐之原，或笑之，生曰："此蒉桴土鼓之遗声也，五音繁会则未矣！"生好着屐登山，遇境胜处，注目视弗释，或恶其癖，生曰："吾于峦容川色，见三代之精华，不忍舍也。"生年四十有六，发无白者，日坐一室中，澄思终日，或执笔立言，动以贤圣自期，其中之所存者，人固莫能识也，适有画史貌生之骑白牛者，生大笑，以为得其真，故自疏其事如左，曰白牛生传云。

赞曰：生，妄人也哉。言其文弗能成章，言其道则又邈乎未之见也。犹自语诸心曰："我学古人，我学古人，不亦悖且戾乎?"

<table>
<tr><td>《自题画像赞》</td><td>《文宪集》卷 30，《景印文渊阁四库全书》，第 1224 册，第 510 页。</td></tr>
<tr><td colspan="2">广陵孙生貌予真，人皆失笑，谓无不似者，因题其右。辞曰：似柔而强，如愚而明。辨驳百氏，瘏寐群经。千载之长，一世之短。前武俨然，吾敢不践。
又
吾心与天地同大，吾性与圣贤同贵。奈之何随于曲学，局乎文艺，忘其真实之归，溺此浮华之丽，颠隮于得丧之涂，莅惑于是非之际，纵滥厕于大方，曾不离夫小智。静言思之，几欲霣涕。奋自今以为始，日载惕而再厉。有如升岳者，当极于崇颠。辟若改火者，须资夫新燧。期融通于高朗，誓薅治其芜秽。用致知为进学之方，藉持敬为涵养之地。续坠绪之茫茫，昭遗经之晰晰。虽任重道远，必笃行而深诣。庶几七尺之躯，不负两间之愧。尔其勉旃，以终厥志。</td></tr>
</table>

二、王祎

<table>
<tr><td>简介</td><td>王祎（1322—1373），字子允，浙江义乌人。江南儒学提举，与修元史，官至翰林侍讲，谥忠文。</td></tr>
<tr><td>《自赞画像》</td><td>《王忠文集》卷 15，《景印文渊阁四库全书》，第 1226 册，第 316 页。</td></tr>
<tr><td colspan="2">读古人之诗书，被今人之冠服。其见于外，或乃谓为有余。然存诸中，吾自知为不足也。</td></tr>
</table>

三、孙作

<table>
<tr><td>简介</td><td>孙作（1340—1424），字大雅，江阴人，历官翰林编修、国子助教、司业。</td></tr>
<tr><td>《小像自赞》</td><td>《沧螺集》卷 6，《景印文渊阁四库全书》，第 1229 册，第 511 页。</td></tr>
<tr><td colspan="2">贫至于屡空，而心富如万钟。千驷困至于数奇，而心亨如面槐。列棘之贵长，不踰于中人，而志可以夺三军之帅，此何得而然哉？盖庶几乎自反而无愧。</td></tr>
</table>

四、杨士奇

<table>
<tr><td>简介</td><td>杨士奇（1365—1444），原名寓，号东里，江西泰和人，永乐朝入内阁，光禄大夫柱国少师兵部尚书兼华盖殿大学士赠特进光禄大夫左柱国太师，谥文贞。</td></tr>
<tr><td>《自赞》</td><td>《东里文集》卷 23，《景印文渊阁四库全书》，第 1238 册，第 276 页。</td></tr>
<tr><td colspan="2">其为人也，知厥初靡有不善，知既往鲜有或是，知古圣贤皆学而能，知宇宙间皆吾分内。然望而未见，徒系其志。今不田而食，不桑而衣者四十六岁。嗟来日之几何，其奚以免夫俯怍而仰愧哉？易云：“终日乾乾”，庶几服以自励。</td></tr>
</table>

《东里老人自志》	《东里文集·续集》卷 39，《景印文渊阁四库全书》，第 1239 册，第 189 页。
东里在邑东清溪之上，吾高曾以来居之。杨氏，宋盛际自吉水徙泰和，号儒宦家，盖四百年矣！称东里者，重所自云。高祖考复圭，元赠富州尹骑都尉弘农郡伯，妣黄氏，赠弘农郡君。曾祖考景行，延祐初科进士，累官翰林待制，朝列大夫，妣严氏弘农郡君，继高氏。祖考公荣，妣胡氏。考子将，妣陈氏。国朝累赠三代，考皆至光禄大夫、柱国、少师、兵部尚书兼华盖殿大学士，妣皆夫人。吾名寓，字士奇，后以字征。一岁而孤，陈夫人鞠之、教之。既壮起家文学，除吴王府审理，副改翰林编修，升侍讲。又四转至左春坊左谕德、翰林学士。又五转至少傅、兵部尚书兼华盖殿大学士，遂进少师。由承事郎累转至光禄大夫、柱国。历事四圣，皆居清密。越自授官，所觊行道，心存体国，志在济人。惟理无穷尽，而学殖未充，事有甚难，而智虑弗逮。故秩愈进而忧愈重，宠愈厚而畏愈切。进慕陈善，退勤省躬，而施以公，而守以约，始终一意，夙夜不忘。若蒙负乘之讥，昧止足之义，皓首徒弊，毫末无称，反思惕然，内愧何已。风烛奄及，幸保归全。辄循杜牧之故事，聊述平生，用藏幽室，亦以示于子孙。[吾]生世八十年，叨禄于朝四十有四年，去世以正统九年三月十四日。元娶严、继郭，皆封夫人。子三男、四女、孙男七。白云原吾所治也，窆以是年十二月二十日，虚其右以俟郭。 铭曰：昔也其浮，今也其休。旷八极兮逍遥，聊委蜕兮兹丘。	

《自题侍教像赞》	《东里文集·续集》卷 45，《景印文渊阁四库全书》，第 1239 册，第 285 页。
此老之生，今七十有三年，其仕凡三十有七岁。历事四朝，恒持一志。颛颛乎毖慎，肃肃乎严畏。不敢内非类之交，不敢徼非义之利。禄愈增而意愈澹，秩愈进而心愈惴。治官务如家务，视海内如室内。虽不能万一之有济，而不敢须臾之或怠。诚惧上孤明圣之恩，有忝清白之世。阅春华之屡谢，抚寒柏而犹翠。聊自写其素存，示同宗以祗砺。 族孙挺来北京，旦夕在左右。里萧生为写侍教图，挺以求赞，因谩书此。然士当师古，挺尚从事乎远且大者可也。	

《自赞小像》	《东里文集·续集》卷 61，《景印文渊阁四库全书》，第 1239 册，第 549 页。
老子今年七十三，不胜归思在江南。天恩若许辞簪绂，犹办纶竿钓石潭。	

五、杨荣

简介	杨荣（1371—1440），初名子荣，字勉仁，福建建安人，建文二年进士，历建文、永乐、洪熙、宣德、正统五朝，少师工部尚书兼谨身殿大学士赠特进光禄大夫左柱国太师，明初三杨之一，谥文敏。
《朝服像自赞》	《杨文敏公年谱·序》定名为《五十自赞》，《文敏集》卷 16，《景印文渊阁四库全书》，第 1240 册，第 256 页。
予之生也，承祖宗之余庆；予之出也，际国家之太平。忝登科第，叨沐恩荣。荷宠眷之益隆，顾谫陋之奚胜。揆其外，固乏涓埃之补；求其中，敢忘葵藿之诚。盖将鞠躬尽力，愿效忠贞以报称于圣明者也。	

<table>
<tr><td>《行乐图自赞》</td><td>《杨文敏公年谱·序》定名为《六十自赞》，《文敏集》卷 16，《景印文渊阁四库全书》，第 1240 册，第 256 页。</td></tr>
<tr><td colspan="2">澹然以居，怡然自适。当玉署之燕闲，正金銮之退直。光风霁月，慕前哲之襟怀；翠竹碧梧，仰昔贤之标格。惟意态之雍容，乃斯图之仿佛。至于策励驽钝，勤劳夙夜，以感圣主之眷遇，乐盛世之治平者，抑岂丹青之所能窥测哉！</td></tr>
</table>

<table>
<tr><td>《七十岁自赞》</td><td>《文敏集》卷 16，《景印文渊阁四库全书》，第 1240 册，第 256 页。</td></tr>
<tr><td colspan="2">荷先世积德之厚，叨列圣眷遇之隆。久侍禁近，冀效愚忠。当齿力之既衰，尚责任之愈崇。自愧乎进无所补，退不我从，徒存心之兢兢，而怀忧之忡忡。惟古人尧舜其君民者，素景仰其高风。思勉焉而不懈，期一致于初终者也。</td></tr>
</table>

六、杨溥

<table>
<tr><td>简介</td><td>杨溥（1372—1446），字弘济，湖广石首人，建文二年进士，历建文、永乐、洪熙、宣德、正统五朝，少保武英殿大学士，谥文定。</td></tr>
<tr><td>《镜容自赞》</td><td>程敏政：《明文衡》卷 21，长春：吉林人民出版社，1998 年，第 225 页。</td></tr>
<tr><td colspan="2">资可以为学，而理或未明。时可以行道，而力有不至。缅怀古人，夙夜惟厉，而莫及焉。呜呼，老矣。</td></tr>
</table>

七、李时勉

<table>
<tr><td>简介</td><td>李时勉（1374—1450），名懋，安福人，永乐二年进士，历永乐、洪熙、宣德、正统四朝，官至翰林学士、国子监祭酒，卒谥文毅。</td></tr>
<tr><td>《自赞》</td><td>《古廉文集》卷 12，《景印文渊阁四库全书》，第 1242 册，第 889 页。</td></tr>
<tr><td colspan="2">尔之貌不魁梧而秀丽，尔之心不机警而婉委，尔之学问不广博而深宏，尔之文章不丰赡而华美。动止粗率，言辞鄙俚。徒窃科名以取禄位，承荷宠荣恬不知愧。虽然尔生六十有六矣，不为不仁，不为不义，不矜已而傲物，不徇私而慕利。于人而无所争，居官而无所恃。今之所以貌敬而不忍欺者，其在此欤？吁！汝其慎之以保终始。</td></tr>
</table>

八、于谦

<table>
<tr><td>简介</td><td>于谦（1398—1457），字廷益，号节庵，浙江钱塘人，永乐十九年进士，官至兵部尚书。“土木之变”后保卫京师，匡辅功高。英宗复辟后，被杀。弘治初谥肃愍，万历改谥忠肃。</td></tr>
<tr><td>《小像赞》</td><td>《忠肃集》卷 12，《景印文渊阁四库全书》，第 1244 册，第 394 页。</td></tr>
<tr><td colspan="2">眼虽明不能见机，腹虽大不能容人。貌不足以出众，德不足以润其身。其性虽僻，其情则真。所宝者名节，所重者君亲。居弗求安逸，衣弗择故新。不清不浊，无屈无伸。遭时明盛，滥厕搢绅，上无以黼黻皇猷，下无以润泽生民。噫！若斯人者，所谓生无益于时，死无闻于后，又何必假粉墨以写其神邪。</td></tr>
</table>

九、李贤

简介	李贤（1408—1467），字原德，河南邓州人，天顺内阁大学士，成化朝官至少保、吏部尚书兼华盖殿大学士，卒谥文达。
《自赞》	《古穰集》卷 20，《景印文渊阁四库全书》，第 1244 册，第 695 页。

以言乎学，无潜心谛玩之功；以言乎进，无刚毅坚忍之志。愧天爵之不修，奈人爵之荐至。徒存康济之心，而才单力弱，不足以自遂也。思引退而弗能，将不免于天下后世之讥议。惟此心之惓惓，何功名之敢觊？所愿者世道亨嘉，而身见唐虞之盛治也。

十、王直

简介	王直（1379—1462），字行俭，号抑庵，江西泰和人，永乐二年进士，官至吏部尚书，历五帝六朝，谥文端。
《自赞小像》	《抑庵文集·后集》卷 37，《景印文渊阁四库全书》，第 1242 册，第 402 页。

其才学则迂疏，其志行亦狂简。幸逢时以效愚，每揣揣于自反。然僚友谓之强，而主上谓之板。愧变通之未能，徒为达士之所莞也。

强者矫亢不阿之名，板者愚执不通之谓。盖气质蔽锢之已深，而学问变化之未至。若谬比于俭邪，则难合乎公议。虽内省之无愧，然岂敢忘敬畏也哉。

十一、岳正

简介	岳正（1418—1472），字季方，号蒙泉，顺天府漷县人，正统十三年进士，官至修撰，谥文肃。
《自赞小像》	《类博稿》卷 8，《景印文渊阁四库全书》，第 1246 册，第 424 页。

有自京师来者，传天语于甘曰："岳正倒好，只是大胆。"或以贺正曰："上念公如此，行召公矣。"曹生为写陋容，遂概括其辞，题于上云：岳正倒好，只是大胆。惟帝念哉，必当有感。如或赦汝，再敢不敢。臣尝闻古人之言，盖将之死而靡憾也。

又一首

孔学不惑，孟心不动。汝年四十，物理犹閧，四举方售，非百中之材，一试辄败。非万全之用，既不能随，时以浮沉，又安足为世之轻重，倘依依然以执迷徒，哓哓乎而自讼。此盖古人之所为狂，而今人之所谓戆者也。

附录二　明前期士大夫的册封诰文和封赠诰文
——以杨荣为例*

（宣德五年八月，颁从一品诰赠三代祖考如公官，祖考妣及妻赠封一品夫人）

杨荣	荣禄大夫少傅任工部尚书兼谨身殿大学士
诰文	朕只绍丕图，务弘化理，顾于辅弼之任，必资老成之人，非学行足表当时，谋猷足膺重寄，效绩有素，曷克称兹，咨尔资善大夫太子少傅工部尚书兼谨身殿大学士杨荣，直谅公方，疏通闿敏，历祖考，今三十年，忠尽施于朝廷，操履出乎士类。逮朕嗣统，效劳尤多，既殚翊赞之诚，宜居寅亮之任，兹特进尔为荣禄大夫少傅仍工部尚书兼谨身殿大学士，于乎国家爵禄所以礼贤劝士，非徒以示宠异而已。正欲相资以弼成治化，尔尚益殚智虑，益笃忠贞，用匡不逮，庶底雍熙，国家有无穷之美，尔亦有无穷之闻，钦哉。

原配	刘氏	时间	宣德五年八月	一品夫人
诰文	朕于辅臣，既推恩于其亲，而又荣及其配，所以明国典而厚人伦也。尔荣禄大夫少傅工部尚书兼谨身殿大学士杨荣妻赠夫人刘氏，柔良之行，温惠之德，克勤妇道，以成厥家，追念早殁，弗预显荣，兹特加赠尔为一品夫人服，此茂恩永光泉壤。			

继室	刘氏	时间	宣德五年八月	一品夫人
诰文	朕惟国之重臣，能尽心乃职、功施当时者，既嘉荣其所生，亦必推恩及其内助耶，盖褒贤厚伦之义也。尔荣禄大夫少傅工部尚书兼谨身殿大学士杨荣继室夫人刘氏，生于华族，作配庆门，克相其夫，为国硕辅，兹特加封尔为一品夫人。服兹隆恩，永光闺闱钦哉！			

曾祖	杨伯逊	时间	宣德五年八月	光禄大夫上傅工部尚书兼谨身殿大学士
诰文	祖宗之积善者，庆泽必流于后；子孙有爵位者，显荣必及其先。尔荣禄大夫少傅工部尚书兼谨身殿大学士杨荣曾祖伯逊，乐善行义，庆延曾孙，历事三朝，为国辅弼，畴其勋绩，嘉厥本原，兹特赠尔为光禄大夫上傅工部尚书兼谨身殿大学士，九原有知，服兹荣命。			

* 资料来源于明代苏镒的《太师杨文敏公年谱》，明嘉靖三十一年福建巡按曾佩蓝格刊本，台湾省图书馆藏。《恭书封赠诰命后》亦见于《文敏集》卷十五，《景印文渊阁四库全书》第1240册，第230页。

曾祖母	黄氏	时间	宣德五年八月	一品夫人
诰文	国家颁爵禄于群臣而必推恩以褒荣其先者，所以称孝子慈孙之心而为世劝也。尔荣禄大夫少傅工部尚书兼谨身殿大学士杨荣曾祖母黄氏，恒德在躬，嫔兹茂族，笃善之庆覃于闻。孙为朕良臣，锡类推恩，宜有褒典，兹特赠尔为一品夫人，宜灵有知，服兹休显。			

祖父	杨达卿	时间	宣德五年八月	一品夫人
诰文	朕惟国家之于群臣褒荣命必及其祖考者，所以遂其孝而劝其忠也。尔荣禄大夫少傅工部尚书兼谨身殿大学士杨荣祖父赠资善大夫太子太傅兼谨身殿大学士达卿，行谊足以范俗，惠利足以及人，积善自躬，晦迹弗耀，施于孙子左右。朕躬溯厥本原，申锡恩命，兹特加赠尔为荣禄大夫少傅工部尚书兼谨身殿大学士，灵爽不昧，尚其歆承。			

祖母	谢氏	时间	宣德五年八月	一品夫人
诰文	朕惟人臣有功德于时者，亦惟克承世泽服家训，故褒封之典必视子孙之禄秩以及其祖考焉。尔荣禄大夫少傅工部尚书兼谨身殿大学士杨荣祖母赠夫人谢氏，柔惠静嘉，克相宗事，启佑尔后，为时名臣，质厥所由，宜隆褒显，兹特加赠尔为一品夫人，尚其钦承，永隆彻祚。			

继祖母	阮氏	时间	宣德五年八月	一品夫人
诰文	国家登庸贤俊，图懋治功，禄秩既极其躬，褒荣必及其祖祢，所以勸忠于孝也。尔荣禄大夫少傅工部尚书兼谨身殿大学士杨荣继祖母赠夫人阮氏，作嫔名家，克相君子，式笃厥庆，延于贤孙，效用累朝，为国良弼，揆厥所自，宜有褒奖，兹特加赠尔为一品夫人，灵爽不昧，尚其歆承。			

父亲	杨伯成	时间	宣德五年八月	荣禄大夫少傅工部尚书兼谨身殿大学士
诰文	人臣之亲，生不逮禄养之荣，殁必有追崇之典，所以遂孝子爱亲之心而勸天下之为人父也。尔荣禄大夫少傅工部尚书兼谨身殿大学士杨荣父赠资善大夫太子太傅兼谨身殿大学士伯成，孝悌敦厚，称于州间，履素养恬，力善储庆，致有贤子，荐跻显融，既屡陟于崇班，宜益隆于恩典，兹特加赠尔为荣禄大夫少傅工部尚书兼谨身殿大学士，服兹宠命，用庇后人。			

母亲	刘氏	时间	宣德五年八月	一品夫人
诰文	朕惟人子之贤，虽本于父，而母之德亦隆焉，故国家推恩必原所自，而称其思慕之心。尔荣禄大夫少傅工部尚书兼谨身殿大学士杨荣母赠夫人刘氏，温柔惠和，作配君子，笃生贤嗣，为国辅臣。今既进寅亮之职，荣亲之命，国有旧章，兹特加赠尔为一品夫人，享兹光华，以昭永世。			

杨荣	《恭书封赠诰命后》
	臣荣猥以驽钝，叨列侍从十有余年。太宗皇帝俯念劳勤，颁锡诰命，追赠父母及妻，时文臣惟尚书蹇义等八人、学士胡广及臣荣等五人得以沾此。后十有二年，仁宗皇帝嗣位，大举褒崇之典，廷臣及方面大臣皆给诰命。臣荣蒙荷宠眷，十旬之内兼拜三职，锡以诰命，且追赠二代祖考妣，何荣如之。迨至今上，皇帝嗣位之五年，特升臣荣少傅仍兼尚书大学士之职，不数月复受诰命，追赠三代祖考皆如荣官，祖考妣及妻皆为一品夫人。圣恩宏大，被于存殁，显荣光耀，无以复加，顾惟菲薄曷以致兹，斯实三圣天地大恩之所赐，而臣荣黾勉拜受岂胜愧悚。况大训谆切，臣荣所当朝夕祗服不敢忘者，谨用缮写，粹为一卷，退朝之暇，肃容展阅，常若对绂扆之严，仰日月之光，鞠躬尽力，以图无忝，且俾士大夫之欲快，睹天章龙文之光华，以知圣朝优礼臣下之意厚。臣荣不敢私，亦不敢闭举，此示之实一便也。

图书在版编目（CIP）数据

明前期政治生态与士大夫主体意识研究/王伟著.
--北京：中国人民大学出版社，2021.5
国家社科基金后期资助项目
ISBN 978-7-300-28988-5

Ⅰ.①明… Ⅱ.①王… Ⅲ.①政治制度-研究-中国
-明代 Ⅳ.①D691.21

中国版本图书馆 CIP 数据核字（2021）第 022554 号

国家社科基金后期资助项目
明前期政治生态与士大夫主体意识研究
王　伟　著
Ming Qianqi Zhengzhi Shengtai Yu Shidafu Zhuti Yishi Yanjiu

出版发行	中国人民大学出版社		
社　　址	北京中关村大街 31 号	**邮政编码**	100080
电　　话	010－62511242（总编室）		010－62511770（质管部）
	010－82501766（邮购部）		010－62514148（门市部）
	010－62515195（发行公司）		010－62515275（盗版举报）
网　　址	http://www.crup.com.cn		
经　　销	新华书店		
印　　刷	北京玺诚印务有限公司		
规　　格	165mm×238mm　16 开本	**版　　次**	2021 年 5 月第 1 版
印　　张	31.25 插页 2	**印　　次**	2021 年 5 月第 1 次印刷
字　　数	520 000	**定　　价**	109.00 元